松江丛书

姜维公　主编

北朝封爵制度论稿（上）

张鹤泉　著

長春出版社

全国百佳图书出版单位

图书在版编目（CIP）数据

北朝封爵制度论稿：全二册 / 张鹤泉著. -- 长春：长春出版社，2022.10
（松江丛书 / 姜维公主编）
ISBN 978-7-5445-6820-3

Ⅰ. ①北… Ⅱ. ①张… Ⅲ. ①官制-研究-中国-北朝时代 Ⅳ. ①D691.42

中国版本图书馆 CIP 数据核字（2022）第 165302 号

北朝封爵制度论稿（全二册）

著　　者　张鹤泉
责任编辑　孙振波
封面设计　宁荣刚

出版发行　长春出版社
总 编 室　0431-88563443
市场营销　0431-88561180
网络营销　0431-88587345
地　　址　吉林省长春市长春大街309号
邮　　编　130041
网　　址　www.cccbs.net

制　　版　佳印图文
印　　刷　三河市华东印刷有限公司

开　　本　710毫米×1000毫米　1/16
字　　数　608千字
印　　张　36.25
版　　次　2023年1第1版
印　　次　2023年1月第1次印刷
定　　价　168.00元（全二册）

目 录

上 册

下　册

上　册

北魏前期虚封爵的等级问题

北魏前期，国家为实行的虚封爵制规定了明确的品级序列。这一品级序列是在改造晋制的基础上形成的。为适应国家授爵的需要，北魏国家取消了爵位等级层次区分，将王爵与五等爵编制在统一的品级序列中，因而，在爵位的等级上，只有级别的划分，并且，还使爵位品级序列不断完善。对于北魏前期爵位的等级问题，前人做了一些探讨，但看法并不相同。① 所以，本文拟对与北魏前期虚封爵等级的相关问题做一些考察，希望有助于对这一问题研究的深化。

一、无等级层次区分的虚封爵品级序列

探讨北魏前期虚封爵的等级层次的问题，首先需要说明晋代爵位等级的构成特点。晋代的爵位序列构成是存在等级层次区别的，而这种差异是通过九品官阶表现出来的。《晋官品》："第一品：公、诸位从公、开国郡公、县公"；"第二品：特进、骠骑、车骑、卫将军、诸大将军、诸持节都督、开国县侯伯子男"；"第三品：侍中、散骑常侍、中常侍、尚书令、仆射、尚书、

---

① 内田吟风：《北魏封邑制度考》，《北アジア史研究（鲜卑柔然突厥篇）》，同朋舍，1975 年，第 119 - 139 页；川本芳昭：《封爵制度》，《魏晋南北朝時代の民族問題》，汲古書院，1998 年，第 276 - 302 页；宫崎市定：《九品官人法研究》，韩昇译，中华书局，2008 年，第 275 - 276 页；杨光辉：《汉唐封爵制度》，学苑出版社，2004 年，第 24 页；冈部毅史：《北魏前期の位階秩序について—爵と品の分析を中心に》，《东洋学报》第 94 卷，第 27 - 57 页；孙正军：《从"五等"到"三等"——北魏道武帝"制爵三等"原因钩沉》，《文史》2010 年第 1 辑；胡鸿：《北魏初期的爵本位及其历史书写——以〈魏书·官氏志〉为中心》，《历史研究》2012 年第 4 期。

中书监、令、秘书监……县侯”；“第四品：武卫、左右卫、中坚、中垒、骁骑、游击、前军、左军、右军、后军……乡侯”；“第五品：给事中、给事黄门、散骑、中书侍郎……亭侯”。[①] 很显然，晋代已经将爵位的品级与职官的品级结合在一起，并且，使爵位的品级与职官的品级相对应而纳入九品官阶的框架之中。由于晋代国家已经形成官本位体系[②]，因而，使爵位品级与职官品级结合在一起，就能使有爵者的身份地位在职官体系中获得更好的体现。然而，需要注意的是，晋代国家规定的这种职官与爵位的结合，并不是一种简单对应，而是依据爵位的等次划分的。杨光辉教授认为，晋代爵位分为王、五等爵、列侯三等次。[③] 晋代爵位之所以出现三等次，因为当时爵位是以东汉王、侯二等次爵位为基础，又加入五等爵，才形成了三等次的爵位体系。实际上，东汉的爵位体系是二等四级，晋代的爵位体系则是三等十九级。[④] 因此，在晋代统一的爵位级别中，等次的划分是很明显的。爵位这种等次划分使统一的爵位级别出现明显的层次区分，进而表明不同层级的爵位级别在品级序列中所处的地位是不同的。《晋官品》正是依据晋爵的等级层次，使之与职官品级对应的。《晋官品》中的开国郡公、县公、开国县侯、伯、子、男就属于五等爵，被列为一品、二品。《晋官品》中的县侯、乡侯、亭侯则属于列侯爵，被列为三品、四品、五品。显然，在《晋官品》中，五等爵与列侯爵的等级层次的区分是很分明的。可是，在《晋官品》的品级规定中，却缺少王爵，而王爵在晋代爵制中是最高的爵位。正如《晋书·地理志》说：“武帝泰始元年，封诸王以郡为国。”为何晋代国家不将王爵置于九品官阶序列中？这样做的目的，显然是要突出王爵最高的特殊地位，因而，也就将王爵置于九品序列之外处于“超品”的位置。正因为如此，晋代的王爵是一个在九品官阶序列之外的爵位等次，它与五等爵、列侯爵处于分离的状态。晋代爵位的这种等次区分对后世影响很大。《通典·职官十三》：“宋氏一用晋制，唯大小国皆有三军。……梁封爵亦如晋宋之制。”这就是说，

---

① 《通典》卷三七《职官十九》。

② 阎步克：《从爵本位到官本位——秦汉官僚品位结构研究》，生活·读书·新知三联书店，2009 年，第 227 页。

③ 杨光辉：《汉唐封爵制度》，学苑出版社，2004 年，第 5 页。

④ 杨光辉：《汉唐封爵制度》，学苑出版社，2004 年，第 8 页。

晋代爵制的这种等次划分基本为南朝所承袭。

北魏前期，国家实行虚封爵制。尽管如此，晋代爵位的规定对北魏爵位的设置还是有影响的。从北魏最早爵位的设置来看，就是部分地承袭了晋代的五等爵制。登国元年，代王拓跋珪便“班爵叙勋，各有差”[①]。实际上，这一时期实行的爵制已经有明确的级别。《魏书·昭成子孙·秦明王翰传》：“（拓跋仪）登国初，赐爵九原公。”《魏书·许谦传》：“（许谦）登国初，遂归太祖。……并州平，以谦为阳曲护军，赐爵平舒侯、安远将军。”《魏书·于栗磾传》：“（于栗磾）登国中，拜冠军将军，假新安子。”《魏书·神元平文诸帝子孙·吉阳男比干传》：“吉阳男比干，太祖族弟也。以司卫监讨白涧丁零有功，赐爵吉阳男。”这些记载中提到的公、侯、子、男，都是五等爵的爵称。由于拓跋珪还没有称帝，所以在爵位中，不可能设置王爵。因此，这一时期北魏的爵位，只有级别的差别，还不可能有等级层次的区分。

皇始元年，拓跋珪称帝，他进一步完善国家统治机构。《魏书·官氏志》：“始建曹省，备置百官，封拜五等。”这里所说的“五等”，就是五等爵，而不是对北魏爵制的泛指。这种爵制，正是沿袭了登国年间的做法。当然，道武帝在爵位的设置上，除了延续之外，还实行新的做法。《魏书·道武帝纪》：“（皇始二年）甲寅，以东平公元仪为骠骑大将军、都督中外诸军事、兖豫雍荆徐扬六州牧、左丞相，封卫王。襄城公元题进封为王。”这就是说，道武帝开始设置王爵。北魏王爵的设置，显然也是对晋制的承袭。从始设的王爵来看，还没有与五等爵结合在一起。《魏书·神元平文诸帝子孙·上谷公纥罗传》：“（拓跋题）少以雄武知名，赐爵襄城公。从征中山，受诏徇下诸郡，抚慰新城，皆安化乐业，进爵为王。”《魏书·昭成子孙·毗陵王顺传》：“（拓跋顺）登国初，赐爵南安公。……太祖善之，进封为王，位司隶校尉。”这些事例说明，道武帝是将王爵作为高于五等爵中的公爵来封授的。因此，可以说，皇始元年，道武帝完善爵制，一方面继续实行五等爵；另一方面，则是新设王爵。因此，皇始元年设置的爵位，除了有爵位级别的划分之外，还有了爵位等级层次的区别，也就是出现了王爵与五等爵二等次。不过，由于史料的缺少，还很难说道武帝完全仿照晋制，使王爵处于

---

① 《魏书》卷二《道武帝纪》。

“超品”的位置。可是，由于在天赐元年以前，道武帝封授的诸王，一些是宗室，另一些则是皇子。如天兴六年，他“立皇子讳嗣为齐王，加车骑大将军，位相国；绍为清河王，加征南大将军；熙为阳平王；曜为河南王”①。这些受封王爵者，无论是宗室，还是皇子，都是道武帝的同姓，因而，所设王爵具有的特殊性还是比较明显的。当然，由于道武帝要在同姓中封授王爵，因而，也就使王爵与五等爵不可能截然分开。《魏书·道武帝纪》：“（天兴元年）夏四月壬戌，进遵封常山王，南安公元顺进封毗陵王。”很显然，北魏国家可以使有公爵的宗室进封王爵，因而，王爵与五等爵之间还是具有联系性的。

北魏前期，王爵与五等爵联系的进一步发展，是从天赐元年开始的。道武帝在这一年实行爵制改革。《魏书·官氏志》：“（天赐元年）九月，减五等之爵，始分为四，曰王、公、侯、子，除伯、男二号。……王第一品，公第二品，侯第三品，子第四品。”这说明，道武帝消减五等爵中的伯、男二级爵位；并且，将王爵与五等爵编制在统一的爵位等级序列中，还明确了王爵与公、侯、子爵的品级。这就是说，道武帝实际取消了王爵与五等爵的等级层次的区分，因而，就使王爵与编制在一起的五等爵只有级别的差别，所以，这是一个王爵与五等爵一体化的爵位品级序列。道武帝规定的这个爵位品级序列是与晋代爵制的等级层次的规定明显不同的。可以说，天赐元年，道武帝规定的这个爵位的品级序列成为北魏前期国家爵位等级构成的基础。正因为如此，在北魏前期，开始将王爵与公爵并提，并将这一爵位品级序列作为国家一些活动的参照。《魏书·明元帝纪》：“（永兴四年）赐王公以下至宿卫将士布帛各有差。”《魏书·太武帝纪下》：“今制：自王公已下至于卿士，其子息皆诣太学。”这说明，在国家实行的赏赐以及学校教育活动中，都以这一爵位品级序列为依据，并没有表现出王爵还有等级层次上所具有的特殊性。

由于这种无等级层次区分的爵位品级序列的广泛实行，就使北魏五等爵的理念也发生了变化。《魏书·陆俟传附陆睿传》：“（太和）十六年，降五等之爵。以丽勋著前朝，封睿巨鹿郡开国公，食邑三百户。”这里提到的“降

---

① 《魏书》卷一六《道武七王·清河王绍传》。

五等之爵”，已经不是指特定的五等爵。因为太和十六年，孝文帝降爵规定，“制诸远属非太祖子孙及异姓为王，皆降为公，公为侯，侯为伯，子男仍旧”[①]。显然，在北魏前期，王爵也包括在“五等之爵”的范围之内。在孝文帝爵位改革后实行的实封爵，也被称为“五等封爵”。《魏书·刑罚志》：“至于五等封爵，除刑若尽，永即甄削，便同之除名，于例实爽。愚谓自王公以下，有封邑，罪除名；三年之后，宜各降本爵一等，王及郡公降为县公，公为侯，侯为伯，伯为子，子为男；至于县男，则降为乡男。”可见“五等封爵”是王、郡公、县公、县伯、县子、县男以及乡男的总称。实际天赐元年道武帝爵位改制后，五等爵已经成为北魏实行的爵制的泛称。

天赐元年，道武帝实行取消王爵与五等爵的等级层次的区分，并将王爵等级降为一品而与五等爵编制在一起的做法，是与封授王爵对象的原则的确定有密切的联系。[②]《魏书·官氏志》：“（天赐元年）皇子及异姓元功上勋者封王，宗室及始蕃王皆降为公，诸公降为侯，侯、子亦以此为差。”这就是说，道武帝允许“异姓元功上勋者”与皇子一样，都是可以封授王爵的。这与在晋代的爵位制中，只允许与皇帝同姓者才可以封授王爵的规定明显不同。为了要适应封授异姓勋臣王爵的需要，道武帝只有改变在晋代爵制中使王爵成为“超品”的特殊的规定。由此来看，只要北魏国家封授异姓王的措施不改变，也就很难恢复王爵所处的“超品”的位置。

实际上，在道武帝确定封授异姓王原则之后，直到太和十六年爵位改革前，北魏国家一直封授异姓王。清人万斯同在《魏异姓诸王世表》《魏外戚诸王世表》中统计，孝文帝爵位改革前封授的异姓王有三十一人。在封授的这些异姓王中，穆亮、奚敬（嵇敬）、刘昶、冯诞、冯聿五人是直接封授王爵的。长孙嵩、长孙道生、长孙翰、尉古眷、穆寿、奚斤、叔孙建、楼伏连、刘尼、陈建、司马文思、陆俟、陆丽、源贺、罗拔、苟颓、尉元、慕容白曜、闾毗、闾纥、冯熙、李峻、李惠、王睿、王琚、赵黑、张祐二十七人，则是由公爵晋升为王爵的。很明显，北魏前期，国家封授异姓王爵采取

① 《魏书》卷七下《孝文帝纪下》。

② 孙正军：《从“五等”到“三等”——北魏道武帝“制爵三等”原因钩沉》，《文史》2010年第1辑。

的主要方式是爵位的晋升。因此《魏书》中一般将这种方式称为“进爵”[①]“进封”[②] 或者“进爵为王”[③]“进封为王”[④]。由于北魏前期国家没有使封授异姓王的措施中断，所以，也就不能够将王爵置于特殊的等级层次的位置之上。这样，王爵与公爵以下爵位等级层次的区分就不可能出现，因而，道武帝天赐元年爵位改制后的王爵与五等爵编制在一起的品级序列也就不可能改变，只能更加强化。

然而，自汉晋以来，国家统治者不仅使王爵居于最高的位置，并且，还与其他爵位的等级区分是明显的，因而，受这种历史传统的影响，北魏国家也就不能不顾及王爵所具有的特殊性。这样，北魏国家在封授王爵时，实行了与授予其他级别爵位不同称谓的做法。在《魏书》中，一般将直接授予王爵称为“封”。如《魏书·明元帝纪》：“（永兴元年）封卫王仪子良为南阳王。”《魏书·文成帝纪》：“（太安三年）封皇弟新成为阳平王。”而授予公爵以下的爵位，则一般称为“赐”。如《魏书·神元平文诸帝子孙·顺阳公郁传》：“（拓跋郁）从高宗东巡临海，以劳赐爵顺阳公。”《魏书·燕凤传》：“（燕凤）世祖初，以旧勋赐爵平舒侯，加镇远将军。”北魏国家的这种做法，只是表明王爵是处于最高位置的爵位级别，因而，与其他品级的爵位相比，还具有一些特殊性，但是，这种称谓的不同，并不能表明王爵与公爵以下爵位分属于两个不同的等级层次，因而，只是爵位品级序列中最高爵位级别的一种特殊表现。

总之，北魏建国后，道武帝确立了虚封的爵位制度，并且，规定了爵位的不同级别。特别是，天赐元年，道武帝进行爵位改制，不仅实行了四品爵制，还改变了在晋代爵制中使王爵脱离九品级序列的状况。他将王爵降为一品级，并使王爵与五等爵编制在一起，完全取消了王爵与五等爵之间的等级层次的区分，进而形成以王爵为最高爵的品级序列。在这一爵位品级序列中，各爵位只有级别的差异，而没有等级层位的区别。这种区别正是与晋代

---

① 《魏书》卷五〇《尉元传》，《魏书》卷九四《阉官·张祐传》。

② 《魏书》卷二五《长孙道生传》。

③ 《魏书》卷四四《罗结传》，《魏书》卷九四《阉官·赵黑传》。

④ 《魏书》卷三〇《刘尼传》。

的爵制最明显的不同之处，因而，表现出北魏前期爵位品级序列具有明显的独特性。尽管在北魏前期，这一品级序列中的爵位级别可能有改变，但是爵位等级构成的总体特征是没有变化的。实际这种无层次区分的爵位品级序列，成为北魏国家实行爵位等级制度的基础。

二、变动的虚封爵品级序列

北魏前期虚封爵由王爵与公爵以下的爵位编制成的统一的品级序列。在这一品级序列中，爵位已经没有等级层次的区分，只有级别的差异。不过，需要指出的是，在这一品级序列中，爵位的级别并不是固定不变的，而是有变化的。

如前所述，北魏前期，国家实行的爵位有级别的划分，始于登国元年。在拓跋珪称代王时，就按不同的级别授予爵位。例如，拓跋仪“登国初，赐爵九原公”[①]。许谦“登国初，遂归太祖。……并州平，以谦为阳曲护军，赐爵平舒侯、安远将军”[②]。于栗磾“登国中，拜冠军将军，假新安子”[③]。拓跋比干“赐爵吉阳男”[④]。很显然，拓跋珪赐授的爵位级别有公、侯、子、男。严耀中教授认为北魏在这一时期实行的是五等爵。[⑤] 因为这时的拓跋鲜卑人已经深受汉文化影响，所以，他们实行五等爵制，不会缺少伯爵这一级别，只是由于文献失载，所以才不见有伯爵的赐授。拓跋珪确定这一时期的爵位为公、侯、伯、子、男五级，正是以后爵位级别实行的基础。

皇始元年，拓跋珪正式称皇帝。《魏书·官氏志》：“始建曹省，备置百官，封拜五等。”可见，道武帝进一步完善了官制与爵制。特别是，明确将所实行的爵位称为五等爵。道武帝实行的五等爵，不仅是爵称，也说明了爵位级别。事实上，从皇始元年至天赐元年，道武帝是按五等爵的不同级别赐授爵位的。《魏书·庾业延传》：“（庾业延）皇始初，从征慕容宝，为城门校

---

① 《魏书》卷一五《昭成子孙·秦明王翰传》。

② 《魏书》卷二四《许谦传》。

③ 《魏书》卷三一《于栗磾传》。

④ 《魏书》卷一四《神元平文诸帝子孙·吉阳男比干传》。

⑤ 严耀中：《北魏前期政治制度》，吉林教育出版社，1990年，第175页。

尉。迁司隶校尉。爵高平公而诛。”这是对公爵的赐授。《魏书·奚斤传》：“（奚斤）皇始初，……迁都水使者，出为晋兵将军、幽州刺史，赐爵山阳侯。”这是对侯爵的赐授。《魏书·良吏·张恂传》：“（张恂）皇始初，拜中书侍郎，……拜镇远将军，赐爵平皋子。”这是对子爵的赐授。《魏书·吕罗汉传》：“（吕罗汉）皇始初，以郡来降。太祖嘉之，赐爵魏昌男。”则是对男爵的赐授。虽然文献中尚不见有赐授伯爵的记载，但是，天赐元年，道武帝爵位改制，“减五等之爵，始分为四，曰王、公、侯、子，除伯、男二号”①。由此可以确定，皇始元年实行的五等爵中，是包括伯爵级别的。

道武帝在这一时期，不仅确立了五等爵，并且还开始设置王爵，并将王爵的封授付诸实施。他不仅将一些宗室由公爵晋封为王爵，还直接封授皇子为王。不过，正如前面所说，道武帝这时设置的王爵，实际还没有与五等爵编制在一起，它与五等爵是分属两个爵位等级层次的，因而，这一时期的王爵是一种具有特殊性的爵位。

道武帝对国家实行的爵位制度做较大调整是从天赐元年开始的。《魏书·官氏志》：“（天赐元年）九月，减五等之爵，始分为四，曰王、公、侯、子，除伯、男二号。皇子及异姓元功上勋者封王，宗室及始蕃王皆降为公，诸公降为侯，侯、子亦以此为差。于是封王者十人，公者二十二人，侯者七十九人，子者一百三人。王封大郡，公封小郡，侯封大县，子封小县。王第一品，公第二品，侯第三品，子第四品。”依据这一记载可以明确，道武帝的爵位改制包括三方面的内容：一是改变王爵的特殊地位，将王爵纳入五等爵中；二是在五等爵中，消减伯爵、男爵两个级别；三是将王爵与公、侯、子爵组合成统一的品级序列，也就是构成四品级爵位序列。道武帝的爵位改制，基本改变了晋制的爵位等级规定。所以，一些研究者认为王爵与五等爵中的公、侯、子结合在一起，是很独特的爵位品级序列。② 道武帝之所以要将爵位确定为四品级别，一方面是要明确王爵在当时爵位体系中的位置；另一方面，也是爵位与官位结合在一起的需要。实际上，在道武帝确定四品爵

① 《魏书》卷一一三《官氏志》。

② 冈部毅史：《北魏前期の位階秩序について—爵と品の分析を中心に》，《东洋学报》第94卷，第28页。

位级别时，还将这一爵位等级序列与一些职官结合在一起。《魏书·官氏志》："王第一品，公第二品，侯第三品，子第四品。又制散官五等：五品散官比三都尉，六品散官比议郎，七品散官比太中、中散、谏议三大夫，八品散官比郎中，九品散官比舍人。文官五品已下，才能秀异者总比之造士，亦有五等。武官五品已下堪任将帅者，亦有五等。"这就是说，在道武帝爵位改制时，还制定了五品散官和五品文、武职官的制度，并且，还要将这些五品职官与四品爵位相结合。研究者认为这一制度在北魏历史上第一次搭建了一个综括爵、散、文武职官的总体框架。[①] 由于要将王爵纳入五等爵中，并规定为一品爵位，同时，又要与散、文武职官结合在九品职官的品级序列中，所以，只有消减五等爵中的伯、男两级爵位，才可能将爵、官都可以纳入九品序列的框架中。道武帝的这种做法，由此捏合成一套全新的官爵体系。[②] 虽然道武帝构建的这种官、爵体系，还是很不完善的，但是，在北魏前期，对爵位级别规定的影响却是重大的。实际上道武帝确立的王、公、侯、子四品级爵位序列不仅成为全新的爵位级别，还是以后爵位级别构成的基础。

然而，道武帝将爵位规定为四品级别，只是要建立一种官与爵结合的体系，所以，也就不能够完全适应国家授予爵位的需要，并且，这种爵位品级序列与传统的五等爵的理念也有很大的差别，因而，在道武帝以后，国家统治者也就需要在爵位级别上有所增加。冈部毅史推断，道武帝末年开始增加男爵，[③] 似证据不足。实际上，在明元帝时，才有赐授男爵的记载。《魏书·于栗磾传》："永兴中，关东群盗大起，西河反叛。栗磾受命征伐，所向皆平。……转镇远将军，河内镇将，赐爵新城男。"又《魏书·费于传》："（费于）祖峻，仕赫连昌，为宁东将军。泰常末，率众来降，拜龙骧将军，赐爵犍为公。……父郁，以随父归诚勋，赐五等男，除燕郡太守。"明元帝

① 胡鸿：《北魏初期的爵本位社会及其历史书写——以〈魏书·官氏志〉为中心》，《历史研究》2012年第4期。

② 孙正军：《从"五等"到"三等"——北魏道武帝"制爵三等"原因钩沉》，《文史》2010年第1辑。

③ 冈部毅史：《北魏前期の位階秩序について—爵と品の分析を中心に》，《东洋学报》第94卷，第29页、第32页表一。

时，国家赐授男爵见于记载的，只有这两例。因而不能说赐授男爵在这时已经很普遍了，这只是北魏国家将男爵纳入爵位级别的开始。

至太武帝时，国家赐授男爵的事例开始增多。《魏书》记载，崔剖、长孙陈、和归、楼安文、宿沓干、屈观之子、苟颓、费于、尉元、张忠、李洪之，共十一人被赐授男爵。这说明，太武帝已经正式将男爵作为爵位中的一个级别。然而，太武帝在爵位级别中增加男爵的做法，并不是要完全改变道武帝天赐元年确立的爵位品级框架。《魏书·太武帝纪上》："（神䴥二年）秋七月，车驾东辕。至黑山，校数军实，班赐王公、将士各有差。"《魏书·太武帝纪下》："（太平真君五年）诏曰：……自王公已下至于庶人，有私养沙门、师巫及金银工巧之人在其家者，皆遣诣官曹，不得容匿。"在这些记载中，都将"王公"并提，这说明太武帝依然实行的是王爵与公爵以下爵位相结合的爵位体制。因此，可以说，太武帝增加男爵，只是在天赐元年实行的四等爵中增加了新的爵位级别。

不过，还需要看到，太武帝只是增加了男爵，而天赐元年的爵位改革不只是消减了男爵，还有伯爵。实际上，太武帝已经开始零星地赐授伯爵。《魏书·叱列延庆传》："（叱列延庆）曾祖鍮石，世祖末从驾至瓜步，赐爵临江伯。"然而，在太武帝时，这种赐授伯爵的事例是很少见的，不能据此认为太武帝时伯爵等级已经纳入爵位的品级序列中，这只不过是个别的赐授。可是，在北魏前期，国家并没有限制伯爵的恢复。《魏书·文成帝纪》：

> （和平四年）诏曰："夫婚姻者，人道之始。……今制皇族、师傅、王公侯伯及士民之家，不得与百工、伎巧、卑姓为婚，犯者加罪。"

在和平四年诏书中提到的"王公侯伯"，应当为四个爵位级别，当然，其中应该包括伯爵。可是，日本学者内田吟风为了否认文成帝时已经有伯爵存在，却将和平四年诏书中的"王公侯伯"，视为是对"王公侯子"的误记。[①]所以有必要对这一问题做一些辨析。

---

① 内田吟风：《北魏封邑制度考》，《北アジア史研究（鲜卑柔然突厥篇）》，第122页。一些日本、中国学人承袭内田氏的意见，是不正确的。

从《魏书》的编纂者魏收的情况来看，他为北齐时人。而北齐去北魏不远，魏收却误记文成帝的和平四年诏书，这是不能令人信服的。要说明这一问题，还需考察和平四年诏书的传抄情况。无疑在《北史》及《太平御览》引《后魏书》中都引录了文成帝“和平四年诏令”。《北史·魏本纪》：

（和平四年）诏曰：“婚姻者，人道之始。……令制皇族肺腑王公侯伯及士庶之家，不得与百工伎巧卑姓为婚，犯者加罪。”

《太平御览》卷一〇二引《后魏书》：

（和平四年）诏曰：“夫婚姻者，人道之始。……令制皇族肺腑王公侯伯及士民之家，不得与百工、伎巧、卑姓为婚，犯者加罪。”

很明显，唐人和宋人在转录“和平四年诏书”时，都记作“王公侯伯”。这说明“和平四年诏书”在传抄过程中是没有改变的。因此，内田吟风的看法是不确切的。所以依据“和平四年诏书”的记载，可以明确文成帝时，开始恢复了伯爵级别。[①] 当然，这种情况还可以用文成帝以后的史实来说明。《魏书·刘芳传附郑演传》：“时荥阳郑演，仕刘彧为琅邪太守。……显祖初入朝，以功除冠军将军、彭城太守、洛阳侯。后拜太中大夫，改爵云阳伯。”献文帝时郑演改受云阳伯爵位。这就是说，在献文帝时，仍有赐授了伯爵的事例。因此，可以说至文成帝时，伯爵已经开始恢复。不过川本芳昭考证，这时伯爵有明确的品级规定的记载还没有见到。[②] 这是很有启发的意见。实际上，文成帝虽然恢复了伯爵，但还没有将这一爵位明确列入爵位的品级序列。正因为如此，在《魏书》的记载中，国家赐授伯爵的事例也就很少见了。

然而，这种情况在孝文帝统治前期发生改变。《魏书·孝文帝纪下》：“（太和十年）八月乙亥，给尚书五等品爵已上朱衣、玉佩、大小组绶。”宫

---

① 川本芳昭：《封爵制度》，《魏晋南北朝時代の民族問題》，第 264 页。

② 川本芳昭：《封爵制度》，《魏晋南北朝時代の民族問題》，第 264 页。

崎市定据此认为，这里的五等无疑是除去王爵的公以下五等，并断定孝文帝初年大概已经开始实行王、公、侯、伯、子、男六等爵制。① 宫崎市定认为孝文帝初年开始实行六级别的爵制，应该说是比较合适的意见。可是，一些学人却认为在太和十六年孝文帝爵位改革时，才开始恢复伯爵。② 支持这种看法的史料只有两条。《魏书·孝文帝纪下》："（太和十六年）乙丑，制诸远属非太祖子孙及异姓为王，皆降为公，公为侯，侯为伯，子男仍旧，皆除将军之号。"《南齐书·魏虏传》："王爵非庶姓所僭，伯号是五等常秩。烈祖之胄，仍本王爵，其余王皆为公，公转为侯，侯即为伯，子男如旧。虽名易于本，而品不异昔。公第一品，侯第二品，伯第三品，子第四品，男第五品。"实际这两条记载，只说明孝文帝实行的降爵措施在王、公、侯爵位级别内进行。但是，由从侯爵可以降至伯爵的规定来看，这种降爵范围的限定，不是重新设置伯爵，而应该是以伯爵已经设置为前提的。由此可见，太和十六年孝文帝爵位改革，才开始恢复伯爵的看法是不正确的。不过，还应该注意《南齐书·魏虏传》所记："公第一品，侯第二品，伯第三品，子第四品，男第五品。"这说明两个问题：一是伯爵是明确列入虚封爵的品级序列中的；二是孝文帝爵位改革后，王爵已经从虚封爵的品级序列中分离出去。王爵从虚封爵品级序列中分离的原因是，由于爵位改革后，王爵已经成为领有食邑的实封爵，如彭城王拓跋勰"开建五等，食邑二千户"③，王爵开始与实封爵构成一个品级序列。所以，内田吟风认为太和十六年爵位改革以后，封授食邑的封爵有：王以及开国郡公、开国县公、开国郡侯、开国县侯、开国县伯、开国县子、开国县男。④ 正因为如此，虚封爵的品级序列也就由原来的六品级变为公、侯、伯、子、男五品级，而不是使王爵可以与虚封的公爵并

---

① 宫崎市定：《九品官人法研究》，韩昇译，第275页。

② 内田吟风认为，孝文帝太和十六年爵位改革后，才恢复伯爵看法，见《北魏封邑制度考》，《北アジア史研究（鲜卑柔然突厥篇）》，第125页。这是不正确的意见。

③ 《魏书》卷二一下《献文六王下·彭城王勰传》。

④ 内田吟风：《北魏封邑制度考》，《北アジア史研究（鲜卑柔然突厥篇）》，第125页。

列。[1] 这些情况表明，孝文帝爵位改革，不仅实行了实封爵与虚封爵并行的制度，还将天赐元年道武帝确定的王爵为虚封爵的最高爵位级别的规定也一并取消了，因此，北魏前期实行的虚封爵的品级序列也就为新的五品级爵位序列代替了。

概言之，北魏前期虚封爵的爵位级别不是固定不变的。从登国年间开始实行五等爵的等级级别，至道武帝称帝后实行王爵与五等爵两等次的爵位等级序列，这种爵位等级序列都是大体仿照晋制而制定的。可是，天赐元年道武帝的爵位改制，明确将王爵列入五等爵序列中，并消除伯、男二级爵位，实际确定了以王爵为首的四品级的爵位序列。应该说，这一变动是重大的。完全改变了晋制的规定，构成新的爵位级别规定。尽管后世皇帝恢复了男、伯二级爵位，但并没有改变天赐元年实行的爵位级别构成的整体框架。

三、与职官品级对应的虚封爵品级序列

魏晋时期，国家确定实行的爵位等级是与职官品级编制在一起的，因此，爵位的等级与职官品级具有对应关系。但是，在北魏前期，并没有完全仿照晋制实行职官与爵位编制在一起的品级对应。尽管天赐元年道武帝实行爵位改制时，曾将爵位与职官编制在一起，但是这种编制并没有体现出爵位品级与职官品级的对应，所以实行不久，这种官、爵体系的框架就很难维系了。北魏国家实行的是以官本位为主导的统治体制，因而，就需要使爵位的等级在职官体系中获得体现。可是，北魏前期国家实行爵制，与职官的品级分属两个不同的系统。《魏书·道武帝纪》：“（天兴元年）诏尚书吏部郎中邓渊典官制，立爵品。”这说明，虽然道武帝已经将所实行的爵位等级以“品”来划分，可是，却是与官品截然分开的。这样就需要实行一种使爵位的等级可以与职官品级联系在一起的做法，也就是说，可以使爵位与职官两个不同的品级系统联系起来。事实上，北魏前期，国家确实实行了使爵位与职官品

① 冈部毅史认为，孝文帝爵位改革后的虚封爵的爵位等级还包括王爵，并与一品的公爵并列。见冈部毅史《北魏前期の位階秩序について—爵と品の分析を中心に》《东洋学报》第94卷，第32页表一。显然他的看法是错误的。

级可以结合在一起的做法。《魏书·官氏志》："旧制：诸以勋赐官爵者，子孙世袭军号。"这就是说，北魏国家采取了使受爵者一般都可以领有将军号的做法。实行这一做法的目的，是要使受爵者的爵位品级可以与所领将军号的品级相比照，进而使有爵者的身份地位能够在职官体系中得到体现。

北魏前期，国家为有爵者加拜将军号，并不是在开始实行爵位与职官制度后就开始实行的，而是经历了一个过程。《魏书·道武帝纪》："（天兴六年）立皇子讳嗣为齐王，加车骑大将军，位相国；绍为清河王，加征南大将军；熙为阳平王；曜为河南王。"显然，在天兴四年，道武帝开始为有王爵者加拜将军号。可是，道武帝这一次封授王爵总共有四人，而加拜将军号的只有二人。这说明道武帝为受爵者加拜将军号的做法还没有固定化。在天赐四年，道武帝"封皇子修为河间王，处文为长乐王，连为广平王，黎为京兆王"①。道武帝这时封授的皇子王，也都没有为他们加拜将军号。因此可以说，在道武帝时，虽然为一些受爵者加拜了将军号，但是并没有使这一做法制度化。实际上，为受爵者加拜将军号的做法被固定下来，是从明元帝时开始的。《魏书·明元帝纪》："（泰常七年）夏四月甲戌，封皇子焘为泰平王。焘，字佛厘，拜相国，加大将军；丕为乐平王，加车骑大将军；弥为安定王，加卫大将军；范为乐安王，加中军大将军；健为永昌王，加抚军大将军；崇为建宁王，加辅国大将军；俊为新兴王，加镇军大将军；献怀长公主子嵇敬，封长乐王，拜大司马、大将军。"很显然，明元帝封授王爵者有七人，都为他们加拜了不同的将军号。当然，在明元帝时，为受爵者加拜将军号的，并不限于诸王。《魏书·公孙建传》："太宗即位，命俊与磨浑等拾遗左右。迁卫将军，赐爵安城公。"又《魏书·神元平文诸帝子孙·文安公泥传》："（拓跋屈）太宗时，居门下，出纳诏命。……赐爵元城侯，加功劳将军。"又《魏书·周观传》："（周观）击赫连屈丐，有功，赐爵安川子，迁北镇军将。世祖即位，从讨蠕蠕。"这些记载说明，明元帝时，公爵、侯爵、子爵者都可以加拜将军号。从明元帝开始，直到太和十六年孝文帝爵位改革前，北魏国家一直实行这一制度。在孝文帝爵位改革后，才"皆除将军之

① 《魏书》卷二《道武帝纪》。

号”[①]，使虚封爵的赐授与将军号的加拜完全分离了。

明元帝以后，为受爵者加拜将军号的品级，基本与所受爵位的品级具有对应关系。正如川本芳昭指出的，大多数的有爵者的将军号的品级与爵位的品级是一致的。[②] 不过，由于北魏前期，国家设置的将军号的品级和爵位级别都有变化，而且北魏国家也并不是使全部有爵者的爵位品级都需要通过将军号来体现，因而，爵位品级与将军号的品级的对应也就不完全是整齐划一的。因此，需要对明元帝以后受爵者加拜将军号的情况分别说明。

《魏书》记载，北魏前期，国家封授王爵者共有 95 人。其中加拜将军号的有 74 人。由于在道武帝时，受爵加拜将军号还没有制度化，所以有皇子王 4 人、宗室王 4 人没有加拜将军号。因此，应该从统计数字中，除去 9 人，实际受王爵没有加拜将军号的只有 12 人。这些受封王爵者所领的将军号及将军号品级为：[③] 大将军（一品上）、车骑大将军、卫大将军、征南大将军、征东大将军、征西大将军、征北大将军、征西大将军、抚军大将军、柱国大将军（一品下）、中军大将军、平南大将军、征南将军、征西将军（从一品中）、镇南将军、抚军将军（从一品下）、安集将军（二品）。实际加拜一品将军号的有 57 人，加拜从一品将军号的有 14 人，加拜二品将军号的有 3 人。[④] 这就是说，在受王爵加拜将军号的 74 人中，有近五分之四的人的爵位品级与将军号品级是一致的。加拜的将军号品级为从一品的和二品的，则与王爵的品级不同。北魏国家为受王爵者加拜从一品将军号，应该与大郡王与次郡王的区分有关。而加拜二品将军号，则应该是受王爵所领将军号品级的下限。

---

① 《魏书》卷七下《孝文帝纪下》。

② 川本芳昭：《封爵制度》，《魏晋南北朝時代の民族問題》，第 264 页。

③ 将军号的品级依据的是前《职员令》。虽然前《职员令》在孝文帝官制改革后制定，但大体还可以反映北魏前期的将军号品级。以下所列将军号品级都依据前《职员令》，不再做说明。

④ 为受王爵者加拜将军号的人数，是依据《魏书》记载所做的统计，以下统计也同样如此，不再出注说明。

明元帝以后，受公爵者共有 172 人。[1] 其中加拜将军号的共有 116 人，占受公爵人数的近五分之四。他们领有的将军号及将军号的品级为：车骑大将军、卫将军（一品下）、征南大将军、征北大将军、征东大将军、镇东大将军、镇西大将军、征南将军、征西将军、镇南将军、镇北将军、镇东将军、镇西将军（从一品中）、镇军大将军、镇军将军（从一品下）、安南将军、安东将军、安西将军（二品下）、右将军、平南将军、平北将军、平东将军、平西将军（从二品上）、龙骧将军（三品上）、建忠将军、建节将军、安远将军为（三品下）、宁远将军（五品上）。还有冠军将军、直意将军、忠意将军，其品级不见前《职员令》记载。可见受公爵者所领将军号在一品下、五品上之间。其中加拜安南将军 12 人，加拜安东将军 10 人，加拜安西将军 10 人，共 32 人。加拜右将军 1 人，加拜平南将军 9 人，加拜平北将军 3 人，加拜平东将军 3 人，加拜平西将军人 3 人，共 19 人，合计 51 人，实际占有将军号的公爵人数的近五分之三。[2] 这说明，受公爵者所领将军号的品级与爵位品级，大多数是一致的。另外，加拜征南大将军 3 人，加拜征北大将军 3 人，加拜征东大将军 2 人，宁远将军 1 人。显然，受有公爵者所领将军号的品级的上限为从一品，而所领将军号品级的下限则为五品。

明元帝以后受侯爵者共有 87 人。其中加拜将军号的人数有 68 人，占受侯爵人数的近五分之四。他们领有的将军号及将军号品级为：征西将军、镇北大将军、镇南将军、镇东将军（从一品中）、安南将军、安东将军（二品下）、平南将军、平东将军、平西将军（从二品上）、龙骧将军（三品上）、前将军（从三品上）、安远将军、镇远将军、建节将军、昭武将军（从三品下）、宁朔将军（四品上）。还有宁北将军、宁逆将军、建义将军、都兵将军、功劳将军、平远将军、鲁兵将军，其品级不见于前《职员令》记载。其中领龙骧将军者有 11 人，领有前将军 3 人，领安远将军 6 人，领镇远将军 4 人，领建节将军 2 人，领昭武将军 1 人，共有 27 人，占受侯爵领有将军号

---

① 受公爵者的人数，是依据《魏书》记载所做的统计。以下所做统计相同，不再说明。

② 《魏书》卷一一三《官氏志》：“（天赐元年）诏始赐王、公、侯、子国臣吏，……上郡公百人，次郡公五十人。”说明北魏前期，有上郡公与次郡公的区分，所以受公爵者当有加拜从一品将军号的。

人数的近二分之一。另外，还有领从二品将军号有 13 人。由此可见，北魏国家为侯爵所加将军号，有一半人数的爵品与将军号品级是一致的。即便将军号品级与爵位品级不同，所加将军号品级的上限也不能够超过从二品。

明元帝以后受子爵的共有 60 人。其中加拜将军号的共有 35 人，占受子爵者人数的近五分之三。他们领有将军号及将军号品级为：前将军、左将军、右将军（从二品上）、平南将军（从二品上）、龙骧将军、辅国将军（三品上）、中垒将军、中坚将军、宁朔将军（四品上）、建威将军、奋威将军、振威将军（四品中）、建武将军（四品下）、殿中将军（五品中）、明威将军（六品上）。还有冠军将军、平远将军，但其品级不见前《职员令》记载。其中领有中垒将军 4 人，领有中坚将军 1 人，领有宁朔将军 8 人，领有建威将军 8 人，领有奋威将军 2 人，领有振威将军 2 人，领有建武将军 2 人，领有殿中将军 1 人，合计 28 人，占受子爵加拜将军号人数的五分之四。这就是说，北魏国家一般要使受子爵者的爵位品级与将军号的品级保持一致。并且，统计显示，受子爵加拜将军号的最高品级为二品上，最低品级为六品上。这说明，国家对受子爵者所领将军号品级的上限和下限也是都有明确规定的。

明元帝以后受男爵者共有 34 人。其中加拜将军号的共有 28 人，占有受男爵者人数的五分之四。他们领有的将军号和将军号品级为：征虏将军、辅国将军（三品上）、镇远将军（从三品下）、伏波将军、鹰扬将军、扬烈将军（五品上）、虎威将军、威远将军（五品中）、宁远将军（五品下）、宣威将军（六品上）。其中领有伏波将军 3 人，领有鹰扬将军 4 人，领有扬烈将军 1 人，领有虎威将军 4 人，领有威远将军 2 人，领有宁远将军 9 人，领有宣威将军 1 人，合计五品 14 人，占受男爵加拜将军号总人数的二分之一。并且，对受男爵加拜的将军号品级上限规定为三品上，下限规定为六品下。这说明，北魏国家基本使受男爵的爵位品级与所领将军号的品级保持一致。并且，对高于所受爵位品级的将军号品级和低于所受爵位的将军号的品级，也都是有限定的。

此外，明元帝以后受伯爵的有：临江伯吡列延庆[①]、云阳伯郑演[②]。其中，云阳伯郑演领有冠军将军号。由于冠军将军没有列入前《职员令》，并

---

① 《魏书》卷八〇《吡列延庆传》。

② 《魏书》卷五五《刘芳传附郑演传》。

且文成帝时伯爵尚没有明确列入爵位级别序列，因而，对受伯爵者所领将军号的品级还有待考察。

由上述可见，从明元帝以后，北魏国家为大部分受爵者都加拜将军号，并且大多数受爵者所领将军号的品级与爵位的品级是一致的。即使受爵者将军号的品级与爵位品级不一致，国家也依据爵位的品级对他们所领将军号品级的上限和下限做出明确的规定。这表明，受爵者所领将军号的品级与爵位的品级具有很明显的对应性。

北魏前期，国家不仅为受爵者加拜将军号时，注意爵位品级与将军号品级的对应，而且在有爵者爵位等级发生改变时，也会对所领将军号做出调整。从公爵的情况来看，《魏书·陆俟传》："（陆俟）太宗践阼，拜侍郎，迁内侍，袭爵关内侯。转龙骧将军、给事中，典选部兰台事。……与西平公安颉督诸军攻虎牢，克之，赐爵建业公，拜冀州刺史，仍本将军。……高宗践阼，以子丽有策之勋，拜俟征西大将军，进爵东平王。"据前《职员令》，陆俟受公爵所领龙骧将军的品级为三品上；晋升王爵后，所领的征西大将军的品级为从一品中。显然，有公爵者爵位晋升至王爵，他所领将军号的品级也提升了。从侯爵情况来看，《魏书·寇赞传》："拜（寇）赞安远将军、南雍州刺史、轵县侯，治于洛阳，立雍州之郡县以抚之。……赐赞爵河南公，加安南将军。"前《职员令》中规定安远将军品级为从三品下，安南将军的品级为二品下。可见寇赞的爵位由侯爵升至公爵，他所领将军号的品级也随之进升。从子爵情况来看，《魏书·穆崇传》："（穆颉）迁侍辇郎、殿中将军，赐爵泥阳子。从征和龙，功超诸将，拜司卫监，加龙骧将军，进爵长乐侯。"在前《职员令》中，殿中将军的品级为五品中，龙骧将军的品级为三品上。穆颉受子爵时所领将军号品级低于爵位品级，可是，由子爵升至侯爵后，不仅所领将军号的品级提升了，并且，还与所受侯爵的品级取得一致。再看男爵情况，《魏书·苟颓传》："（苟颓）世祖至江，赐爵建德男，加宁远将军。……征拜散骑常侍、殿中尚书，进爵成德侯，加后将军。"苟颓的爵位由男爵升至侯爵，实际晋升两级。而他所领的宁远将军的品级，在前《职员令》中为五品上，提升后的龙骧将军为三品上。也就是说，将军号的品级也提升了二品级。这些情况说明，北魏国家一般要使受爵者所领将军号的品级随着所受爵位级别的改变而变化，进而使所受爵位的品级与将军号能够基本保持一致。

综上所述，北魏前期，国家试图要将爵位的品级纳入职官的品级序列中，可是，在当时条件下还不能使爵位的品级序列与职官的品级序列合二为一，所以，只能通过为受爵者加拜将军号的方式，使爵位的等级在职官品级序列中得到体现。正因为如此，当时受爵者所领将军号的品级与其爵位的品级，大多数是相同的，并且，有爵者爵位等级的改变，也要使所领将军号的品级随之变化。这样，也就使爵位的品级与职官的品级大体保持了对应的关系。

四、余　论

北魏前期，国家确立了虚封爵制，并且为虚封爵规定了品级。特别是天赐元年，道武帝将王爵纳入五等爵中，并消减伯、男二级爵位，继续以品级划分爵位的级别。道武帝的这种做法，完全改变晋代爵位的等次层级及级别的规定，成为一种独特的爵位品级序列。北魏国家还将这种爵位品级序列与职官挂靠，通过为受爵者加拜将军号的做法，将爵位体系与职官体系结合起来。这也成为北魏前期爵位与官位结合的重要特点。

太和十六年，孝文帝爵位改革，开始实行实封爵与虚封爵并行的制度。由于王爵开始成为实封爵，所以就从虚封爵的品级序列中分离出去，因而，北魏前期，以王爵为一品爵位的虚封爵品级序列开始为新的爵位品级所取代。然而，北魏国家实行的是以官本位为主体的制度，就必须改变实封爵和虚封爵品级序列并行的做法，所以，太和二十三年，孝文帝又实行实封爵与虚封爵（散爵）品级一体化的做法。在此基础上，又将这种一体化的品级序列与职官品级编制在一起，这就是后《职员令》的制定。实际上，后《职员令》构建了北魏国家的一种新的官、爵体制。这种官、爵体制的出现，改变了北魏爵位与职官分为两个系统的状况，将爵位与职官又重新结合在一起，这显然是向晋制的回归。这样，北魏后期，虚封爵也就是散爵与实封的开国爵一样，都被编制在职官品级的新框架中，因而，也就由需要中介才能实现与官品的比照和对应，完全转变为与官品的直接比照和对应了。

（原载《社会科学战线》2014 年第 1 期）

北魏前期五等爵封地的虚封特征及与爵位等级的关系

北魏前期，当时国家实行五等爵制。可是，北魏国家封授五等爵的封地却是虚封。这就使五等爵成为一种虚封爵。因此，要认识这种虚封爵的特点，也就需要考察虚封地的状况。前人的研究对北魏前期五等爵虚封地问题有所涉及，但是，对爵位等级与虚封地的关系，却缺少阐释。因此，本文拟对与北魏前期五等爵虚封地的特征及与爵位等级关系的相关问题做一些探讨，以就教于方家。

一、五等爵封地的虚封特征

北魏前期，当时国家实行五等爵制。这种爵位制度，在道武帝建国后就开始确立了。正如《魏书·官氏志》说："皇始元年，始建曹省，备置百官，封拜五等。"应该说，道武帝实行的五等爵制承袭了晋制，但又同晋制不完全相同。道武帝时，还不断对这种爵位制度加以完善。最重要的是，在天赐元年，他实行了爵位改革。《魏书·道武帝纪》："制爵四等，曰'王、公、侯、子'，除'伯、男'之号。"这就是说，道武帝将王爵与公、侯、子整合为一体化的等级序列，并且，还将五等爵明确地规定为四等。可以说，道武帝实行的这种一体化的爵位等级序列成为北魏前期国家规定爵位等级的基础。但是，道武帝将五等爵规定为四等级，却没有成为固定的规定。因为从明元帝以后，直至孝文帝爵位改革前，五等爵的等级先后增加了男、伯两级爵位。也就是五等爵逐渐形成王、公、侯、伯、子、男六等级的制度。

北魏前期，当时国家不仅为五等爵规定了不同的等级，还使受封不同等级的爵位者都领有封地。北魏国家将五等爵等级与封地结合的明确化，也是从天赐元年道武帝爵位改革开始的。他在爵位改革的措施中便规定，“王封大郡，公封小郡，侯封大县，子封小县。王第一品，公第二品，侯第三品，子第四品”①。很明显，道武帝是将郡、县二级行政组织作为五等爵的封地，还按大郡、小郡、大县、小县的区分与四级爵位等级结合在一起。由此可见，道武帝的爵位改革，实际是将五等爵的封授分为两方面的内容，即爵位等级的封授与爵位封地的封授。道武帝这种做法，成为北魏实行的五等爵制的重要特点。

然而，需要明确的是，尽管北魏前期五等爵的等级与封地封授是结合在一起的，可是这种封地的性质却与晋代的爵位制度不同。实际上，北魏前期五等爵的封地是一种虚封。宋人马端临早已经指出北魏前期五等爵封地的虚封特征。他说：“又道武以来，有受封为建业公、丹阳侯、会稽侯、苍梧伯之类，此皆江南土地，未尝为魏所有。可见当时五等之爵多为虚封。”② 今人严耀中教授进一步指出，北魏前期封爵所领郡、县实际是以两晋所设郡、县为依据的，所以，所谓大郡、小郡、大县、小县等区别也不是当时的区分，而是两晋时的差别。③ 他们的看法，实际从北魏前期五等爵的封地为虚封这一观察视角，确定了这种爵位为一种虚封爵。

不过，还有一些学者不赞成北魏前期的五等爵为虚封爵。日本学者川本芳昭认为，北魏前期有爵者是领有食邑的，因此，五等爵为实封爵。④ 台湾学者王安泰则认为，北魏前期应已有实封与虚封的区别，太和十八年的爵位改革将爵位重新纳入官品序列中，并规范食邑户数的多寡。他还认为，无论北魏前期的王公侯子是否食邑租税，这些诸侯皆非纯粹的虚封爵，而是拥有国官、国吏，至少名义上相当于具有封国形式的“实封”诸侯。⑤ 很显然，川本芳昭是以领有食邑作为判断北魏前期五等爵性质的观察点；而王安泰则

---

① 《魏书》卷一一三《官氏志》。

② 《文献通考》卷二七三《封建考十四》。

③ 严耀中：《北魏前期政治制度》，吉林教育出版社，1990年，第178页。

④ 川本芳昭：《魏晋南北朝時代の民族問題》，汲古书院，1998年，第255-256页。

⑤ 王安泰：《再造封建——魏晋南北朝的爵制与政治秩序》，台大出版中心，第177、179页。

主要以国官、官吏的设置作为理解当时五等爵特征的认识基础。固然，观察北魏前期五等爵的性质，需要注意食邑与国官的问题。但是，这些问题不是判断北魏前期五等爵性质的主要依据。实际上，能够明确说明北魏前期五等爵性质的要点，是对当时封地特点的正确认识。这正是判断北魏前期五等爵是实封还是虚封的重要基准。正因为如此，也就需要对涉及北魏前期五等爵封地特征的相关问题，再做一些辨析。

北魏前期，当时国家封授五等爵封地，由于爵位等级的不同，有的为郡，有的则为县。可是，正如严耀中教授指出的，这些郡、县的名称是晋代的名称，并不是北魏的地名。当然，为了进一步说明北魏前期五等爵封地的特征，还有必要对这一问题再做详细的阐释。

从北魏建国后，开始封授五等爵的情况来看，一些受爵者的封地并不在其实际的统治区内。这种情况，在道武帝、明元帝时表现更为明显。清人徐文范考证，道武帝时期，北魏国家所设的郡有：代郡、雁门、晋昌、定襄、永石、建兴、太原、乐平、上党、长乐、赵、武邑、章武、平原、渤海、广川、河间、高阳、燕、上谷、广宁、魏、阳平、广平、汲、顿丘、清河、中山、常山、勃海、博陵、河内、濮阳、东郡、东燕、颍川。[①] 明元帝时期，北魏国家设置的郡则有：代郡、雁门、新兴、秀容、肆卢、永石、建兴、太原、乐平、上党、长乐、广川、武邑、渤海、章武、平原、赵郡、魏郡、广平、汲、阳平、顿丘、清和、中山、常山、巨鹿、博陵、燕、范阳、上谷、河间、河内、平阳、河东、河北。[②] 可是，从道武帝、明元帝封授五等爵封地的分布来看，与当时行政郡、县的设置并不一致。对封地为县的情况暂置不论，就王、公爵的封地而言，多有不是北魏国家设置的郡的情况存在。例如，天兴六年，道武帝封皇子拓跋曜“为河南王”。[③] 天赐四年，道武帝封“（拓跋）连为广平王，（拓跋）黎为京兆王”[④]。泰常八年，“进司徒长孙嵩爵

① 徐文范：《东晋南北朝舆地表》，《二十五史补编》第五册，中华书局，1955 年，第 6786 - 6787 页。

② 徐文范：《东晋南北朝舆地表》，《二十五史补编》第五册，中华书局，1955 年，第 6786 - 6787 页。

③ 《魏书》卷二《道武帝纪》。

④ 《魏书》卷二《道武帝纪》。

为北平王”[1]。这些受封王爵所领的河南、广平、京兆、北平郡，应该都在北方地区。可是，道武帝、明元帝在统治的地方并没有设置这些郡。从公爵封地情况来看，也有这种情况。道武帝、明元帝时，在北方地区封授一些公爵的封地，诸如：东海郡[2]、济阴郡[3]、安城郡[4]、陇西郡[5]。这些也都不是道武帝、明元帝设置的郡。尽管如此，道武帝、明元帝却使受封王、公者能够将这些郡作为封地。这说明，道武帝、明元帝封授的一些王、公爵的封地并不是实际存在的郡。然而，这些受封王、公爵所领有的郡，却在《晋书·地理志》中有记载。

道武帝、明元帝的这种做法，也为后世皇帝所承袭。在北魏统一北方地区后，在州、郡、县的设置上与晋代并不完全相同。也就是北魏国家要根据统治的需要设置地方行政机构。可是，北魏国家在王爵、公爵封地的封授上，继续出现在行政区划上没有设置的郡。就王爵封地而言，兴安二年，文成帝使“尚书、西平公源贺进爵为王”[6]。源贺受封公、王爵的封地西平郡，在《魏书·地形志》中，不见记载，说明北魏国家没有设置西平郡。但西平郡却见之于《晋书·地理志上》。延兴元年，孝文帝“以散骑常侍、驸马都尉万安国为大司马、大将军，封安城王”[7]。安城郡，也不见《魏书·地形志》记载。《晋书·地理志下》：“安成郡吴置。”就公爵封地而言，《魏书·罗结传》：“（罗结）以功赐爵带方公。”罗结的封地带方郡，在《魏书·地形志》中不载，却见之于《晋书·地理志下》。《魏书·乙瑰传》：“（乙瑰）除镇南将军、驸马都尉，赐爵西平公。”乙瑰封地西平郡，也在《魏书·地形志》不见，但《晋书·地理志上》却有记载。这表明，从道武帝开始，直到北魏统一北方后，在地方设置了州、郡、县行政组织，可是，王、公爵的封地，很难说是实际设置的行政郡。

---

① 《魏书》卷四上《太武帝纪上》。

② 《魏书》卷三七《司马天助传》。

③ 《魏书》卷八四《儒林·卢渊传》。

④ 《魏书》卷二九《叔孙建传》。

⑤ 《魏书》卷八三上《外戚上·姚黄眉传》。

⑥ 《魏书》卷五《文成帝纪》。

⑦ 《魏书》卷七上《孝文帝纪上》。

北魏前期，当时国家封授五等爵的封地为晋代的郡、县，还能够从区分大、小郡和大、小县的做法上透露出来。天赐元年，道武帝爵位改革，确定“王封大郡，公封小郡，侯封大县，子封小县”①。然而，需要注意的问题就是，北魏国家划分大、小郡和大、小县的依据是什么？当然，大、小郡和大、小县的区分是要以郡、县可以掌握的户口数为标准的。然而，从北魏前期国家控制地方的做法来看，实行的却是宗主督护制。这种宗主督护制是沿袭了十六国以来的坞壁制度。也就是说，实际的户口数字是由基层的宗主都护控制的，而北魏国家却是不能实际掌握这些郡、县的户口数。北魏国家可以掌握地方户口数，是在孝文帝实行三长制以后才实现的。由北魏前期国家控制地方的这种状况所决定，当时五等爵封地的大、小郡和大、小县划分，北魏国家是无法判断的，因而，也只能采用晋代的标准来区分。正因如此，北魏国家封授五等爵封地，只能采用晋代的郡、县的名称。

北魏前期，当时国家封授五等爵的封地，还实行了遥封的做法。从王、公爵的封地来看，多有封地在江南的情况。统计《魏书》记载，王爵封地为遥封的，便有丹阳郡、宜都郡、零陵郡、南郡、安成郡、南平郡。公爵封地为遥封的，则有苍梧郡、新蔡郡、长沙郡、安成郡、宣城郡、犍为郡、郁林郡、武陵郡、牂柯郡、会稽郡、庐陵郡、建业郡、零陵郡。很显然，这些郡都是东晋、刘宋所设。至于侯爵以下所领县，地处江南的，也多有记载。诸如，拓跋库汗“高宗起恭宗庙，赐爵阳丰侯”②。拓跋兰“以忠谨见宠。高祖初，赐爵建阳子”③。长孙真“少以父任为中散。从征平凉，以功赐爵临城子”④。在这些事例中提到的阳丰县、建阳县、临城县都在江南。因此，可以说，北魏国家实行的这种遥封就是将不在北魏国土范围内的郡、县封授给领有五等爵者。显然，这种封授，就是虚封的一种。

由上述可知，北魏前期，国家封授五等爵的封地，主要为晋代的郡、县地名。也就是说，北魏前期受封五等爵者的封地应为虚封地，自然是毫无疑问的。

---

① 《魏书》卷一一三《官氏志》。

② 《魏书》卷一五《昭成子孙·辽西公意烈》。

③ 《魏书》卷一四《神元平文诸帝子孙·河间公齐传》。

④ 《魏书》卷二六《长孙肥传附长孙亦干传》。

北魏前期，由于当时国家封授五等爵的封地为虚封地，所以这些封地就没有被视为“国”，也就没有专门治理封地的“内史”“相”的设置。不仅如此，在北魏实际统治区域中，有很大一部分郡、县的设置沿袭了晋代的地名，因而，一些受封五等爵的封地既是晋代郡、县的地名，也是北魏郡、县的地名。这样，似乎可以认为北魏国家能够以实际设置的郡、县为封地。可是北魏国家却对这些郡、县的治理并不是采用治理“封国”的方式。《魏书·道武七王·广平王连传》载，广平王拓跋连“天赐四年封”。直到永平三年前，封地还由元伯和承袭。可见，广平郡至北魏后期还作为封地而存在。《魏书·奚斤传》：“（奚他观）除广平太守。后为都将，征悬瓠，卒于军。”《魏书·张蒲传》：“（张灵符）太和四年，除建威将军、广平太守。”奚他观是在太武帝时担任广平太守，张灵符则在孝文帝改革前担任广平太守。这说明，北魏前期广平王的封地是由郡太守管理的，没有被视为“国”。就公爵的情况来看，也是如此。《魏书·神元平文诸帝子孙·河间公齐传》：“（拓跋齐）复赐爵河间公。……长子陵，袭爵。陵性抗直，天安初，为乙浑所害。”拓跋齐受封河间公，后为其子拓跋陵继承。直到献文帝天安初年封地才取消。《魏书·长孙肥传》：“（长孙受兴）世祖时，从征平凉，……除河间太守。”可见，在河间公封地存在时，是由太守治理的，表明拓跋齐的封地也没有被看作封国。北魏前期，侯爵以下的封地为行政县，但对这些爵位等级封地的治理却是由县令担任的。例如，文成帝封授曹安定阳侯。[①]《魏书·穆崇传附穆罴传》：“前定阳令吴平仁亦有恩信，户增数倍。”吴平仁任定阳县令应该在孝文帝改革前。这说明，定阳县没有被视为五等爵的“国”，依然要由县令治理。这些情况说明，北魏前期五等爵的封地是以晋代的郡、县为地名的虚封，尽管北魏国家所设的一些郡、县沿袭晋代的地名，但没有将这些实际设置的郡、县作为封国，所以，对这些郡、县，也就只能设置郡守、县令来治理。

此外，还需要提及的是，北魏前期，国家为一些受封五等爵者设置了为他们服务的国官。《魏书·官氏志》：“（天赐元年）十二月，诏始赐王、公、侯、子国臣吏，大郡王二百人，次郡王、上郡公百人，次郡公五十人，侯二

---

① 《魏书》卷一〇一《吐谷浑传》。

十五人，子十二人，皆立典师，职比家丞，总统群隶。”这里提到的“典师”正是为受封五等爵者服务的官员。但典师的职掌，却是与受封五等爵者因爵位等级不同而获得数量不等的臣吏联系在一起的。这些臣吏，实际为“亲恤”，也就是被视为“群隶”的服役者。而典师正是为管理这些服役者而设置的。这种使有爵者有“亲恤”的规定，在孝文帝改革后，还依然保留。《魏书·献文六王下·彭城王勰传》：“（元）勰表以一岁国秩、职俸、亲恤，以裨军国。”周一良先生认为，国秩为彭城王封邑收入，职俸指勰所任中书监侍中之俸禄，亲恤为勰服役之事力。① 其实，北魏国家不仅为有封爵者赐授“亲恤”，任官者也有“亲恤”。《魏书·献文六王上·广陵王羽传》：“（孝文帝）谓左丞公孙良、右丞乞伏义受曰：‘……二丞可以白衣守本官，冠服禄恤，尽皆削夺。’”恤即为“亲恤”，也是官员应该获得的待遇。由于典师的设置是管理“亲恤”的，自然就是为有爵者服务的家臣，实际与管理封地没有关系。

除了典师之外，北魏国家还为有爵者设置了其他的国官。《魏书·恩幸·王睿传》：“（太和）四年，迁尚书令，封爵中山王，加镇东大将军。置王官二十二人，中书侍郎郑羲为傅，郎中令以下皆当时名士。”这说明，在孝文帝统治前期，国家为受封王爵者所设置的王官是很多的。甚至在这些王官中出现了郎中令的设置。但设置的这些王官，并不是为封地的事务服务的。因为从孝文帝统治前期王爵的封地仍然为虚封地。《魏书·孝文帝纪上》：“（太和九年）封皇弟禧为咸阳王，干为河南王，羽为广陵王，雍为颍川王，勰为始平王，详为北海王。”可以说，太和七年孝文帝封授的王爵的封地，还是以晋代的郡为名称的。因此他们的封地，依然由郡太守治理。《魏书·李宝传》：“（李辅）太和初，高祖为咸阳王禧纳其女为妃，除镇远将军、颍川太守。”可见，北魏国家治理拓跋雍的封地颍川郡，所任用的仍然为郡太守，与不为封地的行政郡是完全相同的。这一时期，北魏国家对公爵的封地的治理，也是如此。《魏书·毕众敬传》：“（毕义允）袭祖爵东平公，例降为侯。”显然，孝文帝统治前期，东平郡为毕义允的封地。《魏书·王宪传》：“（王祖念）袭爵。官至东平太守。例降爵为侯。”王祖念任东平太守应

① 周一良：《魏晋南北朝史札记》，中华书局，1985年，第331页。

该在孝文帝爵位改革前。很明显，毕义允的封地是由郡太守治理的。也就是说，他的封地还是以晋郡为地名的虚封地。由此可以确定，孝文帝爵位改革前，王、公爵的封地都为虚封。既然这些受封五等爵者的封地为虚封，北魏国家为他们所设置的国官，也就不可能实际管理封地事务。从这一方面来看，孝文帝为中山王王睿设置众多的王官，加重其地位的象征意义自然要超过王官的实际职掌。因此，可以说，北魏前期国家为受封五等爵者设置国官，是不能作为他们的封地为实封的证据的。

总之，北魏前期，国家封授五等爵的封地为虚封地。主要原因在于，北魏国家是以晋代郡的地名作为五等爵的封地。尽管北魏国家所设的一些郡、县沿用了晋代的地名，但是，在当时的理念上五等爵的封地还是被视为晋代的郡、县，而不是北魏实际设置的郡、县。正因为如此，这种封地也就不被视为传统意义上的封国，也只能由郡守、县令治理。并且，在当时宗主督护制实行的社会条件下，才有可能将五等爵的封地区分为大郡、小郡、大县、小县。当然，还要看到，正如下一节提到的，北魏国家还将五等爵的虚封地作为爵位等级的补充，进而使虚封地的封授只具有体现爵位等级的作用。这表明，北魏前期，当时国家封授五等爵封地所具有的分封意义，只是一种形式，实际只是为北魏官僚制度服务的一种爵位封授规定。可以说，这种规定与北魏前期国家摈弃分封制的统治意图①，并无矛盾之处，是完全为适应国家政治统治需要而实行的。

二、五等爵的等级与虚封地结合的特点

如前所述，北魏前期，国家为五等爵规定了明确的等级。天赐元年，道武帝爵位改革，实行王、公、侯、子四等级制。明元帝以后则增加了男爵。太和十六年，孝文帝爵位改革之前又增加了伯爵。也就是说，北魏前期逐渐形成了王、公、侯、伯、子、男的爵位等级序列。尽管北魏前期五等爵的等级不是固定不变的，可是，爵位等级与封地却是密切联系在一起的。换言之，北魏前期，受封五等爵者就可以获得封地的封授，并且，这种虚封地的

① 宫崎市定：《九品官人法研究》，韩昇译，中华书局，2008年，第233页。

存在对五等爵特点的影响也是明显的。

实际上，在北魏建国之初，开始实行五等爵时，当时国家已经将五等爵等级与虚封地的封授结合在一起。尽管如此，这种结合并不是有序的，而是具有较大的随意性。天赐元年，道武帝爵位改革，才开始改变这种状况。《魏书·官氏志》：

（天赐元年）九月，减五等之爵，始分为四，曰王、公、侯、子，除伯、男二号。皇子及异姓元功上勋者封王，宗室及始蕃王皆降为公，诸公降为侯，侯、子亦以此为差。于是封王者十人，公者二十二人，侯者七十九人，子者一百三人。王封大郡，公封小郡，侯封大县，子封小县。

由爵位改革的这种规定可以看出：道武帝将郡作为王、公爵位等级的封地；将县作为侯、子爵位等级的封地。也就是说，北魏国家以郡、县行政机构的差别来表明王、公与侯、子爵位等级的不同，进而使五等爵的封地分为郡、县两个不同的层次。道武帝还在改革的规定中，将大郡、小郡、大县、小县与王、公、侯、子爵位等级对应起来，因而，也就使爵位等级与虚封地有序地结合在一起的。很明显，北魏前期，当时国家封授五等爵，不仅注意到爵位等级的高低，同时也注意到虚封地的大小。由于道武帝实行这种做法，就使受封爵位者的身份地位，需要爵位等级与虚封地相结合，才能够更明确地体现出来。

天赐元年，道武帝的爵位改革，不仅使五等爵等级与虚封地有序地结合在一起，并且，还在王、公爵两等级范围内，使爵位等级与虚封地的结合实行特殊的做法。《魏书·官氏志》：“（天赐元年）十二月，诏始赐王、公、侯、子国臣吏，大郡王二百人，次郡王、上郡公百人，次郡公五十人，侯二十五人，子十二人。”这就是说，北魏国家使受封王、公两级爵位者，可以受封大郡，也可以受封小郡。当然，道武帝规定的大郡、小郡，实际是采取晋代的区分标准。

实际上，晋代国家是明确将行政郡区分为大郡和小郡的。正如《晋书·山涛传》所言：“吴平之后，（晋武）帝诏天下罢军役，示海内大安，州郡悉去兵，大郡置武吏百人，小郡五十人。”而且，晋代国家还为大郡、小郡的区分规定了明确的标准。那么，晋代区分大郡、小郡界限的户口数量是多少呢？《晋书·蔡谟传》：“陈留时为大郡。”《晋书·地理志上》：“陈留国汉置。统县十，户三万。”又《晋书·王稜传》：“（王稜）宜守大郡，乃出为豫章太守。”《晋书·地理志下》：“豫章郡汉置。统县十六，户三万五千。”这些记载表明，晋代大郡的户口数，一般在三万户以上。可是，拥有三万户口，并不是大郡下限数量。《晋书·郗鉴传附郗愔传》：“（郗愔）自以资望少，不宜超莅大郡，朝议嘉之。转为临海太守。”《晋书·地理志下》：“临海郡吴置。统县八，户一万八千。”晋代的临海郡为小郡，但户口数却接近二万户。如果将以上两种情况结合在一起考察，则可以明确，晋代国家应该是以二万户为界限来区分大郡、小郡的。晋代国家实行的这个标准，应该也为北魏前期国家所承袭。

道武帝以晋代的标准区分大、小郡，并将王、公两级爵位与大郡、小郡的封授结合在一起，因此，便产生了大郡王、次郡王、上郡公、次郡公的等次差别。也就是说，由于王、公爵等级与这种虚封地的结合，也就形成了两等级四等次的区分。可以说，这是一种很巧妙地编制爵位等级序列的做法。由于这种等级序列的实行，对受封王、公爵者而言，他们获得的大、小郡，不只是虚封地大小的不同，更重要的是，要表明在同一爵位等级内，他们的地位存在等次高低的差别。

在道武帝爵位改革之后，北魏国家继续以虚封地的差别来增加王、公爵的等次的区分。《魏书·奚斤传》：“（奚斤）世祖即位，进爵宜城王，仍为司空。”奚斤受封的虚封地宜城为县，而不是郡。宜城县在晋代属襄阳郡。① 但是，北魏前期，国家封授县王的事例很少见，所以，这种情况只是一种特例。就受封公爵者的虚封地而言，也出现这种情况。《魏书·王洛儿传》：“王洛儿，京兆人也。……太宗即位，拜散骑常侍。诏曰：‘……勤而不赏，何以奖劝将来为臣之节？其赐洛儿爵新息公，加直意将军。’”王洛儿受封的新息，为晋代的县，属汝南郡。② 这说明，明元帝时，开始封授一些县公。

① 《晋书》卷一五《地理志下》。

② 《晋书》卷一四《地理志上》。

北魏前期，当时国家封授县公并不是个别的情况。见于文献记载的虚封地为县的受封公爵者还有：金乡公车路头、尚安公拓跋素、清水公宋繇、建德公拓跋婴文。这些事例说明，明元帝以后，在公爵等级范围内，又增加了县公，因而，也就有了大郡王、小郡王、上郡公、次郡公、县公的等次划分，也就形成了二等级五等次的爵位序列。北魏国家将王、公爵规定为这种等次序列，是为了使这两级爵位表现受爵者所建树的“勤”和“功”能够得到更明确的展现。可以说，北魏前期，当时国家封授王、公两级爵位，一直都是按五等次进行的。以下将明元帝至孝文帝爵位改革前王、公爵的封授情况分别说明。

先看大郡王的封授情况。《魏书》记载，北魏国家封授二万户以上的大郡王有：拓跋健、拓跋建闾、拓跋新成、拓跋子推、拓跋洛侯、拓跋胡儿、拓跋若、拓跋干、嵇敬、长孙翰、叔孙建、杜超、陆丽、周忸、杜遗、杜元宝、闾若文、闾虎皮、闾拔、李嶷、李惠、陈建、苟颓、王睿、刘昶，共25人。其中封授皇子8人，鲜卑勋臣6人，外戚9人，亲幸汉臣1人，南朝降臣1人。

再看小郡王的封授情况。《魏书》记载，北魏国家封授二万户以下的小郡王有：拓跋丕、拓跋弥、拓跋范、拓跋翰、拓跋谭、拓跋余、拓跋天赐、拓跋小新成、拓跋万寿、拓跋云、拓跋桢、拓跋长寿、拓跋太洛、拓跋休、拓跋简、拓跋猛、拓跋羽、拓跋雍、拓跋详、拓跋勰、长孙嵩、穆寿、长孙道生、楼伏连、陆俟、窦漏头、源贺、乙浑、常英、李峻、慕容白曜、韩颓、罗拔、冯熙、李白、万安国、冯诞、冯始兴，共38人。其中封授皇子20人，鲜卑勋臣10人，外戚7人。

对比大郡王、小郡王的封授情况，可以明确，封授大郡王和小郡王的对象，并没有多少区别，大体是相同的。这些对象包括皇子、鲜卑勋臣、外戚以及极少数的汉官和南朝降臣。也就是说北魏国家封授大郡王、小郡王，依据的基本条件，自然是受封者的身份。可是，还要顾及受封者自身具有的特殊条件，以及他们“勤”和“功”的建树。应该说，大郡王、小郡王封授的前提条件是没有多少差别的。然而，北魏国家却使这些身份相同者获得的王爵却有等次的差别。这种情况说明，北魏国家为大郡王、小郡王的封授规定了不同的标准，并严格依据这种标准实行封授。正因为如此，从开始有大郡王、小郡王的区分开始，直到孝文帝爵位改革前，便一直以这样两个等次封授王爵。因此，可以说，北魏前期，当时国家使受封王爵者获得不同等次的虚封郡，其中所包含的意义就在于，可以使受爵者的地位差别，由此得到更明确的表现。也就是说，受封王爵者的地位，实际是与虚封郡的大小直接联系在一起的。

自道武帝爵位改革后，北魏国家将公爵分为上郡公、次郡公。并且，明元帝以后，又增加了县公。实际上，北魏前期，当时国家封授公爵，一直分为三个等次。以下分别说明明元帝至孝文帝爵位改革前上郡公、次郡公和县公的封授情况。

先看上郡公的封授情况。《魏书》记载，北魏国家封授二万户以上的上郡公有：张黎、拓跋磨浑、奚拔、谷浑、公孙轨、司马国璠、拓跋吕、拓跋齐、拓跋纂、尉长寿、奚眷、吕洛拔、杜超、谷洪、拓跋郁、杜道生、闾纥、刘休宾、李䜣、李安世、薛安都、常珍、姚晖、楼毅、寇赞，共25人。其中宗室5人，鲜卑勋臣8人，汉族官员6人，外戚4人，南朝降臣2人。

再看次郡公的封授情况。《魏书》记载，北魏国家封授二万户以下的次郡公有：司马景之、司马天助、卢溥、叔孙俊、费于、姚黄眉、拓跋崘、卢鲁元、司马文思、李宝、万真、唐和、唐玄达、段霸、拓跋敦、拓跋比陵、长孙石洛、来大千、万振、罗斤、罗拔、安颉、乙瑰、封敕文、常英、王谌、拓跋桢、拓跋忠，共28人。其中，宗室5人，鲜卑勋臣11人，汉族官员7人，外戚2人，南朝降臣3人。

最后看县公的封授情况。《魏书》记载，北魏国家封授的县公有：王洛儿、拓跋素、车路头、宋繇、拓跋婴文、奚斤、拓跋泥，共7人。其中，宗室3人，鲜卑勋臣2人，汉族官员2人。

将上郡公、次郡公、县公情况加以对比，可以看出，受封上郡公、次郡公和县公者，主要为宗室、鲜卑勋臣和汉族官员。外戚和南朝降臣，则受封上郡公、次郡公，并不封授县公。这说明，上郡公、次郡公和县公的封授，是以他们所具有的特殊的社会身份地位为前提条件的。可是，北魏国家却依据公爵的虚封地的大小区分了三等次，并且，依据这三等次实际封授公爵。这种封授公爵的做法表明，北魏前期，当时国家是为上郡公、次郡公和县公规定了封授的标准和限定的条件，进而这些条件也就成为北魏国家能够分成三等次封授公爵的保证。

综上可见，天赐二年，道武帝改革五等爵，爵位等级与虚封地开始具有密切的关系。这种关系表现为：一方面，北魏国家使爵位等级的高低与虚封地大小相对应。也就是，使王、公、侯、子爵位等级与大郡、小郡、大县、小县有序地联系起来，因而，爵位等级的高低可以决定虚封地的大小，而虚封地的大小也可以表现爵位等级的高低。由此来看，尽管北魏国家封授五等爵的封地为虚封，可是，受封爵者的虚封地并不具有随意性。可以说，道武帝的这种做法对孝文帝爵位改革前五等爵的封授影响是重大的。实际上，北魏前期受封五等爵者的虚封地与爵位等级是相互制约的。另一方面，北魏国家又利用虚封地的大小，在同一爵位等级范围内，又区分为不同的等次。这主要实行在王、公二级爵位范围内。在道武帝爵位改革时，开始有大郡王、小郡王、上郡公、次郡公的区分。明元帝以后，又增加了县公。北魏前期，当时国家封授王、公爵位，一直是严格按照标准将这二级爵位分为大郡王、小郡王、上郡公、次郡公和县公来进行封授的。很明显，以虚封地的大小所决定的王、公爵的不同等次，可以使受封王、公二级爵位者的身份地位由此得到更为明显的体现。

三、五等爵等级的变化与虚封地的存在状况

北魏前期，当时国家可以改变受封五等爵者的爵位等级。由于五等爵的等级是与虚封地相联系的，所以，爵位等级的变化也会使虚封地出现改变。不过，需要提到的是，北魏前期，五等爵的爵位等级不是固定不变的。特别是，孝文帝爵位改革前五等爵等级序列中又增加了伯爵，然而，伯爵却在北魏前期不经常封授，因此，五等爵等级改变就很少涉及这一等级。另外，王爵为五等爵最高等级，在王爵的范围内，基本为大郡王、小郡王等次的变化，因此，王爵变化主要表现在内部等次上，而王爵等级的改变则是不多见的。因此，下面主要讨论公、侯、子、男爵位等级变化与虚封地的关系。

（一）公爵等级变化与虚封地存在状况

北魏前期，公爵等级的变化，主要表现为等级的提升。也就是由公爵进升至王爵。例如，陆俟“赐爵建业公，……高宗践阼，以子丽有策立之勋，

拜侯征西大将军，进爵东平王”①。北魏前期，当时国家进升受封公爵者的等级，当然对原来的虚封地要有影响。可是，北魏国家并没有对由公爵进升至王爵者的虚封地实行完全相同的做法。统计《魏书》中的记载，由公爵进升王爵后，封地改变者并不在少数。诸如：长孙嵩、奚斤、长孙翰、长孙道生、陆俟、源贺、乙浑、慕容白曜、尉元、陈建、苟颓、王睿、张佑、拓跋目辰，共14人，他们由公爵进至王爵后，原来的虚封地都变动了。《魏书·文成帝纪》：“（和平）三年春正月壬午，以车骑大将军、东郡公乙浑为太原王。”正是这种虚封地变动的事例。然而，还有与这种情况相反的事例。《魏书·楼伏连传》：“（楼伏连）世祖即位，进为广陵公。……世祖征蠕蠕，伏连留镇京师。进爵为王，加平南大将军。”显然，楼伏连受封公爵进至王爵后，还继续保留原来公爵时的虚封地。统计《魏书》记载，这种情况便有：穆寿、楼伏连、尉眷、韩颓、罗拔，共5人。很显然，北魏国家对由公爵进至王爵者的虚封地，采取了两种不同的做法。可是，在这两种做法中，改变公爵时的虚封地，应该是主要的做法。这种做法处于主要位置，不仅在人数上要远远多于虚封地不变的情况，而且，北魏国家还要对进升王爵时不变的虚封地再做调整。《魏书·源贺传》：“（源贺）世祖素闻其名，及见，器其机辩，赐爵西平侯，加龙骧将军。……凉州平，迁征西将军，进号西平公。……以定策之勋，进爵西平王。……高宗纳之。出为征南将军、冀州刺史，改封陇西王。”可见，源贺由公爵进至王爵时，他的原来的虚封地保留了，但是，经过一段时间，原封地却被改封了。北魏前期，国家所以要对由公爵进至王爵者的虚封地加以改变，其主要目的在于，要通过虚封地的变化来表现受封公爵者爵位等级的改变。

由于北魏前期，当时国家使由公爵进至王爵者的虚封地的改变，主要具有这种意义，所以，封地的改变，也就有比较固定的做法，表现出明显的特点：一是北魏国家使受封公爵时的虚封地与进升王爵后的虚封地，不能够在同一州中。《魏书·孝文帝纪上》：“（太和三年）侍中、尚书右仆射、赵郡公

---

① 《魏书》卷四〇《陆俟传》。

陈建为司徒，进爵魏郡王。”晋代赵郡为赵国。赵国属冀州，[①] 魏郡则属司州。[②] 又《魏书·长孙道生传》：“世祖即位，进爵汝阴公，迁廷尉卿。……除司空，加侍中，进封上党王。”晋代汝阴郡属豫州，[③] 上党郡属并州。[④] 很明显，陈建、长孙道生的原来的虚封地与进爵后的虚封地所处的州是明显分离的。二是北魏国家使受封公爵与进升王爵后虚封地的大、小郡状况基本不变。《魏书·长孙嵩传》：“（长孙嵩）历侍中、司徒、相州刺史，封南平公，所在著称。”《魏书·太武帝纪上》：“进司徒长孙嵩爵为北平王。”长孙嵩原虚封地南平郡，《晋书·地理志下》：“统县四，户七千。”进爵后的虚封地北平郡，《晋书·地理志上》：“统县四，户五千。”《魏书·长孙道生传》：“（长孙道生）世祖即位，进爵汝阴公，迁廷尉卿。……除司空，加侍中，进封上党王。”长孙道生原虚封地汝阴郡，“统县八，户八千五百”。进爵后的虚封地上党郡，“统县十，户一万三千”[⑤]。显然，受封公爵时的虚封地为小郡，进爵后的虚封地还为小郡。《魏书·孝文帝纪上》：“（太和三年）侍中、尚书右仆射、赵郡公陈建为司徒，进爵魏郡王。”陈建原来的虚封地赵国“统县九，户四万二千”[⑥]。他进爵后的虚封地魏郡，“统县八，户四万七百”[⑦]。这说明，受封公爵时的虚封地为大郡的，改变后的虚封地依然为大郡。应该说，北魏国家实行的这两种做法，包含不同的意义。就改变虚封地的前一种做法而言，北魏国家的目的在于，要使公爵进至王爵的变化能够更明确地表现出来，因而，也就采取改变的虚封地与原虚封地所处州完全分离的措施。从实行的后一种做法来看，北魏国家则要使原来公爵的大、小郡与进至王爵后的大、小郡的存在状况保持连续性，进而以虚封地的大、小所体现的等次也就延续到进升的王爵中，所以，始封的虚封地的大小明显地影响进升的王爵位等次。当然，由公爵进至王爵时，受爵者的原来的虚封地与改变的虚封

---

① 《晋书》卷一四《地理志上》。
② 《晋书》卷一四《地理志上》。
③ 《晋书》卷一四《地理志上》。
④ 《晋书》卷一四《地理志上》。
⑤ 《晋书》卷一四《地理志上》。
⑥ 《晋书》卷一四《地理志上》。
⑦ 《晋书》卷一四《地理志上》。

地，在所领郡的大小上，也有变化的情况。《魏书·孝文帝纪上》："（太和三年）侍中、尚书、太原公王睿进爵中山王。"王睿的原封地太原郡，"统县十三，户一万四千"[①]。他进至王爵后的中山郡"统县八，户三万二千"[②]。显然，王睿由公爵进至王爵后，他的虚封地由小郡变为大郡。北魏国家对王睿的爵位进升所采取这种做法，是因为他"与东阳王丕同入八议"[③]，并且，还受到孝文帝和文明太后的宠幸，是有很大关系的。因此，可以说，由公爵进至王爵时，虚封地由小郡改为大郡，正是与加重和提高进爵者的地位相联系的，因而，这也就是一种打破惯例的特殊措施。

北魏国家对一些受封公爵者的爵位等级也采取贬降的做法。也就是，由公爵降至侯爵，或更低的爵位等级，因而，他们的虚封地也就由郡改为县。显然，虚封地一定要发生变动。可是，北魏国家并不是将这种虚封地变动只作地方行政组织的转变。《魏书·司马天助传》："（司马天助）刘裕自立，乃来归阙。除平东将军、青徐二州刺史、东海公。……子元伯，字归都。袭爵，后降温县子。"司马元伯的原封地东海郡属徐州。[④] 降爵后的封地温县则属司州河内郡。[⑤] 可见改变的虚封地，并不在原封地所在的州。这说明，受封公爵者的爵位等级被贬降，虽然封地由郡变为县，可是，降爵后的虚封县与原来的虚封地所在州，却是需要分离的。

（二）侯爵等级变化与虚封地的存在状况

北魏前期，当时国家提升受封侯爵者的等级实行二种做法。一是由侯爵进升为公爵。《魏书·昭成子孙·陈留王虔传》："（拓跋颠）从平中山，以功赐爵蒲城侯。……子崘，世祖时，袭父爵。以功除统万镇将。……高宗即位，除秦州刺史，进爵陇西公。"也就是进升一级爵位等级。二是由侯爵提升为王爵。《魏书·文成帝纪》："平南将军、宋子侯周忸进爵乐陵王，南部尚书。"可见，周忸的爵位等级进升二级。由于进爵等级的不同，自然要影响进爵后虚封地的存在状况。

---

① 《晋书》卷一四《地理志上》。

② 《晋书》卷一四《地理志上》。

③ 《魏书》卷九三《恩幸·王睿传》。

④ 《晋书》卷一五《地理志下》。

⑤ 《晋书》卷一五《地理志下》。

《魏书》记载，北魏前期，国家使受封侯爵者进至公爵者有：拓跋崘、莫云、许谦、邓宗庆、长孙真、奚乌侯、韩延之、薛辩、寇赞、薛野賭、许宗之、杜道生、晁晖，共13人。而受封侯爵者进至王爵者则有：叔孙建、周忸，共2人。将这两种情况对比，可以说，北魏国家使受封侯爵者进至公爵，是通常的措施，而进至王爵则是比较特殊的做法。尽管进升的爵位等级存在差别，但共同的是，他们的虚封地都由县改为郡，所以，进爵后的虚封地是一定要变动的。然而，需要提到的是，受封侯爵者的虚封地由县变为郡，并不是地方行政组织的简单变换。《魏书·叔孙建传》："（叔孙建）以功赐爵寿光侯，加镇南将军。……世祖以建威名南震，为义隆所惮，除平原镇大将，封丹阳王。"叔孙建的原封地寿光县属青州济南郡。[①] 他进升王爵后的虚封地丹阳郡则属扬州。[②] 显然，由侯爵进至王爵后，北魏国家严格防止原虚封地与进爵后的虚封地同处一州。就侯爵进至公爵的情况而言，也是如此。《魏书·许谦传》："（许谦）赐爵平舒侯、安远将军。……世祖善之。进爵北地公，加镇南将军。"许谦原来的虚封地平舒县属幽州代郡。[③] 进升公爵后，他的虚封地北地郡，则属雍州。[④] 显然，北魏国家使他原来和进爵后的虚封地是不能够同处一州的。这些情况说明，北魏国家使受封侯爵者，无论进爵一级，还是二级，是要防止他们的原来的虚封地与变动的虚封地共处同一州中。可以说，这是北魏国家为了表现侯爵等级的变化，因而，实行比较严格的州区限定的做法来明确地加以确认。

此外，还要指出的是，由于在公爵中还有县公等次，因而，北魏国家还将一些侯爵等级提升至县公。《魏书·昭成子孙·辽西公意烈传》："（拓跋库汗）高宗起恭宗庙，赐爵阳丰侯。显祖即位，复造高宗庙，拜殿中给事，进爵为公。"《魏书·崔玄伯传》："（崔玄伯）尚书职罢，赐玄伯爵白马侯，加周兵将军。……太宗从之，遂平胡寇。寻拜天部大人，进爵为公。"显然，拓跋库汗、崔玄伯的爵位等级由侯爵进至公爵，可是，他们的虚封地却没有改变，也就是保留了原来的虚封地，所以，他们提升的爵位只是县公。由此

① 《晋书》卷一五《地理志下》。

② 《晋书》卷一五《地理志下》。

③ 《晋书》卷一四《地理志上》。

④ 《晋书》卷一四《地理志上》。

可见，北魏国家使受封侯爵者的爵位等级提升，但虚封地却依然保留的目的就在于，要表明他们获得的只是等次最低的公爵。这正是侯爵等级改变而虚封地不变所包含的意义。

（三）子、男爵等级的变动与虚封地的存在状况

北魏前期，国家改变受封子爵者的等级，也与虚封地有关系。统计《魏书》中的记载，受封子爵者的等级提升，可以分为二种情况：一是提升至侯爵；二是提升至公爵。就前一种情况而言，子爵等级提升前、后，其封地都为县。而从后一种情况来看，子爵等级进至公爵，虚封地则要由县变为郡。很明显，这两种情况的区别是明显的，因此，对虚封地存在状况的影响也有差别。

北魏国家使受封子爵者等级进至侯爵后，对他们的虚封地实行了不同的做法。一种为子爵等级提升，但虚封地并不改变。《魏书·封懿传》：“（封懿）归阙，除给事黄门侍郎、都坐大官、宁朔将军、章安子。……太宗初，复征拜都坐大官，进爵为侯。”正是说的这种情况。《魏书》记载的这类由子爵进至侯爵者有：邓颍、周观、闾大肥、封懿、李顺、李恢、游雅、郑羲，共 7 人。

二种为子爵等级提升，虚封地随之变动。例如，李孝伯“赐爵南昌子，加建威将军……以频从征伐规略之功，进爵寿光侯，加建义将军”[①]。这种情况见于《魏书》记载的有：崔括、穆凯、于烈、王宪、李佐、伊馛、窦瑾、高允、李孝伯、高谠、王质，共 11 人。

将这两种做法涉及的人数加以比较，可以看出，二者的差距不是很明显。因此，可以说，北魏国家将受封子爵者的等级进至侯爵后，两种不同的做法是并行的。由前一种做法的实行可以看出，天赐元年道武帝爵位改革，确定“侯封大县，子封小县”[②] 的原则并没有严格执行。如果实行了这种封地规定，在子爵进升至侯爵后，应该将原来的小县改变为大县。后一种做法的实行，则似乎表明由子爵等级进至侯爵，爵位等级的高低与虚封县的大小是有联系的。这种情况可以从虚封县变化的特点中透露出来。《魏书·崔玄

---

① 《魏书》卷五三《李孝伯传》。

② 《魏书》卷一一三《官氏志》。

伯传》："（崔括）历给事中，赐爵绎幕子。出为上党太守、平南将军、豫州刺史，进爵阳武侯。"可见，崔括原来虚封的绎幕县属冀州清河国。[①] 而进至侯爵的虚封阳武县，则属司州荥阳郡。[②] 又《魏书·于栗磾传附于烈传》："（于烈）转左卫将军，赐爵昌国子。……加散骑常侍，迁前将军，进爵洛阳侯。"于烈原来虚封的昌国县属青州齐国。[③] 进至侯爵的虚封洛阳县，则属司州河南郡。[④] 很显然，北魏国家对子爵进至侯爵后的虚封县，也实行了州、郡区域分离的限定措施。

就子爵进至公爵等级来看，这种事例并不多见。子爵的虚封地为县，而公爵的虚封地，多数为郡，因而，在受封子爵的等级进至公爵时，北魏国家无疑要改变其封地。《魏书·宿石传》："（宿石）兴光中，迁侍御史，拜中垒将军，进爵蔡阳子，典宜官曹。……改爵义阳子。……天安初，迁散骑常侍、吏部尚书，进爵太山公。"宿石原来虚封的蔡阳县属荆州义阳郡。[⑤] 改爵后义阳县也属荆州义阳郡。[⑥] 但进至公爵后虚封的太山郡则属兖州。[⑦] 这说明，北魏国家对子爵进至公爵者，也实行所属州的区域限定。

男爵等级变动也与封地变化有关系。可以说，男爵为北魏前期五等爵中最低的爵位，它是明元帝以后恢复的爵位等级。由于男爵的等级最低，所以北魏国家为受封男爵者爵位等级的提升采取多样的做法。《魏书·神元平文诸帝子孙·高凉王孤传》："（拓跋陵）世祖赐爵襄邑男。进爵为子。"拓跋陵由男爵进为子爵，爵位等级提升了一级。北魏国家还可以使受封男爵者进至侯爵。例如，苟颓"世祖至江，赐爵建德男，加宁远将军。……征拜散骑常侍、殿中尚书，进爵成德侯，加后将军"[⑧]。还能够使受封男爵者的等级进升至公爵。例如，于栗磾"转镇远将军，河内镇将，赐爵新城男。栗磾抚导新

---

① 《晋书》卷一四《地理志上》。

② 《晋书》卷一四《地理志上》。

③ 《晋书》卷一五《地理志下》。

④ 《晋书》卷一四《地理志上》。

⑤ 《晋书》卷一五《地理志下》。

⑥ 《晋书》卷一五《地理志下》。

⑦ 《晋书》卷一五《地理志下》。

⑧ 《魏书》卷四四《苟颓传》。

邦，甚有威惠。……进爵为公，加安南将军”[①]。受封男爵者进至侯爵、公爵，爵位等级的提升都在两级以上。由于北魏国家使受封男爵者进升的爵位等级不同，所以，等级变化后的虚封地存在状况也不尽相同。

由男爵进升至子爵的情况来看，爵位等级提升一级，所以，北魏国家实行了虚封地与这种爵位等级变动相适应的做法。这种做法可以分为虚封地不变以及虚封地改变两种。其实，这两种做法也是并行的。《魏书·尉拨传》：“（尉那）有功，赐爵介休男。从讨和龙，迁虎贲帅，转千人军将。……以功进为子。”《魏书·崔玄伯传附崔宽传》：“（崔宽）世祖嘉之，拜宽威远将军、岐阳令，赐爵沂水男。……宽还京，拜散骑侍郎、宁朔将军、安国子。”前者为男爵等级提升一级，虚封地却不变化；后者则为男爵等级提升一级，而虚封地随之改变。这种情况说明，北魏国家为受封男爵者进爵一级所实行的虚封地的措施与子爵等级提升一级所采取的做法，是大体相同的。当然，北魏国家使受封男爵者等级变化而实行的两种不同做法所包含的意义，也没有多少区别。

北魏国家使受封男爵者提升至侯爵的情况，也并不少见。统计《魏书》记载，由男爵进至侯爵者，共有 6 人。但是与男爵进至子爵不同的是，其爵位等级的提升已在二级以上，因而，也就使北魏国家在封地的封授上，要采取不同的做法。《魏书·和跋传》：“（和归）从征赫连昌有功，拜统万将军，赐爵成皋男。与西平公安颉攻虎牢，拔之。进爵高阳侯。”和归原来虚封的成皋县属司州河南郡。[②] 提升侯爵后虚封的高阳县，属冀州高阳国。[③] 又《魏书·韩茂传》：“（韩备）初为中散，赐爵江阳男，加扬烈将军。又进爵行唐侯，拜冠军将军、太子庶子。”韩备原来虚封的江阳县属益州江阳郡。[④] 提升侯爵后虚封的行唐县，则属冀州常山郡。[⑤] 这说明，北魏国家使受封男爵者进至侯爵，他们的虚封地是需要变动的。很显然，由于北魏国家使受封男爵者进至侯爵与进至子爵，在进升的等级上，存在明显的差异，因而，也就

① 《魏书》卷三一《于栗磾传》。

② 《晋书》卷一四《地理志上》。

③ 《晋书》卷一四《地理志上》。

④ 《晋书》卷一四《地理志上》。

⑤ 《晋书》卷一四《地理志上》。

在爵位等级变动后的虚封地上，实行不同做法。也就是说，对男爵进至子爵者，并不实行虚封地不变与改变并行的措施，而只实行虚封地改变的做法。北魏国家所以要对二者加以区别，就是要通过对虚封地的变动采取的不同措施来表现由男爵提升等级一级与二级两者之间的差别。

北魏国家还对受封男爵者实行进爵至公爵的做法。不过，使男爵进至公爵，在等次上却有不同。《魏书·于栗磾传》："（于栗磾）转镇远将军，河内镇将，赐爵新城男。栗磾抚导新邦，甚有威惠。……进爵为公，加安南将军。"显然，于栗磾由男爵提升至公爵后，他的封地没有改变。这说明，北魏国家可以使一些受封男爵者进爵为县公。可是，由男爵进爵至公爵等级，并不限于这种情况。《魏书·孔伯恭传》："（孔伯恭）以父任拜给事中。后赐爵济阳男，加鹰扬将军。出为安南将军、济州刺史，进爵城阳公。"孔伯恭进升的城阳公，显然虚封地为郡。这就是说，北魏国家还能够使一些受封男爵者进爵至郡公。当然，进爵至郡公与进爵至县公，爵位等级改变后的虚封地的情况是不同的。很明显，就进爵至县公来说，其虚封地是不需要改变的。可是，对进爵至郡公的情况则很不相同。由前面提到的孔伯恭的情况来看，孔伯恭受封男爵虚封的济阳县属兖州陈留国。① 而进爵郡公后虚封的城阳郡，则属于青州。② 可见，孔伯恭的原来的虚封县与进爵后的虚封郡，分属不同的州。这说明，北魏国家使受封男爵者进爵郡公后的虚封郡，也实行所属州的限定措施。当然，这种措施与由子、侯爵进爵至郡公的规定，应该是完全相同的。

总而言之，北魏前期，当时国家不是使受封五等爵者的爵位等级保持不变，而要改变一些受爵者的爵位等级。其实，北魏国家较多实行的做法，是要提高受爵者的爵位等级。由于五等爵的爵位等级与虚封地联系密切，所以，等级的变动也就要影响虚封地的存在状况。然而，因为北魏国家提升爵位等级的高低不同，对虚封地的存在状况也产生不同的影响。尽管北魏国家改变受爵者的爵位等级后，可以使一些进爵者继续保留原来的虚封地，但是，对多数的进爵者来说，则实行变动虚封地的做法。而且，进爵后的虚封

① 《晋书》卷一四《地理志上》。

② 《晋书》卷一五《地理志下》。

地与原来的虚封地实行严格的所属州的限定措施。北魏国家之所以要实行这些做法的最主要的目的，就是要使爵位等级的变动通过虚封地的改变而获得更为明确的表现。

（原载《社会科学战线》2016 年第 2 期）

北魏前期五等爵封授范围限定问题的考察

北魏前期，国家实行五等爵制。尽管这种五等爵是虚封爵，但是可以作为身份地位的象征。因此，北魏国家对爵制的制定和爵位的封授是很重视的。由于北魏前期国家实行官本位体制，并且还将拓跋鲜卑勋贵和汉族世族作为主要依靠的统治力量，因此，在五等爵的封授上，具有比较明确的限定范围。因此，探讨北魏前期五等爵的范围限定问题，对认识当时爵位与官制的联系以及爵位对当时社会上层群体地位的影响，都具有重要的意义。可是，前人对这一时期爵制的研究，却忽略了这个问题。所以，本文拟对北魏前期五等爵实行范围限定相关的诸问题做一些考察，希望由此可以透视当时爵位封授所包含的不能忽视的社会功能。

一、爵位封授特权的限定范围及标准的变化

北魏前期，国家对一些特殊身份的拓跋鲜卑群体实行无条件的爵位封授。这种做法使这些身份特殊的群体享有爵位封授的特权。然而这些具有受封爵位特权的社会群体的限定范围却是变化的。从演变的趋势来看，是从依据传统的拓跋鲜卑部族血缘联系的残存划定的范围，向以与当世皇帝的血缘联系为依据的规定演变。因为这种变化，使可以享有爵位封授特权者的范围不断缩小。实际上，这种演变的轨迹，可以从北魏国家机构和统治方式不断完善以及拓跋鲜卑部族血缘关系的减弱对爵位制度的实行产生的重要影响中透露出来。

就北魏初期的情况而言，早在登国元年，拓跋珪称代王，国家就已经具有雏形，拓跋鲜卑的社会组织也由部落联盟开始向国家转变。正如唐长孺先生所言，拓跋珪时期，在军事胜利的基础上雏形的王国在急速地发展，猗

卢、什翼犍没有完成的建国事业到现在才完成。[1] 至皇始元年，拓跋珪迁都平城开始称帝，也进一步完善了国家统治制度。但是，这一时期的北魏还是保留着拓跋鲜卑部族传统的早期国家。这种早期国家形态的明显表现就是，在北魏境内的社会群体并不完全都是按地域联系在一起，还残存着拓跋鲜卑部族的血缘联系。从北魏初年国家制度来看，道武帝“诏尚书吏部郎中邓渊典官制，立爵品，定律吕，协音乐”,[2] 试图仿着晋制完善国家的各项制度。但是这些制度却是“胡汉杂糅”的，也就是拓跋鲜卑制与汉制并行，二者还相互影响。在具体实行晋制时，受到拓跋鲜卑部族血缘关系的影响。当然，北魏初年国家的官制和爵制的实行受到晋制的影响，也是很明显的。对官制实行的情况暂置不论，从爵制封授的情况来看，北魏国家是仿照晋制实行了五等爵制。由于北魏初年实行的五等爵可以作为身份和地位的象征，因此，当时国家在爵位封授上，对拓跋鲜卑族人是优待的。特别是拓跋鲜卑族人中居于特殊地位的宗室，由于他们大部分是显贵，而且是国家统治的依靠力量，所以他们受到的优待也就更多。《魏书·道武帝纪》：“（天兴六年）立皇子讳嗣为齐王，加车骑大将军，位相国；绍为清河王，加征南大将军；熙为阳平王；曜为河南王。封故秦敏王子夔为豫章王，陈留王子右将军悦为朱提王。”在这些受封王爵者中，拓跋嗣、拓跋绍、拓跋熙、拓跋曜为皇子，而拓跋夔、拓跋悦则为与道武帝血缘联系疏远的宗室。可见，宗室拓跋夔、拓跋悦与皇子拓跋嗣、拓跋绍、拓跋熙、拓跋曜一样，都可以受封王爵，而且，他们受封王爵与皇子一样，是不需要任何前提条件。这就是说，道武帝使一些宗室获得与皇子一样的受封爵位的特权。当然，宗室具有受封爵位的特权，不只是表现在王爵的封授上，其他等级的爵位也是如此。《魏书·神元平文诸帝子孙·文安公泥传》：“（拓跋泥）国之疏族也。……太祖厚遇之，赐爵文安公，拜安东将军。”《魏书·神元平文诸帝子孙·高凉王孤传》：“（拓跋度）太祖初赐爵松滋侯，位比部尚书。”据此可见，道武帝封授宗室拓跋泥、拓跋度爵位，都是无条件的。这说明，道武帝使宗室还保留可以无条件受封爵位的特权。北魏初年宗室所具有的这种特权，不是取决于他们与

---

① 唐长孺：《魏晋南北朝史论丛》，生活·读书·新知三联书店，1955 年，第 204 页。

② 魏收：《魏书》卷二《道武帝纪》。

当世皇帝的血缘联系，而是由传统的拓跋鲜卑部族血缘联系决定的。也就是说，当时宗室构成的特点使他们能够享有受爵的特权。

实际上，北魏前期，国家正是按照残存的拓跋鲜卑族血缘关系来确定宗室范围的。《魏书·道武帝纪》：“（登国）二年春正月甲子，初祠上帝于南郊。以始祖神元皇帝配，降坛视燎，成礼而反。”显然，北魏建国初年，道武帝是将神元皇帝拓跋力微尊为始祖的。实际就是规定了宗室的涵盖范围是以与始祖拓跋力微的血缘联系为基础的，也就是将可以祭祀拓跋力微的后人都纳入在宗室范围之内。可以说，北魏前期国家对宗室的规定是由拓跋氏部族传统所决定的。① 由此看来，北魏初年，一大批宗室具有无条件受封爵位的特权，正是依靠了拓跋鲜卑部族的血缘传统。

然而，这种拓跋鲜卑部族血缘联系只是一种旧的传统力量，所以，道武帝对这种传统也就不能不加以限制。他一方面，要使国家机构建设不断加强；另一方面，则要削弱鲜卑部族传统对国家制度的影响。天赐元年，道武帝在爵位制度上的改革，正是试图减弱拓跋鲜卑部族传统影响的举措。《魏书·官氏志》：“（天赐元年）九月，减五等之爵，始分为四，曰王、公、侯、子，除伯、男二号。皇子及异姓元功上勋者封王，宗室及始蕃王皆降为公，诸公降为侯，侯、子亦以此为差。”应该说，道武帝的爵位改革，包括对五等爵等级的重新规定、确定受封王爵的范围以及改变原来有爵者的爵位等级诸问题。但更值得注意的是，在新的爵位封授的规定上，道武帝将“皇子”与“宗室”做了区分，并将宗室排除在王爵的封授对象之外。道武帝的这种做法，表现出他的宗亲观念的变化。因为从传统的拓跋鲜卑亲族观念来看，宗室都是始祖拓跋力微的后裔，所以，他们都可以享有受优待的权力，而且皇子与宗室是不应该有区别的，应该在同一层位上受封爵位。可是，由于道武帝亲族观念的变化，使得道武帝在爵位的封授上，开始将传统的拓跋部族血缘关系的宗亲分为两类：一类为与当世皇帝的血缘联系密切的皇室成员；另一类则为与当世皇帝血缘联系疏远的，即“国之疏族”② 的宗室。罗新教

---

① 罗新：《北魏直勤考》，《中古北族名号研究》，北京大学出版社，2009 年，第 81－103 页。

② 《魏书》卷一四《神元平文诸帝子孙·文安公泥传》。

授认为，这次改革取消了拓跋氏血亲成员在氏族表面的平等地位，因而拓跋宗室在这次改革中受到冲击最大①，是很正确的意见。尽管道武帝将“皇子”与“宗室”做了区分，但并没有完全取消宗室受爵的特权。《魏书·道武帝纪》：“（天赐元年）令各辩宗党，保举才行，诸部子孙失业赐爵者二千余人。”所谓“诸部”，是拓跋氏部落各部，其中自然包括宗室阶层，显然他们都被无条件封授爵位。也就是说，天赐元年爵位改革后，宗室还在享有受爵特权的范围内。实际上，道武帝这种做法，只不过是对宗室享有的受封爵特权受到冲击的一种补偿措施。② 很明显，道武帝爵位改革后，宗室在爵位封授上的特权已经开始被削弱了。

至明元帝时，他又对宗室的爵位封授做了重大的改变。《魏书·明帝纪》：“（泰常七年）夏四月甲戌，封皇子焘为泰平王。焘，字佛厘，拜相国，加大将军；丕为乐平王，加车骑大将军；弥为安定王，加卫大将军；范为乐安王，加中军大将军；健为永昌王，加抚军大将军；崇为建宁王，加辅国大将军；俊为新兴王，加镇军大将军；献怀长公主子嵇敬，封长乐王，拜大司马、大将军。”在明元帝封授的这些王爵者中，除了嵇敬为外戚之外，拓跋焘、拓跋丕、拓跋弥、拓跋范、拓跋健、拓跋崇、拓跋俊都是皇子。可见，明元帝无条件封授王爵，只限于与他有直系血缘联系的皇子以及有亲缘关系的姻亲。这表明，明元帝已经将与他血缘联系疏远的宗室排除在无条件封授王爵的范围之外。这种情况不只限于王爵的封授。明元帝以后，其他等级爵位的封授也出现同样的情况。《魏书·昭成子孙·辽西公意烈传》：“（拓跋干）太宗践阼，除渤海太守，吏人乐之。赐爵武遂子。”《魏书·神元平文诸帝子孙·武卫将军谓传》：“（拓跋丕）世祖擢拜羽林中郎。从驾临江，赐爵兴平子。”《魏书·昭成子孙·常山王遵传》：“（拓跋忠）高祖时，累迁右仆射，赐爵城阳公。”由此可见，在孝文帝爵位改革之前，各朝皇帝封授宗室爵位，都是以担任职官为条件的。尚不限于此。《魏书·神元平文诸帝子孙·真定侯陆传》：“（拓跋陆）世祖时，以武功颇蒙恩遇，拜散骑常侍，赐

① 罗新：《北魏直勤考》，《中古北族名号研究》，北京大学出版社，2009年，第81-103页。

② 罗新：《北魏直勤考》，《中古北族名号研究》，北京大学出版社，2009年，第81-103页。

爵真定侯。”《魏书·神元平文诸帝子孙·宜都王目辰传》：“（拓跋目辰）高宗即位，以劳累迁侍中、尚书左仆射，封南平公。”很显然，北魏国家封授宗室爵位，除了担任职官之外，还要附加“功”“劳”的条件。由此可以看出，明元帝以后，封授宗室爵位已经不是无条件的了，他们要获得爵位的封授，必须要以担任职官以及政绩的建树为前提。这表明，宗室基本丧失了北魏建国初期在爵位封授上所享有特权。

北魏前期，宗室的爵位封授的特权丧失，实际上，正与传统的拓跋鲜卑部族亲族理念的淡化以及吸收汉族的宗亲理念的演变趋势相一致的。《魏书·明元帝纪》：“（永兴四年）赐宗室近属南阳王良已下至于缌麻之亲布帛各有差。”可见，明元帝时，在宗室中开始有“近属”和“远属”的区分，而且，这种区分是由汉人丧服制所反映出的亲属远近的观念来决定的。尽管如此，在这一时期，北魏国家所采取的汉人亲族观念，只是对拓跋鲜卑亲族理念的渗入，并没有完全占有支配的地位。以汉族的丧服制体现出的亲族观念规定宗族，是孝文帝改革以后的事情。不过，北魏国家为了适应这种汉族亲族观念渗入的形势，也就需要在爵位封授上，采取特殊的做法。一方面要取消一些宗室受封爵享有的特权；另一方面，则要为能够享有受封爵特权者，规定新的标准。这个标准，就是以与当世皇帝血缘联系的远近距离来确定是否能够在受封爵上取得特权。

那么，这个标准具体是如何规定的呢？这需要从明元帝以后无条件受封爵位对象的范围来考察。事实上，在北魏国家无条件受封爵位的对象中有皇子，明元帝泰常七年，就封授诸皇子王爵。① 太平真君三年，太武帝又“封皇子伏罗为晋王，翰为秦王，谭为燕王，建为楚王，余为吴王”②。除了皇子之外，还有皇弟和皇叔。《魏书·文成帝纪》：“（和平二年）封皇弟小新成为济阴王，加征东大将军，镇平原；天赐为汝阴王，加征南大将军，镇虎牢；万寿为乐浪王，加征北大将军，镇和龙；洛侯为广平王。”“（和平）五年春正月丁亥，封皇弟云为任城王。”《魏书·献文帝纪》：“（皇兴四年）封皇弟长乐为建昌王。”《魏书·孝文帝纪上》：“（太和九年）封皇弟禧为咸阳王，

① 《魏书》卷三《明元帝纪》。

② 《魏书》卷四下《太武帝纪下》。

干为河南王，羽为广陵王，雍为颍川王，勰为始平王，详为北海王。”都是对皇弟无条件封授爵位。《魏书·献文帝纪》：“（皇兴二年）封皇叔桢为南安王，长寿为城阳王，太洛为章武王，休为安定王。”《魏书·孝文帝纪上》：延兴二年，“（孝文帝）封皇叔略为广川王”，“（太和九年）封皇叔简为齐郡王，猛为安丰王。”则是对皇叔无条件封授爵位。然而，值得注意的是，在北魏前期，与皇帝有直系血缘联系的皇孙却不能无条件受封爵位，只可以继承先世的爵位。当然，在《魏书》中有北魏国家对一些皇孙实行“绍封”的记载。《魏书·太武五王·广阳王建闾传》：“广阳王建闾，真君三年封楚王。后改封广阳王。……子石侯，袭。……石侯弟嘉，少沉敏，喜愠不形于色，兼有武略。高祖初，拜徐州刺史，甚有威惠。后封广阳王，以绍建闾后。”可见，具有皇孙身份的拓跋石侯，是通过“绍封”获得王爵的。但是，他的王爵只被视为对广阳王拓跋建闾爵位的继承，与直接取得王爵的封授是有明显区别的。因此，对皇孙的“绍封”，与过继、复爵一样也就只是一种对爵位的特殊继承方式。由这些情况可以看出，明元帝以后，国家确定的以与当世皇帝的血缘联系规定爵位受封的特权的范围是很明确的。即以当世皇帝作为血缘联系的中心，与皇帝同一辈分以及上一辈分和下一辈分的直系和旁系的亲属，应该为“近属”，他们都在享有受封爵位的特权范围之内。应该说，这种确定皇帝“近属”的做法，是在没有完全接受汉族亲族观念之前的一种过渡规定。不过，由于北魏国家确定了这种标准，也就将通过与皇帝的血缘关系而获得爵位的群体，限制在很狭小的范围之内。可以说，自明元帝以后，以这种方式受封爵位的只能是人数很少的皇子、皇弟与皇叔。

二、职官的担任与爵位封授范围的限定

北魏建国初年，除了残存的拓跋部族血缘关系制约爵位的封授之外，实际道武帝建立的职官制度也对爵位封授产生明显的影响。可以说，这种影响从皇始元年道武帝设置的官制和爵制中已经表现出来。就当时的爵制和官制而言，是由道武帝诏命尚书吏部郎中邓渊“典官制，立爵品。”① 也就是说，

① 《魏书》卷二《道武帝纪》。

北魏建国之初，是将职官与爵位的品级分为两个序列。这种规定是与晋制中将职官品级与爵位品级合一的做法完全不同的。道武帝实行的这种做法，是为了适应残存的拓跋鲜卑部族血缘关系影响的需要。实际上，道武帝并不是真正要将二者分开。因为从道武帝实行统治的特点来看，他很重视职官制度在国家机器运转中的作用。诚如宫崎市定所言，在拓跋鲜卑氏族制瓦解的时候，对于天子而言，最希望出现的是官僚制度。① 也就是需要沿袭自魏晋以来形成的官本位体制。正是由道武帝实行的这种统治体制所决定，使官制与爵制不可能居于同等的位置，而只能使爵制服务于官制。

从北魏初年政治统治的形势来看，道武帝所依靠的力量，主要是拓跋宗室和代人集团，因而，他需要使这些显贵在国家政权中担任重要的官职。《魏书·昭成子孙·秦明王翰传》："及并州平，（拓跋）仪功多，迁尚书令。"就是对宗室的任用。《魏书·叔孙建传》："叔孙建，代人也。……太祖之幸贺兰部，建常从左右。登国初，以建为外朝大人，与安同等十三人迭典庶事，参军国之谋。"显然代人也被委以重任。这些宗室与代人中的勋贵，他们在爵位封授上受到诸多的优待，不仅由于拓跋鲜卑部落血缘关系的传统，而且与他们在国家权力机构中占据要职有关。由这种情况所决定，使职官的任职与爵位的封授很难分离。北魏初年，道武帝还将一些汉族士人吸纳至国家政权中。《魏书·术艺·晁崇传》："（晁崇）辽东襄平人也。家世史官。……崇兄子晖。太祖时给事诸曹，稍迁给事中，赐爵长平侯。"显然这些供职于北魏政权的汉族士人，也是道武帝实行统治不可缺少的力量。道武帝为了表现出对这些服务于北魏政权的汉族士人的礼遇，既任命他们担任职官，也封授他们爵位。由于道武帝实行这种以官本位体制为主导的做法，也就使当时爵位的封授与职官的任职，是很难分离的。

道武帝实行的这些做法为后世皇帝所承袭，并且，随着拓跋鲜卑部族血缘关系的削弱和国家职官制度的不断完善，使职官的任职与爵位的封授结合得更为紧密。不过，还需要指出的是，北魏前期，国家将职官任职与爵位封授相联系的做法，也适应当时国家职官设置的"胡汉杂糅"的特点。事实上，从北魏建国至孝文帝职官改革前的中央职官设置，是分为外朝官、内行

① 宫崎市定：《九品官人法研究》，韩昇译，中华书局，2008年，第233页。

官的。外朝官是仿照晋制设置的职官。严耀中教授认为北魏外朝行政体系在起始时是向三省制方向发展，逐步分工负责除六部部众以外的事务。[①] 内行官则是渊源于拓跋游牧行国时代的君主自率之部，随着国家发展与国君权势的增强，君主将本部的组织机构升格为管理整个部落集团的行政机器，并增设了大量“内侍左右”的亲随。当时或称之为“内朝”。[②] 中央的职官，除了外朝和内行官，还有武职官。而在对地方的治理上，则有不同的地方官员的设置。

统计《魏书》中的记载，从明元帝至孝文帝改革前，受封爵位者所担任的外朝官有：大司马、大将军、尚书右仆射、吏部尚书、选部尚书、仪曹尚书、都官尚书、库部尚书、殿中尚书、都曹尚书、牧曹尚书、祠部尚书、南部尚书、四部尚书、尚书、散骑常侍、秘书监、光禄大夫、司卫监、通直散骑常侍、中常侍、东宫中庶子、给事黄门侍郎、中书侍郎、驸马都尉、治书侍御史、尚书郎、博士祭酒。因担任这些职官而受封爵位者，共有 69 人。受封爵位者所担任的中央武职官有：中领军将军、左卫将军、长水校尉、羽林中郎、羽林郎将、后军将军、游击将军、宿卫军将。因担任这些职官而受封爵位者，共 12 人。统计情况表明，北魏前期，当时国家并不是使国家设置的全部外朝官和武职官，都包括在可以在受封爵的范围之内。实际这种范围的限定与所设职官的品级有很大的关系。

关于北魏前期的内朝官和武职官的品级，在文献中没有直接记载。并且从北魏初年至孝文帝官制改革前，国家对职官的设置和职官的品级规定也是有变化的。北魏初年，从国家实行的官品情况来看，是晋代的九品制。可是，在孝文帝爵位改革前，北魏官阶的正、从规定已经开始实行。宫崎市定认为前《职员令》中的高层的官品大体沿袭了魏晋旧制。前《职员令》不过是把当时实际执行的制度原封不动地综括其中。[③] 因此，依据前《职员令》的记载，可以判断国家对受封爵位的外朝官和武职官品级的大概情况。前《职员令》规定这些职官的品级为一品、从一品、二品、从二品、三品、从

① 严耀中：《北魏前期政治》，吉林教育出版社，1990 年，第 53 页。

② 严耀中：《北魏前期政治》，吉林教育出版社，1990 年，第 62 页。

③ 宫崎市定：《九品官人法研究》，韩昇译，中华书局，2008 年，第 241-242 页。

三品、四品、从四品、五品、从五品。也就是可以受封爵位的最高品级的职官为一品。《魏书·万安国传》："（万安国）拜附马都尉，迁散骑常侍。显祖特亲宠之。……超拜大司马、大将军，封安城王。"在前《职员令》中，大司马、大将军就为一品上。受封爵位的最低品级的职官则为从五品。《魏书·崔浩传》："（崔浩）天兴中，给事秘书，转著作郎。……太宗初，拜博士祭酒，赐爵武城子。"博士祭酒当为明元帝时的官称，后来似改为太学祭酒。前《职员令》中，规定其品级为从五品上。就武职官而言，以上统计所列的职官品级分别为二品、三品、从三品、从四品。[①] 其中最低品级的职官为羽林郎将。《魏书·宇文福传》："（宇文福）太和初，拜羽林郎将，迁建节将军，赐爵新昌侯、南征都将。"在前《职员令》中，羽林郎将为从四品上。

不过，受封爵位的官员中，尚有一些品级规定不明确的职官。《魏书·尉元传》："（尉元）世祖嘉其宽雅有风貌，稍迁驾部给事中。从幸海隅，赐爵富城男，加宁远将军。"可见尉元是在任驾部给事中时，获得爵位的封授的。可是，在前《职员令》中，未见有驾部给事中的品级规定。研究者认为，驾部给事中为内廷派往驾部曹监督政务与佐理政务之官。[②] 在尉元任驾部给事中之前，曾"为虎贲中郎将，转羽林中郎。"[③] 羽林中郎，在前《职员令》中，为从四品上。因此，可以说驾部给事中的品级不会低于羽林中郎。

由上述可见，北魏前期，国家对可以获得爵位封授的外朝官和武职官的品级的规定是明确的。只有从五品以上的官员，才在受封爵位的限定范围之内。北魏国家之所以对可以受封爵位的职官品级做这样的规定，应该是对魏晋以来传统的沿袭。宫崎市定认为，汉制二千石以上的公卿大夫，在新制中分别分在第一品到第五品的品级范围内。汉代的万石分化为一品、二品。汉代的中二千石、二千石则分化为三品、四品、五品。[④] 而自魏晋以来，五品以上为特权阶层，相当于古代的公卿大夫。[⑤] 然而，在孝文帝职官改革前，已经在官阶上开始实行正、从品的制度。北魏的从品，实际是从正品衍生出

---

① 《魏书》卷一一三《官氏志》。

② 俞鹿年：《北魏职官制度考》，社会科学文献出版社，2008 年，第 67 页。

③ 《魏书》卷五〇《尉元传》。

④ 宫崎市定：《九品官人法研究》，韩昇译，中华书局，2008 年，第 61 - 62 页。

⑤ 宫崎市定：《九品官人法研究》，韩昇译，中华书局，2008 年，第 330 页。

来的。在后《职员令》的规定中，将爵位与官位的品级序列合二为一，并且可以相互比照。在爵位的品级序列中，最低品级为散男，规定为从五品。这就是说，在后《职员令》中，将品级序列分为两个层位是以从五品为界限的。北魏前期的情况，应该与北魏后期不会有太大的差别。因此，可以说，北魏国家以从五品的职官作为封授的爵位的下限，正是要表明这种品级的限定，不仅是要比照古制中的公卿大夫，而且要体现受爵者是地位特殊的权贵阶层。

北魏前期，国家所设的职官中，内行官占有很重要的地位。当时以内行官的身份受封爵位者，并不在少数。统计《魏书》中记载，从明元帝开始至孝文帝改革前，受封爵者所任的文职内行官有：内行长、中散、内博士、中秘书、内都下大夫、御使中散、中曹侍御。他们所任的武职内行官有：猎郎、内将军、幢将、虎贲幢将。由于内行官是承袭拓跋鲜卑族的传统而设置的职官，因而它与仿照晋制设置的外朝官不同，它表现出的是北魏国家治理上的胡族色彩。正因如此，在孝文帝职官改革后，大多数的内行官不再设置，少部分则并入外朝官中。因为北魏国家对内行官的设置做了重大的改革，所以在前《职员令》中所记载的内行官很少，只有御使中散和中散，其品级分别为五品上和五品中。这样也就很难对可以受封爵者所任内行官的最低品级做出判断。尽管如此，却可以通过内行官任职者的身份，推断受封爵者的地位。严耀中教授考证，在内行官中，汉人任职很少，几乎可以视为特例。[①] 也就是说，在担任文、武内行官的人员中，绝大多数是拓跋鲜卑勋臣，而且还是皇帝的近侍。由此来看，这些担任内行官者，当然都属于拓跋鲜卑人中的上层勋贵。由于内行官任职者的这种特殊身份，也就决定对他们封授爵位，是在上层的勋贵中进行的活动。

此外，在拓跋鲜卑的职官中，尚有三都大官。所谓三都大官，即为外都坐大官、内都坐大官、中都坐大官，也可称为外都大官、内都大官、中都大官。[②] 三都大官的主要职掌为“听讼察狱”。三都大官的设置是拓跋鲜卑族进

① 严耀中：《北魏内行官试探》，《魏晋南北朝史论》，上海人民出版社，2010 年，第 188 页。

② 严耀中：《北魏“三都大官”考》，《魏晋南北朝史论》，上海人民出版社，2010 年，第 156 页。

化的产物，是保持旧传统的一种努力，① 而且在北魏前期国家官僚机构中地位极高，要高于历朝的“九卿”与“尚书”。② 北魏前期，国家对任三都大官者也可以封授爵位。如张蒲“后拜太中大夫。太宗即位，为内都大官，赐爵泰昌子。”③ 由此可见，三都大官也在北魏国家封授爵位规定的职官范围内。虽然前《职员令》中不见有对三都大官的品级规定，但从北魏前期三都大官所处的地位，可判断其品级应该超过“九卿”。

北魏前期，国家对一些担任地方职官者，也纳入封授爵位的范围内。这些可以受封爵的地方官主要为刺史和郡太守。例如刁雍“为平南将军、徐州刺史，赐爵东安侯”④。拓跋兴都“高宗时，为河间太守，赐爵乐城子”⑤。统计《魏书》记载，自明元帝开始，至孝文帝改革前，北魏国家封授爵位的刺史有：拓跋纂、封敕文、冯朗、邓权、邓灵奇、尉力斤、李式、刁雍、傅灵越、苟若周、来提等人。北魏国家封授爵位的郡太守有：拓跋兴都、拓跋干、王宪等人。当然，除了刺史、郡太守之外，尚有镇都大将也在其范围内。如叔孙建“除平原镇大将，封丹阳王”⑥。还有副将和都将。⑦ 而都将，应该为子都将的省称。北魏前期，镇都大将“统兵备御，与刺史同”。《魏书·官氏志》：“而皇始已来，三世有令已上，外为副将、子都、太守，品登侯已上者，亦为族。”这里提到的“子都”，应该为子都将。可见，北魏前期，副将和子都将的地位，应该与郡太守相同。可以说，北魏前期，国家封授地方官员爵位，是以刺史、郡太守以及与他们地位相同的镇都大将、子都将和副将为限定范围的。关于北魏前期，刺史与郡太守的品级，《魏书·官氏志》：“（天赐元年）又制诸州置三刺史，刺史用品第六者，宗室一人，异

① 严耀中：《北魏“三都大官”考》，《魏晋南北朝史论》，上海人民出版社，2010年，第160页。

② 严耀中：《北魏“三都大官”考》，《魏晋南北朝史论》，上海人民出版社，2010年，第160页。

③ 《魏书》卷三三《张蒲传》。

④ 《魏书》卷三八《刁雍传》。

⑤ 《魏书》卷一四《神元平文诸帝子孙·武卫将军谓传》。

⑥ 《魏书》卷二九《叔孙建传》。

⑦ 《魏书》卷四六《李䜣传》、《魏书》卷二七《穆崇传》。

姓二人，比古之上中下三大夫也。郡置三太守，用七品者。”这应该是北魏初年刺史与郡守的品级。但是后来刺史、郡太守的品级应该有提高。前《职员令》不见有刺史、郡太守品级的记载。后《职员令》有上州刺史三品、中州刺史从三品、下州刺史四品、上郡太守四品、中郡太守从五品、下郡太守六品的规定。[①] 后《职员令》中对刺史、郡太守的这种规定，应该是在废除宗主督护制，并实行三长制后，对地方官品级明确化的规定。因此，北魏前期，国家对刺史和郡太守的品级规定，应该是呈现上升的趋势的。不过，应该说明的是，北魏前期，国家为了有效地控制地方，更注重刺史、郡太守以及与他们地位相同的镇都大将、子都将和副将对地方的治理，所以，也就需要通过对他们封授爵位加以激励。这应该是当时国家将这些地方官员纳入授爵范围内的重要原因。

上述情况说明，北魏前期，国家对任职官员的爵位的封授是有限定范围的。这种限定的目的，是要通过爵位的封授使权贵阶层的特殊地位得到更明显的体现。因此，国家对中央外朝官和武职官可以受封爵的品级范围，就规定在从五品以上。这是对魏晋以来传统规定的承袭。就内行官而言，虽然这些职官大部分的品级规定失载，可是，从受封爵者的身份来看，基本都是皇帝的近臣和侍从，显然他们所处的地位更为优越。北魏前期，与中央职官封爵不同的是，国家更看重地方官员治理地方的实效。尽管如此，当时国家对地方官员封授爵位，不是依据职官的品级，而是依据所任的职务，因此，当时可以受封爵的职官只在刺史、郡太守以及与他们地位相同的镇都大将、子都将和副将的范围之内。

然而，北魏前期，国家对任职官员的这种限定，只是确定可以受封爵的范围。但是，并不是在这个范围之内的官员都能够受封爵位，而且，也不是在这个范围之内的职务与品级相同官员，都可以获得同样等级的爵位。《魏书·穆崇传》：“（穆安国）历金部长、殿中尚书，加右卫将军，赐爵新平子。”《魏书·神元平文诸帝子孙·扶风公处真传》：“（拓跋处真）少以壮烈闻。位殿中尚书，赐爵扶风公。”很显然，穆安国和拓跋处真所任官职是相同的，但是穆安国受封爵位的等级为子爵，而拓跋处真则受封为公爵。这说

---

① 《魏书》卷一一三《官氏志》。

明，在北魏前期，官员的任职相同，但受封爵位的等级却并不一定是一致的。由此可以看出，尽管北魏国家对官员受封爵在职务和品级上加以限制，可是，这只是划定了享有受封爵的权力范围。至于是否受封爵位以及所受封爵等级的高低，还需要有另外的标准来加以限定。尽管如此，这种以职官任职状况来限定受封爵位者范围的做法，却为北魏前期爵位封授确定了必须要遵守的前提标准。

三、任职官员的“勤”和“功”与爵位封授范围的限定

如前面所述，北魏前期，国家除了对少数人可以享有无条件受封爵之外，大多数人是以职官任职来确定爵位封授范围的。不过，这种做法，只是对可以受封爵者的范围的限定。但要确定爵位封授的实行状况，还需要附加其他的标准。自然这种标准从当时爵位封授的做法上是能够透露出来的。

从北魏前期爵位封授的情况来看，在国家确定的可以受封爵位的职官范围内，实际存在一些没有爵位的官员。《魏书·长孙肥传》：“（长孙地干）世祖少而善之，即位，擢为库部尚书，加散骑常侍、左光禄大夫，领侍辇郎。……祖将征平凉，试冲车以攻冢，地干为索所罥，折胁而卒。世祖亲往临抚，哭之甚恸。……地干弟侯头，袭地干职，为库部尚书。”这里提到长孙地干所任实职官为库部尚书，在受封爵的职官范围内。可是，直至他阵亡也没有被封授爵位，所以，他的儿子长孙侯头也只能继承他的官职。北魏前期，这种情况并不是特例。《魏书·穆崇传》：“（穆真）起家中散，转侍东宫，尚长城公主，拜附马都尉。……寻除南部尚书、侍中。卒，谥曰宣。”又《魏书·李䜣传》：“（李蕴）有器干。中书学生、秘书中散、侍御中散。出为燕郡、范阳二郡太守。入为员外散骑常侍、尚书右丞、中坚将军，迁左丞。延昌三年卒。”很明显，穆真、李蕴所任的职官都能够受封爵位，但北魏国家却并没有封授他们爵位。这些事例说明，北魏国家对能够受封爵位的职官的规定，只是一种限定的范围。而在这个范围内，官员要获得爵位的封授，并不具有随意性。细缕《魏书》中的记载，实际北魏国家对限定范围内的职官封授爵位，还要以官员的“勤”和“功”作为尺度。《魏书·公孙表传》：“（公孙邃）初为选部吏，以积勤，稍迁南部长。敷奏有称，迁南部尚

书，赐爵范阳侯，加左将军。”就是说，官员能够因“勤”晋升官职，并受封爵位。《魏书·丘堆传》：“（丘堆）太宗即位，拾遗左右，稍迁散骑常侍。……以功赐爵为侯。”则是官员因“功”而获得爵位的封授。北魏前期，实际“勤”和“功”，是对官员业绩考核的两个标准。

考核官员的“勤”，在《晋书》中便有记载。《晋书·武帝纪》载：泰始五年诏曰：“古者岁书群吏之能否，三年而诛赏之。诸令史前后，但简遗疏劣，而无有劝进，非黜陟之谓也。其条勤能有称尤异者，岁以为常。吾将议其功劳。”据此诏令可知，西晋国家在对官员一年业绩的考核时，将达到“尤异者”，视为立功。而业绩没有达到“尤异者”，就被视为“勤”。西晋的这种规定，被北魏国家所承袭。《魏书·卢同传》载卢同上书：“其职人及出身，限内悉令铨除；实官及外号，随才加授。庶使酬勤者速申，立功者劝，事不经久，侥幸易息。”在这里，明确将“酬勤”与“立功”并提，说明北魏国家也将“勤”与“功”加以区分，并且，“勤”和“功”还是考核官员需要把握的尺度。虽然这是北魏后期的规定，但应该是从北魏前期沿袭而来的。北魏国家还将“勤”称为“年勤”。《魏书·高祐传》载高祐上疏：“又勋旧之臣，虽年勤可录，而才非抚人者，则可加之以爵赏，不宜委之以方任。”可见“年勤”，是对官员一年业绩考核的记录。

北魏国家规定的“勤”，也可以称为“劳”。《魏书·吕罗汉传》：“卿以劳勤获叙，才能致用，内总禁旅，外临方岳，褒宠之隆，可谓备矣。”又《魏书·高允传》：“先召之人，亦州郡选也，在职已久，勤劳未答。今可先补前召外任郡县，以新召者代为郎吏。”在这些记载中，都将“勤”“劳”连称，说明二者是没有区别的，所依据的标准是相同的。因此，北魏国家也将对官员一年业绩的考核称为“年劳”。诚如高祐上疏所言：“今之选举，不采识治之优劣，专简年劳之多少，斯非尽才之谓。”① 可以说，北魏前期，北魏国家考核官员的“年勤”“年劳”，既是官员职务晋升的依据，② 也是封授官员爵位的标准。明元帝即皇帝位时曾下诏：“散骑常侍王洛儿、车路头等，服勤左右，十有余年，忠谨恭肃，久而弥至，未当须臾之顷，有废替之心。

---

① 《魏书》卷五七《高祐传》。

② 王东洋：《魏晋南北朝考课制度研究》，社会科学文献出版社，2009年，第86页。

及在艰难，人皆易志，而洛儿等授命不移，贞操逾恳。……勤而不赏，何以奖劝将来为臣之节？其赐洛儿爵新息公，加直意将军。”① 据此可知，北魏国家依据官员的“勤”封授爵位，并且还将这种爵位的封授视为一种赏赐。因此，在《魏书》中，多见国家通过确认官员的“勤”“劳”实行爵位封授的记载。如拓跋郁“直初以羽林中郎内侍，勤干有称。高宗时，位殿中尚书。从高宗东巡临海，以劳赐爵顺阳公”②。费于“少有节操，起家内三郎。世祖南伐，从驾至江。以宿卫之勤，除宁远将军，赐爵松杨男”③。不仅如此，北魏国家还依据官员的“勤”“劳”，将官员职位的晋升与爵位的封授结合起来。如栾祖祐“后假员外散骑常侍，使于刘彧。以将命之勤，除建威将军、平原太守，赐爵城平男”④。拓跋目辰“初以羽林郎，从太祖南伐至江。高宗即位，以劳累迁侍中、尚书左仆射，封南平公”⑤。由于“勤”“劳”，只是考核官员业绩合格的标准，所以，依据官员的“勤”“劳”来封授爵位，也就需要有累计的过程。《魏书·阉官·张祐传》：“（张祐）世祖末，坐事诛，祐充腐刑。积劳至曹监、中给事，赐爵黎阳男。”《魏书·崔延伯传》：“（崔延伯）积劳稍进，除征虏将军、荆州刺史，赐爵定陵男。”这些事例说明，累计官员的“勤”“劳”，并实行爵位封授，应该是北魏国家一种比较固定的做法。

北魏前期，由于国家依据官员的“勤”和“劳”封授爵位是一种常例，所以，《魏书》记载赐授爵位，常将“勤”“劳”省略。例如《魏书·神元平文诸帝子孙·武卫将军谓传》：“（拓跋丕）世祖擢拜羽林中郎。从驾临江，赐爵兴平子。”《魏书·谷浑传》：“（谷浑）世祖即位，为中书侍郎，加振威将军。从征赫连昌，为骁骑将军。迁侍中、安南将军，领仪曹尚书，赐爵濮阳公。”统计《魏书》从明元帝至孝文帝改革前的记载，当时国家因官员达到“勤”“劳”的标准而获得爵位的共有 126 人，显然人数是众多的。因此，依据统计数字，可以明确，北魏前期国家实行将官员的爵位封授与对他们业

① 《魏书》卷三四《王洛儿传》。

② 《魏书》卷一四《神元平文诸帝子孙·顺阳公郁传》。

③ 《魏书》卷四四《费于传》。

④ 《魏书》卷六五《邢峦传》。

⑤ 《魏书》卷一四《神元平文诸帝子孙·宜都王目辰传》。

绩考核的“勤”“劳”标准结合在一起的做法，应该是确定封授爵位对象的一种重要方式。

北魏前期，国家对限定范围内的官员封授爵位，还与他们的“功”联系在一起。北魏时期，“功”与“勤”是不同的，二者主要的区别就在于，国家对官员的“功”有更明确的计量规定。正因如此，在爵位的封授上，北魏国家也就更注重对官员“功”的评定。实际上，北魏建国初年，道武帝就开始依据“功”封授爵位。《魏书·神元平文诸帝子孙·武陵侯因传》：“（拓跋因）从太祖平中原，以功封曲逆侯。”应该说，道武帝使爵位的封授与“功”结合，其中包含对官员赏赐的意义。在《魏书》中，对授爵所依据的“功”也可以称为“勋”。如拓跋遵“太祖初，有佐命勋，赐爵略阳公。”[1]道武帝依据“功”，确定的受封爵的对象不只有宗室，还有代人和汉人。《魏书·苟颓传》：“苟颓，代人也。曾祖乌提，登国初，有勋于太祖，赐吴宁子。”苟乌提，显然是以代人身份受封爵的。《魏书·邓渊传》：“（邓渊）从征平阳，以功赐爵汉昌子，改下博子，加中垒将军。”邓渊是以汉人的身份获得爵位的封授。他们受封爵位的共同之处，都是立有军功。然而，还需要说明的是，由于天赐元年，道武帝实行爵位改革，使职官任职与爵位赐授结合得更紧密，因而，道武帝也就在赏赐官员的功劳时，更多地实行封授爵位的做法。《魏书·官氏志》：“旧制：诸以勋赐官爵者，子孙世袭军号。”这一规定，应该是道武帝爵位改革后的措施。这说明，道武帝统治后期，已经将通过封授爵位奖励立功官员的做法，作为常态化的规定。

从明元帝开始，至孝文帝改革前，北魏国家又进一步完善对以封授爵位奖励立功官员的规定。其中明显表现就是，对官员的“功”做了清楚的区分。也就是将“功”分为军功和事功。《魏书·和跋传》：“（和归）从征赫连昌有功，拜统万将军，赐爵成皋男。”《魏书·楼伏连传》：“（楼安文）从征平凉有功，赐爵霸城男，加虎威将军。”和归和楼安文都参加征讨作战，所以他们受封爵位所依据的“功”都是军功。在《魏书》中，也将军功称为

① 《魏书》卷一五《昭成子孙·辽西公意烈传》。

“战功”[1]“有战获勋”。[2] 就事功而言，自然也有特点。《魏书·古弼传》：“（古弼）与刘洁等分绾机要，敷奏百揆。世祖即位，以功拜立节将军，赐爵灵寿侯。”《魏书·崔鉴传》：“（崔鉴）自中书博士，转侍郎。延兴中，受诏使齐州，观省风俗，行兖州事。以功赐爵桐庐县子。”古弼、崔鉴都没有参与征讨作战，因而，他们所立的“功”，当然与军事行动没有关联，应为事功。因此，事功是任职官员在从事他们的职事活动时建树的。北魏国家对官员事功的确定，实际是与考核官员的规定联系在一起的。一如前述，北魏国家承袭晋制，要对官员业绩进行考核。但对考核的结果却有不同的规定。前引《晋书·武帝纪》：“（泰始五年）诏曰：……其条勤能有称尤异者，岁以为常。吾将议其功劳。”这就是说，官员业绩达到“尤异者”，则被视为功劳，没有达到这一标准的，则被称为“勤”。西晋的这种做法被北魏国家承袭。因此，当时官员取得优异的政绩，也就是对国家建树了功劳，自然要对他们封授爵位。当然，北魏国家封授爵位所依据的事功尚不限于此。《魏书·郑羲传》：“（郑羲）诣长安拜庙，刊石建于初庙门。还，以使功，仍赐侯爵，加给事中。”说明官员在出使活动中成绩突出，也能够建树事功。除此之外，当时官员参加重要的礼仪活动，也被视为建树事功。例如李述“拜太常博士，使诣长安，册祭燕宣王庙。还，除尚书仪曹郎，赐爵蓨县男”[3]。北魏国家在这些正常的功劳之外，还规定了特殊的“功”。这种“功”，主要是针对降臣规定的。《魏书·韦阆传》：“（费郁）以随父归诚勋，赐五等男，除燕郡太守。”《魏书·韦阆传》：“（韦欣宗）以归国勋，别赐爵杜县侯。”北魏国家将敌国官员的投诚行为，是当作建树功劳的，所以，他们也都在封授爵位的范围之内。

为了有利于官员职务的晋升和爵位的封授，北魏国家还要评定他们所建树功劳的大小。《魏书·官氏志》：“（天赐元年）九月，减五等之爵，始分为四，曰王、公、侯、子，除伯、男二号。皇子及异姓元功上勋者封王。”说明北魏前期国家是将官员的功劳分等次的。既然有“元功上勋”，也就会有

① 《魏书》卷九四《阉官·孙小传》。

② 《魏书》卷一五《昭成子孙·辽西公意烈传》。

③ 《魏书》卷七二《李叔虎传》。

其他等次的功劳。而且，北魏国家还要对官员的功劳加以记录。《魏书·罗结传》："（罗结）后录勋，除散骑常侍、侍中、四部尚书，又加平西将军。"当时国家对官员功劳的记录，被称为"录勋"。由于北魏前期国家对官员的军功、事功、归降之功以及功劳的等次都有清楚的规定和记录，也就使他们的爵位封授具有可以把握的明确标准。

北魏前期，国家依据官员的功劳封授爵位的具体做法，却是不完全相同的。《魏书·李灵传》："（李均）与张谠对为兖州刺史，绥安初附。以参定徐州之功，赐爵始丰侯，加建武将军。"《魏书·高祐传》："（高祐）初拜中书学生，转博士侍郎。以祐招下邵郡群贼之功，赐爵建康子。"这里提到的"参定徐州之功""招下邵郡群贼之功"，正是李均、高祐在固定的地区所立军功，因此，封授爵位是对他们的特别功劳的赏赐。这种情况表明，北魏国家对一些官员建树一次大的军功就能够封授爵位。与这种情况不同的是，北魏国家还可以累计官员的功劳来封授爵位。《魏书·外戚上·刘罗辰传》："（刘罗辰）寻拜南部大人。从平中原，以前后勋赐爵永安公。"这里所提到的刘罗辰的"前后勋"，正是指他新、旧功劳。可见封授他的爵位是以累计功劳为根据的。北魏国家还对一些建树功劳的官员，并不立即封授爵位。《魏书·燕凤传》："（燕凤）太宗世，与崔玄伯、封懿、梁越等入讲经传，出议朝政。世祖初，以旧勋赐爵平舒侯，加镇远将军。"《魏书·郦范传》："（郦范）世祖时，给事东宫。高宗践祚，追录先朝旧勋，赐爵永宁男，加宁远将军。"这说明一些官员的"旧勋"，也可以是当时国家封授爵位的根据。当然，依据这些"旧勋"授爵，是以官员没有受封爵位为前提的。尽管北魏国家依据官员的功劳封授爵位实现的方式不同，可是，封授爵位的做法却都明确体现出国家对立功官员赏赐的目的。

还要指出的是，当时国家封授爵位时，特别显示一些官员所立功劳的原因。在《魏书》中记载的就有："以使功"，[1]"以筹略之功"，[2]"以参谋之勋"。[3] 北魏国家特别指出这些官员所立功劳的原因，是要明确表明，这些官

① 《魏书》卷五六《郑羲传》。

② 《魏书》卷三六《李顺传》。

③ 《魏书》卷四八《高允传》。

员受封爵位具有的特殊性，因而，也就更突出他们获得爵位所包含的特别奖赏的意义。

综上所述，北魏前期，国家不仅对封授爵位的职官范围有明确的限定，并且在限定的职官范围内，还要依据官员的“勤”与“功”封授爵位。也就是说，北魏国家只使在规定范围内达到业绩考核合格标准的官员以及为国家建树功劳的官员，才能够获得爵位的封授。这就是说，北魏前期，可以获得爵位封授的官员，实际是居于一种优越的特殊的地位。并且，因为当时国家使爵位的封授服务于官本位体制，因而，这也就使官员的特殊身份通过受封爵位得到更明确的体现，进而使这些受封爵位的官员就要更尽力地服务于国家的统治，因此，爵位封授也就在国家官本位体制运作中起到了不可忽视的激励作用。

四、余　论

北魏前期，国家对五等爵的封授，是有限定范围的。实际上，这种限定范围，是由传统的拓跋鲜卑部族血缘关系影响的演变、当时国家官本位体制的实行以及考核官员的“勤”“功”的标准确定的。而北魏国家之所以要依据这些规定决定爵位的封授范围，是要维护当时国家正常的政治统治和保证社会上层权贵利益。

北魏前期爵位封授的情况显示出，至明元帝以后，具有受封爵位的特权者只保留在皇子、皇弟和皇叔的狭小范围内。北魏国家的这种做法，是由传统的拓跋鲜卑部族血缘联系的减弱以及确立新的皇室血缘联系标准所影响的结果。而且，随着这种状况的发展，使当时具有无条件享有受封爵的特权者的范围不断缩小，并且，退居到次要的位置。

由于北魏前期受封爵位特权者的减少，使爵位的封授对国家的官本位体制和社会中的权贵阶层的影响愈来愈明显。当时爵位的封授的条件是与官员的职务与品级以及国家对官员的考核规定结合在一起的。北魏国家以限定职官任职作为封授爵位的条件，不仅保证爵制服务于国家官本位体制，而且也使爵位与官职一样，成为拓跋鲜卑勋贵和汉族士人身份地位的重要象征。北魏国家以官员的“勤”和“功”作为封授爵位的条件，也就更明确表现出爵位的封授所具有的奖赏功能。而这两种爵位封授条件的结合，就使受封爵的国家官员的特殊的地位得到充分的体现。因此，北魏前期，国家限定爵位的封授范围，就明显地表现出有爵者与无爵者社会地位的差别，也就使社会上层的尊贵与下层的卑微明显突显出来，进而二者之间的鸿沟就变得更加难以逾越了。

（原载《人文杂志》2015 年第 5 期）

北魏前期诸王虚封地封授考

北魏前期的诸王是当时社会中的权贵阶层，在社会中占有特殊的地位。他们的这种特殊地位，一方面是由他们受封的王爵在北魏爵制中的最高等级决定的；另一方面领有特殊的封地也对他们的地位产生重要的影响。因此要研究诸王这一权贵阶层的特点，就需要对王爵的特殊性做全面的探讨。关于北魏前期王爵的等级及封授问题，前人多有讨论。但对北魏前期诸王受封封地问题的考察，则涉及较少。所以本文拟对与北魏前期诸王封地相关的诸问题做一些探讨，以就教于方家。

一、以郡为诸王虚封地制度的确立与实行

北魏国家建立后，道武帝就开始实行爵位制度。天兴元年，道武帝“诏尚书吏部郎中邓渊典官制，立爵品。”① 进一步完善爵位的规定。《魏书·官氏志》：“（天赐元年）九月，减五等之爵，始分为四，曰王、公、侯、子，除伯、男二号。”这说明，尽管道武帝实行的爵位等级有改变，但王爵始终是最高等级的爵位，因而北魏国家一直重视王爵的封授。从道武帝封授的王爵来看，一是要体现出王爵在国家爵位系体中的最高等级；二是要表现出被封授王爵者领有的最高级别的封地。不过，从道武帝实行爵位制度开始，诸王受封的封地就是一种虚封。宋人马端临指出北魏前期诸王封地具有明显虚

① 魏收：《魏书》卷二《道武帝纪》。

封的特点。[①] 尽管北魏前期诸王所领的封地为虚封，但国家对这种虚封地的封授并不是随意的，而是要按国家的规定来进行的。

皇始二年，道武帝任命东平公拓跋仪“为骠骑大将军、都督中外诸军事、兖豫雍荆徐扬六州牧、左丞相，封卫王”[②]。又将襄城公拓跋题“进封为王”[③]。这些记载说明，皇始二年，道武帝封授诸王的封地可以分为两种情况：拓跋仪受封的卫地为战国时所划分的区域，而拓跋题所领的襄城在道武帝时尚未设郡，采用的是西晋设置郡的名称。很明显，北魏国家为这两位诸王封授的虚封地是两种不同的区域划分。道武帝封授两位诸王不同性质的虚封地，应该说是有明确目的的。从他们的任职情况来看，拓跋仪任骠骑大将军、都督中外诸军事、兖豫雍荆徐扬六州牧、左丞相，而拓跋题则没有任命职官，只是随从道武帝征战的将领，因而他与拓跋仪在政治地位上的差别是明显的。道武帝封授拓跋仪和拓跋题两种不同性质的封地，正是要通过封地的差别来表现受封诸王地位的不同。道武帝是将受封战国时所划分区域的诸王的地位置于受封行政郡诸王地位之上的。因此，可以说道武帝封授诸王虚封地并行两种不同的区域，正是体现诸王地位差异的需要。

尽管道武帝并行两类不同性质的区域作为诸王虚封地，但是由于他实行爵位制度受到晋制的影响很大，所以对诸王封地的封授也就吸纳了晋制中的规定。《晋书·地理志上》载，泰始元年，晋武帝“封诸王以郡为国”。这就是说，西晋封授诸王基本是以行政郡作为他们封地的。西晋国家以郡为诸王封地的做法，也影响到道武帝对诸王虚封地的封授。天兴元年，道武帝进拓跋遵“封常山王”[④]。并使南安公拓跋顺“进封毗陵王”[⑤]。常山郡为北魏已

---

① 马端临云：“盖自道武兴于代北以来，凡部落之大人与邻境之降附者，皆封以五等之爵，令其世袭，或赐以王封。……则其时虽有受封之名，而未尝与之食邑。又道武以来，有受封为建业公、丹阳侯、会稽侯、苍梧伯之类，此皆江南土地，未尝为魏所有。可见当时五等之爵多为虚封。”马氏所论，实际指出北魏前期五等爵的虚封特点。当然受封王爵者的封地也是如此。

② 《魏书》卷二《道武帝纪》。

③ 《魏书》卷二《道武帝纪》。

④ 《魏书》卷二《道武帝纪》。

⑤ 《魏书》卷二《道武帝纪》。

经设置的郡，而毗陵则为西晋曾经设置的郡，但一致之处就在于，道武帝封授他们的虚封地是"以郡为国"的。因此，道武帝天兴元年对诸王虚封地的封授，是在努力仿效西晋诸王封地的做法。

天赐元年，道武帝又实行爵位改革，将以郡作为虚封地的做法进一步明确化。《魏书·官氏志》："王封大郡，公封小郡，侯封大县，子封小县。王第一品，公第二品，侯第三品，子第四品。……十二月，诏始赐王、公、侯、子国臣吏，大郡王二百人，次郡王、上郡公百人，次郡公五十人，侯二十五人，子十二人。"这说明，道武帝开始确立以"大郡"作为诸王封地的制度，还将诸王分为"大郡王"和"次郡王"。天赐四年，道武帝封授皇子王爵时，则将这一规定付诸实行。《魏书·道武帝纪》："（天赐）四年春二月，封皇子修为河间王，处文为长乐王，连为广平王，黎为京兆王。"尽管道武帝封授诸王的河间、长乐、广平、京兆，都是西晋曾经设置的郡，但他的这种封授就使"以郡为国"的做法开始成为主导的做法。

不过，北魏前期，封授诸王虚封地完全实现"以郡为国"，还是需要一个过程的。也就是说，北魏初年，当时国家确定可以封授诸王两种不同性质封地的做法，并不是立即就被取消了。《魏书·道武帝纪》："（天兴六年）立皇子讳嗣为齐王，加车骑大将军，位相国；绍为清河王，加征南大将军；熙为阳平王；曜为河南王。封故秦敏王子夔为豫章王，陈留王子右将军悦为朱提王。"很明显，道武帝封授皇太子拓跋嗣的齐地为战国时的区域划分；而封授一般皇子拓跋熙、拓跋曜及宗室拓跋夔、拓跋悦则为西晋曾经设置的郡。这说明，道武帝封授诸王封地，还继续沿袭皇始年间两种不同性质封地并行的做法。道武帝实行这种做法，正是要通过封授两种不同的封地，来明确体现皇太子与一般皇子和宗室地位的高低差别。

道武帝的这种做法，也为太武帝承袭。《魏书·太武帝纪下》："（太平真君三年）冬十月己卯，封皇子伏罗为晋王，翰为秦王，谭为燕王，建为楚王，余为吴王。"太武帝这次封授的诸王都是皇子。他为这些皇子封授晋、秦、燕、楚、吴地，都是以战国时的区域划分作为他们的虚封地。显然这种封授目的性是明确的，就是要突出他封授的皇子王在诸王中的特殊地位。这正是太武帝继续实行两种性质不同的区域划分作为诸王虚封地的重要原因。

当然，北魏前期，国家以两种性质不同的区域划分封授诸王作为虚封地，除了要以此表现诸王地位的差异之外，另一方面也是要保持诸王的“本封”的需要。从北魏国家爵位封授情况来看，受爵者很注意“本封”，所以国家一般不轻易改变有爵者最早封授的爵称。对诸王来说，也是如此。《魏书·道武帝纪》：“（天赐六年）卫王仪谋叛，赐死。”可见拓跋仪的卫王爵称，一直保留到道武帝初步确立“以郡为国”制度以后。至天赐六年，明元帝重新封授他的儿子拓跋良为王，才改称“南阳王”①。由此可见，北魏前期，由于国家需要以封地的不同表现诸王地位的差异以及保持他们的“本封”，因而以战国时的区域划分作为诸王虚封地的做法，也就保留下来。然而，北魏国家并行这两种不同性质区域划分作为诸王虚封地的做法，严重影响了王爵及其封地封授的一体化。特别是，天赐元年，道武帝确定了以郡的大小作为区分诸王地位差别的标准，因而继续实行皇始二年开始实行的做法，也就使诸王等次区分出现了多重的标准，所以北魏国家为了保证王爵与封地封授的一致性，就需要改变这种封授两种性质不同的区域并行的状况。正因为如此，正平元年，太武帝“封秦王翰为东平王，燕王谭为临淮王，楚王建为广阳王，吴王余为南安王”②。可见太武帝将皇子拓跋翰、拓跋谭、拓跋健、拓跋余封地进行了改封。这种改封就是将原来这些皇子王受封的战国的区域划分的封地全部改封为行政郡。实际上，太武帝的这种改封的做法，是要废除诸王的两种不同性质的区域的虚封地并行的做法，完全实现“以郡为国”的制度。由于太武帝改革了诸王虚封地的封授，所以在正平元年以后，北魏国家封授的诸王的虚封地，完全取消了战国的地理区域，一律实行“以郡为国”。统计《魏书》中的记载，在文成帝、献文帝以及太和十六年爵位改革前孝文帝统治时，封授同姓王总共23人；封授的异姓王总共30人。在这些诸王中，他们的虚封地都是行政郡。这就是说，从太武帝正平元年直至孝文帝太和十六年爵位改革前，北魏国家封授诸王虚封地都是“以郡为国”的，因而以虚封郡为特征的诸王封地的封授制度也就完全确立了。

---

① 《魏书》卷三《明元帝纪》。

② 《魏书》卷四下《太武帝纪下》。

二、诸王虚封地的封授与治理

北魏前期，国家封授诸王的封地属于虚封，所以也就与封地的实封有很大的不同。实际上，北魏国家对诸王虚封地的封授表现出比较明显的特点。

（一）北魏国家封授诸王的虚封地具有多样性

从当时诸王受封郡的情况来看，可以分为三种情况：

一是封授诸王的虚封郡为北魏国家实际设置的郡。北魏建国后，不断拓展国土，控制地区逐渐扩大。直到延和二年，太武帝才统一了中国北方。在北魏国家控制地区不断扩大的过程中，国家的行政区划也在变化，在地方设置的州、郡、县也由少变多。就北魏国家所设郡的情况，实际与州、县一样，随着控制地区的变化而发生改变。北魏前期，国家设郡的变化比较明显的时期，是在道武帝、明元帝和太武帝统治时期。北魏国家设置的行政郡，对封授诸王的虚封地是有比较明显影响的。

关于道武帝统治时期行政郡的设置情况，清人徐文范做了考证。他指出，天兴四年，道武帝设郡三十六，有代、雁门、晋昌、定襄、永石、建兴、太原、乐平、上党、长乐、赵、武邑、章武、平原、渤海、广川、河间、高阳、燕、上谷、广宁、魏、阳平、广平、汲、顿丘、清河、中山、常山、勃海、博陵、河内、濮阳、东郡、东燕、颍川。[①] 在北魏国家所设的这些郡中，除了代郡，一般都可以封授诸王作为虚封地。《魏书》载，道武帝“（天兴元年）夏四月壬戌，进遵封常山王”；“（天兴六年）熙为阳平王”；“（天赐）四年春二月，封皇子修为河间王，处文为长乐王，连为广平王”。[②] 很明显，道武帝封授拓跋遵、拓跋熙、拓跋处文的常山、阳平、长乐，都是北魏国家已经设置的行政郡。道武帝的这种做法，继续为后世皇帝所承袭。

从明元帝时的情况来看，他也继续封授诸王虚封地。在这些诸王中，一些人受封的封地正是当时国家实际设置的行政郡。明元帝时，北魏国家的控制地区，较道武帝时又有扩大，因而国家设置的行政郡也有变化。徐文范考

---

① 徐文范：《东晋南北朝舆地表》，《二十五史补编》第五册，中华书局，1955 年，第 6774 页。

② 《魏书》卷二《道武帝纪》。

证，明元帝时，北魏国家设置的行政郡有：代郡、雁门、新兴、秀容、肆卢、永石、建兴、太原、乐平、上党、长乐、广川、武邑、渤海、章武、平原、赵郡、魏郡、广平、汲、阳平、顿丘、清和、中山、常山、巨鹿、博陵、燕、范阳、上谷、河间、河内、平阳、河东、河北。① 明元帝就将其中的一些郡封授给诸王作为虚封地。《魏书·明元帝纪》：“（泰常七年）丕为乐平王，加车骑大将军；……俊为新兴王，加镇军大将军；献怀长公主子嵇敬，封长乐王，拜大司马、大将军。”明元帝不仅封授诸王，还对一些诸王的封地进行改封。天赐六年，“高凉王乐真改封平阳王”②。明元帝封授拓跋丕的乐平郡、拓跋俊的新兴郡、嵇敬的长乐郡以及改封拓跋乐真的平阳郡，都是北魏国家实际设置的行政郡。

太武帝统一北方地区后，北魏国家实际控制的地区更为广大，设置的行政郡也比道武帝、明元帝时要增加很多。北魏还继续将国家所设郡作为诸王的虚封地。下面举几例说明：

先看对同姓诸王虚封地的封授。《魏书·文成帝纪》：“（太安三年）封皇弟新成为阳平王。”拓跋新成的封地阳平，当为道武帝时所设郡。《魏书·文成帝纪》：“（太安四年）夏四月乙巳，封皇弟子推为京兆王。”徐文范考证，拓跋子推受封的京兆，在太武帝神䴥四年开始设郡。③《魏书·献文帝纪》：皇兴二年，献文帝封“太洛为章武王，休为安定王”。拓跋太洛受封的章武，为道武帝时所设郡。拓跋休受封的安定郡，则设于太武帝神䴥三年。④ 太和三年，孝文帝“封皇弟禧为咸阳王，干为河南王”⑤。拓跋禧受封的咸阳郡，

① 徐文范：《东晋南北朝舆地表》，《二十五史补编》第五册，中华书局，1955年，第6786-6787页。

② 《魏书》卷三《明元帝纪》。

③ 徐文范：《东晋南北朝舆地表》，《二十五史补编》第五册，中华书局，1955年，第6792页

④ 徐文范：《东晋南北朝舆地表》，《二十五史补编》第五册，中华书局，1955年，第6794页。

⑤ 《魏书》卷七上《孝文帝纪上》。

为太武帝神䴥四年设置；[1] 拓跋干受封的河南郡，则为太延二年设置。[2]

再看对异姓王虚封地的封授。泰常八年，太武帝进“蓝田公长孙翰为平阳王”[3]。太武帝封授长孙翰的平阳郡，始设于明元帝时。[4] 兴安二年，文成帝进“南部尚书、章安子陆丽为平原王”[5]。陆丽受封的平原郡，始设于道武帝时。[6] 延兴元年，孝文帝“以驸马都尉穆亮为赵郡王”[7]。太和三年，孝文帝使“侍中、尚书、太原公王睿进爵中山王。”[8] 穆亮受封的赵郡、王睿受封的中山郡，均为道武帝所设郡。[9]

上述事例说明，在明元帝以后，孝文帝爵位改革之前，国家可以为同姓诸王与异姓诸王封授北魏国家实际所设郡作为虚封地。这些诸王受封行政郡没有太大的差别，只存在领郡大小的区别。

二是封授诸王的虚封郡，不在北魏国家的统治区域内。实际在北魏建国后，道武帝就开始对一些诸王的封地进行遥封。天兴元年，道武帝进封拓跋顺为“毗陵王”。拓跋顺受封的毗陵郡，实际是东晋朝设置的郡。天兴六年，道武帝又“封故秦敏王子夔为豫章王，陈留王子右将军悦为朱提王”[10]。拓跋

---

① 徐文范：《东晋南北朝舆地表》，《二十五史补编》第五册，中华书局，1955年，第6792页。

② 徐文范：《东晋南北朝舆地表》，《二十五史补编》第五册，中华书局，1955年，第6794页。

③ 《魏书》卷四上《太武帝纪上》。

④ 徐文范：《东晋南北朝舆地表》，《二十五史补编》第五册，中华书局，1955年，第6786－6787页。

⑤ 《魏书》卷五《文成帝纪》。

⑥ 徐文范：《东晋南北朝舆地表》，《二十五史补编》第五册，中华书局，1955年，第6774页。

⑦ 《魏书》卷七上《孝文帝纪上》。

⑧ 《魏书》卷七上《孝文帝纪上》。

⑨ 徐文范：《东晋南北朝舆地表》，《二十五史补编》第五册，中华书局，1955年，第6774页。

⑩ 《魏书》卷二《道武帝纪》。

夔受封豫章郡、拓跋悦受封朱提郡，均为东晋朝所设郡。[①] 泰常七年，明元帝封“（拓跋）健为永昌王，加抚军大将军；崇为建宁王，加辅国大将军”[②]。拓跋健受封的永昌郡、拓跋崇受封的建宁郡，也都是东晋朝设置郡。可见，道武帝、明元帝封授的一些诸王的郡，在东晋的统治区内，为东晋朝所设郡，并不是北魏国家设置的行政郡。

明元帝以后，北魏国家继续为诸王封授统治区外的郡作为虚封地。例如，神䴥三年，太武帝“封寿光侯叔孙建为丹阳王”[③]。叔孙建受封丹阳郡，为刘宋朝所设。[④] 兴安元年，文成帝使“平南将军、宋子侯周忸进爵乐陵王”[⑤]。周忸受封乐陵郡，为刘宋朝所设。太和五年，孝文帝封皇叔“猛为安丰王”[⑥]。拓跋猛受封的安丰郡，当为刘宋朝所设。[⑦] 由此可见，在刘宋禅代东晋后，北魏国家封授一些诸王的虚封郡，则是刘宋朝设置的。北魏国家对诸王的虚封地实行的遥封，并不是罕见的，而是一种正常的封授。

三是北魏国家封授诸王虚封郡的位置在北魏控制区内，但北魏并没有设郡，实沿用西晋朝所设郡的名称。天兴六年，道武帝封皇子拓跋曜“为河南王”[⑧]。拓跋曜受封的河南郡，在道武帝所设的三十六郡中，不见有此郡的设置。实际河南郡为西晋所设郡。《晋书·地理志上》：“河南郡，汉置。统县十二，户一十一万四千四百。”可见西晋河南郡是沿袭汉朝的设置，只是“晋仍居魏都，乃以三辅还属雍州，分河南立荥阳”[⑨]。南迁的东晋，在其境

---

① 豫章郡设置，见《晋书》卷一五《地理志下》；朱提郡设置，见《晋书》卷一四《地理志上》。

② 《魏书》卷三《明元帝纪》。

③ 《魏书》卷四上《太武帝纪上》。

④ 《宋书》卷三三《五行志四》：“元嘉十二年六月，丹阳、淮南、吴、吴兴、义兴五郡大水，京邑乘船。”就是证明。

⑤ 《魏书》卷五《文成帝纪》。

⑥ 《魏书》卷七上《孝文帝纪上》。

⑦ 安丰郡设置，《宋书》卷三六《州郡志二》：“安丰太守，魏文帝分庐江立。江左侨立，晋安帝省为县，属弋阳，宋末复立。”

⑧ 《魏书》卷二《道武帝纪》。

⑨ 《晋书》卷一四《地理志上》。

内侨立河南郡。[①] 拓跋曜在皇子王中居于重要地位，无疑当封大郡。然而，东晋侨立的河南郡人口稀少，由此来看，道武帝封授拓跋曜的河南郡，当沿用的是西晋曾经设置郡的名称，不会封授东晋的侨立郡作为虚封地。又，天赐四年，道武帝封“（拓跋）连为广平王，黎为京兆王”[②]。拓跋连、拓跋黎受封的郡，也与拓跋曜的情况相同，也就是说广平、京兆也都是使用西晋曾经设置郡的名称。

道武帝对一些诸王的虚封郡实行的这种封授的做法，也为后世皇帝所承袭。例如，泰常八年，太武帝“进司徒长孙嵩爵为北平王”[③]。泰常八年为明元帝驾崩、太武帝即皇帝位之年。徐文范考证，在明元帝统治时设郡三十六，但并无北平郡的设置。[④] 北平郡的设置，《晋书·地理志上》：幽州辖北平郡，“统县四，户五千”。而北魏的北平郡则设置较晚，《魏书·地形志上》：“北平郡，孝昌中，分中山置，治北平城。”这说明，太武帝封授长孙嵩的北平郡，应该是西晋曾经设置的，并不是北魏后期设置的行政郡。又，兴安二年，文成帝使“尚书、西平公源贺进爵为王”[⑤]。西平郡的设置情况，在《魏书·地形志》中不见记载。这说明北魏一直没有设置西平郡。《晋书·地理志上》：西晋设西平郡，属凉州，“统县四，户四千”。可见源贺受封的西平郡，当为西晋所设郡的名称。又，延兴元年，孝文帝“以散骑常侍、驸马都尉万安国为大司马、大将军，封安城王”[⑥]。安城郡的设置情况，不见《魏书·地形志》记载，也不见《宋书·州郡志》记载。但西晋有安城郡的设置。《晋书·地理志下》：“惠帝元康元年，有司奏，荆、扬二州疆土旷远，统理尤难，于是割扬州之豫章、鄱阳、庐陵、临川、南康、建安、晋安，荆州之武昌、桂阳、安城，合十郡，因江水之名而置江州。”显然安城

---

① 参看胡阿祥：《东晋南朝侨州郡县与侨流人口研究》，江苏教育出版社，2008 年，第 116 页。

② 《魏书》卷二《道武帝纪》。

③ 《魏书》卷四上《太武帝纪上》。

④ 徐文范：《东晋南北朝舆地表》，《二十五史补编》第五册，中华书局，1955 年，第 6786 - 6787 页。

⑤ 《魏书》卷五《文成帝纪》。

⑥ 《魏书》卷七上《孝文帝纪上》。

郡当为西晋设置的行政郡。这些事例表明，在孝文帝爵位改革之前，北魏国家封授诸王的虚封郡中，存在一些西晋曾经设置郡，也就是说，北魏前期，国家也能够将西晋时所设郡的名称，作为一些诸王的虚封地。

（二）北魏国家能够将一郡封授给多位诸王，因而一些诸王的虚封地可以是同一郡

统计《魏书》中的记载，北魏前期，一郡封授多位诸王为虚封地有两种情况，即一郡封授两位诸王和一郡封授三位诸王。

将一郡封授给两位诸王的有：1. 阳平郡。天兴六年，道武帝封拓跋熙“为阳平王”[①]。太延三年，太武帝封杜超阳平王。[②] 2. 河南郡。天兴六年，道武帝封拓跋曜“为河南王”[③]。太和三年，孝文帝封拓跋干“为河南王”。3. 安定郡。泰常七年，明元帝封拓跋弥“为安定王”[④]。皇兴二年，献文帝封拓跋休“为安定王”[⑤]。4. 平阳郡。天赐六年，明元帝改封拓跋乐真平阳王。[⑥] 泰常八年，太武帝进“蓝田公长孙翰为平阳王”[⑦]。5. 颍川郡。泰常八年，拓跋提“袭爵，改封颍川王”[⑧]。太和三年，孝文帝封拓跋雍“为颍川王”[⑨]。

将一郡封授给三位诸王的有：1. 长乐郡。天赐四年，道武帝封拓跋处文“为长乐王”。泰常七年，明元帝封嵇敬长乐王。延兴元年，孝文帝使“赵郡王穆亮徙封长乐王”[⑩]。2. 广平郡。天赐四年，道武帝封拓跋连“为广平王”。太平真君五年，太武帝为杜遗“进爵广平王”。和平二年，文成帝封拓跋洛侯“为广平王”。3. 京兆郡。天赐四年，道武帝封拓跋黎“为京兆王”。

---

① 《魏书》卷二《道武帝纪》。

② 《魏书》卷四上《太武帝纪上》。

③ 《魏书》卷二《道武帝纪》。

④ 《魏书》卷三《明元帝纪》。

⑤ 《魏书》卷六《献文帝纪》。

⑥ 《魏书》卷三《明元帝纪》。

⑦ 《魏书》卷四上《太武帝纪上》。

⑧ 《魏书》卷一六《道武七王·河南王曜传》。

⑨ 《魏书》卷七上《孝文帝纪上》。

⑩ 《魏书》卷七上《孝文帝纪上》。

兴安二年，文成帝使“司空杜元宝进爵京兆王”①。太安四年，文成帝“封皇弟子推为京兆王”②。4. 中山郡。始光三年，太武帝使“中山公元纂进爵为王”③。太平真君十年，太武帝“以平昌公元托真为中山王”④。太和三年，孝文帝使“侍中、尚书、太原公王睿进爵中山王”⑤。5. 济南郡。兴安二年，文成帝“封建宁王崇子丽为济南王”⑥。皇兴三年，献文帝为上党公慕容白曜“进爵济南王”。承明元年，孝文帝为“济南公罗拔进爵为王”⑦。

虽然北魏国家可以将一郡封授给二位、三位诸王作为虚封地，但一般不将一郡同时封授给两位诸王。例如，道武帝封拓跋熙阳平郡，但拓跋熙亡故后，继承王爵的拓跋提“改封临淮王，拜镇东将军，寻改封淮南王”⑧。在拓跋熙封地改封后，太延三年，太武帝封杜超为阳平王。又，明元帝封皇子拓跋弥安定郡，始光元年“安定王弥薨”⑨。无子，国除。直到皇始二年，献文帝才封拓跋休安定郡。

从将一郡封授三位诸王的情况来看，也是如此。例如，兴安二年，文成帝封宗室王拓跋丽济南郡，但兴安二年，因京兆王杜元宝谋反，“建宁王崇、崇子济南王丽，为元宝所引，各赐死”⑩。济南郡自然不是诸王虚封地，所以，皇兴三年，献文帝封上党公慕容白曜王爵，以济南郡为封地。皇兴四年，献文帝又“诛济南王慕容白曜”⑪。这样济南郡又不是诸王的封地，因此承明元年，孝文帝又将此郡封授给异姓王罗拔。⑫ 由此可见，虽然诸王的封地为虚封，但北魏国家还是尽力不使一郡同时作为两位及两位以上诸王的

---

① 《魏书》卷五《文成帝纪》。

② 《魏书》卷五《文成帝纪》。

③ 《魏书》卷四上《太武帝纪上》。

④ 《魏书》卷四下《太武帝纪下》。

⑤ 《魏书》卷七上《孝文帝纪上》。

⑥ 《魏书》卷五《文成帝纪》。

⑦ 《魏书》卷七上《孝文帝纪上》。

⑧ 《魏书》卷一六《道武七王·阳平王熙传》。

⑨ 《魏书》卷四上《太武帝纪上》。

⑩ 《魏书》卷五《文成帝纪》。

⑪ 《魏书》卷六《献文帝纪》。

⑫ 《魏书》卷七上《孝文帝纪上》。

封地。

尽管北魏国家避免同时将一郡同时封授为两位诸王，但由于对一些郡封授的重视，因而同时封授一郡给两位诸王的情况也是存在的。泰常七年，明元帝封外戚王嵇敬长乐郡。嵇敬王爵为其子嵇护继承，自然也承袭他的虚封地。嵇护“拜外都大官。太和中，诏以护年迈，既未致仕，令依旧养老之例。卒，子彦嗣”[①]。这就是说，嵇护所领的长乐郡在孝文帝太和年间还继续存在。可是，延兴元年，孝文帝却将“赵郡王穆亮徙封长乐王”[②]。很明显，长乐郡同时为嵇护和穆亮二人的虚封地。虽然这种情况在诸王封地的封授上不是常例，但因为北魏前期诸王封地为虚封，因而也就很难完全避免这种情况的出现。

北魏国家在诸王虚封地的封授上，有不同于实封的特点，并且，在对诸王受封的虚封地的治理上，也有不同于实封的做法。应该说，由于北魏前期国家封授诸王封地为虚封，所以当时国家并没有对诸王封地采取与一般行政郡有区别的治理方式。如前所述，北魏前期，封授诸王封地为郡的做法，是沿袭晋制而来的。实际上，掌管两晋封国的长官与行政郡是不同的。《晋书·职官志》：“王置师、友、文学各一人，……改太守为内史，省相及仆。”这就是说，两晋内史是掌管封国的长官。这种做法在北魏太和十六年被孝文帝承袭。他实行爵位改革，将诸王的封国由虚封改为实封，随之也使诸王的封地由内史来治理。《魏书·封懿传附封隆之传》：“（封琳）及改定百官，除司空长史。出为立忠将军、南青州刺史、兼散骑常侍、持节、西道大使。还，为长兼太中大夫，转广平内史。”这里提到“改定百官”，当在太和十八年推行前《职员令》之时。可见，在孝文帝爵位改革不久，就已经选任内史治理广平王元匡的封国。太和二十三年，孝文帝制定的后《职员令》规定：上郡太守、内史、相四品；中郡太守、内史、相五品；下郡太守、内史、相六品。[③] 后《职员令》的规定，就将内史治理诸王封地的规定更加明确化。由于后《职员令》有这种严格的规定，因而北魏后期，由太守治理行政郡，

---

① 《魏书》卷三四《万安国传附奚拔传》。

② 《魏书》卷七上《孝文帝纪上》。

③ 《魏书》卷一一三《官氏志》。

由内史治理封国，在制度上是严格区分的。可是，北魏前期，由于诸王封地具有虚封的特征，因而北魏国家对诸王封地的治理，既不同于两晋，也与北魏后期存在明显的差别。

实际上，北魏前期，诸王所领封国的长官，与国家管辖的行政郡是相同的。天赐四年，道武帝封拓跋处文为长乐王。在长乐郡成为拓跋处文的虚封地后，国家并没有改变对长乐郡的治理。《魏书·屈遵传》："（屈遵）太祖素闻其名，厚加礼焉。……中原既平，赐爵下蔡子，从驾还京师。卒，时年七十。子须袭。除长乐太守，加镇远将军"。这说明，在道武帝时，长乐郡一直由郡太守治理。对道武帝封授给拓跋连的广平郡的治理也是如此。《魏书·长孙肥》："（长孙）肥弟亦干。太祖初，为羽林郎。从平中原，除广平太守。"就是明证。

道武帝设太守治理诸王封国的做法，在孝文帝爵位改革前一直没有变化。例如，始光三年，太武帝封拓跋纂为中山王，中山郡成为拓跋纂的封地。《魏书·严棱传》："（严棱）及世祖践阼，以棱归化之功，除中山太守。"显然太武帝统治初年的中山郡是设郡太守治理的。又，《魏书·景穆十二王上·阳平王新成传》："阳平王新成，太安三年封，拜征西大将军。……长子安寿，袭爵。高祖赐名颐。"这就是说，从太安三年，文成帝始封，直至孝文帝统治之时，拓跋新城以及继承其王爵的拓跋安寿都是以阳平郡为封地的。《魏书·吕洛拔传》："（吕洛拔）长子文祖，显祖以其勋臣子，补龙牧曹奏事中散。……后文祖以旧语译注《皇诰》，辞义通辩，超授阳平太守。"无疑吕文祖出任阳平太守在献文帝统治时期。可见从拓跋新城始封王爵，到其子拓跋安寿继承王爵，他们的封地阳平郡设置的都是郡太守。又，《魏书·景穆十二王上·京兆王子推传》："京兆王子推，太安五年封。……高祖即位，拜侍中、本将军、开府仪同三司、青州刺史。未至，道薨。子太兴，袭。"京兆王拓跋子推子拓跋太兴继承王爵当在孝文帝爵位改革之前，因而京兆郡为他继承的封地。《魏书·良吏·张应传》："（张应）延兴中，为鲁郡太守。……高祖深嘉其能，迁京兆太守。"张应任京兆太守的时间，当在孝文帝实行爵位改革以前。很明显，孝文帝对拓跋太兴继承的封地京兆郡的治理，仍然沿袭道武帝的做法。

总之，北魏前期，国家对诸王的封地实行设置郡太守进行治理的做法，显然没有承袭西晋对诸王封国的治理措施。应该说北魏国家实行的对诸王封地的这种做法，是很独特的。而北魏国家之所以采取这种措施，正是适应当时的封地的虚封性质的需要。也就是说，北魏国家要在治理诸王封地长官的设置上来体现出他们封地的虚封特征。当孝文帝实行爵位改革后，诸王的封地由虚封改为实封后，也就使治理他们封地的长官的设置与一般的行政郡不同了，也就是用内史取代了太守。

三、封授诸王虚封地的限制规定

如前所述，北魏前期，国家封授诸王的封地为虚封地。由这种诸王封地的虚封性质所决定，北魏国家可以对他们的封地遥封，也可以将西晋曾经设置的郡的名称作为诸王的封地，这就使当时诸王的封地表现出多样性，因而他们封地的虚封特征也就得到更明显的展示。尽管如此，北魏国家对诸王封地的封授并不是完全随意，不受任何限制的。事实上，北魏国家对诸王虚封地的封授，实行了一些重要的限制规定。

首先，北魏前期，国家禁止在京畿范围内封授诸王的封地。北魏建国后，将它的统治区划分为京畿内和京畿外两个区域。这种划分从道武帝统治时期，就开始实行了。天兴元年，道武帝“诏有司正封畿”①。《魏书》中有“畿内”和“畿外”的记载。这说明，北魏国家对京畿内和京畿外的治理方式是不同的，所以当时的京畿是一个特别统治的区域。

由于北魏国家将京畿作为特别区域进行治理，所以在诸王封地的封授上也注意到与京畿的关系。一如前述，北魏国家封授诸王的封地，有实际设置的郡、东晋、南朝设置郡以及西晋曾经设置的郡的名称。对于后两种郡，当然不需要讨论。对诸王受封的北魏国家实际设置的郡，则要辨析它们与京畿地区的关系，尤其是临近京畿地区的诸王的封地，因而也就需要考察司州的设置的问题。

北魏前期的司州，在道武帝天兴年间已经开始设置。《魏书·地形志上》：“恒州，天兴中置司州，治代都平城，太和中改。”北魏国家设置的司

---

① 《魏书》卷二《道武帝纪》。

州与京畿并不是统一的地区。关于司州与京畿地区的关系，清人徐文范有明确的考证。他指出：时司州治平城之代都，东合大宁，故代都西至河北，合五原、云中，南至隘门，为畿内。统雁门、晋昌、定襄、永石、建兴五郡。① 如果徐文范考证不误，则道武帝所设司州包括京畿地区，另外还统辖五郡。明元帝时，继续设置司州。徐文范考证，这时司州所辖郡有：代、雁门、新兴、秀容、肆卢、永石、建兴郡。② 据此，明元帝所设司州与道武帝时所辖郡略有差异，但区域范围没有明显的改变。在司州范围内的京畿，文献中有明确记载。《魏书·食货志》："天兴初，制定京邑，东至代郡，西及善无，南极阴馆，北尽参合，为畿内之田；其外四方四维置八部帅以监之。"又《魏书·太武帝纪下》：太平真君六年，太武帝又"发司、幽、定、冀四州十万人筑畿上塞围，起上谷，西至于河，广袤皆千里"。这正是北魏迁都洛阳之前的京畿范围。唐长孺先生考证，代郡即今蔚县，善无即今右玉县，阴馆即今代县西北，参合即今阳高县。③ 很明显，北魏前期的京畿几乎涵盖了今天桑干河盆地的大部分。由此可以看出，北魏前期的京畿是以代郡为中心向四周展开，但并没有脱离司州管辖的范围。因此，可以说除了代郡之外，司州所辖郡当为近畿之郡。在司州所辖郡中，封授为诸王封地的，只有新兴郡。《魏书·明元帝纪》："（泰常七年）（封）俊为新兴王，加镇军大将军。"新兴郡北魏后期改为永安郡，治定襄，在阴馆之南。④ 这些情况说明，北魏国家不仅不将代郡作为诸王的封地，就是对司州所辖郡也很少封授诸王作为封地。

北魏国家之所以限制在京畿范围内封授诸王的虚封地，正是受到传统的分封封国理念的影响。《谷梁传》隐公元年条："寰内诸侯，非有天子之命，不得出会诸侯。"又《谷梁传》定公四年："寰内诸侯也，非列土诸侯。"这

---

① 徐文范：《东晋南北朝舆地表》，《二十五史补编》第五册，中华书局，1955年，第6774页。

② 徐文范：《东晋南北朝舆地表》，《二十五史补编》第五册，中华书局，1955年，第6786页。

③ 唐长孺：《拓跋国家的建立及其封建化》，《魏晋南北朝史论丛》，生活·读书·新知三联书店，1955年，第222页，页下注1。

④《魏书》卷一〇六上《地形志上》。

里提到的寰内就是畿内。《谷梁传》所以将西周的诸侯分为寰内、寰外诸侯，这是因为只有王畿之外的诸侯，才视为列土分封的诸侯。《谷梁传》的这种认识，不仅将王畿内、外的诸侯相区别，并且，也将限制在王畿内分封诸侯作为儒家实行统治的一种理念。这种统治的理念，对后世的影响是重大的。《南齐书·巴陵王昭秀传》：明帝建武二年，通直常侍庾昙隆启曰："周定雒邑，天子置畿内之民；汉都咸阳，三辅为社稷之卫。中晋南迁，事移威弛，近郡名邦，多有国食。宋武创业，依拟古典，神州部内，不复别封。……圣明御宇，礼旧为先，畿内限断，宜遵昔制，赐茅授土，一出外州。"显然庾昙隆批评东晋畿内封国不合古制，称赞刘宋不在京畿内封国是正确的做法。他提出的施治方略，显然是受传统分封理念的影响。这种限制在京畿内封授诸王封地的做法，不仅影响南朝，而且对北魏国家封授诸王封地的影响也是重大的。因此，在北魏前期，尽管封授诸王的封地属于虚封，但是北魏国家也并不违背传统的分封理念，所以当时国家限制在京畿内封授诸王封地，并且也很少在近畿郡封授诸王封地。这就是说，尽管诸王的封地属于虚封性质，可是北魏国家依然要以传统的分封理念来约束对诸王封地的封授。

其次，北魏前期，国家禁止将诸王出镇的地方作为虚封地。为了保证统治的稳定，当时国家需要一些诸王出镇地方，担任都督诸军事、刺史和镇都大将。应该说当时出镇地方的诸王人数是不少的。不过，当时国家选任诸王出镇地方，是有限制措施的。其中很重要的一项就是诸王不可以到虚封地所在州任职。《魏书·文成五王·安乐王长乐传》："安乐王长乐，皇兴四年封建昌王，后改封安乐王。……承明元年，拜太尉，出为定州刺史。"拓跋长乐受封安乐郡，北魏属安州。安州为献文帝"皇兴二年置，治方城"[①]。又《魏书·刘尼传》："刘尼，代人也。……迁散骑常侍、安南将军。又进爵东安公。寻迁尚书右仆射，加侍中，进封为王。出为征南将军、定州刺史。"刘尼受封东安郡，北魏属南徐州。南徐州为献文帝所设，太和二十二年改为南青州。[②] 这些事例说明，北魏国家使诸王出任的州刺史与其虚封地所在州是明显分离的。这应该是北魏国家实行的一种区域回避政策。

---

① 《魏书》卷一〇六中《地形志中》。

② 《魏书》卷一〇六中《地形志中》。

北魏国家不仅实行诸王出镇的地方与他们的虚封地所在州实行区域回避的做法，并且，还实行出镇地方的长官要进爵为王，也要使他们受封的虚封地与任职州截然分开。《魏书·外戚上·李峻传》："（文成帝）拜峻镇西将军、泾州刺史、顿丘公。雅、嶷、诞等皆封公位显。后进峻爵为王。"可见李峻在任泾州刺史时，进爵为王，其虚封地与领有公爵时相同，都为顿丘郡。顿丘郡，道武帝时始设，属相州。[①] 又《魏书·献文帝纪》："（皇兴元年）以南郡公李惠为征南大将军、仪同三司、都督关右诸军事、雍州刺史，进爵为王。"李惠由公爵进为王爵，虚封地仍为南郡。北魏不设南郡，实为刘宋所设郡。[②] 很明显，李峻、李惠进封王爵的虚封地与他们所任刺史之州是分离的。北魏国家不仅使在刺史任上进爵为王者的虚封地与任职州实行区域回避，就是担任过刺史者卸任后再晋升王爵，也继续实行虚封地与出镇地区域回避的措施。例如，长孙道生"太宗即位，除南统将军、冀州刺史。……世祖即位，进爵汝阴公，迁廷尉卿。……除司空，加侍中，进封上党王"[③]。长孙道生受封的上党郡，明元帝时属并州。[④] 显然北魏国家不能将长孙道生曾经任刺史的冀州所辖郡作为他的虚封地。又，苟颓"世祖至江，赐爵建德男，加宁远将军。……以本将军拜洛州刺史。……太和元年，加散骑常侍，寻迁侍中、安东将军、都曹尚书，进爵河南公。……三年，迁征北大将军、司空公，进爵河东王"[⑤]。苟颓在太武帝时任洛州刺史。洛州，"太宗置，太和十七年改为司州"[⑥]。苟颓受封河东郡，明元帝时属豫州，[⑦] 北魏后期属泰州。[⑧] 可见北魏国家在苟颓进封王爵后，对他的虚封地的封授，也与

① 徐文范：《东晋南北朝舆地表》，《二十五史补编》第五册，中华书局，1955年，第6774页。

② 《宋书》卷三七《州郡志三》。

③ 《魏书》卷二五《长孙道生传》。

④ 徐文范：《东晋南北朝舆地表》，《二十五史补编》第五册，中华书局，1955年，第6786页。

⑤ 《魏书》卷四四《苟颓传》。

⑥ 《魏书》卷一〇六中《地形志中》。

⑦ 徐文范：《东晋南北朝舆地表》，《二十五史补编》第五册，中华书局，1955年，第6787页。

⑧ 《魏书》卷一〇六下《地形志下》。

长孙道生一样，实行区域回避。

综上可见，北魏前期，国家对出镇地方的诸王实行出镇州与虚封地所在州的严格分离措施，并且，将这一措施进一步拓展，在为出镇地方的长官晋升王爵时，也使任职州与虚封地所在州实行区域回避，即使出镇地方长官已经卸任，在他们晋升王爵时，这种区域回避的措施仍然继续实行。由于这种措施的实行，也就限制了诸王虚封地的封授范围。

再次，北魏前期，国家对汉族诸王的虚封地封授，一般实行籍贯回避。在说明这一问题之前，首先应该指出，在北魏国家封授的诸王中，拓跋鲜卑人及其他的少数民族人是占大多数的。《魏书》中将这些北族人称为代人。康乐先生认为代人为一地域性集团，形成于四世纪末的平城及邻近地区，其成员绝大多数为北亚游牧民族，然而也包括少数的汉人及其他少数民族。自拓跋珪定都平城后，他们即以“代人”之身份活跃于中国北方的政治舞台上。“云代”地区是他们唯一的“家乡”，这是他们与同居于平城王畿的北方汉人（包括士族与平民）不同的地方。[①] 实际上，居于平城的鲜卑人及其他北族人是没有籍贯的。

北魏国家不仅封授代人，还封授了一些汉族人为王。这些汉人诸王包括一些外戚、皇帝幸臣、宦官以及南朝降臣。这些汉族诸王都有明确的籍贯。北魏国家封授这些汉人诸王时，一般不会将他们的原籍作为虚封地的。诸如，外戚杜超“魏郡邺人”。太武帝时，晋升王爵，虚封地为阳平郡。[②] 杜超的原籍魏郡，道武帝时设郡，属相州。[③] 他的封地阳平郡，也为道武帝时设郡，属相州。[④] 恩幸王睿“自云太原晋阳人也”。孝文帝封他为中山王。[⑤] 太

---

① 康乐：《代人集团的形成与发展——拓跋魏的国家基础》，《中研院历史语言研究所集刊论文类编·历史编·魏晋隋唐五代卷（四）》，中华书局，2009年，第538页。

② 《魏书》卷八三上《外戚上·杜超传》。

③ 徐文范：《东晋南北朝舆地表》，《二十五史补编》第五册，中华书局，1955年，第6774页。

④ 徐文范：《东晋南北朝舆地表》，《二十五史补编》第五册，中华书局，1955年，第6774页。

⑤ 《魏书》卷九三《恩幸·王睿传》。

原郡，道武帝时设郡，属并州。[1] 王睿封地中山郡，道武帝设郡，属定州。[2] 南朝降臣司马楚之“本河内温人”[3]。太武帝封他为琅邪王。[4] 河内郡，道武帝时设郡，属豫州。[5] 琅邪郡，北魏后期属东徐州郡。[6] 据此可见，北魏国家对汉人诸王虚封地的封授，一般要实行籍贯回避。不过，这些事例表明，这种籍贯回避，只是以郡为限，并不能完全使籍贯所属州与封地所属州分离。北魏前期，国家封授的汉人诸王人数并不多，除上述四人外，还有广平王杜遗、京兆王杜元宝、顿丘王李峻、南郡王李惠、昌黎王冯熙、北平王冯始兴、丹阳王刘昶。他们的封地都与原籍郡不在一处。

当然，北魏国家对大多数汉族诸王的封地都实行了籍贯回避，但在封授宦官为王时，却对他们的封地实行特殊的封授方式。《魏书·阉官·王琚传》：“王琚，高平人，自云本太原人。……后为侍中、征南将军、冀州刺史，假广平王。征还，进为征南将军，进爵高平王。”又《魏书·阉官·赵黑传》：“（赵黑）初名海，本凉州隶户。自云其先河内温人也。……海生而凉州平，没入为阉人，因改名为黑。……加侍中，进爵河内公。……出为假节、镇南大将军、仪同三司、定州刺史，进爵为王。”北魏前期，国家为宦官封授王爵只有王琚、赵黑二人。可是北魏国家不仅将王琚的原籍郡作为他的封地，并且，还将赵黑自认为的原籍郡作为他的封地。很明显，北魏国家是不对宦官诸王的封地实行籍贯回避的。北魏国家采取这种做法，正是由宦官的特殊地位决定的。北魏的宦官的地位在拓跋贵族之下、汉族大姓之上，

---

① 徐文范：《东晋南北朝舆地表》，《二十五史补编》第五册，中华书局，1955年，第6774页。

② 徐文范：《东晋南北朝舆地表》，《二十五史补编》第五册，中华书局，1955年，第6774页。

③ 《魏书》卷三七《司马休之传》。

④ 《魏书》卷三七《司马楚之传》。

⑤ 徐文范：《东晋南北朝舆地表》，《二十五史补编》第五册，中华书局，1955年，第6774页。

⑥ 《魏书》卷一〇六中《地形志中》。

俨然是一新兴的贵族。[①] 这些宦官是皇帝的左右亲信，在政治上具有很强大的势力，因而，北魏国家封授他们的原籍郡作为虚封地，正是要以此体现他们的地位与其他汉人诸王的不同，进而使他们的特殊身份得到更充分的表现。

（原载《社会科学战线》2013 年第 1 期）

① 陈连庆：《北魏宦官的出身及其社会地位》，《中国古代史研究》上册，吉林文史出版社，1991 年，第 606 页。

北魏前期诸王虚封地改封考

北魏孝文帝爵位改革前，也就是北魏前期，诸王的封地为虚封性质，并不真正领有食邑。尽管诸王的封地为虚封地，可由于诸王的爵位是与这种性质的封地结合在一起的，并且这些虚封地所处的位置以及拥有的户口数并不相同，因此，虚封地在这些方面的差异，就与诸王地位的不同具有联系。所以北魏国家对一些诸王及其王爵继承者的虚封地实行的改封措施，实际上就成为诸王及其王爵继承者地位变化的一种体现。因此，要探讨北魏前期国家对诸王虚封地的封授情况，也就不能忽视对诸王虚封地的改封问题。然而，前人对北魏前期诸王虚封地的改封状况及其所具有意义的研究，尚不多见。所以，本文拟对北魏前期诸王虚封地的改封问题做一些探讨，以就教于方家。

一、诸王虚封地的“改封”与“徙封”的含义

在说明北魏前期国家改封诸王虚封地的实行状况之前，需要对北魏的“改封”与“徙封”的含义做一些说明。在《魏书》中有对诸王封地改封的记载，如《魏书·神元平文诸帝子孙·高凉王孤传》：“（拓跋）斤子真乐，频有战功，后袭祖封。太宗初，改封平阳王。”可是，在《魏书》还有对诸王封地徙封的记载。如《魏书·孝文帝纪上》：“（延兴元年）赵郡王穆亮徙封长乐王。”无疑北魏前期诸王的封地都是虚封性质，在这种情况下，“改封”与“徙封”是否具有相同的意思，这需要从历史上的“改封”与“徙封”词语的使用情况来加以辨析。

秦汉时期，当时国家改变诸侯王、列侯的封地，一般称为“徙封”。《汉书·邹阳传》：“济北王得不坐，徙封于淄川。”又《后汉书·明帝纪》：“（永

平十六年）秋七月，淮阳王延徙封阜陵王。”这是诸侯王封地的改变被称为“徙封”的事例。《汉书·张汤传附张延寿传》：“（张）延寿已历位九卿，既嗣侯，国在陈留，别邑在魏郡，租入岁千余万。延寿自以身无功德，何以能久堪先人大国，数上书让减户邑，又因弟阳都侯彭祖口陈至诚。天子以为有让，乃徙封平原，并一国，户口如故，而租税减半。”这一记载则是列侯封地的改变而被称为“徙封”的事例。因为汉代的诸侯王、列侯的封地都为实封，所以使用“徙封”一语，就能够明确表明封地的改换。至东汉时期，已经不限于以“徙封”表示封地的改换。《后汉书·阴识传》：“（阴）就，嗣父封宣恩侯，后改封为新阳侯。”这说明，东汉时，国家改变列侯的封地也开始称为“改封”。“改封”已经开始具有改变封君实封地的意义。只是对封君封地的改变，多数使用“徙封”，而使用“改封”的事例并不多见。

两晋时期，国家分封诸侯王时，使用“改封”的词语开始增多。《晋书·武帝纪》：“（太康九年）改封南阳王柬为秦王，始平王玮为楚王，濮阳王允为淮南王，并假节之国，各统方州军事。”显然，西晋国家改封这些诸侯王，正是要改变他们原来的封地。西晋国家改变诸侯王的封地，并不只使用“改封”一语。《晋书·武十五王·秦献王柬传》：“（秦献王柬）泰始六年，封汝南王。咸宁初，徙封南阳王，拜左将军、领右军将军、散骑常侍。”这说明，晋代对分封诸侯王的实封地的改变，也可以称为“徙封”。由此可见，在晋代，国家“改封”与“徙封”的意义并没有区别，都是表示国家对分封诸侯王封地的改换。

北魏前期国家所封诸王的封地为虚封地。这种做法是与晋代明显不同的。然而，北魏国家却将诸王封地的改换，既可称为“改封”，也可称为“徙封”的做法继承下来。《魏书·穆崇传附穆亮传》：“（穆亮）显祖时，起家为侍御中散。尚中山长公主，拜驸马都尉，封赵郡王，加侍中、征南大将军。徙封长乐王。”据《魏书·孝文帝纪上》载，穆亮徙封长乐郡，在孝文帝延兴元年。而孝文帝进行爵位改革，则在太和十六年。因此，穆亮徙封的长乐郡，就仍然为虚封郡。由此来看，在北魏前期，“徙封”与“改封”都是表明当时国家改变诸王的虚封地，所以这两个用语的使用是具有相同意义的。

二、诸王虚封地改封的实行状况

北魏前期，国家对诸王虚封地的改封，是国家制定的爵位制度中的一项内容。北魏的爵位制度是在道武帝建国后开始实行的。史载，登国元年，道武帝就“班爵叙勋，各有差”①。皇始元年，道武帝称帝，“始建曹省，备置百官，封拜五等”②，爵位制度开始完善。至天赐元年，道武帝又“减五等之爵，始分为四，曰王、公、侯、子，除伯、男二号”③。尽管道武帝时期的爵位等级出现变化，可是，王爵仍然为最高等级的爵位。当时国家不仅对王爵实行了严格的封授制度，而且还对王爵实行了改封的措施。《魏书·神元平文诸帝子孙·长乐王寿乐传》：“长乐王寿乐，章帝之后也。位选部尚书，南安王，改封长乐王。高宗即位，寿乐有援立功，拜太宰、大都督、中外诸军、录尚书事。”这是《魏书》中关于北魏国家改封诸王虚封地的最早记载。由此可知，在道武帝时，国家改封诸王封地的措施已经开始实行。在道武帝之后，北魏各代皇帝多有对诸王虚封地实行改封的举动。不过，当时国家皇帝对诸王封地的改封，却是在不同社会条件下进行的，因而，改封的具体做法也不尽相同。

北魏国家可以对始封诸王虚封地进行改封。如前所述，对诸王封地的改封在道武帝时就开始出现，可是，道武帝改封诸王的虚封地只是在宗室王中实行。而在道武帝之后，随着北魏国家所封诸王阶层的增多，实行改封诸王封地的措施已经不限于宗室阶层了。《魏书·太武五王·东平王翰传》：“东平王翰，真君三年封秦王，拜侍中、中军大将军，参典都曹事。……改封东平王。”东平王拓跋翰为太武帝之子。这说明，北魏国家可以改封始封皇子王的虚封地。对于异姓始封诸王的封地也可以改封。《魏书·文成帝纪》：“（太安二年）十有一月，尚书、西平王源贺改封陇西王。”又《魏书·罗结传附罗拔传》：“（罗）拔，历殿中尚书，赐爵济南公。高祖时，进爵为王。除征西将军、吏部尚书，改封赵郡王。”这都是改封异姓始封诸王的封地的

① 《魏书》卷二《道武帝纪》。

② 《魏书》卷一一三《官氏志》。

③ 《魏书》卷一一三《官氏志》。

事例。这些事例说明，北魏前期，国家既能够改封始封皇子王、宗室王，也能够改封异姓始封诸王的封地。

北魏前期，国家封授诸王虚封地的象征意义存在区别。从北魏前期封授诸王的虚封地来看，是分为两种情况的。一是诸王的虚封地采用以战国时期的地理理念划分的地域。《魏书·道武帝纪》：“（皇始二年）甲寅，以东平公元仪为骠骑大将军、都督中外诸军事、兖豫雍荆徐扬六州牧、左丞相，封卫王。”拓跋仪受封的卫地区域，正是来自战国时期的地理区域划分的理念。应该说，这种区域划分的理念，对后世一直具有影响。在晋代，国家分封的诸侯王，就有秦王、楚王、齐王等。道武帝以卫地作为拓跋仪的虚封地，当是承袭西晋分封诸侯王的做法。北魏国家采用以战国时期地理观念划分的区域作为诸王的封地的措施，直到太武帝时还在实行。《魏书·太武帝纪下》：“（太平真君三年）冬十月己卯，封皇子伏罗为晋王，翰为秦王，谭为燕王，建为楚王，余为吴王。”这里提到的晋、秦、燕、楚、吴，都是以战国时期的地理观念划分的区域。太武帝以这种区域划分作为皇子王的虚封地，说明这种做法在当时具有重要的影响。

二是诸王的虚封地为行政郡。《魏书·道武帝纪》：“（天兴元年）夏四月壬戌，进遵封常山王。”道武帝分封拓跋遵的常山，正是常山郡。因为在北魏初年已经有常山郡的设置。《魏书·良吏传·张恂传》：“皇始初，拜中书侍郎，帏幄密谋，颇预参议。从将军奚牧略地晋川，拜镇远将军，赐爵平皋子。出为广平太守。恂招集离散，劝课农桑，民归之者千户。迁常山太守。”就是明证。道武帝实行的这种封授方式，不是由他独创的，是沿袭晋制而来的。《晋书·地理志上》：“武帝泰始元年，封诸王以郡为国。”正说明了这一点。实际上，道武帝以郡作为诸王虚封地的措施，成为北魏爵位制度的重要内容。《魏书·官氏志》：“（天赐元年）十二月，诏始赐王、公、侯、子国臣吏，大郡王二百人，次郡王、上郡公百人，次郡公五十人，侯二十五人，子十二人，皆立典师，职比家丞，总统群隶。”据此，在天赐元年规定的爵位制度中，已经出现“大郡王”和“次郡王”的区分。这正是道武帝将“以郡为国”的晋制与北魏国家的具体情况相结合，并加以变通而出现的结果。道武帝确立的以行政郡作为诸王虚封地的措施，成为封授诸王的一项重要制度。从明元帝至孝文帝爵位改革前，基本都将这一制度付诸实施。然而，需要说明的是，北魏国家封授诸王的虚封郡，存在的状态并不相同，实际诸王受封的郡就有三种不同的情况。一种为北魏国家所设的郡。例如，中山郡。《魏书·穆崇传》："（穆丑善）子莫提，从平中原，为中山太守。"可知在道武帝时，北魏国家已有中山郡的设置。另一种则为刘宋朝所设置的郡。例如，武昌郡。《宋书·州郡志三》："武昌太守，《晋起居注》，太康元年，改江夏为武昌郡。领县三。"北魏前期，国家封授诸王中有武昌王，但武昌郡却并不在北魏国家境内。还有一种就是北魏、刘宋都没有设置的郡，却作为虚封地封授诸王。例如，《魏书·孝文帝纪上》："（延兴二年）以散骑常侍、驸马都尉万安国为大司马、大将军，封安城王。"在文献中，不见有北魏、刘宋设置安城郡的记载。《晋书·地理志下》："惠帝元康元年，有司奏，荆、扬二州疆土旷远，统理尤难，于是割扬州之豫章、鄱阳、庐陵、临川、南康、建安、晋安，荆州之武昌、桂阳、安城，合十郡，因江水之名而置江州。"可见安城郡实为晋代所设郡。北魏前期，国家封授诸王封地的这些情况，一方面可以明确体现出诸王受封郡的虚封性质；另一方面则表现出北魏国家对诸王实行的"以郡为国"的制度与晋制还是存在差别的。

因为北魏前期国家所封诸王虚封地没有采用一致的区域划分，这样也就使改封诸王虚封地的具体做法不尽相同。如果对北魏国家改封诸王虚封地的史料做一归纳，大体能够分为两类不同的情况。一种对诸王虚封地的改封，是将原来沿用以战国地理观念划分的区域改换为行政郡。《魏书·太武五王·东平王翰传》："东平王翰，真君三年封秦王。……后镇枹罕，以信惠抚众，羌戎敬服。改封东平王。"又《魏书·太武五王·临淮王谭传》："临淮王谭，真君三年封燕王，拜侍中，参都曹事。后改封临淮王。"又《魏书·太武五王·广阳王建闾传》："广阳王建闾，真君三年封楚王，后改封广阳王。"又《魏书·太武五王·南安王余传》："南安王余，真君三年封吴王，后改封南安王。"这都是太武帝改封所封皇子王虚封地的记载。这种改封的特点就是将这些诸王封地以战国地理观念划分的区域改换为以行政郡划分的方式。这是太武帝对诸王虚封地进一步整合而采取的措施。也就是说，这是太武帝要全面落实诸王封地"以郡为国"的制度，才对始封皇子王的虚封地进行了改封。不过，太武帝采取的这种改封的做法仅限于少数的皇子王，所以，这只是一种特殊的改封方式。

诸王封地改封的第二种情况是，当时国家对诸王受封虚封郡实行改换的措施。《魏书·明元帝纪》：“（永兴元年）高凉王真乐改封平阳王。”又《魏书·文成五王·安乐王长乐传》：“安乐王长乐，皇兴四年封建昌王，后改封安乐王。”高凉王拓跋真乐、安乐王拓跋长乐的原来的封地都是行政郡，改封后的虚封地也是行政郡。显然，这种方式的改封，只是对诸王始封的虚封地进行改变。因为北魏国家主要实行的是“以郡为国”的制度，所以，这种改封应该是北魏前期占主流的方式。

北魏国家对诸王虚封地的改封并不限于始封王，实际对诸王爵位继承者的封地也可以改封。统计《魏书》中的皇子王、宗室王、异姓诸王、外戚王情况的记载，在国家所封的85位诸王中，总共有55人的王爵为后世继承。这些继承诸王爵位者，可以继续承袭始封诸王的虚封地。《魏书·景穆十二王上·阳平王新成传》：“阳平王新成，太安三年封，拜征西大将军。后为内都大官。薨，谥曰幽。长子安寿，袭爵。”拓跋安寿承袭的，不仅有他父辈的王爵，也有父辈的虚封地。可是，北魏前期诸王爵位的继承情况是复杂的，并不是诸王爵位继承者都能够既继承王爵，也可以继承虚封地的。北魏国家对一些诸王爵位继承者，只使其继承爵位，却对他们的虚封地实行了改封。《魏书·道武七王·河南王曜传》：“（河南王曜）长子提，骁烈有父风。世祖时，袭爵，改封颍川王。迎昭仪于塞北，时年十六，有夙成之量，殊域敬焉。后改封武昌，拜使持节、镇东大将军、平原镇都大将。”又《魏书·道武七王·阳平王熙传》：“阳平王熙，天兴六年封。……长子他，袭爵。……改封临淮王，拜镇东将军。寻改封淮南王，除使持节、都督豫洛河南诸军事、镇南大将军、开府仪同三司，镇虎牢。”这些记载说明，北魏国家对皇子王爵位的继承者的虚封地，在必要时要实行改封。国家改封他们的虚封地，不仅可以进行一次，还能够二次改封。当然，这些诸王爵位继承者虚封地的改封，都是在正常情况下进行的。北魏国家对一些诸王爵位继承者因为违反国家法律被夺爵，但又恢复王爵者，也可以改封。《魏书·景穆十二王上·京兆王子推传》：“京兆王子推，太安五年封。位侍中、征南大将军、长安镇都大将。……子太兴，袭。拜长安镇都大将，以黩货，削除官爵。后除秘书监，还复前爵，拜统万镇将，改封西河。”虽然拓跋太兴的虚封地改封，已经在太和十八年。这是在孝文帝爵位改革之后的事情，但是仍然可以反映北魏前期王爵继承者改封的一些情况。实际上，国家对拓跋太兴的虚封地的改封，与正常情况下的改封不同，它具有对恢复王爵者惩处的意义。

北魏前期，诸王爵位为后世继承，可以由亲子继承。可是在无亲子的情况下，也允许以过继的方式继承。对这些继承王爵的过继子，国家也常要将他们继承的虚封地进行改封。《魏书·道武七王·河间王修传》："河间王修，天赐四年封。泰常元年薨，无子。世祖继绝世，诏河南王曜之子羯儿袭修爵，改封略阳。"即其一例。

综上可见，北魏前期，国家是将对诸王的改封作为一项重要的措施加以实施的。当时国家对诸王的虚封地可以进行改封，也可以对始封王爵位继承者的虚封地进行改封。虽然在太武帝时，曾将皇子王以战国区域观念划分的虚封地改封为行政郡，可是，这种改封只是为实现"以郡为国"的制度而采取的特殊措施。而北魏前期国家对诸王及其爵位继承者的改封，主要是将始封的虚封郡改换为适合其地位的新的虚封郡。正因如此，应该说北魏国家的对诸王爵位的改封，正是皇帝控制王爵封授权力的一种体现。

三、诸王及其王爵继承者的原虚封郡与改封郡及改封的意义

如前所述，北魏国家改封诸王虚封地，既要将始封时的以战国的地理观念划分的地域整合为"以郡为国"的封地，也要将始封郡改变为适合其地位的新郡。后一种做法，是北魏前期国家改封的主要措施。所以，只有对这一措施做具体的考察，才能够明确北魏国家改封诸王虚封地具有的意义。为了说明问题，现将文献记载中所见诸王虚封地改封情况列表如下：

北魏诸王虚封地改封情况表

改封时间	诸王姓名	始封郡	改封郡	史料出处
道武帝时	拓跋寿乐	南安	长乐	《魏书》卷一四《神元平文诸帝子孙·长乐王寿乐传》
永兴元年	拓跋真乐	高凉（袭祖封）	平阳	《魏书》卷三《明元帝纪》
太延二年	拓跋提	河南（袭父爵）	颍川，又改封武昌	《魏书》卷四上《太武帝纪上》
太武帝时	拓跋他	阳平（袭父爵）	临淮，又改封淮南	《魏书》卷一六《道武七王·阳平王熙传》

续 表

改封时间	诸王姓名	始封郡	改封郡	史料出处
太平真君元年	拓跋羯儿	河间（袭父爵）	略阳	《魏书》卷四下《太武帝纪下》
神䴥元年	拓跋根	京兆（袭父爵）	江阳	《魏书》卷一六《道武七王·京兆王黎传》
太安二年	源贺	西平	陇西	《魏书》卷五《文成帝纪》
延兴元年	穆亮	赵郡	长乐	《魏书》卷七上《孝文帝纪上》
延兴五年	拓跋长乐	建昌	安乐	《魏书》卷七上《孝文帝纪上》
孝文帝时	罗拔	济南	赵郡	《魏书》卷四四《罗结传附罗拔传》

根据表中所列可知，北魏前期，共有十位诸王及其王爵继承者的虚封地被北魏国家改封。其中，始封诸王虚封郡被改封的有：拓跋寿乐、源贺、穆亮、罗拔、拓跋长乐，共五人；诸王爵位继承者虚封地被改封的有：拓跋真乐、拓跋提、拓跋他、拓跋羯儿、拓跋根，也为五人。而统计《魏书》中的记载，从道武帝开始，到孝文帝太和十六年爵位改革前，北魏国家共封授了85位诸王。因此，可以说，诸王虚封郡被改封的数量并不多，在所封诸王中所占的比例也不是很高的。尽管如此，北魏皇帝对诸王及其王爵继承者的虚封地的改封，却也清楚地表现出他们控制王爵封授的统治意图，所以，要认识当时改封的内在意义，就需要对北魏国家改封虚封郡的措施做具体的个案分析。

先看对始封诸王虚封郡改封的情况。应该说，始封诸王虚封郡最早被北魏国家改封的是拓跋寿乐。在道武帝时，他“位选部尚书，南安王”。[①] 也就是说，他的虚封地为南安郡。据《魏书·地形志下》载，南安郡在北魏后期属襄州。南安郡所处的这种位置表明，在道武帝时，北魏统治的势力尚未达到这一地区，因此，南安郡并不在北魏国家的控制地区内。道武帝以南安郡作为拓跋寿乐的封地，是其封地为虚封性质的一种体现。可是，后来道武帝却将长乐郡改封给拓跋寿乐。他受封的长乐郡的情况就与南安郡很不相同。

在道武帝统治时期，长乐郡已经成为北魏国家的一个郡。《魏书·屈遵传》：“（屈遵）中原既平，赐爵下蔡子。从驾还京师，卒，时年七十。子须，

① 《魏书》卷一四《神元平文诸帝子孙·长乐王寿乐传》。

袭。除长乐太守，加镇远将军，进爵信都侯。”这说明，长乐郡是在道武帝平定中原后设置的。由此来看，道武帝对拓跋寿乐的改封，是将他的虚封地由北魏国家控制的地区外，改换为国家统治区之内。道武帝实行这种改封，将拓跋寿乐的封地移至统治区内，具有向宗室王表示亲善的意图。

诸王所封虚封地被改封的，还有始封的异姓王。源贺便是其中之一。文成帝时，源贺“以定策之勋，进爵西平王”①。这就是说，源贺的虚封地在西平郡。可是，北魏封授源贺的西平郡，并不在北魏境内。《宋书·州郡志四》：“西平太守，晋怀帝永嘉五年，宁州刺史王逊分兴古之东立。……领县五。户一百七十六。”据此，西平只是与北魏对峙的刘宋朝的郡。至文成帝太安二年，“十有一月，尚书、西平王源贺改封陇西王”②。文成帝改封源贺的陇西郡为北魏所设郡。《魏书·节义·朱长生传》：“高祖以长生等守节远同苏武，甚嘉之，拜长生河内太守，于提陇西太守，并赐爵五等男。”说明孝文帝之前北魏国家已经有陇西郡设置。文成帝将源贺的虚封地由刘宋的西平郡改封为北魏陇西郡，主要的目的是要表示对异姓王的亲善。除此之外，文成帝又命源贺“出为征南将军、冀州刺史”③。而源贺正是在出镇冀州才改封陇西王的，所以，源贺虚封地的改封与出任地方刺史也是有联系的。

北魏国家改封始封异姓诸王虚封地的还有穆亮。《魏书·孝文帝纪上》：“（延兴元年）赵郡王穆亮徙封长乐王。”献文帝时，穆亮“尚中山长公主，拜驸马都尉，封赵郡王，加侍中、征南大将军”④。穆亮的原来所封的赵郡，北魏国家很早已经设置。《魏书·李顺传》：“（李顺）父系，慕容垂散骑侍郎，东武城令，治有能名。太祖定中原，以系为平棘令。年老，卒于家。赠宁朔将军、赵郡太守、平棘男。”道武帝既然能够以赵郡太守作为李顺父李系的赠官，说明当时已经设置了赵郡。而穆亮改封的长乐郡，如前所述，也是道武帝所设郡。北魏国家很重视封授长乐郡。从道武帝开始，直至太和十

---

① 《魏书》卷四一《源贺传》。

② 《魏书》卷五《文成帝纪》。

③ 《魏书》卷四一《源贺传》。

④ 《魏书》卷二七《穆崇传附穆亮传》。

六年孝文帝爵位改革前，封授的长乐王就有：拓跋寿乐[①]、拓跋处文[②]、嵇敬[③]和穆亮，多达四人。北魏国家重视将长乐郡作为诸王的虚封地，重要原因就在于，长乐郡的设置不同于其他郡。北魏前期，国家所设郡大多数是承袭晋郡的设置，只有长乐郡为北魏国家开始设置的郡。因为长乐在晋代只是属于魏郡的一个县。《晋书·地理志上》："魏郡，汉置。统县八，户四万七百。邺，魏武受封居此。长乐、魏、斥丘、安阳、荡阴、内黄、黎阳。"便是明证。道武帝时，才将晋的长乐县改为长乐郡。正是因为北魏国家所设长乐郡具有这种特殊性，所以自然重视长乐郡的封授。由此来看，献文帝将穆亮的虚封地由赵郡改封为长乐郡，自然具有加重穆亮地位的意图。

在北魏国家始封的异姓王中，罗拔的虚封地也被改封。《魏书·罗结传附罗拔传》："（罗拔）历殿中尚书，赐爵济南公。高祖时，进爵为王。除征西将军、吏部尚书，改封赵郡王。"罗拔的原虚封地济南郡，是北魏较早设置的郡。《魏书·良吏·鹿生传》："（鹿）生再为济南太守，有治称。显祖嘉其能，特征赴季秋马射，赐以骢马，加以青服，彰其廉洁。"这就是说，至迟在献文帝以前，北魏国家已有济南郡的设置。他改封的赵郡，则为道武帝时所设郡。从罗拔始封郡与改封郡的表面关系来看，只表现出改封的赵郡要早于始封的济南郡的设置。可是，从深层来看，并不是如此简单。《魏书·孝文帝纪上》："（太和七年）济南王罗拔改封赵郡王。"而孝文帝推行三长制，则在罗拔改封虚封地之后。《魏书·孝文帝纪下》："（太和十年）二月甲戌，初立党、里、邻三长，定民户籍。"在此之前，北魏国家在地方基层实行的是宗主督护制。由于受宗主督护制的限制，国家很难掌握各地方的户口的状况。可是，北魏国家在封授诸王虚封地时，是需要了解各郡户口多少的。因为北魏国家对诸王是有等次划分的。前引《魏书·官氏志》："（天赐元年）十二月，诏始赐王、公、侯、子国臣吏，大郡王二百人，次郡王、上郡公百人，次郡公五十人，侯二十五人，子十二人，皆立典师，职比家丞，总统群隶。"可见，道武帝确立王为最高爵位时，又将王爵分为大郡王和次

① 《魏书》卷一四《神元平文诸帝子孙·长乐王寿乐传》。

② 《魏书》卷一六《道武七王·长乐王处文传》。

③ 《魏书》卷三《明元帝纪》。

郡王二等次。那么，北魏国家区分大郡王与次郡王的标准是什么？在有关北魏的文献中没有明确的记载。不过，这可以根据西晋的情况来推知。《晋书·地理志上》："武帝泰始元年，封诸王以郡为国。邑二万户为大国，置上中下三军，兵五千人；邑万户为次国，置上军下军，兵三千人；五千户为小国，置一军，兵千五百人。"显然，西晋是将诸侯王分为三等次，并且，三等次的划分是依据所分封郡的户口数。西晋国家的这种做法，当然也影响了北魏。然而，北魏前期，由于实行宗主督护制，所以国家很难准确掌握各州郡的户口数字。因此晋代各郡户口数，也就成为北魏国家确定大郡王和次郡王的一项重要的参考。严耀中先生认为，所谓大郡、小郡、大县、小县等区别，不是北魏的区分，而是两晋时的差别。[①] 这是正确的意见。根据这种看法来看罗拔始封郡的情况：济南郡，《晋书·地理志下》："汉置。统县五，户五千。"罗拔改封后的北魏的赵郡设置，实际相当于西晋的赵国。《晋书·地理志上》："赵国，汉置。统县九，户四万二千。"如果在西晋，以济南郡为诸侯国封地，只能是小国；而西晋的赵国，显然为大国。从这一点来看，北魏国家将罗拔的虚封地由济南郡改封为赵郡是具有明确的目的性的，是要将他由次郡王提升至大郡王。这正是北魏国家改封罗拔虚封地所具有的深层意义。

拓跋长乐为北魏始封的同姓王，他是献文帝之弟。《魏书·献文帝纪》："（皇兴四年）五月，封皇弟长乐为建昌王。"拓跋长乐的虚封地的改封，则在孝文帝时。《魏书·孝文帝纪上》："（延兴五年）十有二月丙寅，建昌王长乐改封安乐王。"拓跋长乐始封的建昌郡，《魏书·地形志下》："建昌郡，领县三"，在北魏属于凉州，所以建昌郡的设置只能在太武帝平定凉州之后。改封拓跋长乐的安乐郡，《魏书·地形志上》："安乐郡，延和元年置交州，真君二年罢州置。"也为太武帝时所设郡。拓跋长乐为献文帝封授的王爵，而孝文帝却将他的虚封地改封，当然这种改封是有孝文帝的统治意图的。

从建昌郡的设置情况来看，当为十六国时"石季龙改陈留郡"[②] 而设的郡。在西晋时的陈留郡曾成为封国。《晋书·地理志上》："陈留国，汉置。

---

① 严耀中：《北魏前期政治制度》，吉林教育出版社，1990年，第178页。

② 《晋书》卷一四《地理志上》。

统县十，户三万。”实为当时的大国。因此，献文帝封拓跋长乐为建昌王，是给予他很高地位的。正如《魏书·文成五王·安乐王长乐传》称：“（拓跋）长乐性凝重，显祖器爱之。”可是，拓跋长乐被改封的安乐郡，虽为北魏国家所设郡，但却并不被重视，只有孝文帝将拓跋长乐的虚封地改封此地。这自然与北魏国家将多位诸王封授至长乐郡的情况完全不同。从晋代的情况来看，当时安乐只为一县。《晋书·地理志上》：“及桓温平蜀之后，以巴汉流人立晋昌郡，领长乐、安晋、延寿、安乐、宣汉、宁都、新兴、吉阳、东关、永安十县。”安乐郡的这种设置情况表明，孝文帝时，对拓跋长乐虚封地的改封，是包含降低其地位意义的。

再看对诸王爵位继承者虚封地的改封。诸王爵位继承者的虚封地最早被改封的是拓跋乐真。拓跋乐真为高凉王拓跋孤之孙，“频有战功，后袭祖封”①。《魏书·明元帝纪》：“（永兴元年）高凉王乐真改封平阳王。”这就是说，拓跋乐真的虚封地改封是在明元帝即皇帝位之初。据张金龙考证，道武帝统治后期，所设郡有：太原、上党、中山、常山、巨鹿、博陵、长乐、渤海、武邑、魏、阳平、广平、汲郡、顿丘、清河。② 当时还没有高凉郡和平阳郡的设置。明元帝即位之初，当也是如此。因此，拓跋乐真承袭的虚封地高凉郡以及改封的虚封地平阳郡，沿袭的当是晋代郡的名称。如前所述，当时国家封授王爵虚封地，改封王爵虚封地，晋郡户口数都是重要的参考。《晋书·地理志下》：“高凉郡，吴置。统县三，户二千。”又《晋书·地理志上》：“平阳郡，故属河东，魏分立。统县十二，户四万二千。”由此可见，明元帝将拓跋乐真的虚封地由高凉改封为平阳，正是要使拓跋乐真由次郡王提升为大郡王。明元帝登基之初，为了稳定他的统治，采取了积极笼络宗室、功臣的各项措施。明元帝通过改封宗室王拓跋乐真虚封地，进而提高其地位的做法，是与他笼络宗室王的措施完全一致的。

继承河南王拓跋曜王爵的为拓跋提。他是拓跋曜之子，“世祖时，袭爵，改封颍川王”③。后来在太武帝太延二年，他又由颍川王“改封武昌王”④。

① 《魏书》卷一四《神元平文诸帝子孙·高凉王孤传》。

② 张金龙：《北魏政治史（二）》，甘肃教育出版社，2008年，第160－169页。

③ 《魏书》卷一六《道武七王·河南王曜传》。

④ 《魏书》卷四上《太武帝纪上》。

拓跋提继承其父拓跋曜的虚封地河南郡，在太武帝时已经设置。《魏书·李冲传》："初，（李）冲兄佐与河南太守来崇同自凉州入国"。正是太武帝时已经设置河南郡的确证。如果根据西晋户口数，《晋书·地理志上》："河南郡，汉置。统县十二，户一十一万四千四百。"当时河南郡无疑为一大郡，因此，北魏国家所封的河南王，是具有重要的地位的大郡王。但拓跋提继承父爵后，虚封地就被改封为颍川郡。《晋书·地理志上》："颍川郡，秦置。统县九，户二万八千三百。"显然，拓跋提改封颍川郡后，较之原来的虚封地的户口减少很多。他第二次改封的武昌郡，已经不在北魏境内。《宋书·州郡志三》："武昌太守，〈晋起居注〉，太康元年，改江夏为武昌郡。领县三。"实际武昌郡为刘宋朝所设郡。武昌郡，在西晋的户口数为"户一万四千八百"①。与颍川郡相比，户口数更少。

北魏国家不断地以改封的方式，使拓跋提虚封地的户口数减少，是与当时封授王爵的制度有密切关系的。《魏书·官氏志》："（天赐元年）皇子及异姓元功上勋者封王，宗室及始蕃王皆降为公，诸公降为侯，侯、子亦以此为差。"这是说，在道武帝规定的爵位制度中，是要将始藩王降为公爵的。可是，后来北魏国家对这项规定并没有严格执行，始藩王仍然可以继承王爵。拓跋提正是以始藩王的身份继承父爵的。不过，虽然拓跋提可以继承王爵，但是，却通过改封虚封地体现出其地位的降低。

拓跋他是继承其父阳平王拓跋熙的爵位而成为诸王的。他继承王爵后，北魏国家改封他为"临淮王，……寻改封淮南王"②。由此可见，拓跋他与拓跋提一样继承王爵后，虚封地改封二次，即由阳平郡改封为临淮郡，又由临淮郡改封为淮南郡。拓跋他继承的虚封地阳平郡，早在道武帝时已经设郡。而临淮郡、淮南郡在太武帝时，尚未设置。当时的临淮郡却是刘宋朝所设郡。《宋书·州郡志一》："临淮太守，汉武帝元狩六年立。光武以并东海。明帝永平十五年，复分临淮之故地为下邳郡。晋武帝太康元年，复分下邳之淮南为临淮郡，治盱眙。江左侨立。"改封的淮南郡也为刘宋朝所设郡。《宋书·州郡志一》："宋孝武大明六年，以淮南郡并宣城，宣城郡徙治于湖。八

---

① 《晋书》卷一五《地理志下》。

② 《魏书》卷一六《道武七王·阳平王熙传》。

年，复立淮南郡，属南豫州。”北魏国家将拓跋他的虚封地，由北魏境内移至境外，当然具有降低始藩王拓跋他地位的目的。

从西晋的阳平、临淮、淮南三郡的户口数字来看，也可以看出这种情况。《晋书·地理志上》：“阳平郡，魏置。统县七，户五万一千。”又《晋书·地理志下》：“临淮郡，汉置，章帝以合下邳，太康元年复立。统县十，户一万。”又《晋书·地理志下》：“淮南郡，秦置九江郡。汉以为淮南国，汉武帝置为九江郡。武帝改为淮南郡。统县十六，户三万三千四百。”很明显，拓跋他改封的临淮、淮南郡的户口数都少于始封的阳平郡。北魏国家采取这种改封的做法，也同样是要体现出始藩王拓跋他地位的降低。

拓跋根为京兆王拓跋黎之子。太武帝神䴥元年，拓跋根继承其父拓跋黎王爵，“改封江阳王，加平北将军”[①]。拓跋黎的虚封地京兆郡，设郡时间较早。《魏书·李顺传》：“（李）灵与族叔诜、族弟熙等俱被征。……（李）诜，字令孙。京兆太守。”李灵被征为官，在太武帝神䴥年间，可知在太武帝时已设置京兆郡。而拓跋根改封的江阳郡，却不在北魏境内，实为刘宋所设郡。《宋书·州郡志四》：“江阳太守，刘璋分犍为立。中失本土，寄治武阳。领县四”。北魏国家将拓跋根的虚封地改封至北魏境外，这与改封拓跋他的情况相同，都具有降低其地位的目的。对于这一点，还可以从西晋时两郡的户口数看出。《晋书·地理志上》：“京兆郡，汉置。统县九，户四万。”又《晋书·地理志上》：“江阳郡，蜀置。统县三，户三千一百。”很明显，江阳郡户口数与京兆郡相比，二者相差甚多。京兆郡当为西晋所封诸侯国的大国的户口数，而江阳郡只是西晋小国的户口数。由此可见，北魏国家的这种改封，正是要使始藩王拓跋根的地位与始封王拓跋黎形成明显的差别。

拓跋羯儿继承王爵与拓跋提、拓跋他、拓跋根不同，他是河间王拓跋修的过继子。《魏书·道武七王·河间王修传》：“世祖继绝世，诏河南王曜之子羯儿袭修爵，改封略阳。”拓跋修的虚封地河间郡，设置较早。《魏书·长孙肥传附长孙翰传》：“（长孙）翰弟受兴。世祖时，从征平凉，以功赐爵长进子，除河间太守。”据此，河间郡在太武帝之前，已经设置。而改封的略阳郡处于凉州，《魏书·地形志下》：“略阳郡，晋武帝分天水置。领县五。”

---

① 《魏书》卷一六《道武七王·京兆王黎传》。

略阳郡应该在太武帝平定凉州后才设置的。尽管河间郡、略阳郡在太武帝时，都已经设置，可是，二郡的户口数只能依据西晋户口数来估算。《晋书·地理志上》："河间国，汉置。统县六，户二万七千。"又《晋书·地理志上》："略阳郡，本名广魏，泰始中更名焉。统县四，户九千三百二十。"可见略阳郡的户口数字明显少于河间郡。这就是说，虽然拓跋羯儿以过继子的身份继承王爵，可是他仍然被视为始藩王，改封的目的仍然是要降低其地位。

总括上述情况，可以说北魏国家对始封诸王虚封地改封的目的是明确的，就是以此改变这些始封诸王的地位。一些始封诸王，诸如拓跋寿乐、源贺、穆亮，改封的虚封郡所处的位置优越于始封的虚封郡；还有一些始封诸王，诸如罗拔，改封虚封郡后，如果以晋代所设郡户口数为参考，一般都多于始封的虚封郡。很明显，北魏国家实行的这些做法的意义就在于，通过这些措施来提高这些始封王的地位。当然，对始封的建昌王拓跋长乐来说，孝文帝对他的虚封地的改封就不同于上述诸王，而是要通过改封的虚封郡在北魏所处的不显要的位置来贬低拓跋长乐的地位。因此，孝文帝对拓跋长乐虚封郡的改封，实际正是孝文帝对具有诸王地位的皇叔实行限制政策的一种表现。尽管北魏前期国家对始封王改封的做法具有多样性，但是共同之处就在于，这些措施都是与当时国家提升与贬低诸王的地位的意图密切联系在一起的。

对于诸王爵位继承者来说，北魏国家对他们虚封地的改封也具有明确的目的。明元帝对宗室王拓跋乐真虚封郡的改封，是为了稳定刚刚登基时的政局而实行提高宗室王地位的措施。这是与明元帝的施政方针相联系的。除此之外，对始封王继承者虚封郡的改封，则是要表现王爵继承者与始封王之间的地位差异。这些始封王爵位继承者，无论是亲子，还是过继子，在北魏都是始藩王。道武帝在制定爵位制度时，就规定了始藩王的地位要低于始封王。所以，北魏国家对拓跋提、拓跋他、拓跋根、拓跋羯儿的虚封郡改封，是要通过改变始封虚封郡所处的优越位置以及户口数字，明确表现出他们的地位要低于始封王。所以，对这些始蕃王虚封郡的改封，应该是由北魏前期诸王爵位封授制度所决定的。正因为如此，也就不应该忽视北魏前期国家改封始蕃王虚封地所起到的重要作用。

（原载《古代文明》2011年第1期）

北魏实封爵的实行及其等级的确立

北魏太和十六年，孝文帝进行爵位改革。爵位改革的一项重要内容，就是开始实行实封爵制。所谓实封爵，就是指可以获得食邑封授的王爵与开国爵。由于受封实封爵者可以领有食邑，所以，这与北魏前期国家实行的虚封爵在性质上完全不同。尽管虚封爵与实封爵在性质上不尽相同，但是，北魏国家为虚封爵确定的等级规定，却对实封爵等级的制定产生了重大的影响。实际上，孝文帝的爵位改革，在确定实封爵的等级规定时，并没有完全打破实行虚封爵时构建的品级序列框架，而是以此为基础，构建了实封爵的新品级序列。这种品级序列又成为北魏国家封授实封爵的依据，因而，要认识实封爵的特点，就需要考察这一品级序列的组成结构。虽然前人对北魏爵位的研究，涉及孝文帝实行实封爵及其等级问题，但仍然有进一步阐释的必要。所以，本文拟对这一问题做一些探讨，以就教于方家。

一、实封爵位制度的实行

北魏国家在孝文帝爵位改革前，实行的是虚封爵制。而领有食邑的实封爵，则是在孝文帝爵位改革后实施的。但是，对孝文帝爵位改革后实封爵实行的具体时间，在北魏史研究中，还是存在不同的意见的。日本学者内田吟风认为虚封与实封的明确区分是《魏书》各传所记的“五等开建”。这正是孝文帝太和十六年整备封爵制度的时候。① 宫崎市定的意见与内田吟风不同，

① 内田吟风：《北魏封邑制度考》，《北アジア史研究（鲜卑柔然突厥篇）》，同朋舍，1975年，第125页。

他认为：例降实行之后，又颁布了食邑制，称作“开建”，事在太和十八年。[①] 张维训先生认为太和十六年“改降五等”应该是实行食邑制的初步步骤，食邑制是以改降后的五等爵级为依据推行的。可能太和十六年仅是宣布实行食邑制度，而到太和十八年才真正落实生效，故此年又规定了具体的分食办法。如此，则北魏食邑制开始时间当在太和十六年至太和十八年这段时间。[②] 杜士铎先生则认为，在太和十六年“改降五等”的基础上，到太和十八年，孝文帝开始改虚封为实封，即对一批有爵者，按爵位高低封给数量不等的食邑户数。史称此为“开建五等”“开国五等”。[③] 由于对北魏国家开始实行实封爵的时间的认识不同，所以，有必要对这一问题进行辨析。

从北魏实封爵的实行来看，无疑是孝文帝爵位改革后采取的重要措施。但是，在太和十六年孝文帝实行了诸多爵位改制的做法中，是否包括实行实封爵？这需要依据记载孝文帝爵位改革的史料来说明。实际直接记载孝文帝爵位改革的史料只有两条。《魏书·孝文帝纪下》：“（太和十六年）乙丑，制诸远属非太祖子孙及异姓为王，皆降为公，公为侯，侯为伯，子男仍旧，皆除将军之号。”《南齐书·魏虏传》：“王爵非庶姓所僭，伯号是五等常秩。烈祖之胄，仍本王爵，其余王皆为公，公转为侯，侯即为伯，子男如旧。虽名易于本，而品不异昔。公第一品，侯第二品，伯第三品，子第四品，男第五品。”依据《魏书》《南齐书》所载诏令，可以明确孝文帝爵位改革，实际主要包括四方面的内容：一是将继续保持及封授王爵限制在道武帝子孙的范围内；二对爵位改革前非道武帝子孙领有王爵者以及领有公爵、侯爵者实行降爵措施，当时称为“例降爵”[④]；三是进一步明确虚封爵的级别为公、侯、伯、子、男五品级；四是将虚封爵的赐授与将军号的加拜分离开。从表面来看，这两条记载似乎没有涉及北魏实行实封爵的情况，实际却与实封爵的实行是有关系的。

首先需要注意的是，孝文帝爵位改革后虚封爵品级序列发生明显的改

---

① 宫崎市定：《九品官人法研究》，中华书局，2008 年，第 276 页。

② 张维训：《试论北魏的食邑制度——拓跋魏封建化的措施之一》，《厦门大学学报》1979 年第 4 期。

③ 杜士铎：《北魏史》，北岳文艺出版社，2011 年，第 220 页。

④ 《魏书》卷一四《神元平文诸帝子孙·高凉王孤传》。

变。《南齐书·魏虏传》载孝文帝诏令称："烈祖之胄，仍本王爵，其余王皆为公，公转为侯，侯即为伯，子男如旧。虽名易于本，而品不异昔。公第一品，侯第二品，伯第三品，子第四品，男第五品。"这就是说，虽然孝文帝在虚封爵的范围内实行降爵措施，但这只是爵称的改变，实际被降爵者的爵位级别没有变化。并且，孝文帝又在虚封爵的范围开始重新规定爵位级别，也就是说，最高的一品爵位为公爵；最低的五品爵位为男爵。显然，在虚封爵的品级序列中，已经将王爵排除了。这应该是孝文帝爵位改革后的一项重大的变化。

其实，在孝文帝爵位改革前，虚封爵是以王爵为最高品级的。这种以王爵为最高品级，并与公爵以下爵位级别编制在一起的品级序列，是在天赐元年道武帝爵位改制后，才开始确立的。《魏书·官氏志》："（天赐元年）九月，减五等之爵，始分为四，曰王、公、侯、子，除伯、男二号。……王封大郡，公封小郡，侯封大县，子封小县。王第一品，公第二品，侯第三品，子第四品。"这说明，道武帝开始取消王爵与公、侯、子爵的等级层次的区分。而在晋代的爵制中，爵位的等级层次区分是明显的。杨光辉认为晋代爵位分为王、五等爵、列侯三等次。① 然而，在《晋官品》中，只将五等爵与侯爵列入九品官阶的框架中，而使王爵完全脱离这一框架而处于"超品"的位置。② 这就是说，晋代的王爵在爵位等级层级中是处于很特殊的地位。可是，道武帝没有仿照晋代的爵制，而是将晋代爵位中处于"超品"的王爵降为一品，并且，还将王爵与五等爵中的公、侯、子爵编制在一起，因而，形成了北魏前期特殊的爵位品级构成的框架。而这一框架的形成正是北魏前期虚封爵品级序列实行的基础。尽管道武帝以后，这一爵位品级序列的级别还有改变，至孝文帝统治前期，虚封爵的级别已经增加到六级，也就是王、公、侯、伯、子、男爵。③ 可是，王爵作为这一爵位品级序列中的最高爵位的构成框架并没有改变。然而，太和十六年，孝文帝爵位改革，却将王爵从虚封爵的品级序列中分离出去。显然，这就破坏了北魏前期虚封爵的爵位构

① 杨光辉：《汉唐封爵制度》，学苑出版社，2004年，第8页。

② 《通典》卷三七《职官十九》。

③ 宫崎市定：《九品官人法研究》，韩昇译，中华书局，2008年，第275页。

成框架。孝文帝所以实行这种做法，正是与王爵性质的改变具有密切的关系。

实际上，孝文帝爵位改革后，王爵已经转化为领有食邑的实封爵。这种情况在《魏书》中，有明确的记载。《魏书·景穆十二王下·南安王桢传》："南安王桢，皇兴二年封。……又以桢议定迁都，复封南安王，食邑一千户。"《魏书·景穆十二王下·城阳王长寿传附元鸾传》："（元鸾）始继叔章武敬王，及兄卒，还袭父爵。……及开建五等，食邑一千户。"这些记载说明，北魏爵位改革后，孝文帝开始为拥有王爵者封授食邑，也就是王爵已经由虚封改变为实封。正因为如此，孝文帝实行爵位改革，就需要对原来虚封爵的品级序列加以调整。很明显，在太和十六年，国家颁布的虚封爵的品级序列中，将原来最高的一品的王爵分离出去，实际正是孝文帝将王爵由原来的虚封爵改变为实封爵的缘故。

当时使有爵者领有食邑，一般称为"五等开建"① 或"开建五等"②。孝文帝的这种做法，并不是在太和十六年以后实行的。《魏书·献文六王上·广陵王羽传》："及五等开建，羽食勃海之东光二千户。车驾南伐，羽进号卫将军，除使持节、都督青齐光南青四州诸军事、征东大将军、开府、青州刺史。以留守代京之功，增邑五百户。"《魏书·献文六王下·彭城王勰传》："（拓跋勰）太和九年，封始平王，加侍中、征西大将军。……及车驾南伐，以勰行抚军将军，领宗子军，宿卫左右。开建五等，食邑二千户。转中书令，侍中如故，改封彭城王。"这两条记载中，都将"五等开建"或"开建五等"与"车驾南伐"联系在一起。这里提到的"车驾南伐"，《魏书·孝文帝纪》：太和十七年，孝文帝"车驾发京师南伐，步骑百余万"。《资治通鉴》永明十一年条："魏主大会公卿于经武殿，以议南伐，于淮、泗间大积马刍。"也将此事系于太和十七年。《广陵王羽传》将"五等开建"记在"车驾南伐"之前。也就是说，在太和十七年之前，孝文帝已经开始为有王爵者封授食邑。可是，在《彭城王勰传》中，将"开建五等"置于"车驾南伐"之后，似乎与《广陵王羽传》的记载不一致。不过，仔细品味《彭城

① 《魏书》卷一九中《景穆十二王中·任城王云传》。

② 《魏书》卷二一下《献文六王下·彭城王勰传》。

王勰传》中的记载，实际编纂者魏收是将“开建五等”与“车驾南伐”并列记载的。因为这两件事情的时间相距很近，所以，魏收没有将两件事情的发生仔细加以区分。如结合孝文帝使王爵从虚封爵品级序列中分离出去的时间来看，彭城王拓跋勰应该在太和十六年，就已经领有食邑了。因此，可以说孝文帝确定道武帝子孙可以保有和继续获得封授王爵的原则后，就开始封授拥有王爵者食邑，实际这两件事情是同时发生的，并没有先后的区分。

当然，孝文帝实行的“五等开建”不仅为拥有王爵者封授食邑，还制定开国爵，并按爵位级别封授食邑。《魏书·源贺传附源怀传》载源怀上表：“至太和十六年，丽息睿状私书，称其亡父与先臣援立高宗，朝廷追录，封巨鹿郡开国公，臣时丁艰草土，不容及例。”源怀上表指出，陆睿受封为巨鹿郡开国公是在太和十六年。源怀上此表在宣武帝时，他所述情况不会有误。《魏书·李冲传》：“及改置百司，开建五等，以冲参定典式，封荥阳郡开国侯，食邑八百户。”这里提到的“改置百司”，即指太和十五年，孝文帝“大定官品。”[①] 因此，可以说，“开建五等”在太和十五年之后，也就是太和十六年，李冲可以受封为荥阳郡开国侯，食邑八百户。这与源怀所说的情况是一致的。

不仅如此，孝文帝将一些宗室王降爵至开国爵，也是在同一时间。《魏书·神元平文诸帝子孙·西河公敦传附元丕传》：“（元丕）后例降王爵，封平阳郡公。求致仕，诏不许。及车驾南伐，丕与广陵王羽留守京师，并加使持节。”显然，元丕由王爵降为平阳郡公，是在孝文帝“车驾南伐”之前。这与开始封授开国爵的时间也是相同的。正因为如此，在太和十六年，孝文帝实行降爵措施时，并不是使有王爵者都降爵为虚封的公爵，也使一些人直接降爵为开国郡公。例如，太和十六年，尉元“例降庶姓王爵，封山阳郡开国公。食邑六百户”[②]。穆罴“随例降王为魏郡开国公，邑五百户”[③]。冯熙“后以例降，改封京兆郡公”[④]。由此可见，孝文帝对实封爵的封授以及虚封的王爵降爵为实封的开国爵，都是在同一年实行的。因此，孝文帝太和十六

---

① 《魏书》卷七下《孝文帝纪》。

② 《魏书》卷五〇《尉元传》。

③ 《魏书》卷二七《穆崇传附穆罴传》。

④ 《魏书》卷八三上《外戚上·冯熙传》。

年实行的“开建五等”，不仅是封授拥有王爵者食邑，还可以使有王爵者降为开国爵而领有食邑，并且，也实行封授有功官员开国爵的做法。

太和十六年，孝文帝使王爵由虚封改为实封，就开始规定“亲疏世减法”。《魏书·张普惠传》：“普惠上疏曰：……故尚书令臣肇，未能远稽古义，近究成旨，以初封之诏，有亲王二千户、始蕃一千户、二蕃五百户、三蕃三百户，谓是亲疏世减之法。”张普惠所说的“初封之诏”，就是指太和十六年实行的“五等开建”的诏令。实际上，张普惠所说，是符合当时实际情况的。《魏书·献文六王下·彭城王勰传》：“（彭城王元勰）开建五等，食邑二千户。”《魏书·献文六王上·广陵王羽传》：“（广陵王元羽）及五等开建，羽食勃海之东光二千户。”《魏书·献文六王上·高阳王雍传》：“（高阳王元雍）五等开建，食邑二千户。”彭城王元勰、广陵王元羽、高阳王元雍都为始封王，因此，在实行实封爵时，都获得了二千户的食邑。《魏书·景穆十二王下·城阳王长寿传附元鸾传》：“（城阳王元鸾）及开建五等，食邑一千户。”城阳王元鸾则是继承城阳王拓跋长寿的爵位，是王爵的承袭者，所以当为始蕃王。正因如此，元鸾受封的食邑为一千户，比始封王元勰、元羽、元雍要少一千户。这些情况说明，太和十六年，孝文帝爵位改革，不仅确定拥有王爵者可以领有食邑，而且领有食邑的数量要按“亲疏世减之法”实行。

综上可见，太和十六年，孝文帝改革虚封爵的同时，就开始实行实封爵制，并且对实行实封爵的内容做了明确的规定。即包括拥有王爵者可以按“亲疏世减法”领有食邑；降王爵级别，不仅可降为虚封爵，也可降为开国爵而领有食邑；对立有功劳的官员可以封授不同等级的开国爵而领有食邑。只是北魏前期实行的虚封爵并没有废除，而是与实封爵一并实行。应该说，太和十六年，孝文帝实行的实封爵制已经是比较完善的，所以，否认太和十六年孝文帝开始实行实封爵制的看法，并不符合孝文帝爵位改革的实际情况。

不过，还应该指出的是，太和十八年，孝文帝又增加了实封爵的规定。《魏书·孝文帝纪下》：“（太和十八年）十有一月，车驾至洛阳。……（十有二月）巳酉，诏王、公、侯、伯、子、男开国食邑者：王食半，公三分食一，侯伯四分食一，子男五分食一。”这个规定只说明孝文帝将拥有不同等级实封爵者衣食租税的比例更为明确化，使封授实封爵者的食邑规定更完善了，并不应该据此认为，这是孝文帝实行实封爵制的开始。

二、后《职员令》制定前的实封爵品级序列

太和十六年，孝文帝开始实行实封爵。这种实封爵也被称为“开国食邑”[①]“开国五等”。[②] 在孝文帝推行实封爵时，就开始规定了其爵位的级别。如前所述，在孝文帝爵位改革后，将原来虚封爵的王、公、侯、伯、子、男六级别，改为公、侯、伯、子、男五级别。也就是说，一品的王爵已经从虚封爵的品级序列中分离出去。不仅如此，孝文帝还对封授王爵的规定作了改革，“制诸远属非太祖子孙及异姓为王，皆降为公”[③]。这就是说，不是道武帝的直系子孙不能保留王爵，也不能封授王爵。这样也就改变了北魏前期宗室和异姓可以封授王爵的状况而将王爵限制在很小的范围之内。孝文帝的这种做法，是否会对实封的王爵产生影响呢？

阐释这一问题，需要从北魏前期虚封爵的品级序列的形成来看。无疑天赐元年，道武帝爵制改革将王爵与公爵以下爵位编制在一起，取消了王爵与五等爵的等级层次的差别，形成了与晋代爵制明显不同的特殊品级序列。这一品级序列形成的主要原因是，道武帝确定了“皇子及异姓元功上勋者封王”[④] 的原则。正是这种无等级层次差别的爵位品级序列，才有利于对异姓王的封授。由于北魏前期，国家一直实行封授异姓王的措施，所以，北魏国家一直使这一品级序列保持到孝文帝爵位改革之前。

然而，北魏前期形成的王爵与五等爵组合在一起的爵位品级框架的影响是重大的。也就是说，这一框架不仅是虚封爵级别的构成基础，也直接影响到实封爵品级序列的构成。实际上，孝文帝爵位改革后，王爵从虚封爵品级序列中分离出去后，就与开国爵结合在一起。孝文帝限制王爵拥有和封授范

---

① 《魏书》卷七下《孝文帝纪下》。

② 《魏书》卷七八《张普惠传》。

③ 《魏书》卷七下《孝文帝纪下》。

④ 《魏书》卷一一三《官氏志》。

围，并没有对王爵与开国爵的组合产生影响。因为孝文帝实行实封爵的做法，文献中称为“五等开建”① 或“开建五等”②。这里所说的“五等”，并不是专指五等爵，而是对实封爵的泛称。前引《魏书·献文六王下·彭城王勰传》：“（彭城王元勰）开建五等，食邑二千户。”《魏书·献文六王上·高阳王雍传》：“（高阳王元雍）五等开建，食邑二千户。”很显然，在孝文帝实行的实封爵中是包括王爵的。太和十八年，孝文帝又“诏王、公、侯、伯、子、男开国食邑者：王食半，公三分食一，侯伯四分食一，子男五分食一”③。可见，孝文帝是将可以领有食邑的王爵与不同级别的开国爵作为同一爵位等级序列的。显然王爵开始成为实封爵中最高品级的爵位，王爵与在同一品级序列中的开国爵也不存在等级层次的区分。这一点还可以从太和二十三年孝文帝制定的后《职员令》中看出。后《职员令》规定：王、开国郡公都为第一品。后《职员令》中的这种规定，自然是对孝文帝爵位改革后，实封爵品级规定的沿袭。北魏国家将王爵与开国郡公都划在同一品级中，正是要表明王爵与开国郡公以下的实封爵是不存在等级层次差别的，与开国爵完全整合在统一的爵位体系中。

孝文帝爵位改革，将王爵整合到实封爵体系中，就已经规定了明确的品级序列。日本学者内田吟风考证，孝文帝爵位改革后，实封爵是包括王爵以及开国郡公、开国县公、开国郡侯、开国县侯、开国县伯、开国县子、开国县男八级别。④ 内田吟风指出的实封爵的八品级序列，应该是爵位改革初期的规定。因为在后《职员令》中，开国爵的级别有：开国郡公、开国县公、开国县侯、开国县伯、开国县子、开国县男，并没有开国郡侯。但是，孝文帝爵位改革后，在实封爵中，确实设置了开国郡侯。例如，李冲“及改置百司，开建五等，以冲参定典式，封荥阳郡开国侯，食邑八百户”⑤。不过，孝文帝设置开国郡侯的时间并不长。《魏书·奚斤传》：“（奚绪）初为散令，后

① 《魏书》卷二一上《献文六王上·高阳王雍传》。

② 《魏书》卷二一下《献文六王下·彭城王勰传》。

③ 《魏书》卷七下《孝文帝纪下》。

④ 内田吟风：《北魏封邑制度考》，《北アジア史研究（鲜卑柔然突厥篇）》，同朋舍，1975 年，第 125 页。

⑤ 《魏书》卷五三《李冲传》。

为太中大夫，加左将军。开建五等，封弘农郡开国侯，食邑三百户。后例降为县，改封澄城县开国侯，增邑九百户。”这里提到的“例降为县”，就使原来拥有的开国郡侯爵改为开国县侯爵。也就是孝文帝对一些拥有开国郡侯爵位者都一并实行了改封的做法。这种改封，实际是在实封爵制推行不久就实行了。《魏书·薛安都传》：“（薛达）例降为侯。及开建五等，以安都著勋先朝，封达河东郡开国侯，食邑八百户。后以河东畿甸，改封华阴县侯。”《魏书·李冲传》：“寻以冲为镇南将军，侍中、少傅如故，委以营构之任。改封阳平郡开国侯，邑户如先。车驾南伐，以冲兼左仆射，留守洛阳。……车驾还都，引见冲等……进尚书仆射，仍领少傅。改封清渊县开国侯，邑户如前。”这两条记载提到薛达、李冲由原来拥有的开国郡侯改封为开国县侯。薛达的改封，是因为河东郡成为京畿的缘故。北魏的京畿正是由于孝文帝迁都洛阳才改变的。孝文帝正是在太和十九年，使“六宫及文武尽迁洛阳”①。而李冲的改封，则在孝文帝“车驾南伐”之后。孝文帝“车驾南伐”，在太和十八年十二月。② 很显然，薛达与李冲改封的时间基本上是一致的，也就是说，北魏国家取消开国郡侯，应该不会晚于太和十九年。在孝文帝实行这一做法之时，还在太和十八年十二月，“诏王、公、侯、伯、子、男开国食邑者：王食半，公三分食一，侯伯四分食一，子男五分食一”③。由此可见，在孝文帝实行按实封爵的级别确定衣食租税的比例后，又将实封爵的爵位等级做了调整。也就是由原来实行八品级爵位改为王、开国郡公、开国县公、开国县侯、开国县伯、开国县子、开国县男七品级爵位，以此适应封授食邑的需要。

从北魏国家对实封爵的具体封授来看，太和十九年以后，北魏国家封授实封爵正是确定的七品级爵位级别。《魏书·孝文帝纪下》：太和二十一年，孝文帝“立皇子愉为京兆王，怿为清河王，怀为广平王。”说明北魏国家继续封授皇子王爵。并且，对王爵以下六品级的开国爵都有封授。统计《魏书》、墓志铭中的记载，封授开国郡公者有：冯熙、冯思政、穆罴、穆亮、

---

① 《魏书》卷七下《孝文帝纪下》。

② 《魏书》卷七下《孝文帝纪下》。

③ 《魏书》卷七下《孝文帝纪下》。

陆睿、源怀、尉元。封授开国县公者有：元项、薛真度。封授开国县侯者有：李冲、薛达、穆泰、奚绪。封授开国县伯者有：孟表。封授开国县子者有：于烈。封授开国县男者有：傅永、韦彧。很明显，从太和十九年至太和二十三年后《职员令》制定前，实封爵的七品级序列已经成为固定的制度。

不过，孝文帝并没有使实封爵的品级序列完全孤立化，实际是与虚封爵的品级序列同时存在的。因为在这一时期，北魏国家不仅封授实封爵，还继续赐授虚封爵。例如，元英"以功迁安南大将军，赐爵广武伯"[①]。郭祚"以赞迁洛之规，赐爵东光子"[②]。很明显，孝文帝是将实封爵与虚封爵一并加以封授的。可是，因为北魏国家是使实封爵与虚封爵一并实行的，因而，在封授两类不同性质的爵位时，特别是，使一人同时受封实封爵和虚封爵之时，一般也使这两种不同性质爵位的品级序列是可以相互参照的。

当然，需要指出的是，由于孝文帝爵位改革，使拥有虚封爵者"皆除将军之号"[③]。并且再赐授虚封爵也不加拜将军号。实际这种改革，割断了爵位与职官的联系。这种规定是不符合当时国家的统治体制的。从北魏前期的情况来看，确实是爵位的品级与职官品级没有结合在一起。《魏书·官氏志》："天兴元年十一月，诏吏部郎邓渊典官制，立爵品。"表明职官与爵位是分为两个品级系统的。可是，由于北魏国家实行的是以官本位为主导的统治体制，[④] 所以当时国家并没有使爵位品级与职官品级完全分离。为了实现爵位与职官可以联系起来，北魏国家实行了为受爵者加拜将军号的制度。日本学者川本芳昭考证：受赐爵位者的爵位品级与将军号的品级基本是一致的。[⑤] 这就是说，北魏国家以加拜将军号为中介，就能够使爵位所代表的身份地位，在职官品级体系获得体现。然而，由于孝文帝废止了这一制度，也就取消了爵位品级与职官品级联系的中介。对虚封爵是如此，当然对实封爵也是同样的。

---

① 《魏书》卷一九下《景穆十二王下·南安王桢传附元英传》。

② 《魏书》卷六四《郭祚传》。

③ 《魏书》卷七下《孝文帝纪下》。

④ 阎步克：《从爵本位到官本位——秦汉官僚品位结构研究》，生活·读书·新知三联书店，2009 年，第 227 页。

⑤ 川本芳昭：《魏晋南北朝時代の民族問題》，汲古书院，1998 年，第 264 页。

不仅如此，在太和十七年颁行的前《职员令》中，只规定了不同职官的品级，并没有将爵位也列入其中。这是与《晋官品》明显不同的。《晋官品》规定："第一品：公、诸位从公、开国郡公、县公"；"第二品：特进、骠骑、车骑、卫将军、诸大将军、诸持节都督、开国县侯伯子男"；"第三品：侍中、散骑常侍、中常侍、尚书令、仆射、尚书、中书监、令、秘书监……县侯"；"第四品：武卫、左右卫、中坚、中垒、骁骑、游击、前军、左军、右军、后军……乡侯"；"第五品：给事中、给事黄门、散骑、中书侍郎……亭侯"。[①] 显然，在《晋官品》中是将职官的品级与爵位的品级结合在一起，进而使爵位代表的身份地位，在职官品级体系中得到明确的表现。由于前《职员令》实行与《晋官品》完全不同的规定，使孝文帝实行的实封爵与虚封爵，只能与职官品级分离而不能形成爵位、职官合一的体系。正因为如此，在太和二十三年的后《职员令》制定前，不仅实封爵与虚封爵，都有各自的品级序列，并且，这两个品级序列都疏离于北魏的职官品级体系。这种状况，一方面成为实封爵品级序列存在的特点；另一方面，也使孝文帝实行的实封爵不能够很好地服务于北魏国家官本位为主导的统治体制，因而，这种实封爵的品级序列，也就不可能是一种最终的规定，而是需要进一步改进的过渡性等级规定。

三、后《职员令》实行之后的实封爵位等级

如前所述，太和十六年，孝文帝爵位改革后，为实封爵规定了品级序列，也为虚封爵规定了品级序列。这两个品级序列是并行的。并且，由于取消了为受爵者加拜将军号的制度，因而，也就使实封爵和虚封爵都和职官品级体系没有了联系。实封爵与虚封爵的这种存在状况，与北魏国家实行的以官本位为主导的统治体制是很不适应的。

太和二十三年，孝文帝制定了后《职员令》。孝文帝首先将实封爵与虚封爵编制在一起。后《职员令》规定：王、开国郡公，第一品；开国县公、散公，从第一品；开国县侯，第二品；散侯，从第二品；开国县伯，第三

---

① 《通典》卷三七《职官十九》。

品；散伯，从第三品；开国县子，第四品；散子，从第四品；开国县男，第五品；散男，从第五品。① 很显然，在后《职员令》中，除了王爵之外，将实封爵都冠之于“开国”，将虚封爵则称之为散爵，所以，就从名称上将实封爵与虚封爵区别开，并使实封爵与虚封爵相互交错编制在一起，实现了实封爵与虚封爵的一体化。后《职员令》还将这种一体化的爵位依据序列规定了明确的品级，进而形成了一种新的爵位品级序列。唐人杜佑说：“后魏有王、开国郡公、散公、侯、散侯、伯、散伯、子、散子、男、散男，凡十一等。”② 杜佑所记，遗漏了开国县公。由此可见，杜佑将后《职员令》的规定，视为北魏的爵位等级，实际应该是北魏后期的爵位品级序列。

孝文帝将实封爵与虚封爵整合在一起，实现爵位品级的一体化，其目的是要使这一爵位品级序列能够在后《职员令》中与职官品级结合在一起。事实上，在后《职员令》中，实封爵和虚封爵的各级别都依照品级与相应的职官实现了比照和对应，因而，就使这种一体化的爵位等级所处的位置在职官体系中得到明确的体现。所以后《职员令》又编制了一种新的官、爵相结合的体制，这是以改变的形式向晋代官、爵体制的回归。因此，可以说，由于在后《职员令》规定了新的官、爵体制，所以，就使这种一体化的爵位品级序列能够融入北魏官本位的体制中，进而使实封爵与虚封爵可以更好地适应当时的官本位体制的需要。

固然，后《职员令》的制定使实封爵与虚封爵实现了品级一体化，也实现了爵位与职官的结合。可是，北魏国家构建的这种官、爵相结合的体制，只是一种形式化、表面化的框架，要具体实行却是很困难的。

从实封爵与虚封爵结合的一体化的爵位品级序列来看，它只体现爵位品级与职官品级的比照和对应，在北魏国家授予、晋升和贬降爵位时，是不能依照这一品级序列进行的。《魏书·刑罚志》：

> 至于五等封爵，除刑若尽，永即甄削，便同之除名，于例实爽。愚谓自王公以下，有封邑，罪除名；三年之后，宜各降本爵一等，王及郡

① 《魏书》卷一一三《官氏志》。

② 《通典》卷十九《职官一》。

公降为县公，公为侯，侯为伯，伯为子，子为男；至于县男，则降为乡男。五等爵者，亦依此而降，至于散男。其乡男无可降授者。三年之后，听依其本品之资出身。

在这里将实封爵称为“五等封爵”，而将虚封爵称为“五等爵”。由此可见，北魏后期，国家贬降爵位不是依照后《职员令》中确定的一体化的爵位品级序列来进行的，而依然是将实封爵与虚封爵分开，按照各自的品级序列实行爵位的贬降，也就是说，实封爵与虚封爵各自的品级序列继续在发挥作用。在这里对虚封爵暂置不论，从实封爵实行的情况来看，其品级序列仍然是北魏国家封授、晋升和贬降爵位的依据。

先看北魏国家对实封爵的封授。北魏后期，国家封授王爵的对象已经不限于嫡长子，一些非嫡长子的支子也可以封授王爵。《魏书·孝明帝纪》：“（孝昌）二年春正月庚戌，封广平王怀庶长子、太常少卿诲为范阳王。”这里所说的庶长子就是支子。除了封授王爵之外，北魏国家继续封授其他级别的开国爵。《魏书·外戚下·胡国珍传》：“（胡国珍）灵太后临朝，加侍中，封安定郡公。”《魏故使持节散骑常侍安南将军都官尚书冀州刺史元公墓志铭》：“公讳子直，字方言，河南洛阳都乡光里人也。……朝庭永言盛烈，义深追远，取则邢茅，大启真定。开国县公，食邑一千户。”① 《魏书·杨播传附杨津传》：“杜洛周围州城，津尽力捍守。诏加卫将军，封开国县侯，邑一千户。”《魏书·杨播传附杨钧传》：“（杨宽）永安二年，除中军将军、太府卿。后为散骑常侍、骠骑将军、右光禄大夫、澄城县开国伯。”《魏书·韩麒麟传》：“（韩熙）出帝初，还领著作郎。以奉册之故，封历城县开国子，食邑五百户。”《魏书·毕众敬传附毕祖朽传》：“（毕祖朽）以功封南城县开国男，食邑二百户。”这些记载说明，北魏后期国家封授的开国爵有：开国郡公、开国县公、开国县侯、开国县子、开国县男。尚不限于此，在封授的实封爵中，还增加了爵位级别。《魏书·太武五王·临淮王谭传附元孚传》：“元颢入洛，授孚东道行台、彭城郡王，孚封颢逆书送朝廷，天子嘉之。颢平，封孚万年乡男。”《魏书·刁雍传》：“（刁双）庄帝初，行济州刺史，以

① 赵超：《汉魏晋南北朝墓志汇编》，天津古籍出版社，2008年，第15页。

功封曲城乡男。”很明显，北魏后期国家封授的实封爵中，出现了乡男。这种情况与《魏书·刑法志》中记载“五等封爵”中的最后一级别为乡男，是完全一致的。这些情况表明：北魏后期，国家封授实封爵，不受后《职员令》中确定的一体化的爵位品级序列的影响，完全是依照实封爵的品级序列进行封授，并且，还将没有纳入后《职员令》中的乡男，也作为实封爵的封授的一个级别。

再看北魏国家对实封爵的晋升。《魏书·郑曦传附郑先护传》：“（郑先护）以功封平昌县开国侯，邑七百户。……庄帝还京，嘉其诚节，除使持节，散骑常侍、都督襄广二州诸军事、镇南将军，刺史如故，进爵郡公，增邑一千三百户。”郑先护由开国县侯进为开国郡公，显然进爵二级。但是，大多数进爵，以一级为限。例如，贺拔胜由“真定县开国公……进爵琅邪郡公”[①]。侯刚由“武阳县开国侯，邑千二百户。……进爵为公”[②]。裴炯“乃封城平县开国伯，食邑八百户。……进伯为侯，改封高城县，增邑一千户”[③]。崔延伯“封当利县开国男，食邑二百户，寻增邑一百户，改封新丰，进爵为子”[④]。这些事例说明，北魏后期，拥有开国爵者无论是进爵二级，还是进爵一级，都是在实封爵的品级序列的范围内进行的。

综上所述，太和二十三年制定的后《职员令》，“世宗初班行之，以为永制”[⑤]。可是，后《职员令》规定的实封爵与虚封爵合二为一的品级序列，并不是北魏国家封授、晋升和贬降实封爵所依据的品级规定。反之，当时国家要封授、晋升和贬降实封爵，要按着实封爵原来的品级序列来进行。这种情况表明，后《职员令》实行后，实封爵的品级序列是双重的：一是后《职员令》中的王、开国郡公、开国县公、开国县侯、开国县伯、开国县子和开国县男。它们与虚封爵（散爵）相互交错地编制在一起而构成的爵位品级序列。这种爵位品级序列只起到可以与职官的品级相比照和对应而表明不同级别的实封爵与虚封爵在官本位体制中所处的品级位置的作用。二是北魏国家

---

① 《魏书》卷八〇《贺拔胜传》。

② 《魏书》卷九三《恩幸·侯刚传》。

③ 《魏书》卷七一《裴叔业传》。

④ 《魏书》卷七三《崔延伯传》。

⑤ 《魏书》卷一一三《官氏志》。

在封授、晋升和贬降爵位所实行的实封爵的品级序列。在这一品级序列中，除了纳入后《职员令》的爵位之外，还有乡男级别。乡男级别是在孝文帝爵位改革后，确立的实封爵的品级序列。显然，这是对孝文帝爵位改革后的实封爵级别既有继承，又有调整的品级序列。由于北魏后期，国家使实封爵的品级序列双重化，因而，也就使实封爵位制度更适应国家政治统治的需要。

四、小　结

太和十六年，孝文帝进行爵位改革，就开始实行实封爵。实行实封爵的措施，被称为“五等开建”。孝文帝实行的实封爵，一开始在措施上就是比较完备的。这些措施包括将虚封的王爵转换为实封的爵位，并且，按着制定的“亲疏世减法”来封授食邑。由于王爵性质改变，孝文帝将王爵从虚封爵的品级序列中分离出去，并与实封的开国爵构建新的品级系列。孝文帝还将虚封爵的“例降爵”与实封爵联系起来，就是说，被降爵者可以在虚封爵范围内进行，也可以直接降为开国爵。因此，在太和十六年，北魏国家不是只确定实行实封爵的原则，并且也将确定的原则具体实行了。

在后《职员令》制定前，孝文帝为实封爵规定了明确的品级序列。由于王爵从虚封爵的品级序列转换至实封爵的品级序列，因而实封爵也就成为以王爵为最高品级的爵位序列。这种品级序列承袭了虚封爵无等级层次区分的构成框架，所以，实封爵的等级只有级别的差异，并没有等级层次的区分。为了适应封授实封爵的需要，孝文帝还将爵位改革开始实行的实封爵的八品级改为七品级，取消了开国郡侯级别。当然，还要注意的是，由于在太和十七年颁行前《职员令》中，只规定了职官的品级，并没有将实封爵纳入职官品级的序列中，因而，实封爵的品级也就不能在职官体系中得到体现，所以，实封爵的品级序列只是需要进一步改进的过渡性的等级规定。

太和二十三年，孝文帝制定后《职员令》。在后《职员令》中，开始将实封爵与虚封爵（散爵）相互交错地编制在一起，实行了实封爵与虚封爵的品级一体化，构成了一种新的爵位品级序列。后《职员令》又将这种一体化的爵位品级序列与职官品级结合在一起，形成了新的官、爵体系。在这种官、爵体系中，实现了爵位品级可以与职官品级的比照和对应，所以，也就使爵位适应了国家官本位体制的需要。由于后《职员令》规定的爵位品级序列是将实封爵与虚封爵相互交错编制在一起的，所以，这种品级序列不能成为封授实封爵的依据。实际上，实封爵的封授只能按照实封爵本身的品级序列来进行。这就使实封爵的等级表现出明显的两重性。正因为这种两重性，使实封爵的位置可以在国家官本位体制中获得体现，而且，也使国家能够有效地实行实封爵的封授。

（原载《河北学刊》2013 年第 6 期）

论北魏孝文帝爵位改革后散爵封授范围限定问题

太和十六年，孝文帝实行爵位改革。北魏国家开始推行实封爵与虚封爵并行的制度。实封爵是新实行的爵制。而虚封爵，也称为散爵，则是沿袭了北魏前期所实施的爵制。既然如此，北魏国家对散爵的封授范围的限定，自然也要承袭北魏前期的规定。不过，由于孝文帝改革了爵位的封授做法，散爵还是与实封的王爵和开国爵一并实行的，所以，散爵的封授范围的限定，也就与北魏前期的情况还有一些不同。因此，考察孝文帝爵位改革后散爵的限定范围问题，对认识北魏虚封爵的封授特点是必要的。可是，前人在对北魏爵制的研究上，却忽略了对这一问题阐释。因此，本文拟对与孝文帝爵位改革后散爵封授范围限定的相关问题做一些探讨，进而也就可以进一步说明这一时期散爵封授所包含的社会意义。

一、职官的任职与散爵封授范围的限定

孝文帝实行爵位改革，使北魏国家的爵制与爵位改革前相比，发生了重大的变化。这种变化表现为：北魏国家将单一的虚封爵制改为虚封爵与实封爵并行的制度；将王爵从虚封爵序列中分离出来与实封的开国爵组成合一的等级序列。在太和二十三年制定的后《职员令》中，开始将实封的王爵、开国爵与虚封的散爵在形式上统一起来，进而构成了王、开国郡公、开国县公、散公、开国县侯、散侯、开国县伯、散伯、开国县子、散子、开国县男、散男一体化的等级序列，并且，还将这一等级序列与职官的品级相比照。由于孝文帝爵位改革实行了这些做法，因而，虚封的散爵实行的背景，

显然与北魏前期虚封爵的推行是有比较明显的差别的。这种差别的出现，自然也就要影响散爵封授范围的限定。尽管如此，孝文帝爵位改革后的散爵封授范围的限定与北魏前期虚封爵的情况相比较，却是一致性明显多于差异性。其中最突出的就是，散爵封授范围的限定并没有脱离北魏国家的官本位体制，反而与官本位体制的结合更为紧密了。

实际上，孝文帝的改革，在国家的职官制度上，也做了重要的变动。太和十八年，孝文帝制定和实行了前《职员令》，并在太和二十三年制定了后《职员令》。这两个《职员令》的制定，就使北魏国家职官制度更为完善。特别是，在太和二十三年制定的后《职员令》中，北魏国家将爵品与官品结合，实现了爵位与官位品级序列的合一。后《职员令》的这种规定，实际是向晋制中所规定的爵位与官位品级一体化的回归。当然，这种回归是在适应北魏时期的政治统治形势的条件下实现的。由于这种品级规定一体化的实现，也就保证爵位的封授与职官的任职很难分离。并且，由于实封的王爵、开国爵与虚封的散爵构成一体化的等级序列，所以，北魏国家在规定实封爵与虚封爵限定范围时，也就不可能采取截然不同的标准。换言之，孝文帝爵位改革后，北魏国家封授散爵，与封授开国爵一样，主要是以担任职官为前提条件的。《魏故持节左将军襄州刺史邹县男唐使君墓志铭》："（唐耀）俄迁奉车都尉、宁朔将军。……复转游击将军，散品邹县男。"[①]《魏书·李宝传附李虔传》："（李虔）出为散骑常侍、安东将军、兖州刺史。追论平冀州之功，赐爵高平男。"这些记载说明，北魏国家可以将散爵在中央和地方担任职官者中封授。统计《魏书》《北史》《北齐书》《周书》和墓志铭中的记载，孝文帝爵位改革后，至北魏末年，受封散爵所担任的中央职官有：金紫光禄大夫、光禄大夫、秘书监、司徒左长史、太中大夫、武卫将军、长秋卿、太府卿、司徒行参军、司空司马、中常侍、中散大夫、骁骑将军、通直散骑常侍、左中郎将、汝南王开府行参军、右军将军、尚书左丞、大司马府法曹参军、谏议大夫、司空从事中郎、员外散骑常侍、奉车都尉、都水使者、通直散骑侍郎、给事中、司空主簿、尚书郎、尚书外兵郎中、吏部郎中、羽林监、骑都尉、员外散骑侍郎、太学博士、著作佐郎、侍御史。受封散爵所担

① 赵超：《汉魏南北朝墓志汇编》，天津古籍出版社，2008年，第248页。

任地方职官的有：扬州刺史、梁州刺史、兖州刺史、豳州刺史、唐州刺史、泾州刺史、相州平东府长史、豫州平南府长史（带汝南太守）、南兖州冠军府长史（带谯郡太守）、扬州平东府长史（带南梁太守）、镇南府长史（带汝南太守）、相州抚军府司马、相州功曹参军、魏郡太守、东郡太守、河间太守、阳平太守、河内郡守、广宁太守。很显然，如果没有特殊情况，北魏国家封授散爵与官员的任职，基本上是联系在一起的。也就是说，北魏国家基本在国家官员范围内封授散爵。

然而，北魏国家规定的散爵封授的限定范围，并不是国家设置的全部职官。从当时受封散爵的中央和地方职官的情况来看，应该说，在职官品级上是有规定的。《北齐书·尧雄传附尧奋传》：“（尧奋）解褐宣威将军、给事中，转中坚将军、金紫光禄大夫，赐爵安夷县子。”尧奋担任金紫光禄大夫当为北魏末年之事。后《职员令》规定，金紫光禄大夫为从二品。[①] 这是在文献记载中见到的受封散爵官员的最高品级。但从二品级是否可以作为受封散爵的上限规定，还是很难断定的。因为北魏国家在后《职员令》已经将实封的开国爵与虚封的散爵合为统一的等级序列，所以，在对这两种不同的爵制在封授条件的规定上，自然不会有太明显的差别。由当时受封开国爵的最高品级来看，实际规定是很明确的。《魏书·高祐传》：“（高乾邕）永熙中，司空公、长乐郡开国公。”《魏故侍中司徒尚书左仆射封公墓志铭》：“（封延之）永熙二年，除卫大将军、左光禄大夫，郏城县开国子，邑三百户，司马如故。赏忠勋也。”[②]《魏故武卫将军正虏将军怀荒镇大将恒州大中正于公墓志铭》：“父烈，车骑大将军、领军将军、太尉公、巨鹿郡开国公。”[③] 这些记载中提到受封开国爵的高乾邕、封延之、于烈所任职官分别为司空、司马、太尉。这些职官的品级，在后《职员令》中规定为一品，也就是职官中的最高品级。这就是说，北魏国家封授开国爵，对受爵者的所任职官的最高品级是不加限制的。既然北魏国家对开国爵做这样的规定，那么，散爵也就不会与开国爵有多少区别。不过，在爵位的具体封授上，北魏国家就不能不注意

① 《魏书》卷一一三《官氏志》。

② 赵超：《汉魏南北朝墓志汇编》，天津古籍出版社，2008年，第345页。

③ 赵超：《汉魏南北朝墓志汇编》，天津古籍出版社，2008年，第196页。

散爵与开国爵的差别。这种差别就在于，从开国爵与散爵一体化的爵位品级序列来看，最高等级的开国郡公为一品，而最高等级的散公则为从一品，并且开国爵可以领有食邑，散爵则只有虚封地。由于这些原因，北魏国家也就很难将散爵授予品级最高的官员，因此，受封散爵官员的最高品级与受封开国爵的品级，也应该有一些差别。

北魏国家对受封散爵的职官品级的下限，应该也是有规定的。《魏书·杜铨传附杜长文传》："（杜长文）肃宗挽郎、员外散骑侍郎，稍迁尚书郎。以随叔颙守岐州勋，赐爵始平伯，加平东将军。"《北史·杨播传附杨愔传》："（杨愔）亦随父之职。以军功除羽林监，赐爵魏昌男。"杜长文所任的尚书郎、杨愔所任的羽林监，在后《职员令》中，都为六品。《北齐书·任延敬传》："（任延敬）拥所部先降，拜镇远将军、广宁太守，赐爵西河县公。"显然，任延敬是以郡太守身份受赐散爵的。但任延敬任职的广宁郡，《魏书·地形志下》："领县二，石门，中川。"也就是说，广宁郡才辖二县之地，当然应该为下郡。后《职员令》规定下郡也为六品。这就是说，北魏国家对在中央和地方任职的六品级官员都能够封授散爵。由此可见，北魏国家的这种做法与封授开国爵的情况是相同的。就当时开国爵封授情况而言，官阶为六品者受封开国爵的事例多见。《魏书·游明根传附游肇传》："（游祥）迁通直郎、国子博士，领尚书郎中。肃宗以肇昔辞文安之封，复欲封祥，祥守其父意，卒亦不受。又追论肇前议清河，守正不屈，乃封祥高邑县开国侯，邑七百户。"《魏书·毕众敬传附毕祖朽传》："（毕祖朽）起家员外郎。尚书郎、治书侍御史，加宁远将军，本州中正。……以功封南城县开国男，食邑二百户。"游祥受封开国爵所任尚书郎中，毕祖朽所任治书侍御史，在后《职员令》中规定的品级都为六品。而北魏国家为官员封授开国爵，这正是官阶的最低品级。也就是说，受封开国爵的职官品级的最下限，当为六品。北魏国家向官员封授散爵采取的品级下限标准，应该与封授开国爵不会有太大的差别。可以说，孝文帝爵位改革后，北魏国家将受封散爵的官员的最低界限规定为六品级。这正是封授散爵在职官品级范围上的一种限定。

北魏国家将受封散爵的职官最低限品级确定为六品级，实际与封授开国爵一样，都是沿袭了传统的规定。宫崎市定认为，九品官人法贵族化运作后，贵族子弟一概从六品官起家，所以，六品以上和七品以下之间产生了很大的断层。[①] 这就是说，北魏国家对受封散爵官员的品级下限做这样的规定，正是要将散爵的封授与国家实行的世族制联系起来。当然，还要看到的是，太和二十三年制定的后《职员令》规定的爵位一体化的品级序列中，最低等级的散男为从五品。[②] 也就是说，北魏国家将拥有散爵和开国爵者与职官的品级相比照，都置于具有特殊身份地位的社会上层显贵的范围之内，因而，也就必须对受封散爵所任职官的最低品级加以限制。不仅如此，北魏国家还将散爵作为起家官的依据。《魏书·宣武帝纪》载永平二年诏曰："五等诸侯，比无选式。其同姓者出身：公正六下，侯从六上，伯从六下，子正七上，男正七下。异族出身：公从七上，侯从七下，伯正八上，子正八下，男从八上。清修出身：公从八下，侯正九上，伯正九下，子从九上，男从九下。可依此叙之。"很显然，宣武帝在诏令中是将开国爵与散爵合在一起，并依据其中一种爵位的等级作为起家官的参照。由于北魏后期，当时国家将散爵与选官的起家规定联系起来，也就更加重了虚封的散爵的价值，因而，从官品上限制封授散爵者的范围，自然也就具有不能忽视的意义。

孝文帝爵位改革后，特别是后《职员令》制定后，将散爵与开国爵整合为统一的品级序列，还可与职官品级相比照。可是，在北魏国家限定的职官品级范围内封授的散爵的品级与职官的品级却并不是一致的。以下依据散公、侯、伯、子、男等级分别说明：

1. 散公。《魏书·李顺传附李育传》："（李育）稍迁扬烈将军、奉车都尉、都督相州防城别将。以拒葛荣之勋，赐爵赵郡公。"李育受封散爵前所任实职官为奉车都尉，都督相州防城别将则为临时加任职。在后《职员令》中，奉车都尉为从五品，但散公却为从一品。[③]

2. 散侯。《魏书·崔挺传附崔元珍传》："武泰初，改郡为唐州，仍除元珍为刺史，加右将军。以破胡勋，赐爵凉城侯。"崔元珍所任的唐州刺史，很难做出上、中、下的区分。但后《职员令》规定：上州刺史三品、中州刺史从三品、下州刺史四品。[④] 说明他所任刺史在四品以上。可是，他受封的

① 宫崎市定：《九品官人法研究》，韩昇译，中华书局，2008年，第330页。

② 《魏书》卷一一三《官氏志》。

③ 《魏书》卷一一三《官氏志》。

④ 《魏书》卷一一三《官氏志》。

散侯，则为从二品。①

3. 散伯。《魏书·卢玄传附卢道虔传》：“（卢道虔）永安中，除辅国将军、通直常侍，寻加征虏将军。以议历勋，赐爵临淄伯。”卢道虔所任通直常侍，即为通直散骑常侍，在后《职员令》中，规定为从五品。而他受封的临淄伯，则为从三品。②

4. 散子。《魏书·孙绍传》：“（孙绍）永安中，拜太府卿。以前参议《正光壬子历》，赐爵新昌子。”孙绍所任太府卿，后《职员令》规定为四品。而他受封新昌子则为从四品。③

5. 散男。《魏书·崔挺传附崔瑜之传》：“（崔瑜之）迁冀州抚军府长史，后为扬州平东府长史，带南梁太守。……有勋，赐爵高邑男。”崔瑜之所任扬州平东府长史，后《职员令》定为五品。而他受封高邑男，则为从五品。④

由以上事例可见，在北魏国家限定的可以受封散爵的职官范围内，封授散爵的品级与职官的品级是不能相互比照的，并且，受封散爵等级也与所任职官品级的高低没有联系。这说明，北魏国家规定受封散爵职官的下限品级，只是要限定可以受爵者的范围，因而，受封散爵者的职官品级是不能制约爵位品级的。因此，可以说，北魏国家限定受封散爵者所任职官的品级范围，只是使拥有散爵者的特殊身份地位在国家官本位体制中获得明确的体现。

不过，孝文帝爵位改革后实行的散爵毕竟与实封爵不同，它不能使受爵者获得实际的经济利益，也就是没有食邑的封授。正因如此，北魏国家在封授散爵上，也有不同于开国爵的做法。其中表现最明显的是，北魏国家对所任职官的品级限定范围，在封授开国爵时，是要严格执行的，而在散爵的封授上，则不如开国爵严格，因而，也就出现了封授爵位时超出限定的职官品级范围的特殊情况。细绎文献记载，这些超出限定范围的做法主要表现在三方面：

---

① 《魏书》卷一一三《官氏志》。

② 《魏书》卷一一三《官氏志》。

③ 《魏书》卷一一三《官氏志》。

④ 《魏书》卷一一三《官氏志》。

一是北魏后期受封散爵的职官中出现品级低于六品的情况。《魏书·韦阆传附韦融传》："（韦融）解褐员外散骑侍郎。以军功，赐爵长安伯。"《魏书·郑羲传附郑辑之传》："（郑辑之）解褐奉朝请，领侍御史，以军功赐爵城皋男，稍迁黎阳太守。"这些事例都是后《职员令》开始实行后的情况。可见，韦融、郑辑之受封散爵前他们所任官职分别为员外散骑侍郎、侍御史。在后《职员令》中，员外散骑侍郎为七品、侍御史为八品。显然，他们所任职官的品级都低于北魏国家限定的受封散爵的职官品级标准。可是，在前《职员令》中，员外散骑侍郎为从四品、侍御史为从五品，则都在封授散爵限定的品级标准之内。这说明，北魏后期，当时国家对受封散爵者所任职官的品级，并没有严格依据后《职员令》的规定，而是将前《职员令》对职官的品级规定作参照。之所以会出现这种情况，是由于北魏国家制定后《职员令》时，将原来高于六品级的职官降低到六品级以下的缘故。北魏后期，国家参照前《职员令》来确定可以纳入受封散爵范围的职官，除了员外散骑侍郎、侍御史之外，见于记载的还有太学博士、著作佐郎、奉朝请等。然而，北魏后期，国家对开国爵的封授，则必须要按照后《职员令》规定的职官品级来确定可以受封爵位的官员。由此可见，北魏国家封授散爵，在执行限定的职官品级标准上，显然比封授开国爵要宽松一些。当然，北魏国家的这种做法并不是没有限制的，实际只是以在前《职员令》所设置的，却在后《职员令》中降低品级的职官为限度的。北魏后期，这种情况的出现，主要与散爵为虚封性质的爵位特点有很大的关系。

二是北魏后期国家向专为征讨作战而设的职官封授散爵。《北齐书·库狄回洛传》："（库狄回洛）少有武力，仪貌魁伟。初事尔朱荣为统军，预立庄帝，转为别将，赐爵毋极伯。"《魏书·伊馛传附伊盆生传》："（伊盆生）骁勇有胆气。初为统军，累有战功，遂为名将。以勋赐爵平城子。"这里提到库狄回洛、伊盆生受封散爵所任职官分别为别将、统军。北魏国家所设的别将和统军，在前、后《职员令》都不见记载，说明二者与国家固定的职官设置不同。北魏后期，国家任命统军、别将的事例，在《魏书》《北齐书》《周书》和墓志铭中多见记载。北魏的别将、统军是国家为征讨都督、行台以及地方刺史专门设置的从事军事征伐的属官。可以说，别将、统军归属的长官是不固定的，有很大的临时性，所以，也就没有明确的品级规定。北魏后期，国家可以为这种性质的职官封授散爵，很显然，已经超出封授散爵的职官品级限定的范围，因此，属于散爵封授的特殊情况。这种情况的出现，当然与北魏后期的局势有关。特别是永光、孝昌年以后，国内变乱不断发生，因而，北魏国家需要任命很多别将、统军参与军事行动。正因如此，国家也就需要奖励立功的统领军队的别将、统军。《魏书·崔亮传附崔士泰传》："肃宗末，荆蛮侵斥，以（崔）士泰为龙骧将军、征蛮别将，事平，以功赐爵五等男。"《魏书·郑羲传附郑简传》："（郑尚）屡为统军，东西征讨，以军功赐汝阳男。"这些事例说明，对立功的别将、统军封授散爵，显然是一种重要的奖赏。北魏国家之所以采取这种办法，正是为了适应当时形势的需要，因而，要赢得战争的胜利，也就不能完全为封授散爵的范围所限制。

三是北魏后期国家可以为一些没有担任职官身份者封授散爵。《魏书·崔亮传附崔敬默传》："（崔思韶）从亮征硖石，以军功赐爵武城子，为冀州别驾。"可见，崔思韶受封武城子时，是没有担任职官经历的。因为在他受封爵位后，才被任命为冀州别驾。这说明，北魏后期，当时国家在进行征讨作战时，已经开始向没有担任官员身份者封授散爵。在永光、孝昌年间变乱发生后，北魏国家向军队中的没有担任官员身份者授爵的事例开始增多。例如，陈元康"魏正光五年，从尚书令李崇北伐，以军功赐爵临清县男"[①]。步大汗萨"正光末，六镇反乱，萨乃将家避难南下，奔尔朱荣于秀容。后从荣入洛，以军功除扬武军帐内统军，赐爵江夏子"[②]。统计《北齐书》《周书》中记载，因参加征讨作战，没有担任官职而被封授散爵的人就有：窦泰、步大汗萨、薛孤延、陈元康、张宴之、阳斐、赵贵等人。可以说，在这一时期出现一些没有担任官职者受封散爵的情况，正是由战事频仍的特殊形势造成的。北魏国家为了在战争中获胜，更需要的是通过封授散爵激励参战将领为作战效力，自然也就很难顾及对散爵封授范围的限定。应该说，北魏后期，国家向没有担任官职者封授散爵，只是为了应对特殊形势而采取的特别做法。

当然，北魏国家向没有担任官职者封授散爵，还有南朝的归降者。《魏

① 《北齐书》卷二四《陈元康传》。

② 《北齐书》卷二〇《步大汗萨传》。

书·刘藻传》："（刘藻）广平易阳人也。……永安中，与姊夫李嶷俱来归国，赐爵易阳子。"《魏书·裴叔业传附裴粲传》："（裴粲）景明初，赐爵舒县子。沈重，善风仪，颇以骄豪为失。"刘藻、裴粲都是归降北魏的南朝人。他们在南朝没有担任官职的经历，所以，北魏国家封授他们散爵以示表彰。他们受爵的情况却与归降的南朝官员不同。《魏书·李元护传》："（李元护）后为裴叔业司马，带汝阴太守。叔业归顺，元护赞同其谋。……寿春克定，元护颇有力焉。景明初，以元护为辅国将军、齐州刺史、广饶县开国伯，食邑一千户，便道述职。"《魏书·席法友传》："（席）法友仕萧鸾，以膂力自效军勋，稍迁至安丰、新蔡二郡太守，建安戍主。萧宝卷遣胡景略代之，法友遂留寿春，与叔业同谋归国。景明初，拜冠军将军、豫州刺史、苞信县开国伯，食邑千户。"这说明，北魏国家对归降的南朝官员，一般都封授开国爵。既要通过封授开国爵表明他们身份地位的提高，也要使他们获得丰厚的经济利益。可见，北魏国家是要分别通过封授散爵和开国爵来表明对归降的无官职者和担任官职者在优待的程度上，是存在比较明显差别的。

由上述可见，北魏后期，国家在封授散爵时，显然实行了一些超出限定标准的做法。这些情况的出现表明，孝文帝爵位改革后，尽管北魏国家沿袭传统的做法，将散爵的封授与职官的任职结合起来，而且，还继续对受封散爵者的职官品级做出限定，可是，由于北魏国家实行了实封的开国爵与虚封的散爵并行的制度，开国爵的地位要重于散爵，所以，也就在散爵的封授上，能够实行这些变通的做法。由散爵封授的这种特点所决定，因而，使北魏国家可以将规定职官的下限品级标准松动，进而使一些依据后《职员令》规定的范围之外的官员能够获得散爵的封授。而且，北魏国家为了适应征讨作战的需要，开始将专事征讨作战的别将、统军以及没有任官身份者赐授散爵。这种做法，就将国家的散爵封授与征讨作战结合起来，因而，也就进一步显示了散爵的奖赏作用。北魏国家所实行的这些封授散爵的做法，只是为了适应北魏后期的复杂形势的需要，所以，也就表现出很明显的特殊性。正因如此，这些特殊的做法，并不能从根本上改变北魏国家在散爵封授上所实行的限定措施。北魏国家封授散爵所实行的职官品级的限定，实际是为北魏国家已经固化的官本位体制以及积极推行的世族制服务的，因而，只要国家实行散爵封授的这种目的不改变，在封授散爵上所采取的职官任职的限定措施也就是很难动摇的。

二、功勋的建树与散爵封授范围的限定

如前所述，孝文帝爵位改革后，除了特殊情况之外，基本沿袭北魏前期以担任职官的品级来限定散爵的封授范围，因此，担任限定范围内的职官，便成为受封散爵的重要条件。然而，需要明确的是，在北魏国家限定的职官品级范围内，并不是所有的官员都可以受封散爵的。《魏书·李宝传》："（李柬）肃宗初，司空、任城王澄嘉其操尚，以为参军事。寻转司徒外兵参军。历任城、济北二郡太守。孝庄初，迁镇远将军、济州刺史。卒，赠安北将军、殿中尚书、相州刺史。"很显然，李柬所任职官在可以受封散爵的范围之内，可是，他没有获得爵位的封授。这说明，孝文帝爵位改革后，散爵的封授，不仅受到所任职官的限定范围的影响，而且，还有其他的因素也制约散爵的封授的实现。

统计《魏书》《北齐书》《周书》和墓志铭中的记载，可以看出散爵的封授，实际与官员的功勋建树有密切的关系。如李思穆"起为都水使者。及车驾南伐，以本官兼直阁将军，从平南阳，以功赐爵为伯"①。韦融"解褐员外散骑侍郎。以军功，赐爵长安伯"②。实际上，这种影响散爵封授的因素，在《魏书》中，既可以称为"功"，也可以称为"勋"，"功"和"勋"意义相同，所以，文献中也将封授散爵的依据记为"勋"。如杜长文"肃宗挽郎、员外散骑侍郎，稍迁尚书郎。以随叔颙守岐州勋，赐爵始平伯"③。崔元珍"武泰初，改郡为唐州，仍除元珍为刺史，加右将军。以破胡勋，赐爵凉城侯"④。由此可见，北魏国家是根据官员的"功"和"勋"，才能决定散爵的封授的，因此，"功"和"勋"也就是散爵封授的重要标准。北魏国家的这种做法，是与并行的封授开国爵的规定是相同的。《魏书·韦阆传附韦彪

---

① 《魏书》卷三九《李宝传附李思穆传》。

② 《魏书》卷四五《韦阆传附韦融传》。

③ 《魏书》卷四五《杜铨传附杜长文传》。

④ 《魏书》卷五七《崔挺传附崔元珍传》。

传》："（韦嵩遵）起家有奉朝请，历司空外兵参军。后萧宝夤为雍州刺史，引为中兵参军。……以功封乌氏县开国伯，邑五百户。"即为例证。因此，后《职员令》将开国爵与散爵整合为一体化的等级序列后，也将"功"和"勋"作为这两种不同性质的爵位封授必须要依据的标准，所以，"功"和"勋"也就成为限定散爵与开国爵封授的重要因素。

不过，尚要指出的是，在爵位的封授上，"功"和"勋"对封授散爵具有更为重要的意义。因为北魏后期，国家在散爵的封授上，实行了超出职官品级限定的特殊做法。《魏书·郑羲传附郑简传》："（郑简）屡为统军，东西征讨，以军功赐汝阳男。"郑简所任统军，在北魏是没有明确的品级规定，可是，国家却可以依据他所立功勋封授散爵。《北齐书·窦泰传》："（窦泰）善骑射，有勇略。泰父兄战殁于镇，泰身负骸骨归尔朱荣。以从讨邢杲功，赐爵广阿子。"这说明，北魏末年，国家对没有担任职官经历者，也可以根据他们军功赐授散爵。由于这些特殊情况的出现，说明"功"和"勋"的建树在散爵的封授上，显然起到决定的作用。因此，可以说，北魏国家确定封授散爵的限定范围，实际是将功勋的建树置于首要位置的。

北魏孝文帝爵位改革后，当时国家将"功""勋"作为限定受封散爵范围的主要依据，应该说与北魏前期封授虚封爵的做法既有区别，也有联系。从区别方面来看，北魏国家并没有全部承袭北魏前期的措施。因为北魏前期国家封授虚封爵所依据的并不只有"功""勋"，还有"勤""劳"。也就是说，北魏前期国家封授虚封爵是将"勤""劳"与"功""勋"都作为依据的标准。《魏书·公孙表传》："（公孙邃）初为选部吏，以积勤，稍迁南部长。敷奏有称，迁南部尚书，赐爵范阳侯，加左将军。"可见，公孙邃受封范阳侯依据的是他的"勤"。《魏书·神元平文诸帝子孙·顺阳公郁传》："（拓跋郁）直初以羽林中郎内侍，勤干有称。高宗时，位殿中尚书。从高宗东巡临海，以劳赐爵顺阳公。"显然，拓跋郁受封顺阳公，依据的则是他的"劳"。北魏时期，"勤"和"劳"都是国家考核官员的标准，二者包含的意义并没有差别。《魏书·吕罗汉传》："卿以劳勤获叙，才能致用，内总禁旅，外临方岳，褒宠之隆，可谓备矣。"《魏书·高允传》："先召之人，亦州郡选也，在职已久，勤劳未答。今可先补前召外任郡县，以新召者代为郎吏。"因此，在这些记载中，都将"勤"和"劳"并称，说明"勤"与"劳"是没有区别的。因此，北魏国家对官员一年的业绩的考核，既称“年勤”①，也称为“年劳”。② 北魏前期，国家对官员业绩达到“勤”和“劳”标准的，一般都要赐授虚封爵。统计《魏书》中记载，因达到“勤”和“劳”标准而受封爵位的，就有126人之多。很显然，北魏前期，当时国家是将官员的爵位封授与对他们业绩的“勤”和“劳”标准密切结合在一起的。应该说，这种做法是当时确定封授爵位对象的一种重要方式。然而，孝文帝爵位改革后，在封授虚封的散爵的规定中，却将北魏前期国家以“勤”和“劳”为标准的做法革除了，所以，在文献中也就很少能见到国家依据官员的“勤”和“劳”来封授散爵的记载。

孝文帝爵位改革后，北魏国家封授散爵的规定与北魏前期也有联系的方面。这就是继续承袭根据官员的“功”和“勋”来封授爵位。实际上，北魏国家承袭的“功”和“勋”与废止的“勤”和“劳”的规定标准，是有明显的区别的。从西晋时，实际就已经开始对“功”与“勤”加以区分。《晋书·武帝纪》载泰始五年诏曰：“古者岁书群吏之能否，三年而诛赏之。诸令史前后，但简遗疏劣，而无有劝进，非黜陟之谓也。其条勤能有称尤异者，岁以为常。吾将议其功劳。”这就是说，西晋国家对受考核的官员达到“优异者”，被视为建树功劳。而对考核合格者，则被视为“勤”。西晋国家对“功”与“勤”的这种区分，也为北魏国家所承袭。因此，北魏前期，国家封授虚封爵所依据官员的“勤”与“劳”和“功”与“勋”，实际是两个不同的标准。可以说，孝文帝爵位改革后，北魏国家所承袭的以“功”“勋”为封授散爵的标准，只是北魏前期国家所实行的两个标准中的一个方面。当时国家之所以采取这样的做法，主要与“今勋人甚多”③ 的局面出现有很大的关系。当然，为了与开国爵的封授实行的标准取得一致，也是很重要的影响因素。

当然，需要说明的是，虽然孝文帝爵位改革后，废止以“勤”“劳”为标准来封授散爵，可是，还在一些方面有所保留。《魏书·恩幸·侯刚传》：

---

① 《魏书》卷四八《高允传》。

② 《魏书》卷五七《高祐传》。

③ 《魏书》卷六六《崔亮传》。

“（侯刚）寻除卫尉卿，封武阳县开国侯，邑千二百户。俄为侍中、抚军将军、恒州大中正。……进爵为公，以给侍之劳，加赏散伯。”可见，侯刚受封散爵，是在他受封开国爵后加赏的，当然，与正常的封授不同，所以，还能以“劳”为标准获得散爵。很明显，这应该是封授散爵的特殊做法。当然，与这种情况不同，在孝文帝爵位改革后，北魏国家为宦官封授散爵，实际“勤”和“劳”标准还起到一些作用。《魏书·阉官·秦松传》：“秦松，不知其所由。太和末，为中尹，迁长秋卿，赐爵高都子。”《魏书·阉官·王温传》：“（王温）灵太后临朝，征还为中常侍、光禄大夫，赐爵栾城伯，安东将军。”在这些记载中，没有提到秦松、王温受封散爵的根据。这说明，他们受封散爵不是因为立有“功”“勋”，而是由于达到“勤”“劳”标准的结果。这表明，在北魏国家基本废止以“勤”“劳”作为封授散爵的标准后，还需要为在皇帝身边服务的宦官实行特别的规定。然而，这种特别的规定，只是为了适应宦官的特殊身份所采取的，因而，也就不能影响正常的封授散爵标准的实行。

因为孝文帝爵位改革后，北魏国家对在限定的品级范围的大多数官员是依据“功”“勋”封授散爵，这样，就使国家对“功”“勋”标准的规定也就更加明确，而且，在具体封授散爵的做法上，是以不违背这种规定为原则的。基于这种情况，北魏国家为了清楚地把握“功”“勋”的标准，因而，就将官员建树的功勋明确地分为军功和事功。《魏书·崔鉴传附崔季通传》：“（崔季良）自太学博士，从都督李神轨征讨有功，赐爵蒲阴县男。”显然崔季良正是依据军功受封散爵的。《魏书·常景传》：“（常景）除中军将军，正黄门。先是，参议《正光壬子历》，至是赐爵高阳子。”常景受封散爵，所依据的“功”，则为事功。如果将赐授散爵时所依据的这些军功与事功的情况加以比较，则可以发现，孝文帝爵位改革后，北魏国家依据这两种不同的功勋而封授散爵的人数是不同的。统计《魏书》《北齐书》《周书》和墓志铭中记载，因立军功受封散爵的有：元鸷、元英、长孙子彦、李育、李孝怡、李虔、李思穆、李希道、房思安、伊盆生、韦融、杜长文、刘元章、卢文翼、崔仲哲、崔季通、慕容契、赵超宗、刘长文、郑伯猷、郑尚、崔元珍、崔敬邕、杨播、杨逸、杨谧、崔士泰、郑思韶、甄宣轨、裴景颜、羊深、杜纂、窦瑗、窦泰、斛律金、厍狄回洛、薛孤延、步大汗萨、陈元康、杨愔、张宴之、元种、阳斐、赵贵、独孤信、怡峰、豆卢宁、苏椿、陆腾、元子邃，共50人。而因事功受封散爵的有：元志、李焕、薛庆之、薛昙尚、韦珍、卢道虔、崔瑜之、杨仲宣、裴粲、高恭之、孙绍、祖莹、常景、李业兴、高市贵、元景安，共16人。这些统计数字，不能包括全部受封散爵者，但却可以表现出一种趋势。由这种趋势可以看出，北魏国家主要是依据军功封授散爵的，而依据事功封授散爵则是次要的。这种情况的出现，当然与北魏后期，特别是，永平、孝昌年以后，战争不断发生的形势有很大的关系。正因如此，也就使军功的建树成为北魏国家确定封授散爵对象主要依据的标准。

当然，北魏国家为了使依据军功封授散爵能够比较合理地实现，因而，在具体封授爵位上，采取了不同的做法。《魏书·李顺传附李育传》："（李育）稍迁扬烈将军、奉车都尉、都督相州防城别将。以拒葛荣之勋，赐爵赵郡公。"《魏书·羊深传》："（羊深）与大行台仆射长孙稚共会潼关，规模进止。事平，以功赐爵新泰男。"这些事例说明，北魏国家可以依据官员在一次征讨作战所立的军功，就可以封授散爵。而且，北魏国家为了彰显封授散爵的意图，还特别说明所立军功的原因。如杜长文"以随叔颙守岐州勋，赐爵始平伯"①。崔元珍"以破胡勋，赐爵凉城侯"②。除此之外，国家还可以通过累积所立军功的方式，向立功者封授散爵。如长孙彦"以累从父征讨功，封槐里县子"③。并且，对一些立有军功的官员，但还没有获得散爵封授者还能采取灵活的做法。《魏书·李宝传附李虔传》："（李虔）出为散骑常侍、安东将军、兖州刺史。追论平冀州之功，赐爵高平男。"所谓"追论平冀州之功"，就是对曾经建树军功的李虔，进行补偿性的散爵封授。显然，这是依据军功封授散爵的灵活做法的一种。当然，还有一些官员立有军功，没有获得散爵封授却亡故了，但国家并不忽视对他们所立军功的奖赏。《魏书·韩麒麟传附韩显宗传》："韩显宗卒。……景明初，追赭阳勋，赐爵章武男。子武华，袭。"就是说，北魏国家对立有军功的韩显宗所实行的正是对散爵的追封。这自然也是一种变通的做法。由此可见，北魏国家为立有军功

① 《魏书》卷四五《杜铨传附杜长文传》。

② 《魏书》卷五七《崔挺传附崔元珍传》。

③ 《魏书》卷二五《长孙道生传》。

官员封授散爵的做法，表现出很明显的多样性。北魏国家所以采取这些做法，自然是要保证立有军功者都能够获得散爵的封授，进而体现出国家对官员立有军功的重视。

北魏国家为了使封授散爵更好地表现对立军功者的奖赏，因而，也就更注意对军功的评定。卢同上书说："臣顷奏以黄素为勋，具注官名、户属及吏部换勋之法，事目三条，已蒙旨许。臣伏思黄素勋簿，政可粗止奸伪，然在军虚诈，犹未可尽。请自今在军阅簿之日，行台、军司、监军、都督，各明立文按，处处记之。……亦具书于券。各尽一行，当行竖裂。其券前后皆起年号日月，破某处陈，某官某勋，印记为验。一支付勋人，一支付行台。记至京，即送门下，别函守录。"① 据卢同所说，北魏国家对官员所立军功实行了严格的管理规定。很显然，北魏国家对军功的评定所实行这些做法，当然是以封授爵位的标准更具有可靠性为目的的。

然而，还要指出的是，尽管国家依据事功封授散爵的人数减少，可是，对限定封授散爵还是有一些影响的。就北魏后期依据事功封授散爵的特点而言，官员建树事功不是在一般活动中取得的。如孙绍"以前参议《正光壬子历》，赐爵新昌子"②。而且，北魏国家还沿袭孝文帝爵位改革前的做法，将官员的出使与赐授散爵结合在一起。《魏书·高恭之传》："（高恭之）庄帝即位，征为尚书三公郎中，加宁朔将军。寻兼吏部郎中，与薛昙尚书使晋阳，授尔朱荣职，赐爵龙城侯。"这说明，对完成出使事务者，国家一般都要赐授散爵。不过，更重要的是，一些官员建树事功还与拥立皇帝的大事有关。如元景安"自积射将军为元天穆荐之于尔朱荣，参立孝庄之谋，赐爵代郡公"③。显然，对立有这种事功的官员，通过封授散爵进行奖赏，所具有的意义也更为重要了。很明显，北魏后期，国家封授散爵所依据的事功，大多数都同官员参与国家施政的大事有关。因为事功的获得具有这种特点，也就使依据事功而受封散爵的人数受到很大的制约，也就是说，只能将以此而受封散爵者限制在很小的范围内。

① 《魏书》卷七六《卢同传》。

② 《魏书》卷七八《孙绍传》。

③ 《北齐书》卷四一《元景安传》。

三、余　论

孝文帝爵位改革后，一改北魏前期实行的单一的虚封爵制，而采取了虚封的散爵与实封的王爵、开国爵并行的制度。王爵和开国爵可以领有食邑，而散爵却只有虚封地，因而，实封爵与虚封爵是有很大差别的。尽管如此，散爵却与王爵、开国爵有一致之处，也就是这两种性质不同的爵位都可以作为有爵者身份地位的象征。正因如此，在太和二十三年制定的后《职员令》就将王爵、开国爵与散爵相互交错编制在一起，成为一体化的爵位等级序列，而且还将这种爵位等级序列与职官品级相比照，因而，使爵位的等级序列融入了国家官本位体制中。在这种官、爵一体化的品级序列中，明确将最低等级的散男规定为从五品。① 后《职员令》对王爵、开国爵和散爵一体化的等级序列的品级做这种规定，表明散爵与王爵、开国爵一样，都是社会上层权贵地位的象征，也就需要对散爵的封授范围加以限定。

北魏国家对封授散爵范围的限定，与开国爵基本相同，都采取官员的任职品级规定与对官员建树"功""勋"评定结合在一起的做法。就官员任职品级的下限规定而言，实际正是北魏国家能够允许的受封散爵的范围限定。而对官员"功""勋"的评定，则是最后实现封授散爵范围的限定。由于北魏国家把握了这两个限定的范围，就可以使封授散爵与国家的赏赐规定以及官本位体制，能够很密切地结合在一起，并且，也可以成为当时国家推行世族制的重要参照。

当然，由于散爵与开国爵存在差别，并且，北魏后期变乱的不断出现和战争的频频发生，就严重影响北魏国家封授散爵的职官品级的限定的实行，甚至出现对没有担任官职者也封授散爵的情况。尽管这些情况的出现，只是一些特殊的事例，但却表明封授散爵的职官品级限定已经有一些松动的趋势。可是，由于北魏国家对封授散爵范围限定的规定，是长期形成的，并且，也是与国家官本位体制与世族制很牢固地联系在一起的，所以，只要国家的这些制度不发生变化，也就很难使这种范围的限定有较大的改变。况且，北魏国家为了适应国家动荡局面的需要，更注重将"功""勋"的建树

① 《魏书》卷一一三《官氏志》。

与散爵封授结合在一起，尤其是与军功的建树结合得更为紧密。这也就决定散爵封授的实现依然还要以国家的限定范围为基础，自然也就使这种范围的限定还能够在很大程度上制约着散爵的封授。

（原载《河北学刊》2015 年第 6 期）

北魏孝文帝改革诸王爵位封授制度考

太和十六年，孝文帝进行爵位改革。爵位改革的重要内容之一就是确定新的王爵封授制度。这种新的王爵封授制度，包括封授王爵的范围、诸王的品级地位、诸王食邑的标准以及诸王封国管理的规定。孝文帝实行这种王爵封授制度，使诸王在政治上具有优越的地位，在经济上则享有“国秩”的权利，因而，成为社会中的特权阶层。对孝文帝改革王爵封授制度，虽然前人有所论及，[①] 可是，对这一问题还有必要进一步研究。因此，本文拟对孝文帝改革王爵封授制度相关问题做一些探讨，希望有助于对孝文帝爵位改革认识的深化。

一、诸王爵位的调整及王爵等级的确定

孝文帝实行爵位改革很重要的做法，便是对王爵的封授范围的限定。《魏书·孝文帝纪下》：“（太和十六年），制诸远属非太祖子孙及异姓为王，皆降为公，公为侯，侯为伯，子男仍旧。”《南齐书·魏虏传》载孝文帝诏令：“王爵非庶姓所僭，伯号是五等常秩。烈祖之胄，仍本王爵，其余王皆为公，公转为侯，侯即为伯，子男如旧。虽名易于本，而品不异昔。”依据这两条记载，可以明确孝文帝是要将王爵的封授限制在道武帝的直系子孙的范围内，而其他身份的人是不能够拥有王爵的。孝文帝对王爵封授范围的限定，正是要用皇族的直系血缘联系代替传统的拓跋鲜卑氏族血缘联系的一种

① 内田吟风：《北アジア史研究（鲜卑柔然突厥篇）》，同朋舍，1975 年，第 119－139 页；川本芳昭：《魏晋南北朝時代の民族問題》，汲古书院，1998 年，第 276－302 页；杨光辉：《汉唐封爵制度》，学苑出版社，2004 年，第 24 页。

体现。实际在太和十五年，孝文帝进行庙制改革，“尊道武为太祖，与显祖为二祧，余者以次而迁”，[①] 已经反映了这种意图。孝文帝对王爵封授范围的限定，是进一步将这种意图付诸实行。由于孝文帝对王爵封授做了这种明确的规定，就需要对爵位改革前诸王的爵位进行调整。依据万斯同在《魏诸王世表》《魏异姓诸王世表》《魏外戚诸王世表》[②] 中的统计，在太和十六年爵位改革时，具有王爵者共有 47 人。万斯同的统计遗漏 2 人，实际为 49 人。其中道武帝子孙为王者 23 人；其余为宗室、鲜卑勋臣、外戚、皇帝幸臣、宦官和南朝降臣，共 26 人。孝文帝对 26 位宗室、异姓诸王一律采取了降爵的措施。例如，宗室王元大曹“高祖时，诸王非太祖子孙者，例降爵为公”[③]。又如，异姓王万纂“依例降为公”[④]。由于孝文帝实行这种降爵措施，当时保留王爵者只有：阳平王元显、颍川王元鉴、广平王元霄、江阳王元继、广阳王元嘉、阳平王元颐、京兆王元太兴、乐浪王元长命、广平王元匡、任城王元澄、南安王元桢、城阳王元鸾、安定王元休、广川王元谐、齐郡王元简、河间王元琛、安丰王元延明、咸阳王元禧、赵郡王元干、广陵王元羽、高阳王元雍、彭城王元勰、北海王元详。[⑤] 这样就使拥有王爵者的人数大为减少。

孝文帝对诸王爵位的调整，不只是保留道武帝直系子孙的王爵，并且为适应爵位改革后形势的变化，还对保留的诸王进行了改封。太和十八年，孝文帝将“河南王干徙封赵郡，颍川王雍徙封高阳”[⑥]。孝文帝所以要将河南王元干、颍川王元雍改封，这是与孝文帝迁都洛阳的重大国策相联系的。因为孝文帝将京城由平城迁移到洛阳，就使原来的京畿发生改变，而孝文帝则要

① 《魏书》卷一〇八《礼志一》。

② 《二十五史补编（第四册）》，中华书局，1955 年。

③ 《魏书》卷一四《神元平文诸帝子孙·高凉王孤传》。

④ 《魏书》卷三四《万安国传》。

⑤ 《魏书》卷一六《道武七王传》、《魏书》卷一八《太武五王传》、《魏书》卷一九上《景穆十二王传上》、《魏书》卷一九中《景穆十二王传中》、《魏书》卷一九下《景穆十二王传下》、《魏书》卷二〇《文成五王传》、《魏书》卷二一上《献文六王传上》、《魏书》卷二一下《献文六王传下》。

⑥ 《魏书》卷七下《孝文帝纪下》。

仿效南朝的做法，在京畿内不允许有封地的存在。例如，元丕“后诏以平阳畿甸，改封新兴公”①。薛达“例降为侯。及开建五等，以安都着勋先朝，封达河东郡开国侯，食邑八百户。后以河东畿甸，改封华阴县侯”②。这说明，在北魏迁都洛阳后，原来在新京畿内的开国郡公、开国县侯的封地都要迁出，改换至畿外郡。孝文帝改封河南王元干、颍川王元雍也是出于同样的目的。

孝文帝改封的诸王尚不限于此。《魏书·献文六王下·彭城王勰传》：“彭城王勰……太和九年，封始平王。……开建五等，食邑二千户。转中书令，侍中如故，改封彭城王。”孝文帝将始平王元勰改封为彭城王，就与京畿的变动无关。从元勰始封的始平郡的地理位置来看，并不在北魏境内。《南齐书·州郡志》载：雍州有“始平郡”。因此，元勰始封于南齐的始平郡，正是由孝文帝爵位改革前北魏国家对诸王封地实行虚封制决定的。而孝文帝爵位改革后，正如下节要讨论的，诸王封地已经成为实封地，所以就必须要将元勰的封地改封到北魏境内。因此，孝文帝对诸王的改封，正是在不改变诸王爵位的前提下，为适应改革后形势的变化而对诸王封地实行的必要调整措施。

孝文帝爵位改革，对异姓诸王采取降爵措施，可是，对南朝降臣封王者则采取特殊的处理方式。《魏书·刘昶传》：“（刘昶）和平六年，遂委母妻，携妾吴氏作丈夫服，结义从六十余人，间行来降。……昶虽学不渊洽，略览子史，前后表启，皆其自制。朝廷嘉重之，尚武邑公主，拜侍中、征南将军、驸马都尉，封丹阳王。……又为中书监。开建五等，封昶齐郡开国公，加宋王之号。”很明显，孝文帝对所封南朝降臣刘昶的王爵，实行保留王爵称号，但采取以战国地理区域来命名爵称的方式，在所领食邑上，则按开国公爵的标准。实际这是以虚封的王爵使其保持荣誉，而在食邑封授上，则与降爵的异姓王的标准保持一致。这种特殊做法，正是要表现北魏国家对南朝降臣的笼络。虽然孝文帝使异姓诸王保留王爵者只有刘昶一人，可是，这种封授王爵的方式，却为北魏国家以后封授南朝降臣王爵确定了需要遵循的标准。

① 《魏书》卷一四《神元平文诸帝子孙·武卫将军谓传》。

② 《魏书》卷六一《薛安都传》。

当然，孝文帝爵位改革后，不只是调整诸王爵位和分授封地，还继续分封诸王。《魏书·孝文帝纪下》：“（太和二十一年）立皇子愉为京兆王，怿为清河王，怀为广平王。”这是孝文帝确定王爵封授原则后，对诸王的第一次分封。受封的皇子，既然为孝文帝之子，自然都是道武帝的直系子孙。这说明，孝文帝是要将调整后的原则，贯彻到皇子王的分封中。这也正是孝文帝爵位改革要实现的目标之一。

由此可见，孝文帝爵位改革后，制定了只有道武帝直系子孙才能封王的制度；确定了京畿内不能够有诸王封地存在的制度；还实行对南朝降臣王爵特殊封授的规定。因此，可以说孝文帝爵位改革，不仅调整了北魏前期诸王爵位封授的范围，并且使分封诸王的制度与国家施政的原则结合得更为密切。

孝文帝对分封诸王制度进行调整的重要目的，就是突出诸王的特殊地位。而要保证诸王特殊地位的实现，只有在国家制度上做明确的规定。因此，孝文帝为确定爵位改革后王爵的品级标准，采取了必要的整合措施。

从孝文帝爵位改革后的情况来看，实际实行了虚封与实封爵位制并行的做法。北魏的虚封爵制是由道武帝创立、实行的。《魏书·官氏志》：天赐元年，道武帝“减五等之爵，始分为四，曰王、公、侯、子，除伯、男二号。……王第一品，公第二品，侯第三品，子第四品。”在这种爵制中，王爵为最高等级，也就是一品爵位。虽然北魏前期的虚封爵包括的爵称和等次不是固定不变的，可是，王爵始终为最高等次的爵位。在孝文帝实行爵位改革后，依然保留了虚封爵制。可是，虚封爵制的等级却发生改变。《南齐书·魏虏传》载北魏爵位改革诏令：“公第一品，侯第二品，伯第三品，子第四品，男第五品。”可见孝文帝已经将虚封爵改为五等级，将王爵从虚封爵系统中分离出去，也就是说，王爵已经与虚封爵制没有联系。

北魏的实封爵则是指孝文帝爵位改革后开始实行的开国爵制。一般认为孝文帝实行开国爵制始于太和十八年，但实际情况并不是如此。太和十六年，孝文帝爵位改革后，实际开国爵就已经开始实行。《魏书·陆俟传附陆丽传》：“（太和）十六年，降五等之爵。以丽勋着前朝，封睿巨鹿郡开国公，食邑三百户。”《魏书·穆崇传附穆罴传》：“（穆罴）后征为光禄勋。随例降王为魏郡开国公，邑五百户。”这都说明，开国爵的实行是与孝文帝的降爵措施是一同进行的，并没有时间上的差别。在太和十八年，孝文帝“诏王、公、侯、伯、子、男开国食邑者：王食半，公三分食一，侯伯四分食一，子男五分食一”①。这一诏令是依据《周礼》将拥有不同等级开国爵者所食租税的比例进一步明确化，并不是说要开始推行开国爵制。不过，从这一诏令可以明确，由于王爵已经成为实封爵，所以孝文帝开始将王爵编入开国爵的爵位系统中，并将王爵置于这一爵位系统中的最高等级。

孝文帝实行虚封爵与实封爵并行的制度，是为了既要保证爵位改革前有爵者的身份地位，又不能使有爵者全部都拥有食邑，因而，只能将爵位分为两个系统。但是，这种两个系统爵位并行的做法，就使王爵只能体现出在开国爵中的位置，很难表现与虚封爵的关系。可以说，这二种爵位系统并行的制度，就造成王爵的等级在制度规定上不是很明确的。

不仅如此，孝文帝爵位改革前，北魏国家实行为有爵者加拜将军号的做法，使将军号的品级与爵位的品级基本一致。② 北魏国家之所以实行这一制度，是要使有爵者的身份通过所领将军号更明确地表现出来。据《魏书》载，北魏前期，国家为诸王加拜的将军号主要有：大将军、骠骑大将军、车骑大将军、卫大将军、抚军大将军、镇西大将军、征南大将军、征东大将军、征西大将军、征北大将军等。这些将军号在太和十八年实行的前《职员令》中，大将军为一品上，其余都为一品下。③ 这正是与北魏国家实行的官本位体制相适应的。但爵位改革后，有爵者“皆除将军之号”④。当然拥有王爵也要如此。孝文帝取消了为诸王加拜的将军号，自然就使诸王的身份在国家职官体系中也就无法明确表现。正因为如此，在孝文帝取消爵位封授的旧

---

① 《魏书》卷七下《孝文帝纪下》。

② 川本芳昭：《魏晋南北朝時代の民族問題》，汲古书院，1998年，第264页

③ 在北魏前期，王爵是分为等次的。《魏书》卷一一三《官氏志》：“（天赐元年）十二月，诏始赐王、公、侯、子国臣吏，大郡王二百人，次郡王、上郡公百人，次郡公五十人，侯二十五人，子十二人，皆立典师，职比家丞，总统群隶。”北魏国家区分王爵为大郡王与次郡王，一般通过加拜的将军号表现出来。因此《魏书》记载为诸王加拜的将军号就有：中军大将军、镇军大将军、征南将军、征西将军、抚军将军、镇南将军等。在前《职员令》中，这些将军号均为从一品.。大郡王与次郡王的差别正是通过诸王所领这些将军号的品级表现出来的。

④ 《魏书》卷七下《孝文帝纪下》。

制度后的一段时间中，就使诸王所处的地位在爵位系统和职官系统中都呈现出不很明确的状况。

在北魏国家政权中，这些诸王是孝文帝实行政治统治的重要依靠力量，因而，就需要使诸王的身份地位在国家的制度中给予明确的规定。所以孝文帝在爵位改革后，又进一步整合虚封爵与开国爵，使两个不同系统的爵位能够联系起来。太和二十三年，孝文帝公布了后《职员令》。后《职员令》规定：王、开国郡公为一品；开国县公、散公为从一品；开国县侯为二品；散侯为从二品；开国县伯为三品；散伯为从三品；开国县子为四品；散子为从四品；开国县男为五品；散男为从五品。因此《通典·职官一》说："后魏有王、开国郡公、散公、侯、散侯、伯、散伯、子、散子、男、散男，凡十一等。"杜佑所列爵位中有王爵，但缺少郡侯，这不符合后《职员令》的记载，可是，他指出开国爵与虚封性质的散爵爵位等级实现一体化，却反映了孝文帝爵位改革后的情况。显然在开国爵与虚封爵（即散爵）统一的爵位等级系统中，王爵为最高等级的爵位。后《职员令》的制定，不仅使爵位等级统一化，还改变了爵位改革前爵品与官品分离的状况，实现了爵品与官品一体化。后《职员令》中规定：王爵为一品；太师、太傅、太保、大司马、大将军、太尉、司徒、司空，就是八公，也是一品。这就是说，诸王与八公相同，都处于最高品级。由此可见，孝文帝采取的这种爵位与职官品级一体化的做法，不仅使诸王的地位得到明确的体现，而且更加重了诸王的社会地位。

总之，孝文帝爵位改革，将可以拥有王爵者限制在道武帝直系子孙的范围内，并以此为标准整顿原来王爵拥有者的爵位和进行王爵封授，就使具王爵者的人数大为减少。孝文帝又进一步改变因实行实封爵与虚封爵并行制度以及取消了王爵者的将军号造成诸王的地位不能够明确表现的状况。而实施了王爵、开国爵与散爵统一的爵位等级制度，并且，将爵品与官品结合在一起，也就更加明确地表现了诸王所处的最高等级地位，并展示了他们是具有政治特权的特殊社会阶层。

二、诸王食邑的封授与亲疏世减法的实行

孝文帝爵位改革，将诸王封授限制在道武帝直系子孙的范围内，自然就

使诸王的人数大为减少，因而，更有利于实行实封制。《魏书·献文六王上·高阳王雍传》："五等开建，食邑二千户。"这里所说的"五等开建"正是太和十六年实行开国爵制。如前所述，太和十八年，孝文帝又发布诏令确认王爵与不同等级开国爵所食租税的比例，"王食半，公三分食一，侯伯四分食一，子男五分食一"①。这就是说，孝文帝不仅分封诸王食邑，还使诸王所食租税为封国食邑收获物的一半，这个比例在开国爵中是最高的。虽然孝文帝确定了爵位调整后的诸王可以获得的食邑及其所食租税的比例，可是封授诸王的食邑数量并不相同。孝文帝是怎样确定诸王食邑的数量呢？回答这个问题，首先需要说明，北魏实行的始封王与蕃王制。

其实，在道武帝确立爵位制度后，就已经将王爵进行区分。《魏书·官氏志》："（天赐元年）减五等之爵，……皇子及异姓元功上勋者封王，宗室及始蕃王皆降为公，诸公降为侯，侯、子亦以此为差。"道武帝的这一规定，实际将诸王分为始封王与始蕃王。始封王也可以称为亲王，继承王爵者则称为始蕃王。道武帝做这种区分的目的在于使始蕃王的地位低于始封王。道武帝依据王爵的传承情况，将诸王分为始封王与蕃王的做法，对后世王爵的设置产生很大影响。孝文帝爵位改革后，对调整后的诸王就划分为始封王与蕃王。在太和二十三年制定的后《职员令》中已经出现始蕃王、二蕃王、三蕃王所属王官品级的区分。后《职员令》对蕃王的规定，正是基于孝文帝爵位改革后保留下来的诸王的不同情况确定的。事实上，在孝文帝保留的诸王中，是分为始封王、始蕃王、二蕃王、三蕃王不同的类别的。下面将这种情况列表说明：

孝文帝爵位改革后保留的诸王类别情况统计表

始封王、姓名	爵位改革后继承的王爵爵称、姓名	王爵传袭世代	爵位改革后王爵的类别	史料出处
阳平王元熙	临淮王元显	四世	三蕃王	《魏书》卷一六《道武七王·阳平王熙传》
河南王元曜	颍川王元鉴	四世	三蕃王	《魏书》卷一六《道武七王·河南王曜传》

① 《魏书》卷七下《孝文帝纪下》。

续　表

始封王、姓名	爵位改革后继承的王爵爵称、姓名	王爵传袭世代	爵位改革后王爵的类别	史料出处
广平王元连	南平王元霄	三世	二蕃王	《魏书》卷一六《道武七王·广平王连传》
京兆王元黎	江阳王元继	四世	三蕃王	《魏书》卷一六《道武七王·京兆王黎传》
广阳王元建间	广阳王元嘉	三世（以绍建间后，则为二世）	始蕃王	《魏书》卷一八《太武五王·广阳王建间传》
阳平王元新成	阳平王元颐	二世	始蕃王	《魏书》卷一九上《景穆十二王上·阳平王新成传》
京兆王元子推	西河王元太兴	二世	始蕃王	《魏书》卷一九上《景穆十二王上·京兆王子推传》
乐浪王元万寿	乐浪王元长命	三世	二蕃王	《魏书》卷一九上《景穆十二王上·乐浪王万寿传》
广平王元洛侯	广平王元匡	二世	始蕃王	《魏书》卷一九上《景穆十二王上·广平王洛侯传》
任城王元云	任城王元澄	二世	始蕃王	《魏书》卷一九中《景穆十二王中·任城王云传》
南安王元桢		一世	始封王	《魏书》卷一九下《景穆十二王下·南安王桢传》
城阳王元长寿	城阳王元鸾	二世	始蕃王	《魏书》卷一九下《景穆十二王下·城阳王长寿传》
安定王元休		一世	始封王	《魏书》卷一九下《景穆十二王下·安定王休传》
广川王元略	广川王元谐	二世	始蕃王	《魏书》卷二〇《文成五王·广川王略传》
齐郡王元简		一世	始封王	《魏书》卷二〇《文成五王·齐郡王简传》
河间王元若	河间王元琛	二世	始蕃王	《魏书》卷二〇《文成五王·河间王若传》
安丰王元猛	安丰王元延明	二世	始蕃王	《魏书》卷二〇《文成五王·安丰王猛传》
咸阳王元禧		一世	始封王	《魏书》卷二一上《献文六王上·咸阳王禧传》
赵郡王元干		一世	始封王	《魏书》卷二一上《献文六王上·赵郡王干传》

续 表

始封王、姓名	爵位改革后继承的王爵爵称、姓名	王爵传袭世代	爵位改革后王爵的类别	史料出处
广陵王元羽		一世	始封王	《魏书》卷二一上《献文六王上·广陵王羽传》
高阳王元雍		一世	始封王	《魏书》卷二一上《献文六王上·高阳王雍传》
北海王元祥		一世	始封王	《魏书》卷二一上《献文六王上·北海王祥传》
彭城王元勰		一世	始封王	《魏书》卷二一下《献文六王上·彭城王勰传》

据上表可知，孝文帝保留下来的诸王爵位传袭状况，有很大的不同。其中始封王九人、始蕃王九人、二蕃王二人、三蕃王三人。从后《职员令》的规定来看，始封王与始蕃王、二蕃王、三番王在品级上是没有差别的，也就是说，始封王与蕃王的社会地位是相同的。实际上，孝文帝将诸王区分为始封王与不同的蕃王，不是要造成他们的地位的差别，而是与分封诸王的食邑具有密切的联系。

从孝文帝具体分封食邑的情况来看，高阳王元雍、北海王元祥、彭城王元勰“五等开建，食邑二千户”①。广陵王元羽“及五等开建，羽食勃海之东光二千户”②。这些诸王都是孝文帝的兄弟，他们属于始封王，所以受封食邑数量没有差别。《魏书·景穆十二王下·安定王休传》：“安定王休，皇兴二年封，拜征南大将军、外都大官。……入为内都大官，迁太傅。及开建五等，食邑二千户。”安定王元休为始封王，在辈分上为孝文帝的叔父，可是，他受封的食邑仍然为二千户。这说明，诸王获得食邑的数量与辈分是没有关系的。

孝文帝对新分封的诸王，使其所领食邑的数量也是如此。《魏故使持节侍中假黄钺太师丞相大将军都督中外诸军事录尚书事太尉公清河文献王之志铭》：“王讳怿，字宣仁，河南洛阳人也。太祖道武皇帝之七世孙。高祖孝文

① 《魏书》卷二一上《献文六王上·高阳王雍传》、《魏书》卷二一上《献文六王上·北海王祥传》、《魏书》卷二一下《献文六王下·彭城王勰传》。

② 《魏书》卷二一上《献文六王上·广陵王羽传》。

皇帝之第四子。……太和二十一年封清河郡王，食邑二千户。”① 清河王元怿能够食邑二千户，正是由于他为始封王的缘故。

孝文帝封授蕃王的食邑数量，就与始封王不同。《魏书·景穆十二王下·城阳王长寿传》：城阳王元鸾“及开建五等，食邑一千户”。《魏书·景穆十二王中·任城王云传》：任城王元澄“五等开建，食邑一千户”。城阳王元鸾、任城王元澄是始封王爵位的继承者，王爵已经传袭二世，所以他们属于始蕃王，他们所领的食邑，已经少于始封王的一半，只有一千户。

当然，二蕃王、三蕃王食邑的数量也要就依次递减。《魏书·张普惠传》：光禄大夫张普惠上疏说：“故尚书令臣肇，未能远稽古义，近究成旨，以初封之诏，有亲王二千户、始蕃一千户、二蕃五百户、三蕃三百户。”按照张普惠所说，二蕃王食邑为五百户，三蕃王则为三百户。后来宣武帝“遂立格奏夺，称是高祖本意”②。进一步将这种规定称为“亲疏世减之法”。这种依照诸王爵位传承世代的不同，确定封授诸王数量不等的食邑的规定，既不是晋代，也不是南朝的制度，而是由孝文帝独创的制度。因此，可以说孝文帝实行亲疏世减法，就使分封诸王食邑有了明确的标准。

不过，应该看到，孝文帝确立的诸王“亲疏世减之法”是封授诸王食邑应该遵守的规定，在没有特殊情况下，这种标准是不能够打破的。可是，北魏国家对于一些有特殊情况的诸王在食邑封授上，则采取了变通的做法。《魏书·献文六王上·咸阳王禧传》：“咸阳王禧，字永寿。太和九年封，加侍中、骠骑大将军、中都大官。……诏以禧元弟之重，食邑三千户，自余五王皆食邑二千户。”可见，咸阳王元禧虽然为始封王，但在孝文帝的诸兄弟中地位特殊，因而，可以受封三千户，已高出规定标准一千户。孝文帝对有过失的始封王，也不按规定标准分封食邑。例如，南安王元桢违反国家法律，“削除封爵，以庶人归第，禁锢终身。”后来孝文帝“以桢议定迁都，复封南安王，食邑一千户”③。显然孝文帝将始封王元桢的食邑，降低了一千户。

---

① 赵超：《汉魏南北朝墓志汇编》，天津古籍出版社，2008年，第172页。

② 《魏书》卷七八《张普惠传》。

③ 《魏书》卷一九下《景穆十二王下·南安王桢传》。

孝文帝确定了亲王与蕃王的食邑标准，并且，国家还可以增加或减少诸王所领食邑的数量，这样，增加或减少食邑，也就成为对诸王奖励或惩处的一种方式。孝文帝对立功的诸王，一般以增加食邑来奖励。例如，广陵王元羽“以留守代京之功，增邑五百户”[①]。彭城王元勰“以破慧景等勋，增邑五百户”。后又因“勋存社稷。宜有酬赏，以旌国功，可增邑一千户”[②]。任城王元澄“又从幸邺。还洛，以出纳之劳，增邑五百户”[③]。反之，对有过失的诸王，则要减少所领食邑。例如，城阳王元鸾“及开建五等，食邑一千户。……与安南将军卢渊、李佐攻赭阳，不克，败退而还。”孝文帝免除他的死罪，却将“城阳降为定襄县王，削户五百”[④]。由此来看，孝文帝确定的“亲疏世减之法”不仅是封授食邑的规定，也是国家奖励与惩处诸王必须要参照的标准。

三、诸王封国的内史与王官的设置

孝文帝爵位改革后，对诸王的封地实行的是“以郡为国”的制度。前引“清河文献王墓志”：“太和二十一年封清河郡王，食邑二千户。”在墓志中，将文献中的清河王称为“清河郡王”正是因为他的封地为郡。其实，在爵位改革前，北魏国家就仿照晋制，分封诸王就实行“以郡为国”的制度。《魏书·官氏志》：天赐元年，道武帝封授“大郡王二百人，次郡王、上郡公百人，次郡公五十人，侯二十五人，子十二人。”道武帝所封的无论是大郡王，还是次郡王，都是以郡作为他们王爵的称号。不过，由于北魏前期，对诸王实行虚封的制度，所以并没有对这种虚封地按照王国模式进行管理。例如，《魏书·良吏·张恂传》：“皇始初，拜中书侍郎，帏幄密谋，颇预参议。从将军奚牧略地晋川，拜镇远将军，赐爵平皋子。出为广平太守。”张恂出任广平太守正是道武帝统治后期之事。而正是在这一时期，道武帝封其子拓跋

---

① 《魏书》卷二一上《献文六王上·广陵王羽传》。

② 《魏书》卷二一下《献文六王下·彭城王勰传》。

③ 《魏书》卷一九中《景穆十二王中·任城王云传》。

④ 《魏书》卷一九下《景穆十二王下·城阳王长寿传》。

“连为广平王”①。可是在广平郡设置的却是郡太守，而不是王国的内史。又如，文成帝“封皇弟新成为阳平王”②。但到献文帝时，吕文祖却被“超授阳平太守”③。很明显，阳平是一直作为国家的行政郡进行管理的。由此可见，北魏前期，当时国家明确将诸王爵称中的郡与实际的行政郡截然分开，也就是说，并没有将诸王的虚封地视为封国。

一如前述，孝文帝爵位改革后，使诸王都领有食邑。当时封授诸王的食邑一般都在诸王的封国内。《魏书·献文六王下·彭城王勰传》：“（元勰）嫡子劭，……袭封。善武艺，少有气节。肃宗初，萧衍遣将犯边，劭上表曰：……臣国封徐州，去军差近，谨奉粟九千斛、绢六百匹、国吏二百人，以充军用。”北魏后期设置的彭城郡为徐州管辖。而彭城王元劭所出的粮食、绢帛和国吏，都是出自他的食邑。从他的食邑地理位置看，无疑在其封国之内。当然，在孝文帝封授诸王食邑时，也采取了“寄食”的做法。《魏书·献文六王上·广陵王羽传》：“及五等开建，羽食勃海之东光二千户。”广陵王元羽的封国地处豫州，而他食邑之地却在勃海郡，当时属冀州。元羽的食邑与封地分离，就属于“寄食”。不过，这种“寄食”，在孝文帝爵位改革后分封的食邑中，是很少见的。因此，对广陵王元羽的这种食邑分封，当属于一种特殊的情况。

由于孝文帝使诸王的封地大多数都成为食邑所在地，因而，封国已经成为实封地，所以对诸王封国就需要采取实际控制的做法。在后《职员令》中规定：上郡太守、内史、相为四品。④ 这就是说，孝文帝已经将郡一级行政组织，分别设置郡太守、内史和相管理。从两晋和南朝制度来看，内史无疑是管理王国的长官。孝文帝设置内史自然也是要管理王国。事实上，孝文帝爵位改革后，就对保留下来的诸王封地设置内史进行管理。《魏书·封懿传附封隆之传》：“（封琳）及改定百官，除司空长史。出为立忠将军、南青州刺史、兼散骑常侍、持节、西道大使。还，为长兼太中大夫，转广平内史，

---

① 《魏书》卷二《道武帝纪》。

② 《魏书》卷五《文成帝纪》。

③ 《魏书》卷三〇《吕罗拔传》。

④ 《魏书》卷一一三《官氏志》。

又为光禄大夫。”这里提到“改定百官”，当在太和十八年推行前《职员令》之时。可见，在孝文帝爵位改革不久，就已经选任内史管理广平王元匡的封国。在诸王的封地设置内史尚不限于此。例如，崔振“太和二十年，迁建威将军、平阳太守，不拜。转高阳内史。高祖南讨，征兼尚书左丞，留京”①。因此，在太和二十三年制定的后《职员令》中，孝文帝同时设置郡太守与内史，正是出于要使行政郡与封国明确加以区分的需要。

在孝文帝确定以内史管理王国的制度后，北魏国家对保留下来的诸王以及新分封的诸王的封国都选派了内史。在《魏书》《周书》和北魏墓志铭中，就有西河内史、安定内史、赵郡内史、清河内史、高阳内史、京兆内史、彭城内史、河间内史的记载。这些内史只是北魏国家选派至诸王封国管理的官员，他们代表国家的意志管辖王国。《魏故持节左将军平州刺史宜阳子司马使君墓志铭》：“（司马昺）转授清河内史。此郡名重，特以人举。”② 可见内史仍然被视为是处理一郡事务的长官。由此来看，虽然孝文帝为表示诸王封国的存在，而设置内史对诸王封国进行管理，但诸王并不能够干涉国家对内史的任命，并且，内史的地位与权限与郡太守是相同的，实际上，以内史管辖的王国只是因为有诸王食邑的存在，在其他方面与国家的行政郡并没有明显的差别。

孝文帝使诸王封地由虚封转变为实封之后，封授给诸王的食邑成为重要的收入。《魏书·献文六王下·彭城王勰传》：“（元勰）从征沔北，赐帛三千匹。……勰表以一岁国秩、职俸、亲恤，以裨军国。”元勰上表提到的“国秩”正是诸王所食食邑的租税，自然属于诸王的私产。这正是孝文帝赐予诸王经济上的特别收入。所以元遥上表说：“高祖所以国秩、禄赋复给衣食，后族唯给其赋不与衣食者，欲以别外内、限异同也。”③ 正因为如此，诸王就需要有王官对其食邑进行管理。尤其是，孝文帝虽然分封诸王食邑，可是，却采取了不使诸王“之国”的规定。《魏书·张普惠传》载张普惠上疏：“今之诸王，自同列国，虽不之国，别置臣僚，玉食一方。”这说明，孝文帝爵

① 《魏书》卷五七《崔挺传》。

② 赵超：《汉魏南北朝墓志汇编》，天津古籍出版社，2008年，第117页。

③ 《魏书》卷一九上《景穆十二王上·京兆王子推传》。

位改革后，基本采取诸王与封国分离的做法。孝文帝对领有食邑的诸王一般任命他们担任中央职官。如南平王元霄，“迁左光禄大夫”[①]。还有一些则被任命为地方刺史。如南安王元桢“出为镇北大将军、相州刺史”[②]。当时没有担任官职的诸王是很少见的。并且，孝文帝还允许他们在京城洛阳修建私人宅邸。《洛阳伽蓝纪·城西》：“于是帝族王侯、外戚公主，擅山海之富，居川林之饶，争修园宅，互相夸竞。崇门丰室，洞户连房，飞馆生风，重楼起雾，高台芳榭，家家而筑；花林曲池，园园而有。莫不桃李夏绿，竹柏冬青。而河间王琛最为豪首，常与高阳争衡。”可见这些诸王在京城不仅宅邸豪华，生活也更为奢侈，他们当然不愿意放弃奢华的生活，到僻远的封国去。

由于孝文帝对诸王采取这种措施，他们封国的管理就只能仰仗王官。日本学者内田吟风认为王官为有爵者管理食邑。封国的臣吏管理封国的封户和征收租调。[③] 这是正确的意见。然而，诸王王官管理诸王封国的事务，并不是一开始设置就是如此。在北魏前期，诸王封国为虚封地时，国家已经为诸王设置王官。例如，太和四年，孝文帝封王睿为中山王“置王官二十二人，中书侍郎郑羲为傅，郎中令以下皆当时名士”[④]。当时国家为诸王设置王官，主要是协助诸王管理王家事务。在诸王封地由虚封改为实封后，王官则成为实际管理诸王封国的官员。孝文帝为了适应这种需要，在太和十八年开始实行的前《职员令》中，对王官的设置做了规定：诸王师，三品上；诸王友，从四品下；王家尉，从七品中；王家吏，九品下。太和二十三年，孝文帝颁布后《职员令》对诸王王官的设置和品级规定更为细致，并且，对始蕃王、二蕃王、三蕃王的王官设置也做了明确的规定。王官的最高品级为始封王师，秩级为三品；最低王官为始蕃王参军督护、二蕃王长兼行参军，秩级为从九品。孝文帝制定的前、后《职员令》表明，孝文帝为了加强对王国的管理，所以对王官的设置非常重视。并且，为了有效地控制诸王封国，便将王

---

① 《魏书》卷一六《道武七王·广平王连传》。

② 《魏书》卷一九下《景穆十二王下·南安王桢传》。

③ 内田吟风：《北アジア史研究（鲜卑柔然突厥篇）》，同朋舍，1975年，第124页、第134页。

④ 《魏书》卷九三《恩幸·王睿传》。

官纳入国家职官的系统中，成为国家职官的一部分。

实际上，虽然王官隶属于诸王，并为诸王的事务服务，可是，孝文帝却使国家控制王官的任命权。《魏书·崔亮传》:“（崔和）高祖善之，遂以和为广陵王国常侍。”《魏书·穆崇传》:“（穆弼）世宗初，除尚书郎，以选为高平王怀国郎中令。”很明显，王官任职都是由北魏国家决定的。当然，由于王官要服务于诸王，国家也给予诸王荐举王官的权力。《魏书·阴仲达传》:“（阴遵和）初为高祖挽郎，拜奉朝请，后广平王怀取为国常侍。”阴遵和担任国常侍自然是由广平王元怀荐举的，但最后却是由国家任命的，只是《魏书》为行文简略，而将这一过程省略了。

北魏孝文帝爵位改革，保留、分封了一批道武帝直系子孙的王爵，并且，使这些诸王领有食邑，因而，这些诸王的封地所在郡都成为封国。孝文帝设置内史和王官管理诸王的封国，正是要将行政郡与封国加以区别，这样，孝文帝爵位改革后，北魏国家也就开始出现行政郡与封国并存的局面。可是，在《魏书·地形志》中，却不见有封国的记载。正如《地形志序》说:“永安末年，胡贼入洛，官司文簿，散弃者多，往时编户，全无追访。今录武定之世以为《志》焉。州郡并改，随而注之，不知则阙，内史及相仍代相沿。魏自明、庄，寇难纷纠，攻伐既广，启土逾众，王公锡社，一地累封，不可备举，故总以为郡。其沦陷诸州户，据永熙绾籍，无者不录焉。”《魏书》的这种记载方式，就将北魏后期郡与封国的区别混淆了，因而，也就不能比较全面认识孝文帝改革诸王爵位封授制度的特点。所以《魏书》的这种记载，不能不说是很大的缺憾。当然，在孝文帝确定设置内史管理封国，并将王官制度规范化之后，国家对内史与王官的任命权控制的是很牢固的，而且，实行不使诸王“之国”的做法，这样，就使封国与行政郡设置的区别不是十分明显的。所以，这也是造成忽视孝文帝爵位改革后行政郡与封国并存局面出现的一个重要的原因。

（原载《社会科学战线》2011 年第 9 期）

北魏孝文帝实行散爵制度考

北魏太和十六年，孝文帝进行爵位改革，开始实行散爵制和开国爵制。对于孝文帝爵位改革，前人多有论述，但是，对爵位改革中的一些问题仍然有必要继续深入研究。其中孝文帝实行的散爵制度，就是研究孝文帝爵位改革的一个比较重要的问题。实际上，孝文帝实行的散爵，仍然是一种虚封性质的五等爵，但他实行这种爵位制度的条件已经同北魏前期发生了变化，因而，也就与北魏前期虚封性质的五等爵有了一些差别，并且，在后《职员令》中，孝文帝又整合五等爵与开国爵的爵位等级而实现了形式上的品级一体化，因而，在这个过程中，散爵制最后确立，成为不同于北魏前期的五等爵。对孝文帝实行的散爵制度过程中的这些做法的意义，仍然有必要继续考察。所以，本文拟对孝文帝实行的五等爵与北魏前期虚封爵的联系、五等爵与开国爵的关系以及散爵与开国爵爵位等级一体化过程中散爵制度的最后确立诸问题做一些探讨，希望有助于对孝文帝爵位改革认识的深化。

一、虚封性质的五等爵的继续保留与实行

孝文帝实行散爵制度是爵位改革中的一项重要内容。但是，要考察孝文帝实行散爵制度的情况，首先需要说明的是，孝文帝能够实行散爵制度，最重要的就是在爵位改革过程中，继续保留了北魏前期实行的五等爵。《南齐书·魏虏传》载孝文帝太和十六年爵位改革诏文："王爵非庶姓所僭，伯号是五等常秩。烈祖之胄，仍本王爵，其余王皆为公，公转为侯，侯即为伯，子男如旧。虽名易于本，而品不异昔。"据此诏令，可以明确孝文帝所行爵位改革，是对具有原来五等爵者采取降爵措施。但降爵也只是在王、公、侯爵位等级范围内进行，伯爵为"五等常秩"与具有子男爵者都继续保留原来

的爵位。显然，孝文帝采取的这种措施，只是对部分具有五等爵者的爵位等级的调整，并不是要废除北魏前期实行的五等爵。因此，在《魏书》的记载中，称孝文帝的爵位调整为“改降五等”① “降五等之爵”。② 这都说明孝文帝的爵位调整是在五等爵范围内进行的。

早在北魏建国后，国家就开始实行五等爵。道武帝“皇始元年，始建曹省，备置百官，封拜五等”③。不过，在北魏前期，国家在实行五等爵的过程中，五等爵包括的爵位等级在不同时期却有变化。诸如天赐元年九月，道武帝“减五等之爵，始分为四，曰王、公、侯、子，除伯、男二号”④。尽管如此，北魏前期，国家一直将实行的爵位制度称为五等爵。例如，道武帝时，崔简获侯爵，文献中称“爵五等侯”⑤。太武帝时，长孙陈因立功获爵，则记为“赐爵五等男”⑥。孝文帝爵位改革前，延兴元年十二月诏：“龟蓍与经文相合，所谓灵物也。德可赐爵五等。”⑦ 因此，五等爵是北魏前期国家实行爵位制度的统称。

孝文帝爵位改革前，实行的五等爵最明显的特点就是一种虚封爵位。据前人研究，北魏前期，具有五等爵者没有食邑，只能够在国家赏赐、分配战利品等活动时，具有优先权，这种爵位只是一种身份与荣誉的象征。⑧ 正因为如此，北魏前期，一般国家授爵统称为“赐爵”。如明元帝“因东幸幽州，见耆年，问其所苦，赐爵号”⑨。在国家具体授予爵位时，也称为“赐”。例如，道武帝时，莫题“为大将，别出东道。以功赐爵东宛侯”⑩，太武帝时，燕凤“以旧勋赐爵平舒侯，加镇远将军”⑪。当时国家决不将授爵称为“封”

① 《魏书》卷一一三《官氏志》。

② 《魏书》卷四〇《陆俟传附李睿传》。

③ 《魏书》卷一一三《官氏志》。

④ 《魏书》卷一一三《官氏志》。

⑤ 《魏书》卷二四《崔玄伯传》。

⑥ 《魏书》卷二六《长孙肥传附长孙陈传》。

⑦ 《魏书》卷一一二下《灵征志下》。

⑧ 杨光辉：《汉唐封爵制度》，学苑出版社，2004 年，第 75 页。

⑨ 《魏书》卷三《明元帝纪》。

⑩ 《魏书》卷二三《莫含传附莫题传》。

⑪ 《魏书》卷二四《燕凤传》。

爵。显然北魏国家将授五等爵称为“赐”爵，正是要明确表现国家实行的这种爵位的虚封性质。

孝文帝爵位改革后，承袭了五等爵制，具有五等爵者仍然没有食邑，因此，孝文帝时，国家所授五等爵，还称为“赐”。如太和十六年，元英在仇池作战，“以功迁安南大将军，赐爵广武伯”①。又如崔光“以参赞迁都之谋，赐爵朝阳子”②。孝文帝的这种做法与北魏前期赐爵的意义是相同的。可是，孝文帝授予领有食邑的开国爵时，却特别称为“封”。如“及开建五等，以（薛）安都著勋先朝，封（薛）达河东郡开国侯，食邑八百户。”③ 很明显，“封”爵也就表现为当事国家对领有食邑的开国爵的代称。可见，孝文帝使“赐”爵区别于“封”爵，正是以此体现五等爵与开国爵在性质上的明显不同。

孝文帝不仅保留了虚封性质的五等爵制，在具体实行过程中，还使当时社会中一大批人继续具有五等爵。在这些具有五等爵的社会群体中，一部分人是通过爵位调整而保留了五等爵位，而另一部分人则是因国家赐爵而成为具有五等爵者。

先说经过爵位调整继续具有五等爵的社会群体。《魏书·孝文帝纪下》：“（太和十六年），制诸远属非太祖子孙及异姓为王，皆降为公，公为侯，侯为伯，子男仍旧。”据此，孝文帝调整具有五等爵者做法，包括两方面的内容：一是对非道武帝子孙和异姓具有王爵者以及具有公、侯爵者，采取降爵措施，当时称为“依例降爵”④ 或“例降爵”⑤；二是继续保留原来具有子、男爵者的爵位。因为孝文帝确定伯爵为“五等常秩”，所以，原来具有伯爵者，也在保留爵位的范围内。孝文帝的措施，就使北魏前期大部分具有五等爵的人仍然为有爵者。统计《魏书》《北史》和墓志铭中的记载，可以明确经过爵位调整后继续保留爵位的，共有 67 人。当然，这只是有文献明确记载的情况，实际继续保留五等爵者，当然，要多于这个数字。

---

① 《魏书》卷一九下《景穆十二王下·南安王桢传附元英传》。

② 《魏书》卷六七《崔光传》。

③ 《魏书》卷六一《薛安都传附薛达传》。

④ 《魏书》卷三三《贾彝传附贾秀传》。

⑤ 《魏书》卷一四《神元平文诸帝子孙·高凉王孤传》。

在这些保留五等爵者中，由王爵降为公爵者十五人，① 由公爵降为侯爵者二十二人，② 由侯爵降为伯爵者二十人，③ 还有降为子爵者一人。④

继续保留原伯爵者二人，⑤ 保留原子爵者三人，⑥ 保留原男爵者四人。⑦统计数字表明：在降爵后具有公、侯、伯爵者总计有58人，占原来有爵者总数的十分之九以上。也就是说，在降爵后具有公、侯、伯爵者是占绝大多数的。

对这些调整爵位后的有爵者的出身状况进行考察可以明确：这些人的出身情况可以分为七类：一为北魏宗室，即元大曹、元天琚、元苌。二为鲜卑

---

① 降为公爵者：平阳王元大曹降为平阳公、北平王长孙道降为北平公、上党王长孙冀归降为上党公、赵郡王穆亮降为赵郡公、安城王万纂降为安成公、东郡王陆昕之降为东郡公、陇西王源怀降为陇西公、赵郡王罗拔降为赵郡公、河东王苟恺降为河东公、河东王闾庄（豆）降为河东公、南郡王李侃晞降为博陵郡公、中山王王元孙降为中山公、河内王赵炽降为河内公、新平王张显明降为陇东公、彭城王李平降为彭城公。

② 降为侯爵者有：牂牁公元天琚降为牂牁侯、武陵公崔敞降为武郡侯、冯翊公穆泰降为冯翊侯、河南公陆延降为汝阴侯、华山公王祖念降为华山侯、东安公刁遵降为东安侯、河东公薛胤降为河东侯、南郡公毛泰宝降为南郡侯、酒泉公唐钦降为酒泉侯、晋昌公唐玄达降为晋昌侯、带方公罗伊利降为带方侯、河东公薛世遵降为河东侯、武昌公许元康降为武昌侯、咸阳公高忱降为咸阳侯、山阳公吕兴祖降为山阳侯、河东公薛达降为河东侯、东平公毕义允降为东平侯、陈留公李崇降为陈留侯、上党公王谌降为上党侯、彭城公张宗之降为彭城侯、安定公抱嶷降为安定侯、宕昌公王遇降为宕昌侯。

③ 降为伯爵者有：松滋侯元苌降为艾陵伯、临渭侯张法降为临渭伯、须昌侯毕祖朽降为须昌伯、平陆侯张彝降为平陆伯、泾县侯高千降为泾县伯、范阳侯公孙邃降为襄平伯、濮阳侯李宪降为濮阳伯、姑臧侯李韶降为姑臧伯、钜平侯毕闻慰降为钜平伯、武始侯胡国珍降为武始伯、宁国侯乞伏保降为宁国伯、颍川侯晁清降为颍川伯、中都侯王静降为中都伯、伯人侯李屯降为伯人伯、浮阳侯李安祖降为浮阳伯、安喜侯李兴祖降为安喜伯、真定侯李道念降为真定伯、固安侯卢伯源降为固安伯、河北侯薛真度降为河北伯。

④ 降为子爵者有：安邑侯薛峦降为平温子。

⑤ 保留原伯爵者有：云阳伯郑长猷仍为云阳伯、荥阳伯郑懿仍为荥阳伯。

⑥ 保留原子爵者有：下密子封进寿仍为下密子、西安子房思安为清河子、建康子高祐仍为建康子。

⑦ 保留原男爵者有：松杨男费万仍为松杨男、魏昌男阳藻仍为魏昌男、朱长生、于提仍保留原来的男爵。

勋贵，即长孙道生、长孙冀归、穆亮、万纂、陆昕之、源怀、罗拔、苟恺、穆泰、陆延、罗伊利、薛世遵、费万。三为姻戚，即闾庄（豆）、李侃晞、薛胤、李崇、李屯、李安祖、李兴祖、李道念。四为宦官，即赵炽、张显明、张宗之、抱嶷、王遇。五为汉族士族，即王元孙、崔敞、王祖念、许元康、高忱、吕兴祖、王谌、张法、张彝、高干、公孙邃、李宪、晁清、王静、卢伯源、郑懿、封进寿、高祐、阳藻。六为归附北魏政权的降臣，即李平、刁遵、毛泰宝、唐钦、唐玄达、薛达、毕义允、毕祖朽、李韶、毕闻慰、胡国珍、乞伏保、薛真度、薛峦、郑长猷、房思安。七为立有功勋的官员，即朱长生、于提。

在上述七类具有调整后的爵位者当中，宗室、鲜卑勋贵、姻戚、汉族士族都是当时社会的上层群体，他们具有很高的社会地位，这是自不待言的。不过，需要说明的还有两点：一是北魏的宦官的地位。据陈连庆先生考证，宦官的地位当在拓跋贵族之下，一般大族之上，他们是新兴的贵族。[①] 二是归附北魏的南朝、少数民族降臣而获得爵位者的后世子孙的地位。一般说来，北魏国家对归降者都赐予高爵，这是北魏国家的一贯政策，因此，这些归降者具有的爵位，绝大多数都在侯爵以上。他们获得爵位对后世的影响很大。在归附北魏的降臣中，一些人在归降前，其家族即为士族；另一些则是在少数民族政权中担任显官要职。这些承袭归附北魏国家先人爵位的子孙，大部分都在北魏国家中担任重要官职。例如，李平“后以例降，袭爵彭城公。拜太子中舍人，迁散骑侍郎，舍人如故”[②]。唐钦“袭爵。太和中，拜镇南将军、长安镇副将。转陕州刺史，将军如故”[③]。由此可见，尽管孝文帝降低了一些原有五等爵位者的爵位等级，可是，降爵是在规定范围内普遍实行的，并且，被调整爵位者绝大多数都有很高的社会地位，因而，保留下来的虚封性质的五等爵就仍然是上层社会群体所具有的地位和身份的标志。

当然，还应该注意的是，文献中明确记载，在孝文帝爵位调整后具有不同等级爵位的67人当中，有48人的爵位为后世承袭。例如，中山公王元孙

---

① 陈连庆：《北魏宦官的出身及其社会地位》，《中国古代史研究》，吉林文史出版社，1991年，第593-606页。

② 《魏书》卷六五《李平传》。

③ 《魏书》卷四三《唐和传》。

“子忻，袭爵”①。河东侯薛胤“子裔，……袭爵”②。甚至一些家族具有的调整后的爵位，可以传袭到北齐建立之时。如，安成公万纂“子金刚，袭。武定末，开府祭酒。齐受禅，爵例降”③。因此，孝文帝所实行的在五等爵范围内的爵位调整，就不是一种临时的措施，而是使五等爵能够在有爵者家族内部传袭的长期做法。因此，虚封性质的五等爵，不仅在孝文帝爵位改革期间，可以反映这些具有爵位者的社会地位，而且，其家族的社会地位也能够通过整顿后的爵位得到明显的体现。由此来看，孝文帝的爵位调整，不仅使北魏前期的大部分具有五等爵位者的爵位保留下来，还使这些具有整顿后的五等爵位者，占有相当的数量，并且，这些具有虚封爵位者构成了很有影响力的社会上层群体。这个社会群体的存在，是使五等爵能够继续存在的有力社会保证和支持力量。自然也就使五等爵可以在保证社会上层的等级有序化中继续发挥重要的作用。

再说孝文帝在爵位改革后，赐授五等爵的情况。统计《魏书》中的记载，太和十六年至太和二十三年，孝文帝对五等爵的赐授，仍然在继续进行。下面将这一时期，赐授五等爵的情况列表说明：

太和十六年至太和二十三年孝文帝赐授五等爵情况表

爵位等级	受爵者	爵称	赐爵原因	史料出处
侯爵	孟表	谯县侯	仕萧鸾为马头太守。后据郡归诚	《魏书》卷六一《孟表传》
伯爵	元英	广武伯	以功赐爵	《魏书》卷一九下《景穆十二王下·南安王桢传附元英传》
	李思穆	(?)伯	从平南阳，以功赐爵	《魏书》卷三九《李宝传附李韶传》
	宇文福	昌黎伯	(宇文)福立军功赐爵	《魏书》卷四四《宇文福传》
	赵超宗	寻阳伯		《魏书》卷五二《赵逸传附赵超宗传》

① 《魏书》卷九三《恩幸·王睿传》。

② 《魏书》卷四二《薛辩传附初古拔传》。

③ 《魏书》卷三四《万安国传》。

续　表

爵位等级	受爵者	爵称	赐爵原因	史料出处
子爵	郭祚	东光子	以赞迁洛之规	《魏书》卷六四《郭祚传》
	崔光	朝阳子	以参赞迁都之谋	《魏书》卷六七《崔光传》
	于果	武城子		《魏书》卷三一《于栗磾传附于果传》
	刘武英	建宁子	从淮南内附	《魏书》卷五九《刘昶传附刘武英传》
	秦松	高都子	为中尹，迁长秋卿	《魏书》卷九四《阉官·秦松传》
男爵	元遥	饶阳男	以左卫将军从高祖南征，立功赐爵	《魏书》卷一九上《景穆十二王上·京兆王子推传附元遥传》
	陆希道	淮阳男	及克义阳，以功赐爵	《魏书》卷四〇《陆俟传附陆希道传》
	慕容契	定陶男	以功迁太中大夫、光禄少卿、营州大中正，赐爵	《魏书》卷五〇《慕容白曜传附慕容契传》
	崔延伯	定陵男	太和中入国……积劳稍进，除征虏将军、荆州刺史，赐爵	《魏书》卷七三《崔延伯传》
	杜纂	井陉男	从征新野，及南阳平，以功赐爵	《魏书》卷八八《良吏·杜纂传》

由上表可见，太和十六年，孝文帝爵位改革后，文献中有明确记载的就有15人被赐五等爵。最高爵为侯爵，最低爵为男爵。其中赐侯爵1人，赐伯爵4人，赐子爵5人，赐男爵5人。这种赐爵状况说明，太和十六年以后，孝文帝赐五等爵主要以伯、子、男爵为主。除了情况不明的二人外，这些获得爵位者的理由有四种情况：一为因军功赐爵，诸如：元英、李思穆、宇文福、元遥、陆希道、慕容契、杜纂。二为因事功赐爵，诸如：郭祚、崔光、崔延伯。三为奖励南朝归附者，诸如：孟表、刘武英。特别是孝文帝对归顺的孟表赐谯县侯，当为这一时期所赐五等爵中最高爵位。四为奖励宦官，诸如：秦松。由这一时期赐五等爵的情况来看，实际与太和十六年以前，北魏国家赐五等爵的目的基本是相同的。而在这一时期，国家更注重通过赐五等爵来奖励军功和事功。因此，尽管五等爵的赐予与开国爵的封授在这一时期是同时进行的，但是，国家赐授五等爵还是具有实际意义的，并没有改变赐授五

等爵所起到的作用。

太和十六年以后，孝文帝不仅继续赐授五等爵，还对一些拥有五等爵者采取提升爵位等级的做法。例如：张彝“例降侯为伯……以参定迁都之勋，进爵为侯”①。杨播为孝文帝赐爵华阴子，“后从驾讨崔慧景、萧衍于邓城，破之，进号平东将军。……从到悬瓠，除太府卿，进爵为伯”②。可见，孝文帝爵位改革时期，具有五等爵位者的爵位等级，可以因获得军功、事功而获得提升。

上述情况说明，孝文帝继续赐授五等爵和提升具有五等爵者的爵级，就使五等爵依然起到奖励军功、事功和安抚归降者的作用，因而，对北魏国家来说，五等爵的赐授就仍然是国家的重要事务。由此可见，孝文帝的爵位改革，不仅只是继续保留五等爵，而是将五等爵作为实行新爵位制度中的不可缺少的内容，并且，在具体实行中使之占有不可忽视的重要地位。

不过，应该看到孝文帝爵位改革后，尽管孝文帝继续保留和赐授五等爵，可是，也采取了与北魏前期赐授不同的做法。太和十六年，孝文帝在授爵上明确规定：“诸远属非太祖子孙及异姓为王，皆降为公，公为侯，侯为伯，子男仍旧，皆除将军之号。”③“旧制：诸以勋赐官爵者，子孙世袭军号。十六年，改降五等，始革之，止袭爵而已。”④ 这些做法，就是要使有爵者，不可以承袭将军号，当然，在赐五等爵时，就更不能够加授将军号了。

北魏前期，国家赐授五等爵，加授将军号是固定的制度。《魏书·奚斤传附奚他观传》：“（奚和观）太祖时，内侍左右。太宗以其世典戎御，遂拜典御都尉，赐爵广兴子，建威将军。”又《魏书·莫含传附莫云传》：“世祖之克赫连昌，诏（莫）云与常山王素留镇统万。进爵安定公，加平西将军。”北魏前期的将军号，是一种戎秩，已形成了明确的品级，所以，将军号就是维系品级、从属个人的一种名位。因此，在赐爵时，加授将军号，是要更明确表现具有爵位者的地位。当然，对赐爵加授将军号，是以封爵而获得军

① 《魏书》卷六四《张彝传》。

② 《魏书》卷五八《杨播传》。

③ 《魏书》卷七下《孝文帝纪下》。

④ 《魏书》卷一一三《官氏志》。

号，等于是起家的位阶。[①] 就是说，这是使爵位与官位联系起来的一种方式。因此，北魏前期，赐五等爵加授将军号的做法，既可以更明确地表明其地位，也能够体现出出任官职的品级。可是，北魏前期，国家实行的这种做法却是建立在不实行俸禄制的基础上的，但在太和八年，孝文帝“故宪章旧典，始班俸禄”[②]。而将军号作为戎秩，也是可以领有俸禄的，这就不能不影响到赐授爵位。因为孝文帝实行俸禄制，是不能不顾及国家财政开支的，因此，孝文帝继续实行五等爵制，为了减少支出，就需要将五等爵的赐授与将军号分离。这当是孝文帝改变北魏前期赐授五等爵做法的直接动因。

然而，这样做的结果，就促使孝文帝需要更进一步发挥五等爵本身区分等级的作用，所以，太和十六年，确定继续实行五等爵时，就以诏令明确规定：“公第一品，侯第二品，伯第三品，子第四品，男第五品。”[③] 显然，孝文帝采取爵位与将军号分离的措施，就不只是减少俸禄的支出，实际上，孝文帝爵位改革后，采取这种做法，更适应当时的社会条件。不过，这样的做法，由此也就造成改革后五等爵的实行与北魏前期实行的五等爵的一些不同。然而，这种区别的出现，不仅没有降低五等爵的作用，却使具有五等爵者的名分和地位得到更为明确、有效的体现。

二、开国爵的推行对实施五等爵的影响

在孝文帝爵位改革时，还实行了开国爵制。这种开国爵不同于原来的五等爵，是一种领有食邑的实封爵位，因而，开国爵制实行也就成为孝文帝实行散爵制的重要影响因素，所以，有必要对开国爵实行的情况略加阐述。

孝文帝开始实行开国爵的时间，《魏书·孝文帝纪下》记为：“（太和十八年），诏王、公、侯、伯、子、男开国食邑者：王食半，公三分食一，侯伯四分食一，子男五分食一。”但开国爵开始实行的时间却并非如此。应该

---

① 阎步克：《品位与职位：秦汉魏晋南北朝官阶制度研究》，中华书局，2002 年，第 437－439 页。

② 《魏书》卷七上《孝文帝纪上》。

③ 《南齐书》卷五七《魏虏传》。

说太和十八年的诏令，只是对具有不同等级的开国爵者领有的食邑与实际所食租税户数的比例规定的明确化，并不是开国爵开始实行的时间。其实，开国爵制的实行是与孝文帝对五等爵的调整同时进行的。对孝文帝实行开国爵制，当时文献多见。《魏书·奚斤传》："（奚绪）开建五等，封弘农郡开国侯，食邑三百户。"又《魏书·李冲传》："及改置百司，开建五等，以冲参定典式，封荥阳郡开国侯，食邑八百户。"这些记载中所说的"开建五等"，就是实行实封性质的开国爵。在文献中，对"开建五等"的时间有明确的记载。《魏书·刘昶传》："（刘昶）又为中书监。开建五等，封昶齐郡开国公，加宋王之号。十七年春，高祖临经武殿，大议南伐。"由此可以看出，刘昶任中书监，被封授齐郡开国公，并加宋王之号，是在太和十七年春以前，也就是在太和十六年进行的。因此，可以确定孝文帝在保留五等爵而实行降爵措施时，也就开始实行开国爵制。《魏书·陆俟传附陆丽传》："（太和）十六年，降五等之爵。以丽勋著前朝，封睿巨鹿郡开国公，食邑三百户。"这当是太和十六年"降五等之爵"，开国爵制已经实行的佐证。因此，《魏书·穆崇传附穆罴传》："高祖以罴政和民悦，增秩延限。后征为光禄勋。随例降王为魏郡开国公，邑五百户。"又《魏故乐安王妃冯氏墓志铭》："父熙，和平四年蒙授冠军将军肥如侯。到六年，进爵昌黎王。……后以异姓绝王，改封扶风郡开国公，食邑三千户。"[①] 就是说，孝文帝对原来王爵具有者可以降为五等公爵，也能够降为开国郡公。孝文帝能够这样采取降爵措施，自然是以开国爵的实行为基础的。因此，在孝文帝爵位改革一开始，就采取了五等爵与开国爵两种爵位的并行的措施，当是毫无疑问的。

从开国爵本身来看，已经是等级分明的爵位制度。关于开国爵开始实行时的品级规定，虽然在文献中不见明确记载，但是从一些授予开国爵的事例中能够看出一些线索。诸如，孝文帝时，封授穆罴为"魏郡开国公"[②]、封授元项为"乐平县开国公"[③]、封授穆泰为"冯翊县开国侯"[④]、封授孟表为

---

① 赵超：《汉魏南北朝墓志汇编》，天津古籍出版社，2008年，第155页。

② 《魏书》卷二七《穆崇传附穆罴传》。

③ 《魏故使持节侍中太尉公尚书令骠骑大将军都督雍华岐三州诸军事雍州刺史东海王墓志铭》，见赵超：《汉魏南北朝墓志汇编》，天津古籍出版社，2008年，第290页。

④ 《魏书》卷二七《穆崇传附穆泰传》。

"汶阳县开国伯"[①]、封授于烈为"聊城县开国子"[②]、封授傅永为"贝丘县开国男"[③]。可见，开国爵的等级序列是很明确的。不过，在孝文帝整合五等爵和开国爵等级序列之前，开国爵还有郡侯一级爵位。史载，薛达"以安都著勋先朝，封达河东郡开国侯，食邑八百户"[④]。薛达所封开国爵，正是郡侯。可是，开国爵中郡侯一级爵位后来却被孝文帝取消了。前引《魏书·奚斤传》："（奚绪）开建五等，封弘农郡开国侯，食邑三百户。后例降为县，改封澄城县开国侯，增邑九百户。"这里所说的"后例降为县"，正是将原来的郡侯改为县侯。因此，孝文帝时，李冲原封荥阳郡开国侯，后"改封清渊县开国侯，邑户如前"[⑤]。这些事例都说明，孝文帝取消郡侯一级爵位，是在太和二十三年之前进行的。所以，在后《职员令》制定前，开国爵已经逐渐划分为郡公、县公、县侯、县伯、县子、县男六等级。

孝文帝对开国爵的封授也是同样重视的。统计《魏书》、墓志中的记载，从孝文帝"开建五等"至太和二十三年，有 19 人获得开国爵。其中穆罴、穆亮、尉元、冯熙、冯诞五人，是因为降爵，直接或间接获得开国爵。实际封授开国爵的，只有陆睿、刘昶、元项、奚绪、李冲、薛达、田益宗、孟表、于烈、王肃、李佐、李遵、傅永、奚康生，共 14 人。从这一时期封授开国爵的人数来看，与赐授五等爵的人数几乎相差不多的。并且，北魏国家封授开国爵都是以奖励军功、事功和安抚归降者为目的的。如李佐"以功封泾阳县开国子，邑三百户"[⑥]。孟表"赐爵谯县侯，镇涡阳。……高祖嘉其诚绩，封汶阳县开国伯，邑五百户"[⑦]。可见，这同五等爵的赐授目的也是基本是相同的。

虽然孝文帝将开国爵与五等爵并行，但是，这两个爵位却是两个系统，五等爵和开国爵各有本身的等级规定，也有各自的授予方式。尽管如此，在

---

① 《魏书》卷六一《孟表传》。

② 《魏书》卷三一《于栗磾传附于烈传》。

③ 《魏书》卷七〇《傅永传》。

④ 《魏书》卷六一《薛安都传》。

⑤ 《魏书》卷五三《李冲传》。

⑥ 《魏书》卷三九《李宝传附李佐传》。

⑦ 《魏书》卷六一《孟表传》。

具体实行过程中，使这两种并行的爵位相互之间不发生影响，却是很难办到的。表现最为明显的就是，从孝文帝开始实行开国爵时，就使具有五等爵者可以获得开国爵。一些原来具有五等爵者在降爵时，就直接获得开国爵。如昌黎王冯熙“后以例降，改封京兆郡公”①。但更多的是，原来具有五等爵者，通过改封的方式，获得开国爵。如，穆亮“例降爵为公……徙封顿丘郡开国公，食邑五百户，以绍崇爵”②。穆泰“例降为侯。……改封冯翊县开国侯，食邑五百户”③。薛真度“后降侯为伯，除冠军将军。……初，迁洛后，真度每献计于高祖，劝先取樊、邓，后攻南阳。故为高祖所赏。……改封临晋县开国公，食邑三百户”④。可见，孝文帝使一些具有虚封性质的五等爵者，能够再获得开国爵的封授而领有食邑，已经是很常见的做法。这些改封为开国爵者不仅可以通过爵位表现其社会地位，也能够依靠食邑而获得实际的经济利益。因此，孝文帝的这些做法，正是他所实行开国爵对五等爵制的最明显的影响。正因为如此，北魏国家在并行五等爵与开国爵制时，也就很需要使五等爵与开国爵各等级之间建立起相互比照的关系。为了体现这种比照关系，自然要求开国爵与五等爵的爵位等级形式上的一体化。这也正是孝文帝实行爵位改革必须要解决的问题。应该说，在孝文帝并行开国爵与五等爵过程中，两种爵制之间相互影响以及具有五等爵者能够改封为开国爵，当是在太和二十三年，导致爵位等级一体化的结果出现的重要影响因素之一。

三、五等爵与开国爵爵位等级的一体化与散爵制的确立

一如前述，孝文帝继续实行虚封性质的五等爵，但在爵位授予方式上取消了与将军号同授的规定，同时，也使具有五等爵者可以再获得开国爵。这些做法都不同于北魏前期赐授五等爵的做法。这也就使孝文帝实行的五等爵与北魏前期的爵制出现了一些差别。可是，孝文帝却没有在爵位改革之初，

---

① 《魏书》卷八三上《外戚上·冯熙传》。

② 《魏书》卷二七《穆崇传附穆亮传》。

③ 《魏书》卷二七《穆崇传附穆泰传》。

④ 《魏书》卷六一《薛安都传附薛真度传》。

就将实行的五等爵称为“散爵”。其中最重要的原因就在于，孝文帝在爵位改革后实行的是，五等爵与开国爵两个爵位等级系统并行的制度。每一个爵位等级系统都有明确的规定。太和十六年，孝文帝以诏令规定五等爵的等级就是：“公第一品，侯第二品，伯第三品，子第四品，男第五品。”① 孝文帝的这种做法，是由五等爵为虚封爵与开国爵为实封爵的不同性质所决定的。正因为如此，在他所实行的两种爵位等级没有一体化之前，也就没有明确规定虚封性质的五等爵的爵称。所以，当时文献中，只是将虚封爵笼统地称之为五等爵。例如，孝文帝整顿原来具有虚封爵位者的爵位，就称为“改降五等”②；“属开革五等，降公为侯”③。可是，当时对所实行的实封的开国爵也被视为一种五等爵。文献记载中称“五等开建，食邑一千户”④；“开建五等，封昶齐郡开国公”⑤。虽然爵位改革后，有时以“五等爵”的名称来称呼两种性质截然不同的爵位制，但是，当时在具体封授实封爵时，还是注意到这种爵位的名称。因此，将实封爵称为开国爵，当时已是比较普遍采取的爵称。例如，太和十六年，封陆睿“巨鹿郡开国公，食邑三百户”⑥；李冲因为“参定典式，封荥阳郡开国侯，食邑八百户”⑦。反之，虚封爵性质的五等爵却没有明确爵称，因而，也就不容易与实封的开国爵相区别，所以，使虚封性质的五等爵有比较明确的爵称，在当时赐授爵位时已经是很必要的了。

事实上，孝文帝将虚封性质的五等爵称为“散爵”，是在两种爵位制度不断完善的过程中出现的。太和二十三年，“高祖复次职令，及帝崩，世宗初班行之，以为永制”⑧。这就是所谓的后《职员令》。在后《职员令》中，不仅已经将爵位品级与官位品级合二为一，还将虚封性质的五等爵各等级都

---

① 《南齐书》卷五七《魏虏传》。

② 《魏书》卷一一三《官氏志》。

③ 《魏书》卷四二《薛辩传附薛胤传》。

④ 《魏书》卷一九中《景穆十二王中·任城王云传》。

⑤ 《魏书》卷五九《刘昶传》。

⑥ 《魏书》卷四〇《陆俟传附陆丽传》。

⑦ 《魏书》卷五三《李冲传》。

⑧ 《魏书》卷一一三《官氏志》。

冠之以“散”，分别称之为：“散公”“散侯”“散伯”“散子”“散男”，[①] 同时也将开国爵各等级分别称之为：“开国郡公”“开国县公”“开国县侯”“开国县伯”“开国县子”“开国县男”。[②] 因此，可以说将虚封性质的五等爵称为散爵，是在后《职员令》中最后确定的。然而，需要注意的是，散爵爵称并不是孤立地出现在后《职员令》中，而是与开国爵爵称相联系而存在的。后《职员令》中规定：王、开国郡公第一品；开国县公从第一品；散公从第一品；开国县侯第二品；散侯从第二品；开国县伯第三品；散伯从第三品；开国县子第四品；散子从第四品；开国县男第五品；散男从第五品。[③] 很明显，后《职员令》已经将开国爵与散爵合并在一起，而将爵位等级划分为十二等次、十一品级，这样，就在爵位等级序列上实现了一体化。因此，唐人杜佑说：“后魏有王、开国郡公、散公、侯、散侯、伯、散伯、子、散子、男、散男，凡十一等。”[④] 杜佑所列爵位中有王爵，但缺少县公，这不符合后《职员令》的记载。可是，他指出开国爵与散爵爵位等级一体化，却反映了孝文帝爵位改革后的情况。这表明，散爵爵称的出现，正适应了使开国爵与五等爵爵位等级序列一体化的需要。

然而，孝文帝使五等爵与开国爵等级一体化，并不是要消除开国爵与五等爵之间的差别，因此，在这种一体化的爵位等级序列中，还是需要表现虚封性质的五等爵与实封性质的开国爵的区别，这就必须为虚封爵加上明确的爵称，因而，散爵爵称正是为了明确虚封爵所处的位置而使用的。当然，由于散爵爵称的出现，所以也就使虚封爵制度更为完善了。因此，在后《职员令》实行后，在文献中常见赐授散爵的记载。《魏书·恩幸·王仲兴传》：“世宗游幸，仲兴常侍从。……兄可久以仲兴故，自散爵为徐州征虏府长史，带彭城太守。”又《魏书·恩幸·侯刚传》：“世宗崩，刚与侍中崔光迎肃宗于东宫。……进爵为公，以给侍之劳，加赏散伯。”这些在北魏后期国家赐授爵位时，使用散爵爵称的事例表明，散爵已经是虚封性质的五等爵的比较

---

① 《魏书》卷一一三《官氏志》。

② 《魏书》卷一一三《官氏志》。

③ 《魏书》卷一一三《官氏志》。

④ 《通典》卷一九《职官一》。

固定的代称。

此外，尚要注意的是，后《职员令》中对虚封性质的五等爵称之以散爵，也受到孝文帝在制定后《职员令》时，将爵位与官位编制在一起而实行了官品与爵品合一做法的影响。因为孝文帝使爵品与官品一体化，自然要使北魏国家在职官设置上的一些措施要影响到爵位制度的规定。实际上，将虚封爵称为散爵与北魏在职官中散官的设置是有关系的。

北魏国家早在建国初年就开始实行散官制度。天赐元年，道武帝“又制散官五等：五品散官比三都尉，六品散官比议郎，七品散官比太中、中散、谏议三大夫，八品散官比郎中，九品散官比舍人”①。在北魏职官中，任散官者具有相当数量。在孝文帝太和十一年，还“置散官员一百人，朝请员二百人”②。《魏书·献文六王上·高阳王雍传》：“世宗行考陟之法，雍表曰：‘……今任事上中者，三年升一阶；散官上第者，四载登一级。……及于考陟，排同闲伍。检散官之人，非才皆劣，称事之辈，未必悉贤。……’”显然，在宣武帝规定的考陟之法中，是将散官与职事官明确加以区分而实行完全不同的考核标准。直到北魏末年，魏孝武帝永熙二年诏书中明令：“自今已后，京官乐为称事小职者，直加散号将军，愿罢卑官者，听为大夫及员外之职，不宜仍前散实参领。”就是说，魏孝武帝对散官与实职官兼领的做法是严格限制的。由此可见，北魏国家设置的散官与实职官是性质完全不同的职官，散官没有具体的职掌，只是虚设的官职。而后《职员令》中将五等爵称为散爵，正是注意到散爵为虚封爵，散官则为虚职官。在虚封与虚职方面二者具有一致之处，因而，为了表示在同一个爵位等级序列中虚封性质的五等爵与实封性质的开国爵的区别，当然要仿效北魏散官设置的特点而为五等爵加以散爵爵称。这样，散爵爵称也就成为虚封性质的五等爵的一种表现方式。

孝文帝在后《职员令》中正式将虚封性质的五等爵称为“散爵”，应该说是散爵制度的正式确立的标志。这种散爵制的确立，自然具有重要的意义。这种爵制的实行表明，虚封性质的五等爵在国家爵位制度中仍然具有重

① 《魏书》卷一一三《官氏志》。

② 《魏书》卷一一三《官氏志》。

要的地位；孝文帝爵位改革后实行的虚封性质的五等爵与北魏前期爵位的虚封制，还不完全相同，存在一些授予方式上的区别；也体现出虚封性质的五等爵能够改封开国爵，因而五等爵并不是孤立存在的，他的爵位等级能够与开国爵的等级相比照。更为重要的是，散爵制的规定，可以明确表现出在五等爵与开国爵一体化的爵位等级序列中，虚封爵系统的爵位等级所处的品级位置。这样，在北魏后期，虚封爵也就能够更有效地体现出社会上层群体的地位和名分。

不过，应该看到，尽管五等爵制，即散爵制，是在孝文帝将虚封爵制与实封爵制一体化过程中逐渐完善化的，但是，由于虚封制与实封制在性质上的明显差别，所以，孝文帝的爵位制度的一体化只是形式上的。实际上，北魏国家依然是将散爵和开国爵作为两个爵位系统来进行赐授和封授的。关于北魏后期的文献记载中，仍然将散爵视为“五等爵”，而将开国爵则看作“五等封爵”。[①] 因此，可以说尽管散爵制具有了新的内容，但还是不能够从根本上改变这种虚封爵的特征，因而，就使散爵的赐授，仍然在很大程度上保留了爵位改革前的传统方式。

（原载《史学月刊》2010 年 6 期）

① 《魏书》卷一一一《刑罚志》。

孝文帝爵制改革后北魏散爵的封地

北魏太和十六年，孝文帝进行爵制改革，开始推行实封的王爵、开国爵与虚封的散爵并行的爵位制度。孝文帝实行的散爵是承袭北魏前期虚封的五等爵制而来的。而实行的实封爵，则是新推行的爵制。由于虚封的散爵制与实封的王爵、开国爵制的并行，所以，对散爵的封地也产生较大的影响。也就是说，尽管散爵的封地依然与北魏前期五等爵的封地一样，都具有虚封性质，可是，在实封爵的封地存在的影响下，促使散爵的虚封地也出现了一些变化。虽然这种变化不能改变散爵封地的虚封特征，但北魏国家却使散爵封地的存在，要适应两种不同性质爵制同时并存的状况。然而，对北魏国家封授散爵的封地所具有的这种特点，还没有引起前人研究的注意。有鉴于此，本文拟对与孝文帝爵制改革后散爵封地的特征相关的问题做一些考察，希望能够对北魏虚封爵制的研究的深入有所裨益。

一、散爵封地命名方式的变化

孝文帝进行爵制改革后，所实行的实封爵为王爵和开国爵；所实行的虚封爵则为散爵。可以说，北魏国家实行的散爵，实际是承袭北魏前期虚封的五等爵而来的。然而，需要看到的是，尽管散爵是对北魏前期虚封五等爵的承袭，可是，却与这种五等爵存在一些差别。从散爵的爵位等级来看，由于孝文帝将北魏前期虚封的王爵改为可以领有食邑的实封爵，所以，就使王爵从虚封散爵的等级序列中分离出去。实际上，孝文帝爵位改革后的散爵的等级序列为“公第一品，侯第二品，伯第三品，子第四品，男第五品”①。

① 《南齐书》卷五七《魏虏传》。

就北魏散爵的封地而言，在封地的命名的方式上，与北魏前期五等爵虚封地的命名做法不同，出现了明显的变化。因为北魏前期五等爵的封地是以晋代的郡、县为名称的。[①] 北魏前期，国家使虚封的五等爵以晋代的郡、县为封地名称的重要原因在于，当时国家是将五等爵的爵位等级与封地结合在一起的。《魏书·官氏志》：“（天赐元年）减五等之爵，始分为四，曰王、公、侯、子，除伯、男二号。……王封大郡，公封小郡，侯封大县，子封小县。”这说明，道武帝在天赐元年爵制改革后，开始将五等爵的爵位等级与虚封地的大郡、小郡和大县、小县相对应起来。因此，实行这种做法，就使受封五等爵者的虚封地也就能够起到象征爵位等级的作用。可是，北魏前期，国家将郡、县区分为大郡、小郡和大县、小县，采取的是晋代的做法。也就是说，当时大郡、小郡和大县、小县的区分所依据是，各郡、县能够掌握的户口数。可是，北魏前期，国家对地方基层的控制，是通过宗主督护制实现的。而北魏实行的宗主督护制，却是对十六国时期坞壁制度的承袭，所以，当时国家的地方郡、县要通过宗主督护制，是很难掌握真实的户口数字的。由这种情况所决定，北魏国家要区分大郡、小郡和大县、小县，只能依据晋代的户口数，因此，这也就使五等爵的封授，只能采取以晋代的郡、县作为封地名称的措施。况且，五等爵的封地只是虚封，也就是这种封地是一种虚化的封地，因此，以晋代郡、县作为封地名称，并不能影响五等爵的封授和存续，而且，会有利于将爵位等级与封地结合在一起。正因如此，以晋代的郡、县作为五等爵封地名称的做法，就一直延续到孝文帝爵制改革之前。然而，由于孝文帝的爵制改革实行了实封的王、开国爵与虚封的散爵并行的措施，就使散爵继续沿袭北魏前期以晋代郡、县作为虚化的封地做法的条件发生改变，因而，也就不能不改变虚封地的命名方式。

固然，孝文帝的爵制改革，实行了实封爵与虚封爵并行的做法，但是他更重视实封爵的封授。因为实封的王爵、开国爵制的实行，这是孝文帝要仿效晋制，重建分封制的体现，所以，实封爵也就在当时爵制中占有了主导的地位。从北魏国家实行的实封的王爵、开国爵的情况来看，它们重要的特征

---

① 严耀中：《北魏前期政治制度》，吉林教育出版社，1990 年，第 178 页。

就是，受封爵者都领有食邑。例如，任城王元澄“五等开建，食邑一千户”①。穆泰“改封冯翊县开国侯，食邑五百户”②。这些拥有王爵和开国爵者所领的食邑，实际是与他们的封地有联系的。可以说，除了少数“寄食”的情况之外，北魏国家封授实封爵，一般是要将受爵者的封地与食邑结合在一起的。《魏书·李冲传》：“（李冲）参定典式，封荥阳郡开国侯，食邑八百户。”《魏书·邓渊传》：“（邓羡）以义阳军司之勋，封安阳县开国子，邑三百户。”《魏书》的这种记载方式，说明李冲的封地为荥阳郡；邓羡的封地则为安阳县。而他们受封的食邑，则来自作为他们封地的郡、县。由于北魏国家对实封爵的食邑封授具有这种特点，也就使北魏国家只能以实际设置的郡、县作为实封爵的封地。

孝文帝所以能采取这种措施，是因为爵制改革时，北魏国家在对地方郡、县户口数字的控制上，已经同北魏前期有很大的不同。《魏书·孝文帝纪下》：“（太和十年）初立党、里、邻三长，定民户籍。”这就是说，北魏国家以三长制取代宗主督护制，因此，也就可以直接控制编户民。正因如此，这也就改变了北魏前期国家所设郡、县不能掌握实际户口数字的状况。可以说，北魏三长制的实行，正是受封实封爵者可以领有食邑的基础。而北魏使受封实封爵者要以实际所设郡、县作为封地，则能够有效地使这些受爵者获得食邑的保证。

北魏国家实行以实际所设郡、县作为实封爵封地的措施，当然要对虚封的散爵封地的规定产生影响。因为孝文帝确定的爵制，实封爵是居于主导位置的，并且，孝文帝在调整原来有爵者的爵位等级时，还使他们与新实行的实封爵产生联系。这种联系，在孝文帝实行的“例降爵”的措施中就有明显的体现。所谓“例降爵”，正如《魏书·孝文帝纪下》称：“制诸远属非太祖子孙及异姓为王，皆降为公，公为侯，侯为伯，子男仍旧，皆除将军之号。”可是，这种“例降爵”，并不只是在虚封爵的范围内进行，实际也与实封爵有关联。例如，《魏书·穆崇传附穆罴传》：“（穆罴）后征为光禄勋。随例降王为魏郡开国公，邑五百户。”北魏国家将原来拥有王、公、侯爵者降爵为

① 《魏书》卷一九中《景穆十二王中·任城王云传》。

② 《魏书》卷二七《穆崇传》。

开国爵者，并不是个别的情况。可以说，北魏国家通过不同的途径，使一些原来爵位等级被调整者获得开国爵的封授。《魏书·陆俟传附陆睿传》："（陆睿）始十余岁，袭爵抚军大将军、平原王。……（太和）十六年，降五等之爵。以丽勋著前朝，封睿巨鹿郡开国公，食邑三百户。"显然，陆睿是因降王爵，而直接获得开国郡公的封授。《魏书·神元平文诸帝子孙·高凉王孤传》："（元大曹）例降爵为公。以大曹先世让国功重，曾祖乐真勋著前朝，改封太原郡公。"可见，元大曹则是因降爵，通过改封而获得了开国爵。这些情况说明，孝文帝实行"例降爵"措施，使一些具有特殊身份者获得的，不是虚封的散爵，而是实封的开国爵。这些获得开国爵者，自然需要受封食邑。而要实现食邑的封授，就要将原来以晋郡为名称的虚化的封地，变换为以北魏实际所设的郡作为实封地。因此可以明确，这些因降爵获得开国爵者的封地的性质，已经与原来五等爵的虚封地发生了重大的改变。

然而，孝文帝实行"例降爵"措施，主要是在虚封散爵范围内进行。例如，长孙道袭爵北平王，"久之，随例降为公"[①]。又如，万纂袭爵安成王，"依例降为公"[②]。这些原来拥有王爵者的封地，当然是以晋郡为名称的。可是，他们降爵为散公后，其封地的命名方式就没有继续沿袭北魏前期的做法。《魏书·外戚上·冯熙传》："（冯熙）出为定州刺史，进爵昌黎王。……后以例降，改封京兆郡公。"北魏国家例降冯熙爵位等级后，又改封他的封地的做法，是很值得注意的事例。就冯熙的身份而言，他是皇室的外戚，所以他是具有很高的社会地位的。从"例降爵"措施实行情况来看，一般都要保持这些降爵者的"本封"。因为这是要通过保有原封地，表明他们的地位并没有明显的改变，因此，对降爵者很少实行封地改封的做法。可是，北魏国家为何要改封贵戚冯熙的封地？可以说，北魏国家的这种做法，透露出不能忽视的信息。也就是实行"例降爵"措施，也要适应北魏国家对虚封的散爵的封地命名方式转换的需要。因为冯熙的原封地昌黎郡为晋郡，也就是以晋郡作为封地名称。然而，北魏国家调整冯熙爵位时，却没有实际设置昌黎

① 《魏书》卷二五《长孙嵩传》。

② 《魏书》卷三四《万安国传》。

郡。北魏昌黎郡的设置，是在永兴年间，[①] 也就是北魏末年孝武帝统治时期。所以，在冯熙降爵后，要使他继续拥有虚封郡作为封地，就只能实行改封原来封地的做法。而冯熙改封后的封地扶风郡，正是北魏国家实际设置的郡。《魏书·地形志下》称："（扶风郡）世祖真君年中并始平郡属焉。"因此，可以说，孝文帝实行"例降爵"措施，不仅改变来原来拥有五等爵者的爵位等级，还将他们的封地由以晋郡为名称，改为以北魏实际所设的郡作为虚封地。

由于"例降爵"措施实行后，散爵的封地出现这种变化，所以，这些降爵后散爵者的封地，北魏国家都设置地方官进行治理。正如下一节要讨论的，实际这些散爵者的封地，正是由郡太守治理的。《魏书·陆俟传》："（东郡王陆昕之）袭爵，例降为公。"《魏书·源贺传》："（陇西王源怀）后例降为公。"很显然，陆昕之、源怀爵位等级降低后，他们的封地仍然保留"本封"。可是，北魏国家对东郡、陇西郡都设置郡太守进行治理。《魏书·道武七王·河南王曜传附元和传》："（元和）肃宗时，出为辅国将军、凉州刺史，坐事免。久之，除东郡太守。"《魏书·薛安都传》："（薛峦）降为平温子。尚书郎、秦州刺史、镇远将军、陇西镇将，带陇西太守。"这些事例说明，"例降爵"后陆昕之、源怀的虚封地东郡、陇西郡，并不是晋郡，而是北魏所设置的郡。由此可见，孝文帝爵制改革后，北魏的散爵封地的名称已经不是晋代的地名，而是北魏实际所设的郡、县。北魏国家所以要使散爵封地的命名方式与北魏前期虚封的五等爵不同，最重要的是，要与实封的王爵、开国爵封地的封授取得一致。可以说，这种情况的出现，正是由占主导位置的实封爵的封地封授方式直接影响的结果。

因为孝文帝实行虚封散爵与实封爵封地一致化的措施，也就使散爵与开国爵的并授的做法能够实行。《魏书·恩幸·侯刚传》："（侯刚）世宗崩，刚与侍中崔光迎肃宗于东宫。寻除卫尉卿，封武阳县开国侯，邑千二百户。……进爵为公，以给侍之劳，加赏散伯。"可见，侯刚不仅能够受封开国爵，还可以加授散爵。北魏国家为拥有开国爵者加赏的散爵，除了爵位性质有差别之外，其余都是相同的。很重要的就是，受封的开国爵和加赏的散爵都可以为后人所继承。《魏书·游明根传附游肇传》："（游祥）袭爵新泰伯。……又

① 《魏书》卷一〇六《地形志上》。

追论肇前议清河，守正不屈，乃封祥高邑县开国侯，邑七百户。孝昌元年卒，年三十六。……子皓，……袭。侍御史。早卒。皓弟安居，袭爵新泰伯。”可见在游祥的爵位继承上，他的长子游皓继承的是开国爵，而他的次子游安居继承的则为散爵。这种对散爵与开国爵的封授和继承的规定，正是散爵与开国爵可以并授的制度的重要内容。北魏国家要保证实行这种制度，当然，是要以散爵和开国爵的封地都是统一的北魏所设的郡、县作为基础的。

不只如此，由于散爵与开国爵都是以北魏实际所设郡、县为封地，因此，就使同一郡、县可以成为散爵的封地，也能够作为开国爵的封地。《魏书·穆崇传附穆亮传》：“（穆亮）徙封长乐王……寻迁司空，参议律令。例降爵为公。”可见，穆亮降爵为散公后，开始以北魏所设长乐郡为封地。然而，长乐郡不只是拥有散爵者的虚封地。《魏书·高祐传》：“（高乾邕）永熙中，司空公、长乐郡开国公。”这就是说，长乐郡也可以作为开国爵的封地。在以县为封地的散爵中，也出现这种情况。《魏书·李灵传》：“（李悦祖）袭爵高邑侯，例降为伯。”显然，高邑县为李悦祖的虚封地。《魏书·游明根传》：“又追论肇前议清河，守正不屈，乃封（游）祥高邑县开国侯，邑七百户。”可见高邑县又是受封开国爵游详的实封地。这说明，孝文帝爵制改革后，由于虚封散爵的封地与实封的开国爵封地都是北魏实际所设郡、县，所以，才能够实现在同一郡、县使散爵与开国爵封地的并存。

综上可见，北魏孝文帝爵制改革，实行实封爵与虚封爵并行的制度。由于实封的王爵、开国爵是领有食邑的爵位，所以，这种实封爵的封地必须是北魏实际设置的郡、县。可以说，这是北魏国家在爵位封地的封授上的重要变化。由于这种改变，实际对虚封的散爵的封地产生很大的影响。也就是说，使孝文帝爵制改革后的散爵的虚封地，不能沿袭爵位改革前以晋代郡、县作为虚封地名称的做法，只能与实封爵相同，转变为以北魏实际设置的郡、县作为封地。因此，北魏散爵虚封地命名方式的这种转变，应该是孝文帝爵制改革所实行的不能忽视的重要措施。

二、散爵封地的虚化特征

如前所述，北魏孝文帝爵制改革后，使散爵的封地没有完全承袭改革前的做法，而是与实封的王爵、开国爵一样，实行以北魏实际设置的郡、县作为封地。尽管北魏国家在对散爵封地的封授上，与实封爵取得了一致，可是，散爵封地的存在特点与实封爵的封地以及爵制改革前五等爵的虚封地还存在一些差别。可以说，散爵的封地，实际是在与实封爵的封地并存的条件下，出现的一种特殊的虚化的封地。

应该说，散爵封地虚化的特点，是与散爵对北魏前期虚封五等爵承袭，有很大关系。由散爵的封地的这种特点所决定，就使这种封地与食邑封授没有任何的关联。这正是散爵封地与实封王爵、开国爵封地的主要区别。然而，散爵封地与实封王爵、开国爵封地的不同，尚不限于此。当然，为说明散爵封地与实封爵封地的区别，需要提及实封爵的等级序列。实际上，孝文帝爵制改革后，实封爵的等级序列为：王、开国郡公、开国县公、开国县侯、开国县伯、开国县子、开国县男。在北魏后期又增加了开国乡男。北魏实封爵的等级是与封地有密切联系的。可以说，北魏国家使王、开国郡公以郡为封地；使开国县公、侯、伯、子、男以县为封地。后来增加的开国乡男则以乡为封地，但乡男的封地却是在封地乡所属县中。在这些实封爵等级的封地中，除了开国乡男之外，它们的封地都被视为“国”，也就是封国。因此，北魏国家对这些实封王爵、开国爵封地的管理上，所设的职官不同于治理行政郡、县的职官。后《职员令》中有上郡内史、相、中郡内史、相、下郡内史、相、上县相、中县相、下县相的设置。① 北魏国家所设的内史，是治理诸王封地的官员；所设的相，则是治理不同等级开国爵的官员。应该说，内史、郡相治理的封国有上郡、中郡、下郡的区分，所以，内史、郡相的品级与相对应的不同等次的郡太守相同。县相治理的封国则有上县、中县、下县的区分，因而，它的品级则与相对应的不同等次的县令相同。② 北魏国家对内史、相做这样的规定，表明他们的权限与地位与郡太守、县令相同。但将内史、相在名称上与郡太守、县令相区别，则表明他们治理的实封的王爵、开国爵的封地与国家所设的行政郡、县还存在一些差别。北魏国家造成这种差别主要目的是，要表现出实封爵的封地为一种“封国”。可是北魏国家

① 《魏书》卷一一三《官氏志》。

② 《魏书》卷一一三《官氏志》。

对受封实封爵者的封国，只使其与他们的食邑封授发生联系，却严格限制他们对封国的控制权。不过，北魏国家为了表现实封爵封地的特殊性，还是采取了一些象征性的措施。《隋书·礼仪志四》："（北齐）诸王、五等开国及乡男恭拜，以其封国所在，方取社坛方面土，包以白茅，内青箱中。函方五寸，以青涂饰，封授之，以为社。"可见，北齐国家要在实封爵的封国中设置"社"，正是要象征他们的封国与一般的郡、县不同，实际是他们理念上的所属领地。然而，北齐国家的这种做法，可以说，实际是对北魏后期治理封国规定的沿袭。因此，可以明确，北魏国家在王爵、开国爵的封地上，实际也设置"社"，进而在理念上象征他们对封国的控制，因此，应该说，实封爵的封地是要更多地在理念上，表现出是与国家行政郡、县有区别的特别区域。

然而，北魏散爵的封地却与实封爵不同，并没有被视为是一种特别的区域。首先，就表现在北魏国家对散爵封地的治理上。但要阐释北魏国家对散爵封地的治理，也就要涉及散爵的实行情况。应该说，孝文帝爵制改革后，实际存在承袭的散爵与封授散爵的差别。所谓承袭的散爵，是从北魏前期虚封的五等爵继承下来的爵位，并在爵位等级上做了调整。这些爵位等级调整后的虚封爵，就是承袭的散爵。例如，王祖念袭爵华山公"例降爵为侯"[①]。卢渊"袭侯爵……以例降爵为伯"[②]。而封授的散爵，则是孝文帝爵制改革后，又重新封授的虚封爵。例如，李育"以拒葛荣之勋，赐爵赵郡公"[③]。元忻之"以河渚起义之勋，赐爵东阿侯"[④]。可以说，承袭的散爵与封授的散爵在爵位等级上，是没有差别的，都在同一等级序列的范围之内。实际这一等级序列为：散公、散侯、散伯、散子、散男，共五等级。不过，需要提及的是，承袭的散爵与封授的散爵的封地却存在一些区别。这种区别主要表现在散侯的封地上。就承袭的散侯而言，它是由北魏前期虚封的公爵降爵而来的。例如，穆泰"进爵为公。出为镇南将军、洛州刺史。例降为侯"[⑤]。刁遵

---

① 《魏书》卷三三《王宪传》。

② 《魏书》卷四七《卢玄传》。

③ 《魏书》卷三六《李顺传附李育传》。

④ 《魏书》卷一六《道武七王·阳平王熙传》。

⑤ 《魏书》卷二七《穆崇传附穆泰传》。

袭爵东安公“太和中，例降为侯”[1]。可是，这些承袭的散侯只是爵位等级改变了，而封地却没有变化。《魏书·薛辩传》：“（河东公薛胤）例入朝。属开革五等，降公为侯。”《魏书·唐和传》：“（酒泉公唐钦）转陕州刺史，将军如故。后降爵为侯。”《魏书·罗结传》：“（带方公罗伊利）高祖时，蠕蠕来寇。诏伊利追击之，不及而反。后依例降为侯。”这些事例表明，孝文帝使公爵降为侯爵，只是改变爵位等级，并没有使他们的封地完全改变。也就是说，这些因降爵而成为拥有散侯者，他们的封地仍然为郡。当然降爵后的郡，已经是北魏实际所设郡。因此，在传袭的散爵的中，散公、散侯的封地为郡；散伯、散子、散男的封地则为县。但封授的散侯的封地却不同于传袭的散侯。《魏书·崔挺传》：“（崔元珍）以破胡勋，赐爵凉城侯。”《魏书·道武七王·阳平王熙传》：“（元忻之）以河渚起义之勋，赐爵东阿侯。”崔元珍受封的凉城是河东郡所属县；元忻之受封的东阿则为济北郡所属县。当然，其他新封授的散侯封地都是如此。由于承袭散爵与封授散爵的封地存在这种区别，因而，也就需要将这两种散爵合在一起，依据封地的行政郡、县的不同，说明北魏国家治理封地的情况。

从封地为郡的散爵来看，主要是传袭的散爵，而封授的散爵则很少以郡为封地。因为在北魏国家新封授的散爵中，只有李育“以拒葛荣之勋，赐爵赵郡公”[2]。其他受封散爵者的等级都在散侯以下，因此，可以说，绝大多数以郡为封地的散爵，都属于传袭的散爵，并且，只限于因“例降爵”而成为散公、散侯的范围内。统计《魏书》和墓志铭中记载，这些散公、散侯的封地可以分为三种情况：一是南朝所设郡。诸如牂牁、武昌、南郡。这是北魏国家在“例降爵”过程中，为了适应降爵者保持“本封”的需要而采取的做法。二是以少数民族地区为封地名称。诸如宕昌。三是北魏国家所设郡。这是北魏国家为散公、散侯所设最多的封地郡。如果除去散爵中一郡多封的情况，见于文献记载的就有：北平、安城、东郡、陇西、赵郡、河东、零陵、中山、扶风、长乐、河内、博陵、冯翊、汝阳、华山、东安、酒泉、晋昌、带方、咸阳、山阳、东平、彭城、陈留、上党、安定郡，共有26郡。对前两

---

① 《魏书》卷三八《刁雍传》。

② 《魏书》卷三六《李顺传附李育传》。

种情况而言，因封地都不在北魏境内，因此，也就不可能设官治理。北魏国家对后一类散爵封地则需要进行治理。《魏书·道武七王·河南王曜传附元和传》："（元和）肃宗时，出为辅国将军、凉州刺史，坐事免。久之，除东郡太守。"《魏书·景穆十二王下·城阳王长寿传》："（元徽）世宗时，袭封。除游击将军，出为河内太守。"这说明，孝文帝爵制改革后，散公的封地东郡、河内郡都是由国家所设的郡太守治理的。很显然，这与实封爵的封地由内史、相治理的情况很不相同。北魏国家对传袭散侯的封地的治理，也同样如此。《魏书·韦阆传》："迁洛，以（韦）崇为司州中正，寻除右将军，咸阳王禧开府从事中郎，复为河南邑中正。……久之，除华山太守。"《魏书·陆俟传》："（陆彰）正光中，袭爵东郡公，寻除散骑侍郎，拜山阳太守。"这些记载中提到的华山郡、山阳郡都是传袭散侯的封地，但治理这些封地的也是郡太守。依据《魏书》的记载，北魏国家在这些传袭的散公、散侯封地上，设置太守的郡就有：北平、东郡、陇西、赵郡、河东、中山、扶风、长乐、博陵、河内、齐郡、冯翊、汝阳、华山、东安、咸阳、山阳、东平、彭城、陈留、上党、安定郡，共22郡。应该说，这些设置郡太守的封地，占了传袭散公、散侯中的绝大多数。这说明，北魏国家在对传袭散公、散侯封地的治理方式上，是与一般行政郡不做区分的，所以，才会设置与行政郡相同的太守管理这些的封地。

孝文帝爵制改革后，受封散爵者以县作为封地的，包括传袭散爵中的伯、子、男等级和封授散爵中的侯、伯、子、男等级。统计《魏书》和墓志铭中的记载，除去散爵中一县多封的情况之外，这些散爵的封地有：临渭、泾、濮阳、范阳、壮武、固安、河北、须昌、钜平、平陆、武始、宁国、中都、艾陵、武城、下密、松杨、蓨、谯、广武、昌黎、寻阳、东光、朝阳、武城、建宁、高都、饶阳、淮阳、定陶、定陵、井陉、东阿、永安、凉城、龙城、昌乐、建忠、容城、长安、始平、临淄、平原、长子、栾城、弘农、富昌、卫国、容城、魏昌、平城、范阳、阳武、武城、舒县、山桑、新昌、高阳、华阴、高平、淮阳、安平、蒲阴、城皋、汝阳、高邑、汾阴、新泰、阳洛县，共69县。北魏国家对这些散爵封地县并不是设置相，而是设置县令进行治理的。例如，祖莹的散爵封地荣城县，就有徐路任容城令。[①] 崔季

---

① 《魏书》卷九一《术艺·张渊传》。

良的散爵封地蒲阴县，有庞灵扶“除蒲阴令”[①]。韦彪的散爵封地长安县，则有姜俭“为开府从事中郎，带长安令”[②]。很明显，北魏国家对散爵封地县的治理，也与行政县的地方职官的设置是相同的。北魏国家对作为散爵封地的郡、县的治理与行政郡、县不加区分的情况表明，北魏国家并没有将散爵的封地视为封国，因此，这种封地也就是虚化的，它也只能作为散爵的名称而起到象征的作用。

如第一节所述，由于北魏国家只是将散爵封地作为虚封，而不被视为封国，所以，北魏国家也就能够在散爵的封地上，再封授实封的王爵、开国爵的封地。这种做法在孝文帝爵制改革一开始就实行了。《魏书·苟颓传》："（苟恺）累迁冠军将军，柔玄、怀荒、武川镇大将，袭爵河东王，例降为公。”说明在孝文帝实行“例降爵”措施后，河东郡就是散公苟恺的封地。可是，河东郡并不只是作为承袭散爵的苟恺的虚封地。《魏书·薛安都传》："（薛达）袭，例降为侯。及开建五等，以安都著勋先朝，封达河东郡开国侯，食邑八百户。”可见，河东郡又成为受封开国郡侯的薛达的实封地。《魏书·罗结传附罗拔传》："（罗拔）除征西将军、吏部尚书，改封赵郡王。后例降为公。”可见在“例降爵”措施实行后，赵郡为散公罗拔的虚封郡。《魏书·献文六王上·赵郡王干传》："（赵郡王干）太和九年，封河南王。……迁洛，改封赵郡王。”很明显，孝文帝迁都洛阳后，赵郡又成为诸王元干的实封郡。由此可见，在孝文帝爵制改革后，北魏国家开始将一些原来拥有五等爵者的虚封地，也作为诸王、开国郡公、开国郡侯的实封地进行封授。因此，也就出现北魏所设的同一郡，既是虚封爵的封地，同时也是实封爵封地的情况。依据上述的统计，北魏国家实行“例降爵”措施后，成为散公、散侯的虚封郡，共有 26 郡。依据《魏书》和墓志铭中的记载，传袭的散公、散侯的虚封郡，又被作为实封的王爵、开国爵的封地被封授的有：陇西郡、赵郡、河东郡、中山郡、扶风郡、长乐郡、博陵郡、齐郡、冯翊郡、上党郡、安定郡，共有 11 郡。可见这种情况并不是特例。

还需要指出的是，散爵的封地被作为王爵、开国爵的封地封授后，散爵

---

① 《魏书》卷一零七上《律历志上》。

② 《魏书》卷四五《韦阆传》。

的封地并没有被取消。从中山郡的封授情况来看，中山郡原来为散公王袭的封地。[1] 但是，宣武帝时，元英“改封中山王，食邑一千户”[2]。也就是中山郡又是中山王元英的封国。可是，散公王袭的封地中山郡，却被其子王忻、其孙王暄继承，直到“齐受禅，例降”[3]。再看散侯王谌的封地上党郡。宣武帝时，王仲兴“遂封上党郡开国公，食邑二千户”[4]。然而，散侯王谌的虚封地上党郡，却被他的后世三代子孙所继承，也直到“齐受禅，例降”[5]。这说明，传袭的散公、散侯的封地，可以被封为王爵、开国爵的封地，可是，王爵、开国爵的实封地又不影响散公、侯封的虚封地的存在。

在以县为封地的传袭和封授的散爵中，也出现与开国爵封地有联系的情况。《魏书·李顺传附李式传》：“（李式）历散骑常侍、平东将军、西兖州刺史，濮阳侯。……式子宪，字仲轨。清粹，善风仪，好学，有器度。太和初，袭爵，又降为伯。”显然，濮阳县是李宪承袭的散爵封地。但是，濮阳县又不是拥有散爵者独有的封地。《魏书·夏侯道迁传》：“（夏侯道迁）寻改封濮阳县开国侯，邑户如先。”可见，夏侯道迁受封开国县侯后，是以濮阳县作为封地的。《魏书·郭祚传》：“（郭祚）以赞迁洛之规，赐爵东光子。”郭祚受赐散爵是在孝文帝爵制改革后，因此，他的封地不是传袭的，而是新封授的。《魏书·阉官·封津传》：“（封津）孝昌初，除中侍中，加征虏将军，仍除崇训太仆，领宫室都将，冀州大中正。……（孝昌）二年，封东光县开国子，食邑二百户。”说明封授的散爵的封地也能够作为开国爵的封地封授。由此可见，无论是传袭的散爵，还是封授的散爵，作为它们封地的县，都可以再封授开国爵。统计《魏书》中的记载，传承的散爵和封授的散爵以县为封地者，共 69 人。他们的封地，又被封授为开国爵者的封地有：濮阳县、高邑县、武城县、下密县、东光县、朝阳县、定陶县、东阿县、永安县、容城县、长安县、始平县、长子县、栾城县、新昌县、安平县、蒲阴县、汝阳县，共有 18 县。这说明，散爵以县为封地与散爵以郡为封地一样，

① 《魏书》卷九三《恩幸·王睿传》。

② 《魏书》卷一九下《景穆十二王下·南安王桢传附元英传》。

③ 《魏书》卷九三《恩幸·王睿传》。

④ 《魏书》卷九三《恩幸·王仲兴传》。

⑤ 《魏书》卷九三《恩幸·王睿传附王谌传》。

都可以作为开国爵的封地。这种情况所以会出现，自然以作为散爵封地的郡、县是一种虚封为前提条件的。也就是说，散爵的封地能出现这种情况，正是因为北魏国家并没有将这种封地视为封国的决策所决定的。从这一点来看，可以说，北魏国家能够在散爵的封地上，再封授开国爵封地的做法，是与开国爵的实封地完全不同的，实际上，是受封散爵者完全不可能掌握的封地，因而，也就更加明显地表现出散爵封地的虚化特征。

因为北魏国家可以在散爵的封地上，再封授开国爵封地，所以，也就使散爵封地与爵位等级联系也随之出现变化。对散爵所承袭的北魏前期虚封的五等爵而言，可以说，五等爵的爵位等级与其虚封地的大郡、小郡和大县、小县是有密切联系的。从道武帝实行爵位改革后，就使这种联系更密切。正如《魏书·官氏志》所言，“王封大郡，公封小郡，侯封大县，子封小县”。而且，又将王分为大郡王、次郡王，将公分为大郡公、次郡公。不仅如此，对大多数进升五等爵爵位等级者，还要改封他们的封地。例如，和归“从征赫连昌有功，拜统万将军，赐爵成皋男。……进爵高阳侯”[①]。刘尼“拜羽林中郎，赐爵昌国子，加振威将军。……进爵建昌侯”[②]。北魏国家采取这些做法，是要通过受爵者的虚封地的改变来体现他们的身份地位的提高。不过，需要指出的是，北魏前期五等爵的等级与虚封地能够实现对应关系是建立在以晋代郡、县为虚封地名称基础上的。然而，孝文帝爵制改革后，北魏国家以实际所设郡、县作为散爵封地，并且，还使散爵的封地又能够成为开国爵的封地，因而，也就使虚封的散爵封地很难继续沿袭北魏前期五等爵虚封地能够体现爵位等级的作用。其中表现最明显的就是，散爵爵位等级的变动与封地的联系出现了变化。《魏书·郭祚传》：“（郭祚）以赞迁洛之规，赐爵东光子。……乘舆南讨，祚以兼侍中从，拜尚书，进爵为伯。”《魏书·杨播传》：“（杨仲宣）自奉朝请，稍迁太尉掾、中书舍人、通直散骑侍郎，加镇远将军，赐爵弘农男。建义初，迁通直常侍。出为平西将军、正平太守，进爵为伯。”《魏书·祖莹传》：“（祖莹）以太常行礼，封文安县子。……以功迁仪同三司，进爵为伯。”这些事例说明，北魏国家在进升散爵者的爵位等

① 《魏书》卷二八《和拔传》。

② 《魏书》卷三〇《刘尼传》。

级时，一般实行继续保留他们原来的封地，并不使其封地发生改变。北魏国家采取这种措施的目的，正是要适应散爵的爵位等级不与其封地发生联系的需要。可是，北魏国家对开国爵的等级的进升与封地的关系却与散爵不同。《魏书·杨播传》："（杨侃）于是除镇军将军、度支尚书、兼给事黄门侍郎，敷西县开国公，食邑一千户。……以济河之功，进爵济北郡开国公，增邑五百户。"杨侃原封地敷西县属华州华山郡。[①] 而进爵后的封地济北郡则属济州。[②] 很明显，北魏国家对杨侃的封地做了很大的变动。北魏国家对以县为封地的开国爵，也采取同样的做法。《魏书·源贺传》："（源延伯）除龙骧将军，行夏州事，封五城县开国子，食邑三百户。……随子雍至都，进爵浮阳伯，增封百户。"可见，源延伯的开国爵等级进升后，他的封地就由五城县改封至浮阳县。这说明，北魏国家并没有取消爵位等级与封地联系的措施，只是将这种措施改为在实封的开国爵范围内实行。北魏国家所以要实行这种改变，主要是因为开国爵的封地被视为封国，而散爵的封地则与行政郡、县等同，因而，散爵等级的改变，也就不需要继续沿袭北魏前期虚封的五等爵的做法。由于北魏国家将散爵的等级与封地截然分离，就使其封地的虚化特征更为突出。

综上所述，北魏孝文帝爵制改革后，开始实行实封爵与虚封爵并行的制度。由于实封爵的实行，就使北魏国家一定要以实际所设郡、县作为封地。在北魏国家这种规定的影响下，虚封散爵的封地没有沿袭北魏前期五等爵以晋代郡、县为封地名称的规定，而实行了以北魏实际所设郡、县作为封地的做法。由于这种做法的实行，就使散爵的封地由完全虚化的郡、县变为实际存在的郡、县。正因如此，北魏国家在对散爵封地的治理上，是以郡太守和县令行使权力的，进而体现与实封爵的封国的不同。而且，北魏国家还将散爵的封地可以像行政郡、县一样，再作为开国爵的封地加以封授。这说明，北魏国家将散爵的封地，是被视为行政郡、县的。由这种情况所决定，就使北魏国家取消了散爵的封地与爵位等级的联系，从而也就使散爵等级的变化，不再需要沿袭北魏前期虚封五等爵等级变化而改变封地的做法。由此可

---

① 《魏书》卷一〇六下《地形志下》。

② 《魏书》卷一〇六中《地形志中》。

见，虽然孝文帝爵制改革后，受封散爵者是以北魏所设郡、县作为封地的，但并没有使其封地的实际存在得到更多的体现，却与之相反，这种封地的虚化特征则更为增强了。

三、散爵封地的封授与受爵者籍贯的关系

孝文帝实行爵制改革后，对受封实封爵与散爵爵者的封地与他们的籍贯的联系是很重视的。就散爵的封授情况而言，北魏国家注意到散爵封地与受爵者籍贯的关系。不过，因为散爵分为传袭的散爵和封授的散爵，因而，北魏国家处理这两种散爵与籍贯的关系上，采取的措施是有区别的。

从传袭的散爵来看，其封地是从北魏前期五等爵的虚封地沿袭来的，并且，受封五等爵者，大多数是鲜卑人，而汉人受封散爵的人数较少。然而，对北魏前期的鲜卑人而言，他们是没有籍贯的，因而，他们受封五等爵的封地，自然是与籍贯没有关系的。由于北魏国家实行“例降爵”措施，使原来的虚封的五等爵转变为传袭的散爵，并使封地作为“本封”也沿袭下来。由于传袭散爵的封地具有这种特点，所以这种散爵的封地，依然可以视为与“本封”相同，是与籍贯没有联系的。

可是，对于封授散爵的封地而言，则与承袭的散爵不同。在这些受封散爵者中，既有汉人，也有鲜卑人。对于汉族人来说，他们拥有籍贯，是自不待言的。而对鲜卑人而言，由于孝文帝改革，使大多数鲜卑人都有了籍贯，特别是鲜卑上层勋贵。因为他们随同孝文帝迁都洛阳，因而，都以洛阳为籍贯，所以，鲜卑人的上层与汉族人一样，也就成为有籍贯者。由于籍贯的这种变化，就使北魏国家封授散爵时，也就需要掌握受爵者的封地与他们的籍贯关系。

从北魏受封散爵者的封地与籍贯的联系来看，实际表现出不同的情况。《魏书·崔挺传》：“（崔元珍）以破胡勋，赐爵凉城侯。”《魏书·常景传》：“（常景）参议《正光壬子历》，至是赐爵高阳子。”崔元珍籍贯为博陵安平县。[①] 常景则为“河内人也”[②]。崔元珍的散爵封地为东郡凉城县；常景的散

① 《魏书》卷五七《崔挺传》。

② 《魏书》卷八二《常景传》。

爵封地则为高阳郡高阳县。很明显，北魏国家封授崔元珍、常景封地时，对他们实行了籍贯回避。当然，北魏国家对一些散爵者封地的封授，只回避出身县，却不回避县所属郡。《魏书·祖莹传》："祖莹，字元珍，范阳遒人也。……以参议律历，赐爵容城县子。"祖莹的散爵封地容城县属范阳郡。[①]可见，祖莹的封地与出身郡相同，却与县不在同一地方。可以说，对以县为散爵者的封地情况而言，不回避县所属郡，只回避出身县，应该也属于籍贯回避。统计《魏书》和墓志铭中的记载，对受封散爵者的封地实行籍贯回避的有：元英、宇文福、郭祚、崔光、于果、刘英武、元遥、陆希道、慕容契、崔延伯、杜纂、元忻之、薛昙尚、崔元珍、高恭之、李孝怡、元志、李焕、韦融、杜长文、卢道虔、崔庠、杨谧、于劲、李世哲、祖莹、房叔祖、伊盆生、卢文翼、郑伯猷、裴粲、裴祐、孙绍、常景、杨范、杨仲宣、李虔、崔季良、郑辑之、郑简、崔瑜之、羊深、窦瑗，共 43 人。当然，在这些人中，还包括以洛阳为籍贯的上层鲜卑人。

北魏国家封授一些散爵封地，还使受爵者的封地与籍贯相同。《魏书·李顺传》："（李育）以拒葛荣之勋，赐爵赵郡公。"可是，李育的先世李顺却是"赵郡平棘人也"[②]。显然，北魏国家使李育受封散爵封地时，没有回避他的籍贯。北魏国家对以县为散爵封地的封授，也出现这种情况。《魏书·儒林·李业兴传》："李业兴，上党长子人也。……永安二年，以前造历之勋，赐爵长子伯。"可见，李业兴受封散爵封地长子县，正是他的出身县。这说明，北魏国家封授散爵者的封地，并不都是与他们的出身地不同。也就是说，对一些受封散爵者的封地是不实行籍贯回避的。统计《魏书》和墓志铭中记载，受封散爵者的封地与籍贯相同的有：李育、李业兴、王温、崔思韶、杨逸、薛怀俊，共 6 人。

由上述受封散爵者的封地与籍贯的关系来看，封地与籍贯不同的有 43 人；封地与籍贯相同的只有 6 人。从人数对比上看，应该说北魏国家对绝大多数散爵者的封地的封授，是要实行籍贯回避的。对封地没有实行籍贯回避的受封者而言，一般都有特殊的情况。《魏书·阉官·王温传》："（王温）赵

① 《魏书》卷一〇六上《地形志上》。

② 《魏书》卷三六《李顺传》。

郡栾城人。……世宗之崩，群官迎肃宗于东宫。温于卧中起肃宗，与保母扶抱肃宗，入践帝位。……灵太后临朝，征还为中常侍、光禄大夫，赐爵栾城伯。”可见，灵太后将王温散爵的封地封授在他的出身县，当然是要褒奖他在拥立孝明帝即位时的尽忠表现。《魏书·崔亮传》：“崔亮，字敬儒，清河东武城人也。……亮弟敬默。……子思韶，从亮征硖石，以军功赐爵武城子。”显然，崔思韶受封散爵封地与他的籍贯相同，是国家要对他所立军功的特殊奖励。这说明，北魏国家采取使受封散爵者的封地不回避他们的籍贯的做法，是要通过特殊的封授，表明更加重对受爵者的奖赏。因此，可以明确，北魏国家在一般情况下，要使受封散爵者的封地与他们的出身地分离，也就是实行籍贯回避。但出于汲引立功者的特殊需要，则对受封散爵者的封地与他们的出身地采取不回避的做法，进而使受爵者得到的特别优待能够由此更明确地体现出来。

实际上，北魏国家对受封散爵者的封地实行籍贯回避，是与受封开国爵者的封地的籍贯回避是相同的。可以说，北魏国家对受封开国爵者封地的籍贯回避是很严格的。《魏书·李神传》：“李神，恒农人。……频有军功，封长乐县开国男，食邑二百户。……以功进爵为公，增邑八百，通前一千户。……改封安康郡开国公，加封五百户。”李神受封开国县男的封地长乐县属东郡。而进封开国郡公后，又将他的封地改封至安康郡。可见，李神的两处封地都回避了他出身的恒农郡。北魏国家对开国爵者的封地实行籍贯回避的做法，主要原因在于他们的封地被视为封国，因此，也就需要将这种封国与受封者的出身地隔离，以此表明对受封者权益的限制，因此，可以防止他们利用封地所具有的优越性与特殊性，能够与同乡里的地方势力结合，进而影响国家对他们封地的控制。然而，北魏国家对受封散爵者的封地实行籍贯回避，则与限制受爵者的权益和影响国家对地方的控制并无关系。因为尽管散爵的封地是北魏国家实际设置的郡、县，可是，这种封地却比北魏前期五等爵的封地更为虚化，因此，国家实行的籍贯回避的做法，也就不能产生实际的影响效果。北魏国家所以要对散爵的封地实行籍贯回避，是在散爵与开国爵并行的社会状况下，很难将对两种爵位所采取的规定截然分开，因此，这种籍贯回避的做法，也就只是对实封爵封地的封授规定的一种效法。

四、余　论

孝文帝爵制改革后，北魏国家开始实行实封的王爵、开国爵与虚封的散爵并行的制度，因而，取代了爵制改革前单一的虚封的五等爵制度。虽然北魏国家将实封的王爵、开国爵与虚封的散爵一并实行，可是，这两种爵位所处的地位却有很大的不同。从实封的王爵、开国爵来看，他们可以在封地中设置“社”，并设置专门的内史、相治理，而且，实封爵的封地也是受爵者获得食邑的所在地。因此，由于北魏国家对实封爵的封地实行这些做法，就使当时国家必须要以实际所设的郡、县作为实封爵的封地。尽管如此，北魏国家出于控制地方的需要，使受封实封爵者掌握封地的权力是被严格限制的。由此来看，这些受封王爵、开国爵者的封地，只是他们获得食邑收益的“封国”，并且，也是在理念上能够掌控的“封国”。可以说，孝文帝爵制改革推行的实封爵制，实际是在北魏特殊的社会条件下，实行的使受封实封爵者能部分地控制封地的一种特别的分封制。

不过，因为孝文帝爵制改革后实行的这种特殊的具有分封特色的实封爵制，对同时实行的虚封的散爵制，自然要产生很大的影响。应该说，北魏国家实行虚封的散爵制，从表面上看，是为了使北魏前期实行的虚封的五等爵制能够得以延续。实际上，北魏建国后开始推行的虚封的五等爵制，对北魏前期社会产生了重要的影响。这种影响主要表现在，使当时社会中，出现了具有很强政治势力的拥有爵位的阶层。在这个阶层中，人数最多、爵位等级最高的是，鲜卑贵族和军功勋臣。可是，孝文帝爵制改革，不能使这些强势的有爵位的阶层全部都转变为拥有实封爵者，所以，只能采取“例降爵”的措施，使多数的原来有五等爵者继续保留虚封爵。这正是孝文帝爵制改革后还要实行虚封散爵制的重要原因。可是，这种散爵制，却必须要适应北魏国家推行实封的王爵、开国爵制的需要。正因如此，北魏国家也就需要将保留的虚封爵者的封地，由原来以晋代的郡、县来命名封地的做法，改为以北魏实际所设郡、县作为封地的名称。尽管北魏国家使虚封散爵的命名方式，与实封的王爵、开国爵取得了一致，可是，当时国家对拥有散爵者的封地，并没有设置专门的官员治理，也与散爵的等级没有联系，并且，还能够作为开国爵的封地被封授，因此，这些拥有散爵者的封地，实际是与北魏所设的郡、县没有差别的。可以说，散爵的封地的这些特点，展示出明显的虚封特色。特别是，散爵的爵位等级与封地状况完全脱离，就造成与北魏前期虚封的五等爵存在较大的差异，因此，散爵的封地的虚化特征也就更加明显。由此可见，这种散爵的封地，只不过是受封散爵者对爵位拥有的象征而已。

尽管散爵封地为明显虚化的封地，可是，却是与实封的王爵、开国爵一并实行的。因此，在对二者封地的一些规定上，又不能截然分开。表现最明显的就是，与开国爵一样，也实行受封爵者的封地需要回避他们籍贯的规定。应该说，散爵封地的这种封授，实际是对开国爵封地封授的仿效。尽管虚封的散爵与实封的王爵、开国爵还有一些关联，但是，二者之间却是不能够替代的。由于北魏国家将实封王爵、开国爵作为居于主导地位的爵制，因此，散爵的封授，只是对实封王爵、开国爵的补充。也就是说，散爵制只是北魏国家所实行的特殊分封制的一种连带的爵制。所以，从这一方面来看，散爵封地的封授，实际只是对实封爵的封地封授的一种伴随规定，进而也就更增加了北魏国家所实行的这种分封制的复杂化和特殊化的特色。

（原载《古代文明》2016 年第 4 期）

论北魏开国爵的封授及其追封与叠授

太和十六年，北魏国家进行爵位改革，开始实行实封爵制。北魏国家实行的实封爵与虚封爵不同。这两种爵位的主要差别在于，北魏实行的虚封爵，只赐授爵位等级；而实封爵的封授，不仅可以获得爵位等级，也能够领有食邑。北魏国家实行的可以领有食邑的实封爵包括王爵和开国爵。但是，王爵与开国爵的封授对象不同。北魏国家王爵的封授对象，限制在道武子孙的范围内；而开国爵的封授对象，则是立有功劳的国家官员。可以说，孝文帝爵位改革后，王爵与开国爵的封授是存在区别的，所以，需要对北魏国家实行的开国爵做专门的探讨。张维训先生对北魏开国爵问题提出了值得注意的意见，① 杨光辉教授在对北魏爵位的考察时也对开国爵的问题有所提及，② 可是，他们对北魏开国爵封授的实现以及开国爵的追封与叠授诸问题，都没有做比较深入的讨论。因此，本文拟对这些问题做一些探讨，希望有益于对北魏开国爵研究的深化。

一、开国爵封授的实现

考察北魏开国爵封授的实现，需要提及受封开国爵者与职官任职的关系问题，因而，这也就涉及北魏实行的职官制度及职官与爵位的联系。从北魏的官制来看，在当时国家的统治体系中占有很重要的地位。在北魏建国后，道武帝可以选择的统治方式有分封制、官僚制和世族制。但道武帝在这三种

---

① 张维训：《试论北魏的食邑制度——拓跋魏封建化措施之一》，《厦门大学学报》，1979 年第 4 期。

② 杨光辉：《汉唐封爵制度》，学苑出版社，2004 年，第 103 - 115 页。

方式中，只选择了官僚制。诚如宫崎市定所言，在拓跋鲜卑氏族制瓦解的时候，对于天子而言，最希望出现的是官僚制度。① 因为对于拓跋鲜卑统治者来说，选择分封制会使拓跋鲜卑人联合的北方少数民族首领的势力尾大不掉，发展成割据地方的势力。而世族制，则是在上层汉族人中实行的制度，对于北方少数民族贵族来说，还不具备实行的条件。但世族制是与官僚制是相联系的，还可以服务于官僚制。这就是说，在北魏建国后，实行官僚制对国家统治才最为有利。正因为如此，拓跋鲜卑统治者模仿晋制，将皇帝直接控制下的官僚体系作为主导的统治方式。因此，北魏国家为了保证官本位体制的主导地位，很重视职官制度的建设和职官的选任。至孝文帝时，为了进一步加强官僚体制，又进行了官制改革。太和十五年，他“大定官品”②。太和十七年、太和二十三年，又先后制定了前《职员令》和后《职员令》，从而使北魏的职官制度更为完善。北魏国家统治者采取这些做法，更促使了官本位体制的强化，因而也就很有利于国家统治的需要。而且，这种官本位体制对国家的其他制度以及社会中的家族和个人的地位都有重大的影响。

当然，北魏国家实行以官本位体制为主导的做法，对爵位制度的影响也是明显的。天兴元年，道武帝“诏尚书吏部郎中邓渊典官制，立爵品”③。也就是说，北魏国家在制度规定上要使官位与爵位的品级序列分开。可是，这种做法并不能使官位与爵位都在国家统治体系中居于同样的地位。实际上，北魏前期，国家赐授爵位是要为国家的官本位体制服务的。这种情况表现有二：

一是将赐授爵位的对象限制在担任职官者的范围内。《魏书·神元平文诸帝子孙·真定侯陆传》：“（拓跋陆）神元皇帝之后也。世祖时，以武功颇蒙恩遇，拜散骑常侍，赐爵真定侯。”拓跋陆的身份为宗室，显然北魏国家向他赐授爵位注意到担任职官的状况。《魏书·燕凤传》：“（燕凤）太祖即位，历吏部郎、给事黄门侍郎、行台尚书，甚见礼重。……世祖初，以旧勋赐爵平舒侯，加镇远将军。”显然燕凤受赐爵位，是与他担任国家重要职官

① 宫崎市定：《九品官人法研究》，韩昇译，中华书局，2008年，第233页。

② 《魏书》卷七下《孝文帝纪》。

③ 《魏书》卷二《道武帝纪》。

是有密切联系的。可是，燕凤的身份却是代人。代人是北魏前期国家统治所依靠的重要的社会集团。[①] 然而，他们要获得爵位依然需要担任国家职官。至于为北魏政权服务的汉人就更是如此了。例如，辽东人晁晖“太祖时给事诸曹，稍迁给事中，赐爵长平侯”[②]。昌黎人谷浑“迁侍中、安南将军，领仪曹尚书，赐爵濮阳公”[③]。由此可见，北魏前期，国家对宗室、代人和汉人赐授爵位都是以担任国家职官为条件的。换言之，北魏国家对没有担任职官身份者，一般是不赐授爵位的。

二是北魏国家通过为受赐爵位者加拜将军号，使爵位与职官联系起来。《魏书·长孙肥传》：“（长孙石洛）世祖初，为羽林郎，稍迁散骑常侍。从征赫连昌，为都将，以功拜乐部尚书，赐爵临淮公，加宁西将军。”《魏书·屈尊传》：“（屈垣）以破平凉功，赐爵济北公，加平南将军。”这些事例说明，北魏前期国家为受赐爵位者加拜将军号是固定的做法。川本芳昭考证，赐授爵位的品级与加拜将军号的品级基本是一致的。[④] 而且，受爵者所领将军号与爵位一样可以被后世继承。正如《魏书·官氏志》说：“旧制：诸以勋赐官爵者，子孙世袭军号。”不过，后世继承的爵位只能够体现他们的身份地位。而继承的将军号品级则可以作为起家官的依据。很明显，北魏前期，国家只是在形式上使官位与爵位分离，实际国家不仅使官位与爵位具有联系，并且，还使其服务于国家的官本位体制。因此，从北魏前期受赐爵位的条件以及爵位与职官的关系来看，爵位与国家官本位体制是紧密联系在一起的。

太和十六年，孝文帝进行爵位改革，实行实封爵与虚封爵并行的制度。实封爵包括王爵与开国爵。王爵成为实封爵是因为北魏国家使其可以领有食邑。而开国爵则是北魏国家新实行的爵位。而虚封爵则是沿袭了北魏前期的做法。在后《职员令》制定后，称为散爵。尽管孝文帝爵位改革后，爵位制度较之北魏前期更为复杂，可是，北魏国家依然使这些不同性质的爵位与职官保持密切的联系。特别是，太和二十三年，孝文帝制定后《职员令》，将

---

① 康乐：《代人集团的形成与发展——拓跋魏的国家基础》，《中研院历史语言研究所集刊论文类编·历史编·魏晋隋唐五代卷》，中华书局，2009 年，第 538 页。

② 《魏书》卷九一《术艺·晁崇传》。

③ 《魏书》卷三三《谷浑传》。

④ 川本芳昭：《魏晋南北朝時代の民族問題》，汲古书院，1998 年，第 264 页。

实封爵与虚封爵编制为统一的品级序列，并且，还将爵位的品级序列与职官的品级相比照、对应，在形式上实现了职官品级与爵位品级的一体化。这就是说，北魏国家将爵位与职官完全编制在统一的品级框架中，而且，还对统一的爵位序列的品级都做了明确的规定。这种爵位与职官统一的品级框架体系的形成，就使北魏国家的官本位体制更为明确。

需要注意的是，后《职员令》规定：王、开国郡公为一品；开国县公、散公为从一品；开国县侯为二品；散侯为从二品；开国县伯为三品；散伯为从三品；开国县子为四品；散子为从四品；开国县男为五品；散男为从五品。[①] 在后《职员令》中对开国爵与散爵的统一品级序列的下限定为从五品，显然这是采取魏晋以来的传统做法。即职官在五品以上，相当于古代的公卿大夫。[②] 也就是社会中具有特权的上层群体。由于后《职员令》这样确定爵位的品级，自然确定北魏开国爵与散爵的封授对象的范围，也就是有限制的。事实上，北魏爵位的封授，只是在拥有政治特权的上层群体中进行。当然，对实封的开国爵的封授就更是如此。

从开国爵的封授情况来看，是以担任职官为条件的。《魏书·高祐传》："（高乾邕）永熙中，司空公、长乐郡开国公。"可见，担任司空者能够获得开国爵的封授。后《职员令》规定，司空为一品，是最高品级官员。[③] 就是说，任一品实职官者，可以受封开国爵。能够受封开国爵官员品级的下限规定也是明确的。统计《魏书》和墓志铭中的记载，担任尚书郎中、吏部郎中、中兵参军、尚书外兵郎、仓曹参军、尚书屯田郎中、治书侍御史等职官的，都可以受封开国爵。很显然，北魏国家对能够受封开国爵者所任实职官的品级规定限制在一品至六品的范围之内。自魏晋以来，六品职官处于特殊的位置。宫崎市定认为，九品官人法贵族化运作后，贵族子弟一概从六品官起家，所以，六品以上和七品以下之间产生了很大的断层。[④] 由此可见，北魏国家对受封开国爵的职官品级的下限规定为六品，正是要保证开国爵的封授能够在有政治特权的群体中进行，因而，这也是使开国爵的封授服务于国

---

① 《魏书》卷一一三《官氏志》。

② 宫崎市定：《九品官人法研究》，韩昇译，中华书局，2008年，第330页。

③ 《魏书》卷一一三《官氏志》。

④ 宫崎市定：《九品官人法研究》，韩昇译，中华书局，2008年，第330页。

家官本位体制和世家大族制的明显表现。

北魏国家不仅确定可以受封开国爵的职官品级，并且，还将开国爵的封授与奖赏功劳结合在一起。实际上，北魏建国后，便以爵位奖赏立功的官员。这成为当时国家授予爵位的传统。《魏书·莫含传》："（莫含）太祖时，常典选曹，转给事中。以功赐爵安德侯。"《魏书·韩茂传》："（韩茂）后从世祖讨赫连昌，大破之。……以军功赐茂爵蒲阴子。"这就是说，尽管北魏前期国家赐授的爵位为虚封爵，可是，一般要将爵位授予有功劳的国家官员。北魏国家实行实封的开国爵后，继承了授爵的传统做法，因而，官员立有功劳是可以获得爵位封授的重要条件。《魏书·于栗磾传附于忠传》："（于忠）以平元禧功，封魏郡开国公，食邑九百户。"《魏书·穆崇传附穆顗传》："（穆子琳）除尚书屯田郎中。出帝即位，以摄仪曹事，封高唐县开国男，邑二百户。"于忠受封开国爵依据的是军功，而穆子琳获得开国爵的封授，则依据的为事功。也就是说，北魏国家一般是将官员的功劳分为军功和事功来封授开国爵的。

上述情况说明，北魏国家封授开国爵是要将受爵对象限制在六品以上的官员的范围之内。而且，在这一范围的官员必须要立有军功和事功。这样就使可以获得开国爵的封授成为国家限定范围内的职官拥有的一种特权。由于开国爵的封授是国家对立功官员的奖赏，因而也就可以对拥有政治特权的社会上层起到的激励作用。这正是北魏国家在开国爵的封授上，将受爵者的职官品级和所立功劳结合在一起的意义之所在。正因为如此，这也就使北魏开国爵的封授，必须要以职官的品级和功劳为标准。可以说，二者是缺一不可的。

实际上，北魏建国后，就对制定和掌握职官和爵位的品级是很重视的。道武帝时，吏部郎中邓渊制定官制和爵制，使"吏部尚书崔玄伯总而裁之"①。也就是说，吏部尚书把握职官和爵位的品级是其重要的职掌。随着北魏国家官僚机构的不断完善，吏部尚书的这种职掌也就更为强化了。孝文帝官职改革后，"自今选举，每以季月，本曹与吏部铨简"②。吏部尚书要铨简

---

① 《魏书》卷二《道武帝纪》。

② 《魏书》卷七下《孝文帝纪》。

官员，当然要掌握职官的品级及被选举者的政绩。特别是，太和二十三年制定后《职员令》，使爵位品级与职官品级一体化，并在宣武帝时开始实行。由于后《职员令》的实行，也就使吏部尚书对职官品级和爵位品级的掌握更为明确化。由此来看，在开国爵开始实行之时，由于吏部尚书掌管职官的品级，所以，也就能够把握受爵职官的限定范围。可以说，开国爵封授的职官品级标准，实际是由吏部尚书掌管的。

北魏的吏部尚书不仅掌管官员的职官和爵位品级，而且，还要掌握任职官员的功劳。北魏后期，吏部尚书的这种职掌就更为明确。在吏部有专门的官员功绩的记录，称为“吏部勋书”①。孝明帝时，吏部左丞卢同上书：“自今叙阶之后，名簿具注加补日月，尚书印记，然后付曹。郎中别作抄目，印记一如尚书，郎中自掌，递代相付。此制一行，差止奸罔。”② 卢同的上书，是针对“人多窃冒军功”的不良风气而提出的改进“勋书”管理的措施。但由此可以看出，官员职位晋升要根据“勋书”，并且，吏部的“勋书”也应该是封授爵位的依据。因为吏部尚书掌管职官的功劳，所以，北魏国家要封授官员开国爵，自然需要由吏部尚书核查官员的功劳。这就是说，北魏国家封授开国爵所要把握的职官功劳状况，实际也是由吏部尚书掌控的。

由于吏部尚书可以掌管职官品级与功劳，所以，北魏国家封授开国爵，也就必须要使吏部尚书掌握爵位封授的审核权。可是，受封开国爵者的举荐，却不是由吏部尚书，而是由尚书省的长官负责的。《魏书·外戚下·高肇传》：“（高肇）为尚书左仆射、领吏部、冀州大中正，尚世宗姑高平公主，迁尚书令。……高后既立，愈见宠信。肇既当衡轴，每事任己，本无学识，动违礼度，好改先朝旧制，出情妄作，减削封秩，抑黜勋人。”这里提到尚书令高肇可以“减削封秩”，也就是能够剥夺官员的开国爵。很显然，北魏尚书令的职掌涉及开国爵的封授和爵位的变动。不过，尚书令对开国爵封授对象的确定，并不意味他们有最后的决定权。《魏书·李平传》：“尚书令、任城王澄奏理平定冀之勋，请酬以山河之赏。灵太后乃封武邑郡开国公，食邑一千五百户。”这一记载中提到“请酬”，就是请求朝廷封授爵位。显然李

① 《魏书》卷七六《卢同传》。

② 《魏书》卷七六《卢同传》。

平被封授开国爵，正是由尚书令元澄根据他所立“定冀之勋”，向国家举荐的。很显然，北魏尚书令在开国爵的封授上，只具有举荐的权力，并没有确认的权力。然而，尚书省长官可以举荐受封开国爵者，对实现开国爵的封授却是必须要通过的重要环节。

北魏国家封授开国爵的最后决定权，实际是由皇帝控制的。《魏书·裴叔业传》载宣武帝景明三年诏书：“（裴）叔业明敏秀发，英款早悟，驰表送诚，忠高振古，宜加褒授，以彰先觉。可使持节、散骑常侍、都督豫雍兖徐司五州诸军事、征南将军、豫州刺史，封兰陵郡开国公，食邑三千户。”据此可见，皇帝在诏书中要说明封授国家官员开国爵的理由，而且，要确定封授开国爵的等级和食邑的数量。这说明，北魏国家确定开国爵的封授，正是由皇帝最后下诏实现的。而且，皇帝还要处理一些在封授开国爵中出现的特殊情况。《魏书·源贺传附源怀传》载源贺上表：“（陆）丽以父功而获河山之赏，臣有家勋，不沾茅社之赐。得否相悬，请垂裁处。”孝文帝下诏：“宿老元丕，云如所诉，访之史官，颇亦言此。可依比授冯翊郡开国公，邑百户。”这就是说，北魏国家对一些官员上表申诉封授开国爵的特殊请求，显然是直接由皇帝下诏来决定的。

北魏国家以诏令形式表明开国爵封授的实现，即使在国家权力不为皇帝亲自掌握的情况下也是如此。孝明帝时，胡太后控制朝政，一些封授开国爵的诏令就是由她发布的。如熙平元年，胡太后下诏：“（于）忠以往年大讳之际，开崇邑土，然酬庸理乖，有司执夺。岂宜一谬，弃其余勋也。但忠厥任禁要，诚节皎然，宜褒锡山河，以安厥望。可灵寿县开国公，邑五百户。”①这说明，皇太后封授开国爵的诏令与皇帝的诏令能够起到同样的作用。

不过，还要提及的是，北魏末年，尔朱荣军事集团一度控制北魏朝政，当然也就掌握了开国爵的最后的决定权。正因为如此，尔朱荣能够恣意地封授他的家族成员与亲信开国爵。可是，他还是不敢忽视皇帝诏令在开国爵封授上的作用。《魏故冀州刺史华山王墓志铭》：“建义元年，大将军尔朱荣入洛，除征北将军、护军将军，领左卫将军，诏封昌安县开国侯，食邑八百

---

① 《魏书》卷三一《于栗磾传》。

户。”① 可见，在这一时期，对开国爵的封授并没有废弃传统的确定方式，还要由诏令来表明开国爵封授的合理性，只是这些诏令的发布不过是借用皇帝的名义而已。这些情况说明，北魏开国爵封授的最后确定，正是皇帝最高统治权的一种表现，因而，皇帝的诏令也就起到了决定的作用。因此，可以说，皇帝的诏令正是表明开国爵封授具有合法性的明确体现。

此外，还需要指出的是，北魏开国爵的封授与“朝议”的关系。《魏书·于栗磾传附于忠传》：“于是太尉雍、清河王怿、广平王怀，难违其意，议封忠常山郡开国公，食邑二千户。百僚咸以为然。忠又难于独受，乃讽朝廷，同在门下者皆加封邑。”根据这一记载，似乎北魏开国爵的封授还要举行“朝议”。可是，这种“朝议”的举行，却是在于忠控制朝政的情况下，为证明他受封开国爵的合理而强行召集的，所以，这不过是掩饰众人耳目的一种做法。漥田庆文考证，北魏后期，为封爵举行“朝议”仅此一例，并且，北魏后期皇帝出席的“朝议”已经不常见。② 因此，也就很难说北魏后期开国爵的封授还需要经过“朝议”这一程序。

总之，北魏开国爵的封授的实现，需要经过必要的程序。因为开国爵的封授对象是六品以上立有功劳的官员，所以就需要吏部尚书对准备受封开国爵者的职官品级与所立功劳进行审核。然后由尚书省长官向朝廷提出建议，举荐可以受封开国爵的官员，最后由皇帝发布诏令，确定封授开国爵的人员。而皇帝的诏令正是开国爵封授具有合法性的体现。不过，北魏皇帝的诏令却是由中书省起草的。正如《魏书·恩幸·徐纥传》说：“总摄中书门下之事，军国诏命，莫不由之。”这就是说，尽管开国爵的封授是由皇帝通过诏令最后决定的，但是，却需要经过尚书省和中书省的相关职官的运作，才能够保证爵位封授的正常进行。很明显，北魏开国爵的封授，实际正是依靠皇帝控制的官僚体制才能够实现的，因而，这种官僚体制也是开国爵封授实现的保证。由于获得开国爵的官员，是北魏国家的既得利益者，所以，也就使这种封授的规定与官僚体制一样，成为只能使特权阶层才可以获得爵位的

① 赵超：《汉魏南北朝墓志汇编》天津人民出版社，2008年，第343页。

② 漥田庆文：《北魏の議》。《魏晋南北朝官僚制度研究》，汲古书院，2003年，第408－412页。

一种固化的运作机制。

二、开国爵的追封

北魏国家在开国爵的封授上，还实行追封的特殊做法。所谓开国爵的追封，就是对亡故者封授开国爵。如于烈“暴疾卒，时年六十五。世宗举哀于朝堂。……追封巨鹿郡开国公，增邑五百户，并前千户”①。又如李韶“正光五年四月，卒于官，年七十二。……永安中追封安城县开国伯，邑四百户”②。北魏国家对亡故官员追封开国爵与为亡故官员授予赠爵不同。赠爵只是给予亡故官员荣誉，而追封则是开国爵的一种封授方式。这种方式与开国爵正常封授不同的是，授爵的对象只是亡故的官员。

从追封开国爵的标准来看，北魏国家对受追封官员的职官品级是有限定的。统计《魏书》和墓志铭中的记载，并依据后《职员令》对职官品级的规定，可以看到，北魏受追封开国爵者所任实职官有：散骑常侍（从三品）、光禄少卿（四品）、太府少卿（四品）、司徒祭酒（从五品）。另外还有：定州刺史、南兖州刺史、南秦州刺史。后《职员令》规定，北魏后期刺史分为上州、中州和下州刺史，其品级分别为三品、从三品、四品。由此可见，北魏国家确定追封开国爵的对象依据的也是他们生前所任的职官，而且，职官的品级都不低于六品。这说明，北魏国家追封开国爵，也需要在生前担任六品以上职官的范围内进行。

北魏国家还要在规定的职官品级范围内，依据他们生前的功劳追封开国爵。《魏书·李宝传附李韶传》：“（李韶）克定秦陇，永安中追封安城县开国伯，邑四百户。”可见，李韶被追封开国爵，是因为他生前立下“克定秦陇”的军功。《魏书·郑曦传附郑祖育传》：“建义初，庄帝以仲明舅氏之亲，其弟与谋扶戴。仲明之死也，且有奉国之意，乃追封安平县开国侯、邑七百户。”显然郑仲明获得开国爵的追封，则是由于他生前曾辅助孝庄帝，也就是立有事功。这些事例说明，在六品以上职官的范围内，北魏国家追封开国

---

① 《魏书》卷三一《于栗磾传》。

② 《魏书》卷三九《李宝传附李韶传》。

爵，与正常封授开国爵一样，是要依据受爵者生前所立军功和事功的情况。因此，官员的军功和事功，也是追封开国爵的重要标准。

北魏国家追封开国爵，需要国家有最后确定方式。《魏书·节义·王荣传》："及贼陷城，与戍副邓元兴等俱以不屈被害。肃宗下诏褒美忠节，进荣世爵为伯，赠齐州刺史；元兴开国子，赠洛州刺史。"可见，王荣和邓元兴亡故后，他们晋升爵位以及开国爵的追封，都要由皇帝下诏确认。这说明，最后确定开国爵追封具有合法性，与开国爵的正常封授是同样的，都要通过诏书表现出来。

北魏国家为亡故者追封的开国爵与正常封授的开国爵，是没有明显差别的。《魏书·于栗磾传附于烈传》："（于烈）封聊城县开国子，食邑二百户。……以烈为散骑常侍、车骑大将军、领军，进爵为侯，增邑三百户，并前五百户。……暴疾卒，时年六十五。……追封巨鹿郡开国公，增邑五百户，并前千户。"这说明，北魏国家能够在亡故者生前爵位等级和食邑数量的基础上，晋升爵位等级和增加食邑数量。也就是说，受封开国爵者生前和亡故后获得爵位等级是连续的，并不是截然分开的。而且，北魏国家还能够改变已经追封的开国爵的等级。《魏书·景穆十二王下·南安王桢传附元叔献传》："（元纂）追封北平县公，赠安北将军、恒州刺史，改封高唐县开国侯，食邑八百户。"很明显，北魏国家可以对原来追封的开国爵等级以改封的方式给予贬降。

当然，还要指出的是，追封的开国爵可以为后世继承。诸如，江悦之"寻卒，年六十一。赠辅国将军、梁州刺史，追封安平县开国子，食邑三百户"。其子江文遥"永平初，袭封"[①]。元诱"追封都昌县开国伯，食邑八百户。……子始伯，袭"[②]。李韶"永安中追封安城县开国伯，邑四百户。长子玙，……袭。"[③] 杨令宝"征拜冠军将军，试守京兆内史。卒，追封邵陵县开国子，邑二百户，赐帛三百匹，赠征虏将军、华州刺史。……子彪，袭爵"[④]。这些事例说明，在爵位的继承上，追封的开国爵与在世时受封的开国

---

① 《魏书》卷七一《江悦之传》。

② 《魏书》卷一九下《景穆十二王·南安王桢传》。

③ 《魏书》卷三九《李宝传附李韶传》。

④ 《魏书》卷七一《裴叔业传》。

爵也是完全相同的。

综上可见，北魏国家实行开国爵的追封与正常封授爵位的差别，只是在立有功劳的亡故官员中进行的，在其他方面是与正常封授基本相同的。正因为如此，北魏国家实行的追封，也就是开国爵的一种重要的封授方式。北魏国家采取追封的做法，当然是要通过爵位封授表现他们对官员所立功劳的认定，实际这正是对国家正常封授开国爵的补充。同时，这种追封还可以体现皇帝对亡故官员的恩恤，进而也就更加重了封授开国爵所具有的赏赐功劳的意义。

三、开国爵的叠授

北魏国家在开国爵的封授上，还有叠授做法的实行。所谓叠授，是北魏国家可以向一人封授多个开国爵，也能够向一人既封授开国爵，还可以封授散爵。《魏书·杜铨传》："（杜颙）孝昌二年，为西征军司，行岐州事。萧宝夤起逆，颙据州不从。……以守岐州勋，封平阳县开国伯，邑五百户。……永安中，除泾州刺史。时万俟丑奴充斥关右，不行。乃为都督，防守岐州。丑奴攻之，不克。事宁，除镇西将军、光禄大夫。以勋又赏安平县开国伯，食邑五百户。"这正是对开国爵的叠授。《魏书·恩幸·侯刚传》："（侯刚）与侍中崔光迎肃宗于东宫。寻除卫尉卿，封武阳县开国侯，邑千二百户。俄为侍中、抚军将军、恒州大中正。迁卫将军。……进爵为公，以给侍之劳，加赏散伯。"很明显，北魏官员在受封开国爵后，还能够加赐散爵，实际也是爵位的叠授。只是这种叠授，是将开国爵与散爵结合在一起的特殊封授。

从北魏国家开国爵封授的情况来看，对叠授一位受爵者的开国爵数量是没有限制的。《魏书·源贺传附源子恭传》："（源子恭）征拜右光禄大夫、给事黄门侍郎，仍本将军。录其前后征讨功，封临颍县开国侯，食邑六百户，加散骑常侍。俄迁侍中。……前废帝初，除骠骑将军、左光禄大夫，侍中如故。……以与定策之勋，封临汝县开国子，食邑三百户。……永熙中，入为吏部尚书，加骠骑大将军。以子恭前在豫州战功，追赏襄城县开国男，食邑二百户。又论子恭余效，封新城县开国子，食邑四百户。"据此可见，北魏国家封授源子恭的开国爵就有临颍县开国侯、临汝县开国子、襄城县开国男、新城县开国子，总共受封四个开国爵爵位。不过，这种情况是比较少见的。实际上，北魏国家叠授开国爵，使一位受爵者获得两个爵位的情况则是比较多见的。统计《魏书》记载，北魏国家为受爵者叠授两个开国爵有：长孙稚、王肃、封津、侯渊、于烈、郑季明、奚康生、杨令宝。不过，这些获得开国爵叠授者却是通过不同方式取得的。《魏书·阉官·封津传》："（封津）超拜金紫光禄大夫。二年，封东光县开国子，食邑二百户，镇南将军，兼关中右慰劳大传。……初，津被敕营出帝父广平王陵。永熙中，以营陵功，封津城阳县开国子，邑三百户。"可见，封津受封二个开国爵，都是他生前获得的叠授。《魏书·裴叔业传》："（杨令宝）遂参叔业归诚之谋。景明初，除辅国将军、南兖州刺史。拟戍淮阴，封宁陵县开国子，食邑五百户。在淮南征战，累著劳捷。……卒，追封邵陵县开国子，邑二百户。"显然南朝降臣杨令宝也两次受封开国爵。可是，他开国爵的叠授，却一次为生前受爵，而另一次则为亡故后的追封。尽管叠授开国爵的方式不同，但他们都成为拥有两个开国爵者，所具有的实际意义是没有差别的。

北魏国家可以在开国爵的封授上实行叠授，这是有重要原因的。其中最重要的是，北魏国家将开国爵的封授视为一种赏赐。《魏书·源贺传附源怀传》载源怀上表："先臣远则援立高宗，宝历不坠；近则陈力显祖，神器有归。如斯之勋，超世之事。丽以父功而获河山之赏，臣有家勋，不沾茅社之赐。得否相悬，请垂裁处。"所谓"河山之赏"，就是指对开国爵的封授。所以，在《魏书》和墓志铭中将北魏国家封授开国爵，既可以称为"封"，也可以称为"赏"。例如，《魏书·郦范传附郦恽传》："（郦恽）以功赏魏昌县开国子，邑三百户。"《魏平阳县开国子元君墓志》："（元显恭）淮南肃清，君之功也。赏兖州平阳县开国子，食邑三百户。"① 既然如此，北魏国家在开国爵的封授上，就不会使封爵的数量受到限制。因为从北魏国家的赏赐措施来看，完全是依照皇帝的意志来决定的，并不会受到约束。当然，还要指出的是，对一些受爵的官员来说，由于为国家所立功劳很多，因而国家以封授爵位作为奖赏也就不可能只进行一次。例如，北魏国家叠授源子恭四个开国爵，都是对他所立功劳的奖赏。他获临颍县开国侯，是因为"录其前后征讨功"；他获临汝县开国子，是因"以与定策之勋"；他获襄城县开国男，是因

① 赵超：《汉魏南北朝墓志汇编》天津人民出版社，2008年，第298页。

"前在豫州战功"①。他获新城县开国子，则与前三者不同，文献载，是"又论子恭余效"②，才获得开国爵封授的。所谓"余效"，正是指在所立功劳中，没有受到赏赐的部分。可见，这种封授情况与赏赐具体功劳的封授，具有基本相同的意义。因此，可以说，北魏国家要以开国爵的封授来赏赐功劳，就不可能只对有功官员只进行一次性封授，所以，这也就造成了叠授爵位情况的出现。

北魏国家对一些有功官员实行叠授开国爵的做法，不仅能够使受爵者获益，也可以使其家族成员和亲属也同样获益。《魏书·长孙道生传附长孙稚传》："（长孙稚）后降为郡公。……以定策功，更封开国子。稚表请回授其姨兄廷尉卿元洪超次子恽。"这就是说，受封两个开国爵者，在国家允许的情况下，可以将一个爵位转让给他的亲属。在《魏书》和墓志铭中又将"回授"，称为"转授"。这种情况在《魏书》和墓志铭的记载中多见。如杜颙"以勋又赏安平县开国伯。食邑五百户。以平阳伯转授弟二子景仲"③。北魏国家对获得开国爵叠封者"回授"爵位的数量也没有明确的限制。如源子恭"前在豫州战功，追赏襄城县开国男，食邑二百户。又论子恭余效，封新城县开国子，食邑四百户。子恭寻表请转授第五子文盛，许之"④。源子恭另一子源彪，"子恭存日，转授临颍县开国侯"⑤。由于北魏国家不限制受封开国爵者对爵位的回授，因而，也就使因封赏开国爵而受益者的范围明显扩大了。

一如前述，北魏国家对爵位的叠授，并不只以开国爵为限。实际当时还存在开国爵与散爵并授的情况。《魏书·游明根传附游肇传》："（游祥）历秘书郎，袭爵新泰伯。……肃宗以肇昔辞文安之封，复欲封祥，祥守其父意，卒亦不受。又追论肇前议清河，守正不屈，乃封祥高邑县开国侯，邑七百户。"这说明，北魏国家可以使已经有散爵者，仍然可以获得开国爵的封授。而且，对一些有散爵者受封开国爵的数量也是不限制的。《魏书·王肃传》："（王肃）寻除辅国将军、大将军长史，赐爵开阳伯。……以破萧鸾将裴叔业

① 《魏书》卷四一《源贺传附源子恭传》。

② 《魏书》卷四一《源贺传附源子恭传》。

③ 《魏书》卷四五《杜铨传》。

④ 《魏书》卷四一《源贺传附源子恭传》。

⑤ 《魏书》卷四一《源贺传附源子恭传》。

功，进号镇南将军，加都督豫、南兖、东荆、东豫四州诸军事，封汝阳县开国子，食邑三百户，持节、中正、刺史如故。……以肃淮南累捷，赏帛四千七百五十匹，进位开府仪同三司，封昌国县开国侯，食邑八百户，余如故。”显然，有散爵的王肃，还能够因功获得两个开国爵的封授。北魏国家实行的散爵是虚封爵，而开国爵则是能够领有食邑的实封爵。北魏国家对有散爵者继续封授开国爵，当然是要使他们领有食邑而获得经济利益。这正是北魏国家为有散爵者叠授开国爵的重要原因。然而，北魏国家对一些拥有开国爵者，还要赐授散爵。例如，侯刚“与侍中崔光迎肃宗于东宫。寻除卫尉卿，封武阳县开国侯，邑千二百户。……进爵为公，以给侍之劳，加赏散伯”①。虽然这种做法不能为加授散爵者带来经济利益，可是，拥有两个爵位却能够更加重他们的身份地位。很显然，北魏国家为有散爵者叠授开国爵，是要使他们获得经济利益；而为有开国爵者叠授散爵，则要使他们的身份地位得到更明确的体现。因此，可以说，北魏国家使开国爵与散爵相结合的叠授，因结合方式的不同，所起到的作用是存在差别的。

概而言之，北魏国家实行叠授的做法，是由开国爵的封授要奖赏官员所立功劳的前提条件所决定的。尽管北魏国家能够对这些官员为国家所立的功劳进行累计再封授开国爵，可是一些官员所立功劳在时间上间断较长，或者多次为国家建树功劳，这也就使北魏国家对这类立功官员，不能在开国爵的封授上只进行一次，而是要依据所立功劳，再继续封授新的开国爵。而且，对亡故的官员也要实行同样的叠授。当然，对亡故官员开国爵的叠授，除了是对他们所立功劳的奖励，还包含对亡故官员恩恤的意义。北魏国家对有散爵者实行开国爵叠授，则主要使他们能够获得食邑的封授，进而在经济上获取更多的利益。因此，可以说，开国爵能够叠授的规定，就使北魏国家通过爵位的封授来实现对有功官员赏赐的目的得到更充分的表现。

四、结　语

太和十六年，北魏孝文帝实行爵位改革，开始实行实封爵制。在实封爵

---

① 《魏书》卷九三《恩幸·侯刚传》。

中，包括王爵与开国爵。但从受爵对象来看，大多数受封实封爵的都是开国爵，因此，开国爵在实封爵中所占地位是很重要的。正因为如此，北魏国家在开国爵的封授上，规定了封授的标准和封授的程序。北魏国家确定开国爵的封授标准是，要对受爵对象有明确的限定。也就是说，可以获得开国爵封授的只能是任六品以上实职官者。北魏国家之所以这样限定受爵对象，这是与六品职官在国家职官序列中所处的特殊位置相关联的，也是受北魏国家实行的皇帝控制下的官本位体制影响的明显表现。由于对开国爵的封授标准做这样的限定，也就使开国爵封授只能在具有政治特权的社会上层群体中实行。

然而，需要指出的是，北魏建国后实行的爵位制度的主要目的，是为了对国家官员所立功劳进行奖赏。应该说，北魏国家封授开国爵继承了以爵位的封授来奖赏功劳的传统，继续将开国爵的封授作为对功劳的赏赐，因而，依据可以受爵官员所立军功和事功，也成为确定开国爵封授的标准。由此来看，获得开国爵封授的，不仅是具有政治特权的社会上层群体，还是在北魏国家军事、政治活动中建树功劳的官员，因而，这些通过受封爵位获益的既得利益者，人数并不是太多的，但他们的社会身份地位却是很特殊和显赫的。

由于北魏开国爵的封授，不仅能够使受爵者通过爵位等级体现身份地位，还可以获得食邑的封授，从而能够享有丰厚的经济利益，所以，北魏国家为开国爵的封授规定了严格的封授程序。北魏国家封授开国爵，需要由吏部尚书对准备受封爵者的职官品级和所立功劳进行审核。这种审核对获得开国爵的封授是很重要的环节。北魏国家对符合开国爵封授标准的官员，还需要由尚书省的长官尚书令向朝廷举荐。可以说，开国爵封授是不能忽视由北魏皇帝控制的官僚体制所起到重要的保证作用的。当然，开国爵封授的实现，只有通过皇帝的诏令才能做出最后的认定。实际皇帝的诏令，是封授开国爵的爵位等级及食邑数量被确定为合法的一种明确的体现。这些情况表明，北魏国家使开国爵封授实现的制度规定，既是复杂的，也是严格的，并且，皇帝的最高统治权在开国爵封授中是起到决定性的作用的。

北魏国家还注意到对亡故的官员实行开国爵的封授。北魏国家并没有忽视这一特殊的群体。事实上，北魏国家对这些亡故官员实行了开国爵追封的特别做法。当然，亡故官员要被追封开国爵，他们生前的职官品级与功劳都必须要符合北魏国家封授开国爵规定的标准。也就是说，在官品和功劳的规定上，追封与正常封授开国爵是相同的。在追封的程序上，也与正常的封授开国爵是没有区别的。通过追封获得开国爵与正常封授的开国爵一样，是能够为后世继承的爵位。这说明，北魏国家实行开国爵的追封，正是对开国爵封授制度的补充。因此，北魏国家实行追封的目的，是要使符合受爵标准者不能因亡故而丧失受封开国爵的机会。很明显，这种做法是北魏国家对具有特权的社会上层群体特殊的优待措施。

北魏国家在开国爵封授上，还实行了叠封的做法。对开国爵叠封，是由北魏国家确定对有功官员封授开国爵的标准决定的。开国爵的叠封表现出，北魏国家在开国爵封授上，对官员所立功劳的重视。因为官员所立功劳的重大，或者官员多次立功，都是北魏国家实行开国爵叠封的重要原因。由于开国爵叠封的实行，也就更能使国家官员为皇帝统治尽力效劳，因而，也就使开国爵封授所起到的激励作用得到更充分的表现。

（原载《山西大学学报（哲学社会科学版）》2014 年第 4 期）

官品与功劳：北魏开国爵封授的标准

北魏太和十六年，孝文帝进行爵位改革，开始实行开国爵制。受封开国爵者可以领有食邑，因而，既能通过爵位获得身份地位，也能获得经济利益，所以，开国爵与北魏前期的虚封爵是明显不同的。北魏国家在封授开国爵时，将王爵与开国爵编织在一起，形成一个实封爵的品级序列。尽管王爵与开国爵都为实封爵，并在同一品级序列中，但王爵的受爵对象只限定为道武子孙，而开国爵则不然，可以封授的对象却是多种类别。所以王爵与开国爵的封授存在很大的差别。然而，北魏国家确定开国爵的封授对象，也不是无条件的，实际开国爵的封授是以受爵者担任国家职官和立有功劳为条件的。虽然前人的研究涉及北魏开国爵实行的一些问题，但是，并没有考察封授开国爵需要的条件。因此，本文拟对北魏国家封授开国爵所需条件问题做一些探讨，希望有助于对北魏封爵制度研究的深化。

一、官员的职官品级与开国爵的封授

北魏国家实行的开国爵，实际是实封爵的重要组成部分。孝文帝爵位改革后推行的实封爵，包括王爵与不同等级的开国爵。然而王爵的封授，却与开国爵不同。北魏国家确定“王爵非庶姓所僭”①，也就是说，不是道武帝的子孙都不允许拥有和受封王爵，将王爵的封授对象严格限制在道武帝子孙的范围内。可是，开国爵的封授对象的范围却比王爵要宽广得多。统计《魏书》《北史》以及墓志铭中的记载，实际没有获得王爵封授的道武子孙、宗室、鲜卑贵族、汉族士人、外戚、宦官、南朝降臣以及归顺北魏的少数民族

① 《南齐书》卷五七《魏虏传》。

都可以获得开国爵的封授。尽管北魏国家使受封开国爵的社会群体很多，但要获得开国爵的封授却是有条件的。

从北魏国家统治的一个重要特征来看，是采取以官本位为主导的做法。① 因此，这就需要北魏国家将开国爵的封授与官本位体制结合在一起。也就是说，北魏国家确定开国爵的封授对象就要涉及担任职官的身份状况。《魏书·李宝传附李季凯传》："（李季凯）庄帝践阼，征拜给事黄门侍郎，封博平县开国侯，邑七百户。"李季凯担任的给事黄门侍郎，为北魏中央职官。《魏书·司马楚之传附司马悦传》："（司马悦）以本将军为豫州刺史。论义阳之勋，封渔阳县开国子，食邑三百户。"司马悦所任豫州刺史，则为北魏地方职官。很显然，北魏国家可以使担任中央职官和地方职官者都能获得开国爵的封授，因此有任职职官的身份，是可以获得开国爵封授的重要条件。

当然，北魏国家确定的以担任国家职官作为封授开国爵的条件，是包括全部受封爵者在内的。换言之，要获得开国爵的封授，都必须是北魏国家的官员，并没有任何特殊的优待条件。然而，在受封开国爵者中，却存在一些特殊的社会群体。其中道武子孙就是这些特殊群体之一。那么，对这个社会群体，是否在开国爵的封授上可以享有优待条件呢？说明这一问题，需要先看这一群体受封王爵的情况。应该说，从孝文帝爵位改革后，道武子孙在继承和受封王爵上，是明显具有特权的。就是说，道武子孙可以凭借与皇室的血缘联系，就能够获得王爵，是不需要附加任何条件的。但这种特权也不是全部道武子孙都可以拥有的。从王爵的继承来看，孝文帝更明确地实行将继承王爵者分为始蕃王、二蕃王、三蕃王的制度。但是在这些可以继承王爵的蕃王之外，却有不少不能继承王爵的道武子孙。例如，从任城王拓跋云王爵传袭情况来看：始蕃王为元澄，二蕃王为元彝，三蕃王为元度世。② 然而，拓跋云的直系子孙却并不限于这些继承王爵的蕃王，还有一些不为蕃王者。与始蕃王元澄同一辈者有：元嵩、元赡，与二蕃王元彝同一辈者有：元顺、元淑、元悲、元纪、元世俊、元世贤、元世哲、元远。与三蕃王元度世同一

① 阎步克：《从爵本位到官本位——秦汉官僚品位结构研究》，生活·读书·新知三联出版社，2009 年，第 227 页。

② 《魏书》卷一九中《景穆十二王中·任城王云传》。

辈者有：元景远。[①] 显然，拓跋云的直系子孙不能够继承王爵的人数要远远多于可以继承王爵的蕃王。从道武帝建国，直到孝文帝时，北魏国家封授皇子、皇弟、皇叔为王者很多。《魏书》中，就有道武七王、明元六王、太武五王、景穆十二王、文成五王、献文六王、孝文五王的记载。这说明，至太和十六年，北魏国家开始实行开国爵时，由于子孙的繁衍，道武子孙已经是人数众多的群体。可是，由于王爵基本上实行嫡系传承，可以成为蕃王的子孙却是有限的。

从王爵的封授来看，孝明帝时，开始扩大王爵的封授范围。《魏书·孝明帝纪》："（孝昌二年）封广平王怀庶长子、太常少卿诲为范阳王。"这里所说的庶长子，实际就是支子。[②] 也就是北魏国家开始封授不能继承王爵的支子为王。但统计《魏书》记载，当时封授的支子王只有 13 人。其中元昶、元谌、元诞、元瑱却是由开国爵进封王爵的。由此可见，在北魏后期，国家封授的支子王的数量也是很有限的。

由于北魏国家不能够使多数的道武子孙获得王爵的封授，因而，也就在政治地位和经济利益上，使道武子孙群体内部是很不均等的，所以，也就需要通过封授王爵以下的开国爵来解决这一问题。可是，这些道武子孙在开国爵的封授上，却与王爵的封授不同，北魏国家并没有特殊优待这些道武子孙。《魏书·景穆十二王下·城阳王长寿传附元徽传》："（元显恭）扬州别驾，以军功封平阳县开国子。"元显恭为城阳王拓跋长寿之孙。《魏书·道武七王·阳平王熙传附元均传》："（元均）累迁通直常侍、征虏将军。以河梁立义之功，封安康县开国伯。"元均则为阳平王拓跋熙的曾孙。可见，元显恭可以受封开国子是由于他担任扬州别驾，而元均受封开国伯，则是因为他担任通直散骑常侍。这说明，北魏国家封授道武子孙开国爵，与其他的社会群体一样，都是要以担任官职为条件的，也就是说，这些道武子孙只有担任官职，才能获得封授开国爵的机会。

---

① 《魏书》卷一九中《景穆十二王中·任城王云传》。

② 《礼记·曲礼下》云："支子不祭，祭必告于宗子。"宗子为有宗庙主祭权的嫡长子。而支子则既没有主祭权，也不能继承家族的其他权力。见十三经注疏本《礼记正义·曲礼下》，中华书局，1980 年，第 1269 页。

在受封开国爵者中，另一个比较特殊的群体是南朝的降臣。北魏国家确实对南朝降臣实行非常优待的措施。其目的在于，以此笼络这些降臣，并可起到汲引南朝官员降服的作用。但是，在封授开国爵上，北魏国家却没有实行特殊的规定。《魏书·萧宝夤传附萧赞传》："（萧）赞便遣使密告诚款，与宠、话夜出，步投彧军。孝昌元年秋，届于洛阳……朝廷赏赐丰渥，礼遇隆厚，授司空，封高平郡开国公、丹阳王，食邑七千户。"《魏书·裴叔业传》载宣武帝诏书："（裴）叔业明敏秀发，英款早悟，驰表送诚，忠高振古，宜加褒授，以彰先觉。可使持节、散骑常侍、都督豫雍兖徐司五州诸军事、征南将军、豫州刺史，封兰陵郡开国公，食邑三千户。"显然北魏国家使萧赞和裴叔业二位重要降臣获得开国爵，都是将对他们职官的任命与爵位的封授紧密结合在一起的。当然，对其他的南朝降臣就更是如此了。这就是说，即使北魏国家要优待南朝降臣，但也要严格执行封授开国爵必须是现任官员的规定，他们也是不能享有优待条件的。

北魏国家在开国爵的封授上，重视受爵者担任职官，还可以从北魏末年尔朱荣的一些做法中看出。地方军事集团的首领尔朱荣进占洛阳后，把持了北魏政权，也控制了开国爵的封授权。他毫无顾忌地封授其家族成员开国爵，利用手中的权力攫夺爵位的封授。然而，尔朱荣在开国爵的封授上，还没有完全践踏国家制定的开国爵的封授原则。例如，尔朱兆"寻除使持节、车骑将军、武卫将军、左光禄大夫、都督、颍川郡开国公，食邑千二右户"①。尔朱彦伯"寻除使持节、骠骑大将军、右光禄大夫、马场大都督，封博陵郡开国公"②。尔朱度律"为统军，从荣征伐。庄帝初，除安西将军、光禄大夫，封乐乡县开国伯"③。这说明，尔朱荣要使其家族成员通过封授开国爵来攫夺更多的利益，但在表面上不公然破坏北魏国家授爵的规定，也将开国爵的封授与职官的任职联系在一起。

北魏国家不仅以担任职官作为封授开国爵的前提，并且，也注意到所任职官的品级的规定。对北魏国家职官有明确品级规定的记载，见之于太和十

① 《魏书》卷七五《尔朱兆传》。

② 《魏书》卷七五《尔朱彦伯传》。

③ 《魏书》卷七五《尔朱度律传》。

七年孝文帝主持制定的前《职员令》。在前《职员令》中，将职官分为正、从十八品。至太和二十三年，孝文帝又制定了后《职员令》。后《职员令》也分职官为十八品。① 这就是说，在北魏国家开始实行开国爵制度时，已经对职官品级做了很好的调整和明确的规定。北魏国家确定的这些职官品级，实际成为封授开国爵的重要依据。

然而，在前《职员令》中，还没有将爵位与职官结合起来，自然还没有体现出爵品与官品的对应关系。可是，在后《职员令》中，却将爵位与职官结合在一起，实际构建了一个品级明确的官、爵体系。在这个体系中，后《职员令》将实封爵与虚封爵（散爵）相互交错编制在一起，形成了一个爵位的品级序列。后《职员令》规定：王、开国郡公，第一品；开国县公、散公，从一品；开国县侯，第二品；散侯，从二品；开国县伯，第三品；散伯，从三品；开国县子，第四品；散子，从四品；开国县男，第五品；散男，从五品。后《职员令》又将这一爵位品级序列与从五品以上的职官相对应。这样，后《职员令》不仅将爵位与职官结合在一起，并且，还实现了爵位品级与职官品级的比照和对应。然而，需要提及的是，后《职员令》中对爵位品级与职官品级对应的规定，并不是北魏国家封授开国爵和散爵的依据，它只起到获得爵位者可以将爵位品级与职官品级比照的作用。实际上，北魏国家封授开国爵是要依据爵位本身的级别来进行；而对受封开国爵者，则要依据他所任职官的品级来加以限定。应该说，后《职员令》中对爵位的品级规定，并不能影响在封授开国爵时对职官品级的要求。

从太和十六年，孝文帝实行爵位改革后，已经对实封爵的品级序列做了规定。日本学者内田吟风考证：孝文帝爵位改革后，实封爵是包括王爵以及开国郡公、开国县公、开国郡侯、开国县侯、开国县伯、开国县子、开国县男七级别。② 但是，在太和十九年，孝文帝取消了开国郡侯，使开国爵变为六级。北魏后期，开国爵的等级又有变化。《魏书·刑罚志》："至于五等封爵，除刑若尽，永即甄削，便同之除名，于例实爽。愚谓自王公以下，有封邑，罪除名；三年之后，宜各降本爵一等，王及郡公降为县公，公为侯，侯

① 《魏书》卷一一三《官氏志》。

② 内田吟风：《北アジア史研究（鲜卑柔然突厥篇）》，同朋舍，1975年，第125页。

为伯，伯为子，子为男；至于县男，则降为乡男。”这就是说，将王爵除外，开国爵的级别为：开国郡公、开国县公、开国县侯、开国县伯、开国县子、开国县男、乡男。这正是北魏国家实行后《职员令》之后，采取的开国爵等级序列。下面依据开国爵的这一等级序列，并统计《魏书》和墓志铭中的记载，说明受封开国爵者的爵位品级与他们所任实职官的品级状况：

1. 北魏国家封授开国郡公 18 人（将尔朱荣控制朝政时所封尔朱氏家族成员除外，以下相同）。他们受封开国郡公前所任实职官有：司空（一品，据后《职员令》，以下同）、左光禄大夫（二品）、金紫光禄大夫（从二品）、尚书左仆射（三品）、武卫将军（从三品）、司空长史（四品）、州刺史（三品—四品）。

2. 北魏国家封授开国县公 9 人。他们受封前所任实职官有：宗正（三品）、光禄大夫（三品）、太仆（三品）、给事黄门侍郎（四品）、通直散骑常侍（从四品）、州刺史（三品—四品）。

3. 北魏国家封授开国县侯 18 人。他们受封前所任实职官有：金紫光禄大夫（从二品）、卫尉（三品）、光禄勋（三品）、吏部尚书（三品）、殿中尚书（三品）、左卫将军（三品）、鸿胪卿（三品）、鸿胪少卿（四品）、给事黄门侍郎（四品）、通直散骑侍郎（从五品）、尚书郎中（六品）、吏部郎中（六品）、州刺史（三品—四品）。

4. 北魏国家封授开国县伯 23 人。他们受封前所任实职官有：右光禄大夫（二品）、金紫光禄大夫（从二品）、光禄大夫（三品）、左卫将军（三品）、都官尚书（三品）、通直散骑常侍（四品）、中兵参军（六品）、州刺史（三品—四品）、郡太守（四品—六品）。

5. 北魏国家封授受封开国县子 26 人。他们受封前所任实职官有：左光禄大夫（二品）、光禄大夫（三品）、散骑常侍（三品）、太府卿（三品）、给事黄门侍郎（四品）、通直散骑常侍（四品）、著作郎（五品）、尚书外兵郎（六品）、仓曹参军（六品）、州刺史（三品—四品）、郡太守（四品—六品）。

6. 北魏国家封授开国县男 21 人。他们受封前所任实职官有：金紫光禄大夫（从二品）、吏部尚书（三品）、秘书监（三品）、太中大夫（三品）、通直散骑常侍（四品）、员外散骑常侍（五品）、镇南府长史（五品）、尚书郎（六品）、尚书屯田郎中（六品）、治书侍御史（六品）、州刺史（三品—四

品）、郡太守（四品—六品）

7. 北魏国家封授乡男 3 人。他们受封前所任实职官有：武卫将军（从三品）、州刺史（三品—四品）。

依据以上统计可以看出：其一，北魏国家封授开国爵，对受封官员所任实职官的品级是有限定的，即职官品级限制在一品至六品的范围内。其二，北魏国家封授开国爵，受封官员的实职官的品级与开国爵的级别没有对应关系。其三，北魏国家可以将同一级别的开国爵封授给有不同品级实职官者，也可以使有同一品级实职官者获得不同级别开国爵的封授。实际这正是北魏国家为官员封授开国爵的明确规定。

需要指出的是，北魏国家对最高的一品官员开国爵的封授，也没有例外的规定。《魏书·高祐传》："（高乾邕）永熙中，司空公、长乐郡开国公。"《元钦墓志铭》："（元钦）复除侍中司空公开国侯，食邑五百户。"① 显然高乾邕任司空为"八公"之一，可以获封最高等级的开国郡公。而元钦担任司空，获封爵位却为开国县侯。他们受封开国爵的级别相差二等级。这说明，在后《职员令》中，虽然北魏国家已经实行了官、爵一体化，也就是爵位的品级和职官的品级可以比照和对应。但是，这只是受封爵位后的情况，实际受封开国爵，职官品级与开国爵的品级是不对应的。受封开国爵者所任职官的品级，只是确定封授爵位的前提条件，与获得封授开国爵的等级是没有关联的。

当然，还需要指出，北魏国家确定官员可以受封开国爵的下限为六品级。但受封前所任实职官为六品者可以受封的开国爵的级别却不是固定的。《魏书·游明根传附游肇传》："（游祥）迁通直郎、国子博士，领尚书郎中。……又追论肇前议清河，守正不屈，乃封祥高邑县开国侯，邑七百户。"《魏书·韦阆传附韦彪传》："（韦嵩遵）起家有奉朝请，历司空外兵参军。后萧宝夤为雍州刺史，引为中兵参军。……以功封乌氏县开国伯，邑五百户。"《魏书·郦范传附郦恽传》："（郦恽）以招抚有称，除尚书外兵郎，仍行台郎。……以功赏魏昌县开国子，邑三百户。"《魏书·穆崇传附穆觊传》："（穆子琳）随长孙稚征蜀有功，除尚书屯田郎中。出帝即位，以摄仪曹事，封高唐县开

---

① 赵超：《汉魏晋南北朝墓志汇编》，天津古籍出版社，2008 年，第 250 页。

国男，邑二百户。”这些记载中提到的游祥、韦嵩遵、郦恽、穆子琳所任实职官都为六品。① 但他们获封的开国爵分别为：开国县侯、开国县伯、开国县子、开国县男。显然任六品实职官者可以获得不同级别的开国爵。这说明，北魏国家对可以受封开国爵的最下限品级的官员，也实行同样的封授规定。

北魏国家确定职官六品作为受封开国爵的下限品级，自然是为了适应开国爵封授的需要。但这一规定，却与后《职员令》中，对爵位的最低规定是不一致的。一如前述，后《职员令》规定，开国县男为五品级；散男是从五品，并与相同品级的职官对应。当然，这是采取魏晋以来的传统做法。因为职官在五品以上为特权阶层，相当于古代的公卿大夫。② 后《职员令》将实封爵与散爵一体化的品级序列的下限为从五品，正是要体现这些有爵者的特殊地位。可是，后《职员令》对爵位品级规定，却与受封开国爵的职官的最低品级是明显不对应的。当然，这种不对应，一方面表现出爵位的封授与职官的任命和升进是不联系的；另一方面则说明北魏国家划定最低爵位的品级与受封开国爵的下限品级采取了不同的标准。

实际上，北魏国家确定以职官六品级作为封授开国爵的下限，这与六品职官的特殊位置是有关系的。宫崎市定认为，九品官人法贵族化运作后，贵族子弟一概从六品官起家，所以，六品以上和七品以下之间产生了很大的断层。③ 也就是说，六品职官成为划分世家大族的重要界限。当然，北魏国家也重视采用这一界限。太和十九年，孝文帝定族姓，仿效南朝实行的世族制，就参照了这一界限标准。《魏书·官氏志》：

原出朔土，旧为部落大人，而且皇始已来，有三世官在给事已上，及州刺史、镇大将，及品登王公者为姓。若本非大人，而皇始已来，职官三世尚书已上，及品登王公而中间不降官绪，亦为姓。诸部落大人之后，而皇始已来，官不及前，列而有三世为中散、监已上，外为太守、

---

① 《魏书》卷一一三《官氏志》。

② 宫崎市定：《九品官人法研究》，韩昇译，中华书局，2008年，第330页。

③ 宫崎市定：《九品官人法研究》，韩昇译，中华书局，2008年，第330页。

子都，品登子男者为族。若本非大人，而皇始已来，三世有令已上，外为副将、子都、太守，品登侯已上者，亦为族。

这说明，孝文帝确定鲜卑贵族的族姓，是要考虑到家族三世的职官与爵位。其中一项便是有侯爵的家族，三世任郡太守的可以成为世族。也就是说，郡太守的任职，也成为北魏国家定族姓的标准。不过，在北魏前期，由于实行宗主督护制，国家很难掌握各郡的户口和人口数，也只能以晋代的郡制来规定郡太守的品级。① 但孝文帝实行三长制后，情况就发生变化，北魏国家完全可以依据当时的情况重新确定郡太守的品级。这样，也就需要孝文帝依据各郡的人口情况来确定郡太守的品级，以便适应推行世族制的需要。但郡太守在前《职员令》中，却不见有规定的品级。而在后《职员令》中，就规定上郡太守为四品；中郡太守为五品；下郡太守则为六品。② 宫崎市定考证，太和十九年，孝文帝发布了第二个《职员令》，称作“太和中令”。中令应该与此后颁布的后令没有多少变化。③ 如宫崎市定说法不误，则确定上郡太守为四品、中郡太守为五品、下郡太守为六品的规定在太和十九年就已经确定了。而孝文帝定族姓也在这一年开始的。这说明，孝文帝使鲜卑贵族转变为世族，对侯爵家族以三世担任郡守为标准，显然顾及世族任官的品级界限。因为当时下郡太守为六品，正是世族子弟任官的最下限，所以，北魏国家将其与开国爵的封授结合在一起。当时以郡太守身份获封开国爵的有：谯郡太守郑季明、④ 汝南太守傅永、⑤ 太原太守王椿、⑥ 裴瑗、⑦ 东濮阳太守崔巨伦、⑧ 新蔡太守李神。⑨ 然而，这些郡太守所治郡却有上、中、下的区分。

---

① 严耀中：《北魏前期政治制度》，吉林教育出版社，1990年，第178页。

② 《魏书》卷一一三《官氏志》。

③ 宫崎市定：《九品官人法研究》，韩昇译，中华书局，2008年，第242-243页。

④ 《魏书》卷五六《郑曦传附郑祖育传》。

⑤ 《魏书》卷七〇《傅永传》。

⑥ 《魏书》卷九三《恩幸·王睿传附王椿传》。

⑦ 《魏书》卷六九《裴延俊传》。

⑧ 《魏书》卷五六《崔辨传附崔巨伦传》。

⑨ 《魏书》卷七〇《李神传》。

《魏书·地形志中》载，汝南郡：户一万五千八百八十九，口三万七千六十一。太原郡：户一万三千五百六十，口五万八百二十三。谯郡：户五千一百三十二，口一万二千九百九十一。新蔡郡：户一千九百一十七，口四千七百七十八。显然，新蔡郡与太原、汝南郡户口和人口数相差甚多，自然应该属于下郡，其郡太守的品级则应该为六品。这种情况说明，北魏国家以下郡太守作为封授开国爵的职官下限标准，也就是采取了传统规定中的世族子弟任官的最低界限。当然，这正是北魏国家以担任六品职官作为封授开国爵下限标准的重要原因。

总之，在开国爵的封授上，北魏国家是以受爵者担任职官为前提条件的。也就是说，不是国家的官员是不能获得开国爵的封授的。但是，北魏国家并不是允许全部官员都可以受封开国爵，而是对职官品级的下限有明确的规定，即职官六品级为封授开国爵的下限标准。因为自魏晋以来，职官六品级成为世族子弟任官的界限，所以，确定职官的这种品级标准，就使开国爵的封授能够更明确地体现出这些因受爵而获益的社会阶层的特殊身份地位。

二、官员的功劳与开国爵的封授

北魏国家是将担任六品以上的职官作为封授开国爵的前提条件，但是，不是这些品级范围内的职官都可以获封开国爵。实际上，北魏国家还依据这一品级范围内官员所立功劳来封授开国爵，就是说，只有立有功劳的六品以上官员才能够获得开国爵的封授。不过，北魏国家封授开国爵所依据的功劳是有区别的。《魏书·于栗磾传附于忠传》：“（于忠）以平元禧功，封魏郡开国公，食邑九百户。”《魏书·穆崇传附穆顗传》：“（穆子琳）除尚书屯田郎中。出帝即位，以摄仪曹事，封高唐县开国男，邑二百户。”可见，于忠获封开国爵依据的是军功，而穆子琳获得开国爵的封授，则是依据的事功。这就是说，北魏国家一般是将官员的功劳分为军功和事功来进行开国爵封授的。

如前所述，道武子孙在王爵封授上是具有特权的。但是，北魏国家为他们封授开国爵，却要依据他们的功劳。这同一般官员是相同的，他们并不拥有特权。例如，元恭“淮南肃清，君之功也。赏兖州平阳县开国子，食邑三百户”①。又如，元端“率在州文武拒守，得全。以功封安德县开国公，食邑五百户”②。很明显，道武子孙要获得开国爵的封授，他们立有功劳是获得封授的基础。不过，需要提及的是，在开国爵的封授上，北魏皇帝尚有施恩的做法。《魏书·献文六王上·赵郡王干传》：“（元谌）罢州，除宗正卿、都官尚书。以亲例封上蔡县开国公，食邑四百户。”应该说，这是在开国爵封授上，很少见的事例。可是，出现这种情况却是有原因的。元谌原来应该是王爵的继承者，但不受其父宠爱，而没有继承王爵，所以朝廷只好以封授他开国爵作为弥补，因而，这并不是常规固定的封授。但由此更可以看出，北魏国家确定以功劳封授开国爵的原则，实际是获得爵位封授的唯一途径，就是对享有王爵封授特权的道武子孙也是如此。

从北魏国家封授开国爵所依据的军功来看，采取的方式不是单一的。但主要的方式是依据受爵者本人的军功。《魏书·邓渊传》：“中山王英攻义阳，（邓）羡为军司。……羡以义阳军司之勋，封安阳县开国子，邑三百户。”显然，邓羡可以受封开国爵，就是因为他本人立有军功。但是，北魏国家并没有将依据的军功仅限于受爵者本人的功劳。《魏书·景穆十二王中·任城王云传附元世俊传》：“（元嵩）后从平沔北，累有战功，除左中郎将，兼武卫将军。……肃宗时，追论嵩勋，封世俊卫县开国男，食邑二百户。”《魏书·江悦之传》：“庞树，南安人。世宗追录谋勋，封其子景亮襄邑县开国男，食邑二百户。”很显然，元世俊、庞景亮受封开国爵，就不是他们本人所立军功，而是他们父辈的军功。这说明，北魏国家封授开国爵时，是可以将父辈的军功与本人的军功同样对待的。这样，也就将受封开国爵由父辈转为子辈，使子辈成为受益者。然而，这种封授开国爵的做法，是要彰显父辈的功劳，但实际却是通过功劳的转移来实现爵位的封授。

北魏国家依据军功封授开国爵的具体做法也是不尽相同的。《魏书·杜颙传》：“萧宝夤起逆，（杜）颙据州不从。……以守岐州勋，封平阳县开国伯，邑五百户。”这里提到的“以守岐州勋”，就是在一次战役中立下的军功，但在国家授爵时特别提到，显然所立功劳是比较大的。这说明，北魏国

① 赵超：《汉魏南北朝墓志汇编》，天津古籍出版社，2008年，第296页。

② 《魏书》卷二一上《献文六王上·高阳王雍传》。

家可以依据一次重大的军功就能够为立功者封授开国爵。

北魏国家实行更多的做法，则是将官员的军功加以累计后，才进行开国爵的封授。《魏书·李神传》："（李神）频有军功，封长乐县开国男，食邑二百户。"显然，李神获得开国爵的封授，是因为他多次立有军功。为了合理地封授开国爵，北魏国家对官员的所立的军功都有明确的记录。《魏书·源贺传附源子恭传》："（源子恭）征拜右光禄大夫、给事黄门侍郎，仍本将军。录其前后征讨功，封临颍县开国侯，食邑六百户。"这里提到对源子恭"录其前后征讨功"，正是累计记录他的全部功劳，然后才进行爵位封授。可见，对官员所立军功记录的累计，正是北魏国家封授开国爵的重要保证措施。

北魏国家对立有军功，但没有及时获得开国爵封授的官员，则采取追论军功加以封授的做法。《魏书·李宝传附李神俊传》："庄帝纂统，以神俊外戚之望，拜散骑常侍、殿中尚书。追论固守荆州之功，封千乘县开国侯，邑一千户。"据此可见，李神俊所立固守荆州的军功，距离封授开国爵的时间已经很久。可是，北魏国家仍然可以通过追论军功的方式，使他获封开国爵。当然，通过这种方式获得开国爵封授的人数还是不少的。例如镇南将军崔延伯"以往在扬州，建淮桥之勋，封当利县开国男，食邑二百户"①。又如顺阳太守张烈"世宗即位，追录先勋，封清河县开国子，邑二百户"②。

综上可见，北魏国家确立了对立军功官员可以获得开国爵封授的原则，但在依据军功封授开国爵的具体做法上，却是不固定的，表现出明显的多样性。北魏国家实行多种不同封授做法的目的在于，要使立军功者都能获得开国爵的封授，不至于出现遗漏的情况，并且，使开国爵的封授，基本符合官员所立军功的情况。这样，才能使开国爵的封授成为国家军事活动中的重要奖励，进而在对内、对外的战争中，对受封官员起到重要的激励作用。

北魏国家不仅使开国爵的封授与军事活动结合，还使开国爵的封授直接服务于皇帝的施政。这样，在皇帝施政活动中，恪尽职守的官员也可以获得开国爵的封授。也就是说，官员通过为皇帝建立事功也能够受封开国爵。从因事功获得开国爵的情况来看，主要是对官员在维护皇帝统治上所立功劳的

---

① 《魏书》卷七三《崔延伯传》。

② 《魏书》卷七六《张烈传》。

奖励。例如，崔光“以奉迎肃宗之功，封光博平县开国公，食邑二千户”①。当然，对掌握朝政的皇太后尽忠，也可以获得开国爵。例如，谷士恢尽力帮助灵太后返政，获“封元城县开国侯，邑七百户”②。尽力参与新皇帝即位活动的官员，也同样能够获封开国爵。例如，杨顺“预立庄帝之功，封三门县开国公，食邑七百户”③。北魏国家对不追随反叛势力反对皇帝而坚决抵制的官员，就更要给予开国爵的封授了。《魏书·辛绍先传附辛子馥传》：“元颢入洛，（辛）子馥不受其赦。刺史元仲景附颢，拘子馥，并禁家口。庄帝反政，诏封三门县开国男，食邑二百户。”就是一例。

北魏国家还对在为皇帝所做具体事务中建立卓著功劳的官员，也给予开国爵的封授。当然，这些具体事务是多方面的。《魏书·儒林·李业兴传》：“（李业兴）后以出帝登极之初，预行礼事，封屯留县开国子，食邑五百户。”说明北魏国家对在操作皇帝登基礼仪上，担当重要事务的官员，一般都要封授开国爵。对参与皇帝陵墓修建上建树功劳的官员也是如此。例如封凭“永熙中，以营陵功”，受封“城阳县开国子，邑三百户”④。不仅如此，对很好完成皇帝交给巡视事务的官员，也在封授开国爵之列。例如都官尚书卢同因“慰劳德兴之功，封章武县开国伯，邑四百户”⑤。陪侍皇帝能恪尽职守的官员，获得开国爵封授的机会就更多。《魏书·韩麒麟传》：“（韩子熙）以奉册之故，封历城县开国子，食邑五百户。”《魏书·儒林·孙惠蔚传》：“（孙惠蔚）延昌二年，追赏侍讲之劳，封枣强县开国男，食邑二百户。”可见，韩子熙由于为皇帝掌管典册，而孙惠蔚则因做皇帝的侍讲，都获得了开国爵。这些情况说明，使官员获得开国爵封授的事功，都是因为参加与皇帝的事务有关的活动才取得的。而官员不直接涉及与皇帝事务有关的活动，也就很难获得封授开国爵的机会。

北魏国家为了鼓励官员尽力尽忠于皇帝，不仅对官员本人立功要进行封授，还可以依据父辈的事功封授开国爵。《魏书·陆俟传附陆睿传》：“（陆

---

① 《魏书》卷六七《崔光传》。

② 《魏书》卷三三《谷浑传》。

③ 《魏书》卷五八《杨播传附杨椿传》。

④ 《魏书》卷九四《阉官·封津传》。

⑤ 《魏书》卷七六《卢同传》。

睿）降五等之爵。以丽勋著前朝，封睿巨鹿郡开国公，食邑三百户。”这里提到的陆丽正是陆睿之父。显然陆睿获得开国爵，正是因为其父为献文帝立有大功。由此可以看出，北魏国家这样的目的，正是要鼓励官员尽忠朝廷。这样，不仅可以使本人获得爵位的封授，并且，还可以惠及子孙，使他们也成为获得开国爵的受益者。

这些因事功获得开国爵封授的事例表明，北魏国家是将开国爵的封授与皇帝的施政紧密地结合在一起的。封授官员开国爵的目的，是要使他们为皇帝尽忠，因而，实际开国爵的封授，就是一种“赏忠勋”① 的做法。当时国家正是要以开国爵为官员带来的显要的身份地位和丰厚的经济利益，而使受封爵官员尽心竭力地为皇帝的施政活动服务，进而能够使这些有爵位的官员成为保证皇帝统治稳定的有力的支撑力量。

此外，还需要指出的是，由于在北魏开国爵的封授中，军功和事功是授爵的依据，因而，对官员功劳的掌握和记录就是国家重要的事务。《魏叔孙固墓志铭》：“（叔孙固）预补天之功，参扶危之力。册勋有典，封临济县开国侯。”② 这说明，北魏国家对官员的功劳是要明确记录在典册上的。北魏国家对记录功劳的典册是由专门职官掌管的。《魏书·卢同传》：“肃宗世，朝政稍衰，人多窃冒军功。（卢）同阅吏部勋书，因加检覆，得窃阶者三百余人。”这里提到的“勋书”，实际就是记录功劳的典册。由此可见，这些功劳典册，实际是由吏部尚书掌管的。正因为如此，也就使北魏国家在封授开国爵时，可以明确地把握受封者的功劳，不至于使开国爵的封授出现太多的偏差。

不仅如此，由于官员所立功劳的大小，直接关系到开国爵的封授和确定爵位等级的高低，所以，北魏国家实行严格的法律，防止虚报功劳。《魏书·李崇传》：“（元）渊表崇长史祖莹诈增功级，盗没军资。崇坐免官爵。”这说明，北魏国家严格防止在官员上报功劳时，出现假报“功级”的情况。应该说，北魏国家对功劳作假者的惩处是很严厉的。可是，由于功劳的记录直接关系到开国爵的封授，因而，在利益的诱惑之下，“窃冒军功”的情况

---

① 赵超：《汉魏南北朝墓志汇编》，天津古籍出版社，2008年，第344页。

② 赵超：《汉魏南北朝墓志汇编》，天津古籍出版社，2008年，第366页。

也就不断出现。孝明帝时，尚书左丞卢同针对吏部出现功劳作假的情况，曾上书建议："自今叙阶之后，名簿具注加补日月，尚书印记，然后付曹。郎中别作抄目，印记一如尚书，郎中自掌，递代相付。此制一行，差止奸罔。"[①] 孝明帝采纳了卢同的建议。这说明，北魏国家是要试图尽力加强对功劳典册的管理，以便有效地制止功劳典册管理混乱状况的出现。因为功劳典册管理的不实，也就必然造成官员职位升迁和爵位封授的混乱。不过，由于孝明帝以后，朝政腐败，统治秩序混乱，因而，也就不能完全防止在功劳典册的管理上，不出现造假的情况。正因如此，北魏国家也就很难使开国爵的封授合理、准确地体现出对受封官员所立功劳的奖赏。

三、余　论

太和十六年，北魏国家实行实封爵制，将王爵与开国爵编制在统一的实封爵品级序列中。但在王爵与开国爵的封授上，做法却是不相同的。北魏国家将王爵的继承与封授对象只限于道武子孙的范围内，并且，能够继承和封授王爵的道武子孙不受所任职官与功劳影响的，所以，他们是通过与皇室的血缘联系获得王爵的封授，因而，这是在爵位封授具有特权的一种体现。不过，能获得王爵封授只限于道武子孙中的很少的一部分，而大部分人在开国爵的封授上是没有特权的。当然，其他可以受封开国爵的，也都不具有特权。这样，就使开国爵的封授范围，要比王爵大得多，因而，也就需要有明确的规定，对受封对象作出限定。正因如此，北魏国家对开国爵的封授，规定了很明确的条件。这就是要依据职官的品级和功劳来确定开国爵的封授对象。

北魏国家确定可以受封开国爵的职官品级，必须要在六品以上。也就是六品以下的官员，是不可以受封开国爵的。北魏国家所以要将封授开国爵的职官品级的下限定在六品，这是受魏晋以来传统的确定世族子弟任官界限的影响。应该说，北魏国家对受封对象在职官品级的要求上，是很严格的，就是对社会地位特殊的道武子孙，也没有优待的措施。因此，担任六品以上的

① 《魏书》卷七六《卢同传》。

职官，实际成为可以获得开国爵封授的不可缺少的条件。

北魏国家不仅将开国爵的受封对象限制在担任六品职官的范围内，并且，所有能够获得开国爵封授者，都必须为国家立有功劳。当然，封授开国爵所依据的功劳，是分为军功和事功的。北魏国家可以为立有一次重大军功者封授开国爵，也可以将官员的军功加以累计而封授开国爵。既可以是本人的军功，也可以是父辈的军功。北魏国家封授开国爵依据的事功，都是因参加与皇帝施政的活动而建立的功劳。实际上，北魏国家封授建树功劳官员开国爵，正是一种重大的赏赐。北魏国家将这种赏赐与军功和事功结合在一起，正是要对官员起到激励作用。通过军功封授开国爵，可以使受封者在对内、对外战争中为国家倾心效力；通过事功封授开国爵，则可以使受封者为皇帝统治尽忠，成为维护皇帝统治稳定的支持力量。由此来看，北魏国家确定开国爵的封授条件，实际是将北魏国家的统治特点与开国爵的激励机制结合在一起，因而，也就在当时国家机器的运转中发挥了不可低估的重要功能。

（原载《人文杂志》2014 年第 2 期）

论北魏开国爵封地的封授及改封

北魏太和十六年开始实行实封爵与虚封爵并行的制度。在实行的实封爵中，包括王爵和开国爵。然而，在实封爵体系中，开国爵却占有重要的地位，实际是实封爵的主要组成部分。就开国爵实行情况而言，实际可以包括三个方面。即爵位的等级、爵位的封地以及可以领有的食邑。虽然前人的研究涉及开国爵的一些问题，[①] 可是，对开国爵所包括的三方面内容的考察，并不很深入。尤其是对开国爵封地的封授与改封问题的研究，更显得比较薄弱。因此，本文拟对开国爵封地封授与改封诸问题做一些探讨，以就教于方家。

一、开国爵封地的封授

北魏国家实行的开国爵为实封爵，因而，这种实封爵不仅有明确的封地规定，并且，在通常情况下（寄食情况除外），受封开国爵者的封地也正是他们所领食邑的地方。因此，北魏国家封授开国爵，一般要将爵位等级与封地密切结合在一起。因此，要考察北魏开国爵封地的封授，就需要提及开国爵的爵位等级。

北魏开国爵是在太和十六年爵位改革时开始实行的。在开始封授开国爵之时，就已经确定了爵位的等级。当时实行的开国爵的等级为开国郡公、开国县公、开国郡侯、开国县侯、开国县伯、开国县子、开国县男七级别。但在太和十八年，又对开国爵的爵位等级做了调整。因此，在太和二十三年制定的《后职员令》中，就将开国爵分为开国郡公、开国县公、开国县侯、开

① 张维训：《试论北魏的食封制度》，《厦门大学学报》1979 年第 4 期。

国县伯、开国县子、开国县男六等级。可是，在北魏后期开国爵封授中，爵位等级又有变化。《魏书·刑罚志》提道："王及郡公降为县公，公为侯，侯为伯，伯为子，子为男；至于县男，则降为乡男。"说明北魏后期的开国爵等级序列中又增加了乡男。因此，北魏后期开国爵的爵位等级为开国郡公、开国县公、开国县侯、开国县伯、开国县子、开国县男、开国乡男。在开国爵爵位等级序列中提到的郡、县、乡都是北魏国家的行政组织，也就是北魏开国爵的爵称是将郡、县、乡行政组织与爵位等级结合在一起的。而爵称中的这些行政组织也正是开国爵的封地。不过，需要提及的是，开国乡男不仅为开国爵中的最低等级，而且这一等级的封地还具有特殊性。《周书·杨绍传》："（杨绍）普泰初，封平乡男，邑一百户。"《北齐书·高乾传》："（高长命）初于大夏门拒尔朱世隆，以功累迁左光禄大夫。高祖遥授长命雍州刺史，封沮阳乡男，一百户。"这两条记载所说的，都是北魏末年的情况。很显然，北魏国家可以使受封开国乡男者获得的食邑数量为一百户。当然，受封乡男爵位者是从规定的乡中获得食邑的。然而，相关文献记载受封乡男者获得食邑地方，却与开国县男以上的等级有不同之处。《大齐故山鹿县开国伯洛川县开国子安次县都乡男元使君墓志铭》："武定七年，复以君（元贤）为永固镇大都督。……遂表除君安次县都乡男，食邑一百户。"① 可见，当时国家对受封乡男者，不仅要记载受封的乡，还要记载受封乡所在的县。这应该是封授乡男的完整记载，与文献中的简略记载是不同的。由此透露出，受封乡男者的封地很可能是由所在县管辖的。虽然这是对北齐封授乡男的记载，但北齐制度多承袭北魏，因而北魏的情况似乎与此不会有太大的差别。不过，由于记载乡男的史料很少，所以对此暂置不论。

从北魏开国郡公至开国县男等级的封地情况来看，当时国家是根据开国爵的等级来决定其封地或为郡、或为县的。换言之，北魏国家是以设置的行政郡、县为单位来封授开国爵封地的。然而，需要指出的是，北魏国家不仅使开国爵的封地与郡、县联系在一起，但同时也使封地与郡、县也有一些区别。《魏书·奚斤传》："（奚绪）改封澄城县开国侯，增邑九百户。卒。子遵，袭封。卒。……无子，国除。"《魏书·夏侯道迁传》：夏侯道迁受封"丰

---

① 赵超：《汉魏南北朝墓志汇编》，天津古籍出版社，2008年，第387页。

县开国侯，食邑一千户。”“（长子夏侯夬）性好酒，居丧不戚，醇醪肥鲜，不离于口。……道迁知夬好酒，不欲传授国封。”这些记载都说明，开国爵的封地是被国家视为“国”的，也就是封国。正因如此，北魏国家对治理开国爵封地长官的设置，也就不同于行政郡、县长官的设置。在后《职员令》有相的设置的规定，但它们的品级却不相同。这些相的品级分别相当于上郡太守、中郡太守、下郡太守、上县令、中县令、小县令。[①] 北魏国家所以设置可以与郡太守与县令的品级比照的相，只是表明他们治理的是开国爵的封地，并要以此与行政郡、县的长官相区别。但是，这些相在选任上，却与郡太守、县令并无多少区别，并且，郡守和县令还能转任为品级等同的相。比如裴彦先“出为赵郡太守，为政举大纲而已。正始中，转勃海相。”[②] 可见，尽管开国爵的封地可以被视为封国，可是，除了封国中有受爵者的食邑之外，也就与国家直接管辖的郡、县没有多少区别了。

在后《职员令》中，将开国郡公等级与王爵置于等同的位置，都为一品最高爵。获封开国郡公的封地也与王爵相同，都为郡。依据《魏书》《北齐书》和墓志铭中的记载，北魏国家封授的开国郡公共有35人（尔朱荣及尔朱氏家族受封开国爵者除外）。但是，获封开国郡公所领郡的情况，却不尽相同。所以，对这种情况，需要结合孝文帝改革后，北魏国家郡的设置情况来说明。

太和二十三年制定的后《职员令》中有上郡太守、中郡太守、下郡太守的设置，并规定上郡太守四品、中郡太守五品、下郡太守六品。[③] 这说明，孝文帝改革后，北魏国家所设郡是有上、中、下的差别的。晋代区分郡的大小，依据的是郡管辖的人口，北魏国家对所设郡的规定不会与晋制不同。但是，《魏书》记载中不见有对上、中、下郡区分标准的记载，因而，不易对上、中、下郡做出明确判断。不过，通过郡所辖人口数量的多少，还是可以看出一个大概情况。实际上，北魏国家封授开国郡公封地的人口数字是有很大差别的，因而需要依据《魏书·地形志》中对开国郡公所领郡的人口数字

---

① 《魏书》卷一一三《官氏志》。

② 《魏书》卷七一《裴叔业传》。

③ 《魏书》卷一一三《官氏志》。

记载来阐释这种差别。[①] 为清楚说明问题起见，下面分十万人以上、万人以上、千人以上三种情况，移录开国郡公所领郡的人口数：

一是封地有十万以上人口的郡：1. 魏郡开国公穆罴所领郡“户一十二万二千六百一十三，口四十三万八千二十四”[②]。2. 巨鹿郡公陆睿所领郡“领县三，户二万七千一百七十二，口一十三万二百三十九”[③]。3. 上党郡公王仲兴所领郡“户二万五千九百三十七，口一十万四千四百七十五”[④]。4. 长乐郡公冯诞所领郡“户三万千六百八十三，口十四万三千一百四十五”[⑤]。5. 武邑郡公李平所领郡“户二万九千七百七十五，口一十四万四千五百七十九”[⑥]。6. 南赵郡公高琛所领郡“户三万二千四十六，口十五万一百一十三”[⑦]。7. 清河郡公高岳所领郡“户二万六千三十三，口十二万三千六百七十”[⑧]。

二是封地有万人以上人口的郡：1. 顿丘郡公穆亮所领郡“户一万七千二十二，口八万七千六十三”[⑨]。2. 齐郡开国公刘昶所领郡“户三万八百四十八，口八万二千一百”[⑩]。3. 濮阳郡公胡僧洗所领郡“户一万八千六百六十四，口五万五千五百一十二”[⑪]。4. 北海郡公朱瑞所领郡“户一万七千五百八十七，口四万六千五百四十九”[⑫]。5. 平原郡开国公元亮所领郡“户一万三千九百二十九，口四万四百三”[⑬]。6. 济北郡公穆建所领郡“户九千四百

---

① 《魏书·地形志》对北魏国家所属郡人口数字记载不完全，有很多郡并无人口数字的记载，所以不转录无人口数字记载的开国郡公的封地。

② 《魏书》卷一〇六上《地形志上》。

③ 《魏书》卷一〇六上《地形志上》。

④ 《魏书》卷一〇六上《地形志上》。

⑤ 《魏书》卷一〇六上《地形志上》。

⑥ 《魏书》卷一〇六上《地形志上》。

⑦ 《魏书》卷一〇六上《地形志上》。

⑧ 《魏书》卷一〇六上《地形志上》。

⑨ 《魏书》卷一〇六中《地形志中》。

⑩ 《魏书》卷一〇六中《地形志中》。

⑪ 《魏书》卷一〇六中《地形志中》。

⑫ 《魏书》卷一〇六中《地形志中》。

⑬ 《魏书》卷一〇六中《地形志中》。

六十七，口二万九千三百九十九”①。7. 渔阳郡公侯渊所领郡“户六千九百八十四，口二万九千六百七十”②。8. 琅邪郡公贺拔胜所领郡“户九千七百七十四，口二万三千七百四十四”③。9. 高平郡开国公萧赞所领郡“户一万一千一百二十四，口二万五千八百九十六”④。10. 兰陵郡公裴叔业所领郡“领县四，户十千四百二十四，口一万五千七百七十六”⑤。

三是封地有千人以上人口郡：陈郡公李叔仁所领郡“户三千二十四，口七千六百六十九”⑥。

以上所列获封开国爵者封地领郡的人口数字的三种情况，并不是划分上、中、下郡的标准，但由此可以看出，北魏国家使获封开国爵者所领郡的人口数字差别是很明显的。值得注意的是，北魏国家可以将有人口有四十三万八千二十四人的魏郡作为开国爵的封地封授，也可以将人口只有七千六百六十九人的陈郡作为开国爵的封地封授。显然他们封地的人口数字相差甚多。另外，北魏国家使获封开国郡公封地有十万人口以上郡的人，都是身份地位显赫者。穆罴、陆睿为重要的鲜卑勋臣；冯诞为外戚，孝文帝“宠诞，每与诞同舆而载，同案而食，同席坐卧”⑦；王仲兴也为宠臣，孝文帝“于马圈，自不豫、大渐迄于崩，仲兴颇预侍护”⑧。李平因立有平定京兆王元愉反叛的大功而受封郡公。⑨ 高琛、高岳则为高欢的兄弟。他们受封开国郡公，是在北魏末年高欢控制国家朝政之时。这些情况说明，北魏国家封授开国郡公的封地，显然要对他们领郡的大小加以区分，并且对地位特别显赫的官员要封授人口众多的大郡。当时国家对受封开国郡公所领郡加以区分，实际正是沿袭了北魏前期封授虚封爵的做法。《魏书·官氏志》：“（天赐元年）皇子

① 《魏书》卷一〇六中《地形志中》。

② 《魏书》卷一〇六上《地形志上》。

③ 《魏书》卷一〇六中《地形志中》。

④ 《魏书》卷一〇六中《地形志中》。

⑤ 《魏书》卷一〇六中《地形志中》。

⑥ 《魏书》卷一〇六中《地形志中》。

⑦ 《魏书》卷八三上《外戚上·冯熙传附冯诞传》。

⑧ 《魏书》卷九三《恩幸·王仲兴传》。

⑨ 《魏书》卷六五《李平传》。

及异姓元功上勋者封王，宗室及始蕃王皆降为公，诸公降为侯，侯、子亦以此为差。……王封大郡，公封小郡，侯封大县，子封小县。”又“诏始赐王、公、侯、子国臣吏，大郡王二百人，次郡王、上郡公百人，次郡公五十人，侯二十五人，子十二人”。这正是道武帝确定的爵位封授原则。尽管北魏前期所封爵位为虚封，并且，郡的大小，是依据晋代的人口数字确定的。但是，当时国家还是要依据虚封郡的大小来区分不同等级的爵位，同样也能够在同一等级爵位中，以郡的大小作为显示有爵者地位高低的依据。孝文帝爵位改革后，开始实行实封爵制。尽管实封爵与虚封爵有很大差别，可是，在实封的开国爵爵位系统中，却依然将北魏前期国家对虚封爵的这种规定沿袭下来。不同的是，获封开国爵者所领郡已经为实封郡。因此，可以说，北魏国家封授开国郡公的封地有上、中、下郡的区别，其中自然包含通过封地的郡的大小，表明在同一爵位等级中，获封爵位者的地位等次是具有差别的意义。

北魏国家还对开国县公、侯、伯、子、男的封地县做了等次的区分。后《职员令》规定：上县令六品、中县令七品、下县令八品。[1] 并且，对上、中、下县都有相的设置。就是说，北魏国家将开国爵的封地县也划分了三等次。但《魏书》不见有上、中、下县管辖的人口和区分上、中、下县标准的记载。可是，依据北魏国家对开国郡公封地的封授情况，可以判断这种上、中、下县的区分，应该与开国县公、侯、伯、子、男爵位的等级有一定的关联。从北魏获封开国爵者爵位等级的变动来看，他们爵位等级的提高，一般要改变他们的封地。这种情况在《魏书》中多见记载。《魏书·景穆十二王中·任城王云传附元世俊传》：“封世俊卫县开国男，食邑二百户……出帝初，加仪同三司，改封武阳县开国子，食邑五百户。”又《魏书·贺拔胜传》：“（贺拔胜）封易阳县开国伯，邑四百户。……庄帝还宫，以功增邑六百户，……改封真定县开国公。”很明显，元世俊与贺拔胜都在获封开国爵的等级提升后，他们原来的封地都被改封了。北魏国家所以要改封他们的封地，应该是有目的的。从北魏前期道武帝确定虚封爵的封授原则来看，“侯

---

① 《魏书》卷一一三《官氏志》。

封大县，子封小县"[1]。这就是说，道武帝将爵位等级与虚封的县的大小是结合在一起的。道武帝确定的这种虚封爵的封授原则，也影响到了实封的开国爵封地的封授。北魏国家在提高获封开国爵者爵位等级时，将他们的封地改封，应该说与封授虚封爵时，将爵位等级与虚封县的大小结合在一起的做法具有同样的意义。也就是说，开国爵等级的变化，会影响到一些获封开国爵者所领县的大小，否则北魏国家也就没有改封他们原来封地所在县的必要了。关于此问题，第三节有详论，兹不赘述。

此外，还需要指出的是，北魏国家为了笼络南朝降臣，对他们也封授开国爵。不过，对其中的一些受封爵者的封地，却实行了特殊的做法。《魏书·萧宝夤传》："（萧宝夤）除使侍节、都督东扬南徐兖三州诸军事、镇军将军、扬州刺史、丹阳郡开国公、齐王。"丹阳郡，实际是南朝所设郡。[2] 可见萧宝夤投降北魏后，开始受封的丹阳郡，并不在北魏境内。《魏书·田益宗传》："景明三年，（陈）伯之遣使密表请降，……四年，以伯之为持节、都督江郢二州诸军事、平南将军、江州刺史、曲江县开国公，邑一千户；虎牙为冠军将军、员外散骑常侍、豫宁县开国伯，邑五百户。"陈伯之受封曲江县，属南齐始兴郡。[3] 陈虎牙受封豫宁县，刘宋时属豫章郡。[4]《魏书·裴叔业传》："（裴扬）景明初，以扬为辅国将军、南司州刺史，拟戍义阳，封义安县开国伯，邑千户。"裴扬受封义安县，刘宋时属西阳郡。[5] 南齐时则属齐安郡。[6] 由此可见，这些南朝降臣受封开国爵的封地，都不属北魏管辖，却在南朝境内。这说明，北魏国家对一些南朝降臣的开国爵封地，实行了遥封。北魏国家之所以要实行遥封，是要通过封地的封授表明他们来自南朝，而且，也要通过这种方式的封授，体现国家对他们地位的重视。因为北魏国家是很重视获封开国爵者的封地与他们出身地的关系的。然而，北魏国家对南朝降臣的遥封却与一般虚封不同。因为这些封地在南朝的受爵者，他们都

---

① 《魏书》卷一一三《官氏志》。

② 《南齐书》卷一四《州郡志上》。

③ 《南齐书》卷一五《州郡志下》。

④ 《宋书》卷三六《州郡志二》。

⑤ 《宋书》卷三七《州郡志三》。

⑥ 《南齐书》卷一五《州郡志下》。

领有食邑。比如陈伯之领有食邑一千户；陈虎牙领有食邑五百户；裴扬领有食邑一千户。北魏国家只能将他们领有的食邑封授在北魏境内。很显然，他们的封地与食邑是分离的。因此，可以明确，北魏国家只有采取寄食的做法，才能保证他们获得食邑。当然，对他们所实行的这种寄食做法，应该是北魏国家为优待南朝降臣而采取的比较特殊的封授食邑的措施。

总之，北魏国家重视对开国爵封地的封授。开国郡公受封的封地为郡；开国县公、侯、伯、子、男的封地则为县。他们受封的郡、县，都被视为封国，而由国家专门设置的相进行治理。不过，北魏国家对获封开国爵者封地管理的相，只是与郡、县长官的名称不同，而实际职掌却没有明显差别。在孝文帝改革后，当时国家将郡、县分为上、中、下三等次。北魏国家也将开国爵封地的封授与不同等次的郡、县结合在一起。实际上，获封开国爵者所领郡、县的大小，对显示他们的身份地位具有象征意义。这正是对北魏前期将爵位等级与封地郡、县大小结合在一起做法的承袭。当然，北魏国家还对一些南朝降臣的开国爵封地的封授，实行了遥封的措施。这种遥封的做法，显然是北魏国家优待南朝降臣在爵位封地封授上的表现。这些情况表明，北魏国家在开国爵封地的封授上，是将封地与爵位等级以及受爵者的身份结合在一起的，因而，也就使开国爵表现获封爵位者的地位作用能够得到更充分的体现。

二、封授开国爵封地的限定：籍贯回避与任职回避

北魏国家开国爵的封授对象，主要有不能够继承王爵的道武子孙、宗室、鲜卑勋贵和有功劳的汉族官员。由于受封开国爵者的身份不同，北魏国家对他们的封地实行了必要的限定做法。在这些做法中，最主要的是实行封授封地的回避措施。就北魏国家具体实行的情况来看，可以分为籍贯回避和任职回避。

先看籍贯回避。在北魏受封开国爵者中，有汉族官员，也有鲜卑族官员。但是，汉族官员与鲜卑族官员在拥有籍贯上，却不尽相同。在北魏前期，鲜卑族官员是没有籍贯的。孝文帝迁都洛阳后，一些上层鲜卑人也随同迁居至洛阳。他们也开始有了籍贯。据《魏书》与墓志铭中记载，奚康生

“河南洛阳人。其先代人也，世为部落大人”①。元子直“河南洛阳都乡光里人也”②。这就是说，孝文帝实行汉化政策后，大部分鲜卑贵族都有了籍贯。当然，还有一些没有籍贯者。例如，叱列延庆为“代西部人也，世为酋帅”③。贺拔胜“神武尖山人”④。这种情况的存在，自然是因北魏国家境内民族融合发展不平衡造成的。因此，对没有籍贯的鲜卑族官员而言，在对他们开国爵封地的封授上，也就不存在籍贯回避的问题。但对有籍贯的汉族与鲜卑族官员，北魏国家在开国爵的封地封授上，也就不能忽视他们的封地与籍贯的关系。以下依据文献与墓志铭记载，先对开国郡公的籍贯与封地的情况列表说明：

开国郡公籍贯与封地情况表

序号	受爵者姓名	民族	受爵者籍贯	受爵者封地	史料出处
1	元亮	鲜卑	河南郡洛阳	平原郡	《魏书》卷一六《道武七王·京兆王黎附元叉传》
2	穆罴	鲜卑	洛阳	魏郡	《魏书》卷二七《穆崇传附穆罴传》
3	穆建	鲜卑	洛阳	济北郡	《魏书》卷二七《穆崇传附穆罴传》
4	于烈	鲜卑	洛阳	巨鹿郡	《魏书》卷三一《于栗磾传附于烈传》
5	于忠	鲜卑	洛阳	魏郡	《魏书》卷三一《于栗磾传附于忠传》
6	陆睿	鲜卑	洛阳	巨鹿郡	《魏书》卷四〇《陆俟传附陆睿传》
7	源怀	鲜卑	洛阳	陇西郡	《魏书》卷四一《源贺传附源怀传》
8	尉羽	鲜卑	洛阳	博陵郡	《魏书》卷五〇《尉元传》
9	斛斯椿	鲜卑	广牧富昌人	城阳郡	《魏书》卷八〇《斛斯椿传》
10	叱列延庆	鲜卑	代西部人	北海郡	《魏书》卷八〇《叱列延庆传》
11	贺拔胜	鲜卑	神武尖山人	琅邪郡	《魏书》卷八〇《贺拔胜传》

① 《魏书》卷七三《奚康生传》。

② 《魏故使持节散骑常侍安南将军都官尚书冀州刺史元公墓志铭》，赵超：《汉魏南北朝墓志汇编》，天津古籍出版社，2008年，第150页。

③ 《魏书》卷八〇《叱列延庆传》。

④ 《魏书》卷八〇《贺拔胜传》。

续　表

序号	受爵者姓名	民族	受爵者籍贯	受爵者封地	史料出处
12	贺拔岳	鲜卑	神武尖山人	清水郡	《魏书》卷八〇《贺拔胜传附贺拔岳传》
13	侯渊	鲜卑	神武尖山人	渔阳郡	《魏书》卷八〇《侯渊传》
14	元平	鲜卑	河南郡洛阳	武邑郡	《魏故辅国将军广州刺史元君墓志铭》
15	穆显	鲜卑	洛阳	澄城郡	《魏故持节征虏将军营州刺史长岑侯韩使君赗夫人高氏墓铭》
16	郑季明	汉	荥阳郡开封	南颍川郡	《魏书》卷五六《郑曦传附郑祖育传》
17	高次同	汉	勃海郡	长乐郡	《魏书》卷五七《高祐传》
18	杨侃	汉	恒农郡华阴	济北郡	《魏书》卷五八《杨播传附杨侃传》
19	刘昶	汉	彭城郡	齐郡	《魏书》卷五九《刘昶传》
20	萧宝夤	汉	兰陵郡	梁郡	《魏书》卷五九《萧宝夤传》
21	萧赞	汉	兰陵郡	高平郡	《魏书》卷五九《萧宝夤传附萧赞传》
22	萧正表	汉	兰陵郡	兰陵郡	《魏书》卷五九《萧正表传》
23	李平	汉	顿丘郡	武邑郡	《魏书》卷六五《李平传》
24	李神	汉	恒农郡	安康郡	《魏书》卷七〇《李神传》
25	裴叔业	汉	河东郡闻喜	兰陵郡	《魏书》卷七一《裴叔业传》
26	李叔仁	汉	冀州	陈郡	《魏书》卷七三《崔延伯传》
27	朱瑞	汉	代郡桑乾	北海郡	《魏书》卷八〇《朱瑞传》
28	樊子鹄	汉	代郡平城	南阳郡	《魏书》卷八〇《樊子鹄传》
29	王隆保	汉	太原郡晋阳	上党郡	《魏书》卷九三《恩幸・王睿传附王隆保传》
30	冯熙	汉	长乐郡信都	扶风郡	《魏故乐安王妃冯氏墓志铭》
31	冯思政	汉	长乐郡信都	长乐郡	《魏故乐安王妃冯氏墓志铭》
32	胡僧洸	汉	安定郡临泾	濮阳郡	《魏故侍中司徒公骠骑大将军使持节定州刺史常山文恭王墓志铭并序》
33	胡国珍	汉	安定郡临泾	安定郡	《魏书》卷八三下《外戚下・胡国珍传》
34	高琛	汉	渤海郡	南赵郡	《北齐书》卷一三《赵郡王琛传》
35	高岳	汉	渤海郡	清河郡	《北齐书》卷一三《清河王岳传》

由表中所示可知，北魏国家封授的开国郡公共有35人。其中鲜卑族官员有15人；汉族官员20人。在鲜卑官员中有10人有籍贯，其余5人没有籍贯。由于在受封开国爵者中存在民族的差别与籍贯有无的区分，所以，北魏国家封授的开国爵封地与籍贯的联系也就不完全相同。

就受封爵位的鲜卑官员的籍贯来看，他们大部分都是以河南郡洛阳为籍贯。而河南郡为京畿内的郡，所以，北魏国家需要将他们开国爵的封地分封在京畿之外。北魏国家的这种做法，自然是出于实行在京畿之内不分封封国的需要。但另一方面，也要使这些鲜卑官员的封地，可以回避他们的籍贯。因此，这些鲜卑官员封地的籍贯回避，也就具有很明显的特殊性。当然，还有一些鲜卑官员，诸如斛斯椿、叱列延庆、侯渊、贺拔岳、贺拔胜，都没有明确的籍贯，因此，对他们封地的封授也就不存在籍贯回避的问题。

从受封爵位的汉族官员来看，他们都是有明确籍贯的。而且，北魏国家对他们出身的本郡，也就是他们的籍贯是很重视的。在一般情况下，北魏国家是将他们的封地与出身的郡严格分开的。换言之，北魏国家不会将他们的出身郡作为他们获封开国郡公爵位的封地。这就是说，北魏国家对获封开国郡公的汉族官员的封地，要实行籍贯回避的。这应该是对绝大多数受封开国郡公的汉族官员的封地必须要采取的措施。

然而，在受封开国爵的汉族官员中，有一些身份地位特殊者。对这些人的封地与籍贯关系的处理上，北魏国家则采取了特殊的措施。由上表所示，北魏国家封授的汉族官员只有胡国珍一人获得特殊封授。由于胡国珍正是控制朝政的胡太后之父，因而，在外戚中地位显赫。在他受封开国爵后，就对他的封地采取特殊做法。也就是将胡国珍出身的安定郡作为他的封地。这说明，北魏国家对地位特殊的汉族官员封授开国郡公的封地，可以不实行籍贯回避。由于对开国郡公的封地封授不实行籍贯回避是一种特别的做法，因此，可以说，这种做法正表明他们受到皇帝极大的宠幸，因而，也就可以成为他们具有特殊身份的一种体现。

再看开国县公、侯、伯、子、男封地的封授情况。尽管这些开国爵的爵位等级不同，但是，受封爵者的封地却都是县。也就是说，这些爵位等级的封地，只有上、中、下县的区分，并没有其他的差别，因而，北魏国家封授这些等级的开国爵，也注意到他们的封地与籍贯的关系。统计相关文献中的记载，获封这些等级的开国爵者就有 139 人之多。细缕这些文献记载，可以看出，这些受爵者的封地与他们的籍贯可以分为三种情况：

一是受封这些等级开国爵者的封地与出身县相同。《魏书·阉官·王温传》："（王温）赵郡栾城人。……孝昌二年，封栾城县开国侯，邑六百户。温后自陈本阳平武阳人，于是改封武阳县开国侯，邑如故。"可见王温受封开国县侯的封地，正是他出身的县。在改封他的封地后，依然将他呈报的出身县作为封地。北魏国家所以对王温受封的封地采取这种做法，与王温在宦官中的特殊地位有密切关系。因为孝明帝即皇帝位时，王温"于卧中起肃宗，与保母扶抱肃宗，入践帝位"①。说明王温是受到宠幸的宦官。正因如此，胡太后封授他开国爵时，就特别将他的出身县作为封地。在《魏书》记载中，北魏国家将官员的出身县作为受封开国爵的封地，仅此一例。这说明，北魏国家很少实行这种封地封授。因此，可以说，北魏国家对开国县公至开国县男的封地的封授，不回避他们出身的县，是要表现皇帝对他们的宠幸，以此凸显他们在受爵者中具有特殊的地位。

二是受封这些等级开国爵者的封地不是他们的出身县，但却为他们出身的郡所管辖。《魏书·韦阆传附韦朏传》：韦朏受"封杜县开国子"。他的祖父韦阆"京兆杜陵人"。他的封地杜县属京兆郡。②《魏书·张烈传》：张烈受"封清河县开国子"。他为"清河东武城人也"。他的封地清河县属清河郡。③《魏书·傅永传》：傅永受封"贝丘县开国男"。他为"清河人也"。他的封地贝丘县属清河郡。④《魏书·董绍传》：董绍受"赏新蔡县开国男"。他为"新蔡鲖阳人也"。他的封地新蔡县属新蔡郡。⑤ 很明显，这些受封开国爵者的封地都不在出身县，但却在出身郡。因为在北魏社会中，更重视的是士人出身的郡望。由此看来，北魏国家将这些受爵者的封地封在他们出身县所属郡中，很难说是籍贯回避。不过，应该看到，因为封地与他们出身的籍贯，并不完全一致，因而，也就与完全的籍贯回避存在差别，所以，这应该是一种

① 《魏书》卷九四《阉官·王温传》。

② 《魏书》卷一〇六下《地形志下》。

③ 《魏书》卷一〇六上《地形志上》。

④ 《魏书》卷一〇六上《地形志上》。

⑤ 《魏书》卷一〇六中《地形志中》。

特殊的封授做法。北魏国家在封授开国爵时，所实行这种做法是有目的的。也就是通过采取封地能够在出身郡来表明与一般的获封爵位者是不同的，进而表现出他们在开国爵的封授上，是受到了皇帝的优待。

三是受封这些等级的开国爵者的封地与出身县、郡完全分离。也就是说，他们的封地与籍贯的关系同上述两种情况完全不同。下面依据开国县公、侯、伯、子、男爵位等级，举例说明这种情况：

1. 开国县公。《魏书·贾显度传》：贾显度受“封石艾县开国公”。贾显度则为“中山无极人”。

2. 开国县侯。《魏书·游明根传附游肇传》：游祥受封“高邑县开国侯”。他祖父游明根为“广平任人也”。

3. 开国县伯。《魏书·韦阆传附韦彪传》：韦嵩遵受封“乌氏县开国伯”。他祖父韦阆为“京兆杜陵人”。

4. 开国县子。《魏书·韩麒麟传》：韩熙受“封历城县开国子”。韩熙父韩麒麟为“昌黎棘城人也”。

5. 开国县男。《魏书·李神传》：李神受“封长乐县开国男”。李神为“恒农人”。

从这些受封开国爵者的封地情况来看，贾显度的封地石艾县属乐平郡；[①] 游祥封地高邑县属赵郡；[②] 韦嵩遵的封地乌氏县属安定郡；[③] 韩熙的封地历城县属济南郡；[④] 李神的封地长乐县属东郡。[⑤] 显然这些受封开国爵者的封地与他们出身的县、郡都是分离的。北魏国家对他们封地实行的封授，当然是完全的籍贯回避。依据《魏书》和墓志铭中的记载，受封这些等级的开国爵者有139人，其中有127人封地的封授实行了完全的籍贯回避，占受封开国爵总人数的五分之四强。因此，可以明确，北魏国家在一般情况下，对开国县公、侯、伯、子、男爵位封地的封授，都要采取籍贯回避的措施。反之，对受封这些等级开国爵者不实行籍贯回避的，则明显都具有优待受封者的意义。

---

① 《魏书》卷一〇六上《地形志上》。

② 《魏书》卷一〇六上《地形志上》。

③ 《魏书》卷一〇六上《地形志上》。

④ 《魏书》卷一〇六中《地形志中》。

⑤ 《魏书》卷一〇六中《地形志中》。

北魏对获封开国县公、侯、伯、子、男爵位的封地，不仅实行籍贯回避，还实行任职回避。所谓任职回避，就是说北魏国家不能在受封开国爵者出任刺史和太守所治理的州、郡使他们获得的封地。事实上，北魏国家是严格实行这一措施的。先看受爵前外任刺史，再受封开国爵封地的情况。《魏书·李宝传附李佐传》："迁冠军将军、怀州刺史。……转安东将军、相州刺史。……萧鸾新野太守刘忌凭城固守，佐率所领攻拔之。以功封泾阳县开国子，邑三百户。"又《魏书·杨播传附杨侃传》："建义初，除冠军将军、东雍州刺史。……还朝，除右将军、岐州刺史。……于是除镇军将军、度支尚书、兼给事黄门侍郎，敷西县开国公，领邑一千户。"可见李佐在受封开国爵前曾任怀州刺史、相州刺史；杨侃则任东雍州刺史、岐州刺史。李佐的封地泾阳县属雍州，① 杨侃的封地敷西县则属华州。② 很显然，北魏国家没有将受封开国爵者的封地封在他们曾经担任刺史的州中。再看北魏国家封授开国爵后，受封者出任刺史的情况。《魏书·李崇传》："（李）崇累战破之，斩北燕等，徙万余户于幽、并诸州。世宗追赏平氐之功，封魏昌县开国伯，邑五百户。……改除开府、相州刺史，侍中、将军、仪同并如故。"《魏书·裴延俊传》："（裴瑗）转太原太守。属肃宗崩，尔朱荣初谋赴洛，瑗豫其事，封五原县开国子，邑三百户。寻行并州事，转平北将军、殷州刺史。"李崇受封开国爵的封地魏昌县属定州，③ 裴瑗受封开国爵的封地则在并州。北魏国家在他们受爵后，使李崇出任相州刺史，裴瑗则出任殷州刺史。由此可见，北魏国家对出任刺史者，无论在受封开国爵前，还是在受封开国爵后，在他们的任职州，是不允许他们获得封地封授的。

北魏国家封授开国爵封地的限制措施，不只限于州刺史。《魏书·郑曦传附郑祖育传》："（郑季明）正光中，谯郡太守，带涡阳戍主。……季明孤城自守，卒得保全。朝廷嘉之，封安德县开国伯，邑七百户。"郑季明所封安德县属安德郡，④ 而郑季明受封开国爵前则任谯郡太守，显然他掌管的郡是与封地所在郡分离的。《魏书·裴叔业传》："（裴彦先）除通直散骑常侍，

① 《魏书》卷一〇六下《地形志下》。

② 《魏书》卷一〇六下《地形志下》。

③ 《魏书》卷一〇六上《地形志上》。

④ 《魏书》卷一〇六上《地形志上》。

封雍丘县开国子，食邑三百户。出为赵郡太守，为政举大纲而已。正始中，转勃海相。”裴彦先受封开国爵的封地雍丘县属阳夏郡。[①] 但北魏国家只使他任赵郡太守、勃海相。北魏国家实行这种外任郡长官的做法，自然包含使他的任职与封地回避的目的。这说明，北魏国家对受封开国爵前、后任地方郡太守者，实际也严格防止他们的封地与任职地方都在同一郡的情况出现。

北魏国家在开国爵的封授上，还实行追封与叠授的措施。所谓追封，就是对亡故官员封授开国爵。而叠授，则是对一位官员封授两个以上的开国爵。北魏国家追封开国爵，也注意到他的封地与生前任职的关系。《魏书·景穆十二王下·南安王桢传附元叔献传》：“（元诱）出为右将军、南秦州刺史。叉斩之于岐州，妻子得不坐。追赠车骑大将军、雍州刺史，后赠仪同三司，追封都昌县开国伯，食邑八百户。”又《魏书·李宝传附李韶传》：“（李韶）转定州刺史，常侍如故。……正光五年四月，卒于官，年七十二。……初，韶克定秦陇，永安中追封安城县开国伯，邑四百户。”元诱亡故后，被追封的开国爵封地为青州都昌县。[②] 李韶亡故后，受追封的开国爵封地安城县则属幽州。[③] 很明显，他们的封地与生前任刺史地方都不在同一州。北魏国家对叠授开国爵的封地也是如此。当时受封开国爵最多的是源子恭。他先后受封“临颍县开国侯”“临汝县开国子”“襄城县开国男”“新城县开国子”。[④] 他的封地临颍县属郑州；[⑤] 临汝县属豫州；[⑥] 襄城县属广州；[⑦] 新城县属瀛州。[⑧] 源子恭受封这些开国爵前、后，只外任“行台仆射、荆州刺史”[⑨]。显然北魏国家叠授开国爵时，也要使受爵者的封地与担任刺史的州分离。

统计《魏书》与墓志铭中记载，受封开国爵前、后，任刺史者有七十

---

① 《魏书》卷一〇六中《地形志中》。
② 《魏书》卷一〇六中《地形志中》。
③ 《魏书》卷一〇六上《地形志上》。
④ 《魏书》卷四一《源贺传附源子恭传》。
⑤ 《魏书》卷一〇六中《地形志中》。
⑥ 《魏书》卷一〇六中《地形志中》。
⑦ 《魏书》卷一〇六中《地形志中》。
⑧ 《魏书》卷一〇六上《地形志上》。
⑨ 《魏书》卷四一《源贺传附源子恭传》。

人。其中只有陆睿、源怀二人的封地与他们任刺史地方在同一州。孝文帝封陆睿巨鹿郡开国公，他的封地巨鹿郡属定州。[①] 但孝文帝却任命陆睿为定州刺史。这是因为陆睿父亲陆丽“勋著前朝”[②]。显然是要表示陆睿家族受到皇帝很高的荣宠。而源怀“可依比授冯翊郡开国公”[③]，实际孝文帝恩准源怀的奏请，要仿照陆睿受封的事例行事，因此，他的封地也能够与所任刺史的地方同在雍州。这都是在开国爵开始推行之时，孝文帝安抚鲜卑勋臣的做法。在开国爵的封授制度完善之后，也就没有受封开国爵者的封地与所任刺史的地方在同一州的记载了。因此，可以说，北魏国家对任刺史者受封开国爵，是不允许将他们所治州与爵位封地结合在一起的。另外，统计《魏书》与墓志铭中记载，还可以看到受封开国爵前、后任郡太守的共有17人。在这些人中，他们受爵的封地与所治郡都是分离的。因此，可以明确，北魏国家在开国爵封地的封授上，实行了受爵者外任长官所治地方与他们的封地要严格分离的措施。这正是北魏国家在开国爵封地封授上的一种限制规定。

综上可见，北魏国家在封授开国爵封地时，一般都要实行籍贯回避和任职回避。这两种回避的做法，实际是对受封开国爵者封地的限定措施。对受封开国爵的汉族官员而言，北魏国家对他们的封地实行籍贯回避，可以防止他们利用封地所处的优越与特殊的地位，能够与同乡里的地方势力结合，进而影响国家对他们封地的控制。北魏国家将获封开国爵者的封地与他们所任刺史、太守治理的州、郡分离，也就是任职回避，则是要严格限制他们利用行政职权干预封地的事务，并且，要防止他们对个人的封地实行优待措施，进而获取超过国家规定标准的更多利益。因此，可以明确，北魏国家对受封开国爵者的封地实行的这些限制措施，实际是在不损害受封者利益的前提下，保证国家能够有效地控制他们封地的必须实行的做法。

三、开国爵封地的改封

北魏国家封授的开国爵封地，并不是固定不变的。在国家需要时，可以

---

① 《魏书》卷一〇六上《地形志上》。

② 《魏书》卷四〇《陆俟传附陆睿传》。

③ 《魏书》卷四一《源贺传附源怀传》。

对一些受封开国爵者的封地实行改封。但是，由于北魏国家改变受封开国爵者封地的目的不同，改封的做法也不尽相同。

如前所述，北魏国家在提高获封开国爵者的爵位等级时，多要对他们的封地改封。《魏书·源贺传附源子雍传》："（源延伯）封五城县开国子，食邑三百户。……随子雍至都，进爵浮阳伯，增封百户。"很显然，由于源延伯的爵位进升一等级，因而，他的封地随之被北魏国家改封。然而，需要看到的是，北魏国家封授开国爵的封地有郡、县的区别。开国郡公的封地为郡，而开国县公、侯、伯、子、男的封地则为县。正因如此，北魏国家使获封开国县公、侯、伯、子、男等级者进爵至开国郡公时，他们的封地不仅由县改为郡，并且，还要对封地改封。《魏书·杨播传附杨侃传》："（杨侃）于是除镇军将军、度支尚书、兼给事黄门侍郎，敷西县开国公，食邑一千户。……以济河之功，进爵济北郡开国公，增邑五百户。"杨侃原封地敷西县属华州华山郡。① 而改封后的济北郡则属济州。② 又《魏书·李神传》："（李神）频有军功，封长乐县开国男，食邑二百户。……车驾还宫，改封安康郡开国公，加封五百户。"李神原封地长乐县属司州东郡。③ 改封后的安康郡则属梁州。④ 可见北魏国家将获封开国爵者的封地由县改为郡，改封后的封地与原封地都不在同一州。也就是说，原封地与改封后的封地的所在州是完全不同的。这说明，北魏国家正是要通过改封提升为开国爵郡公的封地，使他们新的爵位等级得到明确的认定。

从获封开国县公、侯、伯、子、男者的封地情况来看，北魏国家对获封这些爵位等级者的封地的改封，只是改变封地所在县。《魏书·崔延伯传》："（崔延伯）正光五年秋，以往在扬州，建淮桥之勋，封当利县开国男，食邑二百户，寻增邑一百户，改封新丰，进爵为子。"崔延伯原封地当利县属光州长广郡。⑤ 改封后的封地新丰县则属雍州京兆郡。⑥ 由此可见，北魏国家

---

① 《魏书》卷一〇六下《地形志下》。

② 《魏书》卷一〇六中《地形志中》。

③ 《魏书》卷一〇六上《地形志上》。

④ 《魏书》卷一〇六下《地形志下》。

⑤ 《魏书》卷一〇六中《地形志中》。

⑥ 《魏书》卷一〇六下《地形志下》。

对获封开国县公、侯、伯、子、男爵位者封地的改封，显然要使改封后的封地与原封地所属州、郡都有重大改变。

北魏国家实行这种改封的做法，当然是有重要目的的。一如前述，从北魏建国后实行的虚封爵制来看，一般是将爵位等级与虚封地的大小结合在一起的。天赐元年，道武帝调整虚封爵的爵位等级时，便明确规定：“王封大郡，公封小郡，侯封大县，子封小县。”① 北魏国家采取这种做法，实际正是要通过所领封地的大小来显示其爵位的等级和身份地位的高低。然而，孝文帝爵位改革后，却实行了虚封爵与实封爵并行的制度。尽管虚封爵与实封爵的性质不同，可是，在爵位等级规定上，区别并不是很大。正因如此，北魏前期国家实行的将爵位等级与封地大小相结合的做法，自然也要对实封的开国爵发生影响。

从孝文帝改革后国家所设郡、县来看，都有上、中、下的等次区分。北魏国家封授开国爵的封地，当然要顾及郡、县的等次区分。因此，北魏国家在提升获封开国爵者爵位等级时，对大多数受封爵位者的封地都进行了改封。由于受史料的限制，虽然对获封开国爵者改封前、后的封地的大小，还不能做出清楚的判断，可是，其中有一点是可以明确的，也就是北魏国家改封获封开国爵者的原来封地，正是试图将提升后的爵位的等级与所领郡、县的大小能够比较适当地结合起来。

当然，因开国爵爵位等级提升而改封封地，除了北魏国家具有这种目的之外，实际还具有另一种意义。也就是北魏国家改封受封开国爵者的封地，正是重新确定他们的封地。由于对他们封地是重新规定的，因而，也就使他们爵位等级提升的意义可以得到进一步的明确认定。

然而，北魏国家对获封开国爵者封地的改封，并不只限于爵位等级提升之时。《魏书·李冲传》：“（李冲）参定典式，封荥阳郡开国侯，食邑八百户，拜廷尉卿。……寻以冲为镇南将军，侍中、少傅如故，委以营构之任。改封阳平郡开国侯，邑户如先。”可见李冲的开国爵等级以及所领食邑都没有改变，可是，他的封地却改变了。北魏国家使李冲封地改变，应该说，并不是没有目的的。就李冲封地改封前后的情况而言，他的原封地荥阳郡“户

① 《魏书》卷一一三《官氏志》。

二万一千四百七十二，口九万二千三百一十”①。改封后的阳平郡“户六千一百四十六，口一万八千九十四”②。显然李冲改封前的荥阳郡与改封后的阳平郡的人口数量的差别是明显的。北魏国家采取这种做法，似与北魏前期国家以受爵者所领虚封郡的大小来象征身份地位高低的措施有关。《魏书·官氏志》：“（天赐元年）二月，诏始赐王、公、侯、子国臣吏，大郡王二百人，次郡王、上郡公百人，次郡公五十人，侯二十五人，子十二人。”这就是说，道武帝在王、公爵位等级中，要依据所领虚封郡的大小，将这些爵位分为大郡王、次郡王、大郡公、次郡公。这说明，当时国家能够对获得同一等级爵位者，通过所领封地的大小，再对他们的身份等次加以区分。北魏前期，国家在封授爵位时，使有爵者的封地具有这种意义，应该是一直延续的。当然，对实封的开国爵封地的封授也是如此。由此来看，李冲改封后的封地人口少于改封前的人口，显然包含他身份地位降低的意义。北魏国家在爵位等级不变的情况下，改封开国爵者的封地，不只限于郡，还有县。例如源子雍“封乐平县开国公，邑一千户。……改封阳平县开国公，增邑千五百户”③。席法友“景明初，拜冠军将军、豫州刺史、苞信县开国伯，食邑千户。……又徙封乘氏”④。可见，源子雍、席法友的爵位等级都没有变化，但却将他们的封地进行了改封。北魏国家所以要对这些获封开国爵者所领县进行改封，其中也应该包含显示他们地位变化的意义。

北魏国家对开国爵封地的改封，不仅涉及受封爵者的身份地位，还与当时国家实行的一些重要决策有关。当时主要表现有二：其一，京畿的变化使获封开国爵者的封地改封。北魏京畿的改变，是因为都城的迁移引起的。孝文帝在太和十八年，开始将都城由平城迁至洛阳。这是孝文帝实行的重要举措。由于都城迁移，也就使京畿也随之改变。然而，北魏孝文帝封授开国爵在迁都洛阳之前就开始实行了，因而，北魏都城的迁移，自然要影响一些已经获封开国爵者的封地。因为北魏国家定都平城后，就实行在京畿内不封授

---

① 《魏书》卷一〇六中《地形志中》。

② 《魏书》卷一〇六中《地形志中》。

③ 《魏书》卷四一《源贺传附源子雍传》。

④ 《魏书》卷七一《席法友传》。

封国的做法，孝文帝规划新京畿后，依然还是如此。《魏书·薛安都传》：“（薛道标）及开建五等，以安都著勋先朝，封达河东郡开国侯，食邑八百户。后以河东畿甸，改封华阴县侯。”《魏书·尉元传》：“（太和）十六年，例降庶姓王爵，封山阳郡开国公。食邑六百户。……（尉羽）袭爵，……迁洛，以山阳在畿内，改为博陵郡开国公。”显然孝文帝将在新京畿内的开国爵的封地，都迁至京畿以外的地方。因此，可以明确，北魏国家对获封开国爵者的这种改封，是与对新京畿的确定有密切的关系的。

其二，开国爵爵位等级序列的改动而使获封开国爵者的封地改封。孝文帝在太和十八年，对开国爵的爵位等级重新做了规定。也就是将太和十六年实行的开国郡公、开国县公、开国郡侯、开国县侯、开国县伯、开国县子、开国县男七等级改为开国郡公、开国县公、开国县侯、开国县伯、开国县子、开国县男六等级。北魏国家为确立新的开国爵等级，取消了原来等级序列中的开国郡侯。由于开国爵等级序列的改变，自然也要影响一些获封开国爵者的封地。《魏书·奚斤传》：“（奚绪）初为散令，后为太中大夫，加左将军。开建五等，封弘农郡开国侯，食邑三百户。后例降为县，改封澄城县开国侯，增邑九百户。”这里提到的“例降为县”，就是取消开国郡侯一级爵位而降爵为开国县侯。可见北魏国家将奚绪的封地改封，正是要适应开国爵爵位等级序列调整的需要。

此外，正如第一节提到，北魏国家对一些官员开国爵的封地实行遥封。当然，这种遥封主要针对的是南朝降臣。前引《魏书·萧宝夤传》：“（萧宝夤）除使侍节、都督东扬南徐兖三州诸军事、镇军将军、扬州刺史、丹阳郡开国公、齐王。……七月还京师，改封梁郡开国公，食邑八百户。”萧宝夤原封地丹阳郡，当属南朝扬州。[①] 而改封后的梁郡，则属北魏的南兖州。[②] 北魏国家将萧宝夤封地封至南朝丹阳郡，是具有浓厚的政治意义的。然而，尽管萧宝夤可以领有食邑，可是，遥封毕竟与虚封有关系。北魏国家为了使受封开国爵的南朝降臣更便于享有由食邑所带来的经济利益，并且，也有益于对封地的管理，所以，也就需要将他们的封地改封至北魏的境内。不仅如

① 《南齐书》卷一四《州郡志上》。

② 《魏书》卷一〇六中《地形志中》。

此，北魏国家还对一些归降的少数民族首领，实行特殊的封授。例如，太和十九年，孝文帝封光城蛮田益宗“食蛮邑一千户”。但是，不久便“改封曲阳县开国伯”①。虽然“食蛮邑”不是虚封，应该为适合边地少数民族情况的实封。可是，毕竟与开国爵的封授不同，所以也就需要对他的封地进行改封。改封后的封地曲阳县属北魏定州巨鹿郡。② 显然北魏国家正是要通过这种封地的改封，既可以笼络边地少数民族首领，也能够使其脱离边地而内迁，进而更便于国家对他们进行控制。

总而言之，北魏国家封授开国爵的封地过程中，比较广泛地实行了封地改封的做法。北魏国家对获封开国爵者封地的改封，主要将这种做法与爵位等级的改变结合在一起。其主要目的是要通过封地的改变，重新展示改封封地者的身份地位的变化。北魏国家还将获封开国爵者封地的改封与京畿变化、开国爵等级序列的改变联系起来。但这种改封只是为了适应国家变化的决策，与受封开国爵者的爵位等级变动而改封封地的意义是不同的。另外，由于北魏国家开国爵的封授对象还包括南朝降臣和归降的边地少数民族首领，因而，对他们封地的改封，则更多地具有汲引与笼络的目的。因此，可以说，北魏国家对获封开国爵者封地的改封，并不只是简单地改变封地。其实，北魏国家是将获封开国爵者封地的改封与国家诸多的施政方略结合在一起，因而，开国爵封地的改封也就包含多方面的政治意义。

（原载《社会科学战线》2015 年第 3 期）

---

① 《魏书》卷六一《田益宗传》。

② 《魏书》卷一〇六上《地形志上》。

北魏开国爵食邑数量问题的考察

太和十六年，孝文帝进行爵位改革，开始实行开国爵。这种开国爵与北魏前期的虚封爵不同，是一种实封爵。也就是说，北魏国家封授开国爵，不仅要授予爵位等级，还要授予食邑。受封开国爵者获得的食邑，能够保证他们享有规定数量的“国秩”，也就是租税。所以，在北魏国家实行的开国爵制度中，食邑的封授占有不可忽视的地位。张维训先生注意到这一问题，他对北魏国家封授食邑的对象、食邑的性质以及对封建化过程的影响，都做了考证。[①] 然而，他的研究忽略了对受封开国爵者应该获得食邑数量的辨析，因而，对这一问题还有必要继续探讨。所以，本文拟对开国爵的不同等级受封食邑数量及其数量变化的问题做进一步的考察，以期对开国爵的食邑封授特点的认识有所裨益。

一、有固定数量规定的食邑封授

北魏国家封授开国爵，在授予爵位等级的同时，还要使受爵者获得食邑。实际上，受封开国爵者获得食邑的数量，与他们的爵位等级有很大关系。不过，由于开国爵的等级不同，所以，对受封爵位者获得食邑数量的多少所起到的影响也有差异。正因如此，在说明开国爵等级与受封食邑数量的关系之前，需要提及北魏开国爵的等级序列。

在孝文帝爵位改革之后，北魏国家已经开始规定开国爵等级序列，但是，开国爵的等级序列却有变化。太和十六年，北魏国家开始实行开国爵规

① 张维训：《试论北魏的食邑制度——拓跋魏封建化的措施之一》，《厦门大学学报》，1979 年第 4 期。

定的等级为开国郡公、开国县公、开国郡侯、开国县侯、开国县伯、开国县子、开国县男七级别。[①] 但在太和十八年，北魏国家取消了开国郡侯，将开国爵等级改为六等级。因此，太和二十三年制定的后《职员令》中规定开国爵的等级为：开国郡公、开国县公、开国县侯、开国县伯、开国县子、开国县男。《魏书·刑罚志》："自王公以下，有封邑，罪除名；三年之后，宜各降本爵一等，王及郡公降为县公，公为侯，侯为伯，伯为子，子为男；至于县男，则降为乡男。"显然，在后《职员令》颁行之后，在开国爵的等级序列中又增加了乡男。尽管开国爵的等级有变化，但是，北魏国家却一直使开国爵的食邑封授与爵位等级有着联系。当然，需要明确的是，北魏在开国爵等级序列中，爵位的等级与食邑封授的联系，并不是完全相同的，实际分为不同的层次。细缕《魏书》《北齐书》《周书》和墓志铭中的食邑封授的相关记载，可以将开国乡男、县男分为一个层次；开国县子、县伯、县侯、县公为另一层次；开国郡公则为最高的层次。以下先讨论北魏国家对开国乡男、开国县男这一层次食邑的封授情况。

就开国乡男等级受封食邑的情况而言，尽管相关的史料记载并不多见，但是，北魏国家使受封开国乡男者获得食邑的数量，还是有踪迹可寻的。《魏书·太武五王·临淮王谭传附元孚传》："元颢入洛，授孚东道行台、彭城郡王，孚封颢逆书送朝廷，天子嘉之。颢平，封孚万年乡男。"《魏书·刁雍传》："（刁双）庄帝初，行济州刺史，以功封曲城乡男。"《魏书·贺拔胜传附贺拔岳传》："（贺拔岳）永安初，除安北将军、光禄大夫、武卫将军，赐爵樊城乡男。"从《魏书》中的这三条记载来看，似乎北魏国家对受有开国乡男爵位者不封授食邑。可是，既然北魏国家将开国乡男列入开国爵的等级序列，那么，开国乡男就不会是一种只有爵位等级的虚封爵，而一定要使受封这一等级爵位者领有食邑。那么，北魏国家使受封开国乡男者获得食邑的数量是多少呢？其实，依据《周书》《北齐书》中的相关记载，可以说明这一问题。《周书·杨绍传》："（杨绍）普泰初，封平乡男，邑一百户，加征西将军，金紫光禄大夫。"《北齐书·高乾传》："（高长命）初于大夏门拒尔朱世隆，以功累迁左光禄大夫。高祖遥授长命雍州刺史，封沮阳乡男，一百

---

① 内田吟风：《北アジア史研究（鲜卑柔然突厥篇）》，同朋舍，1975年，第125页。

户。寻进封鄢陵县伯，增二百户。”这两条记载所说的，都是北魏末年的情况。很显然，北魏国家可以使受封开国乡男者获得的食邑数量为一百户。北魏国家对开国县男封授食邑数量的规定，不只实行于北魏末年。《北齐书·张保洛传》：“后高祖启减国邑，分授将士。保洛随例封昌平县薄家城乡男一百户。”又《大齐故山鹿县开国伯洛川县开国子安次县都乡男元使君墓志铭》：“武定七年，复以君（元贤）为永固镇大都督。……遂表除君安次县都乡男，食邑一百户。”[①] 说明在东魏、北齐时，受封开国乡男者获得的食邑数量也是一百户。当时国家的这种做法，应该是对北魏国家规定的承袭。而在《魏书》中，没有开国乡男获得食邑的数量的记载，应该是《魏书》的作者魏收将这种情况忽略不计的缘故。

北魏国家确定开国乡男受封食邑的数量为一百户，实际是与当时封授食邑最低数量的规定有关系的。《魏书·孝文帝纪下》：“（太和十九年）又诏选诸孔宗子一人，封崇圣侯，邑一百户，以奉孔子之祀。”又《魏书·景穆十二王下·安定王休传》：“（元贵平）庄帝初，除散骑常侍、宗正少卿，封东莱王，邑百户。”在这两条记载提到的封授食邑一百户，是能够见到的当时受封食邑的最少数量。就封授开国的食邑数量而言，也出现这种情况。如源怀受封冯翊郡开国公，就获得“邑百户”。[②] 因此，可以说，北魏国家规定封授食邑的数量一般是不能低于一百户的。不仅如此，北魏国家增加受封开国爵者食邑的最低数量，也是如此。如田益宗“加安南将军，增封一百户”[③]。崔延伯“封当利县开国男，食邑二百户，寻增邑一百户”[④]。这些情况说明，北魏国家使受封开国乡男者获得一百户食邑，正是实行了将开国爵位的最低等级与最少的受封食邑数量结合在一起的做法。由于这种做法实行，也就使开国乡男获得的食邑数量，成为一种固定不变的封授。换言之，北魏国家可以使开国乡男的爵位等级作为获得固定数量食邑封授的依据。

在北魏的开国爵等级序列中，开国乡男等级之上为开国县男。事实上，

---

① 《大齐故山鹿县开国伯洛川县开国子安次县都乡男元使君墓志铭》，赵超：《汉魏南北朝墓志汇编》，天津古籍出版社，2008年，第387页。

② 《魏书》卷四一《源贺传附源怀传》。

③ 《魏书》卷六一《田益宗传》。

④ 《魏书》卷七三《崔延伯传》。

北魏国家在对开国县男食邑的封授上，也使爵位等级与食邑数量结合在一起。为了说明这一问题，需要对《魏书》《北齐书》《周书》与墓志铭中有关封授开国县男食邑的情况做一统计。

统计情况表明，从孝文帝实行开国爵制之后，受封开国县男爵位的有：元世俊、元谳、穆子琳、源子恭、宇文福、韦彧、辛子馥、崔巨伦、毕祖朽、傅永、李神、韦伯昕、裴智渊、王昊、赵革、庞树、士孙天与、贾思同、奚康生、崔延伯、董绍、张熠、朱腾、孙惠蔚、蔡普、卢文伟、长孙子泽，共27人。在这些受封者中，既有道武子孙、立功的鲜卑和汉族官员，还有南朝降臣。从道武子孙的情况来看，元谳"肃宗时，除正员郎，稍迁左将军、太中大夫，封平乡县开国男，邑二百户"①。从受爵的鲜卑官员的情况来看，穆子琳"出帝即位，以摄仪曹事，封高唐县开国男，邑二百户"②。受封开国县男的汉族官员，也是如此。如韦彧"以功封阴盘县开国男，邑二百户"③。值得注意的是，北魏国家对受封开国县男的南朝降臣，也采取同样的做法。《魏书·裴叔业传》："其叔业爪牙心臂所寄者：裴智渊，左中郎将，封浚仪县；王昊，左军将军，封南汝阴县；赵革，右中郎将，封西宋县。并开国男，食邑各二百户。"这就是说，随同裴叔业一起归降北魏的裴智渊、王昊、赵革，不仅都获得了开国县男爵位，而且，受封的食邑数量都为二百户。这些情况说明，北魏国家使受封开国县男者获得食邑二百户，是没有任何例外的。因此，应该说，这是北魏国家的一种固定的规定。也就是说，北魏国家封授开国县男爵位等级的同时，也使受封这一等级爵位者可以获得固定数量的食邑。由此可见，受封开国县男与受封开国乡男一样，获得食邑的数量是由爵位等级决定的。由于开国县男高于开国乡男一等级，因而，获得食邑的数量也就多于受封开国乡男者一百户。

总之，从开国乡男与开国县男受封食邑的情况来看，尽管这二级爵位受封食邑的数量有差别，但一致之处就在于，受封同一等级的爵位，是可以获得相同数量的食邑的。也就是说，北魏国家是依据开国乡男与开国县男的爵

① 《魏书》卷二一上《献文六王上·赵郡王干传》。

② 《魏书》卷二七《穆崇传》。

③ 《魏书》卷四五《韦阆传》。

位等级来封授固定数量的食邑的。因此，可以说，受封开国乡男与开国县男爵位者所获得的食邑，都是有明确的标准的。由于在开国爵等级序列中，开国乡男与开国县男是最低的两级爵位，因此，北魏国家规定的这两等级爵位可以获得一百户、二百户食邑数量，实际上，也是开国爵全部等级序列能够获得食邑数量的下限标准。

二、有上、下限数量限定的食邑封授

北魏国家对受封开国爵者的食邑的封授，并不都如同开国乡男与开国县男一样，有明确固定的数量标准，而是实行了不同的做法。为说明这些等级的开国爵的食邑封授特点，以下按爵位等级分别加以阐释。

从受封开国县子者获得食邑数量的情况来看，在相关文献中多有记载。统计《魏书》《北齐书》《周书》和墓志铭中的记载，北魏国家使受封开国县子获得食邑者共有 42 人。其中受封二百户食邑的有：于烈、韦朏、赵遐、柳玄达、李建、张元亮、张烈、苟金龙、封津，共 9 人。如赵遐“以固守及战功，封牟平县开国子，食邑二百户”①。受封食邑三百户的有：元显恭、邓羡、司马悦、李佐、源延伯、郦夔、韦朏、王肃、甄密、裴瑗、裴彦先、裴瑜、裴衍、胡文盛、魏承祖、江悦之、杨大眼、鹿悆、樊子鹄、王椿、刘腾、封凭、封延之、司马子如、张琼、元永、侯莫陈顺，共 27 人。如元显恭“以军功封平阳县开国子，邑三百户”②。又如封延之“永熙二年，除卫大将军、左光禄大夫、郏城县开国子，邑三百户”③。受封四百户食邑者有：源子恭、毕祖晖、侯渊，共 3 人。如侯渊“孝庄即位，除领左右，封厌次县开国子，邑四百户”④。受封食邑五百户的有：韩子熙、李业兴，共 2 人。如李业兴“后以出帝登极之初，预行礼事，封屯留县开国子，食邑五百户”⑤。依

① 《魏书》卷五二《赵逸传附赵遐传》。

② 《魏书》卷一九下《景穆十二王下·南安王桢传》。

③ 《魏故侍中司徒尚书左仆射封公墓志铭》，赵超：《汉魏南北朝墓志汇编》，天津古籍出版社，2008 年，第 345 页。

④ 《魏书》卷八〇《侯渊传》。

⑤ 《魏书》卷八四《儒林·李业兴传》。

据以上统计情况，可以明确，北魏国家可以使受封开国县子者获得二百户、三百户、四百户、五百户的食邑。很显然，受封开国子者可以获得食邑的数量是多少不同的。在授予开国县子食邑上，出现这种情况，实际正是由北魏国家采取的封授规定决定的。《魏书·裴书业传》："其叔业爪牙心臂所寄者……李道真，右军将军，睢阳县开国子，食邑五百户；胡文盛，右军将军，封刚阳县；魏承祖，右军将军，封平春县。并开国子，食邑各三百户。"显然，李道真、胡文盛、魏承祖都是随同裴叔业投降北魏而受封开国县子爵位的。可是，北魏国家却封授李道真食邑五百户，而封授胡文盛、魏承祖却为三百户。也就是说，他们受封的开国爵等级相同，但获得食邑的数量却存在差别。《魏书·源贺传附源子恭传》："（源子恭）以与定策之勋，封临汝县开国子，食邑三百户。……又论子恭余效，封新城县开国子，食邑四百户。"又《魏书·裴书业传附杨令宝传》："（杨令宝）景明初，除辅国将军、南兖州刺史。拟戍淮阴，封宁陵县开国子，食邑五百户。……卒，追封邵陵县开国子，邑二百户。"据此可见，北魏国家使源子恭、杨令宝都受封了两个开国县子爵位。这种做法正是对开国爵的叠授。尽管源子恭、杨令宝都被叠授两个开国县子爵位，但他们所获的食邑数量却是不相同的。即源子恭受封前一开国县子获得食邑数量为三百户，受封后一爵位获得食邑数量则为四百户；杨令宝受封前一开国子获得食邑数量为五百户，被追封后一爵位获得食邑数量则为二百户。由此看来，北魏国家即便为同一人叠授开国县子爵位，但受封食邑的数量也存在明显的差别。这说明，北魏国家在封授开国县子爵位时，对受爵者获得食邑是没有固定的数量规定的。然而，需要明确的是，尽管受封开国县子者获得食邑的数量是不固定的，可是，他们获得食邑的数量也并不是无限制的。从上面的统计数字可见，受封开国县子者的食邑数量最少为二百户，最多则为五百户。这就是说，受封开国县子者获得食邑数量是有限定的，也就是确定了可以受封食邑数量的范围。而这种受封食邑数量的限定范围，实际是与开国县子爵位等级结合在一起的。很明显，北魏国家实行的这种做法，正是使开国县子这一爵位等级与受封食邑数量结合的一种方式。当然，这种结合方式是与开国乡男与开国县子的情况明显不同的。

就北魏国家使受封开国县伯者的获得食邑的情况而言，基本上是与开国县子相同的。统计《魏书》《北齐书》《周书》和墓志铭中的记载，北魏国家使受封开国县伯获得食邑者共 49 人。其中受封三百户食邑者有：元诞、李遐、成轨，共 3 人。如元诞“封新阳县开国伯，食邑三百户”①。受封四百户食邑者有：元勒叉、元亘、元伏陀、元弥陀、元僧育、元居罗、李裔、李韶、卢同、贺拔胜、韩贤，共 11 人。如李裔“以预定策之功，封固安县开国伯，食邑四百户”②。受封五百户食邑者有：元均、元禹、韦嵩遵、杜颙、崔模、陈虎牙、孟表、邢峦、李崇、叱列延庆、贾智、窦瑗、刘贵、高昂、张亮、念贤、李弼、于谨、赵贵、尔朱绍、刘懿，共 21 人。如韦嵩遵“以功封乌氏县开国伯，邑五百户”③。受封七百户食邑者有：郑羲、裴芬之、王世弼、刘灵助、叱列平、赫连悦，共 6 人。如刘灵助“超拜光禄大夫，封长子县开国伯，食邑七百户”④。又如赫连悦“以宁缉之功，封罣平县开国伯，食邑七百户”⑤。受封八百户食邑者有：元诱、裴炯、尹挺，共 3 人。如尹挺“景明初，除辅国将军、南司州刺史，拟戍义阳，亦封宋县开国伯，食邑八百户”⑥。受封千户食邑者有：裴扬、李元护、席法友、樊子鹄，共 4 人。如樊子鹄“建义初，拜平北将军、晋州刺史，封永安县开国伯，食邑千户，又兼尚书行台”⑦。依据统计可知，北魏国家可以使受有开国县伯者获封三百户、四百户、五百户、七百户、八百户、一千户食邑。当然，这些受封开国县伯者获得的这些数量不等的食邑户数，也都是按北魏国家的规定封授的。由此可见，北魏国家使受封开国县伯者获得食邑的数量是不固定的，但封授食邑的食量却限制在三百户至一千户的范围之内。从受封开国县伯者获得食邑的上、下限数量来看，显然要高于对开国县子受封食邑数量范围的限定。

北魏国家使受封开国县侯者获得食邑数量的做法，与开国县伯并无多少区别。统计《魏书》《北齐书》和《周书》记载，北魏国家使受有开国县侯

① 《魏书》卷二一上《献文六王上·高阳王雍传》。

② 《魏书》卷三六《李顺传附李裔传》。

③ 《魏书》卷四五《韦阆传》。

④ 《魏书》卷九一《术艺·刘灵助传》。

⑤ 《魏故华州刺史罣平县开国伯赫连公墓志铭》，赵超：《汉魏南北朝墓志汇编》，天津古籍出版社，2008 年，第 276 页。

⑥ 《魏书》卷七一《裴叔业传附尹挺传》。

⑦ 《魏书》卷八〇《樊子鹄传》。

者获得食邑的人数，有 29 人。其中受封四百户的有 1 人。《北齐书·李元忠传附李密传》：“（李密）属高祖出山东，密以兵从举义，遥授并州刺史，封容城县侯，邑四百户。”受封五百户的有：穆泰、尔朱仲远、侯莫陈悦、王绰、裴果，共 5 人。如王绰“以预奉庄帝之勋，封猗氏县开国侯，邑五百户”①。受封六百户的有：源子恭、王温，共 2 人。如王温“孝昌二年，封栾城县开国侯，邑六百户”②。受封七百户的有：谷士恢、李季凯、郑先护、郑仲明、平季、魏兰根，共 6 人。如郑先护“闻庄帝即位于河北，遂开门纳荣。以功封平昌县开国侯，邑七百户”③。受封八百户的有：费穆、游肇、王肃、薛循义，共 4 人。如王肃“进位开府仪同三司，封昌国县开国侯，食邑八百户”④。受封一千户的有：李神俊、崔光、裴植、夏侯道迁、李苗、奚康生、尔朱荣、杨津、魏兰根、宇文贵，共 10 人。如裴植“为征虏将军、兖州刺史、崇义县开国侯，食邑千户”⑤。受封一千二百户的有 1 人。《魏书·恩幸·侯刚传》：“（侯刚）寻除卫尉卿，封武阳县开国侯，邑千二百户。”很明显，受有开国县侯者可以受封食邑的数量为四百户、五百户、六百户、七百户、八百户、一千户、一千二百户。这就是说，北魏国家使受封开国县侯者获得食邑的数量，也是不固定的，并且，北魏国家使受封这一等级获得食邑的数量，是限制在四百户至一千二百户的范围之内的。从这一限定的数量范围来看，显然高于对开国县伯可以获得食邑数量的上、下限标准。

从北魏国家使受封开国县公者获得食邑的情况来看，与对开国县侯实行的做法，也是大抵一致的。统计《魏书》《北齐书》《周书》和墓志铭记载，北魏国家使受封开国县公获得食邑者，共有 24 人。其中受封四百户的有 1 人。《魏书·献文六王上·赵郡王干传》：“（元谌）除宗正卿、都官尚书。以亲例封上蔡县开国公，食邑四百户。”受封五百户食邑的有：元昶、元瑞、元顺、元正、于忠，共 5 人。如元瑞“以功封安德县开国公，食邑五百

---

① 《魏书》卷九三《恩幸·王睿传》。

② 《魏书》卷九四《阉官·王温传》。

③ 《魏书》卷五六《郑羲传附郑先护传》。

④ 《魏书》卷六三《王肃传》。

⑤ 《魏书》卷七一《裴叔业传附裴植传》。

户”[1]。受封七百户的有1人。《魏书·杨播传附杨椿传》：“（杨顺）预立庄帝之功，封三门县开国公，食邑七百户。”受封八百户的有1人。《魏书·献文六王上·北海王详传》：“（元顼）出除平北将军、相州刺史，为太宗正卿。封平乐县开国公，食邑八百户。”受封九百户的有1人。《魏东海王墓志铭》：“（元顼）分封乐平县开国公，邑九百户，仍本将军。”[2] 受封一千户的有：元子直、元子雍、孟季、杨侃、陈伯之、尔朱天光、高道穆、朱瑞、斛斯椿、贾显度、元邵、元正、元子正，共13人。如元子正“肃宗初，封霸城县公，邑一千户”[3]。又如元邵“寻封广川县开国公，食邑一千户”[4]。受封一千五百户的有：刘腾、苟景，共2人。如刘腾“除崇训太仆，加中侍中，改封长乐县开国公，食邑一千五百户”[5]。受封二千户的有1人。《魏书·崔光传》：“（崔光）以奉迎肃宗之功，封光博平县开国公，食邑二千户。”统计情况表明：受有开国县公者可以获封食邑为四百户、五百户、七百户、八百户、九百户、一千户、一千五百户、二千户。很显然，北魏国家使受封开国县公者获得食邑的数量也没有固定的数量规定。但是，对受封开国县公者的食邑封授，也要在国家规定的数量范围内进行。北魏国家封授食邑数量最多的为二千户，数量最少的则为四百户。可是，北魏国家对受封开国县公者获得四百户食邑，并不能作为确定封授范围的下限标准。因为受封的元谌，不是按通常的开国爵封授规定，要依据功劳受封爵位，而是“以亲例封上蔡县开国公”[6]。因此，这种开国爵的封授，是对道武子孙施恩的特殊的做法。既然如此，北魏国家对受封开国县公者获得食邑的下限数量规定，不可能是四百户，只能确定为五百户。由此看来，受封开国县公者获得食邑的数量的限定范围，是明显高于对开国县侯的规定的。

---

① 《魏书》卷二一上《献文六王上·高阳王雍传》。

② 《魏东海王墓志铭》，赵超：《汉魏南北朝墓志汇编》，天津古籍出版社，2008年，第290页。

③ 《魏书》卷二一下《献文六王下·彭城王勰传》。

④ 《魏故使持节定州刺史常山文恭王墓志铭并序》，赵超：《汉魏南北朝墓志汇编》，天津古籍出版社，2008年，第221页。

⑤ 《魏书》卷九四《阉官·刘腾传》。

⑥ 《魏书》卷二一上《献文六王上·赵郡王干传》。

从以上对开国县子、县伯、县侯、县公受封食邑数量的辨析，可以明确，受封这些等级开国爵者获得食邑的数量是多少不一的，并且，也是不固定的。但是，他们受封食邑的数量也并不是与爵位等级没有关系。实际上，北魏国家能够依据开国县子、县伯、县侯和县公的爵位等级，对受封食邑的上、下限数量加以限定，进而确定不同等级爵位可以受封食邑数量的规定范围。可以说，在开国县子至开国县公这一层次中，由于爵位的等级不同，使受封爵位者获得食邑的最低数量标准是不相同的。而且，北魏国家还要使这一层次受封食邑的最低数量，随着爵位等级由低向高而依次递进。不仅如此，开国县子、县伯、县侯、县公这一层次受封最多的食邑数量，也是与爵位等级联系在一起的。实际上，北魏国家对受封这一层次开国爵者获得食邑的最多数量，也要依据爵位等级加以限定，并且，在开国爵的这一层次中，受爵者获得食邑的最多数量也是随着爵位的等级由低向高而显示出数量递增的趋势。就此而言，北魏国家使这一层次的开国爵的等级与受封食邑的联系，只是限定获得食邑数量的范围，至于受爵者所获得食邑的具体数量，显然是不能决定的。

北魏国家对这一层次的爵位等级与受封食邑的数量，无疑都是以受爵者建树的功劳作为依据的。《魏书·郑曦传附郑先护传》：“（郑先护）以功封平昌县开国侯，邑七百户。”《魏书·杨播传附杨椿传》：“（杨顺）预立庄帝之功，封三门县开国公，食邑七百户。”很明显，北魏国家依据功劳封授开国爵，既有爵位的等级，也有食邑的数量。但是，北魏国家对这一层次的开国爵，即使受爵者的爵位等级与食邑数量的封授有联系，又使爵位等级与食邑数量不能对应，因而，出现受封同一等级开国爵，却可以获得数量多少不同的食邑的情况。当然，这种差别的出现，也正是以受爵者建树的功劳为依据的。所谓“庸勋有典”,① “册勋有典”,② 也就包含这种意义。因此，可以明确，北魏国家在对开国县子、县伯、县侯、县公食邑的封授上，实际要通过受爵者获得食邑数量的多少的差别，进一步明确地表现出对他们所立功劳的

---

① 《魏故雍州刺史武昭王墓志》，赵超：《汉魏南北朝墓志汇编》，天津古籍出版社，第 277 页。

② 《魏故兖州刺史临济县开国侯叔孙公墓志之铭》，赵超：《汉魏南北朝墓志汇编》，天津古籍出版社，第 366 页。

奖赏意义。

三、有最低数量限制的食邑封授

在北魏开国爵的等级序列中，最高爵位等级为开国郡公。在后《职员令》中，开国郡公与王爵一样，都被定为一品。① 因此，受封开国郡公者，在社会中的地位是显赫的，而且，开国郡公与其他等级的开国爵一样也可以获得食邑的封授。由于北魏国家将开国郡公置于最高等级，所以，在食邑数量的规定与封授上，也就实行了不同于其他等级的开国爵的做法。为说明北魏国家封授开国郡公食邑的特点，依据相关文献记载列表如下（以受封食邑数量多少为序）：

北魏开国郡公食邑数量统计表

序号	受爵者姓名	爵称	食邑数量	史料出处
1	源怀	冯翊郡开国公	一百户	《魏书》卷四一《源贺传附源怀传》
2	陆丽	巨鹿郡开国公	三百户	《魏书》卷四〇《陆俟传附陆丽传》
3	穆罴	魏郡开国公	五百户	《魏书》卷二七《穆崇传附穆罴传》
4	叱列延庆	北海郡开国公	五百户	《魏书》卷八〇《叱列延庆传》
5	尉元	山阳郡开国公	六百户	《魏书》卷五〇《尉元传》
6	郑季明	南颍川郡开国公	八百户	《魏书》卷五六《郑曦传》
7	于忠	魏郡开国公	九百户	《魏书》卷三一《于栗磾传附于忠传》
8	侯渊	渔阳郡开国公	一千户	《魏书》卷八〇《侯渊传》
9	元亮	平原郡开国公	一千户	《魏书》卷一六《道武七王·京兆王黎传附元叉传》
10	尔朱兆	颍川郡开国公	一千二百户	《魏书》卷七五《尔朱兆传》
11	尔朱世隆	乐平郡开国公	一千二百户	《魏书》卷七五《尔朱彦伯传附尔朱世隆传》

① 《魏书》卷一一三《官氏志》。

续 表

序号	受爵者姓名	爵称	食邑数量	史料出处
12	郑季明	南颍川郡开国公	一千五百户	《魏书》卷五六《郑曦传》
13	李平	武邑郡开国公	一千五百户	《魏书》卷六五《李平传》
14	司马子如	阳平郡开国公	一千七百户	《北齐书》卷一八《司马子如传》
15	冯思政	长乐郡开国公	一千八百户	《魏故乐安王妃冯氏墓志铭》
16	王仲兴	上党郡开国公	二千户	《魏书》卷九三《恩幸·王仲兴传》
17	高岳	清河郡开国公	二千户	《北齐书》卷一三《清河王岳传》
18	裴叔业	兰陵郡开国公	三千户	《魏书》卷七一《裴叔业传》
19	萧正表	兰陵郡开国公	五千户	《魏书》卷五九《萧正表传》
20	高琛	南赵郡开国公	五千户	《北齐书》卷一三《赵郡王琛传》
21	萧赞	高平郡开国公	七千户	《魏书》卷五九《萧宝夤传附萧赞传》

上表所列，为有食邑数量记载的开国郡公，但不是全部受封的开国郡公。因为在相关文献记载中，有一些开国郡公获得食邑的数量被省略了。尽管如此，但表中所示情况，仍然可以反映受封开国郡公者获得食邑数量的大概趋势。

由上表的统计可见，北魏国家使受封开国郡公者可以获得的食邑数量为：一百户、三百户、五百户、六百户、八百户、九百户、一千户、一千二百户、一千五百户、一千七百户、一千八百户、二千户、三千户、五千户、七千户。显然，北魏国家使受封开国郡公者获得食邑的数量多少不一，并且，差别十分明显。也就是说，北魏国家既可以使受封开国郡公获得一百户食邑，也能够使受封开国郡公者获得七千户食邑。这说明，北魏国家使受封开国郡公者获得食邑的数量，是没有固定规定的。不过，需要注意的是，北魏国家可以使受封开国郡公者能够获得一百户食邑。而受封这一数量的食邑，一如前述，正是最低等级的开国爵乡男获得的食邑数量。由此可以确定，北魏国家封授开国郡公食邑的最少数量，是不可能再低于开国乡男获得食邑数量的规定了。因此，受封开国郡公者获得一百户食邑，应该是这一等级开国爵能够获得食邑的最低数量。这就是说，北魏国家对开国郡公的食邑封授，实际只规定了最低数量。可以说，开国郡公受封食邑是有明确的下限数量限定的。

北魏国家为封授开国郡公食邑所实行这种做法，是与同品级的王爵完全不相同的。从孝文帝爵位改革后诸王食邑封授的情况来看，诸王所领食邑的数量是有固定标准的。《魏书·张普惠传》："以初封之诏，有亲王二千户、始蕃一千户、二蕃五百户、三蕃三百户，谓是亲疏世减之法。"这就是说，北魏国家规定始封王可以获得的食邑为二千户。例如，安定王元休"皇兴二年封。……及开建五等，食邑二千户"①。高阳王元雍"五等开建，食邑二千户"②。北魏国家封授始封王的食邑，也有超过二千户的。《魏书·献文六王上·咸阳王禧传》："（咸阳王元禧）太和九年封……诏以禧元弟之重，食邑三千户，自余五王皆食邑二千户。"很明显，超过北魏国家对诸王获得食邑数量的规定，就被视为一种优待的措施。《魏书·明帝纪》："（孝昌二年）封广平王怀庶长子、太常少卿诲为范阳王。"说明在北魏后期，国家开始封授一些不能够继承王爵的亲王的支子和蕃王的支子为王。北魏国家对这些受封王爵者，也是按照"亲疏世减之法"确定食邑数量的。由此可见，北魏国家封授诸王的食邑的数量，都是有明确规定的，并且，对封授诸王的食邑数量的控制，是很严格的。北魏国家封授诸王食邑实行的这些做法，显然与对开国郡公的食邑封授是截然不同的。

北魏国家对开国郡公食邑的封授，为什么要与诸王不同？主要原因在于，孝文帝爵位改革后，北魏国家将王爵封授限制在道武子孙的范围之内。而封授王爵所依据的，是需要确认道武子孙在血缘世系联系中所处的位置。而对受封王爵者所立功劳，却基本上是忽略的。由此来看，对诸王的食邑封授，实际是在道武子孙范围内实行的一种经济利益分配的方式。正因如此，北魏国家需要对诸王封授食邑数量标准做到恰当的把握，这样才能表现出受封诸王获得的经济利益是完全均等的。

然而，北魏国家封授开国郡公所依据的，却是受封者为国家所建树的功劳。《魏书·于栗磾传附于忠传》："（于忠）以平元禧功，封魏郡开国公，食邑九百户。"《魏书·恩幸·王睿传附王隆保传》："（王隆保）后与领军于劲

---

① 《魏书》卷一九下《景穆十二王下·安定王休传》。

② 《魏书》卷二一上《献文六王上·高阳王雍传》。

共参机要，因自理马圈侍疾及入金墉之功，乞同元赏，遂封上党郡开国公，食邑二千户。”这些都说明，北魏国家对开国郡公的爵位等级与食邑数量的封授，是为了奖赏功劳。不过，由于受封开国郡公者所立功劳存在差别，因而，也就使获封食邑的数量也不相同。上表统计所显示的开国郡公所领食邑数量的明显差别，主要取决于受爵者的功劳的大小。由此可见，由于开国郡公为一品最高爵位，在食邑数量的封授上，更需要明确体现出对受爵者功劳的奖赏，因而，也就凸显了北魏国家对受爵者因食邑封授而获得的经济利益分配的重视。

当然，北魏国家为一些受封开国郡公的南朝降臣封授大量的食邑，就不只是为了赏赐功劳了。《魏书·萧正表传》：“（萧正表）据州内属。……以勋封兰陵郡开国公、吴郡王，食邑五千户。”《魏书·萧宝夤传附萧赞传》：“（萧赞）孝昌元年秋，届于洛阳，……朝廷赏赐丰渥，礼遇隆厚，授司空，封高平郡开国公、丹阳王，食邑七千户。”可见，北魏国家封授萧正表、萧赞的食邑数量之多，是很惊人的。北魏国家实行这种封授，实际正是要通过赐授食邑所带来的巨大经济利益来吸引南朝官员前来归顺，进而削弱南朝国家的统治力量，所以，这种封授食邑的做法所包含的政治意图，应该说是很明显的。

四、受封开国爵者的食邑数量的变动

北魏国家使受封开国爵者获得食邑后，他们拥有的食邑数量并不是不改变的。北魏国家还可以根据他们建树的功劳增加食邑。这些受封开国爵者的食邑增加可以分为二种情况：

一是受封开国爵者的爵位等级提高，食邑的数量也同时增加。《魏书·郑羲传附郑先护传》：“（郑先护）以功封平昌县开国侯，邑七百户。……庄帝还京，嘉其诚节。……进爵郡公，增邑一千三百户。”《魏书·杨播传附杨侃传》：“（杨侃）除镇军将军、度支尚书、兼给事黄门侍郎，敷西县开国公，领邑一千户。……以济河之功，进爵济北郡开国公，增邑五百户。”显然，郑先护、杨侃食邑的增加与爵位等级的提高是一并进行的。北魏国家实行这种做法的目的，都是为了对受爵者所立功劳的再次奖励。不过，需要指出的是，受封开国者获得增加食邑数量和爵位等级的提高所依据的功劳，可以是新立的功劳，也可以是原来的功劳。《魏故敷城县开国公刘君墓志铭》：“（刘懿）庄帝之初，以勋参义举，封敷城县开国伯，食邑五百户；除直阁将军、左中郎将、左将军、太中大夫。帝图时意，以为未尽，进爵为公，□邑五百，拜散骑常侍、抚军将军。”此墓志铭中，当脱一“增”字。据此可见，刘懿爵位等级的提高与增加五百户食邑，显然是对他原来所立功劳的再奖赏。

北魏国家对受封开国爵者的爵位等级的提高次数，一般是不加限制的，这也要影响所领食邑的增加。《魏书·术艺·刘灵助传》：“（刘灵助）超拜光禄大夫，封长子县开国伯，食邑七百户，寻进爵为公，增邑通前千户。……车驾还宫，领幽州大中正，寻加征东将军，增邑五百户，进爵为燕郡公。”又《周书·念贤传》：“（念贤）除假节、平东将军，封屯留县伯，邑五百户。……尔朱荣入洛，……进爵平恩县公，增邑五百户。……魏孝武欲讨齐神武，以贤为中军北面大都督，进爵安定郡公，增邑一千户。”这些事例说明，北魏国家使受封开国爵者的爵位等级能够连续提高，自然就需要使他们获得的食邑数量也随之增加。

北魏国家增加受封开国爵者的食邑，还可以通过追封的方式实现。《魏书·于栗䃅传附于烈传》：“（于烈）封聊城县开国子，食邑二百户。……以烈为散骑常侍、车骑大将军、领军，进爵为侯，增邑三百户，并前五百户。……八月，暴疾卒，时年六十五。……追封巨鹿郡开国公，增邑五百户，并前千户。”很显然，于烈的巨鹿郡开国公是在亡故后追封的。可是，以追封方式提高的开国爵的等级，并不影响食邑数量的增加，与受爵者生前的爵位等级提高一样，食邑数量同样也要增加。

实际上，北魏国家将爵位等级的提高与食邑的增加结合在一起，当然具有加重奖励受爵者的意义。但是，北魏国家使爵位等级提高与食邑增加，并不是完全对应的。《魏书·裴叔业传附裴扬传》：“肃宗初，（裴）炯行货于执事，乃封城平县开国伯，食邑八百户。……进伯为侯，改封高城县，增邑一千户。”又《魏书·阉官·成轨传》：“（成轨）孝昌二年，以勤旧封始平县开国伯，食邑三百户。……建义初，轨迎于河阴，诏令安慰宫内，进爵为侯，增户三百，并前六百户。”很明显，裴炯、成轨都由开国县伯提升至开国县侯，但食邑增加的数量却不相同，有很大的差别。由此可见，具有相同的开国爵等级者，在他们的爵位等级同样得到提高的情况下，但他们所领食邑增加的数量却是不相同的。也就是说，开国爵的爵位等级的提高与食邑数量的增加，显然不是一致的。就此而言，可以明确，北魏国家使受爵者的爵位等级提高与食邑数量增加，既表现出二者之间的联系，但是，这种联系又是不能完全对应的。

当然，尚要指出的是，北魏国家在提升一些受封开国爵者的爵位等级，并增加食邑数量时，还实行提高所食租税比例的做法。《魏书·孝文帝纪下》："（太和十八年）诏王、公、侯、伯、子、男开国食邑者：王食半，公三分食一，侯伯四分食一，子男五分食一。"这里提到的"公"，应该包括开国郡公和县公。可见孝文帝爵位改革后，实际对实封爵获封食邑所食租税的比例，是分为四个层次的。如果不考虑王爵，对开国爵来说，所食租税的比例则包括三分之一、四分之一、五分之一三个层次。北魏国家为一些受封开国爵者增加食邑而使爵位等级提高时，自然注意到这种所食租税比例的层次划分。《魏书·李神传》："（李神）频有军功，封长乐县开国男，食邑二百户。……会尔朱荣擒葛荣于邺西，事平。除车骑将军，以功进爵为公，增邑八百，通前一千户。"显然，北魏国家将李神的爵位等级由县男进至县公，也就是爵位等级提升了四级，并增加了他的食邑数量。这就是说，李神原来领有食邑只能获取五分之一的租税，而他爵位提升四级后，则能够获得所领食邑的三分之一的租税。这说明，北魏国家使一些受封开国爵者的爵位等级越级提升而增加食邑数量，是具有明显目的性的。也就是要将他们所食租税的比例提高至更高的层次，进而也就更扩大他们获取租税的数量。实际上，这正是北魏国家为了优待一些受封开国爵者而通常采取做法。统计《魏书》《北齐书》中记载，在增加受封开国爵者的食邑时，由于提高爵位等级，使所食租税的比例提高二个层次，也就是由原来可以食租税五分之一的比例，进至可以食租税三分之一比例的人有：裴衍、刘腾、司马子如。如裴衍"封安阳县开国子，食邑三百户。……进封临汝县开国公，增邑千二百户"①。因爵位等级的提高，所食租税的比例，由五分之一进至四分之一层次的则有鹿

① 《魏书》卷七一《裴叔业传附裴衍传》。

悆一人。《魏书·鹿悆传》:"(鹿悆)封定陶县开国子，食邑三百户。……又以前赏悆入徐之功未尽，增邑二百户，进爵为侯。"因增加食邑，提高爵位等级，使所食租税比例由四分之一进至三分之一层次的人则有：尧雄、念贤、刘懿、贺拔胜、贺拔岳、刘灵助、侯莫陈悦、郑先护、尔朱仲远、费穆、裴衍。如尧雄"从叱列延讨刘灵助，平之，拜镇东将军、燕州刺史，封城平县伯，邑五百户。……寻以为车骑大将军、瀛州刺史以代杰，进爵为公。增邑五百户"[①]。又如侯莫陈悦"封柏人县开国侯，邑五百户。……元晔立，除车骑大将军、渭州刺史，进爵为公，改封白水郡，增邑五百户"[②]。很显然，北魏国家实行的这种做法，并不是特殊的措施。除此之外，北魏国家还实行另外不同的做法。《魏书·景穆十二王中·任城王云传》:"(元世俊)肃宗时，追论嵩勋，封世俊卫县开国男，食邑二百户。……出帝初，加仪同三司，改封武阳县开国子，食邑五百户。"据此，元世俊提升后的武阳县开国子与原来的卫县开国男，都可以在所领食邑中获取五分之一的租税。《魏书·贾显度传》:"(贾智)以勋除持节、征南将军、金紫光禄大夫，封义阳县开国伯，邑五百户。……除右光禄大夫、武卫将军，进爵为侯，增邑二百户，通前一千。"贾智提升后的开国侯与原来的义阳县开国伯，则都在可以获取食邑四分之一租税的层次上。这就是说，北魏国家使拥有开国爵者提高的爵位等级与原爵位等级能够所食租税的比例保持在同一层次上的做法，也是经常实行的。

由此可见，尽管北魏国家使受封开国爵者将爵位等级的提高与食邑的增加相结合，可是，由于爵位等级的高低可以决定从所领食邑中获取租税额的比例的高低，所以，国家在确定爵位提高的等级上，实行了保持原获取租税额比例与提高原获取租税额比例的不同做法。北魏国家实行的以提高原获取租税额比例的做法的目的，正是要在经济利益上，使增加食邑数量的受封开国爵者能够受到特别的优待。

二是受封开国爵者的爵位等级保持不变，只增加食邑的数量。《魏书·贾显度传》:"(贾智)封义阳县开国伯，邑五百户。假卫将军，与行台樊子

---

① 《北齐书》卷二〇《尧雄传》。

② 《魏书》卷八〇《侯莫陈悦传》。

鹄讨吕文欣于东徐州，平之。加侍中、骠骑大将军，增邑三百户。”显然，贾智受封的开国爵等级不变，可是，他的食邑数量却得到明显的增加。而且，北魏国家对一些地位特殊者，还可以在保持爵位等级不变的情况下，连续增加食邑的数量。例如，尔朱兆受封“颍川郡开国公，食邑千二右户。……庄帝还宫，论功除散骑常侍、车骑大将军、仪同三司，增邑八百户。为汾州刺史，复增邑一千户。寻加侍中、骠骑大将军，又增邑五百户”[①]。因此，可以说，这种增加食邑的做法，也是北魏国家的重要规定。

北魏国家采取这种增加食邑做法的目的，同样也与奖赏功劳有很大关系。史载，薛真都“改封临晋县开国公，食邑三百户”，后又建树功劳。孝文帝下诏：“……及六师南迈，朕欲超据新野，群情皆异，真度独与朕同。抚蛮宁夷，实有勤绩，可增邑二百户。”[②] 由此诏令可知，孝文帝为薛真都增加食邑，正是对他所立功劳实行的褒奖。由于增加食邑可以为拥有开国爵者带来更多的经济利益，所以，这种褒奖无疑也能够起到重大的激励作用。正因为如此，北魏国家就将这种做法作为一种经常实行的固定措施，实际也正是通过这种方式保证拥有开国爵者获得经济利益能够不断地得到扩大。

概而言之，北魏国家对受封开国爵者的食邑数量的增加，也是以奖赏功劳为目的的。但是，既然这种奖赏是在开国爵的体系中实现的，所以，也就要与开国爵的爵位等级结合在一起。但这种结合的主要做法是，提高爵位等级，并增加食邑的数量。由于北魏国家对受封的食邑所食租税有不同比例的规定，因而，使一些受爵者因爵位等级的提升，还可以使所食租税的比例提高，进而就为他们带来更多的经济利益。当然，对受封开国爵者来说，也就更看重这种做法的实行。除此之外，北魏国家还可以在受封开国者保持原来爵位等级的情况下，增加食邑的数量。这也是一种不能忽视的结合方式。实际这种做法的实行，也就更明显地表现出食邑数量的增加与奖励功劳具有密不可分的关系。

（原载《吉林大学社会科学报》2015 年第 6 期）

① 《魏书》卷七五《尔朱兆传》。

② 《魏书》卷六一《薛安都传附薛真都传》。

北魏后期诸王爵位封授制度试探

北魏后期，也就是从宣武帝开始，直到北魏灭亡。在这一时期，北魏国家继续实行封授诸王的制度。太和二十三年，孝文帝制定后《职员令》，实行爵位与职官品级一体化，规定王爵的品级为一品，为当时最高品级的爵位，因而，拥有王爵者就是具有很高社会地位的贵族。因此，当时国家非常重视对王爵的封授，并为王爵的封授规定了需要实行的制度。所以，考察北魏后期诸王爵位的封授，就成为研究当时爵位制度实行状况的重要内容。日本学者内田吟风在论及北魏封邑制度时提及北魏后期王爵的封授。① 杨光辉先生在考察汉唐封爵制度时，也对王爵所处的地位提出了值得重视的意见。②然而，北魏后期诸王的封授还存在诸多复杂问题，仍需要进行讨论。因此，本文拟对北魏后期诸王爵位的封授、诸王的封国及诸王与封国联系的特点以及诸王食邑的标准与数量诸问题做一些探讨，以就教于方家。

一、诸王爵位传袭世系的确认与王爵的封授

北魏后期，国家仍然实行孝文帝爵位改革后规定的封授王爵制度。不过，经过宣武帝一段稳定的统治时间之后，孝明帝正光、孝昌年间国家出现变乱，使国家的统治局面出现动荡，因而，也就影响了当时国家正常的王爵封授，表现出比较复杂的情况。实际上，北魏后期封授王爵的对象，已经不限于同姓，也封授异姓为王，所以，使孝文帝爵位改革后实行的王爵封授的规定出现了一

① 内田吟风：《北アジア史研究（鲜卑柔然突厥篇）》，同朋舍，1975年，第119－139页。

② 杨光辉：《汉唐封爵制度》，学苑出版社，2001年，第6页。

些变化，以下分别对同姓王与异姓王爵位的封授情况做以阐释。

（一）同姓诸王爵位传袭世系的确认与王爵的封授

北魏后期，对同姓诸王爵位传袭的确认，实际就是要由北魏国家来确定王爵传承的世系，而确定诸王的传承世系对他们所领王官的品级以及所领食邑的数量都有重要影响，因而当时国家对确定同姓诸王传袭的世系是很重视的。不过，北魏国家重视诸王的传袭世系并不始自北魏后期。其实，早在北魏前期，道武帝确立爵位制度之时，就已经注意到诸王的世系情况。天赐元年，他决定“皇子及异姓元功上勋者封王，宗室及始蕃王皆降为公，诸公降为侯，侯、子亦以此为差”①。就是说，道武帝封授的诸王，已经有始封王与始蕃王的区分。这种区分正是由诸王爵位传袭的世系决定的。至太和二十三年，孝文帝制定后《职员令》，依据诸王继承王爵的世系，明确将继承爵位的诸王确定为始蕃王、二蕃王、三蕃王。并且，北魏国家还使不同世系的蕃王所掌管的王官的数量与品级都有明显的差别。② 这说明，北魏后期，国家对诸王传袭世系的确认，就不是简单承认王爵继承的合法性，而是要表明在确认诸王传袭世系的过程中，认定这些诸王应该具有的权益。

当然，要进一步说明北魏后期国家确认亲王与始蕃王、二蕃王、三蕃王的情况，需要提及孝文帝实行的爵位改革。《魏书·孝文帝纪下》：“（太和十六年），制诸远属非太祖子孙及异姓为王，皆降为公，公为侯，侯为伯，子男仍旧。”孝文帝对王爵封授的这种改革，实际是要将王爵的封授范围确定

① 《魏书》卷一一三《官氏志》。

② 《魏书》卷一一三《官氏志》所载后《职员令》中，国家确定了不同世系蕃王所领王官的品级：始蕃王长史（从四品）、司马（从四品）、咨议参军事（五品）、录事参军、功曹、记室、户曹、仓曹、中兵参军事、功曹史（从六品）、主簿、列曹参军事（七品）、列曹行参军（从七品）、行参军（八品）、长兼行参军（九品）、参军督护（从九品）；二蕃王长史（五品）、司马（五品）、咨议参军事（从五品）、录事参军（从六品）、功曹、记室、户曹、仓曹、中兵参军事、功曹史（从六品）、主簿、列曹参军事（七品）、参军事、列曹行参军（从七品）、行参军（八品）、长兼行参军（从九品）；三藩王长史（从五品）、司马（从五品）、咨议参军事（六品）、录事参军（七品）、功曹、记室、户曹、仓曹、中兵参军、功曹史（七品）、主簿、列曹参军事（从七品）、参军事、列曹行参军（八品）。显然北魏国家任命始蕃王、二蕃王、三藩王的王官的品级不同，这表明不同世系的蕃王是有等次差别的。

在道武子孙的范围之内。为了实现这一目的，孝文帝对诸王爵位进行了整顿。依据万斯同在《魏诸王世表》《魏异姓诸王世表》《魏外戚诸王世表》①中的统计，在太和十六年爵位改革时，具有王爵者共有47人。万斯同的统计遗漏2人，实际为49人。其中道武帝子孙为王者23人；其余为宗室、鲜卑勋臣、外戚、皇帝幸臣、宦官和南朝降臣，共26人。由于孝文帝实行降爵措施，保留王爵者只有23人。太和二十一年，孝文帝又按照他确定的封授王爵的原则，“立皇子愉为京兆王，怿为清河王，怀为广平王”②。这些诸王大部分都保留到宣武帝时期。不仅如此，宣武帝时，元匡上书：“匡奏亲王及始蕃、二蕃王妻悉有妃号，而三蕃已下皆谓之妻，上不得同为妃名，而下不及五品已上有命妇之号，窃为疑。”③ 可见北魏后期存在亲王、始蕃王、二蕃王、三蕃王的区分，是显而易见的。并且，随着北魏后期诸王爵位继承者的增加，也就不断衍生出新的蕃王。当然这些同姓的亲王与蕃王都是道武帝的后裔。为说明这些同姓诸王的存在状况，兹将道武帝至孝文帝时所封诸王及王爵继承情况列表如下：

表1　道武帝至孝文帝时封授诸王及王爵继承情况表

始封时间	始封王（亲王）	二世（始蕃王）	三世（二蕃王）	四世（三蕃王）	五世	史料出处
天兴六年	阳平王拓跋熙	拓跋他	拓跋显	元世遵（世宗时，拜前军将军、行幽州事、兼西中郎将，又行青州事）	元敬先 元宣洪（六世）	《魏书》卷一六《道武七王·阳平王熙传》
天兴六年	河南王拓跋曜	拓跋提（改封颍川王）	拓跋平原	元鉴（世宗初，以本将军转徐州刺史）	元和 元琴（六世）	《魏书》卷一六《道武七王·河南王曜传》

① 万斯同：《魏诸王世表》《魏异姓诸王世表》《魏外戚诸王世表》，二十五史刊行委员会编：《二十五史补编（第四册）》，北京，中华书局，1955年，第4479－4488页。

② 《魏书》卷七下《孝文帝纪下》。

③ 《魏书》卷一九上《景穆十二王上·乐浪王万寿传附元匡传》。

续表

始封时间	始封王（亲王）	二世（始蕃王）	三世（二蕃王）	四世（三蕃王）	五世	史料出处
天赐四年	广平王拓跋连	拓跋浑	拓跋霄	元篡（景明元年薨于平城）	元伯和	《魏书》卷一六《道武七王·广平王连传》
天赐四年	京兆王拓跋黎	拓跋根（改封江阳王）	元继（世宗时，除征虏将军、青州刺史）	元亮		《魏书》卷一六《道武七王·京兆王黎传》
太平真君三年	临淮王拓跋谭	拓跋提	元昌（世宗时，复封临淮王）	元彧	元孝友	《魏书》卷一八《太武五王·临淮王谭传》
太平真君三年	广阳王拓跋建闾	拓跋石侯元嘉（后封广阳王，以绍建闾后）	拓跋遗兴元深（肃宗初，拜肆州刺史）	元湛		《魏书》卷一八《太武五王·广阳王建闾传》
太安三年	阳平王拓跋新成	元颐	元宗胤（肃宗时，坐杀叔父，赐死，爵除）			《魏书》卷一九上《景穆十二王上·阳平王新成传》
太安五年	京兆王拓跋子推	元太兴	元昴	元悰		《魏书》卷一九上《景穆十二王上·京兆王子推传》
和平二年	济阴王拓跋小新成	元郁	元诞	元抚		《魏书》卷一九上《景穆十二王上·济阴王小新成传》
和平三年	乐良王拓跋万寿	拓跋乐平	元长命（坐杀人赐死，国除）	元忠（肃宗时，复前爵）		《魏书》卷一九上《景穆十二王上·广平王洛侯传》

续　表

始封时间	始封王（亲王）	二世（始蕃王）	三世（二蕃王）	四世（三蕃王）	五世	史料出处
和平五年封	任城王拓跋云	元澄（神龟二年薨）	元彝	元度世		《魏书》卷一九中《景穆十二王中·任城王云传》
皇兴二年	南安王拓跋桢	元英（世宗……改封中山王）	元熙	元叔仁	元琳	《魏书》卷一九下《景穆十二王下·南安王桢传》
皇兴二年	城阳王拓跋长寿	元鸾（正始二年薨）	元徽（世宗时，袭封）	元延		《魏书》卷一九下《景穆十二王下·城阳王长寿传》
皇兴二年	章武王拓跋太洛	拓跋彬（以贪婪削封）	元融（世宗初，复先爵）	元景哲		《魏书》卷一九下《景穆十二王下·章武王太洛传》
和平四年	乐陵王拓跋胡儿	元思誉（太和末，还复其王封。正始四年薨）	元景略	元霸		《魏书》卷一九下《景穆十二王下·乐陵王胡儿传》
皇兴二年	安定王拓跋休	元燮（世宗初，袭）	元超（改封北平王）	元孝景		《魏书》卷一九下《景穆十二王下·安定王休传》
皇兴四年	安乐王拓跋长乐	元诠（世宗初，为凉州刺史）	元鉴			《魏书》卷二〇《文成五王·安乐王长乐传》
延兴二年	广川王拓跋略	元谐（太和十九年薨）	元灵道			《魏书》卷二〇《文成五王·广川王略传》
太和五年	齐郡王元简（太和二十三年薨）	元祐				《魏书》卷二〇《文成五王·齐郡王简传》

续　表

始封时间	始封王（亲王）	二世（始蕃王）	三世（二蕃王）	四世（三蕃王）	五世	史料出处
	河间王元若（年十六，未封而薨，追封河间王）	元琛（齐郡王子。……世宗时，拜定州刺史）				《魏书》卷二〇《文成五王·河间王若传》
太和五年	安丰王拓跋猛	元延明（世宗时，授太中大夫）				《魏书》卷二〇《文成五王·安丰王猛传》
太和九年	咸阳王元禧（宣武帝时被杀）	元坦（改封敷城王……庄帝初，还复本封）				《魏书》卷二一上《献文六王上·咸阳王禧传》
太和九年	赵郡王元干（太和二十三年薨）	元谧（世宗初，袭封）	元毓	元置		《魏书》卷二一上《献文六王上·赵郡王干传》
太和九年	广陵王元羽（世宗即位，迁司州牧，常侍如故）	元恭				《魏书》卷二一上《献文六王上·广陵王羽传》
太和九年	高阳王元雍（世宗初，迁使持节、都督冀相瀛三州诸军事、征北大将军、开府、冀州刺史，常侍如故）	元斌				《魏书》卷二一上《献文六王上·高阳王雍传》
太和九年	北海王元详（世宗即位，以详有营构之勤，增邑一千户）	元颢				《魏书》卷二一上《献文六王上·北海王详传》

续 表

始封时间	始封王（亲王）	二世（始蕃王）	三世（二蕃王）	四世（三蕃王）	五世	史料出处
太和九年	彭城王元勰（宣武帝时，被杀）	元劭	元韶			《魏书》卷二一下《献文六王下·彭城王勰传》
太和二十一年	京兆王元愉（世宗初，为护军将军）	元宝月				《魏书》卷二二《孝文五王·京兆王愉传》
太和二十一年	清河王元怿（肃宗初，迁太尉，侍中如故）					《魏书》卷二二《孝文五王·清河王怿传》
太和二十一年	广平王元怀					《魏书》卷二二《孝文五王·广平王怀传》

依据上表所示，可以明确北魏后期存在的诸王有亲王、始蕃王、二蕃王、三蕃王以及没有列入蕃王范围的世袭王。具体说来，亲王有 9 人；始蕃王有 17 人；二蕃王有 17 人；三蕃王有 16 人。此外，元敬先、元宣洪、元和、元棽、元伯和、元琳因为已经超出蕃王规定的世系范围，他们只是王爵的继承者。从后《职员令》的规定来看，亲王与蕃王的爵位等级都为一品，因此，他们在政治地位上应该是没有区别的，不过由于亲王与不同世系的蕃王获得的权益的不同，所以在同一品级中，因为传袭世系的差别，也就使这些诸王存在等次的区分。因此，可以说北魏国家对继承王爵者世系的确认，实际为一种特殊的王爵授予方式。

北魏国家除了依靠继承制度保证同姓王的存在之外，还继续封授同姓王爵。景明四年，宣武帝“封皇弟悦为汝南王”①。宣武帝的这种分封，正是承袭孝文帝爵位改革后的做法，分封的对象必须是道武帝的子孙。然而，这种王爵的封授还有另一个特点，就是继承道武帝以来形成的封授同姓王的传统。也就是说，当时国家封授的同姓王，一般只能是皇帝的皇子、皇弟以及

---

① 《魏书》卷八《宣武帝纪》。

皇叔。[①] 而对这些受封诸王之子，除了极个别的情况之外，就不再封授王爵。诸王受封的王爵，只能由嫡长子或者诸王选择的王子来继承。不能继承诸王爵位的王子，也就是诸王的支子，[②] 实际也就失去了获得王爵的机会。

可是，从孝明帝开始，国家在封授王爵时，开始改变这种规定，而实行了新的做法。《魏书·孝明帝纪》："（孝昌）二年春正月庚戌，封广平王怀庶长子、太常少卿诲为范阳王。"广平王元怀为孝文帝之子，在太和二十一年为孝文帝所封。他为始封王，也就是亲王，而元晦则为元怀的庶长子。可见孝明帝开始封授不能继承王爵的始封王的庶长子，也就是支子王爵。同年，孝明帝还封授"广川县开国公元邵为常山王"[③]。《常山文恭王墓志铭》称："王讳邵，字子开，高祖孝文皇帝之孙，丞相清河文献王之第二子也。"[④] 这就是说，受封王爵的元邵，为清河王第二子，也就是不能够继承爵位的始封王的支子。孝昌二年八月，孝明帝又进封元攸长乐王。而元攸则为"彭城王勰之第三子，母曰李妃"[⑤]。显然孝明帝封授始封王支子王爵，已经不是个别情况。应该说孝明帝这种封授始封王支子王爵的做法，打破了北魏国家以往封授同姓王的传统做法，因而，对北魏后期同姓王爵的封授产生了重要的影响。至孝庄帝时，封授始封王支子为王的事例就更多了。《魏书·孝文五王·京兆王愉传》："（京兆王愉）子宝月袭。……宝月弟宝炬，……孝庄时，特封南阳王。"《魏书·献文六王上·广陵王羽传》：广陵王元羽子元欣"孝庄初，封沛郡王，邑一千户"。《魏书·出帝纪》："（元修）广平武穆王怀之

---

① 道武帝开始封皇子为王；明元帝、太武帝封皇子为王；文成帝开始封皇弟为王；献文帝则封皇叔、皇弟为王；孝文帝封皇叔、皇弟和皇子为王。这成为北魏前期以及孝文帝爵位改革后，国家封授同姓王的固定做法。

② 《礼记·曲礼下》："支子不祭，祭必告于宗子。"说明在周代礼制中存在宗子与支子的区别。实际宗子是可以掌握主祭权的嫡长子。他掌握了主祭权则可以继承先世的政治权力与经济利益。而支子则没有主祭权。这里提到的支子，沿用礼书中的说法，是指诸王的非嫡长子。他们没有继承王爵的权力。

③ 《魏书》卷九《孝明帝纪》。

④ 《魏故侍中司徒公骠骑大将军使持节定州刺史并序》，见赵超：《汉魏南北朝墓志汇编》，天津古籍出版社，2008 年，第 221 页。

⑤ 《魏书》卷一〇《孝庄帝纪》。

第三子也，母李氏。……始封汝阳县开国公，……永安三年，封平阳王。”这说明，北魏末年，当时国家将封授不能够继承始封王爵位的支子为王的做法，已经开始固定化。

北魏末年，国家封授诸王支子为王的做法，已经不限于始封王之子。《魏书·景穆十二王下·城阳王长寿传》：“（元）显恭弟旭，字显和。庄帝时，封襄城郡王，邑一千户。”又《魏书·景穆十二王上·京兆王子推传》：“（元暹）庄帝初，除南兖州刺史。……元颢入洛，暹据州不屈。庄帝还宫，封汝阳王，迁秦州刺史。”这里提到的由孝庄帝封授王爵的元旭、元暹的家族世系传袭明确。元旭家族世系：“城阳王长寿，皇兴二年封……次子鸾，字宣明。始继叔章武敬王，及兄卒，还袭父爵。……子徽，字显顺。……世宗时，袭封。……徽次兄显恭，字怀忠。……显恭弟旭，字显和。”① 元暹家族世系：“京兆王子推，太安五年封。……子太兴，袭。……子昴，字伯晖，袭。……昴弟仲景，……仲景弟暹，字叔照。”② 据此，元旭是城阳王拓跋长寿之孙，为始蕃王元鸾的支子；元暹则是京兆王拓跋子推之孙，为始蕃王元太兴的支子。由此可见，北魏末年，国家也可以封授始蕃王的支子为王。

当然，可以受封王爵者尚不限于始蕃王的支子。《魏书·献文六王下·彭城王勰传》：“（元正）肃宗初，封霸城县公，邑一千户。……庄帝即位，除尚书令，封始平王。”实际元正为彭城王元勰之孙，始蕃王元劭之侄。③《魏书·景穆十二王下·章武王太洛传附元凝传》：“（元凝）庄帝初，封东安王，食邑五百户。”元凝为章武王元融之弟。元融在世系传承上，属于二蕃王。④《魏故车骑大将军仪同三司林虑哀王墓志铭》：“孝庄皇帝特加宠爱，永安二年，封林虑郡王，食邑一千户。”⑤ 元文为陈留王元子直的支子。而元子

---

① 《魏书》卷一九下《景穆十二王下·城阳王长寿传》。

② 《魏书》卷一九上《景穆十二王上·京兆王子推传》。

③ 《魏书》卷二一下《献文六王下·彭城王勰传》：“（彭城王元勰）嫡子劭，字子讷，袭封。……劭弟子正，美貌，性宽和。”就是明证。

④ 《魏书》卷一九下《景穆十二王下·章武王太洛传》载章武王拓跋太洛世系：“章武王太洛，皇兴二年薨。……彬，字豹儿，袭爵。……彬有五子。长子融，……世宗初，复先爵，除骁骑将军。”则元融当为二蕃王。

⑤ 赵超：《汉魏南北朝墓志汇编》，第296页。

直则为始蕃王元劭之兄。① 这些事例说明，始蕃王兄弟之子、二蕃王的支子以及受封的支子王的支子也都可以受封为王。

综上可见，北魏后期，国家对同姓王爵位的分封，已经打破了传统的规定，使封授对象的范围扩大。也就是说，在国家需要时，可以封授始封王、始蕃王、二蕃王的支子及他们兄弟之子王爵。实际上，当时只要在道武帝子孙的范围内，都具有了封授王爵的权利。不过，要使这些道武帝子孙获得王爵，则是以国家需要为前提的。

不过，需要指出的是，由于北魏末年国家政局动荡，朝纲紊乱，所以，同姓王爵的封授也出现了混乱的情况。武泰元年，孝庄帝以并州刺史元天穆"为太尉公，封上党王"②。永安二年，又"进封城阳县开国公元祉为平原王，安昌县开国侯元鸷为华山王"③。元祉家族世系不详，而元天穆、元鸷则为宗室高凉王拓跋孤之后。④ 这就是说，孝庄帝对一些与皇族血缘关系疏远的宗室也封授了王爵。然而，孝庄帝分封宗室，并不是要打破孝文帝的规定。《魏书·神元平文诸帝子孙·高凉王孤传附元天穆传》："庄帝践阼，天穆以荣之眷昵，特除太尉，封上党王。"《魏书·神元平文诸帝子孙·高凉王孤传附元鸷传》："武泰元年，尔朱荣至河阴，杀戮朝士。鸷与荣共登高冢俯而观之，自此后与荣合。……前至长子，以尔朱荣赴援，除鸷车骑将军，封华山王。"显然宗室元天穆、元鸷受封为王，是因为他们与尔朱荣勾结，并为他服务，才获得了王爵的封授。所以孝庄帝封授宗室为王，只是尔朱荣控制北魏朝政才出现的情况，并不是对孝文帝爵位改革前王爵封授制度的恢复。

北魏后期，当时国家除了直接封授无爵位的同姓王的支子为王之外，还实行了"复封"。所谓复封，是对在王爵传袭过程中失去爵位者进行重新封授，也属于王爵封授的一种方式。在宣武帝统治时，就已经开始实行了复

---

① 《魏书》卷二一下《献文六王下·彭城王勰传》："彭城王勰……嫡子劭，字子讷，袭封。……劭兄子直，字方言。少知名，为清河文献王所赏爱。……子直封真定县开国公。出为冠军将军、梁州刺史。……孝庄践阼，追封陈留王，邑二千户。"

② 《魏书》卷一〇《孝庄帝纪》。

③ 《魏书》卷一〇《孝庄帝纪》。

④ 元鸷、元天穆的世系均见《魏书》卷一四《神元平文诸帝子孙·高凉王孤传》。元天穆为高凉王拓跋孤六世孙；元鸷则为高凉王拓跋孤七世孙。

封。《魏书·宣武帝纪》："（正始元年）丁酉，封元英为中山王。"这里提到对元英王爵的封授，实际就是一种复封。如果按王爵的正常传袭，元英应该为南安王元桢爵位继承者。可是，由于在孝文帝时，元英之父南安王元桢因"恒州刺史穆泰谋反，桢知而不告，虽薨，犹追夺爵封，国除"[①]。所以元英失去继承其父王爵的机会。后来，元英立有军功，因而，宣武帝"乃复之，改封中山王，食邑一千户，遣大使、鸿胪少卿睦延吉持节就拜"[②]。也就是恢复了元英的王爵，只是对封地进行了改封。在《魏书》记载中，多见北魏后期实行复封的事例。如元昌之父元提因"以贪纵削除"临淮王爵，"世宗时，复封临淮王"[③]。又如孝昌二年，孝明帝"诏复京兆王继本封江阳王"[④]。实际上，复封成为同姓王家族爵位能够长期传承的保证。

北魏后期，当时国家实行的复封，多有恢复"本封"的做法。《魏书·孝明帝纪》："（正光五年）戊午，复河间王琛、临淮王彧本封。"元琛为河间王拓跋若的过继子；元彧则为临淮王拓跋谭之孙。可见复封他们的本封，正是要恢复始封王的爵称。这种恢复"本封"的做法，正是国家要使诸王家族取得极高的荣誉。所以，已经获得王爵者，一般都尽力向国家要求恢复诸王的"本封"。孝明帝时，济南王元彧"求复本封，诏许，复封临淮"[⑤]。正因为如此，北魏国家也就通过恢复"本封"，来表示对恢复王爵者以及继承王爵者的家族荣誉恢复。例如，宣武帝诛杀试图谋反的咸阳王元禧、京兆王元愉；孝明帝则杀死清河王元怿，消除他们的王爵。但在正光四年，孝明帝"追封故咸阳王禧为敷城王，京兆王愉为临洮王，清河王怿为范阳王，以礼加葬"[⑥]。虽然孝明帝恢复他们的王爵，却没有使他们领有原来的爵称，并且在使元禧子元坦继承王爵时，却将他"改封敷城王，邑八百户"。很明显，这种做法包含贬低这些诸王家族地位的意义。可是，不久孝明帝"追复故范阳王怿为清河王"[⑦]。孝

---

① 《魏书》卷一九下《景穆十二王下·南安王桢传》。

② 《魏书》卷一九下《景穆十二王下·南安王桢传》。

③ 《魏书》卷一八《太武五王·临淮王谭传》。

④ 《魏书》卷九《孝明帝纪》。

⑤ 《魏书》卷一八《太武五王·临淮王谭传》。

⑥ 《魏书》卷九《孝明帝纪》。

⑦ 《魏书》卷九《孝明帝纪》。

庄帝时，又使元坦“还复本封”[①]。孝明帝、孝庄帝的做法，实际正是要恢复咸阳王、清河王家族原来所具有的地位的一种体现。不仅如此，北魏末年国家甚至对一些受封王爵的始封王支子也实行了复封“本封”的做法。《魏书·献文六王上·广陵王羽传》：“（元欣）孝庄初，封沛郡王，邑一千户。后改封淮阳王。出帝时，加太师、开府，复封广陵王。”显然这种复封诸王本封做法，是当时国家要借助恢复始封王的爵称，来提高这些受封的支子王的政治地位。因而，这也就与恢复王爵继承者的“本封”所包含的意义，存在着一些差别。

在当时国家实行的复封中，还包括“追复”的做法。实际上，“追复”就是恢复已经故去诸王的爵位。宣武帝时已出现“追复”同姓王爵位的记载。正始元年，北海王元详“以罪废为庶人”[②]。永平元年，宣武帝“诏复故北海王详本封，葬以王礼”[③]。当然，宣武帝不仅以王礼安葬北海王元详，并且还使其子元颢继承王爵。宣武帝以后，以“追复”方式恢复王爵的人数就更多了。《魏书·孝文五王·京兆王愉传》：“（孝明帝）追封愉临洮王。子宝月袭。”《魏书·孝明帝纪》：“（孝昌元年）诏追复乐浪王长命本爵，以其子忠绍之。”《魏书·孝明帝纪》：“（孝昌二年）追复中山王熙本爵，子叔仁绍之。”《魏书·孝庄帝纪》：“（孝庄帝）追复故广阳王渊、故乐安王鉴爵。”在这些“追复”诸王中，既有亲王，也有蕃王。很明显，这种“追复”，固然是恢复诸王爵位的一种方式，但更重要的是，这种做法可以保证诸王爵位为后世继承而不会出现中断，进而也就使这些诸王的贵族地位能够得以长期延续。

（二）异姓诸王爵位的封授

孝文帝进行爵位改革，将王爵的封授只限于道武帝子孙的范围之内，这样也就取消了异姓王。可是，在孝文帝王爵的实际封授过程中，却对南朝降臣封授为王者采取了变通的做法。《魏书·刘昶传》：“（刘昶）和平六年，遂委母妻，携妾吴氏作丈夫服，结义从六十余人，间行来降。……朝廷嘉重之，尚武邑公主，拜侍中、征南将军、驸马都尉，封丹阳王。……又为中书监。开建五等，封昶齐郡开国公，加宋王之号。”这就是说，孝文帝继续让

① 《魏书》卷二一上《献文六王上·咸阳王禧传》。

② 《魏书》卷八《宣武帝纪》。

③ 《魏书》卷八《宣武帝纪》。

刘昶保留王的称号，在他所领食邑上，却与开国郡公相同。实际上，这是以虚封的王爵使其保持荣誉，而在食邑封授上，则与降爵的异姓王的标准保持一致。所以，孝文帝对南朝降臣实行是一种特殊的封授王爵的制度。这种特殊做法，正是要表现北魏国家对南朝降臣的笼络。北魏后期，当时国家封授南朝降臣依然实行了孝文帝的规定。景明二年，南齐鄱阳王萧宝夤投降北魏，宣武帝"以萧宝夤为镇东将军、东扬州刺史，封丹阳郡开国公、齐王"①。孝明帝孝昌元年，梁朝南兖、徐二州刺史萧赞降魏，"朝廷赏赐丰渥，礼遇隆厚，授司空，封高平郡开国公、丹阳王，食邑七千户"②。尽管萧宝夤、萧赞王爵的封授与同姓王具有差别，但仍然可以使他们具有特殊的政治地位。不过，至北魏末年，这种对南朝降臣特殊的封授王爵的做法逐渐被废弃。《魏书·出帝纪》："（中兴三年）萧衍假节、豫州刺史、南昌王毛香举城内附，授以持节、安南将军、信州刺史、义昌王。"可见北魏国家对毛香王爵的封授，已经没有特殊性，与同姓王爵的封授几乎完全相同了。应该说，这正是在北魏末年国家大批封授异姓王的影响下，才出现的情况。

北魏后期，国家对异姓王的分封，并不限于南朝降臣，还有其他的社会阶层。实际上，这种情况是在孝明帝正光、孝昌年间发生的变乱影响下出现的。北魏国家为了平定叛乱，尤其是要平定北边六镇的叛乱，迫切需要地方军事势力的支持。其中尔朱荣军事集团正是北魏国家重要的依靠力量。在平定六镇叛乱以及河北叛乱的过程中，尔朱荣不仅消灭了叛乱势力，并且进军洛阳，发动了"河阴之变"，完全控制了北魏政权。他为了巩固尔朱氏的政治地位，操控孝庄帝，以恢复"庶姓封王"③ 为号召，实际却是要封授尔朱氏酋帅的王爵。从孝庄帝武泰元年尔朱荣被封为太原王开始，至前废帝永安二年，尔朱天光等人被高欢军事集团击败，在短短的二年中，北魏国家除了封尔朱荣为太原王之外，还封授尔朱义罗、尔朱文殊、尔朱文畅、尔朱天光、尔朱兆、尔朱智虎、尔朱度律、尔朱彦伯、尔朱仲远、尔朱世隆，④ 共

---

① 《魏书》卷八《宣武帝纪》。

② 《魏书》卷五九《萧宝夤传附萧赞传》。

③ 《魏书》卷四〇《陆俟传附陆彰传》。

④ 《魏书》卷七四《尔朱荣传》、《魏书》卷七五《尔朱天光传》、《魏书》卷七五《尔朱兆传》、《魏书》卷七五《尔朱度律传》。

十人为王。并且，尔朱度律为了拉拢高欢军事集团，上奏节闵帝，封高欢“为渤海王”①。由此可见，在尔朱氏控制下的北魏政权对异姓王爵位的封授，实际上，正是他们对北魏国家最高爵位的攫夺。因此，这种王爵的封授，只是尔朱氏军事集团意志的体现。尔朱氏军事集团失败后，高欢控制了北魏朝政，自然也控制了王爵的封授权。在高欢看来，司徒、领尚书令贺拔允为“北士之望，尤亲礼之”②。所以，他进入洛阳后，“燕郡开国公贺拔允进爵为王”，③ 但他并没有更多地封授其他的异姓诸王。这正是高欢通过控制王爵封授，笼络本集团的成员，进而有效操纵北魏朝政意图的表现。因此，可以说，北魏末年对异姓王的封授，正是在尔朱荣、高欢军事集团对朝政控制下才出现的，所以王爵的封授也只能局限在他们军事集团成员的范围内。因而，这种王爵的封授只是为了能够更好地实现他们政治、军事斗争的目的的一种手段，并不是北魏国家制度化的规定。

二、诸王的封国及诸王与封国联系的特点

北魏后期，诸王不仅拥有爵位，也有了封国。实际上，诸王爵位与封国的分封是结合在一起的。北魏国家封授诸王封国，并不是从北魏后期才开始实行的。其实，太和十六年，孝文帝改革爵位封授制度最重要的措施之一，就是将诸王的封地，由虚封改为实封，也就是使诸王有了真正的封国。因此，北魏后期，国家分封诸王封国，实际正是沿袭孝文帝爵位改革后的做法。那么，北魏后期诸王的封国以及诸王与封国的联系具有怎样的特点呢？具体说来，有以下三方面的特点：

（一）北魏国家对诸王实行的“以郡为国”制度，使诸王在封国中拥有经济特权

这种“以郡为国”的做法，来自西晋分封诸王的制度。《晋书·地理志》：“武帝泰始元年，封诸王以郡为国。邑二万户为大国，置上中下三军，

① 《北齐书》卷一《神武帝纪上》。

② 《北齐书》卷一九《贺拔允传》。

③ 《魏书》卷一一《出帝纪》。

兵五千人；邑万户为次国，置上军下军，兵三千人；五千户为小国，置一军，兵千五百人。”也就是说，尽管西晋诸王的封国有大、次、小国的区分，但都要“以郡为国”。西晋确立的这种封国制度，对北魏的影响是重大的。《魏书·官氏志》：“（天赐元年）十二月，诏始赐王、公、侯、子国臣吏，大郡王二百人，次郡王、上郡公百人，次郡公五十人，侯二十五人，子十二人，皆立典师，职比家丞，总统群隶。”这就是说，道武帝开始实行爵位制度之时，就开始将诸王称为郡王，并且还有大郡王和次郡王的区分。这表明，道武帝要实行“以郡为国”的制度。可是，由于当时国家实行虚封制，所以这种制度就很难实现。因为北魏国家封授给诸王的郡，并不是为诸王所有。例如，道武帝天兴元年，“进（拓跋）遵封常山王”①。常山郡当时已经被北魏国家实际管辖和控制。《魏书·良吏·张恂传》：“（张恂）皇始初，拜中书侍郎，……出为广平太守。……迁常山太守。”可见北魏国家在常山郡设置的是太守，却不是内史。这说明，北魏国家并没有将常山郡视为封国。在孝文帝爵位改革之前，诸王的封地基本都保持这种状况。孝文帝爵位改革后，这种状况才有改变，开始实行真正的“以郡为国”制度。太和二十三年制定的后《职员令》规定：上郡太守、内史、相，第四品；中郡太守、内史、相，第五品；下郡太守、内史、相，第六品。可见，尽管北魏后期，国家所设郡还有上郡、中郡和下郡的差别，但治理这些郡的官员，却有太守、内史、相的区分。实际北魏国家设置内史的目的，正是要使其管理诸王的封国，以此表明封国的职官设置是与行政郡存在区别的，进而表明当时国家实行了真正的“以郡为国”制度。正因为如此，在《魏书》中，多将北魏后期封授的一些诸王也称为“郡王”。《魏书·景穆十二王上·广平王洛侯传附元匡传》载孝明帝诏：“（元匡）可特袭王爵，封东平郡王。”《魏书·献文六王上·赵郡王干传附元谌传》：“庄帝诏复谌封赵郡王。”《魏书·献文六王上·广陵王羽传附元永业传》：“（元永业）普泰元年，特封高密郡王，食邑二千户。”北魏国家将这些诸王称为“郡王”，正是要明确表现他们封国是与行政郡等同的。

如前所述，北魏国家为了表明已经将行政郡封授给诸王作为他们的封

---

① 《魏书》卷二《道武帝纪》。

地，所以，特别以内史管理诸王的封国。在《魏书》和墓志铭中记载的封国的内史就有：彭城内史、[1] 广平内史、[2] 章武内史、[3] 清河内史、[4] 京兆内史、[5] 齐郡内史、[6] 广平内史、[7] 中山内史、[8] 汝南内史、[9] 乐陵内史、[10] 济阴内史、[11] 齐郡内史、[12] 乐安内史、[13] 清河内史、[14] 晋安内史、[15] 赵郡内史。[16] 北魏国家以内史治理封国，正是要表明北魏国家要将封国与行政郡加以区别。可是，北魏后期，内史却是由北魏国家任命的。实际上，国家可以通过设置内史控制诸王的封国，并且，当时内史治理诸王封国与太守治理行政郡，区别并不是很明显的。《魏故持节左将军平州刺史宜阳子司马使君墓志铭》："少被朝命，为奉朝请牧王主簿员外散骑侍郎给事中，从龙骧府上佐，迁扬州车骑大将军府长史，带梁郡太守。在边有帏略之称。转授清河内史。此郡名重，特以人举。"[17] 又《魏书·李宝传附李思穆传》："彭城王勰为定州，请为司马，带巨鹿太守。勰徙镇扬州，仍请为司马。府解，除征虏将

① 《魏书》卷三〇《陆真传附陆延传》。

② 《魏书》卷三二《封懿传附封琳传》。

③ 《魏书》卷三六《李顺传附李肃传》。

④ 《魏书》卷三七《司马叔璠传附司马景和传》。

⑤ 《魏书》卷三九《李宝传附李仲遵传》。

⑥ 《魏书》卷四三《房法寿传附房伯祖传》。

⑦ 《魏书》卷四九《崔鉴传附崔秉传》。

⑧ 《魏书》卷五二《赵逸传附赵叔隆传》。

⑨ 《魏书》卷五二《赵逸传附赵叔隆传》。

⑩ 《魏书》卷五七《崔挺传附崔接传》。

⑪ 《魏书》卷五八《杨播传附杨昱传》。

⑫ 《魏书》卷七一《李元护传附李静传》。

⑬ 《魏书》卷八五《文苑·邢臧传》。

⑭ 《魏故使持节平北将军恒州刺史行唐伯元使君墓志铭》，赵超：《汉魏南北朝墓志汇编》，第45页。

⑮ 《魏故龙骧将军平阳檀府君之墓志铭》，赵超：《汉魏南北朝墓志汇编》，第158-159页。

⑯ 《魏故使持节侍中都督定冀相殷四州诸军事骠骑大将军定州刺史尚书令仪同三司文静李公墓志铭》，赵超：《汉魏南北朝墓志汇编》，第329页。

⑰ 赵超：《汉魏南北朝墓志汇编》，第117页。

军、太中大夫。出为京兆内史，在郡八年，颇有政绩。”这说明，当时内史治理封国与太守治理地方郡具有诸多的一致性，所以才在墓志铭和文献记载中认为，内史负责的事务与郡太守并没有太大的差别，并将内史与郡太守的活动视为是等同的。因此，可以说尽管北魏国家对诸王实行了“以郡为国”的制度，但对封国的治理权却为国家所控制。因而，诸王也就不能完全掌管封国的事务。

虽然诸王不能够完全掌握封国的事务，但封国并不是不能给他们带来利益。实际上，北魏国家使诸王在封国中享有食邑与亲恤的权利。《魏书·献文六王下·彭城王勰传》：“（元）勰表以一岁国秩、职俸、亲恤，以裨军国，诏曰：‘割身存国，理为远矣。但汝亦我，乃减己助国。职俸便停，亲、国二事，听三分受一。’”彭城王元勰提到他一年的收入，实际分为三部分即国秩、职俸和亲恤。他任中书监、侍中的收入是他的职俸，与他的封国无关。而国秩是他封国食邑的收入，亲恤则是为他服役的力役。① 诸王封国食邑的收入可以是粮食、绢帛；亲恤则是承担力役的国吏。

北魏后期，诸王的食邑大多数都在他们的封国内。因此，北魏国家分封诸王封国时，一般将封地与食邑并提。孝明帝封元略“义阳王，食邑一千户”②。孝庄帝封授元湛渔阳王，“食邑五百户”③。不过，北魏国家也使一些诸王的封国与食邑并不在一处。孝明帝复“（元）继尚书、本封（江阳王）……增邑一千五百户”④。江阳王为元继家族的本封，所以是家族荣誉的象征，因而，作为一种特殊的王爵保留下来。可是，江阳郡却在南朝境内，所以元继的食邑不可能在南朝，只能在北魏境内领有食邑。这种情况在当时并不是特例。孝明帝时，元彧“求复本封，诏许。复封临淮，寄食相州魏郡”⑤。显然“寄食”封国以外的郡，也是享有食邑的一种重要的方式。关于诸王食邑问题，在下节专门讨论，兹不赘。

北魏诸王享有亲恤的权利，并不是从北魏后期才开始出现的。前引《魏

① 周一良：《魏晋南北朝史札记》，中华书局，1985年，第331页。
② 《魏书》卷一九下《景穆十二王下·南安王桢传附元略传》。
③ 《魏书》卷一九下《景穆十二王下·章武王太洛传附元湛传》。
④ 《魏书》卷一六《道武七王·京兆王黎传附元继传》。
⑤ 《魏书》卷一八《太武五王·临淮王谭传附元彧传》。

书·官氏志》："（天赐元年）十二月，诏始赐王、公、侯、子国臣吏，大郡王二百人，次郡王、上郡公百人，次郡公五十人，侯二十五人，子十二人，皆立典师，职比家丞，总统群隶。"道武帝规定大郡王可以有群吏二百人，次郡王有群吏一百人，就是北魏初年实行的诸王亲恤制度。至北魏后期，国家将这种制度沿袭下来。《魏书·献文六王下·彭城王勰传附元劭传》载元劭上表："……臣仰籍先资，绍飨厚秩，思以埃尘，用裨山海。臣国封徐州，去军差近，谨奉粟九千斛、绢六百匹、国吏二百人，以充军用。"元劭要以二百人的国吏为国家使用，补充至国家军队中，正是他拥有的亲恤。当然，元劭不会将全部的亲恤都贡献出来，所以，北魏后期诸王亲恤的数量，与北魏前期还是要有一定差别的。

北魏后期诸王可以享有食邑和拥有亲恤，表明国家授予他们经济上的权利。因此，国家封授诸王封国，只是保证他们可以享有规定数量的食邑的租税以及可以役使固定数量的亲恤。所以，他们受封国邑，也只表明他们是一些可以具有经济特权的显贵。

（二）北魏国家对诸王实行不"之国"的规定，并采取禁止诸王到封国所在州任刺史的回避措施

《魏书·张普惠传》载张普惠上疏："今之诸王，自同列国，虽不之国，别置臣僚，玉食一方。"据张普惠所说，虽然这些诸王领有封国，但北魏国家并不要求他们居住在自己的封国中，也就是不使诸王"之国"。实际上，自孝文帝迁都洛阳之后，北魏国家将诸王都安置在京城洛阳。《洛阳伽蓝记·城西》：

> 自退酤以西，张方沟以东，南临洛水，北达芒山，其间东西二里，南北十五里，并名为寿丘里，皇宗所居也，民间号为王子坊。……于是帝族王侯、外戚公主，擅山海之富，居川林之饶，争修园宅，互相夸竞。崇门丰室，洞户连房，飞馆生风，重楼起雾，高台芳树（榭），家家而筑；花林曲池，园园而有。莫不桃李夏绿，竹柏冬青。

《洛阳伽蓝记》中提到的"王子坊"，正是诸王园宅聚集的地方。显然诸王在这里修建的住宅是非常富丽堂皇的。一些诸王在洛阳修建园宅花费巨大，

“珍丽充盈，声色侈纵，建饰第宇，开起山池，所费巨万矣”①。这些诸王在洛阳的生活也极为奢侈。诸如北海王元详“景明初，复以季父崇宠。位望兼极，百僚惮之。……珍丽充盈，声色侈纵”②。河间王元琛“最为豪首，常与高阳争衡，造文柏堂，形如徽音殿。置玉井金罐，以金五色缋为绳。妓女三百人，尽皆国色”③。由于洛阳是北方最大的都市，这些诸王也只有在这里才能享受穷奢极欲的生活，所以，他们也就完全没有“之国”的兴趣。

因为北魏国家限制诸王前往封国，也就是不允许他们“之国”，所以，北魏后期同姓诸王都是以洛阳为籍贯的。《魏故侍中太保领司徒公广平王》：“姓元，讳怀，字宣义，河南洛阳乘轩里人。显祖献文皇帝之孙，高祖孝文皇帝之第四子，世宗宣武皇帝之母弟，皇上之叔父也。”④ 又《故侍中太傅领司徒公录尚书事北海王》：“姓元，讳详，字季豫，司州河南洛阳都乡光睦里人。献文皇帝之第七子，孝文皇帝之季弟。”⑤ 北魏后期诸王都以洛阳为籍贯，应该是北魏国家实行限制诸王“之国”措施，才出现这样的情况。

由于北魏国家使同姓诸王以洛阳为籍贯，并定居在洛阳，因而，使他们家庙的设置也发生改变。《魏书·穆崇传附穆绍传》：“庄帝立，尔朱荣遣人征之。绍以为必死，哭辞家庙。及往见荣于邙山，捧手不拜。荣亦矫意礼之。”穆绍为鲜卑贵族，孝文帝改革姓氏后，穆氏为八大姓之一。北魏国家允许穆氏在洛阳建家庙，当然，地位高于八大姓的元氏诸王在洛阳修建家庙，也就与这些异姓贵族不会有太大的差别。

北魏国家不仅通过限制诸王“之国”以减少他们与封国的联系，并且还实行了不使诸王前往他们的封国所在州担任州刺史的回避措施。以下将这种情况列表说明：

---

① 《魏书》卷二一上《献文六王上·北海王详传》。

② 《魏书》卷二一上《献文六王上·北海王详传》。

③ 杨衒之撰、范祥雍校注：《洛阳伽蓝记校注》卷四《城西》，上海古籍出版社，1958年，第206页。

④ 赵超：《汉魏南北朝墓志汇编》，第92页。

⑤ 赵超：《汉魏南北朝墓志汇编》，第54页。

表2　北魏诸王封国所在州与所任刺史情况表

时间	诸王姓名	诸王封国	所任刺史	转任刺史	史料出处
宣武帝朝	元世遵	淮南(属霍州)	幽州刺史	荆州刺史，后转任定州刺史(孝明帝时)	《魏书》卷一六《道武七王·阳平王熙传附元世遵传》
	元鉴	颍川(属郑州)	徐州刺史		《魏书》卷一六《道武七王·河南王曜传附元鉴传》
	元继	江阳(南朝郡)后徙封京兆(属雍州)	青州刺史	恒州刺史	《魏书》卷一六《道武七王·京兆王黎传附元继传》
	元匡	广平(属司州)	肆州刺史	恒州刺史	《魏书》卷一九上《景穆十二王上·广平王洛侯传附元匡传》
	元融	章武(属瀛州)	并州刺史	青州刺史(明帝朝)	《魏书》卷一九下《景穆十二王下·章武王太洛传附元融传》
	元景略	乐陵(属沧州)	幽州刺史		《魏书》卷一九下《景穆十二王下·乐陵王胡儿附元景略传》
	元爕	安定(属楚州)	华州刺史	豳州刺史	《魏书》卷一九下《景穆十二王下·安定王休传附元爕传》
	元祐	齐郡(属青州)	泾州刺史		《魏书》卷二〇《文成五王·齐郡王简传附元祐传》
	元熙	中山(属定州)	东秦州刺史	相州刺史	《魏书》卷一九下《景穆十二王下·南安王桢传附元熙传》
	元颐	阳平(属淮州)	青州刺史		《魏书》卷一九上《景穆十二王上·阳平王新成附元颐传》
	元诞	济阴(属西兖州)	齐州刺史		《魏书》卷一九上《景穆十二王上·济阴王小新成传附元诞传》
	元澄	任城(属兖州)	梁州刺史	雍州刺史，又改授扬州刺史。	《魏书》卷一九中《景穆十二王中·任城王云传附元澄传》
	元鸾	城阳(属豫州)	青州刺史	定州刺史	《魏书》卷一九下《景穆十二王下·城阳王长寿传附元鸾传》
	元诠	安乐(属安州)	凉州刺史		《魏书》卷二〇《文成五王·安乐王长乐传附元诠传》
	元琛	河间(属瀛州)	定州刺史	秦州刺史	《魏书》卷二〇《文成五王·河间王若传附元琛传》

续 表

时间	诸王姓名	诸王封国	所任刺史	转任刺史	史料出处
宣武帝朝	元谧	赵郡(属殷州)	岐州刺史		《魏书》卷二一上《献文六王上·赵郡王干传附元谧传》
	元雍	高阳(属瀛州)	冀州刺史(都督冀相瀛三州诸军事)		《魏书》卷二一上《献文六王上·高阳王雍传》
	元愉	京兆(属雍州)	冀州刺史		《魏书》卷二二《孝文五王·京兆王愉传》
	元勰	彭城(属徐州)	定州刺史(都督冀定幽瀛营安平七州诸军事)		《魏书》卷二一下《献文六王下·彭城王勰传》
孝明帝朝	元深	广阳(属东雍州)	肆州刺史	恒州刺史	《魏书》卷一八《太武五王·广阳王建间传附元深传》
	元颢	北海(属青州)	徐州刺史		《魏书》卷二一上《献文六王上·北海王详传元颢传》
	元徽	城阳(属豫州)	并州刺史		《魏书》卷一九下《景穆十二王下·城阳王长寿传附元徽传》
	元鉴	安乐(属安州)	相州刺史		《魏书》卷二〇《文成五王·安乐王传附元鉴传》
	元劭	彭城(属徐州)	青州刺史		《魏书》卷二一下《献文六王下·彭城王勰传附元劭传》
	元延明	安丰(属合州)	豫州刺史	徐州刺史	《魏书》卷二〇《文成五王·安丰王猛传附元延明传》
孝庄帝朝	元暹	汝阳(属豫州)	秦州刺史	(普泰元年)凉州刺史	《魏书》卷一九上《景穆十二王上·京兆王子推传附元暹传》
	元凝	东安(属洛州)	兖州刺史	济州刺史	《魏书》卷一九下《景穆十二王下·章武王太洛传附元凝传》
	元贵平	东莱(属光州)	南相州刺史		《魏书》卷一九下《景穆十二王下·安定王休传附元贵平传》
	元肃	鲁郡(属兖州)	广州刺史	肆州刺史	《魏书》卷一九下《景穆十二王下·南安王桢传附元肃传》
	元晔	长广(属光州)	太原太守,行并州事		《魏书》卷一九下《景穆十二王下·南安王桢传附元晔传》
	元孝友	淮阳(属东楚州)	沧州刺史		《魏书》卷一八《太武五王·临淮王谭附元彧传》

据上表所示，可以明确北魏后期国家在选任诸王外任刺史出镇地方，没有出现一例诸王在他们的封国所在州任职情况。这说明，北魏国家严格禁止诸王到封国所在州担任刺史，实际这种回避措施隔离了诸王与封国联系，使他们很难对封国的事务施加影响。

当然，应该看到，北魏末年，出现了国家使宗室上党王元天穆不仅可以在封国所在的并州担任刺史，而且，能够“世袭并州刺史”的情况。[①] 实际这种情况的出现属于一种特例。因为元天穆为尔朱荣的亲信，所以，在尔朱荣控制北魏朝政后，打破北魏国家的一贯规定，使元天穆能够世袭并州刺史，正是要采取这种方式褒奖元天穆。这一事例正可以反证，在正常的情况下，北魏国家是绝对不允许诸王到封国所在州任职的。所以，应该说北魏国家禁止诸王到他们的封国所在州担任刺史，与限制诸王“之国”的规定一样，都是要分离诸王与他们的封国联系，以便防止诸王对封国行政事务的干预，因而，使国家就能够更有效地控制诸王的封国。

（三）北魏后期诸王封国变化得比较频繁，经常出现封国改封

从宣武帝开始，直到北魏灭亡，诸王的封国，主要是同姓诸王的封国多有改变。北魏后期，造成诸王封国比较频繁变化的原因，一是因为国家法律对诸王有严格的约束以及统治者内部的斗争，不断地造成诸王因失去王爵而丧失封国。统计《魏书》记载，宣武帝时，因夺爵失去封国的诸王有：咸阳王元禧、[②] 河间王元琛、[③] 广平王元匡、[④] 江阳王元继、[⑤] 乐浪王元长命。[⑥] 孝明帝时有：清河王元怿、[⑦] 汝南王元悦、[⑧] 安乐王元鉴、[⑨] 阳平王元宗胤。[⑩]

---

① 《魏书》卷一四《神元平文诸帝子孙·高凉王孤传附元天穆传》。

② 《魏书》卷二一上《献文六王上·咸阳王禧传》。

③ 《魏书》卷二〇《文成五王·河间王若传附元琛传》。

④ 《魏书》卷一九上《景穆十二王上·广平王洛侯传附元匡传》。

⑤ 《魏书》卷一六《道武七王·京兆王黎传附元继传》。

⑥ 《魏书》卷一九上《景穆十二王上·乐浪王万寿传附元长命传》。

⑦ 《魏书》卷二二《孝文五王·清河王怿传》。

⑧ 《魏书》卷二二《孝文五王·汝南王悦传》。

⑨ 《魏书》卷二〇《文成五王·安乐王长乐传附元鉴传》。

⑩ 《魏书》卷一九上《景穆十二王上·阳平王新成传》。

庄帝时有：北海王元颢、[①] 安丰王元延明、[②] 汝南王元暹。[③] 总共十二人，都因失去爵位而一度丧失了封国。

二是北魏国家为需要而改封一些诸王的封国。如前所述，北魏后期，国家对失去封国的诸王，多采取复封的做法，但复封并不全部都是恢复诸王原来的封国。例如，宣武帝复封元英王爵“改封中山王”[④]。元匡“后追复本爵，改封济南王”[⑤]。孝明帝复元继“尚书、本封。……徙封京兆王”[⑥]。孝庄帝将“（元）谌复封赵郡，改封平昌王”[⑦]。

北魏国家不仅在复封诸王爵时，可以改封其封国，对一些诸王封国则能够直接进行改封。孝明帝“时以胡国珍封安定公”，而改封安定王元超为北平王。[⑧] 孝明帝在封元略为义阳王后，“寻改封东平王”。直到北魏末年，还不断出现改封诸王封国的事例。诸如，元黄头“袭封安定王，改封安平王”[⑨]。元欣“孝庄初，封沛郡王，邑一千户。后改封淮阳王”[⑩]。

由于北魏国家实行剥夺王爵而使诸王丧失封国，以此来惩处有过失的诸王，这样，就造成诸王封国的传袭不断出现中断的情况。由于北魏国家实施改封诸王封国的措施，也就使诸王封国的地方经常改变。这些情况表明，北魏后期诸王的封国，并不是很稳定。受这种情况影响，加之孝明帝、孝庄帝时国内局势的动荡，就造成行政郡与封国很难区分。正如《魏书·地形志》说：“魏自明、庄，寇难纷纠，攻伐既广，启土逾众，王公锡社，一地累封，不可备举，故总以为郡。”

总之，北魏后期，国家为诸王实行了“以郡为国”的制度，将北魏前期

① 《魏书》卷二一上《献文六王上·北海王详传附元颢传》。

② 《魏书》卷二〇《文成五王·安丰王猛传附元延明传》。

③ 《魏书》卷一九上《景穆十二王上·京兆王子推传附元暹传》。

④ 《魏书》卷一九下《景穆十二王下·南安王桢附元英传》。

⑤ 《魏书》卷一九上《景穆十二王上·广平王洛侯传附元匡传》。

⑥ 《魏书》卷一六《道武七王·京兆王黎传附元继传》。

⑦ 《魏书》卷二一上《献文六王·赵郡王干传附元谧传》。

⑧ 《魏书》卷一九下《景穆十二王下·安定王休传》。

⑨ 《魏书》卷一九下《景穆十二王下·章武王太洛传》。

⑩ 《魏书》卷二一上《献文六王上·广陵王羽传附元欣传》。

的虚封改为实封制。诸王在封国中，可以享有食邑和亲恤的利益，因而他们成为具有经济特权的显贵。可是，北魏国家除了使诸王具有这种经济权利之外，实行了不允许诸王“之国”以及禁止诸王到封国所在州任刺史回避的措施，这样就隔离了诸王与他们的封国的联系。加之，诸王封国在传袭上的中断以及封国改封情况的经常出现，就使他们拥有的封国并不稳定，这样，诸王就无法干预封国的治理和行政事务，所以诸王的封国存在，也只是表现国家确定他们应该享有食邑的范围而已。

三、诸王食邑的标准与数量

如前面所说，孝文帝爵位改革后，诸王可以享有食邑。这正是诸王主要的经济特权。为了保证诸王的这种经济特权的实现，北魏国家在诸王的封地专门设置王官加以管理，并且，也为诸王的食邑数量规定了标准。① 也就是说，北魏后期，国家可以使诸王享有食邑，并不具有随意性。对北魏国家封授的同姓王来说，食邑标准根据的“亲疏世减之法”。宣武帝时，光禄大夫张普惠上疏：“故尚书令臣肇，未能远稽古义，近究成旨，以初封之诏，有亲王二千户、始蕃一千户、二蕃五百户、三蕃三百户。”这个标准在孝文帝爵位改革后就开始实行，并最后由宣武帝确定下来。正如《魏书·张普惠传》说：“遂立格奏夺，称是高祖本意。”自“亲疏世减之法”施行后，就成为国家决定封授亲王、始蕃王、一蕃王、二蕃王、三蕃王食邑数量的依据。当然，在“亲疏世减之法”之法中，亲王的食邑标准，并不都是二千户，特殊的亲王，诸如孝文帝“以（元）禧元弟之重，食邑三千户，自余五王皆食邑二千户”②。实际同姓王食邑三千户就成为最高的食邑标准。由于北魏后期的蕃王是由他们继承王爵的世系决定的，因而，在正常情况下，实行“亲疏世减之法”就使国家可以比较容易掌握食邑标准。

---

① 《魏书》卷七下《孝文帝纪下》：“王食半，公三分食一，侯伯四分食一，子男五分食一。”可见孝文帝爵位改革后，诸王在食邑中所食租税的比例最高，当为食邑收入的二分之一。

② 《魏书》卷二一上《献文六王上·咸阳王禧传》。

可是，北魏后期与前期不同的是，封授王爵的范围扩大了。也就是说，北魏国家不仅可以封授皇子、皇弟、皇叔王爵，也开始封授不能够继承王爵的子孙为王。一如前述，北魏后期，在国家重新封授的王爵者中，包括亲王的支子以及蕃王的支子。在这些人被封授王爵后，应该如何确定他们的食邑标准呢？这是当时国家必须要解决的问题。实际上，北魏国家也是依据“亲疏世减之法”来确定这些支子王的食邑数量的。《魏书·景穆十二王下·章武王太洛传附元凝传》：“（元凝）庄帝初，封东安王，食邑五百户。”元凝为章武王元融之弟。元融在继承的世系上，属于二蕃王。① 《魏书·献文六王上·赵郡王干传附元谧传》：“（元谌）庄帝初，拜车骑将军、仪同三司、尚书左仆射；封魏郡王，食邑一千户。”元谌为元谧之兄。元谧为赵郡王元干之子，承袭王爵为始蕃王。② 《魏书·献文六王上·广陵王羽传附元欣传》：“（元欣）孝庄初，封沛郡王，邑一千户。”元欣为元恭之兄。元恭为广陵王元羽之子，承袭王爵则为始蕃王。③《魏书·献文六王上·北海王详传附元顼传》：“（元顼）庄帝初，拜侍中、车骑将军，封东海王，食邑千户。”元顼为元颢之弟。元颢是北海王元详之子，属于始蕃王。④ 这些事例说明，北魏国家封授的这些支子王的食邑，实际与他们同一辈分的蕃王的标准是完全相同的。

北魏国家复封和追封诸王的食邑标准，也大多数实行这种做法。例如，宣武帝恢复元英王爵“改封中山王，食邑一千户”⑤。元英为始封南安王拓跋

① 元融世系，前已列举。

② 《魏书》卷二一上《献文六王上·赵郡王干传》载赵郡王元干爵传袭世系：“赵郡王干，字思直。太和九年，封河南王……子谧，世宗初，袭封。……谧兄谌，字兴伯，性平和。自通直正员郎，迁太子庶子、司空司马、鸿胪少卿。”元谧当为始蕃王，元谌为元谧之兄，二人辈分相同。

③ 《魏书》卷二一上《献文六王上·广陵王羽传》载广陵王元羽王爵传袭世系：“广陵王羽，字叔翻。太和九年封。……子恭袭。恭兄欣，……肃宗初，除通直散骑常侍、北中郎将。”元恭当为始蕃王，则其兄元欣与元恭为同一辈分。

④ 《魏书》卷二一上《献文六王上·北海王详传》载北海王元详王爵传袭世系：“北海王详，……太和九年封。……子颢，字子明，袭。……颢弟顼，……出除平北将军、相州刺史，为太宗正卿。”元颢当为始蕃王，元顼则为元颢之弟，与他辈分相同。

⑤ 《魏书》卷一九下《景穆十二王下·南安王桢传附元英传》。

桢之子，复封后当为始蕃王，因而，国家授予他的食邑正是始蕃王的标准。追封的情况也是如此。《魏书·景穆十二王下·章武王太洛传附元凝传》："（元湛）庄帝初，遇害河阴。赠征东将军、青州刺史、追封渔阳王，食邑五百户。"元湛为元凝之弟。元凝为章武王元太洛之孙，属二蕃王。① 二蕃王规定的食邑数为五百户，很明显元湛享有的食邑正是二蕃王的标准。

北魏国家对所封的亲王和蕃王支子以及复封和追封的诸王，一般使他们的食邑与同辈分蕃王相同，但对一些地位特殊者，则与国家规定的食邑标准不同。《魏书·景穆十二王下·南安王桢传附元英传》：孝明帝"除（元）略侍中、义阳王，食邑一千户。"元略为元熙之弟。从南安王元桢的爵位传承来看，元熙为二蕃王。其食邑当为五百户，而元略食邑一千户，当为始蕃王的标准，显然已经超过二蕃王的食邑数量。《魏常山文恭王墓志铭并序》："（元邵）高祖孝文皇帝之孙，丞相清河文献王之第二子也。……寻封广川县开国公，食邑一千户。进封常山郡王，增邑千室，余并如故。"② 元邵进封常山王后，食邑二千户与亲王标准相同。但"墓志铭"记为"增邑千室"，则明确说明元邵食邑标准应该为一千户，他能够食邑二千户，是因为增加了他的食邑数量的缘故。因此，始蕃王元恭之弟元永业"普泰元年，特封高密郡王，食邑二千户"③。正表明增加他的食邑标准，实际具有褒奖他的意义，因而也就明确记载为"特封"。④

由此可见，北魏国家实行的"亲疏世减之法"不仅是亲王、始蕃王、二

① 《魏书》卷一九下《景穆十二王下·章武王太洛传》载元湛世系："章武王太洛，皇兴二年薨。……无子，高祖初，以南安惠王第二子彬为后。彬，字豹儿，袭爵。……长子融……世宗初，复先爵。……融弟凝，字定兴。起家恒州征虏录事参军，累迁护军长史。"则元凝为二蕃王元融之弟。

② 《魏故侍中司徒公骠骑大将军使持节定州刺史常山文恭王墓志铭并序》，赵超：《汉魏南北朝墓志汇编》，第221页。

③ 《魏书》卷二一上《献文六王上·广陵王羽传附元永业传》。

④ 北魏国家对一些新封的支子诸王，授予的食邑标准也有达不到标准的。《魏书》卷一九下《景穆十二王下·安定王休传附元贵平传》："（元贵平）庄帝初，除散骑常侍、宗正少卿，封东莱王，邑百户。"元贵平为元燮之弟。从安定王元休的王爵承袭情况来看，元燮当为始蕃王，食邑标准为一千户。而国家封授元贵平的食邑只有一百户，与应该封授的标准相差甚远，似乎应为一种特殊情况，但也可能为"千户"之误，待考。

蕃王、三蕃王的食邑标准，实际上也是北魏国家新封授的支子王食邑标准。也就是大多数支子王食邑数量是与同辈分的蕃王相同的。当然，也有一些支子王食邑数量高出同辈分蕃王的标准。但同辈分蕃王的食邑标准，却是国家增加这些支子王食邑数量的参照。当时国家正是以此表现对这些受封支子王的褒奖。

由于诸王的食邑数量，是他们衣食租税的保证，所以，北魏国家经常在封授诸王食邑后，还要增加他们的食邑数量。《魏书·献文六王上·北海王详传》："世宗即位，以详有营构之勤，增邑一千户。"《魏清河文献王之志铭》："（元怿）太和二十一年封清河郡王，食邑二千户。……世宗之在东宫，特加友异，每与王谈玄剖义，日晏忘疲。……今上龙飞，增邑千室，进位司徒，侍中如故。"[①]《魏书·道武七王·京兆王黎传附元继传》："太师、高阳王雍，太傅、清河王怿，太保、广平王怀，及门下八座，奏追论继太和中慰喻高车、安辑四镇之勋，增邑一千五百户。继又上表陈让，诏听减户五百。"《魏安乐王墓志铭》："（元诠）又以安社稷之勋，除尚书左仆射，增封三百户。"[②]"魏文宣元王墓志铭"："（元延明）以兹文德，成此武功。增封二千六百户。"[③] 在这些记载中，元详、元怿为亲王，元继、元诠、元延明为蕃王，北魏国家都可以为他们增加数量不等的食邑。但他们能够获得增加食邑的共同之点就是，他们都为国家立下了战功和事功。因此，可以说为亲王和蕃王增加食邑数量，应该是北魏国家奖赏诸王的一种重要的方式。

北魏后期，国家以食邑奖赏诸王，不只是亲王和蕃王，实际对超出蕃王规定继承王爵者也可以用增加食邑来奖励。"魏南平王墓志铭"："（元玮）太祖道武皇帝六世孙也。……诏赠使持节卫大将军尚书右仆射都督雍岐南豳三

① 《魏故使持节侍中假黄钺太师丞相大将军都督中外诸军事录尚书事太尉公清河文献王之志铭》，赵超：《汉魏南北朝墓志汇编》，第172页。

② 《魏使持节骠骑将军冀州刺史尚书左仆射安乐王墓志铭》，赵超：《汉魏南北朝墓志汇编》，第64页。

③ 《魏故侍中太保特进使持节都督雍华岐三州诸军事大将军雍州刺史安丰王谥曰文宣元王墓志铭》，赵超：《汉魏南北朝墓志汇编》，第288页。

州诸军事雍州刺史，增邑三百户，王如故。”① 元玮为道武帝六世孙，已经不在蕃王之列。可是，北魏国家依然以追封的方式为他增加食邑。国家对封授的支子王也是如此。《魏书·献文六王下·彭城王勰传附元劭传》：“（元置）孝庄践阼，追封陈留王，邑二千户。”元置只是元劭之侄，而元劭则为始蕃王，所以他只与二蕃王辈分相同，食邑标准为五百户。北魏国家追封陈留王元置二千户食邑，正是对他的奖励。因此，北魏后期，国家以增加食邑的方式来奖赏同姓诸王，应该说条件不是很严格的，因而，增加食邑的同姓王也就不在少数。

如前所述，北魏后期，国家大批封授异姓王，是从“河阴之变”之后开始的。北魏朝政在尔朱荣控制下，封授尔朱荣军事集团的酋帅为王。这些酋帅不仅拥有王爵，并且还受封大量的食邑。尔朱荣在消灭葛荣之后，孝庄帝封授尔朱荣“冀州之长乐、相州之南赵、定州之博陵、沧州之浮阳、平州之辽西、燕州之上谷、幽州之渔阳等七郡，各万户通前满十万户为太原国邑”②。在尔朱荣平定元颢叛乱后，孝庄帝下诏，褒奖尔朱荣“又宜开土宇，可增封十万，通前二十万”③。尔朱荣获得食邑数量是惊人的。

当然，尔朱氏诸王也都拥有数量不等的食邑。诸如昌荣郡王尔朱文畅食邑达到三千户。④ 颍川王尔朱兆食邑为四千二百户。⑤ 乐平郡王尔朱世隆食邑为六千二百户。⑥ 陇西王尔朱天光食邑为五千户。⑦ 并且，还对勾结尔朱荣的上党王元天穆“增封，通前三万户”⑧。北魏国家对高欢军事集团的食邑的封授也是如此。在高欢平定尔朱氏后，孝庄帝为了取得高欢的欢心，“增

① 《魏故使持节散骑常侍卫大将军尚书右仆射都督雍岐南豳三州诸军事雍州刺史南平王墓志铭》，赵超：《汉魏南北朝墓志汇编》，第216－217页。

② 《魏书》卷七四《尔朱荣传》。

③ 《魏书》卷七四《尔朱荣传》。

④ 《魏书》卷七四《尔朱荣传》。

⑤ 《魏书》卷七五《尔朱兆传》。

⑥ 《魏书》卷七五《尔朱彦伯传附尔朱世隆传》。

⑦ 《魏书》卷七五《尔朱天光传》。

⑧ 《魏书》卷《神元平文诸帝子孙·高凉王孤传附元天穆传》。

封九万，并前十五万户”①。

综上可见，北魏末年，国家对尔朱荣军事集团、高欢军事集团的食邑封授，表面上还具有分封的形式。实际上，是控制北魏朝政的尔朱荣、高欢这些军事酋帅依靠其军事势力放肆地对北魏国家的经济利益进行攫取和掠夺，因而，不仅这些异姓王的食邑远远超过同姓王食邑的最高标准，甚至还出现尔朱荣拥有二十万户、高欢拥有十五万户的食邑状况。正因为这种食邑封授是这些军事酋帅以夺取最大经济利益为目的的，所以北魏国家不仅不会有明确标准的规定，反而要尽力满足他们的要求，这样，也就使北魏国家确定的正常的食邑规定陷入混乱，进而也就严重地破坏了北魏国家封授诸王食邑固有标准的实行。

四、结　语

北魏后期国家实行的王爵封授制度，是承袭孝文帝爵位改革后的做法。当时国家依据诸王的世系传袭而将诸王分为亲王、始蕃王、二蕃王、三蕃王。虽然这些诸王的世系不同，但他们在政治地位上都为一品王爵，只是在领有食邑以及王官的设置上存在差别。对于不同世系的蕃王来说，由于王官的设置与食邑的占有，都需要国家加以确认，所以，国家确认不同世系的蕃王，实际就是一种特殊的王爵授予方式。

北魏国家在遵循孝文帝爵位改革确定的道武帝子孙才可以封授王爵的前提下，不仅依照传统做法继续封授皇弟王爵，至孝明帝时，又开始封授始封王、始蕃王、二蕃王的支子及他们兄弟之子王爵，使大部分道武帝子孙都具有了封授王爵的权利，因而使同姓王的封授范围明显扩大。国家封授的这些支子王与嫡系传承的诸王，在政治地位上是没有差别的。

北魏后期，国家对失去王爵的诸王实行了复封。在复封王爵时，当时国家将恢复“本封”作为授予诸王家族的最高荣誉，所以，王爵继承者就以能够为国家复封“本封”作为一种最高追求。当时还对亡故的诸王实行了“追复”的做法。北魏国家实行这些封授方式的目的，是要防止诸王爵位的传袭

① 《魏书》卷一一《出帝纪》。

出现中断，进而也就使这些诸王的贵族地位能够得以长期延续。

北魏后期，国家对同姓诸王实行“以郡为国”的制度，将北魏前期国家实行的虚封制改为实封制。在封国中，诸王具有享受食邑以及拥有亲恤的权利，因而，表现出他们是拥有经济特权的显贵。当时国家选派内史治理封国，与任用太守治理行政郡具有一定区别。可是，国家却实行使诸王不“之国”的做法，并且，采取禁止诸王在封国所在州任刺史的回避措施，加之，诸王封国在传袭上的中断以及封国改封情况的经常出现，就使他们拥有的封国并不稳定，所以就造成诸王很难干预对封国的治理，因而，北魏后期的封国与行政郡并没有太大的差别。

北魏国家在同姓诸王的食邑的封授上，实行了“亲疏世减之法”，明确规定亲王食邑二千户、始藩王食邑一千户、二藩王食邑五百户、三蕃王食邑三百户。“亲疏世减之法”不仅是亲王与蕃王的食邑标准，并且，也是当时国家封授的支子王的食邑标准。当时国家规定对新分封的支子王的食邑数量与同辈分的蕃王相同。国家还以增加食邑的做法，表示对亲王、蕃王和支子王的奖赏，因而，食邑数量也成为诸王所具有的重要社会地位的一种体现。

北魏后期，还存在异姓王的封授。孝文帝爵位改革后，对南朝降臣以授予王爵虚号的方式，作为笼络降臣的一种手段。北魏后期继续沿用这种方式，因此，才有对萧宝夤与萧赞王爵的封授。但更多的异姓王的封授，出现在北魏末年。尔朱荣、高欢军事集团控制北魏朝政，也控制王爵的封授。他们不仅将这些军事集团的亲信封授为王，并且，还肆意封授数量惊人的食邑。所以，当时国家对异姓王爵位的封授正是这些军事集团意志的体现，实际是尔朱荣、高欢军事集团对最高王爵的攫夺。因而这种封授异姓王的做法，为北魏国家正常的封授诸王制度的实行带来了极大的混乱，也就促使了国家王爵封授制度走向破坏。

（原载《中国史研究》2012年第4期）

北魏后期散爵制度考略

北魏后期，当时国家承袭孝文帝爵位改革后的做法，实行散爵与开国爵两种不同的爵位制度。开国爵是可以领有食邑的实封爵，而散爵则是对北魏前期实行的虚封爵的沿袭。尽管散爵是虚封爵，但北魏国家仍然继续向立有功劳的官员赐授这种爵位，因而，散爵也就成为一种维护国家统治的很重要的爵制。虽然前人对北魏后期国家实行的散爵制有所提及，但深入的考察尚不多见，因此，也就有必要对这种爵位制度做一些探讨。所以本文拟对与北魏后期实行的散爵制度相关的诸问题做一些研究，希望能够有益于认识北魏后期实行的散爵制的特点。

一、散爵的爵位等级

考察北魏后期散爵的爵位等级问题，需要提及太和十六年孝文帝的爵位改革以及太和二十三年由孝文帝制定、并在宣武帝登基后开始实行的后《职员令》。从北魏孝文帝的爵位改革来看，他改变了北魏前期实行的单一的虚封爵制，推行了虚封爵与实封爵并行的制度。虽然孝文帝继续实行虚封爵制，但对虚封爵还是做了一些调整。由于孝文帝对虚封爵做了调整，也就确定了虚封爵为公、侯、伯、子、男五品级的制度。在孝文帝调整虚封爵的同时，他还开始实行开国爵制，确定封授开国爵，可以领有食邑，因此，这种爵位就是一种实封爵制。因为虚封爵与开国爵是两种性质不同的爵制，所以在后《职员令》制定之前，虚封爵与开国爵各有本身的品级规定，也就是要分别实行两种不同的爵位等级。

可是，太和二十三年孝文帝制定了后《职员令》，开始将虚封爵与开国爵的等级整合在一起，实现了虚封爵与开国爵爵位等级的一体化。并且，在一体化的爵位等级中，为了区分虚封爵与开国爵的不同，明确将虚封爵称为“散爵”。后《职员令》规定：王、开国郡公，第一品；散公，从第一品；开国县侯，第二品；散侯，从第二品；开国县伯，第三品；散伯，从第三品；开国县子，第四品；散子，从第四品；开国县男，第五品；散男，从第五品。[①] 后《职员令》这种将散爵与开国爵整合在一起的爵位等级，在孝文帝驾崩后，“世宗初班行之，以为永制”[②]。实际成为北魏后期官制、爵制品级规定的依据。正如《通典·职官一》说：“后魏有王、开国郡公、散公、侯、散侯、伯、散伯、子、散子、男、散男，凡十一等。”实际唐人杜佑已经将后《职员令》中对爵位等级的规定，完全视为北魏国家的爵位等级。

在后《职员令》中，不仅将开国爵与散爵爵位等级一体化，还将职官与爵位结合在一起，使职官品级与爵位品级相比照，规定了职官与爵位相对应的品级序列。实际上后《职员令》中的规定，实现了爵位与职官品级的合一。孝文帝将爵位与职官编制在一起，其目的是要将爵位与职官等同起来，以便使爵位能够更好地服务于国家的官僚制度。所以孝文帝在后《职员令》中，将爵位与职官密切结合在一起，也就使北魏国家实行的官本位体制更加强化了。由此来看，在北魏后期，后《职员令》对散爵制度的实行产生了重要的影响，应该是毫无疑问的。其中最明显的就是，后《职员令》已经使不同等级的散爵，在官本位体制中具有了明确的品级，因而，在赐授散爵后也就使有爵者的身份地位可以得到更明确的体现。

后《职员令》对爵位的品级规定，是将开国爵与散爵相互交错编制在一起的，并且，开国爵与散爵还是两种性质不同的爵位，所以要将这种爵位等级规定付诸实施是很困难的。实际上，尽管北魏国家使散爵与开国爵的爵位等级序列化，可是，在具体实行上，却仍然使散爵与开国爵保持独立性。在《魏书·刑罚志》中，就明确将散爵称为“五等爵”，而将开国爵则视为“五等封爵”。正因为如此，北魏后期的散爵与开国爵就有各自的等级规定。《魏书·刑罚志》：

---

① 《魏书》卷一一三《官氏志》。

② 《魏书》卷一一三《官氏志》。

诏议律之制，与八坐门下参论。皆以为："官人若罪本除名；以职当刑，犹有余资，复降阶而叙。至于五等封爵，除刑若尽，永即甄削，便同之除名，于例实爽。愚谓自王公以下，有封邑，罪除名；三年之后，宜各降本爵一等，王及郡公降为县公，公为侯，侯为伯，伯为子，子为男，至于县男，则降为乡男。五等爵者，亦依此而降，至于散男。其乡男无可降授者，三年之后，听依其本品之资出身。"诏从之。

虽然这条记载说明的是北魏国家对有开国爵与散爵的犯罪者实行的降爵规定，但由此可以看出，北魏后期的开国爵与散爵的等级是分属两个序列，并且，开国爵与散爵的等级并不相同。在有封邑的爵位中，王爵处于特殊地位，而开国爵可分为郡公、县公、县侯、县伯、县子、县男、乡男七等级。散爵则可以分为散公、散侯、散伯、散子、散男五等级。实际上，散爵的这种等级区分，承袭的正是孝文帝爵位改革后确定的虚封爵的等级序列。

从当时爵位的授予情况来看，北魏国家是将散爵与开国爵截然分开的。当时国家一般将授予散爵称为"赐爵"。例如，李育"以拒葛荣之勋，赐爵赵郡公"[①]、崔元珍"以破胡勋，赐爵凉城侯"[②]。北魏国家将授散爵称为"赐爵"，是沿袭北魏前期的做法。当时国家授予虚封爵时，都称为"赐爵"。例如，燕凤"世祖初，以旧勋赐爵平舒侯，加镇远将军"[③]。因此，可以说北魏后期，国家将授散爵称为"赐爵"，正是要表现这种爵位的虚封性质。当然，更重要的是，当时国家要使散爵与实封的开国爵明显地区别开。因为当时国家授予开国爵，一般称为"封爵"。例如，宣武帝下诏，使邢峦"率羽林精骑以讨之。封平舒县开国伯，食邑五百户，赏宿豫之功也"[④]。显然在后《职员令》实行后，北魏国家并没有将授予开国爵与散爵合二为一，仍然明确分为两个爵位序列。因为北魏国家授予爵位采取这种做法，也就决定散爵的赐授、晋升及贬降要遵循的不是后《职员令》中对爵位等级的规定，而是要按照本爵位的品级序列来进行。

---

① 《魏书》卷三六《李顺传附李秀林传》。

② 《魏书》卷五七《崔挺传附崔元珍传》。

③ 《魏书》卷二四《燕凤传》。

④ 《魏书》卷六五《邢峦传》。

在《魏书》中，多见北魏后期赐授散爵的记载。《魏书·甄琛传附甄宣轨传》："（甄宣轨）永安中，以功赐中山公。"《魏书·崔挺传》："（崔元珍）武泰初，改郡为唐州，仍除元珍为刺史，加右将军。以破胡勋，赐爵凉城侯。"《魏书·神元平文诸帝子孙·河间公齐传附元志传》："（元志）肃宗初，兼廷尉卿。后除扬州刺史，赐爵建忠伯。"《魏书·祖莹传》："（祖莹）以参议律历，赐爵容城县子。"《魏书·崔鉴传》："（崔季良）风望闲雅。自太学博士，从都督李神轨征讨有功，赐爵蒲阴县男。"这些记载说明，北魏国家显然是按照散爵的公、侯、伯、子、男等级序列，将爵位赐授给立有功劳者的。

北魏国家对有散爵者爵位等级的晋升与贬降，也在散爵的品级序列中进行。《魏书·郭祚传》："（郭祚）以赞迁洛之规，赐爵东光子。……乘舆南讨，祚以兼侍中从，拜尚书，进爵为伯。"《魏书·杨播传附杨椿传》："（杨仲宣）有风度才学。自奉朝请，稍迁太尉掾、中书舍人、通直散骑侍郎，加镇东将军，赐爵弘农男。建义初，迁通直常侍。出为平西将军、正平太守，进爵为伯。"郭祚进爵一级，而杨仲宣则进爵二级，虽然北魏国家使他们进爵的等级存在差别，但爵位的晋升都是在散爵的品级序列中进行的。

北魏国家对有散爵者爵位等级的贬降也是如此。前引《魏书·刑罚志》："愚谓自王公以下，有封邑，罪除名；三年之后，宜各降本爵一等，王及郡公降为县公，公为侯，侯为伯，伯为子，子为男；至于县男，则降为乡男。五等爵者，亦依此而降，至于散男。"可见贬降散爵者的爵位等级与开国爵一样，都遵守各自的等级序列。不仅如此，北魏后期，国家实行与散爵有关的事务，散爵的等级也是依据的标准。《魏书·食货志》："庄帝初，承丧乱之后，仓廪虚罄，遂班入粟之制。输粟八千石，赏散侯；六千石，散伯；四千石，散子；三千石，散男。职人输七百石，赏一大阶，授以实官。"这就是说，孝庄帝实行的"入粟之制"，是根据散爵的等级来加以赏赐的。由此可见，北魏国家不仅使散爵保持独立性，并且，散爵的等级也是自成序列的。事实上，散爵的等级序列与开国爵的等级序列是自成系统的。因此，可以说后《职员令》规定的开国爵与散爵一体化的等级标准，不是在授予爵位过程中可以具体实行的序列，因而，北魏国家在实行散爵制时，更多的是依据散爵本身的等级标准。

总之，北魏后期国家实行的散爵制度具有双重等级序列：一是后《职员令》规定的散爵与开国爵一体化的等级序列；二是具体实行散爵制时，所依据的爵位本身的等级序列。后《职员令》规定的等级序列是国家使爵位与职官结合的品级体现，因而，能够表现不同等级的散爵在北魏国家官僚体系中所处的品级位置，进而使有散爵者的身份地位在官本位体制中获得明显的展示。在北魏国家赐授和晋升、贬降散爵时，则要依据散爵本身的等级序列来进行。这正是由北魏国家在具体实行爵位制度时，将虚封的散爵与实封的开国爵明确分离的措施所决定的。因为散爵的等级标准具有双重性，也就使北魏后期实行的散爵，一方面与北魏前期实行的虚封爵具有联系；另一方面又与北魏前期虚封爵与职官品级明确分离的情况不同，它已经编制到国家的官僚体制中，因而，基本上实现了爵位与职官的合一，成为当时官本位体制的重要组成部分。

二、传承的散爵与赐授的散爵

北魏后期国家实行的散爵，实际沿袭的是北魏前期的虚封爵制。因为北魏后期的散爵与北魏前期的虚封爵具有承袭关系，并且，在宣武帝以后，国家还继续赐授散爵，所以当时拥有散爵者获得爵位方式是并不相同的。大体说来，可以分为通过传承获得的散爵与通过赐授获得的散爵，也可称为传承的散爵和赐授的散爵。

先说传承的散爵。这类散爵是通过继承先世的爵位而使虚封性质的爵位保留至北魏后期的。《魏书·司马楚之传》：“（太武帝）以楚之为使持节、安南大将军，封琅邪王，屯颍川以拒之。……生子金龙，……后袭爵。……后娶沮渠氏，生徽亮，……生子延宗，次纂，次悦。后娶沮渠氏，生徽亮，即河西王沮渠牧犍女，世祖妹武威公主所生也。有宠于文明太后，故以徽亮袭，例降为公。……延宗，父亡后数年卒。子裔，……世宗时，悦等为裔理嫡，还袭祖爵。”《魏书·费于传》：“费于，代人也。……于少有节操，起家内三郎。世祖南伐，从驾至江。以宿卫之勤，除宁远将军，赐爵松杨男。……子万，袭。太和初，除平南将军、梁国镇将。……子穆，……世宗初，袭男爵。后除夏州别驾，寻加宁远将军，转泾州平西府长史。”很明显，这两条记载中提到的司马裔、费穆，不是由国家赐授，而是通过爵位的传承才在北魏后期拥有了散爵。

其实，在北魏建国后，由道武帝确立的爵位制度，不仅为有功者赐授爵位，还允许获得爵位者的爵位可以为后世继承。这正是北魏前期虚封爵能够传承至北魏后期的重要条件。除此之外，孝文帝爵位改革，继续保留虚封爵制，因而，这也就成为北魏前期的虚封爵可以为后世继承的保证。正因为如此，北魏后期通过继承获得散爵者的爵位都经历较长的传承世代。例如，道武帝时，张法的先祖张衮“听入八议，拜衮奋武将军、幽州刺史，赐爵临渭侯。……衮次子度，少有志尚。袭爵临渭侯。……子陵，袭爵。……子状，袭。……子法，袭。太和中，例降为伯。世宗时，除怀荒镇金城戍将”[①]。显然张衮的爵位传至张法已经有四世之久。统计《魏书》、墓志铭中的记载，在北魏后期通过爵位传承获得散爵者总共有 55 人之多，足见当时以这种方式而拥有散爵者是占有相当数量的。

北魏后期通过爵位的继承而使社会中拥有相当数量的散爵者，除了北魏国家实行爵位可以为后世继承的措施之外，还实行了一些保证爵位稳定传承的做法。当时国家对一些有散爵者出现渎职，甚至违反国家法令的行为，一般采取免官而不免爵的做法。史载，房伯祖袭爵“例降为伯。历齐郡内史。伯祖暗弱，委事于功曹张僧皓。僧皓大有受纳，伯祖衣食不充。……坐公事免官。卒。子翼，袭”[②]。显然国家免除有爵者的官职后，并不影响爵位为后世继承。当然，还有一些有爵者的爵位被废除，可是，北魏国家却经常实行复爵措施。《魏书·恩幸·王睿传》：“（王亮）承明初，擢为中散。告沙门法秀反，迁冠车将军，赐爵永宁侯，加给事中。出为安西将军、泰州刺史。后转陕州刺史，坐事免。卒于家。亮子洪寿，早卒。……子元景，正光中，许复先爵，降为伯。”《魏书·崔玄伯传附崔宽传》：“（崔敞）袭爵，例降为侯。自谒者仆射，出为平原相。敞性狷急，与刺史杨椿迭相表列，敞坐免官。世宗初，为巨鹿太守。弟朏之逆，敞为黄木军主韩文殊所藏。其家悉见籍没，唯敞妻李氏，以公主之甥，自随奴婢田宅二百余口得免。正光中，普释禁

---

① 《魏书》卷二四《张衮传》。

② 《魏书》卷四三《房法寿传》。

锢，敞复爵齐郡侯，拜龙骧将军、中散大夫。”这说明，北魏后期一些拥有散爵者因不同原因而被夺爵，但当时国家却可以恢复他们的爵位，使他们的爵位能够继续传承。因为北魏国家对有爵者采取这种优待措施，就使在北魏前期所受的爵位，一般都能够比较稳定地传承至北魏后期，进而保证散爵的存续。

北魏后期，爵位继承的规定，不仅使虚封爵可以保留至北魏后期，也是散爵可以长期存在的保证。因为北魏后期，大部分有散爵者的爵位都通过继承而延续至北魏末年，甚至直到北齐时期。例如，宣武帝时，司马裔“还袭祖爵。……子藏，袭。齐受禅，例降”①。许廓“袭爵。除奉朝请，累迁顿丘、东太原二郡太守。卒，年二十八。子子躬，袭。……齐受禅，爵例降”②。李宪“清粹，善风仪，好学，有器度。太和初，袭爵，又降为伯。拜秘书中散，雅为高祖所赏。稍迁散骑侍郎，接对萧衍使萧琛、范云。以母老乞归养。拜赵郡太守。……子祖惔，袭祖爵。齐受禅，例降”③。由此可见，北魏国家对虚封爵继承的规定，就使北魏后期的散爵的传承不仅具有稳定性，并且在存续的时间上，也明显具有长期性。

不过，应该看到，北魏后期一些通过继承而存续下来的散爵的爵称，与北魏前期并不完全一致。如前所述，北魏孝文帝爵位改革，对有王、公、侯者实行降爵措施，因而，也就造成北魏后期有散爵者的爵称与北魏前期的不同。《魏书·陆俟传附陆昕之传》：“（陆丽）兴安初，封平原王，加抚军将军。……太和初，复除侍中、镇南将军、秦益二州刺史，复王爵。……子昕之，……风望端雅。袭爵，例降为公。……景明中，……寻以主婿，除通直散骑常侍。未几，迁司徒司马，加辅国将军，出为兖州刺史。”《魏书·唐和传》：“正平元年，（唐）和诣阙。世祖优宠之，待以上客。高宗以和归诚先朝，拜镇南将军、酒泉公。……子钦，……中书学生，袭爵。太和中，拜镇南将军、长安镇副将。……后降爵为侯。二十年卒。子景宣，袭爵。”很明显，继承先世爵位的陆昕之、唐钦的爵称，都与孝文帝爵位改革前不同。从

① 《魏书》卷三七《司马楚之传》。

② 《魏书》卷四六《许彦传》。

③ 《魏书》卷三六《李顺传附李宪传》。

表面来看，似乎北魏后期传承的散爵等级已经与北魏前期的虚封爵表现出差异，实际上，孝文帝爵位改革的降爵措施，并没有改变虚封爵的品级。正如前引《南齐书·魏虏传》说："虽名易于本，而品不异昔。公第一品，侯第二品，伯第三品，子第四品，男第五品。"因此，北魏后期传承的散公、散侯，只是与爵位改革前的称号不同，爵位的品级并没有降低，因而散爵所体现的有爵者的身份地位也就没有改变。

北魏后期这种传承的散爵对社会上层家族地位的影响，应该说是重大的。太和十九年，孝文帝规定了确定世族制的标准。《魏书·官氏志》：

> 原出朔土，旧为部落大人，而且皇始已来，有三世官在给事已上，及州刺史、镇大将，及品登王公者为姓。若本非大人，而皇始已来，职官三世尚书已上，及品登王公而中间不降官绪，亦为姓。诸部落大人之后，而皇始已来，官不及前列，而有三世为中散、监已上，外为太守、子都，品登子男者为族。若本非大人，而皇始已来，三世有令已上，外为副将、子都、太守，品登侯已上者，亦为族。

孝文帝确定的这个标准，既考虑到家族三世所担任职官的情况，也顾及三世所拥有的爵位。北魏后期，传承的散爵经历三世，或者三世以上的，并不在少数。《魏书》记载，北魏后期，三世有公、侯、伯、子、男爵位者，就有二十多人。也就是说，他们先世拥有的虚封爵，都可以影响他们家族的现实地位。因为孝文帝将长期传承的虚封爵与世族制联系在一起，因而，也就使人们对北魏后期的散爵以及散爵的传承更加重视。这也正是虚封的散爵与实封的开国爵可以一并受到重视，并加以实行的一个重要的原因。

此外，尚要指出的是，北魏后期的散爵，不仅有孝文帝爵位改革前传承下来的，也有爵位改革后赐授的虚封爵延续至北魏后期的。实际上，孝文帝爵位改革后，依据官员的军功、事功赐授了一些虚封爵。如慕容契"（太和末）赐爵定陶男"①。崔延伯"太和中入国，高祖深嘉之，赐爵定陵男"②。

---

① 《魏书》卷五〇《慕容白曜传》。

② 《魏书》卷七三《崔延伯传》。

秦松“太和末，赐爵高都子”[1]。孝文帝赐授的虚封爵的对象有诸王之子、宗室、勋臣、宦官和归降的南朝官员，这些人都属于社会的上层成员。这些在孝文帝爵位改革后获得虚封爵者，在宣武帝以后，依然保留所获爵位。《魏书·杨播传》：“（杨播）高祖甚壮之，赐爵华阴子，寻除右卫将军。……从到悬瓠，除太府卿，进爵为伯。景明初，兼侍中，使恒州，赡恤寒乏。转左卫将军。出除安北将军、并州刺史，固辞，乃授安西将军、华州刺史。”显然杨播是以华阴伯的身份，在北魏后期担任中央和地方的重要职官的。当然，与孝文帝爵位改革时情况不同的是，杨播拥有的华阴伯已经与开国爵编制在一起，在后《职员令》具有统一的品级，成为具有双重等级标准的散爵。

孝文帝赐授的虚封爵不仅保留至北魏后期，并且，一些有爵者的爵位还为后世所继承。《魏书·赵逸传附赵超宗传》：“（赵超宗）太和末，为豫州平南府长史，带汝南太守，加建威将军，赐爵寻阳伯。……子懿，袭爵。”《魏书·刘休宾传》：“（孝文帝）既而赐文晔爵都昌子，深见待遇。……世宗世，除高阳太守。……子元，袭。”因此，可以说孝文帝爵位改革后对虚封爵的赐授，自然也是北魏后期散爵可以长期存续的重要保证。

再说北魏后期国家赐授的散爵。一如前述，在孝文帝爵位改革后，实行实封爵与虚封爵并行的制度。北魏后期国家仍然继续赐授虚封爵，也就是散爵。统计《魏书》中的记载，北魏后期有明确记载赐授散爵的事例，就有39例，其中北魏国家赐授的散公3人、散侯2人、散伯12人、散子11人、散男11人。这说明，北魏后期，由国家直接赐授，仍然是使社会中一些人获得散爵者的重要方式。不过，这种赐授的散爵与传承的散爵具有一些差别。最明显不同的是，当时国家赐授散爵具有很明确的目的性。《魏书·李崇传》：“（李思韶）从亮征硖石，以军功赐爵武城子，为冀州别驾。”是对受爵者所立军功的奖励。《魏书·祖莹传》：“（祖莹）后除秘书监，中正如故。以参议律历，赐爵容城县子。”则是对受爵者所立事功的表彰。这就是说，北魏后期国家是要通过赐授散爵，来实现彰显一些官员功劳的目的。

北魏后期国家确定赐授散爵对象，并不是无条件的。一般说来，当时能

---

① 《魏书》卷九四《阉官·秦松传》。

够受赐散爵者必须是担任中央、地方的官员。《魏书·杨播传附杨谧传》："（杨谧）辟太尉行参军，历员外散骑常侍，以功赐爵弘农伯。"《魏书·韦阆传附韦融传》："（韦融）解褐员外散骑侍郎。以军功，赐爵长安伯。"杨谧所任的员外散骑常侍和韦融的起家官员外散骑侍郎，无疑都属于中央职官。《魏书·崔挺传》："（崔元珍）武泰初，改郡为唐州，仍除元珍为刺史，加右将军。以破胡勋，赐爵凉城侯。"《魏书·李顺传附李秀林传》："（李育）稍迁扬烈将军、奉车都尉、都督相州防城别将。以拒葛荣之勋，赐爵赵郡公。"崔元珍所任的唐州刺史和李育所任的都督相州防城别将则为地方职官。显然在北魏后期，只有担任国家职官者，才有可能被赐授散爵。北魏国家采取这种做法的目的，正是为了要使散爵的赐授服务于国家的官本位制度。不过，北魏国家向归降的南朝降臣赐授散爵，就与一般官员的条件不同。《魏书·刘藻传》："（刘藻）永安中，与姊夫李嶷俱来归国，赐爵易阳子。擢拜南部主书，号为称职。"可见北魏国家赐授南朝降臣散爵就不需要以担任官职作为前提条件，因而采取这种措施，自然是出于笼络南朝降臣的需要。

不过，还需要指出的是，北魏后期实行的后《职员令》已经将职官与爵位相对应，实现了爵位品级与职官品级一体化。可是，北魏国家赐授散爵，却并没有受到后《职员令》中爵位与职官品级对应规定的影响。下面列举数例说明：

《魏书·李顺传附李晔传》："（李孝怡）永安初，除左将军、太中大夫，仍为防城都督。以拒葛荣之勋，赐爵赵郡公，拜抚军将军、光禄大夫。"李孝怡受爵前担任的太中大夫的品级在后《职员令》中为从三品；他受爵后所任光禄大夫在后《职员令》为三品。散公在后《职员令》中则为从一品。可见李孝怡受赐散爵的品级要高于受爵前、后所任实职官的品级。

《魏书·杜铨传》："（杜长文）肃宗挽郎、员外散骑侍郎，稍迁尚书郎。以随叔颙守岐州勋，赐爵始平伯，加平东将军。"杜长文受散伯前所任尚书郎在后《职员令》中为六品；受散伯后为他所加的平东将军为三品。散伯在后《职员令》中则为从三品。这就是说，杜长文受散伯前的实职官的品级低于爵位的品级；而受爵后为他所加将军号则高于爵位的品级。

《魏书·孙绍传》："（孙绍）建义初，除卫尉少卿，将军如故。转金紫光禄大夫。永安中，拜太府卿。以前参议《正光壬子历》，赐爵新昌子。太昌初，迁左卫将军、右光禄大夫。”孙绍受散子爵位前所任金紫光禄大夫在后《职员令》中为从二品；受爵后所任右光禄大夫为二品。孙绍所受散子爵在后《职员令》中则为从四品。他所受散爵品级明显低于受爵前、后担任的实职官的品级。

上述事例说明，北魏后期，国家赐授散爵与任命职官，二者是没有联系的。也就是说，国家使散爵赐授与职官的任命分属两个系统，散爵的品级与职官的品级是截然分开的。在后《职员令》中，虽然将爵位与职官按品级相互对应编制在一起，但这只是北魏国家使爵位与职官品级做到形式上的一致，以此体现国家实现爵位为官僚制度服务的意图。由此可见，尽管后《职员令》中将不同等级的散爵与品级相同的职官相对应，但是，并不能改变国家赐授散爵的独立性，这样，也就使当时赐授散爵不被受爵者所任职官的品级所影响，因而，受爵者的爵位品级与所任职官的品级也就存在很大差异，表现为两个完全不同的品级序列。因此，可以说在北魏国家赐授散爵与任命有散爵者担任职官时，爵品与官品是完全分离的。

三、散爵与开国爵的双授

如前所述，北魏后期，国家是将散爵与开国爵这两种性质不同的爵制一并实行的。尽管散爵与开国爵性质不同，可是北魏国家在授予爵位时，却并没有使这两种不同的爵位完全分离。实际上，孝文帝爵位改革后，就使授予虚封爵与实封的开国爵具有联系。《魏故乐安王妃冯氏墓志铭》：“（冯氏）父熙，和平四年蒙授冠军将军肥如侯。到六年，进爵昌黎王。……后以异姓绝王，改封扶风郡开国公，食邑三千户。”① 《魏书·穆崇传附穆罴传》：“（穆罴）后征为光禄勋。随例降王为魏郡开国公，邑五百户。”这说明，孝文帝在对异姓王采取降低措施时，就直接为一些降爵的诸王封授开国爵，使他们可以领有食邑。孝文帝不仅在调整爵位时，使虚封爵与实封的开国爵联系在一起，并且，还实行了使有虚封爵者可以继续封授开国爵的做法。《魏书·薛安都传附薛真度传》：“（薛真度）从安都来降，为上客。太和初，赐爵河

---

① 赵超：《汉魏南北朝墓志汇编》，天津人民出版社，2008年，第155页。

北侯，加安远将军。……后降侯为伯，除冠军将军。随驾南讨，假平南将军。……初，迁洛后，真度每献计于高祖，劝先取樊，邓，后攻南阳。故为高祖所赏，赐帛一百匹，又加持节，正号冠军，改封临晋县开国公，食邑三百户。”可见薛真度正是以河北侯的身份，被封授开国爵的。孝文帝对有虚封爵者再封授开国爵，不仅提高了他们的身份地位，并且，还使他们领有了食邑，因而，也就使他们在经济上获得了更多的利益。

北魏后期，当时国家继续实行孝文帝爵位改革后的做法，为一些有散爵者封授开国爵。史载，宣武帝时，陇西公源怀上书，提出“窃惟先臣远则援立高宗，宝历不坠；近则陈力显祖，神器有归。如斯之勋，超世之事。丽以父功而获河山之赏，臣有家勋，不沾茅社之赐。得否相悬，请垂裁处”①。后来宣武帝下诏：“可依比授冯翊郡开国公，邑百户。”② 据此，当时有散爵者对国家再封授开国爵被视为非常重要的事情。因为对于有散爵者来说，获得了开国爵，实际就可以获得政治与经济上的双重利益，因而，也就是他们需要尽力争取的大事。

北魏后期国家为有散爵者封授开国爵，也是有条件的。其中最重要的是，国家依据有散爵者的功劳来封授开国爵。例如，冯翊公长孙稚“以定策功，更封开国子”③。须昌伯毕祖朽“以功封南城县开国男，食邑二百户”④。当然，先辈的功绩，也可以成为受封开国爵的条件。前引源怀上书宣武帝陈述先父功绩，而被封授开国爵，就是一例。除此之外，为有散爵者再封授开国爵，尚有一些特殊情况。《魏书·外戚下·胡国珍传》：“（胡国珍）太和十五年袭爵，例降为伯。女以选入掖庭，生肃宗，即灵太后也。肃宗践祚，以国珍为光禄大夫。灵太后临朝，加侍中，封安定郡公，给甲第，赐帛布绵谷奴婢车马牛甚厚。”胡国珍被再受封开国爵，自然是由他外戚的特殊地位决定的。

北魏国家为有散爵者再封授开国爵，并不只是在他们生前可以进行，也可以实行追封的做法。《魏书·李宝传附李韶传》：“（李韶）袭爵姑臧侯，除

① 《魏书》卷四一《源贺传附源怀传》。

② 《魏书》卷四一《源贺传附源怀传》。

③ 《魏书》卷二五《长孙道生传附长孙稚传》。

④ 《魏书》卷六一《毕众敬传附毕祖朽传》。

仪曹令。时修改车服及羽仪制度，皆令韶典焉。迁给事黄门侍郎。后例降侯为伯。……正光五年四月，卒于官，年七十二。……初，韶克定秦陇，永安中追封安城县开国伯，邑四百户。长子玙，……袭。”可见北魏国家以追封方式授予李韶的开国爵，不仅体现对他所立功劳的表彰，也使追授他的爵位可以继续为后世继承。

北魏国家为有散爵封授开国爵，一般依据所立功劳的大小而授予等级不同的爵位。统计《魏书》和墓志铭中的记载，北魏国家为有散爵者封授的开国爵就有开国郡公、开国县公、开国县侯、开国县伯、开国县子、开国县男。《魏书·杨播传》：“（杨侃）年三十一，袭爵华阴伯。释褐太尉、汝南王悦骑兵参军。扬州刺史长孙稚请为录事参军。……于是除镇军将军、度支尚书、兼给事黄门侍郎，敷西县开国公，令邑一千户。”杨侃受封开国爵的品级，要高于他的散爵的品级。《魏书·神元平文诸帝子孙·高凉王孤传附元苌传》：“（元苌）高祖时袭爵松滋侯，例降侯，赐艾陵伯。……高祖迁都，苌以代尹留镇。……苌子子华，……袭爵。孝庄初，除齐州刺史。……元颢之败，封安定县子。”元苌受封开国爵的品级，则明显低于他的散爵品级。这些情况说明，北魏国家为有散爵者再封授开国爵，是按照开国爵的品级序列进行的，他们原来的散爵品级对受封的开国爵的品级是没有影响的。也就是说，受封的开国爵的爵位品级可以高于散爵的品级，也可以低于散爵的品级。由此也可以看出，后《职员令》确定的开国爵与散爵一体化的爵位品级，在北魏国家为有散爵者再封授开国爵时，也是不能够实行的品级规定。

当时有散爵者受封开国爵后，原来的散爵并没有被开国爵取代。可是，北魏国家却并不希望使有散爵者可以长期兼有开国爵。为了要使获得散爵与开国爵者的爵位分离，北魏国家实行了爵位转授的做法。《魏书·良吏·窦瑗传》：“（窦瑗）以军功赐爵阳洛男，除员外散骑常侍。瑗以拜荣官，赏新昌男。因从荣东讨葛荣，事平，封容城县开国伯，食邑五百户。后除征虏将军、通直散骑常侍，仍左丞。瑗乞以容城伯让兄叔珍，诏听以新昌男转授之。”这说明，北魏国家允许同时有散爵与开国爵者，可以在家族内部转授所受爵位，但是，转授的只是散爵，对开国爵的转授则在文献记载中不见。《魏书·崔光传》：“（崔光）以参赞迁都之谋，赐爵朝阳子，……以谋谟之功，进爵为伯。……更封光平恩县开国侯，食邑一千户，以朝阳伯转授第二子勛。”崔光将散爵转授给第二子的做法表明了他的目的。因为当时开国爵要重于散爵，所以他要将所受开国爵作为嫡系传承的爵位。散爵的这种转授，并不只限于在家族内部实行。《魏书·长孙道生传附长孙稚传》：“（长孙稚）出帝初，转太傅，录尚书事。以定策功，更封开国子。稚表请回授其姨兄廷尉卿元洪超次子恽。”这里提到的散爵“回授”也就是转授。很明显，有散爵者可以通过“回授”的方式，将原来的散爵出让给有亲属关系者，当然，有散爵兼有开国爵者要实现散爵的转授，并不是随意的，必须要获得皇帝的恩准。由此来看，北魏国家不限制有散爵兼有开国爵者对爵位的转授，自然是要改变一人兼有两种不同性质爵位的情况。

北魏国家为了改变一人兼有散爵和开国爵的情况，还在爵位的传承上，实行了分别继承的做法。《魏书·游明根传附游肇传》：“（游肇）子祥，……袭爵新泰伯。迁通直郎、国子博士，领尚书郎中。肃宗以肇昔辞文安之封，复欲封祥，祥守其父意，卒亦不受。又追论肇前议清河，守正不屈，乃封祥高邑县开国侯，邑七百户。孝昌元年卒，年三十六。……子皓，字宾多，袭。侍御史。早卒。皓弟字居，袭爵新泰伯。”说明在爵位继承上，游祥长子继承的是开国爵，而次子继承的则为散爵。这种继承方式表明，尽管北魏国家可以使有散爵者再受封开国爵，但是，却并不是要使一人长期兼有两种爵位，因而，实行了有散爵与开国爵者的后世分别继承爵位的做法，这样，也就在爵位的传承上，实现了散爵与开国爵的分离。

北魏国家对一些有散爵兼有开国爵的宦官，在爵位传承上，则采取限制继承的措施。《魏书·阉官·成轨传》：“（成轨）延昌末，迁中常侍、中尝食典御、光禄大夫，赐始平伯。……孝昌二年，以勤旧封始平县开国伯，食邑三百户。……肃宗所幸潘嫔，以轨为假父，颇为中官之所敬惮。建义初，轨迎于河阴，诏令安慰宫内，进爵为侯，增户三百，并前六百户，迁卫将军。其年八月卒。……养弟子仲庆，袭。……卒。子朏，袭。”《魏书·阉官·王温传》：“（王温）灵太后临朝，征还为中常侍、光禄大夫，赐爵栾城伯，安东将军，领崇训太仆少卿。……孝昌二年，封栾城县开国侯，邑六百户。温后自陈本阳平武阳人，于是改封武阳县开国侯，邑如故。建义初，于河阴遇害，年六十六。……养子冏哲，袭。齐受禅，例降。”宦官成轨、王温都有散爵，又受封开国爵，但他们亡故后，只有一种爵位为养子继承。可以说他们养子继承的，只能是开国爵，而不是散爵。因为从当时有爵家族爵位的继承情况来看，一般都将开国爵作为嫡系传承的爵位。显然在有散爵兼有开国爵的宦官的爵位传承上，实际北魏国家只允许他们的养子继承开国爵。这样，也就中断了他们散爵的传承。虽然宦官爵位的传承是一种特殊情况，但却反映出北魏国家是严格限制同时继承两种性质不同的爵位的。

综上所述，北魏后期，国家允许有散爵者受封开国爵。北魏国家采取这种做法的目的，是要进一步提高他们的身份地位，并且，还可以使他们具有享有食邑的权力，所以对有散爵者的这种爵位封授，无疑是当时国家对他们进行笼络与汲引的一种措施。可是，北魏国家为了利用爵位为其统治服务，并不希望官员有散爵兼有开国爵的情况长期存在，因而，鼓励有两种爵位者出让爵位，并且，在爵位的传承上，还实行分别继承的做法，所以，有散爵者兼有开国爵情况的出现，只能是短时间的，因而，散爵与开国爵的双授的做法，也就不能使这两种不同性质的爵位长期结合在一起。

四、结　语

北魏后期，国家实行的散爵制承袭了北魏前期的虚封爵制。但是，与北魏前期的虚封爵不同的是，散爵被编制在由孝文帝制定、并由宣武帝开始实行的后《职员令》中。后《职员令》使散爵与开国爵品级一体化，并且，还使爵品与官品实现一体化，因而，就使散爵可以更好地为北魏国家的官本位体制服务。

虽然后《职员令》使散爵与开国爵的品级一体化，也使爵位与职官品级合二为一，但后《职员令》的这种规定只是形式上的，并没有取消散爵与开国爵的差别，也没有真正实现爵品与官品的一致。在北魏国家具体实行散爵制度时，仍然使散爵保留本身的爵位等级系统。在国家赐授散爵以及晋升与贬降散爵时，都要遵守散爵本身的等级序列。

北魏国家在实行散爵制时，是将赐授散爵与封授开国爵分别进行的。可是，当时国家并没有完全取消散爵与开国爵的联系，对一些有散爵者可以再封授开国爵。这正是当时国家实行的散爵与开国爵的双授措施。不过，北魏国家对有散爵同时兼有开国爵者提倡爵位的转授，并且，也不允许后世同时继承散爵与开国爵，所以散爵与开国爵的结合也就不具有长期性。

北魏国家赐授散爵以受爵者担任职官为前提条件，但是受爵者所任职官的品级与所受散爵的品级是没有联系的。国家在赐授散爵时，是要使散爵爵品与官品明显分离的。后《职员令》中将散爵的品级与职官品级相比照，只是表明不同品级的散爵在官本位体制中所处的位置，并不是散爵与职官真正结合的标准。

（原载《文史哲》2012 年第 6 期）

松江丛书

姜维公　主编

北朝封爵制度论稿（下）

张鹤泉　著

長春出版社
全国百佳图书出版单位

图书在版编目（CIP）数据

北朝封爵制度论稿：全二册 / 张鹤泉著. -- 长春：长春出版社，2022.10

（松江丛书 / 姜维公主编）

ISBN 978-7-5445-6820-3

Ⅰ.①北… Ⅱ.①张… Ⅲ.①官制-研究-中国-北朝时代 Ⅳ.①D691.42

中国版本图书馆 CIP 数据核字（2022）第 165302 号

北朝封爵制度论稿（全二册）

著　　者　张鹤泉
责任编辑　孙振波
封面设计　宁荣刚

出版发行　长春出版社
总 编 室　0431-88563443
市场营销　0431-88561180
网络营销　0431-88587345
地　　址　吉林省长春市长春大街309号
邮　　编　130041
网　　址　www.cccbs.net

制　　版　佳印图文
印　　刷　三河市华东印刷有限公司

开　　本　710毫米×1000毫米　1/16
字　　数　608千字
印　　张　36.25
版　　次　2023年1第1版
印　　次　2023年1月第1次印刷
定　　价　168.00元（全二册）

北魏前期诸王爵位继承制度探讨

北魏太和十六年，孝文帝进行爵位改革。在孝文帝爵位改革前后，北魏国家实行的爵位制度存在差别。所谓北魏前期的爵制，正是孝文帝爵位改革前所实行的爵位制度。这一时期北魏国家授予的爵位统称为五等爵。在五等爵中，王爵是最高等级的爵位。在《魏书》中，一般将拥有王爵者称为"诸王"。当时国家对诸王爵位的封授和继承，都做了明确的规定。其中，对诸王爵位的继承规定是爵位制度中的重要内容，因而，要认识北魏前期的诸王爵位的封授情况，需要对诸王爵位的继承制度做必要的研究。所以本文拟对北魏前期诸王爵位的继承状况、诸王爵位的长子继承与非长子继承以及诸王爵位的过继、复爵和绍封的继承方式诸问题做一些探讨。

一、诸王爵位的继承状况

北魏建国初年就开始实行爵位制度。道武帝"皇始元年，始建曹省，备置百官，封拜五等"①。北魏前期，虽然将所授爵位统称为五等爵，但是爵位等级并不是就划分为五等级。天赐元年，道武帝"减五等之爵，始分为四，曰王、公、侯、子，除伯、男二号"②。在此以后，爵位等级便根据国家需要进行变动。尽管五等爵在不同时期的等级划分不同，但王爵始终为最高等级的爵位。当时国家封授的王爵与其他等级的爵位一样，都是没有食邑的虚封性质的爵位。这种爵位的封授，主要能够体现爵位获得者的身份地位。所以，北魏国家对于王爵封授非常重视。天赐元年，道武帝规定："皇子及异

① 《魏书》卷一一三《官氏志》。

② 《魏书》卷一一三《官氏志》。

姓元功上勋者封王，宗室及始蕃王皆降为公，诸公降为侯，侯、子亦以此为差。”① 这就是说，可以被授予王爵的只有皇子和异姓鲜卑勋臣。但是，道武帝以后，王爵的封授的范围扩大。除了皇子、鲜卑勋臣之外，还有宗室、外戚、宦官、汉族降臣、皇帝宠幸的汉族官员。对于北魏封授王爵情况，清人万斯同撰有《魏诸王世表》《魏异姓诸王世表》《魏外戚诸王世表》。他详细地考证了北魏封授诸王的情况。根据万斯同的统计，在孝文帝爵位改革前，国家封授诸王爵有 83 人。可是，万斯同的统计尚遗漏 4 位封授的诸王。实际孝文帝爵位改革前所封的诸王共有 87 人。在这 87 位诸王中，他们爵位继承的情况并不相同。当时所封皇子和宗室的王爵为后世继承的有：1. 高凉王拓跋孤（道武帝封，传至七世）、2. 卫王拓跋仪（道武帝封，传至二世）、3. 阴平王拓跋烈（明元帝封，传至二世）、4. 常山王拓跋遵（道武帝封，传至六世）、5. 陈留王拓跋虔（道武帝封，传至三世）、6. 阳平王拓跋熙（道武帝封，传至六世）、7. 河南王拓跋曜（道武帝封，传至六世）、8. 河间王拓跋修（道武帝封，传至二世）、9. 广平王拓跋连（道武帝封，传至五世）、10. 京兆王拓跋黎（道武帝封，传至六世）、11. 乐平王拓跋丕（明元帝封，传至二世）、12. 乐安王拓跋范（明元帝封，传至二世）、永昌王拓跋健（明元帝封，传至二世）、13. 建宁王拓跋崇（明元帝封，传至二世）、14. 东平王拓跋翰（太武帝封，传至二世）、15. 临淮王拓跋谭（太武帝封，传至四世）、16. 广阳王拓跋建闾（太武帝封，传至五世）、17. 阳平王拓跋新成（文成帝封，传至四世）、18. 京兆王（后改西河王）拓跋子推（文成帝封，传至四世）、19. 汝阴王拓跋天赐（文成帝封，传至四世）、20. 乐浪王拓跋万寿（文成帝封，传至四世）21. 广平王（后改东平，又改济南）拓跋洛侯（文成帝封，传至五世）、22. 任城王拓跋云（文成帝封，传三世）、23. 南安王（后改中山）拓跋桢（献文帝封，传至五世）、24. 城阳王拓跋长寿（献文帝封，传至四世）、25. 章武王拓跋太洛（献文帝封，传至五世）26. 乐陵王胡儿（献文帝封，传至四世）27. 安定王拓跋休（献文帝封，传至四世）、28. 安乐王（改封颍川）拓跋长乐（献文帝封，传至三世）、29. 广川王拓跋略（献文帝封，传至三世）30. 齐郡王拓跋简（太和五年封，传至二世）、

---

① 《魏书》卷一一三《官氏志》。

31. 安丰王拓跋猛（太和五年封，传至四世）、32. 咸阳王拓跋禧（太和九年封，传至三世）、33. 河南王拓跋干（太和九年封，传至四世）、34. 广陵王拓跋羽（太和九年封，传至三世）35. 颍川王拓跋雍（太和九年封，传至三世）、36. 始平王拓跋勰（太和九年封，传至三世）、37. 北海王拓跋详（太和九年封，传至三世）。

所封异姓诸王爵位为后世继承的有：1. 北平王长孙嵩（太武帝封，传至五世，四世太和中例降爵）、2. 宜都王穆寿（太武帝封，传至四世，三世太和中例降爵）、3. 上党王长孙道生（太武帝封，传至四世，例降爵）、4. 东平王（改建安王）陆俟（文成帝封，传至三世，例降爵）、5. 平原王陆丽（文成帝封，传至二世）、6. 东安王刘尼（文成帝封，传至二世）、7. 渔阳王尉眷（文成帝封，传至二世）、8. 魏郡王陈建（孝文帝封，传至二世）、9. 中山王王睿（孝文帝封，传至二世，例降爵）、10. 宋王刘昶（孝文帝封，传至三世）。万斯同的统计还遗漏四人：谯王司马文思，太武帝封，王爵传至二世。① 琅邪王司马楚之，太武帝封，王爵传至三世，后"降爵"。② 高平王王琚，孝文帝封，王爵传至二世。③ 河内王赵黑，孝文帝封，王爵传至二世。④ 实际异姓诸王爵位被后世继承的共有 14 人。

所封授外戚王爵为后世继承的有：1. 长乐王奚敬（明元帝封，传二世）、2. 阳平王杜超（太武帝封，传至二世）、3. 零陵王闾纥（文成帝封，传二世例降爵）。万斯同在《魏外戚诸王世袭表》将河东王闾毗误记为爵位没有被继承。实际上，"（闾）毗薨，赠毗妻河东王妃。子惠袭"⑤。所封外戚王爵位为后世继承的共有 4 人。

统计孝文帝改革前所封皇子王、宗室王、异姓诸王和外戚王的情况，一共有 55 人的王爵为后世继承。而在孝文帝爵位改革前，由国家封授王爵的共有 87 人。这就是说，北魏国家封授的王爵为后世继承的，只占所封全部王爵的五分之三强，并不是全部所封王爵都被后世继承。实际上，在北魏国

① 《魏书》卷三七《司马休之传》。

② 《魏书》卷三七《司马楚之传》。

③ 《魏书》卷九四《阉官·王琚传》。

④ 《魏书》卷九四《阉官·赵黑传》。

⑤ 《魏书》卷八三上《外戚上·闾毗传》。

家所封王爵中，还有不到五分之二的王爵没有被继承，就是说他们王爵的传承终止了。因此，北魏前期，在国家所封诸王爵中，就存在为后世继承与不为后世继承的爵位的明确区分。

北魏前期，一些诸王爵位没有为后世继承，受到当时国家对王爵继承的限制规定的影响。《魏书·长孙道生传》："（长孙道生）除司空，加侍中，进封上党王。薨，年八十二。……子抗，位少卿，早卒。抗子观，少以壮勇知名，后袭祖爵上党王。时异姓诸王袭爵，多降为公。"长孙道生卒于太武帝正平元年。因此，可以说最迟在正平元年，北魏国家已经对异姓诸王爵位实行降爵继承。北魏国家对异姓诸王爵位继承上的这种规定，与皇子王可以世代传承的规定不同。这种对诸王爵位降爵继承的做法，只是表明诸王后世对爵位具有继承权，但已经丧失了对王爵的继承权。实际国家封授的异姓诸王的王爵只是及身而止的爵位。据《魏书》记载，太武帝时，对异姓诸王爵位降爵继承的有：宜城王奚斤子奚他观、阳平王长孙翰子长孙成、丹阳王叔孙建子叔孙隣、广陵王娄伏连子娄伏真。可见，当时使异姓王降爵位等级而为后世继承的规定确实实行了。不过，这一规定实行得并不是很严格的，因此，万斯同在《魏异姓诸王世表》中统计，孝文帝爵位改革前所封异姓诸王爵位为后世继承的17人中，还有6人能够继承王爵。[①] 然而，这些异姓诸王爵位能够为后世继承，都是通过北魏皇帝的恩准才实现的，因此这就是皇帝对异姓诸王特别奖励的一种体现。

当时国家还对一些无直系后代者的诸王实行了终止王爵继承的做法。诸如，长乐王处文"无子，爵除"[②]。安定王弥"无子，国除"[③]。晋王伏罗"无子，国除"[④]。这说明，诸王有无后嗣，会影响到诸王爵位的继承。不过，在北魏前期，因所封诸王无后嗣而中断王爵继承的情况并不多见，所以这对当时诸王爵位继承的总体状况影响并不是很大的。

北魏前期，对诸王爵位继承具有很大制约的，是因诸王犯罪被夺爵。据《魏书》记载，并参考万斯同的考证，将孝文帝改革前因犯罪被夺王爵的情

---

① 万斯同：《魏异姓诸王世表》，《二十五史补编》四册，中华书局，1955年。

② 《魏书》卷一六《道武七王·长乐王处文传》。

③ 《魏书》卷一七《明元六王·安定王弥传》。

④ 《魏书》卷一八《太武五王·晋王伏罗传》。

况列表如下：

北魏孝文帝改革前诸王犯罪夺爵情况统计表

始封时代	诸王姓名	始封爵称	诸王身份	犯罪情况	王爵存在状况
道武帝封	拓跋仪	卫王	宗室	有罪赐死	国除。子拓跋良明元帝绍封
道武帝封	拓跋绍	清河王	皇子	谋逆伏诛	国除
明元帝封	拓跋崇	建宁王	皇子	谋反伏诛	国除
明元帝封	拓跋俊	新兴王	皇子	有罪赐死	国除
明元帝封	拓跋丽	济南王	皇孙	谋反伏诛	国除
太武帝封	拓跋寿乐	南安王	宗室	有罪伏诛	国除
文成帝封	拓跋天赐	汝阴王	皇子	贪财	夺爵，孙拓跋京和袭爵
文成帝封	周忸	乐陵王	鲜卑勋臣	赐死	国除
文成帝封	乙浑	太原王	鲜卑勋臣	谋反伏诛	国除
文成帝封	杜元宝	京兆王	外戚	谋反伏诛	国除
文成帝封	闾若文	濮阳王	外戚	谋反伏诛	国除
文成帝封	闾虎皮	河间王	外戚	以贪残赐死	国除
献文帝封	拓跋桢	南安王	皇子	坐贪残消爵	后复爵，后有罪赐死再消世封
献文帝封	拓跋长乐	安乐王	皇子	坐不轨赐死	子拓跋诠袭封
献文帝封	慕容白曜	济南王	鲜卑勋臣	坐事死	国除
献文帝封	韩颓	襄城王	鲜卑勋臣	有罪削爵徙边	国除
献文帝封	李惠	南郡王	外戚	为冯太后杀	国除
献文帝封	万安国	安成王	外戚	赐死	子万翼袭爵
孝文帝封	拓跋宜臣	宜都王	宗室	有罪伏诛	国除
孝文帝封	拓跋丕	东阳王	宗室	有罪废为庶人	国除

由表中所示，可以明确在北魏国家封授的诸王中，因犯罪被赐死的有 6 人，被杀的有 10 人，被废为庶人的 1 人，被徙边的 1 人。尽管北魏国家对诸王的处罚不相同，但是，他们都被消夺王爵。在王爵被消夺后，15 人的王爵的继承被终止。可是，仍然有 3 人的王爵为子孙继承，1 人的王爵为后世绍封。尽管北魏国家还允许被夺王爵者的爵位可以为后世继承，但数量极少。表中

反映的情况显示，因犯罪被夺爵而使王爵终止继承的人数，要远远超过王爵被继承的人数。

在王爵传承过程中，不仅始封王因犯罪夺爵而终止爵位的继承，就是继承王爵的蕃王犯罪，也要终止王爵的继承。例如，乐平王拓跋丕“子拔，袭爵。后坐事赐死，国除”①。永昌王拓跋健“子仁，袭。……后与濮阳王闾若文谋为不轨，发觉，赐死，国除”②。乐良王拓跋万寿“子康王乐平，袭。薨。子长命，袭。坐杀人赐死，国除”③。异姓诸王爵位传承也同样如此。如魏郡王陈建“子念，袭爵。为中山守，坐掠良人，为御史中尉王显所弹。遇赦，免，爵除”④。由此来看，诸王犯罪被夺爵，或者继承王爵者犯罪被夺爵，应该说都限制了诸王爵位的继承。

总之，孝文帝爵位改革前，由于北魏国家对异姓诸王实行降爵继承的措施，并且，还对犯罪的诸王消夺王爵，另外，还出现一些无后嗣的诸王。这些情况都制约了国家封授的王爵传袭，就使国家封授的王爵并不能够全部为后世继承。因此，王爵传承的中断，就是爵位制度实行中的不可忽视的现象。尽管如此，北魏国家封授诸王爵位大部分都为后世所承袭，这就保证了社会中有相当数量的王爵拥有者的存在而成为维护国家统治的支持力量。所以，当时国家为了有利于统治，就需要保证诸王爵位的长期传承，因而，实行相应的王爵继承制度，自然也就很必要了。

二、诸王爵位的长子继承与非长子继承

北魏建国后，在国家制度的建设上，受到汉族文化的很大影响，因而对晋制并不排斥而采取吸纳的做法，当然在皇位继承制度上更是如此。李凭教授考证，明元帝开始改皇位继承上的兄终弟及制而实行了父子相承制，也即长子继承制。⑤ 北魏皇帝实行的长子继承制的做法，直接影响到爵位的继承

① 《魏书》卷一七《明元六王·乐平王丕传》。

② 《魏书》卷一七《明元六王·永昌王健传》。

③ 《魏书》卷一九上《景穆十二王上·乐良王万寿传》。

④ 《魏书》卷三四《陈建传》。

⑤ 李凭：《北魏平城时代》，社会科学文献出版社，2000年，第118页。

制。在诸王爵位继承的具体实行上，当然也是如此。《魏书·道武七王·河南王曜传》："河南王曜，天兴六年封。……太安元年薨。……长子平原，袭爵。"又《魏书·景穆十二王上·阳平王新成传》："阳平王新成，太安三年封。……长子安寿，袭爵。"由此可见，以长子继承王爵不只是作为一种继承的原则，而是作为一种正常的继承方式而被实行。

北魏前期，实行的诸王爵位的长子继承制，还具有其他的做法。《魏书·道武七王·阳平王熙传》："阳平王熙，天兴六年封。……世子吐万，早卒。……子显，袭祖爵。"阳平王拓跋熙为皇子王，显然在皇子王爵的继承上能够以长子之子继承王爵。异姓诸王爵位的继承也有这种情况。例如，上党王长孙道生薨"子抗，位少卿，早卒。抗子观，少以壮勇知名，后袭祖爵上党王"①。这说明，在王爵传承时，如长子没有继承王爵而亡故，一般王爵就由长子之子来继承。诸王爵位的这种继承，也属于长子继承制的一种方式。

然而，需要指出的是，在孝文帝改革之前，由于受汉族文化的长期浸染，也影响到了拓跋鲜卑族的继承制。因为当时汉族家族，一般实行的是嫡长子继承制。实际上，这种继承制是在汉族社会中长期采用的一种做法。可以说，这种嫡长子继承制早在西周时就已经实行。后来，儒家更将这种继承制进行理论阐释。《春秋公羊传》隐公元年："立适以长，不以贤。立子以贵，不以长。桓何以贵，母贵也。母贵则子何以贵？子以母贵，母以子贵。"正是对嫡长子继承制的明确说明。由于嫡长子继承制，可以保证爵位稳定传承，所以，逐渐为一些拓跋鲜卑诸王家族所吸纳。《魏书·陆俟传》载东平王陆馛选择王爵继承人时说："我为嫡长，承袭家业。"陆馛的话表明，当时在对诸王爵爵位的继承上，嫡长子继承制已经出现。因此，"以世嫡应袭先爵"②，开始成为一些拓跋鲜卑诸王爵位传承时，需要顾及的一种做法。不过，在北魏前期，对拓跋鲜卑家族而言，以这种嫡长子继承爵位的做法只是零星的，并不能完全改变以长子继承王爵的原则。

虽然北魏国家确定诸王爵位以长子继承为原则，并加以实行，但当时国家针对赐授爵位的特点，也不排除诸王的非长子对王爵的继承。一般在需要

---

① 《魏书》卷二五《长孙道生传》。

② 《魏书》卷一九上《景穆十二王上·济阴王小新成传》。

的情况下，诸王的非长子也能够继承王爵。从诸王爵位的非长子继承来看，可以分为以下几种情况：

1. 诸王长子被国家赐授爵位，王爵可以由非长子继承。北魏国家在为诸王封授爵位后，因诸王长子立功，或其他原因，能够为他们赐授爵位。这样，诸王的长子就成为获得爵位者。例如，太武帝时，拓跋素恢复王爵，“长子可悉陵，……世祖壮之，即日拜都幢将，封暨阳子”[①]。又如，丹阳王公孙建太延三年薨，“长子俊，……少聪敏。……太宗即位，命俊与磨浑等拾遗左右。迁卫将军，赐爵安城公”[②]。这些长子被赐爵位后，就使诸王爵位继承的情况发生变化。《魏书·源贺传》：西平王源贺“长子延，性谨厚，好学。初以功臣子拜侍御中散，赐爵武城子，西治都将。卒。……子鳞袭”。这说明，在诸王长子由国家赐授爵位后，实际他们就失去了对王爵的继承权而与诸王爵位的传承脱离了关系，并在父爵之外，使其所获爵位成为独立的传承系统。在这种情况下，北魏国家一般就使诸王爵位改为由非长子来继承。《魏书·昭成子孙·陈留王虔传》：道武帝追谥拓跋虔为陈留桓王“配飨庙庭。封其子悦为朱提王。……弟崇，世祖诏令袭桓王爵”。又《魏书·外戚上·杜超传》：阳平王杜超“真君五年，超为帐下所害。……长子道生，赐爵城阳侯。后为秦州刺史，进爵河东公。道生弟凤皇，袭超爵，加侍中、特进”。都是说的这种情况。由此可见，对诸王爵位出现的这种非长子继承，实际是由北魏赐爵制中的规定造成的。所以，诸王爵位的这种非长子继承，就不是一种特别的做法而是适应国家赐爵规定而采取的固定的措施。

2. 诸王长子没有继承爵位亡故，非长子能够继承爵位。如前所述，在诸王长子没有继承爵位而亡，可以由长子之子继承王爵。这种做法属于长子继承的一种方式。然而，由于诸王家庭内部的复杂关系，不能够使这种长子继承制的原则得到完全的实行，因而，也出现长子兄弟继承王爵的情况。例如，和平五年，琅邪王司马楚之薨。长子司马宝胤没有继承王爵亡故，其弟司马金龙“显祖在东宫，擢为太子侍讲。后袭爵”[③]。在这种情况下，出现的

---

① 《魏书》卷一五《昭成子孙·陈留王虔传》。

② 《魏书》卷二九《公孙建传》。

③ 《魏书》卷三七《司马楚之传》。

非长子对王爵的继承，并不是不合法的。《魏书·景穆十二王下·城阳王长寿传》：城阳王拓跋长寿“延兴五年薨，谥康王。长子多侯，早卒。次子鸾。……始继叔章武敬王，及兄卒，还袭父爵”。很明显，城阳王拓跋长寿次子拓跋鸾，已经过继继承其叔父章武敬王爵位，可是，在长子拓跋多侯亡故后，国家仍然允许拓跋鸾继承城阳王拓跋长寿的王爵。这说明，在长子没有继承诸王爵位亡故后，由非长子来继承王爵，当时国家对这种继承王爵的做法并不加以限制而是完全允许的。很明显，由非长子与长子之子继承王爵，实际上，这两种的做法是并行的。至于采取何种做法，则需要由诸王根据家庭中子孙存在的情况来决定，所以，这种非长子继承就与长子之子继承爵位的做法具有相同的意义。

3. 诸王具有选择爵位继承人的权力，以非长子继承王爵是其重要的选择。北魏国家所封诸王在其家庭中即为家长。当时家长在家庭中具有极大的权力，其意志完全能够左右家庭的各种事务，其中也包括爵位的继承。《魏书·陆俟传》：

> （陆琇）馛第五子。母赫连氏，身长七尺九寸，甚有妇德，馛有以爵传琇之意，琇年九岁，馛谓之曰：“汝祖东平王有十二子，我为嫡长，承袭家业。今已年老，属汝幼冲，讵堪为陆氏宗首乎?”琇对曰：“苟非斗力，何患童稚。”馛奇之，遂立琇为世子。馛薨，袭爵。

据此可知，陆琇以非长子做为王爵继承人，完全取决于他的意愿，并没有受到长子继承制原则的影响。由于诸王有决定爵位的继承权，因此，在家庭内部非长子继承爵位的情况时有发生。《魏书·景穆十二王上·济阴王小新成传》：“（元郁）长子弼……以世嫡应袭先爵，为季父尚书仆射丽因于氏亲宠，遂夺弼王爵，横授同母兄子诞。于是弼绝弃人事，托疾还私第。”虽然这是北魏后期出现的情况，但也可以透视北魏前期长子继承制实行的状况。可见，在一些诸王家庭中，可以决定诸王家庭事务者能够毫无顾忌地废除应该继承爵位的长子。可是，北魏国家对这种情况却不加任何的干涉。由此来看，在对诸王爵位继承人的确定上，虽然长子继承的原则具有一定的约束力，可是，王爵拥有者的选择权利也是很大的，甚至在一定程度上可以左右王爵的继承人的选择。

北魏诸王意志可以左右对爵位继承人选择，正是这种家长的权力的表现。所以会出现这种情况，一方面取决于北魏国家的认可；另一方面，则是由诸王家庭内部的复杂关系造成的。因为北魏国家所封诸王是社会中的最高等级，因而，其婚姻多实行多妻制。在这种多妻婚姻中，诸王婚姻关系的确定是以等同的门第为基础的，其妻室均出自高门当是毫无疑义的。诸王妻室的同等高门出身，就为所生子地位的确定带来了困难。《魏书·司马楚之传》：琅琊王司马金龙"初纳太尉、陇西王源贺女，生子延宗，次纂，次悦。后娶沮渠氏，生徽亮，即河西王沮渠牧犍女，世祖妹武威公主所生也。有宠于文明太后，故以徽亮袭，例降为公"。可见，司马金龙所娶源贺女、沮渠氏均为诸王出身，这就很难确定她们所生子在家庭中的地位差别。这样，家庭中诸子为获得爵位继承权而出现纷争也是不可避免的。由诸王婚姻的这种特点所决定，国家赋予诸王选择爵位继承人的决定权，正是解决家庭内部复杂关系的需要，进而保证王爵的稳定传承。所以，在长子继承制的原则下，诸王根据家庭情况决定以非长子继承爵位，也是符合当时诸王家庭婚姻以及诸子状况的一种合理的做法。

此外，在正常情况下，诸王长子对王爵具有继承权，可是，长子可以接受这种权力，也可以放弃这种权力。《魏书·道武七王·河南王曜传》："河南王曜，天兴六年封。……长子提，骁烈有父风。世祖时，袭爵，改封颍川王。……太安元年薨。……长子平原，袭爵。……有五子，长子和，为沙门，舍其子显，以爵让其次弟鉴。鉴固辞，诏许鉴身终之后，令显袭爵，鉴乃受之。"这说明，诸王长子能够出让王爵的继承权而由非长子继承王爵。不过，这种做法必须要由国家通过诏令加以确认，并且，由于长子放弃继承权而使王爵改为非长子继承，也不是很常见的情况，所以这只是非长子继承王爵的一种特例。

北魏前期，对诸王爵位继承，无论采取长子继承，还是以非长子继承，都实行了确立世子的制度。《魏故持节督幽豫二州诸军事冠军将军豫州刺史乐陵王元君墓志铭》："君讳彦，字景略，河南洛阳都乡光穆里人也。恭宗景穆皇帝之曾孙，侍中乐陵之孙，镇北将军乐陵密王之世子，袭封乐陵王。"①

① 赵超：《汉魏南北朝墓志汇编》，天津古籍出版社，2008年，第88页。

《魏书·道武七王·阳平王熙传》："阳平王熙，天兴六年封。……世子吐万，早卒。"诸王所立的世子，正是确定王爵的继承人。在正常的情况下，诸王在世时，就在诸王子中选择世子。如东平王陆馛为了使王爵保证传承，"遂立琇为世子。馛薨，袭爵"①。北魏国家使诸王在生前可以确定世子，自然是保证诸王爵位的正常传承的重要的措施。

综上可见，北魏国家在诸王爵位的传承上，实行了长子与非长子继承的并行的制度，同时，还实行了诸王生前确立世子的制度。这些继承制度的实行，都是王爵能为后世继承的保证。由于北魏国家继承方式具有多样性，这样在不同情况下，都能够使王爵继承表现出稳定性，进而有效地防止在王爵继承上的混乱状况出现。

三、诸王爵位继承的特殊方式——过继、复爵与绍封

北魏前期，在诸王爵位的传承上，由于无子或者犯罪夺爵而使继承中断，因此当时存在一些诸王爵位终止继承的情况。然而，北魏国家所封诸王，是其统治的重要支持力量，所以在诸王爵位的继承上，自然要采取一些优抚的措施，以使王爵能够得到继承。当时国家在王爵继承上的优抚做法，主要采取了过继、复爵和绍封的方式。

（一）以过继方式保证诸王爵位的继承

《魏书·道武七王·广平王连传》：广平王连"无子。世祖继绝世，以阳平王熙之第二子浑为南平王，以继连后，加平西将军"。又《魏书·景穆十二王上·广平王洛侯传》：广平王洛侯"无子，后以阳平幽王第五子匡后之"。广平王拓跋连与阳平王拓跋熙，都为道武帝之子；广平王拓跋洛侯与阳平幽王拓跋新成则为文成帝之子。这就是说，北魏国家对无子继承爵位的诸王，一般允许他们以同辈分的诸王之子作为过继子来继承王爵。不过，诸王对过继人的选择不是随意的，当时国家对过继继承王爵是有限定的。《魏书·文成五王·河间王若传》：河间王若"未封而薨，追封河间，谥曰孝。诏京兆康王子太安为后。太安于若为从弟，非相后之义，废之，以齐郡王子

① 《魏书》卷四〇《陆俟传》。

琛继”。这里提到的“相后之义”，正是对过继继承王爵的规定。由此可知，过继继承人不能够与王爵拥有者为同一辈分者；过继继承人必须是王爵拥有者之侄；以过继的方式继承王爵必须需要国家的认定。不仅对于始封诸王能够以过继子继承王爵，就是对蕃王也可以以过继的方式继承。《魏书·道武七王·京兆王黎传》：京兆王黎“子根，袭，改封江阳王，加平北将军。薨，无子，显祖以南平王霄第二子继为根后。继，字世仁。袭封江阳王，加平北将军”。就是一例。据《魏书》记载，北魏前期，以过继子继承王爵的有京兆王拓跋黎、广平王拓跋连、广平王拓跋洛侯、章武王拓跋太洛、乐陵王拓跋胡儿、河间王拓跋若，共6人。很明显，这些都是皇子王。可见，北魏国家实行的过继继承王爵的做法，是有范围限制的。也就是说，只允许皇子王的爵位可以采取过继继承的方式。因此，这种继承方式，是对皇子王的一种恩惠。这样，也就从王爵的继承上，表现出皇子王与其他诸王地位的差别。

（二）以复爵的方式恢复诸王王爵的继承

如前所述，北魏前期，有一些国家所封诸王，因为犯罪而失去了爵位。北魏国家对一些失去爵位的诸王，还可以重新恢复他们的爵位。如，拓跋太兴承袭京兆王爵，“拜长安镇都大将，以黩货，削除官爵。后除秘书监，还复前爵，拜统万镇将，改封西河”①。可是，国家使这些诸王恢复王爵，只是对王爵的恢复，还不是对王爵的继承。然而，还有一些恢复诸王爵位的做法就具有对王爵的继承的意义。《魏书·昭成子孙·常山王遵传》：常山王遵“天赐四年，坐醉乱失礼于太原公主，赐死，葬以庶人礼。子素，太宗从母所生，特见亲宠。少引内侍，频历显官，赐爵尚安公，拜外都大官。世祖初，复袭爵”。常山王拓跋遵以犯罪被赐死，显然已经失去王爵。可是，北魏国家可以恢复其爵位，但这种复爵是以其子拓跋素用继承的方式恢复的，因而，这种复爵就是一种特殊的继承王爵的方式。北魏国家实行的这种做法，自然也是对诸王的一种恩惠措施。

（三）以绍封的方式使诸王爵位能够恢复传承

北魏国家实行的绍封是王爵封授的一种方式，可是，这种方式是以先世曾被封授王爵为前提条件的，因而，也具有了继承先世爵位的性质。太和年

① 《魏书》卷一九上《景穆十二王上·京兆王子推传》。

间，著作佐郎成淹上表为慕容白曜申诉称："白曜人旧功高，婴祸沦覆，名灭国除，爵命无绍。天下众庶，咸共哀怜，方之余流，应有差异。愿陛下扬日月之光，明勋臣之绩，垂天地之施，慰僵死之魂。……锡以微爵，继其绝世。"[①] 可见时人就认为绍封就是为曾经受封王爵者"继其绝世"，也就是起到恢复王爵的传承作用。北魏前期，在诸王爵位的继承上，已经有绍封的记载。《魏书·太武五王·广阳王建闾传》："广阳王建闾，真君三年封楚王。后改封广阳王。……子石侯，袭。……子遗兴，袭。薨，谥曰定王。无子。石侯弟嘉……高祖初，拜徐州刺史，甚有威惠。后封广阳王，以绍建闾后。"这说明，北魏前期的绍封，实际上，是在诸王爵位的传承因无后而终止的情况下，国家能够使诸王的旁系后世重新受封王爵。所以，绍封既是对诸王后世重新封授王爵，也是对诸王爵位的一种特殊的继承方式。因为绍封具有封授王爵的性质，所以皇帝就具有绍封王爵的最后决定权。《魏书·昭成子孙·秦明王翰传附拓跋仪传》：卫王拓跋仪"遂赐死，葬以庶人礼。……子纂……世祖践阼，除定州刺史，封中山公，进爵为王。……纂弟良，性忠笃。太宗追录仪功，封南阳王，以绍仪后"。这就是说，只有皇帝的恩准，才能实现对王爵的绍封。尽管孝文帝爵位改革前，北魏国家实行了绍封制，可是，在具体实行中，除了广阳王拓跋建闾、卫王拓跋仪之外，北魏国家只使朱提王拓跋悦之弟拓跋崇绍封王爵，显然当时绍封的人数是很少的。正因如此，自然也就使绍封在保证诸王爵位传承中起到的作用有明显的局限性。

概而言之，北魏前期，国家在诸王爵位继承上采取了过继、复爵和绍封的做法。这些做法，都是在皇帝恩准下实现的，能够保证诸王爵位可以延续。不过，在当时诸王爵位继承上，实行这些措施并不是经常的做法，当然对诸王爵位继承产生的影响也就很有限度了。所以这些做法不过是对并行的长子与非长子继承制的补充而已。

（原载《河北学刊》2010 年 3 期。收入论文集，略做修改）

---

① 《魏书》卷五〇《慕容白曜传》。

论北魏孝文帝爵制改革后王爵的继承

北魏太和十六年，孝文帝实行爵制改革，使北魏国家的封爵制度发生很大变化。对王爵而言，也是如此。孝文帝爵制改革后，取消了封授异姓王爵，并且，将王爵的封授限制在道武帝子孙的范围内。而且，还将原来虚封的王爵改为可以领有食邑的实封爵。因为王爵的封授和性质的变化，对王爵的继承也产生很大的影响，因此，也就不能忽略对孝文帝爵制改革后的王爵继承问题的考察。杨光辉教授提及北魏封爵的继承问题。① 但是，杨光辉教授的研究，过于简略，而且，也没有区分孝文帝爵制改革前、后的爵位继承的不同，因而，对北魏爵位的继承问题，还有必要深入开掘，当然，对最高等级的王爵的继承，就更是如此。因此，本文拟对孝文帝爵制改革后王爵继承的世子、过继、绍封、复爵和蕃王制诸问题做一些探讨，希望对北魏爵位继承问题研究的深化有所裨益。

一、王爵的封授和性质变动与继承王爵世子的确定

（一）王爵的封授和性质变动

太和十六年，孝文帝实行爵制改革。可以说，在爵制改革后，王爵封授的范围和性质都发生变化，因而，对王爵的继承也要产生影响，所以，考察这一时期王爵继承问题，需要提及王爵封授和性质的特点。

应该说，孝文帝爵制改革后，王爵的封授不同于北魏前期。《魏书·孝文帝纪下》："（太和十六年）制诸远属非太祖子孙及异姓为王，皆降为公，公为侯，侯为伯，子男仍旧，皆除将军之号。"显然孝文帝开始将王爵的封

---

① 杨光辉：《汉唐封爵制度》，学苑出版社，2004年，第146－147页。

授限制在道武帝直系子孙的范围之内。因此，在孝文帝爵制改革后，对血缘关系疏远的宗室和异姓勋臣受封的王爵，都实行了降爵措施。《魏书·神元平文诸帝子孙·高凉王孤传》：“（元大曹）高祖时，诸王非太祖子孙者，例降爵为公。”《魏书·万安国传》：万纂袭爵安城王“依例降为公。”元大曹为宗室，万纂则为异姓王万安国之孙，显然他们都由原来的王爵降至公爵。可见爵制改革后，由于实行降爵措施，就使拥有王爵者的范围明显缩小。因为拥有王爵者范围的这种变化，当然就使王爵的继承也要随之改变。换言之，孝文帝爵制改革后，实际只有道武帝直系子孙才能够继承王爵，所以，对王爵的继承也就成为这一特殊显贵群体才能拥有的特权。

孝文帝的爵制改革后，还出现支子王的封授。实际上，王爵封授对象的这种变动，却发生在孝明帝时。《魏书·明帝纪》：“（孝昌）二年春正月庚戌，封广平王怀庶长子、太常少卿诲为范阳王。”所谓“庶长子”，就是庶出的长子，并不是嫡长子。可见，孝明帝开始使一些不能继承王爵的诸王子孙也可以受封王爵。孝明帝的这一做法，并不是临时的奖励封授，而是在王爵封授上，采取的重要措施。因此，孝昌二年以后，在《魏书》中，多见这种封授。如元肃“起家员外散骑侍郎，转直寝。庄帝初，封肃鲁郡王，邑千户”①。虽然这些受封王爵者都在道武帝子孙的范围内，可是，却是诸王的庶子。《礼记·曲礼下》称：“支子不祭，祭必告于宗子。”这说明，这些庶子是与嫡长子，也即宗子，有区别的支子，因此，也可以将他们称为支子王。很显然，北魏后期开始封授支子王，明显扩大了受封王爵的对象。

孝文帝爵制改革前，除了宗室与异姓王之外，受封王爵者，一般为皇子和皇弟，并且，受封王爵后，后世一般只能继承王爵。《魏书·道武七王·阳平王熙传》：“阳平王熙，天兴六年封。……熙有七子。长子他，袭爵。……子显，袭祖爵。……子世遵，袭。……子敬先，袭。子宣洪，袭。历谏议大夫、光禄少卿。武定中，与元瑾谋反，诛，国除。”可见阳平王拓跋熙的爵位，一直由后世子孙继承。而在拓跋熙王爵的直系传承之外，除了拓跋浑“继叔父广平王连”② 之外，不能继承王爵的后世子孙无一人受封王爵。这应

① 魏收：《魏书》卷一九下《景穆十二王下·南安王桢传》，中华书局，1975年。

② 《魏书》卷一六《道武七王·阳平王熙传》。

该是北魏国家王爵封授的一般规定。然而，孝明帝封授支子为王，显然打破了这种传统的规定，因此，就使一些受封王爵者的后世，也成为受封王爵的对象。而且，尽管始封的支子王与嫡长子继承的王爵存在一些差别，可是，却与嫡长子所继承的王爵有一致之处，也就是这种王爵也是可以传袭的。《魏书·景穆十二王下·南安王桢传》："庄帝初，封肃鲁郡王，邑千户。除散骑常侍，出为后将军、广州刺史。后除卫将军、肆州刺史。……永熙二年薨。……子道与，袭。除前将军。"《魏书·景穆十二王下·章武王太洛传》："（元湛）起家秘书郎，转尚书左司郎中，迁廷尉少卿。庄帝初，遇害河阴。赠征东将军、青州刺史、追封渔阳王，食邑五百户。子俊，袭。"元肃、元湛都是以庶子的身份受封王爵的，显然他们的爵位都能够被后世继承。可见，由于实行支子王的封授，所以，北魏后期，也就出现始封王的爵位继承与支子王的爵位继承同时并存的情况。

从王爵的性质来看，也发生了变化，就是由原来的虚封爵转变为实封爵。固然，北魏建国后，就开始实行五等爵制。正如《魏书·官氏志》称，天赐元年，道武帝"减五等之爵，始分为四，曰王、公、侯、子，除伯、男二号。……王第一品，公第二品，侯第三品，子第四品"。可是，在孝文帝爵制改革前，受封爵者不能获得食邑的封授，因而，也就不能有租赋的收入，所以这种封爵只能是虚封爵。对王爵而言，也是如此。如乐平王拓跋丕"泰常七年封，拜车骑大将军"①。临淮王拓跋谭"真君三年封燕王。……后改封临淮王"②。可见他们受封了王爵，却没有获得食邑的封授。显然，王爵与其他等级的爵位一样，都是只有爵位等级规定、却不能领有食邑的虚封爵。

孝文帝爵制改革后，开始使受封王爵者的情况发生改变。《魏书·孝文帝纪下》："（太和十八年）诏王、公、侯、伯、子、男开国食邑者：王食半，公三分食一，侯伯四分食一，子男五分食一。"由此诏令可知，北魏国家开始使王爵与所实行的开国爵一样，都可以领有食邑，并且，受封食邑与收取

① 《魏书》卷七《明元六王·乐平王丕传》。

② 《魏书》卷八《太武五王·临淮王谭传》。

租赋是结合在一起的。如高阳王元雍“五等开建，食邑二千户”①。诸王这种受封食邑的情况与爵制改革前，是完全不同的。《南齐书·魏虏传》载北魏爵制改革诏令：“公第一品，侯第二品，伯第三品，子第四品，男第五品。”诏令中提到的公、侯、伯、子、男是从爵制改革前延续下来的虚封爵。可见，孝文帝明确将这种虚封爵规定为五等级。这说明，王爵已经从虚封爵的等级系统中分离出去，也就是说，王爵已经由虚封爵转变为实封爵，所以这种对虚封爵等级的重新规定，也就成为王爵性质变化的一种体现。由于出现这种变化，就使王爵的继承，不只需要继承爵称和等级，还要继承受封的食邑。

由此可见，孝文帝爵制改革后，由于将拥有王爵者的范围限制在道武子孙的范围内，因而，王爵的继承者，只能在与道武帝有血亲联系者的范围内选定。由于孝文帝爵制改革后，王爵由虚封爵转变为实封爵，因此，继承的就不只是王爵的称号和等级，还包括食邑。而且，由于在王爵的封授上，出现了支子王，因而，也就出现始封王爵位与支子王爵位的继承并存的情况。而且，因为始封王与支子王存在辈分上的差异，也就使所继承的王爵品级与食邑数量存在差别。因而，可以说，孝文帝爵制改革后的王爵继承，表现出很明显的复杂性。

（二）继承王爵的世子确定

在孝文帝爵制改革后，由于缩小了拥有王爵者的范围，因此，继承王爵便成为道武帝直系子孙的特权。但是，可以继承王爵的，并不是全部道武子孙，而是要在这一范围内确定的爵位继承者。应该说，北魏国家对王爵的继承者，做了很明确的规定。《魏书·献文六王上·赵郡王干传》：“（元）谌本年长，应袭王封，其父灵王宠爱其弟谧，以为世子。”显然在爵制改革后，能够继承王爵者，依然称为世子。这就是说，拥有王爵者都需要立世子来保证王爵的继承。

其实，孝文帝爵制改革后的这种做法，是从北魏前期延续而来的。《魏书·道武七王·阳平王熙传》：“阳平王熙，天兴六年封。……长子他，袭爵。……他三子。世子吐万，早卒。”这说明，北魏前期受封王爵者，一般都要确定继承爵位的世子。而且，北魏前期，这种能够继承王爵的世子，还被称为

① 《魏书》卷二一上《献文六王上·高阳王雍传》。

“后”。《魏书·文成五王·河间王若传》：“河间王若，……未封而薨，追封河间，谥曰孝。诏京兆康王子太安为后。太安于若为从弟，非相后之义，废之，以齐郡王子琛继。”据此，可以明确，王爵的继承者不仅可以称为“后”，而且，以过继子身份继承王爵者，也被视为立“后”。因此，对继承王爵的“后”的选择，也就是对世子的确定。而且，北魏国家立“后”的做法，不只为了王爵的继承，实际对不同等级的爵位都是如此。《魏书·孝文帝纪上》：“（太和二十一年）赐天下为父后者爵一级。”《魏书·庄帝纪》：“（武泰元年）太原王尔朱荣上表：……诸死者子孙，听立后，授封爵。诏从之。”很显然，北魏国家将能够继承爵位者，都称为“后”。不过，只有继承王爵的“后”，特别称为世子，而对其他爵位等级的继承者，则不采取世子的称谓。

实际上，通过立“后”，保证爵位的继承，并不是从北魏开始实行的。最早的记载，见之于西汉。《二年律令·傅律》：“当为父爵后而傅者，士（仕）之如不为后者。”[①]《二年律令·置后律》：“尝有罪耐以上，不得为人爵后。诸当拜爵后者，令典若正、伍里人毋下五人任占。”[②] 依据简文，可以明确，汉律对有爵者立“后”的规定是很明确的。由此可以看出，为有爵者所立的“后”，在家庭内部具有特殊地位。可以说，当时国家法律做这种规定，正是要保证爵位能够稳定地传袭。因此，使有爵者立“后”，实际与受封爵位是同样重要的。也就是说，受封爵位是对封爵的获取，而立“后”则是要使爵位能够长期传续。

由于立“后”是封爵传袭的保证，所以，汉代以后的各朝，一直延续这种做法。《晋书·宣五王·扶风武王骏传附新野庄王歆传》：“新野庄王歆，……武王薨后，兄畅推恩请分国封歆。太康中，诏封新野县公，邑千八百户，仪比县王。……无子，以兄子劭为后，永嘉末没于石勒。”可见西晋依然立“后”，使其成为爵位的继承者。当然，在南朝也是如此。例如，刘宋孝武帝

---

① 张家山二四七号汉墓竹简整理小组：《张家山汉墓竹简》，文物出版社，2001年，第182页。

② 张家山二四七号汉墓竹简整理小组：《张家山汉墓竹简》，文物出版社，2001年，第185页。

"敕妾子臣子嗣出继为后，既承国祀，方奉烝荐，庶覃遐庆，式延于远"[1]。由此可见，汉代实行立"后"保证封爵传袭的做法后，对后世的影响是重大的。因此，可以明确，北魏国家使有爵者立"后"，进而保证爵位能够长期传袭的做法，同两晋、南朝一样，都与汉代的规定有一脉相承的联系。

不过，应该看到的是，北魏是由拓跋鲜卑族统治的国家，因而，他们的血缘关系的理念是与汉族存在差异的，所以，为王爵的继承立"后"，自然不能与汉族完全相同。换言之，为北魏诸王确定世子，也就是立"后"，既受到拓跋鲜卑族亲族观念变化的制约，也受到诸王爵位制度改变的影响，因此，北魏爵制改革前、后，为王爵继承所立的"后"，是有变化的。

可以说，孝文帝爵制改革后，为王爵继承所立的"后"，实现了由长子向嫡长子的转变。《魏书·献文六王下·彭城王勰传》："彭城王勰，……太和九年，封始平王……开建五等，食邑二千户。转中书令，侍中如故，改封彭城王。……嫡子劭，……袭封。"可见彭城王元勰的王爵，就是由嫡长子元劭继承的。可是，孝文帝爵制改革后，这种立嫡长子为"后"，进而继承王爵的做法，却并不是北魏前期的措施。因为在孝文帝改革前，由于受拓跋鲜卑族血亲理念的影响，家族内部的嫡、庶子观念还没有完全形成。

从北魏前期皇帝位的继承看，开始以皇子继承，取代了兄终弟及。[2] 但是，继承帝位的皇子，却不能称为嫡长子。因为从北魏前期实行的子贵母死的制度可以看出，后宫妃妾的地位只能依据皇子的地位来决定。这种情况透露出，在当时皇室中，并没有形成明确的嫡子与庶子的区分，因而，也只能分为长子和非长子。可以说，北魏诸王家族的情况与皇室是大体相同的，因此，他们的后世，也只有长、幼的区分，并没有明确的嫡、庶的差别。由于受这种血亲关系理念的影响，对王爵而言，就很难实行嫡长子继承。《魏书·明元六王·乐安王范传》："乐安王范，泰常七年封。……长子良。……高宗时，袭王，拜长安镇都大将、雍州刺史，为内都大官。"《魏书·景穆十二王上·阳平王新成传》："阳平王新成，太安三年封。……长子安寿，袭爵。"这些记载说明，北魏前期，一般都以长子作为王爵的继承者。这种情

① 沈约：《宋书》卷八〇《孝武十四王·东平王子嗣传》，中华书局，1974年。

② 李凭：《北魏平城时代（修订本）》，上海古籍出版社，2011年，第114页。

况的出现，当然是与北魏前期的血亲观念相适应的。

从北魏前期拓跋鲜卑族血亲观念来看，可以说，表现出拓跋鲜卑族与汉族传统血亲的理念相互交融的特点。也就是说，既不是纯粹的拓跋鲜卑族，也不是汉族传统的血亲理念。《魏书·长孙嵩传》："太宗寝疾，问后事于嵩，嵩曰：'立长则顺，以德则人服。今长皇子贤而世嫡，天所命也，请立。'乃定策禁中。"长孙嵩在皇帝位继承上，提出"贤"和"世嫡"的观念。"贤"是对皇长子的一种评价，但"世嫡"却是在套用汉族的继承制观念。因为明元帝时，只是克服了兄终弟及，确定了皇长子的继承权利。① 因此，长孙嵩提出的皇位继承，只是长子的继承。不过在他的表述中，借用了汉族继承制的观念，因而，在皇位继承上，也就表现出拓跋鲜卑族与汉族血亲理念的一种并非有机的糅合。由于这种血亲理念居于重要地位，所以也就成为当时王爵继承的依据。

可是，在孝文帝爵制改革之时，已经与北魏前期情况不同，拓跋鲜卑上层家族内部的血亲观念开始发生变化。这种变化出现的重要原因，是孝文帝将汉族世家大族的血亲观念引入鲜卑贵族家族之中。其中很重要的，便是使家族内部的子孙有了嫡、庶的区分。《魏书·崔玄伯传》："（崔祖龙）司空行参军。性刚躁，父亡后，与兄伯骥讼竞嫡庶，并以刀剑自卫，若怨仇焉。"很显然，在北方汉族世家大族内部子孙的地位，不是由年龄的长、幼，而是由嫡、庶的差别决定的。也就是说，尽管拓跋鲜卑族已经长期统治北方地区，但是，汉族世家大族血亲观念并没有因此而改变。由于这是长期形成的传统观念，所以，具有牢固性，并且，还是保持家族稳定的思想基础。可以说，这种区分嫡、庶的血亲观念，在《春秋公羊传》中有明确表述。正如《春秋公羊传》隐公元年称："立适以长，不以贤。立子以贵，不以长。桓何以贵，母贵也。母贵则子何以贵？子以母贵，母以子贵。"这种表述，正是确立嫡长子的原则。因此，孝文帝实行汉化政策，当然就要按这种原则在拓跋鲜卑贵族家庭中，实行嫡、庶子区分的做法。《魏书·献文六王上·咸阳王禧传》："（元）翼乃与弟昌、晔奔于萧衍。翼与昌，申屠氏出。晔，李妃所生也。翼容貌魁壮，风制可观，衍甚重之，封为咸阳王。翼让其嫡弟晔，衍不许。"这条记载是说，由于受咸阳王元禧谋反的影响，迫使他的儿子都

① 李凭：《北魏平城时代（修订本）》，上海古籍出版社，2011年，第92页。

逃亡至南朝。但由此可以看出，咸阳王元禧家族内部嫡子、庶子的区分已经很明确，而且，这种区分并不是由他们年龄的长幼决定的。这说明，孝文帝实行汉化政策后，拓跋鲜卑贵族内部的嫡子与庶子的区分已经与汉族世家大族没有多少差别。正因如此，孝文帝爵制改革后，以嫡长子为“后”继承王爵，也就成为主要的规定。如元勰改封彭城王，“嫡子劭，……袭封”[1]。由此可见，孝文帝实行以嫡长子为“后”作为王爵继承者的措施，显然与拓跋鲜卑贵族家庭中嫡、庶子观念占支配地位有密切关系。实际上，这正是汉族家族嫡、庶子观念对拓跋鲜卑亲缘关系长期渗透和影响的结果。

虽然孝文帝爵制改革后，确定了以嫡长子继承王爵的原则，可是，立“后”的具体实行，却首先需要由拥有王爵者认定。《魏书·献文六王上·赵郡王干传》：“（元谌）本年长，应袭王封，其父灵王宠爱其弟谧，以为世子。”这说明，拥有王爵者能够按其意志选择爵位的继承者，并不完全受嫡长子继承制的约束。也就是说，选择王爵继承人，家长还具有很大的决定权。不过，还要看到，由于王爵是北魏国家授予的最高等级的爵位，因此，最后确定继承王爵的世子，必须要体现出皇权的支配作用。《魏书·道武七王·河南王曜传》：“（河南王拓跋平原）长子和，为沙门，舍其子显，以爵让其次弟鉴。鉴固辞，诏许鉴身终之后，令显袭爵，鉴乃受之。”这里提到的是，王爵继承权的转让。很显然，要变换王爵的继承人，需要皇帝的诏令来最后决定，当然，确定世子对王爵的继承，也应该如此。由此可见，对确定继承王爵的世子，也就是立“后”的事务，北魏国家也要行使决定权，以此体现皇权对爵位的封授与继承，都是要全面掌控的。

尽管孝文帝爵制改革后，以嫡长子作为继承王爵的世子成为重要的做法，可是，由于要使拓跋鲜卑贵族完全接受汉族传统的继承制，需要有一个过程，而且，诸王家族内部嫡、庶子为争夺爵位继承权的斗争，也是很激烈的，因此，也就不能完全排除非嫡长子对王爵的继承。《魏书·景穆十二王中·任城王云传》：“（任城王元澄）神龟二年薨，年五十三。……第四子彝袭。”显然元澄的王爵就不是由嫡长子继承的。甚至一些拥有王爵者可以选非嫡长子为世子。《魏书·景穆十二王下·南安王桢传》：“（元攸）东宫洗

① 《魏书》卷二一下《献文六王下·彭城王勰传》。

马。早卒，赠散骑侍郎。攸弟熙，……好学，俊爽有文才，声著于世，然轻躁浮动。英深虑非保家之主，常欲废之，立第四子略为世子，宗议不听。略又固请，乃止。”这说明，拥有王爵者有权力选择非嫡长子作为继承王爵的世子，并不是特例。由此还可以看出，尽管选择世子要受到“宗议”的限制，但是，这种限制起到的作用，也是有限的。由此可见，孝文帝爵制改革后，王爵的继承主要实行立嫡长子为“后”作为世子的做法。可是，嫡长子作为世子，却不是无条件的，而必须要符合拥有王爵者的意愿。也就是说，实行以嫡长子为世子的王爵继承，就使爵位的传袭保持了相对的稳定，然而，以嫡长子为世子的继承原则，却并不能完全约束拥有王爵者选择继承者的意志，因而，北魏后期也就经常出现选择非嫡长子为世子的情况。而且，在嫡长子亡故后，还能够以拥有王爵者之弟来继承王爵。例如，临淮王元彧“无子。弟孝友，少有时誉，袭爵淮阳王”①。因此，可以说爵制改革后，确定继承王爵的世子，应该是以嫡长子为主要对象，但非嫡长子并没有完全被排除在王爵继承之外。因此，爵制改革后，所实行的，应该是以嫡长子为主、非嫡长子为辅的确定继承王爵世子的做法。

综上可见，北魏孝文帝爵制改革后，由于受汉化的影响，使拓跋鲜卑族的血亲理念发生很大变化，而且，汉族世家大族的嫡、庶观念也渗入鲜卑贵族家族内部，因而，这种观念成为确定嫡长子继承王爵的依据。受这种观念的支配，当时继承王爵的世子，主要选择嫡长子。然而，爵制改革后以嫡长子为世子对王爵的传袭，并不是一种固定的方式。实际上，拥有王爵者在确定世子上，具有很大的决定权，并且，还不受嫡长子继承原则的限制，因而，以非嫡长子继承王爵也是常见的情况，所以，王爵的非嫡长子继承，依然还是重要的方式。可是，由于王爵的继承开始确定了嫡长子为世子的原则，因而，使王爵传袭上的不稳定情况也就受到很大的限制。

二、王爵继承的中断与立过继子为“后”及绍封、复爵

孝文帝爵制改革后，王爵的传袭依然存在中断的情况。造成王爵不能稳

---

① 《魏书》卷一六《太武五王·临淮王谭传》。

定传袭的原因，是多方面的。《魏书·景穆十二王下·南安王桢传》：“（元晔）为东海王，邑万户。出帝初，坐事赐死于第。无子，爵除。”《魏书·献文六王下·彭城王勰传》：“（元宽）袭王爵。……永安三年，尔朱兆害之于晋阳。无后，国除。”这说明，受封王爵者因无子嗣，北魏国家可以消除他们的爵位。当然，更多的王爵被消夺，是由于拥有王爵者触犯国家法律。如南安王元桢“及恒州刺史穆泰谋反，桢知而不告，虽薨，犹追夺爵封，国除”①。河间王元琛“内侍刘腾，无所畏惮，为中尉纠弹，会赦，除名为民”②。统计《魏书》记载，从孝文帝爵制改革，直至北魏末年，失去王爵者就有：临淮王元提、康王元长命、广平王元匡、南安王元桢、南安王元熙、章武王元彬、安乐王元鉴、河间王元琛、咸阳王元禧、赵郡王元谧、北海王元颢、京兆王元愉、东海王元晔、彭城王元宽等人。在这些失去王爵者中，有的是始封王爵者，还有的则是继承王爵者。由于他们丧失王爵，因而，也就使王爵不能继续延续。可是，自北魏建国以来，一直使拓跋鲜卑贵族处于特殊地位，并对他们实行优待的政策。而且，在孝文帝爵制改革后，对拓跋鲜卑贵族的优待的措施，也没有改变，因而，使失去王爵者恢复爵位，或者使他们的爵位能够为后世继承，也就成为这种优待措施的一种体现。为了实现这种目的，爵制改革后，依然延续了北魏前期对失去王爵者所实行的立过继子为“后”以及绍封、复爵的做法。

北魏国家立过继子为“后”，是使传袭中断的王爵可以延续的重要做法。在孝文帝爵制改革前，北魏国家经常采取这种做法。如广平王拓跋连“天赐四年封。始光四年薨，无子。世祖继绝世，以阳平王熙之第二子浑为南平王，以继连后，加平西将军”③。拓跋根“改封江阳王，加平北将军。薨，无子，显祖以南平王霄第二子继为根后”④。很明显，这种做法使传袭中断的王爵因过继子的继承而继续延续。

孝文帝爵制改革后，对立过继子为“后”继承王爵的做法的规定更为明确。《魏书·文成五王·河间王若传》：“河间王若，……年十六，未封而薨，

① 《魏书》卷一九下《景穆十二王下·南安王桢传》。

② 《魏书》卷一六《道武七王·广平王连传》。

③ 《魏书》卷一六《道武七王·广平王连传》。

④ 《魏书》卷一六《道武七王·京兆王黎传》。

追封河间，谥曰孝。诏京兆康王子太安为后。太安于若为从弟，非相后之义，废之，以齐郡王子琛继。”此事当在孝文帝统治之初。这说明，在孝文帝爵制改革前，已经有“相后之义”的规定。由此可以看出，元太安为元若的从弟，二者辈分相同，因而，不能过继为“后”。换言之，北魏国家以过继方式立“后”，是严禁选择辈分相同者的，而只有同祖父，并且具有伯、叔侄的血缘联系，才具备过继为“后”的条件。也就是说，“相后之义”，是对立过继子为“后”，在血缘与辈分上的约束。

应该说，孝文帝爵制改革后，以立过继子为“后”继承王爵，都严格地遵守了“相后之义”。《魏书·献文六王上·赵郡王干传》：“（元毓）袭。庄帝初，河阴遇害，赠卫大将军、仪同三司、青州刺史，谥曰宣恭。无子，诏以谧弟谳子置字景融为后，袭爵。及置伯谌复封赵郡，改封平昌王。”元置被过继为“后”，并继承元毓的赵郡王爵位，应该在魏庄帝之时。从他们的世系来看，元置为元谳之子，而元毓则是元谧之子。元谳、元谧都是赵郡王元干之子，所以元置、元毓都为元干之孙，为同一辈分的从兄弟，因而，元置应该是为拥有王爵的元谧所立的“后”，并不是为元毓所立的“后”。这种立过继子为“后”的规定，在东魏还有很大的约束作用。如元诞“加龙骧将军，进封昌乐王，食邑七百户。……孝静初，拜侍中、车骑大将军、仪同三司、司州牧。天平三年薨。……无子，以斌第二子子亮为后”①。因为孝文帝爵制改革后，立过继子为“后”继承王爵，有严格的规定，所以，这种做法也就成为使传袭中断的王爵能够延续的重要保证。

孝文帝爵制改革后，还实行绍封的做法。所谓绍封，就是对传袭中断的爵位的再封授。《魏书·太武五王·临淮王谭传》：“（元昌）世宗时，复封临淮王，未拜而薨。……子彧，字文若，绍封。”可见，对元彧绍封，不仅是对他再封授王爵，而且，也是要恢复中断传袭的王爵。因此，可以说这种对王爵的绍封，实际是以再封授的方式使王爵能够继续延续。

其实，北魏前期，国家已经实行了绍封的做法。《魏书·太武五王·广阳王建闾传》：“广阳王建闾，真君三年封楚王。后改封广阳王。……子石侯，袭。……子遗兴，袭。……无子。……石侯弟嘉，少沉敏，喜愠不形于

---

① 《魏书》卷二一上《献文六王上·高阳王雍传》。

色，兼有武略。高祖初，拜徐州刺史，甚有威惠。后封广阳王，以绍建闾后。”可见，因无子而使王爵的继承中断，可以实行绍封。《魏书·神元平文诸帝子孙·高凉王孤传》：“（高凉王拓跋那）和平初，坐事伏法。显祖即位，追那功，命子纥绍封。”说明因犯罪而失去王爵的，后世子孙也能通过绍封恢复原来的爵位。由此可见，孝文帝爵制改革后实行的对王爵的绍封，与北魏前期的做法是相同的，因此，孝文帝改革前、后，所实行的绍封做法是一脉相承的。

当然，北魏国家选择绍封对象，也是有限定的。尤其在爵制改革后，这种限定就更明确。《魏书·济阴王小新成传》：“（拓跋郁）以贪污赐死，爵除。景明三年，诞诉云，伯郁前朝之封，正以年长袭封，以罪除爵；爵由谬袭，袭应归正。诏以偃正元妃息昙首，济阴王嫡孙可听绍封，以纂先绪。诞既袭爵，除齐州刺史。”很显然，元诞能够绍封济阴王，是因为他为始封王拓跋新城之孙。这说明，只在有共同祖父的直系血亲联系范围的后世子孙，才能够被绍封。当然，在特殊情况下，能够成为绍封王爵的对象，就不只限于与始封王有这种直系血缘联系的后世。《魏书·景穆十二王上·广平王洛侯传》：“（元匡）后除度支尚书。匡表引乐陵、章武之例，求绍洛侯封，诏付尚书议。尚书奏听袭封，以明兴绝之义。”在始平王拓跋洛侯的世系中，绍封广平王爵位的元匡，为拓跋洛侯之侄，可是，也绍封了始封王的爵位。然而，元匡还是拓跋洛侯的过继子。也就是说，元匡实际是为始封广平王拓跋洛侯所立的“后”。可见，确定绍封对象，也能够通过立过继子为“后”来实现。因为绍封可以使中断传袭的王爵继续延续，所以，这种做法，实际是对王爵正常继承的一种补充措施。

孝文帝爵制改革后，继续实行复爵的做法。《魏书·景穆十二王下·南安王桢传》：“（元桢）削除封爵，以庶人归第，禁锢终身。”“又以桢议定迁都，复封南安王，食邑一千户”。显然这种复爵，要使失去王爵者恢复原来的爵位。《魏书·献文六王上·广陵王羽传》：“（元欣）孝庄初，封沛郡王，邑一千户。后改封淮阳王。出帝时，加太师、开府，复封广陵王。”可见元欣受封为支子王后，又为他恢复始封王的称号，实际是由蕃王进至始封的广陵王。也就是说，这种复爵，只是改变受封王爵者的地位。由此来看，这两种复爵的做法，都不属于对王爵的继承。

可是，北魏国家实行的一些复爵的做法，则使王爵的恢复与继承结合起来。《魏书·景穆十二王下·章武王太洛传》："章武王太洛，皇兴二年薨。……彬，字豹儿，袭爵。……以贪婪削封。……彬有五子。长子融，……仪貌壮丽，衣冠甚伟，性通率，有豪气。高祖时，拜秘书郎。世宗初，复先爵，除骁骑将军。……子景哲，袭。"《魏书·景穆十二王上·乐良王万寿传》："（康王元长命）坐杀人赐死，国除。……子忠，肃宗时，复前爵。"元融、元忠都是以诸王之子的身份，恢复了先世的王爵。很明显，这种复爵，就应该是一种以恢复原来爵位的方式，使传袭中断的王爵能够延续，所以，这种做法，自然也就是对王爵继承的一种补充措施。

总之，由于孝文帝爵制改革后，依然出现王爵传袭中断的情况，因而，北魏国家采取立过继子为"后"、绍封、复爵的做法，保证王爵能够继续延续。实际上，立过继子为"后"、绍封、复爵，都是北魏前期使王爵可以继续传承的做法。孝文帝爵制改革后的这些措施，与北魏前期的做法，是一脉相承的。因为这些措施的实行，也就有效地使中断传袭的王爵被后世继承，因此，立过继子为"后"、绍封、复爵也就成为王爵正常继承的补充方式。当然，复爵被视为王爵的继承，是有条件的，也就不是被夺爵者的本人恢复爵位，而是由受封王爵者的后世重新获得王爵。由此来看，因为这些补充措施的实行，也就使诸王爵位的传袭可以进一步地获得有效的保证。

三、王爵继承与蕃王制的实行

北魏孝文帝爵制改革后，对王爵继承者实行了蕃王制。应该说，这种蕃王制，是爵制改革后王爵继承的一个重要特点。实际上，将继承王爵者称为蕃王，并不是在孝文帝爵制改革后，才开始实行的。《魏书·官氏志》："（天赐元年）减五等之爵，始分为四，曰王、公、侯、子，除伯、男二号。皇子及异姓元功上勋者封王，宗室及始蕃王皆降为公，诸公降为侯，侯、子亦以此为差。"这里提到的始蕃王，就是第一代继承王爵者。可见，道武帝天赐元年改革虚封的五等爵时，已经实行蕃王制。可是，道武帝对蕃王制的规定，却不是完备的。因此，北魏前期，在始封王爵位的继承上，也就很少提及蕃王制。然而，孝文帝实行爵制改革，对诸王的爵位继承做了明确的规定，进而使蕃王制也就更为完备。这种蕃王制的主要的特点就是，要依据继承始封王爵位者的世次，确定不同的蕃王。因此，后《职员令》规定有：始蕃王、二蕃王、三蕃王。[①] 也就是说，始封王爵位传袭中的蕃王只有三世，加上始封王则为四世。可以说，孝文帝爵制改革后，确实存在不同于始封王的蕃王。依据万斯同《魏诸王世表》统计，继承王爵的始蕃王有：安丰王元延明、河间王元琛、广川王元谐、城阳王元鸾、任城王元澄、广平王元匡、西河王元太兴、阳平王元颐、广阳王元嘉。二蕃王有：南平王元霄、乐浪王元长命。三蕃王有：临淮王元显、颍川王元鉴、江阳王元继。[②] 孝文帝在王爵的继承上，实行的这种蕃王制，与两晋、南朝诸王的爵位继承都不相同，因此，是北魏独特的王爵继承制。实际上，这种蕃王制是孝文帝实行汉化改革的重要内容。也就是说，孝文帝要使诸王爵位继承制带有浓厚的汉族亲缘关系的色彩。换言之，也就是要用传统的汉族亲缘关系的理念改造王爵的继承。

从传统的汉族亲缘关系来看，主要通过丧服制体现出来的。正如《礼记·大传》称："四世而缌，服之穷也。五世袒免，杀同姓也。六世亲属竭矣。"据此可知，传统的汉族的理念，是将亲缘关系规定在五世的范围内，超过五世，亲缘关系也就消失了。可是，在这个范围内，丧葬服制却存在有服与无服的区别。实际亲缘联系至四世已经"服之穷也"。因为孝文帝推行汉化改革，就使拓跋鲜卑人对汉族的这种服制已经有比较清楚的认识。例如，元遥上表称："窃闻圣人所以南面而听天下，其不可得变革者，则亲也、尊也。四世而缌服穷，五世而袒免，六世而亲属竭矣。去兹以往，犹系之以姓而弗别，缀之以食而弗殊。"[③] 因此，可以说汉族的这种亲缘关系理念为鲜卑贵族所接受，也就成为在王爵继承上，能够实行蕃王制的基础。《魏书·景穆十二王上·京兆王子推传》载京兆王拓跋子推的爵位传袭世系为："京兆王子推，太安五年封。……子太兴，袭。……太和二十二年终。……子昴，字伯晖，袭。……子悰，字魏庆，袭。"据此，拓跋太兴为始蕃王，元

---

① 《魏书》卷一一三《官氏志》。

② 二十五史刊行委员会：《二十五史补编（四册）》，中华书局，1955 年，第 4479－4488 页。

③ 《魏书》卷一九上《景穆十二王上·京兆王子推传》。

昴为二蕃王，元悰为三蕃王。很显然，继承始封王爵位的蕃王世次，实际是由继承王爵者在始封王爵位传袭世系中的位置确定的。可见，这正是受汉族传统的丧服理念的影响，才出现继承始封王爵位的始蕃王、二蕃王、三番王的设置。

孝文帝实行的蕃王制，不只是要体现蕃王在始封王爵位传袭中的世次，而且也与继承食邑的数量密切结合在一起。《魏书·张普惠传》："以初封之诏，有亲王二千户、始蕃一千户、二蕃五百户、三蕃三百户，谓是亲疏世减之法；又以开国五等，有所减之言，以为世减之趣。遂立格奏夺，称是高祖本意，仍被旨可。"张普惠建议对亲王、蕃王实行的"亲疏世减之法"，正是在孝文帝爵制改革之时。也就是说，孝文帝不仅对始封王的食邑数量，而且，对蕃王应该继承的食邑数量都做了明确的规定。可见，继承王爵的蕃王所领食邑数量要少于亲王，并且，蕃王所领食邑数量按世次递减，即始蕃王一千户，二蕃王五百户，三蕃王三百户。实际上，这是要以王爵传袭中的食邑数量的递减来体现王爵继承者与始封王血亲联系的逐渐疏远，并且，蕃王所领食邑的数量，也就成为确定在王爵传袭中的世次的依据。很显然，北魏孝文帝改革后实行的依据蕃王的世次确定继承食邑的数量，实际是一种特有的王爵继承规定。

当然，北魏国家只是使蕃王按规定继承食邑的数量，可是，却不能限制他们食邑数量的增加。例如，始蕃王元澄"五等开建，食邑一千户"。可是，"又从幸邺。还洛，以出纳之劳，增邑五百户"①。二蕃王元继"增邑一千五百户。继又上表陈让，诏听减户五百"②。这说明，北魏国家是将蕃王继承食邑的数量与他们后来增加的食邑数量明确加以区分的。

另外，由于孝明帝开始封授支子王，因而，这些支子王受封食邑的数量，也受到蕃王制的明显影响。也就是受封支子王的食邑数量，也要遵循"亲疏世减之法"。《魏书·献文六王上·广陵王羽传》："（元欣）孝庄初，封沛郡王，邑一千户。"元欣为广陵王元羽之子。显然在王爵传袭世次上，元欣与始蕃王世次相同。因此，元欣受封一千户食邑，正是依据始蕃王的标

① 《魏书》卷一九中《景穆十二王中·任城王云传》。

② 《魏书》卷一六《道武七王·京兆王黎传》。

准。《魏书·景穆十二王下·南安王桢传》："永安中，追封（元）义兴燕郡王，邑五百户，寻改封巨鹿王，又改封武邑王。"《魏书·景穆十二王下·章武王太洛传》："（元凝）庄帝初，封东安王，食邑五百户。"元义兴为南安王元桢之孙，元融则为章武王太洛之孙。二者与二蕃王的世次相同，所以，受封食邑五百户。尽管从受封爵位上看，他们为始封王，可是，这些支子王都是亲王的后裔，所以，王爵传袭的世系，自然要影响到他们受封食邑的数量，因而，也就不能与亲王的食邑数量等同。所以，这些受封的支子王，也只能处于蕃王的地位。应该说，"亲疏世减之法"是为王爵的继承制定的标准。然而，北魏国家需要平衡蕃王与始封支子王的利益，所以，也就只能按王爵传袭的世次决定受封食邑数量。可见，对蕃王食邑继承的规定，也就直接影响了支子王食邑的封授与继承。

孝文帝爵制改革后，开始改变北魏前期将爵位等级序列与职官品级序列分离的做法，将爵位等级序列并入到职官品级序列中。太和二十三年制定的后《职员令》实现了爵位等级与职官品级的合一。在后《职员令》中都将王爵规定为一品。① 因此，北魏诸王的爵位品级，也就与太师、太保、太傅、大司马、大将军、太尉、司徒、司空相同。然而，由于北魏国家对继承始封王者，实行蕃王制，因而，这就使蕃王爵位的品级与始封王的品级不能完全相同。

后《职员令》对始蕃王、二蕃王、三蕃王僚佐官设置的规定中提及："第二品将军、始蕃王长史""从第二品将军、二蕃王长史""第三品将军、三蕃王长史"②。很显然，后《职员令》实行了使不同品级的将军号与不同世次的蕃王并列在一起的做法。后《职员令》做这样的规定，正是要表明继承始封王爵位的蕃王的品级，应该与其并列的将军号相同。也就是说，规定为正一品的王爵，只应该是始封王，而蕃王的爵位品级，则是始蕃王正二品；二蕃王从二品；三蕃王正三品。由此可见，由于蕃王制的实行，就使蕃王的品级也要依据传袭的世次递减，所以，不同世次的蕃王，只继承了始封王的爵称，而他们爵位的品级却要低于始封王的品级。

---

① 《魏书》卷一一三《官氏志》。

② 《魏书》卷一一三《官氏志》。

因为北魏国家要使蕃王的品级依据传袭的世次递减，因而，为不同世次蕃王所设的王府僚佐官也是有区别的。孝文帝改革后，先后制定了前、后《职员令》。可是，在前《职员令》中，还没有对蕃王僚佐官的设置作更多的规定，但在后《职员令》中，则对蕃王僚佐官的设置规定明确，实际已经将蕃王僚佐官的设置固定化。为说明问题，依据后《职员令》将始蕃王、二蕃王、三蕃王僚佐官的类别和品级列表如下：

各世次蕃王僚佐官类别与品级统计表

蕃王世次	始蕃王	二蕃王	三蕃王
蕃王僚佐官类别与品级	长史（从四品上阶） 司马（从四品上阶） 咨议参军（五品下阶） 录事参军（从六品上阶） 功曹（从六品下阶） 记室（从六品下阶） 户曹（从六品下阶） 仓曹（从六品下阶） 中兵参军事（从六品下阶） 功曹史（从六品下阶） 主簿（七品下阶） 列曹参军事（七品下阶） 列曹行参军（从七品上阶） 行参军（八品上阶） 长兼行参军（九品下阶） 参军督护（从九品下阶）	长史（五品上阶） 司马（五品上阶） 咨议参军（从五品上阶） 录事参军（从六品下阶） 功曹（从六品下阶） 记室（从六品下阶） 户曹（从六品下阶） 仓曹（从六品下阶） 中兵参军事（从六品下阶） 功曹史（从六品下阶） 主簿（七品下阶） 列曹参军事（七品下阶） 参军事（从七品下阶） 列曹行参军（从七品下阶） 行参军（八品下阶） 长兼行参军（从九品下阶）	长史（从五品上阶） 司马（从五品上阶） 咨议参军（六品上阶） 录事参军（七品上阶） 功曹（七品下阶） 记室（七品下阶） 户曹（七品下阶） 仓曹（七品下阶） 中兵参军事（七品下阶） 功曹史（七品下阶） 主簿（从七品上阶） 列曹参军（从七品上阶） 参军事（八品上阶） 列曹行参军（八品上阶）

依据上表统计，北魏国家为蕃王所设的僚佐官，因世次的不同而存在差异。从所设僚佐官的类别看，始蕃王的僚佐官从长史至参军督护，有16类；二蕃王僚佐官从长史至长兼行参军，也为16类。始蕃王设参军督护，二蕃王不设；始蕃王不设参军事，二蕃王设。很显然，始蕃王与二蕃王所设僚佐官的类别有一些差异，但僚佐类别数量相同。可是，三蕃王所设僚佐官，从长史至列曹行参军，共14类，要少于始蕃王与二蕃王。从所设僚佐官的品级看，始蕃王长史、司马为从四品上阶；二蕃王长史、司马为五品上阶；三蕃

王长史、司马为从五品上阶。始蕃王、二蕃王所设的相同僚佐官有相同品级的。如功曹、记室、户曹、仓曹、中兵参军事、功曹史，始蕃王为从六品下阶、二蕃王也为六品下阶。但三蕃王的功曹、记室、户曹、仓曹、中兵参军事、功曹史，却为七品下阶。始蕃王、二蕃王、三蕃王所设相同僚佐官，也有品级阶次不同的。如列曹行参军，始蕃王为从七品上阶；二蕃王为从七品下阶；三蕃王为八品上阶。这就是说，北魏国家要通过僚佐官的类别、品级和阶次来体现始蕃王、二蕃王、三蕃王差别。换言之，继承始封王爵位的蕃王，因世次的不同，主要僚佐官的品级也是递减的，因此，蕃王府的规模，自然要小于始封王府。

由于始蕃王、二蕃王、三蕃王的僚佐官的类别和品级存在差别，所以，实现王爵的继承，也就需要变更王府僚佐官。《魏书》将这种做法，称为“府解”。《魏书·李宝传》：“（李思穆）寻除司徒司马。彭城王勰为定州，请为司马，带巨鹿太守。勰徙镇扬州，仍请为司马。府解，除征虏将军、太中大夫。”可见，对于诸王而言，是经常出现王府“府解”情况的。这说明，在王爵被新王继承后，改换王府僚佐官，应该是一种固定的举措。因此，“府解”也就是王爵继承过程中，不能忽视的情况。

此外，由于北魏国家封授支子王是依据“亲疏世减法”确定食邑数量的，因此，这些支子王的品级，应该与始封王的品级不同，而要比照同辈分的蕃王确定品级。当然，支子王的僚佐官设置的种类和品级规定，也应该比照辈分相同的蕃王。这就是说，由于蕃王制的实行，对受封的支子王的品级以及他们的僚佐官的类别和品级，实际与始封王是有很明显的区别的，因而，对蕃王制的这种影响也应该有充分的估计。

四、结 语

北魏孝文帝爵制改革后，将王爵的封授限制在道武帝直系子孙的范围内，并且，孝明帝时，开始封授庶子为王，也就是支子王，而且，还使原来的王爵由虚封爵改为可以领有食邑的实封爵。在爵制改革的同时，孝文帝大力推行汉化措施。可以说，孝文帝的这些做法，都影响王爵的继承。因此，从王爵的传袭来看，选择继承王爵的世子，也就是为拥有王爵者立“后”，开始由爵制改革前的长子改为嫡长子充任。这种改变的出现，是与孝文帝实行汉化政策后，使汉族家族内部子孙严格区分为嫡、庶的理念为拓跋鲜卑贵族家族接受的情况密切联系的。不过，由于拓跋鲜卑贵族家族还残留着旧的亲缘关系的观念，所以，拥有王爵者选择世子在很大的程度上，依然还要取决于他们的意志，因而，一些非嫡长子还能够被立为世子，成为继承王爵的“后”。所以孝文帝爵制改革后所实行的是，以嫡长子为主、非嫡长子为辅的王爵继承制。

因为孝文帝爵位改革后，王爵传袭的中断仍然是重要的问题，因而，为了体现对拓跋鲜卑贵族的优待，所以依然沿袭了爵制改革前立过继子为“后”以及绍封、复爵的做法。对立过继子为“后”和绍封而言，都要具有与拥有王爵者很近的血缘联系。尤其是，以过继子为“后”继承王爵，必须要依据“相后之义”。对于复爵来说，则是对王爵的恢复，因此，拥有王爵者本人被恢复爵位，并不属于继承，但在后世子孙之世恢复王爵，就应该是变化方式的王爵继承。这就是说，孝文帝爵制改革后，由于实行立过继子为“后”、绍封、复封的做法，因而，也就使传袭中断的王爵能够继续延续。

孝文帝爵制改革后，对继承王爵者，实行了蕃王制。也就是将继承王爵者区分为始蕃王、二蕃王、三蕃王，进而与始封王（亲王）相区别。实行蕃王制所依据的是体现汉族血亲联系的丧服制的“四世而缌，服之穷也”的规定。这种蕃王制，不只是要表现继承王爵者传袭的世次，而且，也影响对食邑数量和王爵品级的继承。对蕃王继承的食邑数量而言，实行“亲疏世减之法”，也就是始封王为二千户，而始蕃王为一千户、二蕃王为五百户、三蕃王为三百户。对蕃王的品级来说，不同于正一品的始封王，而是始蕃王为正二品，二蕃王为从二品，三蕃王为正三品。由于蕃王的品级按世次递减，所以不同世次蕃王的僚佐官的类别和品级也存在差异。当然，蕃王制的实行，还影响支子王的封授。可以说，支子王所领食邑数量和王爵的品级是与同辈分的蕃王相同的。可见，孝文帝爵制改革后实行的蕃王制，就使王爵的继承所具有独特性得到很明显的体现。

（原载《河北学刊》2018 年第 6 期）

论北魏开国爵的继承问题

北魏开国爵是孝文帝爵制改革后开始实行的实封爵。也就是拥有开国爵者，可以受封不同数量的食邑，进而获得丰厚的租赋。因此，北魏国家不仅重视开国爵的封授，也同样重视开国爵的继承。可以说，北魏开国爵的继承，是考察这一爵位特征不能忽视的重要问题。杨光辉教授对北魏封爵的继承问题，提出了一些值得重视的意见。① 但他对北魏开国爵继承的探讨，却过于笼统和简略，所以，对北魏开国爵继承的问题研究，还需要深入的拓展。本文拟对与北魏开国爵继承相关的问题再做一些考察，从而希望有益于深化这一问题的研究。

一、开国爵的嫡长子继承

北魏的开国爵是可以为后世继承的爵位。《魏书·游明根传》："（游肇）及肃宗初，近侍群官豫在奉迎者，自侍中崔光已下，并加封邑。时封肇文安县开国侯，邑八百户。肇独曰：'子袭父位，今古之常，因此获封，何以自处？'"据此记载，北魏开国爵不是及身而止的封爵，而是可以为后世继承的爵位。《魏书·于栗磾传》："（于忠）以平元禧功，封魏郡开国公，食邑九百户。……于是太尉雍、清河王怿、广平王怀，难违其意，议封忠常山郡开国公，食邑二千户。……永超名翻，袭爵。寻卒。子世衡，袭。齐受禅，例降。"可见，不仅受封开国爵者的爵位可以传袭，并且，传袭的世次也不受限制。甚至到北齐之时爵位还能延续，只是爵位等级降低而已。由于北魏封授的开国爵是实封爵，所以，继承开国爵者，不仅能够取得很高的社会地

---

① 杨光辉：《汉唐封爵制度》，学苑出版社，2004年，第142－156页。

位，也可以获得丰厚的租赋。正因如此，对开国爵继承的管理，就是北魏国家控制封爵的重要内容。换言之，北魏国家为保证受封开国爵家族的利益，必须要实行爵位稳定传袭的措施。在这些措施中，最重要的就是对能够继承爵位者的确定。《魏书·庄帝纪》："（武泰元年）太原王尔朱荣上表，……诸死者子孙，听立后，授封爵。诏从之。"这就是说，北魏国家对可以继承不同类别封爵者都视为"后"。当然，对实封的开国爵，也是如此。因此，对开国爵传袭而言，立"后"就是爵位继承的重要环节。然而，对拥有开国爵家族来说，并不是所有的后世成员都可以为"后"。实际上，对能够传袭开国爵的"后"，是要遵循继承的规定。而只有符合规定者才能成为继承开国爵的"后"，进而也就在家族中具有了特殊的地位。

应该说，确立继承开国爵的"后"，是与拥有爵位家族内部的血缘关系相联系的。也就是说，继承爵位的"后"，受到拥有爵位家族内部血亲关系的制约。换言之，家族内部的嫡子、庶子的区分，直接影响到"后"的选择。

从北魏上层家族成员的构成来看，应该说，在孝文帝改革后，嫡、庶子的规定更为明确。当时不仅汉族家族的嫡、庶之制继续延续，而且，拓跋鲜卑族上层家族也接受了汉族的嫡、庶之制。上层鲜卑家族的嫡、庶之制的实行，主要表现为：一是家族内部出现了"嫡母"。例如，元恭"少端谨，有志度，长而好学，事祖母、嫡母以孝闻"①。而"嫡母"的确定，却要依据出身家族地位的高低。《魏书·陆俟传》："（陆定国）初，定国娶河东柳氏，生子安保；后纳范阳卢度世女，生昕之。二室俱为旧族，而嫡妾不分。定国亡后，两子争袭父爵。"据此，尽管由于陆定国家族妻室的出身相同，难以确定嫡妻、庶妾，应该属于特殊情况，但由此透露出，在鲜卑上层家族中，妻室的地位取决于出身家族的状况，并且，直接影响其子的地位。由此来看，在鲜卑上层家族中，嫡长子多为嫡母之子。很显然，鲜卑上层家族是以"子以母贵，母以子贵"② 的原则确定嫡长子的，并以此区分嫡子与庶子。可见，这种做法与汉族家族所遵循的规定是没有差别的。二是在鲜卑上层家族内

① 《魏书》卷一一《前废帝纪》。

② 《十三经注疏·春秋公羊传注疏》隐公元年，中华书局，1980年，第2197页。

部，嫡长子与庶子地位差别明显。《魏书·陆俟传》："（陆）馥谓之曰：'汝祖东平王有十二子，我为嫡长，承袭家业。今已年老，属汝幼冲，讵堪为陆氏宗首乎？'"显然，鲜卑上层家族的嫡长子，可以继承家业，也能成为宗族长。鲜卑上层家族的嫡长子在家族中，具有的这些特权，当然是效法汉族家族的规定。由于嫡子、庶子在当时家族内部的地位不同，因此，也就经常发生争夺嫡长子身份的内斗。《魏书·崔玄伯传》："（崔祖龙）司空行参军。性刚躁，父亡后，与兄伯驎讼竞嫡庶，并以刀剑自卫，若怨仇焉。"虽然这种情况发生在汉族家族，但在鲜卑上层家族中，也同样是难以避免的。由此可见，在孝文帝改革后，鲜卑上层家族与汉族家族一样，嫡、庶之制已经占有支配地位。

当然，还要指出的是，因为孝文帝积极地以传统汉族礼仪改造国家礼制，因而，传统的汉族礼仪中确定嫡长子所具有的特殊地位的做法，也就成为国家的规定。《魏书·卢玄传》："（卢渊）长子道将，……应袭父爵，而让其第八弟道舒。有司奏闻，诏曰：'长嫡承重，礼之大经，何得辄授也。'"这说明，保证嫡长子在家族中的特殊地位，正是北魏国家接受传统汉族礼制的体现。由于这些社会因素的出现，就使家族内部的嫡、庶的观念在社会中产生很大的影响。《魏书·李彪传》载李彪上表："……《易》称：'主器者，莫若长子。'《传》曰：'太子奉冢嫡之粢盛。'然则祭亡主，则宗庙无所飨；冢嫡废，则神器无所传。圣贤知其如此，故垂诰以为长世之法。昔姬王得斯道也，故恢崇儒术以训世嫡，世嫡于是乎习成懿德，用大协于黎蒸，是以世统生人，载祀八百。……明冢嫡之重，见乎天也。"又《魏书·于栗磾传附于忠传》载于忠上表："先帝录臣父子一介之诚，昭臣家世奉公之节，故申之以婚姻，重之以爵禄，至乃位亚三槐，秩班九命。……臣先养亡第四弟第二子司徒掾永超为子。犹子之念，实切于心，乞立为嫡，传此山河。"这些记载说明，在北魏家族的嫡、庶观念影响下，上层家族选立嫡长子，并赋予其特殊地位，已经成为家族稳定的重要保证。

其实，北魏家族嫡子与庶子区分的观念，对爵位的传承也有直接影响。也就是说，当时爵位的传承，基本确定了嫡长子继承的规定。从孝文帝爵制改革后的王爵继承来看，嫡长子继承成为主导的做法。《魏书·景穆十二王上·济阴王小新成传》："（元弼）刚正有文学，位中散大夫。以世嫡应袭先爵，为季父尚书仆射丽因于氏亲宠，遂夺粥王爵，横授同母兄子诞。于是粥绝弃人事，托疾还私第。”这一记载说明，北魏后期是以嫡长子继承王爵为原则的，因此，破坏这一继承原则的继承，则被视为抢夺爵位的不义行为。就虚封的散爵继承而言，以嫡长子承袭爵位，也是主流的做法。《魏书·司马楚之传》：“（司马裔）世宗时，悦等为裔理嫡，还袭祖爵。”《魏书·儒林·刁冲传》：“（刁）冲以嫡传祖爵东安侯。”这表明，北魏后期虚封的散爵，大都是以嫡长子继承的。《魏书·薛安都传》：“（薛真都）又加持节，正号冠军，改封临晋县开国公，食邑三百户。……永平中卒，年七十四。……有子十二人。嫡子怀彻，袭封。”显然，薛真度的开国爵，也是由嫡长子薛怀彻继承的。可以说，北魏国家对开国爵继承者的确定，是与王爵与散爵大体相同的。

可是，在《魏书》一些记载中，却对开国爵的继承不记为嫡长子，只记为“长子袭”“长子袭爵”。例如，《魏书·于栗磾传》：“又加（于）烈散骑常侍，封聊城县开国子，食邑二百户。……八月，暴疾卒，时年六十五。……追封巨鹿郡开国公，增邑五百户，并前千户。烈有五子。长子祚，字万年。太和中，为中散。……袭父爵。”《魏书·李宝传》：“（李）韶克定秦陇，永安中追封安城县开国伯，邑四百户。长子玙，……袭。武定中，骠骑大将军、东徐州刺史。”《魏书·毕众敬传》：“（毕祖晖）孝昌初，北海王颢救至，城围始解。以全城之勋，封新昌县开国子，食邑四百户。……长子义緦，袭爵。”细捡《魏书》，这种事例多见。诸如，赵子献、江文遥、毕义緦、李奖、陆士懋、源规、宇文善等人对开国爵的继承，都采取这种记载方式。应该说，《魏书》采取这种笔法，实际只是对嫡长子继承的一种省略的记载。

因为北魏国家对受封开国爵者的爵位传承，一般实行嫡长子继承的做法，所以，大多数拥有开国爵家族，无特殊情况，大都排除庶子对爵位的继承。《魏书·杨大眼传》：“（杨大眼）世宗初，裴叔业以寿春内附，大眼与奚康生等率众先入，以功封安成县开国子，食邑三百户。……初，大眼徙营州，潘在洛阳，颇有失行。及为中山，大眼侧生女夫赵延宝言之于大眼，大眼怒，幽潘而杀之。后娶继室元氏。大眼之死也，甑生等问印绶所在。时元始怀孕，自指其腹谓甑生等曰：‘开国当我儿袭之，汝等婢子，勿有所望！’甑生深以为恨。”这就是说，由于杨大眼家族的嫡母有未降生之子，所以，也就以此作为排斥庶子继承开国爵的理由。尽管这是比较特殊的做法，但说明在大多数上层家族中，以嫡长子继承开国爵的观念已经很难动摇。由这种爵位继承的状况决定，北魏家族选择继承开国爵的“后”，一般也就将家族的庶子置于次要位置。

不过，还要明确的是，北魏实行以嫡长子继承开国爵的规定，并不排除嫡孙对爵位的继承。《魏书·傅永传》：“（傅永）两月之中，遂献再捷，高祖嘉之，遣谒者就豫州策拜永安远将军、镇南府长史、汝南太守、贝丘县开国男，食邑二百户。……遗敕子叔伟曰：‘此吾之永宅也。’永妻贾氏留于本乡，永至代都，娶妾冯氏，生叔伟及数女。贾后归平城，无男，唯一女。冯恃子事贾无礼，叔伟亦奉贾不顺，贾常忿之。……叔伟，九岁为州主簿。及长，膂力过人，弯弓三百斤，左右驰射，又能立马上与人角骋。见者以为得永之武而不得永文也。正光中，叔伟子丰生袭封。”傅丰生，应该为傅永嫡孙。据此可见，由于家族内部的纠纷，嫡长子傅叔伟没有继承爵位，最后爵位却为嫡孙继承。这种情况并没有超出开国爵嫡系继承的范围。也就是说，在特殊情况下，嫡长孙继承开国爵，也属于爵位的嫡系传承。

孝文帝改革后，将嫡长子继承开国爵的规定明确化，除了北魏现实的因素之外，也与承续汉族爵位继承的传统有关。应该说，在爵位继承上，实行以嫡长子为“后”的做法，最早见之于西汉。《二年律令·傅律》：“当为父爵后而傅者，士（仕）之如不为后者。”① 这说明这种立“后”的做法，已经为爵位的传承所遵循。而家族所立的这些“后”，并没有随意性。《二年律令·傅律》：“同产相为后，先以同居，毋同居乃以不同居，皆先以长者。”② 也就是明确规定以年长者为“后”。但这些家族中的年长者，大多数为长子，实际也就是嫡长子。正如《汉书·公孙弘传》所言：“元始中，修功臣后，下诏曰：……夫表德章义，所以率世厉俗，圣王之制也。其赐弘后子孙之次见为適者。”颜师古曰：“……適，读曰嫡。”西汉还将可以继承爵位者，称为“適后”。《汉书·宣帝纪》：“又赐功臣適后。或子或孙，不拘后裔，故总

① 张家山二四七号汉墓竹简整理小组：《张家山汉墓竹简》，文物出版社，2001年，第182页。

② 张家山二四七号汉墓竹简整理小组：《张家山汉墓竹简》，文物出版社，2001年，第184页。

言后也。”颜师古曰：“適，读曰嫡，承嗣者也。”西汉实行的这种做法，在两晋继续延续。也就是在爵位传承上，基本实行以嫡长子继承的做法。《晋书·荀勖传》：“（荀）辑嗣，官至卫尉。卒，谥曰简。子畯嗣。卒，谥曰烈。无嫡子，以弟息识为嗣。”说明在晋代，只有无嫡长子的家族，才能够以非嫡子继承爵位。而且，两晋国家对能够继承爵位者，也称为“后”。例如，司马道生“因以西阳王羕玄孙珣之为后”①。从西汉至两晋确定的以嫡长子作为继承爵位的“后”，对南朝的爵位继承有很大的影响。实际上，刘宋、南齐、梁、陈朝承袭了两晋的封爵继承的规定，继续实行以嫡长子为“后”的做法。《南齐书·豫章文献王传》：“今上受禅，诏曰：‘褒隆往代，义炳彝则。朕当此乐推，思弘前典。豫章王元琳、故巴陵王昭胄子同，齐氏宗国，高、武嫡胤，宜祚井邑，以传世祀。……’”《梁书·吕僧珍传》：“（吕僧珍）高祖受禅，以为冠军将军、前军司马，封平固县侯，邑一千二百户。……长子峻早卒，峻子淡嗣。”这说明，以嫡长子继承爵位，是南朝主流的做法。因此，南朝将以嫡长子身份继承封爵者，称为“嫡嗣”。如《宋书·褚叔度传》：“（褚湛之）子渊庶生，宣公主以渊有才，表为嫡嗣。”并且，这些继承封爵的嫡子，也被称为“嗣后”②。当然，南朝还使一些庶子可以继承爵位。《南齐书·武十七王·鱼复侯子响传》：“鱼复侯子响字云音，世祖第四子也。豫章王嶷无子，养子响，后有子，表留为嫡。”说明庶子要继承爵位，必须要上表皇帝，将庶子提升为嫡子，才有继承爵位的权利。由此可见，在分裂的局面下，传统的爵位嫡长子继承规定还具有牢固的影响力。因此，南朝一直遵循这种爵位继承的传统规定。但对北魏而言，尽管受到鲜卑习俗的影响，可是，在孝文帝积极地实行汉化政策之后，并没有落后南朝，依然将以嫡长子为“后”的继承爵位的规定置于主导的位置，进而体现出爵位继承的规定是对汉族传统的延续。

总之，孝文帝爵制改革后开始实行的开国爵，是可以领有食邑的实封爵。受封这一爵位，可以为后世继承。但继承开国爵者，一般为拥有爵位家族的嫡长子。这成为继承开国爵，应该遵守的原则。北魏国家所以对开国爵

① 《晋书》卷六四《简文三子·会稽思世子道生传》。

② 《梁书》卷五《元帝纪》。

的继承实行这种原则，主要是在孝文帝改革后，大力推行传统汉族礼仪，因而，在汉族家族中，依然延续嫡子、庶子的区分；而在拓跋鲜卑上层家族中，也存在嫡子、庶子的区别，并且，家族的嫡、庶差别，已经形成比较牢固的理念，从而就使传统的以嫡长子为“后”的做法，具有了坚实的基础，所以，北魏也就与南朝一样，都继续实行这种做法。应该说，北魏实行以嫡长子为“后”继承开国爵的做法，正是对传统的汉族爵位继承制的承袭。

二、开国爵的非嫡长子继承

一如前述，北魏国家在开国爵的继承上，基本实行以嫡长子为“后”的做法，并且，将这一做法作为继承开国爵应该遵循的原则。然而，在拥有爵位家族中的情况，却是复杂的。由于这种复杂性，当然也就影响到嫡长子继承爵位规定的实行，因而，也就在开国爵的传袭上，出现一些非嫡长子继承的情况。《魏书·费于传》：“（费）穆迁中军将军、吏部尚书，鲁县开国侯，食邑八百户，又领夏州大中正。……以功迁卫将军，进封赵平郡开国公，增邑一千户。以河阴酷滥事起于穆，引人诘让，出而杀之，时年五十三。庄帝还宫，追赠侍中、司徒公，谥曰武宣。长子庆远，永安中，龙骧将军、青州开府司马。第二子孝远，袭。天平中，叛入关西。”显然，费穆的开国爵不是由嫡长子，而是由次子穆孝远继承的。这种情况的出现，说明在开国爵的继承上，嫡长子继承的规定，并不能限制全部拥有爵位的家族。《魏书·源贺传》：“（贺子雍）除中军将军、金紫光禄大夫、给事黄门侍郎，封乐平县开国公，邑一千户。……改封阳平县开国公，增邑千五百户，……子雍战败被害，年四十。朝野痛惜之。赠车骑大将军、仪同三司、雍州刺史，公如故。永安中，重赠司空，谥曰庄穆。长子延伯，出后从伯。次子士则，早亡。士则弟士正、士规，并坐事死。次楷，字士质，小字那延，袭。”可见，由于贺子雍家族长子过继从伯父，其他诸子出现早亡和从坐的情况，所以，他的开国爵只能由最小的儿子贺士质继承。《魏书·郑羲传》：“（郑）仲明之死也，且有奉国之意，乃追封安平县开国侯、邑七百户。……长子道门。仲明初谋起义，令道门说大都督李叔仁于大梁。叔仁始欲同举，后闻庄帝已立，叔仁子拔江乃斩道门。建义中，特赠立节将军、瓜州刺史。道门弟孝邕，袭。”很明显，郑仲明的开国爵由非嫡长子继承，则是因嫡长子的亡故。由此可见，以非嫡长子继承开国爵，大多数都与家族中嫡长子的情况出现变故有关。

当然，对一些受封的少数民族酋帅而言，则受到家族的特殊传袭规定的影响。《魏书·田益宗传》："田益宗，光城蛮也。……后以益宗既渡淮北，不可仍为司州，乃于新蔡立东豫州，以益宗为刺史。寻改封安昌县伯，食实邑五百户。二十二年，进号征虏将军。……改封曲阳县开国伯。……二年卒，年七十三。……少子纂，袭封。"这说明，在一些归顺北魏的少数民族家族中，还实行幼子继承制，所以，他们受封的开国爵的继承，也就与拓跋鲜卑与汉族家族的继承不同。

由于在北魏上层家族中，父家长具有决定一切家族事务的权力，因此，选择爵位的继承人也是由他们决定的。《魏书·景穆十二王下·南安王桢传》："（元熙）好学，俊爽有文才，声著于世，然轻躁浮动。英深虑非保家之主，常欲废之，立第四子略为世子，宗议不听。略又固请，乃止。"很显然，北魏王爵的继承人的选择，在家族内部，需要举行宗族会议，最后由家长确定。实际开国爵继承人的举荐，也与王爵相同。尽管家族长确定开国爵继承人受到嫡子继承规定的约束，可是，这种规定并不能完全制约他们按其意图选择爵位继承人。《魏书·刘昶传》："（刘昶）又为中书监。开建五等，封昶齐郡开国公，加宋王之号。……昶适子承绪，主所生也。少而尫疾。尚高祖妹彭城长公主，为驸马都尉，先昶卒。……长子文远，次辉字重昌，并皆疏狂，昶深虑不能守其爵封。然辉犹小，未多罪过，乃以为世子，袭封。"可见刘昶在开国爵的继承上，就没有选择嫡长子，而是举荐了次子。但由此可以看出，家族长在选择开国爵继承人上，可以不受嫡长子继承制的约束。然而，他们要免除嫡长子对开国爵的继承，却受到保证爵位的稳定传承的前提条件的限制。

从北魏开国爵的继承来看，还出现有爵者之弟继承爵位的情况。《魏书·尉元传》："（尉羽）以父忧去职。又起复本官，诏袭爵，加平南将军……迁洛，以山阳在畿内，改为博陵郡开国公。……子景兴，袭。正始元年卒。……无子。景兴弟景俊，袭爵。"可见，尉景俊正是以有爵者之弟的身份继承开国爵的。其原因在于，承袭开国爵的尉景兴无子，才选择了以弟继承。其实，这只是原因之一。实际上，北魏国家允许以有爵者之弟继承开国爵，还受到拓跋鲜卑传统继承制的影响。

北魏建国后，在拓跋鲜卑上层家族的继承上，并没有完全摆脱兄终弟及制。这在皇位继承上，表现得尤为明显。因为拓跋部内原先奉行的兄终弟及制并未明令取消。① 由于受这种传袭规定的影响，也就不能完全杜绝以有爵者之弟对爵位的继承。《魏书·昭成子孙·常山王遵传》："（拓跋可悉陵）卒于中军都将。……弟陪斤，袭爵。"《魏书·尉古真传》："（穆）崇长子遂留，历显官。讨蠕蠕有功，赐爵零陵侯。后以罪废。……遂留弟观，……袭崇爵。"拓跋可悉陵、穆观对爵位的继承，应该是兄终弟及制的孑遗。然而，随着嫡长子继承制在北魏社会的影响愈来愈大，所以，北魏国家不能不为兄终弟及的继承附加条件。《魏书》记载，元彧"美风韵，善进止，衣冠之下，雅有容则。……无子。弟孝友，少有时誉，袭爵淮阳王"②。尉古眷"世祖即位，命眷与散骑常侍刘库仁等八人分典四部，绾奏机要。赐爵山桑侯，加陈兵将军。……子建，袭爵。历位给事中。卒，无子。建弟那，袭爵"③。这些记载表明，只有在有爵者无子的情况下，才能够由其弟继承爵位。此外，在有爵者的长子受封爵位后，他的爵位也不能由长子，而是由其弟继承。例如，叔孙建"顷之，为都水使者，中领军，赐爵安平公，加龙骧将军。……长子俊，字丑归，少聪敏。年十五，内侍左右。……太宗即位，命俊与磨浑等拾遗左右。迁卫将军，赐爵安城公。……俊既为安城王，俊弟邻袭父爵，降为丹阳公"④。很明显，尽管北魏国家在爵位继承上，还保留了兄终弟及制，但这种继承都是有条件的。正因如此，北魏国家将一些有爵者的这种继承视为特殊的措施。《魏书·李孝伯传》："窃惟朝例：广川王遵、太原公元大曹等，并以勋重先朝，世绝继祀，或以傍亲，或听弟袭，皆传河山之功，垂不世之赏。"也就是说，北魏国家允许有爵者之弟继承爵位，显然是对立有特殊重大功劳者的奖赏。但这种特殊的奖赏，却是利用兄终弟及制的孑遗实现的。由此来看，孝文帝改革后，尽管北魏国家使一些拥有开国爵者能够以兄终弟及的方式来继承爵位，但是，已经与早期拓跋部族的继承制有了很大的差别。

---

① 李凭：《北魏平城时代（修订本）》，上海古籍出版社，2001年，第108页。

② 《魏书》卷一八《太武五王·临淮王谭传》。

③ 《魏书》卷二六《尉古真传》。

④ 《魏书》卷二九《叔孙建传》。

在北魏国家开国爵的传承上，除了残留兄终弟及的孑遗之外，还实行了以过继子继承爵位的做法。《魏书·毕众敬传》："（毕祖朽）以功封南城县开国男，食邑二百户。历散骑侍郎，中书侍郎，加龙骧将军。……祖朽无子，弟祖归子义畅为后，袭爵。"可见，毕祖朽的开国爵正是由过继子毕义畅继承的。可以说，这种做法，是在有爵者无子的情况下，对爵位继承的补充，以此保证爵位可以继续传承。由于这种做法是对有爵家族的优待，所以，在北魏建国后，就已经实行。《魏书·文成五王·河间王若传》："河间王若……追封河间，……诏京兆康王子太安为后。太安于若为从弟，非相后之义，废之，以齐郡王子琛继。"显然，以过继子继承爵位的做法，在北魏前期已经有明确的规定，被称为"相后之义"。这种"相后之义"，实际是选择能够继承爵位的过继子的规定。也就是说，这一规定确定，只有兄弟之子才能成为过继子，进而成为继承爵位的"后"。孝文帝爵制改革后，依然实行"相后之义"。实际上，这种有爵家族以过继子为"后"继承爵位的做法，在当时还很盛行。例如，卢道侃"孝昌末卒。二子早夭，以弟道约子正达为后"[①]。宋弁"伯父世显无子，养弁为后"[②]。很显然，孝文帝爵制改革后，以过继子为"后"，能够继承不同类别的封爵。《魏书·献文六王上·赵郡王干传》："（元谧）庄帝初，河阴遇害。……无子，诏以谧弟谳子置字景融为后，袭爵。"这是王爵以过继子为"后"的继承事例。当然，受封开国爵者，以过继子继承爵位的情况，也是如此。《魏书·李宝传》："（李神儁）追论固守荆州之功，封千乘县开国侯，邑一千户。……兴和二年薨，年六十四。……神儁无子，从弟延度以第三子容儿后之。"《魏书·恩幸·王睿传》："（王椿）以预立庄帝之劳，封辽阳县开国子，食邑三百户。寻转封真定县开国侯，食邑七百户。……兴和二年春卒，时年六十二。……椿无子，以兄孙叔明为后。叔明，太尉参军事、仪同开府祭酒。死于晋阳，无子，以弟子暄子为后。"这些记载说明，受封开国爵者以过继子为"后"继承爵位，都严格遵守了"相后之义"。因此，可以说，受封开国爵者以过继子为"后"继承爵位，实际是受"相后之义"约束的一种继承，因而，也就是对嫡长子继承爵

---

① 《魏书》卷四七《卢玄传》。

② 《魏书》卷六三《宋弁传》。

位规定的补充。

此外，因为北魏国家对有功官员封授开国爵，并不限于一个爵位。《魏书·奚康生传》："（奚康生）以功迁征虏将军，封安武县开国男，食邑二百户。出为南青州刺史。……咸言禀乂意旨，过至苦痛。尝食典御奚混与康生同执刀入内，亦就市绞刑。……死时年五十四。子难，年十八。以侯刚子婿得停百日，竟徙安州。后尚书卢同为行台，又令杀之。……灵太后反政，赠都督冀瀛沧三州诸军事、骠骑大将军、司空公、冀州刺史，又追封寿张县开国侯，食邑一千户。子刚，袭。武定中，青州开府主簿。齐受禅，爵例降。刚弟定国，袭康生安武县开国男。"显然，奚康生先后受封二个开国爵。可是，这两个爵位并不能全部由一子继承，而是由亲子奚刚、奚定国分别继承。北魏国家对拥有多个开国爵者，基本都实行这种做法。可以说，这是对拥有多个开国爵者的爵位继承所采取的特殊做法，实际也是对开国爵的嫡长子继承规定的补充。

当然，还要指出的是，北魏国家还为宦官封授开国爵。然而，北魏的宦官是既没有直系血亲后裔，又处于鲜卑勋贵之下、汉族世家之上的社会阶层。① 因此，受封开国爵的宦官的爵位继承，也就表现出特殊性。《魏书·阉官·王温传》："（王温）孝昌二年，封栾城县开国侯，邑六百户。温后自陈本阳平武阳人，于是改封武阳县开国侯，邑如故。建义初，于河阴遇害，年六十六。……养子冏哲，袭。"可见，王温的开国爵是由养子王冏哲继承的。《魏书·阉官·成轨传》："（成轨）孝昌二年，以勤旧封始平县开国伯，食邑三百户。……其年八月卒。……养弟子仲庆，袭。"成轨的开国爵，则是由养弟子继承。很显然，这些宦官的开国爵，都是由无血缘联系的收养的后裔继承的。《魏书·阉官·平季传》："（平季）以参谋之勋，封元城县开国侯，食邑七百户。……初，季以兄叔良为，袭季爵。"这就是说，尽管对宦官的开国爵可以由有血缘联系者继承，但这些继承者都是与有爵者的血缘联系疏远的旁系亲。由此可见，北魏宦官的开国爵的继承，一般由收养的后裔继承。但在需要时，也可以由血缘关系疏远的旁系亲继承。也就是说，北魏国

① 陈连庆：《北魏宦官的出身及其社会地位》，《中国古代史研究（上）》，吉林文史出版社，1991 年，第 606 页。

家对受封开国爵的宦官的爵位继承，没有统一的规定，并且，也没有严格的限制，实际上，这只是适用于宦官的一种特殊的继承开国爵的做法。

综上可见，北魏开国爵的继承，受到有爵者家族内部关系的很大影响。特别是，由于拥有开国爵者无子嗣情况的出现，就使爵位不能实现嫡长子的继承。但是，为了使拥有开国爵者的爵位能够传袭，因而，也就利用兄终弟及制的孑遗，以弟承袭爵位。并且，还以“相后之义”为原则，立过继子为“后”，继承开国爵。当然，对拥有多个开国爵者的爵位，则实行特殊的分别继承的做法。可以说，这些传袭开国爵的做法，都是对嫡长子继承爵位规定的补充。而且，由于北魏国家对地位特殊的宦官也封授开国爵，所以，只能以他们收养的无血缘联系的后裔以及血缘联系疏远的旁系亲继承爵位。由于北魏国家实行了这些补充的做法，所以，在有爵位家族内部的出现特殊情况下，也能保证他们的开国爵可以稳定传承。

三、开国爵继承者的确认及继承的爵位等级与食邑数量

（一）开国爵继承者的确认

实际上，确定北魏开国爵的继承，受到有爵者家族和国家机构两方面因素的影响。如前所述，从拥有开国爵的家族来看，可以说，家族长有举荐爵位继承者的权力。有爵家族的家长选定爵位继承者，一般要遵守嫡长子继承的原则，但也能够选择非嫡长子。尽管有爵家族的家长选定爵位继承者的做法存在差异，可是，其目的却是相同的，就是要保证爵位的稳定传承。

当然，北魏社会的宗族组织对举荐爵位继承者也有很大的影响。对北魏上层家族而言，汉族世家大族，自然是以宗亲关系为联系的纽带的。拓跋鲜卑及其他少数族上层家族逐渐汉化后，也以尊祖作为亲族关系联系的基础。特别是，孝文帝改革后，汉族的血亲关系理念，更为拓跋鲜卑人吸收。因此，宗亲的理念对北魏家族产生的影响，是不能忽视的。正如《元扬墓志铭》称：“朝英缺范，家袖亦沦，悲恸邦彦，痛结宗亲。”① 因此，为了联系

① 《魏故使持节冠军将军燕州刺史元使君墓志铭》，赵超：《汉魏南北朝墓志汇编》，天津古籍出版社，2008年，第78页。

同宗族成员，祭祖就成为汉族、鲜卑族家族的重要活动。实际上，北魏社会上层家族已经有了固定的祭祖场所。《魏书·和拔传》："世祖怪而问之，群下佥言跋世居此土，祠冢犹存，其或者能致斯变。"这里提到的"祠冢"，应该是北魏前期拓跋鲜卑族祭祖之地。可是，在逐渐汉化过程中，祭祖活动开始移至家庙。《魏书·穆崇传》："（穆绍）庄帝立，尔朱荣遣人征之。绍以为必死，哭辞家庙。"穆绍所立家庙，也就是私庙。《隋书·礼仪志七》："一品已下，五品已上，自制于家，祭其私庙。"《隋书·音乐志下》："其王公已下，祭私庙日，不得作音乐。"很显然，隋代已经按官品、爵位等级确定私庙的设置。实际上，这种私庙的设置，应该受到北朝家庙设置的影响。

北魏社会上层家族对祭祀祖先的重视，正说明在宗亲观念支配下的宗族组织是牢固的。这种宗族组织对爵位继承有很大制约。《魏书·景穆十二王下·南安王桢传》提及：元英要"立第四子略为世子，宗议不听"。所谓"宗议"，实际就是宗族会议。显然，在上层家族要变动王爵继承者时，"宗议"有很大的影响。对于开国爵的继承而言，应该与王爵继承没有差别。由此可见，在有爵的上层家族爵位的传袭上，宗族组织产生的重要影响作用是不能忽视的。

然而，有爵位家族的家长和宗族的"宗议"所确定的爵位继承，实际只是对继承者的举荐，并不能最后确定爵位继承者。因为开国爵的继承权的确定，是由北魏国家控制的。《魏书·穆崇传》："（穆亮）徙封顿丘郡开国公，食邑五百户，以绍崇爵。……子绍，字永业。高祖以其贵臣世胄，顾念之。……世宗初，通直散骑常侍、高阳王雍友。遭父忧，诏起袭爵，散骑常侍，领主衣都统。"很明显，穆绍继承穆亮的顿丘郡开国公，正是由宣武帝下诏决定的。当然，北魏国家确定开国爵的继承者，不只限于嫡长子、非嫡长子。《魏书·奚斤传》："（奚绪）开建五等，封弘农郡开国侯，食邑三百户。后例降为县，改封澄城县开国侯，增邑九百户。卒。子遵，袭封。……无子，国除。太和中，高祖追录先朝功臣，以斤配食庙庭。世宗继绝世，诏以绪弟子鉴特绍其后，以承封邑。"这说明，以过继子继承拥有开国爵者的爵位，也需要皇帝下诏确认。

北魏国家为了保证开国爵继承的实现，设置了管理的机构。《魏书·夏侯道迁传》："（夏侯道迁）寻改封濮阳县开国侯，邑户如先。……长子夬，字元廷。历位前军将军、镇远将军、南兖州大中正。夬性好酒，居丧不戚，醇醪肥鲜，不离于口。沽买饮啖，多所费用。父时田园，货卖略尽，人间债负数犹千余匹，谷食至常不足，弟妹不免饮寒。初，道迁知夬好酒，不欲传授国封。……子籍，年十余岁，袭祖封。已数年，而夬弟慎等言其眇目痫疾，不任承继，自以与夬同庶，已应绍袭。尚书奏籍承封。”这里提到的“尚书”，应该是尚书省负责对继承爵位者审核的下属机构。《通典·职官五》：“北齐河清中，改为主爵，置郎中一人，属吏部，主封爵之事。”也就是说，北齐的尚书省已经设有主爵郎专门负责封爵，而主爵郎则属于吏部。《隋书·百官志中》载后齐之制：“（尚书省）其六尚书，分统列曹。吏部统吏部、（掌褒崇、选补等事）考功、（掌考第及秀孝贞士等事）主爵（掌封爵等事）三曹。应该说，北齐以主爵郎掌管封爵，就将这种管理更明确。可是，这种设置的出现，实际正是北魏后期尚书制度演化的结果。因为从西晋以来，尚书省已经成为主要的授爵机构。[①] 孝文帝官制改革后，在尚书制度上，承袭晋制，实际正是以吏部掌管爵位封授与继承的。由于北魏国家以吏部专门审核开国爵的继承者，因而，也就可以保证爵位的继承有遵循的依据，进而可以防止爵位继承出现混乱。这些情况表明，北魏国家对开国爵的继承的控制是非常严格的。

（二）继承开国爵者的爵位等级与食邑数量

北魏国家在开国爵的继承上，注意到爵位等级与食邑数量。然而，继承开国爵者的等级与食邑数量，是否与始封爵位者有差异？《魏书·张普惠传》称：“又以开国五等，有所减之言，以为世减之趣。”按张普惠所言，继承开国爵者的爵位等级与食邑数量要低于始封爵位者。这种做法，是仿照王爵继承的“亲疏世减之法”。

从王爵的继承来看，北魏国家将继承王爵者按传袭世次分为始蕃王、二蕃王、三蕃王。因为王爵继承的世代不同，其的品级存在差异。即始封王一品；始蕃王正二品；二蕃王从二品；三蕃王正三品，实际是依继承的世次递减的。并且，不同世次蕃王所设的王府僚佐官也有区别，主要僚佐官的品级也是递减的。北魏继承王爵者所领食邑数量也按蕃王传袭世次递减。正如

---

① 杨光辉：《汉唐封爵制度》，学苑出版社，2004年，第105页。

《魏书·张普惠传》所言："以初封之诏，有亲王二千户、始蕃一千户、二蕃五百户、三蕃三百户，谓是亲疏世减之法。"

可是，就继承开国爵的具体情况而言，却与继承王爵"亲疏世减之法"不同。《魏书·李宝传》："（李遐）以侯驾之功，封卢乡县开国伯，邑三百户。子孝儒，袭。"在这一记载中，并没有提到李孝儒继承了李遐的开国爵而使其爵位等级和食邑数量发生变化。《魏书·景穆十二王下·南安王桢传》："（元显恭）扬州别驾，以军功封平阳县开国子，邑三百户。……尔朱兆入洛后，死于晋阳。……子彦昭，袭。武定中，渔阳太守。齐受禅，爵例降。"显然，元彦昭继承元显恭的开国爵，一直延续到东魏北齐。只是在北齐，实行"准例降爵"[①] 措施后，爵位等级才被降低。这就是说，在北齐降爵规定实行之前，元彦昭一直保持继承的爵位等级与食邑数量。北魏国家对受封开国爵的情况，一般都采取这种做法。《魏书·景穆十二王中·任城王云传》："（元世俊）肃宗时，追论嵩勋，封世俊卫县开国男，食邑二百户。……出帝初，加仪同三司，改封武阳县开国子，食邑五百户。……兴和中，薨。……子景远，袭。"《魏书·景穆十二王下·南安王桢传》："（元篡）追封北平县公，赠安北将军、恒州刺史，改封高唐县开国侯，食邑八百户。……子子献，袭。"《魏书·献文六王上·北海王详传》："（元瑱）封平乐县开国公，食邑八百户。……子衍，袭爵。"《魏书·景穆十二王下·南安王桢传》："（元诱）追封都昌县开国伯，食邑八百户，谥曰恭。……子始伯，袭。"《魏书·献文六王上·广陵王羽传》："（元瑞）以功封安德县开国公，食邑五百户。……子峻，袭爵。齐受禅，例降。"从这些记载来看，继承开国爵者的爵位等级与食邑数量，并没有显示出递减的痕迹。这说明，北魏开国爵的传袭与王爵的情况并不相同，继承者的爵位等级与食邑数量不是按世次递减的，也就与王爵继承所实行的蕃王制明显不同。

当然，还要指出的是，文献记载中，出现一些继承开国爵者的爵位等级与食邑数量降低的情况。《魏书·尉元传》："（尉羽）迁洛，以山阳在畿内，改为博陵郡开国公。后为征虏将军、恒州刺史。卒，仍以为赠，谥曰顺。子景兴，袭。正始元年卒，赠兖州刺史。无子。景兴弟景俊，袭爵。员外散骑

---

① 《北齐书》卷二八《元坦传》。

常侍。延昌中，坐杖国吏死，降封深泽县开国公。”《魏书·李元护传》：“（李元护）景明初，以元护为辅国将军、齐州刺史、广饶县开国伯，食邑一千户，便道述职。其年入朝。……三年夏卒，年五十一。病前月余，京师无故传其凶问。又城外送客亭柱，有人书曰‘李齐州死’。纲佐饯别者见而拭之，后复如此。……子会，袭。正始中，降爵为子，邑五百户。”这些事例说明，使继承者爵位等级降低和食邑数量减少，都不是在继承爵位之时。而是由于爵位继承者的过失，或其他特殊原因使其爵位等级和食邑数量出现变动。可以说，这种变动与开国爵的继承规定，并没有关系。

概而言之，北魏国家在开国爵的继承上，规定了明确的制度。使有爵位家族长有举荐继承者的权力。由于社会上层家族受宗族组织的约束，因此，家族长的选择继承者的权力也就受到“宗议”的限制。北魏国家对有爵位家族举荐的继承者有审核权和最后决定权。可以说，北魏国家对开国爵继承权严格把握，正是全面控制受封爵位者的一种体现。另外，继承开国爵者的爵位等级与所领食邑数量与始封爵者相同，因此，与王爵继承所实行的按世次递减爵位等级与食邑数量的情况是不相同的。

四、开国爵传袭中断的影响因素

因为北魏国家实行了保证开国爵的传承的规定，因而，大多数拥有开国爵者的爵位都能被继承。然而，对一些拥有开国爵者而言，也有传袭中断情况的出现。《魏书·穆崇传》：“（穆泰）又出为使持节、镇北将军、定州刺史。改封冯翊县开国侯，食邑五百户。进征北将军。……泰不愿迁都，睿未及发而泰已至，遂潜相扇诱，图为叛。……高祖幸代，亲见罪人，问其反状，泰等伏诛。……子伯智，八岁侍学东宫，十岁拜太子洗马、散骑侍郎。尚饶阳公主，拜驸马都尉。早卒。子喈。伯智弟士儒，字叔贤。徙凉州，后乃得还。为太尉参军事。子容，武定中，汲郡太守。”据此可见，穆泰因谋反，他受封的开国爵没有被后世继承，并且，也没有使其后世可以恢复爵位。这就是说，穆泰受封的开国爵的传袭已经中断。可以说，北魏开国爵传袭中断，并不是个别情况。统计《魏书》《北史》记载，从孝文帝开始实行开国爵，至北魏分裂为东魏、西魏之时，受封开国爵者的爵位没有被子辈继承的有：邓羡、穆泰、穆罴、穆建、穆子琳、谷士恢、郦恽、韦嵩遵、辛馥、郑先护、崔摸、杨顺、杨津、萧正表、裴瑗、裴扬、王世弼、贾思同、杨大眼、崔延伯、卢同、张烈、张熠、叱列延庆、斛斯椿、贾显度、窦瑗、王仲兴、侯刚、刘腾，共30人。受封开国爵者的爵位没有被孙辈继承的有：穆绍、奚绪、李佐、尉景俊、刘昶、邢峦、裴彦先，共7人。很显然，受封开国爵者的爵位没有被继承的人数，还是占有相当数量的。

北魏开国爵的传袭所以会出现中断情况，是与拥有爵位者的家族情况有联系的。其中很重要的便是，受到拥有开国爵者后裔情况复杂性的影响。因为一些受封开国爵者的没有亲子，因而，就使北魏国家对这些无子的受爵者的爵位要实行不同的措施。《魏书·李冲传》："（李冲）又令文云：'诸有封爵，若无亲子，乃其身卒，虽有养继，国除不袭。是为有福不及已，有罪便预坐。均事等情，律令之意，便相矛盾。伏度律旨，必不然也。'臣冲以为，指例条寻，罪在无疑，准令语情，颇亦同式。"据此，北魏法令规定，对无子的受爵者的爵位，一般实行消除爵位的做法，并限制养子、过继子继承爵位。对开国爵的继承而言，实际也是如此。例如，奚遵继承开国县侯，"无子，国除"[①]。尉伯永继承开国县公，"无子，爵除"[②]。《魏书》中有一些受封开国爵者的爵位没有被后世继承，但没有记载原因，不过，从记载方式可以看出，应该是受到北魏爵位继承法令的限制的结果。《魏书·贾思伯传》："（贾思同）庄帝还宫，封营陵县开国男，邑二百户，除抚军将军、给事黄门侍郎、青州大中正。……兴和二年卒。赠使持节、都督青徐光三州诸军事、骠骑大将军、尚书右仆射、司徒公、青州刺史，谥曰文献。……卒后，魏郡姚文安、乐陵秦道静复述思同意。冀隆亦寻物故，浮阳刘休和又持冀隆说。至今未能裁正焉。"《魏书·崔延伯传》："（崔延伯）正光五年秋，以往在扬州，建淮桥之勋，封当利县开国男，食邑二百户，寻增邑一百户，改封新丰，进爵为子。……赠使持节、车骑大将军、仪同三司、定州刺史，谥曰武烈。"很显然，贾思同、崔延伯亡故后，既不书子嗣情况，也不记载爵位的继承。这应该与他们无子嗣而中断了爵位继承有很大的关系。

---

① 《魏书》卷二九《奚斤传》。

② 《魏书》卷五〇《尉元传》。

然而，北魏国家对一些有开国爵者，并没有因无子嗣而中断爵位的继承。也就是说，对这些无子的有开国爵者的爵位继承，并没有完全恪守法令。如前所述，北魏国家允许一些有开国爵者之弟继承爵位。例如，尉元“改为博陵郡开国公。……子景兴，袭。正始元年卒，赠兖州刺史。无子。景兴弟景俊，袭爵”①。而且，北魏国家还允许一些受封开国爵者能够以过继子为“后”，继承爵位。例如，毕祖朽“以功封南城县开国男，食邑二百户。历散骑侍郎，中书侍郎，加龙骧将军。……祖朽无子，弟祖归子义畅为后，袭爵”②。李神俊“追论固守荆州之功，封千乘县开国侯，邑一千户。……兴和二年薨，年六十四。……神俊无子，从弟延度以第三子容儿后之”③。可以说，北魏国家使这些无子的拥有开国爵者的爵位，能够以兄终弟及的方式，或者以立过继子的方式继承，应该是对他们实行的特别措施。也就是说，虽然北魏法令规定，有爵者的养子、过继子也不能继承爵位，可是，由于北魏国家需要奖励、优待一些拥有开国爵者，所以，并不完全限制以兄终弟及，或以过继子对爵位的继承，因而，也就使一些无子的拥有开国爵者的爵位还能够继续传袭。这说明，北魏国家的限制规定并没有完全制约这些无子的有开国爵者的爵位继承，因而，这种规定的影响面也就很有限度。

北魏开国爵传袭的中断，除了受家族因素制约之外，还受到国家对爵位褫夺的影响。实际上，北魏国家能够封授官员开国爵，也能剥夺官员受封的开国爵。《魏书·穆崇传》：魏郡开国公穆罴“穆泰之反，罴与潜通，赦后事发，削封为民”。《魏书·穆崇传》：开国男穆子琳“以占夺民田，免官爵”。《魏书·恩幸·侯刚传》：开国县侯侯刚“不忠不道，深暴民听，附下罔上，事彰幽显。莫大之罪，难从宥原，封爵之科，理宜贬夺”。很显然，这些拥有开国爵者都因犯罪，使他们的爵位被国家消夺。因此，他们的后世也就无爵位可继承。很显然，这成为使开国爵传袭中断的重要影响因素。

除此之外，北魏国家中断爵开国爵的传承，还与有爵者的过失有关。《魏书·裴叔业传》：“（裴扬）壮果有谋略。……景明初，以扬为辅国将军、南司

① 《魏书》卷五〇《尉元传》。

② 《魏书》卷六一《毕众敬传》。

③ 《魏书》卷三九《李宝传》。

州刺史，拟戍义阳，封义安县开国伯，邑千户。诏命未至，为贼所杀。赠冠军将军，进爵县侯，余如故。世宗以扬勋效未立而卒，其子炯不得袭封。”可见，北魏国家剥夺一些拥有开国爵者的后世对爵位继承，实际是作为一种处罚的措施。由于这种措施的实行，当然就要影响到开国爵继承的实现。

不仅如此，由于北魏国家对一些开国爵的封授，采取了特殊的做法，因而，也就限制了爵位的继承。《魏书·奚斤传》：“（奚绪）开建五等，封弘农郡开国侯，食邑三百户。后例降为县，改封澄城县开国侯，增邑九百户。卒。子遵，袭封。……无子，国除。太和中，高祖追录先朝功臣，以斤配食庙庭。世宗继绝世，诏以绪弟子鉴特绍其后，以承封邑。鉴卒于中坚将军、司徒从事中郎。赠龙骧将军、肆州刺史。子绍宗，武定中，开府田曹参军。”很显然，奚鉴是通过绍封获得开国爵的，所以，他的后世没有继承他的爵位。《魏书·刘昶传》：“（刘昶）又为中书监。开建五等，封昶齐郡开国公，加宋王之号。……次辉字重昌，并皆疏狂，昶深虑不能守其爵封。然辉犹小，未多罪过，乃以为世子，袭封。……后执辉于河内之温县，幽于司州，将加死刑，会赦得免。三年，复其官爵，迁征虏将军、中散大夫。四年辉卒，家遂衰顿，无复可纪。”可见刘辉通过“复爵”，又重新获得开国爵。然而，他的爵位却没有为后世继承。这说明，北魏国家对以绍封、复爵的途径获得开国爵者的爵位，一般是限制后世继承的。

北魏国家还将赠官与开国爵的继承联系起来，也成为制约爵位继承的因素。《魏书·郦范传》：“（郦恽）以功赏魏昌县开国子，邑三百户。恽在军，启求减身官爵为父请赠，诏赠夔征虏将军、安州刺史。……子怀则，武定末，司空长流参军。”这说明，由于北魏国家重视授予亡故官员的赠官，所以，亡故的有爵者要获得超过标准的赠官，实际能够以中止开国爵的继承来实现。北魏国家对一些获得高品级赠官者，也采取这种做法。《魏书·崔辨传》：“（崔模）以功封槐里县开国伯，邑五百户。……永熙中，追录前勋，又赠都督定相冀三州诸军事、骠骑大将军、仪同三司、相州刺史。子士护。”《魏书·杨播传》：“（杨顺）预立庄帝之功，封三门县开国公，食邑七百户。出为平北将军、冀州刺史，寻进号抚军将军。罢州还，遇害，年六十五，太昌初赠都督相殷二州诸军事、太尉公、录尚书事、相州刺史。子辩，字僧达。历通直常侍、平东将军、东雍州刺史。”《魏书·萧正表传》：“（萧）正表入朝，以勋封兰陵郡开国公、吴郡王，食邑五千户。寻除侍中、车骑将军、特进、太子太保、开府仪同三司，赏赉丰厚。其年冬薨，年四十二。赠侍中、都督徐扬兖豫济五州诸军事、骠骑大将军、司空公、徐州刺史、开国公、王并如故，谥曰昭烈。子广寿。”很明显，崔摸、杨顺、萧正表亡故后，都获得正一品的赠官，但他们的后世都没有继承他们受封的开国爵。这种情况并不是特例。在《魏书》记载中，除此三人之外，杨津、王世弼、卢同、崔摸等人亡故后，都被授予很高品级的赠官，但他们的开国爵，也都没有被后世继承。这说明，北魏国家对获得高品级赠官者的开国爵，显然有限制后世继承的举措。也就是说，亡故者能够获得高品级的赠官，其中应该包括中断他们的开国爵为后世继承而提高赠官品级的因素。

此外，北魏开国爵继承的中断，还受到一些能够继承爵位者行为的影响。《魏书·邢峦传》：“（邢峦）封平舒县开国伯，食邑五百户，赏宿豫之功也。……延昌三年，暴疾卒，年五十一。……子逊，……武定四年卒，年五十六。赠本将军、光禄勋卿、幽州刺史。子祖徵，开府祭酒。父丧未终，谋反，伏法。”这说明，北魏国家对一些违法的能够继承开国爵者，显然要剥夺他们爵位的继承权。当然，还有一些能够继承开国爵者，则是要求放弃继承权。《魏书·张烈传》：“（张烈）世宗即位，追录先勋，封清河县开国子，邑二百户。……元象元年，卒于家，时年七十七。烈先为《家诫》千余言，并自叙志行及所历之官，临终敕子侄不听求赠，但勒《家诫》立碣而已。其子质奉行焉。质，博学多才艺。解褐奉朝请，员外郎、龙骧将军、谏议大夫。未袭爵。”这就是说，张烈之子张质“未袭爵”，应该是主动放弃的。因为张烈临终便要求后辈不向国家请求赠官而为张质所遵守，因此，他放弃爵位的继承与其父不要求获得赠官的行为，应该出于同样的目的。

五、余 论

北魏孝文帝爵制改革后，开始实行开国爵制。北魏国家不仅重视开国爵的封授，也同样重视开国爵的继承，因此，也就为拥有开国爵者爵位可以传承，制定了应该遵守的规定。在这些规定中，重要的是对开国爵继承者的确定。可以说，北魏国家实行了以拥有开国爵家族的嫡长子作为继承爵位的

“后”的做法。但这种做法能够实行，是与孝文帝改革后，汉族和拓跋鲜卑族上层家族的嫡、庶之制相联系的。汉族大族的嫡、庶之制，是对传统家族规定的延续；而拓跋鲜卑族上层的嫡、庶之制则是吸纳汉族礼仪规定的结果。实际上，汉族和拓跋鲜卑族家族的嫡子、庶子的区分已经成为可以实行嫡长子继承制的基础。应该说，实行以拥有开国爵家族的嫡长子继承爵位的主导做法，就能够有效地保证开国爵长期稳定的传袭。

然而，由于拥有开国爵家族内部的亲子的存在状况是复杂的，因而，在一些家族中，并不能实行嫡长子继承，所以，也就不能不实行非嫡长子继承。在这种继承中，主要是北魏国家利用拓跋鲜卑族早期实行的兄终弟及制的孑遗，使一些拥有开国爵者能够以其弟继承爵位；还能够以“相后之义”为原则选立过继子继承爵位。但是，这些非嫡长子对开国爵的继承，都是以拥有开国爵者的家族无子嗣为前提的，所以，这种继承应该是对嫡长子继承爵位的补充。

北魏国家要保证开国爵继承的实现，受到拥有开国爵家族的行为和国家权力的行使因素的影响。应该说，拥有开国爵的家族长和家族所在的宗族组织具有举荐爵位继承者的权力。而北魏国家则要由尚书省的吏部审核举荐的继承爵位者，最后要由皇帝下诏确认。这就是说，北魏国家不仅把控开国爵的封授权，而且，也掌握开国爵的继承权。北魏国家对开国爵继承权的控制，正是要防止拥有开国爵家族的爵位继承出现混乱。

北魏继承开国爵者获得的开国爵等级与食邑数量，是与始封开国爵者相同的。也就是说，对开国爵的继承，并不像王爵继承一样，实行“亲疏世减之法”。尽管继承开国爵者的世次存在差异，但是，爵位的等级与食邑数量却是保持不变的。因此，可以说，北魏开国爵的继承规定与王爵继承的蕃王制有很大差别。

北魏开国爵继承出现中断的情况。这种情况的产生，是由于北魏法令限制无子的拥有开国爵家族对爵位的继承。可是，北魏国家为保障拥有开国爵家族的利益，却以特殊奖励的名义，允许这种家族能够以兄终弟及和以立过继子的方式继承爵位，所以，北魏法令所起到的限制作用的影响是很有限的。然而，对北魏开国爵传袭的中断产生重要影响的是，国家对犯罪，或其他过失，褫夺拥有开国者的爵位，因而，就使他们的后世没有可以继承的爵位。而且，北魏国家还将有爵者亡故后的赠官与爵位继承联系起来，使一些亡故的拥有开国爵者能够用中止爵位继承来换得超过标准的赠官。由于这种做法的实行，很多有高品级赠官者，他们的开国爵都没有为后世继承。也就是说，中止开国爵的继承可以换取亡故的有爵者的高品级赠官的规定，也就成为影响爵位传承不能忽视的因素。尽管北魏开国爵的传袭有中断情况的出现，可是，由于北魏国家对拥有开国爵者的爵位继承采取优待和保护措施，所以，影响爵位传承的因素所产生的作用也就是有限度的。

北魏孝文帝官制改革后，特别是实行后《职员令》，就将爵位与官位合二为一。也就是将爵位纳入国家的官本位体制中。据后《职员令》规定，开国爵最高品级的开国郡公为正一品；最低品级的开国县男为正五品。在北魏的官本位体制中，受封不同等级的开国爵，也就成为具有特殊地位的权贵。而且，受封开国爵者，按爵位等级还可以获得不低于二百户，甚至高达二千户的食邑。因此，拥有开国爵便成为具有特殊政治地位和能够获取丰厚经济利益的象征。实际上，北魏国家对开国爵的封授，正是要促使这个权贵群体不断扩大；而保证开国爵的稳定传袭，则是使这个权贵群体的存在能够长期延续。由此来看，由于北魏国家实行的保证开国爵继承的规定，就使社会阶层的两极分化表现得更为明显，并且，也使上层与下层群体之间的鸿沟更加难以逾越。因此，可以说，这些爵位继承的措施实行，促使拥有爵位的上层权贵群体也就更加封闭化和凝固化。

（原载《人文杂志》2019 年第 10 期）

北魏虚封五等爵的继承问题

北魏建国后，开始实行虚封五等爵。虽然这种爵位为虚封，但是北魏国家却将虚封五等爵视为受赐爵位者的“本封”，而且对这一爵位的继承，也制定了明确的规定。孝文帝爵位改革后，将虚封五等爵改称散爵，但对改革前受赐的爵位继承，继续延续原来的传袭世次，并使赐授的散爵，也成为可以继承的爵位。虽然前人对北魏虚封五等爵的继承问题，有所提及，[①] 但是，对这一问题仍然有继续深入开掘的必要，所以，本文拟对北魏虚封五等爵继承的相关问题，做进一步的考察，希望对北魏封爵继承的认识有所裨益。

一、虚封五等爵与将军号的继承

北魏前期，虚封五等爵的继承与将军号的继承是结合在一起的。由于北魏国家采取这种做法，所以，也就需要对爵位继承与将军号的继承分别说明，并考察二者相互联系的特点。

（一）虚封爵五等爵的等级与封地的继承

北魏前期，虚封爵的等级具有两个特点：一是将王爵与五等爵编制在一起。《魏书·官氏志》：“（天赐元年）减五等之爵，始分为四，曰王、公、侯、子，除伯、男二号。……王第一品，公第二品，侯第三品，子第四品。”这就是说，王爵与公以下爵位都在同一品级序列。尽管如此，王爵与公以下爵位却是划分层次的。北魏前期，国家封授王爵称为“封”。例如，天赐六年，“封卫王仪子良为南阳王”[②]。而封授公以下爵位则称为“赐”。例如，拓

---

① 杨光辉：《汉唐封爵制度》，学苑出版社，2004 年，第 142－156 页。

② 《魏书》卷三《明帝纪》。

跋提“少以雄武知名，赐爵襄城公”①。卫云“太祖时，常典选曹，转给事中。以功赐爵安德侯”②。这种称谓的差异，正是王爵与公以下爵位分属两个不同层次的体现。二是对受封爵位者来说，爵位等级与虚封地是有联系的。《魏书·官氏志》：“（天赐元年）王封大郡，公封小郡，侯封大县，子封小县。……诏始赐王、公、侯、子国臣吏，大郡王二百人，次郡王、上郡公百人，次郡公五十人，侯二十五人，子十二人，皆立典师，职比家丞，总统群隶。”据此记载，可以明确，道武帝赐授的爵位有大郡王与次郡王，上郡公与次郡公的区分，并且，公爵以下封地为县，而侯爵封地为大县，子爵则为小县。也就是说，封爵的虚封地，一般能够体现爵位等次的差别。由这种情况所决定，北魏前期，爵位的继承就要包括两个因素：既要有爵位等级，也要有虚封地。可以说，这种将爵位等级与虚封地结合在一起继承的做法，是受赐爵位者的爵位稳定传袭的体现。不过，要指出的是，由于王爵与公以下爵位层次的不同，所以，在爵位继承上，也存在差异。

从公以下虚封爵的继承情况来看，在《魏书》中，一般将这种继承，简称为“袭爵”，或者“袭”。例如，于栗磾“进爵为公，加安南将军。……子洛拔，袭爵”③。王宪“出为并州刺史，加安南将军，进爵北海公，境内清肃。……子崇，袭。早卒。子仲智，袭”④。然而，北魏前期，国家使一些受赐五等爵者的爵位继承却不是完全固定的。也就是在爵位传袭中，一些继承者的爵位等级与虚封地会出现变化。这种变化大体出现三种情况：

一是继承爵位者的等级提升，并使虚封地变动。《魏书·屈遵传》：“（屈遵）中原既平，赐爵下蔡子，从驾还京师。卒，时年七十。子须袭。除长乐太守，加镇远将军，进爵信都侯。”可见，屈尊子屈须继承爵位后，他的爵位等级由子爵进为侯爵，并且，虚封地则由下蔡县改为新都县。这说明，在爵位继承中，爵位等级变化，一般要使虚封地出现变动。因为如此，才能使虚封地的存在与爵位等级相适应。当然，北魏前期，也有爵位等级提升，虚

① 《魏书》卷一四《神元平文诸帝子孙·上谷公纥罗传》。

② 《魏书》卷二三《莫含传》。

③ 《魏书》卷三一《于栗磾传》。

④ 《魏书》卷三三《王宪传》。

封地不变的事例。例如，李灵“后加建威将军、中散、内博士，赐爵高邑子。……子恢，袭子爵。……恢长子悦祖，袭爵高邑侯”①。不过，这种情况只是特例。由于虚封子爵与侯爵的封地都是县，因而，爵位等级变动，也就不需要完全改变虚封地。

二是继承爵位者的爵位等级降级，使虚封地改变。《魏书·陆真传》：“(陆延) 袭爵河南公。累迁历长安镇将，拜安南将军、济州刺史。例降，改封汝阳侯。”《魏书·来大千传》：“(来大千) 迁征北大将军，赐爵卢陵公，镇云中，兼统白道军事。……子丘颓，袭爵。降为晋兴侯。拜安远将军。”很显然，因为陆延、来大千继承的爵位等级降级，也使他们的虚封地要随之改变。这种情况不是特例。例如，宋繇“为河西王右丞相，赐爵清水公，加安远将军。……长子岩，袭爵，改为西平侯”②。贺纳“以功赐爵巨鹿侯，进爵北新公。卒。子泥，袭爵，后降为肥如侯”③。

不过，由于继承爵位者的情况复杂，也有特殊情况出现。《魏书·长孙肥传》：“(长孙石洛) 世祖初，为羽林郎，稍迁散骑常侍。从征赫连昌，为都将，以功拜乐部尚书，赐爵临淮公，加宁西将军。……子真，少以父任为中散。从征平凉，以功赐爵临城子，拜员外散骑侍郎、广武将军。袭父爵，降为建义将军、临淮侯。”很显然，长孙真继承爵位，由公爵降为子爵，可是，虚封地没有改变，依然为临淮郡。这种做法，是要通过保留虚封地没有变化，表明爵位继承者的地位并没有完全受爵位等级改变的影响。

三是继承者的爵位等级不改变，但虚封地却出现变化。《魏书·薛辩传》：“(薛辩) 长子初古拔，……延兴二年，除镇西大将军、开府，进爵平阳公。……长子胤，……少有父风。弱冠，拜中散，袭爵，镇西大将军、河东公，除悬瓠镇将。”《魏书·王洛儿传》：“其赐 (王) 洛儿爵新息公，加直意将军。……子长成，袭爵。卒，无子。弟德成，袭爵。徙为建城公，加镇远将军。”很明显，薛胤、王德成继承的爵位等级都没有改变，可是，他们的虚封地都改变了。北魏前期，封爵的虚封地使用的是晋代地名。④ 检《晋

① 《魏书》卷四九《李灵传》。

② 《魏书》卷五〇《宋繇传》。

③ 《魏书》卷八三上《外戚上·贺讷传》。

④ 严耀中：《北魏前期政治制度》，吉林教育出版社，1990年，第178页。

书》记载，初古拔受赐的平阳郡，晋代“户四万二千”[①]。可是，薛辩继承的河东郡，晋代“户四万二千五百”[②]。两郡都同属司州，并且，户口也无明显差别，所以，薛辩虚封地的变化，也只是对爵位继承者传袭爵位的一种象征。再看王洛儿继承的虚封地的变化。他受赐的新息为县，属汝南郡，而王德成继承的建城也为县，则属豫章郡。[③] 可是，建城县却位于江南，所以，继承者虚封地的改封就具有明显的征服南方的象征意义。

由此可见，北魏前期，虚封爵的传袭可以分为两种情况：一为稳定的继承。也就是爵位等级与虚封地都不改变而为后世继承。这是北魏前期爵位传承的主要做法。另一种则为变动的继承。这种继承与稳定继承不同，就是后世继承的爵位等级和虚封地出现变动，与始封爵位不完全相同。可以说，北魏前期，国家可以使继承爵位者的爵位等级，或者升级，或者降级。但是，无论爵位等级提升，还是贬降，继承爵位者的虚封地，一般都要随着继承爵位等级的改变而变动。而对爵位等级改变的继承者来说，他们虚封地不变化，只是国家应对复杂情况的特殊做法。当然，北魏前期，也出现继承者的爵位等级不变化而虚封地变化情况。这种情况，都是要以虚封地的改变，使爵位继承者地位有所变动的情况得到展现。

（二）继承爵者的将军号继承

可以说，北魏前期受赐虚封爵者，都要加授将军号。例如，燕凤“世祖初，以旧勋赐爵平舒侯，……加镇远将军”[④]。和归“从征赫连昌有功，拜统万将军，赐爵成皋男”[⑤]。也就是说，北魏前期，国家是将爵位与将军号密切结合在一起的。因此，北魏前期，国家在爵位与将军号的传袭上，是一并进行的。正如《魏书·官氏志》称：“旧制：诸以勋赐官爵者，子孙世袭军号。”可是，在《魏书》的记载中，一般只记“袭爵”，并不记将军号的继承。《魏书·宋隐传》：“（宋洽）寻兼散骑常侍，使刘义隆。加冠军将军，赐爵中都侯。……子谟，字乾仁，袭爵。……子鸾，字珍和，袭爵。东莞太

---

① 《晋书》卷一四《地理志上》。

② 《晋书》卷一四《地理志上》。

③ 《晋书》卷一五《地理志下》。

④ 《魏书》卷二四《燕凤传》。

⑤ 《魏书》卷二八《和拔传》。

守。”《魏书》的这种记载方式，并不只表明爵位的传承，也把将军号的传承包含其中。其实，《魏书》中的一些记载，为强调将军号的重要性，也要记载将军号的继承。例如，初古拔“延兴二年，除镇西大将军、开府，进爵平阳公。……长子胤，……少有父风。弱冠，拜中散，袭爵，镇西大将军、河东公，除悬瓠镇将”①。王慧龙“授龙骧将军，赐爵长社侯。……子宝兴袭爵。……袭爵长社侯、龙骧将军。卒，子琼袭爵”②。尤其是，继承爵位者的将军号出现变动，也就需要特别记载。《魏书·穆崇传》：“（穆应国）征西将军、张掖公。子度孤，袭爵，平南将军、梁城镇将。”可见，穆应国子穆度孤只继承了爵位，而他的将军号，则由征西将军改为平南将军。所以，《魏书》就要明确记载这种变化。

北魏前期，虽然国家将爵位与将军号的传袭结合在一起的，可是，继承爵位者的将军号，并不是固定不变的。实际上，在爵位传袭过程中，将军号的称号可以有变化，并且，还出现将军号品级提升和贬降情况：

一是继承爵位者的将军号提升。《魏书·韩茂传》：“（韩茂）录前后功，拜散骑常侍、殿中尚书，进爵安定公，加平南将军。……长子备，……袭爵安定公、征南大将军。……兄备卒，无子，均袭爵安定公、征南大将军。”这就是说，韩备继承爵位后，他的将军号，由平南将军改为征南大将军。可以说，征南大将军的品级要高于平南将军。也就是说，继承爵位后，韩备的将军号品级被提升。

二是继承爵位者将军号的贬降。《魏书·谷浑传》：“（谷浑）迁侍中、安南将军，领仪曹尚书，赐爵濮阳公。……子阐，……袭爵。少侍东宫，稍迁平南将军、相州刺史。入为外都大官。”很显然，谷阐继承爵位后的将军号，由安南将军改为平南将军。前《职员令》载，安南将军，二品下；平南将军，从二品上。虽然前《职员令》为孝文帝爵位改革后制定的，可是，一些职官品级却延续了北魏前期的规定。③ 由此可见，谷阐继承爵位后，他的将军号品级却下降了。这种情况并不是特例。例如，长孙亦干“世祖初，为羽

---

① 《魏书》卷四二《薛辩传》。

② 《魏书》卷三八《王慧龙传》。

③ 宫崎市定：《九品官人法研究》，韩昇译，中华书局，2008年，第241-242页。

林郎，稍迁散骑常侍。从征赫连昌，为都将，以功拜乐部尚书，赐爵临淮公，加宁西将军。……子真……袭父爵，降为建义将军、临淮侯”[①]。然而，一些继承爵位者将军号的改变，却与爵位等级变化有关系。《魏书·来大千传》：“（来大千）从讨蠕蠕。战功居多。迁征北大将军，赐爵卢陵公，镇云中，兼统白道军事。……子丘颓，袭爵。降为晋兴侯。拜安远将军。”《魏书·毕众敬传》：“（毕众敬）皇兴初，就拜散骑常侍、宁南将军、兖州刺史，赐爵东平公。……子义允，袭祖爵东平公，例降为侯。陵江将军、给事中。”这些记载说明，继承爵位者的爵位等级降低，他的将军号的品级也要随之下降。由此来看，继承爵位者的将军号改变，可以分为两种情况：一是爵位等级不变，继承的将军号的品级下降；二是由于爵位等级的改变，使继承的将军号品级随之下降。很显然，继承爵位者将军号的变化，固然与爵位等级有联系，但是，这种联系却不是很紧密的，也就是说，继承爵位者将军号的改变，具有相对的独立性。

上述情况说明，北魏前期，国家使爵位继承者，还要继承将军号。然而，由于爵位传承过程的复杂性以及继承的爵位等级和虚封地的变化，都会使将军号的继承出现改变。因此，可以说，继承爵位者所承袭的将军号与始封爵者所加的将军号，就并不是完全相同的。尽管如此，北魏前期，爵位的继承与将军号的继承，却是不能分离的。所以要实行这种做法，正是要保证爵位继承不与职官序列失去联系。因为北魏前期的爵位等级与职官品级是分离的。正如《魏书·道武帝纪》称：“（天兴元年）诏尚书吏部郎中邓渊典官制，立爵品。”由于北魏国家采取这种做法，实际就改变了晋代已经将官品与爵品合一的措施。可是，北魏国家确立的却是官本位体制，所以，也就需要使爵位与职官能够联系起来。而为受赐爵位者加授将军号就是使爵位与职官品级可以结合起来的重要举措。也就是说，爵位继承者继承的将军号，实际上，是对职官品级的承袭。换言之，继承的将军号能够起到起家官的作用。从这一点来看，由于北魏前期，国家实行爵位继承与将军号继承相结合的做法，因此，就使继承爵位者，在职官任职上，也可以获得受优待的特权。

---

① 《魏书》卷二六《长孙肥传》。

二、虚封五等爵的长子继承与非长子继承

北魏前期，国家在确定继承虚封五等爵的对象上，实行了长子继承与非长子继承两种不同的做法。应该说，长子继承与非长子继承具有各自的特点，因此，需要分别论列之。

（一）虚封五等爵的长子继承

可以说，北魏前期，国家确定爵位继承者，并不是固定的，而是实行了长子与非长子继承并行的做法。可是，由于有爵者的家族状况不同，对这两类不同的做法，要进行相应的选择。实际上，以长子继承爵位，是有爵家族经常采取的做法。《魏书·神元平文诸帝子孙·河间公齐传》："河间公齐，烈帝之玄孙也。……长子陵，袭爵。"《魏书·奚斤传》："（奚斤）太延初，为卫尉，改为弘农王，加征南大将军。后为万骑大将军。……长子他观，袭爵。"拓跋陵是鲜卑贵族；奚斤则是鲜卑勋臣。很明显，在受赐爵位的拓跋鲜卑贵族、勋臣家族中的长子，正是继承爵位的重要的对象。而对受赐爵位的汉族家族中，一般都要以长子继承爵位。例如，崔浩"白马公玄伯之长子。……袭爵白马公"①。寇赞"因难徙冯翊万年。……赐赞爵河南公，加安南将军，……长子元宝，袭爵"②。尧暄"上党长子人也。……赐爵平阳伯。……暄长子洪，袭爵"③。尽管文献记载中，对拓跋鲜卑家族与汉族家族以长子继承爵位，不加区分，可是，由于民族的不同，长子的含义是有区别的。对受赐爵位的拓跋鲜卑家族而言，继承爵位的长子，是以年龄长、幼为序的。而对受赐爵位的汉族家族来说，则与拓跋鲜卑族不同。《魏书·韩延之传》："（韩延之）南阳赭阳人，魏司徒暨之后也。……后奔姚兴。太常二年，与司马文思来入国，以延之为虎牢镇将，爵鲁阳侯。……延之前妻罗氏生子措，措随父入国。又以淮南王女妻延之，生道仁。措推道仁为嫡，袭父爵，位至殿中尚书。进爵西平公。"很明显，继承汉人家族爵位的长子，无疑是嫡长子。在《魏书》对汉族家族正常的爵位继承的记载，常有省略长子的情

---

① 《魏书》卷三五《崔浩传》。

② 《魏书》卷四二《寇赞传》。

③ 《魏书》卷四二《尧暄传》。

况。例如，严稜“冯翊临晋人。……嘉其诚款，拜平远将军，赐爵郃阳侯，假荆州刺史。……子雅玉，袭爵。……子昙，袭爵”[①]。唐和“高宗以和归诚先朝，拜镇南将军、酒泉公。……子钦，……袭爵”[②]。可以说，这些都是爵位正常传袭的记载。

北魏前期，拓跋鲜卑家族与汉族家族所以会出现这种差别，正是由拓跋鲜卑家族与汉族家族继承理念的不同所决定的。从北魏前期拓跋鲜卑家族的继承情况来看，还没有形成严格的嫡、庶子的区分，所以，家族中的长子就很难按嫡子与庶子区分的观念来确定。之所以出现这种情况，主要是因为拓跋鲜卑人脱离氏族社会不久，氏族社会的理念，对家族的影响是重大的，而且，拓跋鲜卑人入主中原后，要吸收汉族的礼仪，也要有一个渐进的过程。受这种情况的影响，拓跋鲜卑家族的长子，就不能按汉族的嫡、庶子规定来区分，只能按年龄的长、幼来决定。

然而，需要注意的是，北魏前期，由于拓跋鲜卑统治者注意选拔汉族士人协助治国，所以，就使汉族的礼仪文化得到较快的传播，从而就使这种礼仪文化不断地浸润到拓跋鲜卑人的家族中。《魏书·陆俟传》：“（陆）定国娶河东柳氏，生子安保；后纳范阳卢度世女，生昕之。二室俱为旧族，而嫡妾不分。定国亡后，两子争袭父爵。”这说明，在一些拓跋鲜卑家族中，嫡子、庶子的区分已经开始萌芽，而且，这种区分正是由其生母身份决定的。很显然，汉族传统的以“子以母贵，母以子贵”[③] 区分嫡、庶的原则已经影响了拓跋鲜卑家族。而且，一些拓跋鲜卑显贵家族中开始出现嫡子、庶子的区别，而且，这种区别正是由其生母身份决定的。例如，陆定国“娶河东柳氏，生子安保；后纳范阳卢度世女，生昕之。二室俱为旧族，而嫡妾不分。定国亡后，两子争袭父爵”[④]。由此来看，北魏前期，一些受赐爵位的拓跋鲜卑家族中，就不能完全排除零星地出现以嫡长子继承爵位的情况。

北魏前期，受赐爵位的汉族家族的长子理念，则与拓跋鲜卑家族有很大的不同。因为对汉族家族而言，家族的嫡、庶区分理念已经很牢固，并且，

① 《魏书》卷四三《严稜传》。

② 《魏书》卷四三《唐和传》。

③ 《十三经注疏·春秋公羊传注疏》隐公元年，中华书局，1980年，第2197页。

④ 《魏书》卷四〇《陆俟传》。

依据这种理念，严格区别家族中的嫡子与庶子。《魏书·卢玄传》："（卢）玄有五子，嫡唯度世，余皆别生。崔浩事难，其庶兄弟常欲危害之，度世常深忿恨。及度世有子，每诫约令绝妾孽，不得使长，以防后患。至渊兄弟，婢贱生子，虽形貌相类，皆不举接。"由此可以看出，在受赐爵位的汉族家族中，是严格依据妻室的地位区分嫡子与庶子的。这种区分就使嫡长子继承爵位获得保证。正因如此，能够继承受赐爵位者，也就被视为传重子，并且，继承爵位者的权力，一般是不能被剥夺的。《魏书·卢玄传》："（卢渊）迁秘书令、始平王师。以例降爵为伯。……渊有八子。长子道将……应袭父爵，而让其第八弟道舒。有司奏闻，诏曰：'长嫡承重，礼之大经，何得辄授也。'"可见，要改变家族传重子的继承权，只有得到皇帝的恩准，才能改变传统规定。因此，可以明确，由于北魏前期，受赐爵位的家族，一般是以汉族礼仪规定的传重子实现爵位继承的，所以，也就能够保证他们爵位的传续，具有长期性和稳定性。

这些情况说明，北魏前期，受赐爵位家族的继承者，选择长子继承，是一种重要做法。可是，拓跋鲜卑族家族与汉族家族选择长子的做法却并相不同，因而，拓跋鲜卑族与汉族家族对长子继承的规定也就存在差别，也就是说，拓跋鲜卑族是以年龄的长、幼次序确定继承爵位的长子；而汉族家族则是按传统的宗法家庭观念确立嫡长子，进而使其继承爵位。由于拓跋鲜卑家族与汉族家族爵位的长子继承存在这种差别，所以，在爵位传袭上，拓跋鲜卑族也就明显不如汉族家族稳定。

（二）虚封五等爵的非长子继承

实际上，北魏前期非长子也能够继承爵位。不过，由于拓跋鲜卑家族与汉族家族存在差别，因此，以非长子继承爵位的做法也有差异。《魏书·神元平文诸帝子孙·西河公敦传》："（拓跋敦）世祖时，进爵西河公，宠遇弥笃。卒。子拨袭。"《魏书·长孙肥传》："（长孙受兴）世祖时，从征平凉，以功赐爵长进子，除河间太守。卒。子安都，袭爵。"这些记载中提到继承爵位者，都没有注明为长子，因而，这些人应该为非长子。《魏书·尉古真传》："（尉诺）太宗初，为幽州刺史，加东统将军，进爵为侯。……世祖时，蓟人张广达等二百余人诣阙请之，复除安东将军、幽州刺史，改邑辽西公。……延和中卒。第八子观，袭爵。"由此可以看出，在拓跋鲜卑家族中，继承爵位长子与非长子的继承没有明确的区分。因此，《魏书》对拓跋鲜卑人，多不记载继承爵位的子嗣在家族中的排行。例如，长孙肥“后降爵为蓝田侯。天赐五年卒，谥曰武，陪葬金陵。子翰，袭爵”①。长孙陈“高宗即位，进爵吴郡公，加安东将军。兴光二年卒。……子头，袭爵”②。统计《魏书》记载，拓跋鲜卑家族爵位继承，没有注明是长子，还是非长子的事例很多。从始封爵的家族来看，主要有：长孙肥、长孙受兴、长孙陈、长孙兰、尉古真、尉长寿、穆应国、穆安国、穆泥乾、和跋、奚观、叔孙俊、安南、丘堆、来大千、周几、陆真、车路头等家族。所以出现这样的记载，主要因为在拓跋鲜卑家族中，对长子继承与非长子继承的区分是不严格的。

在拓跋鲜卑家族中，也有以弟袭爵的情况。《魏书·封敕文传》：“（封敕文）出为使持节、散骑常侍、镇西将军、开府、领护西夷校尉、秦益二州刺史，赐爵天水公，镇上邽。……高宗时，与新平公周盆击刘骏将殷孝祖于清东，不克。天安元年五月卒。长子万护，让爵于弟翰。于时，让者惟万护及元氏侯赵辟恶子元伯让其弟次兴，朝廷义而许之。”可见，对拓跋鲜卑家族而言，以弟袭爵是一种特例。因为北魏国家使受赐爵位的拓跋鲜卑家族，以弟承袭爵位，一般是有条件的。《魏书·尉古真传》：“（尉长寿）幼拜散骑常侍，迁殿中右曹尚书、仍加散骑常侍。从征刘义隆，至江。赐爵会稽公，加冠军将军。高宗时，除泾州刺史。和平五年卒。子弥真，袭爵。弥真卒，无子。弟状德，袭爵。”《魏书·闾大肥传》：“（闾大肥）从讨赫连昌，以功授荥阳公。……子贺，早卒。大肥弟驎，袭爵。出为仇池镇将。卒，无子。弟凤，袭爵。”这些记载说明，只有受赐爵位家族，出现无子嗣的情况，才能以弟继承爵位。

从汉族有爵家族的非长子继承上来看，既有与拓跋鲜卑家族相同之处，也存在一些差别。《魏书·屈遵传》：“（屈遵）中原既平，赐爵下蔡子，从驾还京师。卒，时年七十。子须袭。……进爵信都侯。卒。……少子处珍，袭爵。”《魏书·宋弁传》：“（宋弁）伯父世显无子，养弁为后。……显卒，弁袭爵。弁与李彪州里，迭相祗好。……长子维，……维弟纪，……维少袭父爵，自员外郎迁给事中。……子春卿早亡。弟纪以次子钦仁继。”也就是说，

① 《魏书》卷二六《长孙肥传》。

② 《魏书》卷二六《长孙肥传》。

受赐爵位的汉族家族，可以使非长子继承爵位。除此之外，受赐爵位的汉族家族，也存在以有爵者之弟继承爵位的情况。例如，薛提“累迁散骑常侍、太子太保，赐爵历阳侯，加晋兵将军。……提弟浮子。高宗即位，以提有谋立之诚，诏袭兄爵太原公，有司奏降为侯”①。谷阐“袭爵。少侍东宫，稍迁平南将军、相州刺史。入为外都大官。……阐弟季孙，袭爵”②。很显然，受赐爵位的汉族家族以非长子继承爵位的情况，与拓跋鲜卑家族，是大体相同的。然而，由于汉族有爵家族主要实行的是嫡长子继承制，因此，以非嫡长子继承爵位的做法，应该是对嫡长子爵位继承的一种补充做法。所以，可以说，这种情况是与拓跋鲜卑家族爵位继承是存在差异的。

总之，北魏前期，虚封五等爵继承者的确定，有了长子继承与非长子继承的区分。但是，这种区分对受赐爵位的拓跋鲜卑家族与汉族家族的表现情况并不相同。对拓跋鲜卑家族而言，由于没有严格的嫡子与庶子的区分，也就是嫡长子继承制没有建立起来，所以，长子继承爵位与非长子继承的区别也就不很明显。只是随着汉族嫡、庶划分的理念对拓跋鲜卑家族的影响逐渐加深，才使长子继承与非长子继承的区别，逐渐有了比较明晰的显现。而对受赐爵位的汉族家族而言，则与之明显不同。因为汉族家族的继承，一直由传统的嫡、庶区分的规定支配，因而，确定受赐爵位的汉族家族的爵位继承者，也就要以嫡长子为选择对象。也就是说，受赐爵位的汉族家族的爵位传承实行的是，以嫡长子继承为主导、以非嫡长子继承为补充的做法。

三、孝文帝爵制改革后散爵的继承

太和十六年，孝文帝实行爵位改革，开始实行实封爵与虚封爵并行的制度。孝文帝实行的实封爵包括王爵与开国爵。而虚封五等爵则改称为散爵。从散爵实行的情况来看，《南齐书·魏虏传》：“王爵非庶姓所僭，伯号是五等常秩。烈祖之胄，仍本王爵，其余王皆为公，公转为侯，侯即为伯，子男如旧。虽名易于本，而品不异昔。公第一品，侯第二品，伯第三品，子第四

---

① 《魏书》卷三三《薛提传》。

② 《魏书》卷三三《谷浑传》。

品，男第五品。”依据这条记载可以明确，在太和十六年，孝文帝对受赐王、公、侯虚封爵者采取了降爵措施。同时，对虚封爵的等级也做了重新规定，也就是将王爵从虚封爵位系统中分离出去，将公爵的等级定为一品，取代了原来的王爵，并明确了侯、伯、子、男的爵位品级。文献中，将孝文帝降爵措施称为“例降爵”。[①] 可以说，一些拥有散爵者是通过继承和“例降爵”获得的。也就是这些拥有散爵者，是承袭而来的。例如，薛达“袭，例降为侯”[②]。张法“袭。太和中，例降为伯”[③]。因此，这类散爵应该称为承袭的散爵。另一类散爵，则是孝文帝爵制改革后赐授的。例如，杨播“高祖甚壮之，赐爵华阴子，寻除右卫将军”[④]。崔瑜之“有勋，赐爵高邑男”[⑤]。尽管这两类散爵获得的情况不同，但是，都是可以被继承的爵位。《魏书·王宪传》：“（王祖念），袭爵。官至东平太守。例降爵为侯。……子庆钟，袭爵。”《魏书·高允传》：“（高忱）为政宽惠，民庶安之。后例降爵为侯。寻卒。孙贵宾，袭。”很显然，王祖念、高忱“例降”爵位等级后，他们的爵位依然可以为后世继承。而封授的散爵，也是如此。例如，赵超忠“太和末，为豫州平南府长史，带汝南太守，加建威将军，赐爵寻阳伯。……子懿，袭爵”[⑥]。刘长文“以功赐爵下邑子，迁鲁郡太守。……子敬先，袭爵”[⑦]。

不过，由于孝文帝改革后，实行实封的王爵、开国爵与虚封的散爵并行的措施，因而，散爵便成为象征身份地位的爵位，所以，在爵位继承上，就不可能采取与实封爵不一致的做法。因为这些因素的影响，就使散爵的继承与北魏前期虚封五等爵的继承出现了一些变化。

（一）以嫡长子作为散爵继承者成为主流的做法

北魏前期，在拓跋鲜卑有爵家族中，一般实行长子继承制，而汉族有爵家族中，则实行嫡长子继承制。可是，由于孝文帝以汉族世家大族的模式来

---

① 《魏书》卷一六《神元平文诸帝子孙·高凉王孤传》。

② 《魏书》卷六一《薛安都传》。

③ 《魏书》卷二四《张衮传》。

④ 《魏书》卷五八《杨播传》。

⑤ 《魏书》卷五七《崔挺传》。

⑥ 《魏书》卷五二《赵逸传》。

⑦ 《魏书》卷五五《刘芳传》。

改造鲜卑贵族、勋臣家族，所以，北魏前期，在拓跋鲜卑族、汉族中，实行两种不同的选定爵位继承人的做法已经改变。可以说，有爵家族的爵位继承，不只在汉族家族中，就是在拓跋鲜卑家族中，都开始实行嫡长子继承制。例如，彭城王元勰嫡子元劭“袭封”①。又如，于忠上表称：“犹子之念，实切于心，乞立为嫡，传此山河。”② 甚至在一些有爵家族出现争夺嫡长子地位的情况。《魏书·崔玄伯传》：“（崔祖龙）父亡后，与兄伯驎讼竞嫡庶，并以刀剑自卫，若怨仇焉。”正表明嫡长子在爵位继承及家族的其他事务中占有特殊的地位。

因为孝文帝爵制改革后，对实封爵的继承，一般采取了立嫡长子为“后”的做法，因而，要成为虚封的散爵继承者，也就不能与实封爵有差别。《魏书·司马楚之传》：“（司马裔）世宗时，悦等为裔理嫡，还袭祖爵。”《魏书·李宝传附李韶传》：“（李思穆）从平南阳，以功赐爵为伯。……嫡子斌，袭。”都说明散爵的继承者，首先要选择的是嫡长子。北魏国家更将嫡长子继承爵位的规定明确化。宣武帝下诏：“长嫡承重，礼之大经，何得辄授也。”③ 也就是说，北魏后期，国家严格要求爵位继承要遵循汉族的礼仪，将嫡长子作为承袭爵位的传重子。当然，对虚封的散爵继承而言，也包括在国家规定范围之内。

（二）取消散爵继承与将军号的联系

北魏前期，国家将爵位继承与将军号继承结合在一起。可是，太和十六年，孝文帝对爵制和官制都进行了改革，其中很重要一点就是，改变了爵位与将军号的联系。《魏书·孝文帝纪上》：“（太和十六年）制诸远属非太祖子孙及异姓为王，皆降为公，公为侯，侯为伯，子男仍旧，皆除将军之号。”孝文帝废除有爵者的将军号，也就为实行职官品级与爵位等级合一创造了重要条件。因为北魏前期，采取爵位与职官品级分离的措施，所以，为受爵者加授将军号是将爵品与官品联系起来的媒介。可是，孝文帝要将官品与爵品合二为一，就必须改变原来将爵位与将军号继承相结合的做法。正如《魏

---

① 《魏书》卷二一下《献文六王下·彭城王勰传》。

② 《魏书》卷三一《于栗磾传附于忠传》。

③ 《魏书》卷四七《卢玄传》。

书·官氏志》称："诸以勋赐官爵者，子孙世袭军号。十六年，改降五等，始革之，止袭爵而已。"也就是说，由于虚封的散爵赐授与将军号加拜已经分离，所以，散爵的继承也就与将军号的继承完全脱离关系。

（三）继承的虚封地已由晋郡、县改为北魏所设郡、县

北魏孝文帝实行散爵制后，散爵的虚封地与北魏前期虚封爵的封地也出现变化。如前所述，北魏前期，虚封爵封地地名采用的是晋代的地名。可是，散爵封地地名已经与北魏前期不同。可以说，散爵的虚封地依然有郡、县的区分。《魏书·穆崇传附穆亮传》："（穆亮）寻迁司空，参议律令。例降爵为公。"穆亮例降的散爵为公爵，所以，他的虚封地，自然为郡。《魏书·高允传》："（高忱）为政宽惠，民庶安之。后例降爵为侯。"高忱例降为侯爵，他的虚封地则应该为县。从形式上看，孝文帝爵制改革后，原来的虚封爵通过"例降爵"转变为散爵，由于封地都为虚封，所以，这种封地也只有象征意义。然而，北魏国家实行"例降爵"的措施，不仅要改变虚封爵的爵位等级，而且，也使虚封地地名代表的意义也发生变化。

北魏前期，国家要以晋代郡、县作为虚封地名称，是由于当时国家实行宗主督护制。而北魏实行的宗主督护制，却是对十六国时期坞壁制度的承袭，所以，当时国家地方郡、县要通过宗主督护制，是很难掌握真实的户口数字的。由这种情况所决定，北魏国家要区分大郡、小郡和大县、小县，只能依据晋代的户口数，因此，这也就使虚封的五等爵封授，只能采取以晋代的郡、县作为封地名称的做法。然而，太和十年"初立党、里、邻三长，定民户籍"①。也就是说，北魏国家以三长制取代了原来的宗主督护制，所以，国家能够实际把握各郡、县的户口数字。由于这种变化，也就为散爵封地的改变创造了条件。

孝文帝爵制改革后，实行了实封爵与虚封爵并行的措施。对于受封实封爵者来说，他们获得租税来源的食邑，除了寄食之外，都分布在受封的封地之中。由这种情况所决定，受封实封爵者的封地，必须是北魏实设的郡、县。也就是说，受封王爵、开国爵者的封地，都是北魏实设的郡、县。因为北魏国家对实封爵的封地采取了这种做法，自然要影响虚封散爵的封地。

---

① 《魏书》卷七下《孝文帝纪下》。

从孝文帝采取“例降爵”措施来看，他将一些原来拥有虚封爵者，并没有降为虚封的散爵，而是降为实封的开国爵。例如，元大曹“高祖时，诸王非太祖子孙者，例降爵为公。以大曹先世让国功重，曾祖乐真勋著前朝，改封太原郡公”①。穆罴“后征为光禄勋。随例降王为魏郡开国公，邑五百户”②。可是，原来虚封爵的封地，却是晋郡的名称。但是，降爵为实封爵后，就不能不使地名的性质有所改变。也就是原来晋代地名必须要转换为北魏的实设郡、县。《魏书·外戚上·冯熙传》：“（冯熙）出为定州刺史，进爵昌黎王。……后以例降，改封京兆郡公。”北魏国家例降冯熙爵位等级后，又改封他封地的做法，是很值得注意的事例。就冯熙的身份而言，他是皇室的外戚，所以他是具有很高社会地位的。从“例降爵”措施实行情况来看，一般都要保持这些降爵者的“本封”。因为这是要通过保有原封地，表明他们的地位并没有明显的改变，因此，对降爵者很少实行封地改封的做法。可是，北魏国家为何要改封贵戚冯熙的封地？可以说，北魏国家的这种做法，透露出不能忽视的信息。也就是实行“例降爵”措施，也要适应北魏国家对虚封散爵的封地命名方式转换的需要。因为冯熙的原封地昌黎郡为晋郡，也就是以晋郡作为封地名称。然而，北魏国家调整冯熙爵位时，却没有实际设置昌黎郡。北魏昌黎郡是在永兴年间，③ 也就是北魏末年孝武帝统治时期设置的。所以，在冯熙降爵后，要使他继续拥有虚封郡作为封地，就只能实行改封原来封地的做法。而冯熙改封后的封地扶风郡，正是北魏国家实际设置的郡。因此，可以说，由于孝文帝爵位改革后，散爵封地也改为北魏实设的郡、县，所以，继承爵位者的封地，也就与北魏前期不同，实际是以北魏国家实设的郡、县为象征的。

综上可见，孝文帝爵位改革后，虚封爵继续存在，改称为散爵，并且，与实封的王爵、开国爵一并实行。可是，散爵的继承却与北魏前期的虚封五等爵并不完全相同。这些差别主要表现在：对拥有散爵的家族而言，无论汉族，还是拓跋鲜卑族，都确立了嫡长子继承制。也就是嫡长子是首要选择的

① 《魏书》卷一四《神元平文诸帝子孙·高凉王孤传》。

② 《魏书》卷二七《穆崇传附穆罴传》。

③ 《魏书》卷一〇六上《地形志上》。

继承散爵的对象。因为孝文帝开始实行爵品与官品合一的规定，所以，使赐授散爵与加拜将军号分离，因而，散爵的继承与将军号的继承完全脱离关系。并且，由于孝文帝实行三长制以及实封爵制，就使散爵的虚封地由原来晋代地名改变为北魏实设的郡、县。尽管散爵的继承与北魏前期虚封爵的继承存在这些差异，但是，这些改变的措施，却更有利于保证虚封爵的传袭。

四、虚封五等爵传袭世次的限定及传袭中断的影响因素

北魏国家对虚封五等爵传袭的世次是有限制的，并且，也存在影响爵位的传袭的因素。考察虚封爵五等爵的继承，不能忽略这两个问题，所以，需要做必要的阐释。

（一）虚封五等爵传袭世次的限定

北魏国家对虚封爵的传袭世次，是有不同规定的。《魏书·穆崇传》："（穆伏真）高宗世，稍迁尚书，赐爵任城侯。出为兖州刺史、假宁东将军、濮阳公。子常贵，南阳太守。"《魏书·穆崇传》："（穆栗）凉州镇将、安南公。子祁……通直常侍、上谷河内二郡太守、司州治中、太子右卫率。"这些记载说明，国家使一些赐授的爵位，不能传袭。当然，这只是极少数的情况。北魏国家使大多数赐授的爵位都能为后世继承。《魏书·长孙肥传》："（长孙兰）后以破平凉功，赐爵睢阳子，加奋武将军。迁散骑常侍、北部尚书。后除豫州刺史。卒。子乌孤，袭爵。"《魏书·宋隐传》："（宋宣）寻兼散骑常侍，使刘义隆。加冠军将军，赐爵中都侯，领中书侍郎，行司隶校尉。真君七年卒……子谟……袭爵。……子鸾……袭爵。"由这些记载，可以明确，一些受赐虚封爵者的爵位没有说明原因，就中止了传袭，并且，他们受赐爵位传袭的世次也不相同。

从北魏受赐虚封爵者的继承情况来看，在传袭的世次上，有很大的区别。其中一些受赐虚封爵者的爵位，只传袭一世便中止。例如，拓跋敦"世祖时，进爵西河公，宠遇弥笃。卒。子拨袭"①。车路头"及太宗即位，拜为

① 《魏书》卷一四《神元平文诸帝子孙·西河公敦传》。

散骑常侍，赐爵金乡公，加忠意将军。后改为宣城公。……子眷，袭爵”[1]。统计《魏书》记载，始封爵者的爵位传袭一世中止的有：拓跋敦、拓跋泥、拓跋忠、拓跋拔干、拓跋勃、拓跋库汗、长孙受兴、长孙兰、崔玄伯、穆应国、穆安国、穆多侯、穆顗、穆泥乾、和跋、奚和观、楼大拔、刘尼、豆代田、陆真、叔孙俊、丘堆、于栗磾、公孙轨、公孙衡、公孙邃、薛提、车路头、陈建、奚拔、司马景之、司马准、司马天助、刁雍、韩延之、袁式、贺延、韩秀、唐玄达、刘文晔、尧暄、伊馛、乙瑰、和其奴、卢玄、皮豹子、封敕文、封灵佑、吕罗汉、赵超宗、宋繇、高谠、刘罗辰、乞伏居、崔景辉、崔挺、郭祚、张彝、邢峦、贾述、阳藻、刘罗辰、杜道生、梁越、苏寿兴、周澹、李修、王琚、王遇、李坚。在孝文帝爵制改革后，受赐散爵者的爵位的传袭，也是有限制的。例如，李思穆“以本官兼直阁将军，从平南阳，以功赐爵为伯。……嫡子斌，袭”[2]。统计《魏书》记载，受赐散爵者的爵位被继承的有：穆泥乾、李育、李思穆、陆龙成、宇文福、李华、王元孙、王承先、崔瑜之、崔敬邕、韩显宗、薛怀俊、崔士泰、崔庠、孙绍、祖莹。但他们的爵位都传袭一世而止。

始受虚封爵者的爵位传袭二世中止的情况也存在。例如，尉古真“又从平中原，以功赐爵束州侯，加建节将军。……泰常三年，除定州刺史。卒。子亿万，袭。卒。子盛，袭”[3]。王宪“出为并州刺史，加安南将军，进爵北海公，境内清肃。……子崇，袭。早卒。子仲智，袭”[4]。检《魏书》记载，受赐爵位传袭二世中止的有：拓跋比陵、拓跋忠、拓跋颠、许谦、崔宽、崔茂、长孙陈、尉古真、尉诺、尉长寿、穆敦、王度、楼伏连、宿石、来大千、闾大肥、豆代田、宋宣、王宪、王嶷、张蒲、谷浑、张济、李先、薛提、卢鲁元、李式、李熙、司马叔璠、王慧龙、陆馥、严稜、唐和、房法寿、方思安、韦阆、高允、游雅、高闾、皮豹子、薛安都、毕众敬、毕众爱、郑羲、郑简、高祐、晁晖、晁继、李璨、杨播、王肃、崔光、高潜、贺

① 《魏书》卷三四《车路头传》。

② 《魏书》卷三九《李宝传附李思穆传》。

③ 《魏书》卷二六《尉古真传》。

④ 《魏书》卷三三《王宪传》。

纳、王谌、王魏诚、赵黑、仇洛齐、张宗之、张祐。

始受虚封爵者的爵位传袭三世中止的，也不乏其例。例如，寇赞“爵河南公，加安南将军，……长子元宝，袭爵。……子祖，袭爵。……子灵孙，袭”①。统计《魏书》记载，始受爵者传袭三世的有：燕凤、邓渊、来大千、车伊洛、屈遵、屈垣、贾秀、王洛儿、卢鲁元、薛辩、寇赞、薛野賭、费于、李䜣、高济、崔鉴、韩茂、游明根、宋弁、郑演。

当然，还有一些始受虚封爵者的爵位传袭四世的情况。例如，毛修之“进太官尚书，赐爵南郡公，加冠军将军……公修之在南有四子，唯子法仁入国。高宗初，为金部尚书，袭爵。……长子猛虎，……初袭爵，为散骑常侍。……子泰宝，袭爵。征虏长史。例降为侯。卒。子乾佑，袭”②。长孙肥“后降爵为蓝田侯。……子翰，袭爵。……蠕蠕每犯塞，翰拒击有功，进爵为公。……子平成，袭爵。……子浑，袭爵。……太和中卒。子盛，袭爵”③。统计《魏书》记载，始受封爵者的爵位传袭四世的只有：拓跋度、张衮、奚斤、高恒、王洛儿、李宝、薛瑾、毛修之、罗结、李灵、长孙肥、尉眷、游明根、许彦。

依据统计，可以看出：北魏受赐爵位者的爵位传袭一世、二世的人数最多，而传袭四世的人数最少。也就是说，北魏大多数受赐虚封爵位家族的爵位传袭，只能维系一世，或者二世、三世。这种情况的出现，并不是由家族内部原因决定的。《魏书・穆崇传》：“（穆应国）征西将军、张掖公。子度孤，袭爵。平南将军、梁城镇将。子清休，颇有将略。司农少卿、武卫将军、左光禄大夫。出为骠骑大将军、夏州刺史。子铁槌，秘书郎。”《魏书・袁式传》：“（袁式）太常二年归国，为上客，赐爵阳夏子。……子济，袭。位魏郡太守，政有清称，加宁远将军。”穆应国为拓跋鲜卑勋臣；袁式则为汉族官员。很明显，他们爵位传袭中止的情况是相同的，也就是传承一世就不能为后世继承了。不仅如此，《魏书・穆崇传》：“（穆伏真）高宗世，稍迁尚书，赐爵任城侯。出为兖州刺史。……子常贵，南阳太守。”这说明，一

① 《魏书》卷四二《寇赞传》。

② 《魏书》卷四三《毛修之传》。

③ 《魏书》卷二六《长孙肥传》。

些受赐爵位家族，都有子嗣，并且，他们的子嗣还能担任官职，可是，却不能继承爵位。很明显，这些受赐虚封爵位者的爵位传袭中止，不是由家族内部的原因影响所致。

实际上，这种情况的出现，与国家对受赐爵位者的规定有很大关系。因为北魏爵位为后世继承，需要由国家来认定。《魏书·薛提传》：“（薛浮子）高宗即位，以提有谋立之诚，诏袭兄爵太原公，有司奏降为侯。皇兴元年卒。提孙令保，太和中，袭爵历阳侯。”很显然，薛浮子能够继承爵位需要由皇帝下诏加以确认。由此可见，北魏的爵位继承，与始受赐虚封爵位一样，都是要通过皇帝的诏令来认定的。也就是说，北魏国家对虚封爵位的传袭，是直接加以干预的，而且，北魏国家对爵位传袭的干预，不仅要对继承爵位者加以认定，也涉及爵位传袭的世次。因此，可以明确，北魏国家能够决定爵位传袭的延续与传袭的世次。也就是说，虚封爵的赐授与传袭的权力，都是由国家控制的，因而，也就出现了虚封爵不能传袭，以及传袭一世、二世、三世、四世的差别。可以说，这种差别的出现，与受赐虚封爵位家族内部和外部的影响因素无关，实际是由国家对爵位传袭的干预造成的。

然而，需要指出的是，北魏国家将虚封爵传袭的世次以四世为最高限，则是受汉族亲属观念的影响。《礼记·大传》称：“四世而缌，服之穷也。五世袒免，杀同姓也。六世亲属竭矣。”据此可知，传统的汉族的理念，是将亲缘关系规定在五世的范围内，超过五世，亲缘关系也就消失了。很显然，北魏国家对虚封爵的传袭，以四世为最高限度，因为加上始封虚封爵的世次就是五世。由此来看，北魏确定虚封爵的传袭世次，正是以汉族规定的亲属范围为依据的。

（二）影响虚封爵传袭的因素及恢复爵位的继承

可以说，北魏国家除了限定爵位的传袭之外，还出现一些受赐爵位家族，因为出现家族的内部、外部影响因素，而使爵位的传袭中止的情况。

从受赐爵家族的内部情况来看，一些家族会出现无子嗣的情况。《魏书·李孝伯传》：“（李）孝伯妻崔赜女，高明妇人，生一子元显。崔氏卒后，纳翟氏，……翟氏二子，安民、安上，并有风度。安民，袭爵寿光侯，司徒司马。卒，赠郢州刺史，无子，爵除。”可见，受赐虚封爵位家族无子嗣，国家要停止爵位的继承，因而，使家族爵位的传袭中断。

可是，北魏受赐爵位者，大多数都是拓跋鲜卑和汉族的重要官员。虽然他们受赐爵位是虚封爵，但依然是他们身份与地位的象征，所以，国家对一些无子嗣的受赐爵位家族，还采取优待措施。《魏书·高湖传》："（高赜）初为太子洗马，后稍迁散骑尚书，赐爵清河侯。……长子秉，……早终，无子。秉弟广，……袭爵。"这就是说，北魏国家允许一些无子嗣的受赐爵位家族，能够以有爵者之弟继承爵位。

除此之外，国家还使受赐虚封爵者，能够采取过继继承。《魏书·宋弁传》："（宋）弁伯父世显无子，养弁为后。……显卒，弁袭爵。弁与李彪州里，迭相祗好。"这里提到的"后"，就是能继承爵位的过继子。也就是说，受赐虚封爵家族，在无子嗣的情况下，能够以家族中的同辈之子作为过继子来继承爵位。因此，可以说，尽管受赐爵位家族，因无子嗣，直接影响了爵位的继承，可是，北魏国家能够使受赐爵者之弟与过继子继承爵位，从而也就使受赐虚封爵家族的利益得到保证。

北魏时期，还出现一些受赐虚封爵者因触犯国家法律，而使爵位传袭中断的情况。《魏书·长孙肥传》："（长孙亦干）从驾征刘义隆，至江。进爵南康公，加冠军将军，卒于军。子吴儿，袭爵。高祖初，为中散、武川镇将。太和初卒，……子长乐，袭。坐事爵除。"《魏书·周几传》："（周几）以功赐爵交址侯。……进号宋兵将军。……子步，袭爵。卒。子安国，袭爵。太和中，讨蠕蠕，失利，伏法。爵除。"这些记载说明，北魏国家对触犯法律的有爵者都要免除爵位，所以，这也成为影响爵位传袭重要的因素。

不过，北魏国家对一些因此而被免除爵位的家族，也采取了优待措施。北魏国家经常采用的做法就是，使一些失去爵位家族的子弟能够恢复爵位。《魏书·和跋传》："（和跋）进爵高阳侯。后以罪徙配凉州为民。盖吴作乱于关中，复拜归龙骧将军，往讨之。还拜使持节、冠军将军、雍城镇都大将、高阳侯。卒。子度，袭爵。"很显然，和跋恢复高阳侯后，他的爵位依然可以被继承。实际上，这种情况并不是特例。例如，贺悦"后从世祖征赫连昌，以功进爵为琅邪公，军国大议，每参预焉。又征蠕蠕，为别道将，坐逐贼不进，诈增虏，当斩，赎为庶人。久之，拜光禄勋，为外都大官，复本爵。卒于官。子丑建，袭"[①]。可见，北魏国家不仅能使被废除爵位的家族恢

① 《魏书》卷八三上《外戚上·贺讷传》。

复爵位，还能使爵位为后世继承，因而，也就有效地维护了受赐虚封爵家族的利益。

五、结　语

北魏受赐虚封五等爵者的爵位可以为后世继承。爵位的继承，不只有爵位等级，还包括虚封地。在一般情况下，继承的爵位等级与虚封地具有一致性，可是，在特殊情况下，爵位等级也与虚封地出现差别，进而体现爵位继承者的特殊地位。孝文帝爵制改革后，由于实行实封爵与虚封爵并行的做法，因而，也将继承的散爵虚封地由晋代郡、县名称改换为北魏实设郡、县。尽管如此，继承的散爵虚封地依然是拥有爵位的象征。此外，北魏前期，由于赐授虚封爵与加拜将军是结合在一起的，所以，虚封五等爵的继承与将军号的继承，也是不能分离的。实际上，继承的将军号对继承五等爵者来说，可以起到起家官的作用。但孝文帝爵位改革后，因为开始将爵品与官品合一，所以，虚封五等爵与将军号开始分离，因而，虚封散爵的继承，也就与将军号没有联系。

北魏前期，实行长子继承与非长子继承并行的做法来确定虚封五等爵的继承者。就长子继承而言，由于受赐爵位的拓跋鲜卑家族与汉族家族继承理念存在差异，所以，拓跋鲜卑家族确定长子继承，基本以年齿为序，而汉族家族则按嫡、庶理念，确定嫡长子继承。孝文帝改革后，由于大力推行汉族的嫡子、庶子区分的理念，因此，无论在拓跋鲜卑家族，还是汉族家族，都以嫡长子作为继承爵位的传重子。虚封五等爵的非长子继承，是以家族中的非长子，或者拥有虚封爵者之弟继承。在一般情况下，拥有爵位家族的长子早夭，或者出现其他的特殊情况，才采取这种继承方式，所以，虚封五等爵的非长子继承，实际是长子继承的补充做法。

北魏国家对虚封五等爵的传袭世次实行限定措施。可以说，国家依据受赐爵位者的情况决定继承的世次。从传袭世次来看，有一世、二世、三世、四世的差别。其中，虚封爵五等爵可以传袭一世、二世为最多。北魏国家将虚封五等爵最长传袭世次确定为四世，是依据汉族“五世袒免，杀同姓也”的亲属理念。北魏虚封五等爵的传袭，受到家族内部、外部的影响。由于家族无子嗣，或者有爵者犯罪被夺爵，都会使爵位的传袭中断。由于赐授虚封爵，也是北魏上层显贵的特权，所以，国家采取使过继子为“后”以及复爵的做法，使中断继承的爵位可以继续延续，进而也就维护了上层显贵的利益。

（原载《人文杂志》2021 年第 10 期）

北魏假爵制度考

北魏时期，国家为保证统治的稳定以及有效地激励各级官员为国家服务，实行了爵位制度。但北魏国家为了使爵位制度适应国家统治的需要，一般要根据不同时期的特点改变爵位制度的规定。从北魏社会的发展情况来看，可以分为前期和后期。以孝文帝对国家爵位制度的改革为界限，北魏前期实行的是虚封爵制，爵位改革后，实行了开国爵和散爵并行的制度。在北魏前期，实行虚封爵制度的同时，还实行了假爵制度。假爵制度与虚封爵制度是并行的，它同虚封爵制度既有区别，也有联系，实际上，假爵制度的实行，更有利于虚封爵制发挥作用。可是，以往对北魏爵位的研究，对北魏假爵位制度注意得不够，没有做必要的探讨。因此本文拟对北魏假爵制度的实行状况、假爵制度的特征以及假爵制度的废止诸问题做一些探讨，希望有助于对北魏爵位制度研究的深入。

一、假爵与正爵的区别及实施状况

北魏建国初年，就开始实行爵位制度。拓拔珪在即代王位后，便“班爵叙勋，各有差”①。以后为官员主要赐予五等爵。然而，在北魏国家赐予五等爵的同时，还有其他类别的爵位。《魏故谏议大夫建城侯山君之墓铭》：“君讳徽，字阿敦，河南洛阳人。……父散骑常侍、虞曹尚书、使持节、平东将军、东徐州刺史、建城侯、假长广公。”②《魏书·李灵传》：“(李灵）赐爵高邑子。……子恢，袭子爵。高宗以恢师傅之子，拜员外散骑常侍、安西将

---

① 《魏书》卷二《道武帝纪》。

② 赵超：《汉魏南北朝墓志汇编》，天津人民出版社，2008年，第262页。

军、长安镇副将，进爵为侯，假巨鹿公。”在“山徽墓志”中将山徽父所受的建城侯和假长广公并称；《魏书·李灵传》中也将其子李恢进爵为侯与所受假巨鹿公并提。显然，北魏的一些官员可以同时被国家授予两种爵位，一种为五等爵，另一种则为假爵。关于这两种爵位的关系，在《魏书》中也有记载。《魏书·孝文帝纪上》：“（承明元年冬十月）进征西大将军、假东阳王元丕爵为正王。”在这一记载中，指出“假东阳王”可以进为“正王”。所谓“正王”，《魏书·恩幸·王睿传》：“（太和）三年春，诏睿与东阳王丕同入八议，永受复除。”说明北魏国家赐予元丕的“正王”，也就是东阳王。文献中将东阳王记为“正王”，这正说明北魏的五等爵是被作为正爵来看待的。很明显，北魏国家是将爵位区分为五等正爵和假爵的。

北魏国家所授的假爵与被称为正爵的五等爵存在的主要差别表现在何处？这首先需要从“假”的意义来看。其实，北魏国家不仅有假爵的授予，还任命假官和授予假将军号。关于假官的事例，《魏书·孝文帝纪上》：“（元兴二年）诏假员外散骑常侍邢佑使于刘彧。”授予假将军号的事例就更多了。例如，泰常二年，刁雍与司马休之等归国，“上表陈诚，于南境自效，太宗许之，假雍建义将军”[①]。在北魏国家实行的假爵、假官和假将军号制度中，将它们称为“假”，是因为要表示与国家正式授予爵位、官职和将军号存在区别。《魏书·皮豹子传》：“高祖初，吐谷浑拾寅部落饥窘，侵掠浇河，大为民患，诏假喜平西将军、广川公，领凉州、枹罕、高平诸军，与上党王长孙观讨拾寅。又拜为使持节、侍中、都督秦雍荆梁益五州诸军事、本将军、开府、仇池镇将，假公如故。”孝文帝可以同时“假”皮喜将军号和爵位，他的将军号为假平西将军，爵位则为假广川公。这正可证明北魏假将军号和假爵的“假”，在意义上差别不大。实际上，假官之“假”，也与假将军号和假爵有同样的意思。

文献中也将北魏时期的假官称为假职。孝明帝时，任傅竖眼为平西将军、西征都督，使他“率步骑三千以讨张齐。给铜印千余，须有假职者，听六品已下板之”[②]。北魏国家使傅竖眼可以板任的假职，也就是假官。关于对假官的

① 《魏书》卷三八《刁雍传》。

② 《魏书》卷七〇《傅竖眼传》。

认识，在北朝尚无明确的事例，在南朝，却有当时人的解释。齐武帝时，庾杲之“尝兼侍中夹侍”，尚书令王俭说：“国家以杲之清美，所以许其假职。若以其即真，当在胡谐之后。”① 这是说庾杲之所任之官为假职，并不同于真除的官职。由此可见，假官只是临时任命的摄代官职，而不是正式的官职。正是在这一点上，假爵、假将军号和假官的“假”的意义，当具有一致之处。

除此之外，北魏的假爵尚有假将军号和假官所不具有的一些意义。《魏书·官氏志》：延兴二年五月，诏曰：“非功无以受爵，非能无以受禄，凡出外迁者皆引此奏闻，求乞假品。在职有效，听下附正；若无殊称，随而削之。旧制：诸镇将、刺史假五等爵，及有所贡献而得假爵者，皆不得世袭。”这说明，北魏的假爵也称为“假品”，是通过对五等爵的假授实现的。它只授予在任的官员，在官员的任期上起到作用。因此，可以说假爵只是摄代的爵位，它是与官员的任职联系在一起的。这正是假爵与正爵明显不同的方面。

北魏假爵制度几乎是与正爵的赐予同时实行的。《魏书·于栗磾传》：“于栗磾，代人也。能左右驰射，武艺过人。登国中，拜冠军将军，假新安子。”这当是北魏国家为官员授予假爵的最早记载。可见在道武帝登国年间，也就是北魏建国初年，就开始实行假爵制度。在《魏书》《北史》和墓志铭中，从道武帝拓跋珪建国初年开始，直到孝文帝统治时期，多有北魏国家为官员授予假爵的记载。为说明问题，现将北魏各皇帝授予假爵的情况列表如下：

北魏诸帝授予假爵情况表

北魏皇帝号	受假爵者	假爵号	职官和将军号	史料出处
道武帝	于栗磾	假新安子	冠军将军	《魏书》卷三一《于栗磾传》
	穆末提	假陵阳侯	相州刺史	《北史》卷二〇《穆崇传》
明元帝	韩茂	假安武侯	龙骧将军、常山太守	《魏书》卷五一《韩茂传》
太武帝	闾大肥	假荥阳公	冀青二州刺史	《魏书》卷三〇《闾大肥传》
	游雅	假梁郡公	散骑常侍、平南将军、东雍州刺史	《魏书》卷五四《游雅传》
	郭逸	假榆次侯	徐州刺史	《魏书》卷六四《郭祚传》

① 《南史》卷四九《庾杲之传》。

续　表

北魏皇帝号	受假爵者	假爵号	职官和将军号	史料出处
文成帝	陆真	假建平公	安西将军、长安镇将	《魏书》卷三〇《陆真传》
	陈建	假秦郡公	冠军将军、幽州刺史	《魏书》卷三四《陈建传》
	陆俟	假长广公	散骑常侍、安南将军、相州刺史	《魏书》卷四〇《陆俟传》
	郦范	假范阳公	平东将军、青州刺史	《魏书》卷四二《郦范传》
	李恢	假巨鹿公	员外散骑常侍、安西将军、长安镇副将	《魏书》卷四九《李灵传》
献文帝	张赦提	假安喜侯	冠军将军、幽州刺史	《魏书》卷八九《酷吏·张赦提传》
	薛道次	假河南公	安西将军、秦州刺史	《魏书》卷六一《薛安都传》
	孔伯恭	假东海公	散骑常侍、彭城镇将、都督徐南北兖州诸军事	《北史》卷三七《孔伯恭传》
孝文帝	尉元	假淮阳王	镇南大将军	《魏书》卷五〇《尉元传》
	韩秀	假渔阳公	平东将军、青州刺史	《魏书》卷四二《韩秀传》
	严雅玉	假冯翊公	平南将军、东兖州刺史	《魏书》卷四三《严稜传》
	苟若周	假山阳公	安南将军、怀州刺史	《魏书》卷四四《苟颓传》
	皮豹子	假广川公	侍中、都督秦雍荆梁益五州诸军事、平西将军、开府、仇池镇将	《魏书》卷五一《皮豹子传》
	郑羲	假荥阳侯	中书令、兼太常卿	《魏书》卷五六《郑羲传》
	郑羲	假南阳公	安东将军、西兖州刺史	《魏书》卷五六《郑羲传》
	高祐	假东光侯	辅国将军、西兖州刺史	《魏书》卷五七《高祐传》
	薛真度	假阳平公	镇远将军、平州刺史	《魏书》卷六一《薛安都传》
	沈文秀	假吴郡公	平南将军、怀州刺史	《魏书》卷六一《沈文秀传》
	胡泥	假范阳公	幽州刺史	《魏书》卷八九《酷吏·胡泥传》
	王琚	假广平王	侍中、征南将军、冀州刺史	《魏书》卷九四《阉官·王琚传》
	元丕	假东阳王		《魏书》卷七上《孝文帝纪上》
	元嘉	假梁郡王	徐州刺史	《魏书》卷七上《孝文帝纪上》
	李安世	假赵郡公	相州刺史	《北史》卷三三《李孝伯传附李安世传》

续 表

北魏皇帝号	受假爵者	假爵号	职官和将军号	史料出处
孝文帝	毕元宾	假彭城公	平南将军、兖州刺史	《魏书》卷六一《毕众敬传》
	韩麒麟	假魏昌侯	冠军将军、齐州刺史	《魏书》卷六〇《韩麒麟传》
	元英	假魏公	平北将军、武川镇都大将	《魏书》卷一九下《景穆十二王下·南安王桢传》

（附注：1.《魏故谏议大夫建城侯山君之墓铭》："君讳徽，字阿敦，河南洛阳人。……父散骑常侍虞曹尚书使持节平东将军东徐州刺史建城侯、假长广公。"山徽父何时受假爵，待考。2. 孔伯恭受假东海公，《魏书·孔伯恭传》："（皇兴）二年，以伯恭为散骑常侍、都督徐南兖州诸军事、镇东将军、彭城镇将、东海公。"不同于《北史》记作"假东海公"。今从《北史》记载。）

如果将山徽父受假爵的情况与表中所列的北魏国家授予官员假爵的事例合在一起，共有三十三例。应该明确，这三十三例并不是北魏国家授予假爵的全部记载，文献中关于假爵记载的缺漏是不可避免的。可是从这些不完全的记载中，仍然可以看出假爵授予状况的一般趋势。

由表中所示情况可知，北魏国家所授假爵的等级，最低爵为假子爵，依次为假侯爵、假公爵，最高爵为假王爵。这就是说，除了男爵、伯爵之外，北魏国家可以将正爵各等级作为假爵授予官员。然而，需要指出的是，这种情况的出现，应该与道武帝天赐年间，对爵位等级的改革有关。《魏书·道武帝纪》："（天赐元年）制爵四等，曰'王、公、侯、子'，除'伯、男'之号。"无疑道武帝天赐元年确定的正爵爵称和等级，自然要影响到对官员假爵的授予。

此外，在这三十三例中，北魏国家授予的假子爵一例，假侯爵七例，假公爵二十例，假王爵三例。显然，北魏国家为官员所授的假爵，以公爵居多，几乎将近全部事例的三分之二。因此，可以说北魏国家的假爵授予，以公爵为主要爵级。

从表中所示还可知，从道武帝授假爵开始，历明元帝、太武帝、文成帝、献文帝，直至孝文帝时，都有授予假爵的记载。在北魏这些皇帝统治时期，正是北魏的前期。这说明在这一历史时期中，假爵制度的实行不曾中断过，假爵制是一直伴随着国家实行的赐正爵制而实行的。虽然在北魏前期各帝都有假爵的授予，但是，假爵的授予以孝文帝统治时为最多。除一例假爵授予的时间不明确外，孝文帝时，国家授予假爵者有十八人，而有明确年代记载的受假爵者只有三十二人。可见孝文帝统治时期，所受假爵者，几乎占全部人数的将近三分之二。另外，在孝文帝时期，授予官员的假爵为侯爵、公爵、王爵。北魏国家所授三位假王爵，都在这一时期。这些情况反映，在孝文帝爵位改革之前，应该说是积极推行假爵制度的，以此保证北魏的爵位制度对其统治发挥出积极有效的作用。

二、假爵制度的主要特征

北魏国家的假爵制不同于正爵制，假爵制的实行具有独自的做法，可是假爵制又与正爵制有诸多的联系，因此，这也就决定了假爵制实行表现以下明显的特征：

（一）假爵没有独自的爵称和等级，实行的是正爵的爵称和等级

前引《魏书·官氏志》："旧制：诸镇将、刺史假五等爵，及有所贡献而得假爵者，皆不得世袭。"这说明，北魏的假爵制是与五等爵制有密切联系的，假爵只是在爵位的授予上不同于五等正爵。孝文帝曾"假东阳王元丕爵为正王"[①]。正如前面所说，元丕所受正王爵，也可以称为东阳王。这正可证明假爵爵称与正爵爵称没有太大的区别，假爵爵称与正爵爵称基本上是一致的。在文献中，北魏国家授予的假爵有王、公、侯、子。诸如，元嘉"假梁郡王"[②]、闾大肥为"假荥阳公"[③]、韩茂为"假安武侯"、于栗磾为"假新安子"[④]。可见这些爵称都为所谓的封地与爵位的合称，只不过在正爵爵称前加"假"而已。

假爵的爵级也与正爵是一致的。《魏书·孝文帝纪上》："（太和三年）进假梁郡公元嘉爵为假王，督二将出淮阴。"元嘉由假梁郡公进爵为假王，明

① 《魏书》卷七上《孝文帝纪上》。
② 《魏书》卷七上《孝文帝纪上》。
③ 《魏书》卷三〇《闾大肥传》。
④ 《魏书》卷三一《于栗磾传》。

显采取的是正爵的等级。如前所述，正爵等级的改变，也会影响假爵的等级。天赐元年，“减五等之爵，始分为四，曰王、公、侯、子，除伯、男二号。”① 这种等级的改变也在假爵的授予中表现出来。《魏书·高祐传》：“以（高）祐招下邵郡群贼之功，赐爵建康子。……出为持节、辅国将军、西兖州刺史，假东光侯，镇滑台。”高祐由原来的建康子，被授予假东光侯，虽然不是爵位的晋升，而是爵位的转换。但可以看出，这是依据天赐元年国家改变爵位等级的规定，也就是四等爵制，来实行由正爵向假爵的转换的。因为天赐年间爵位等级的改革，子爵之上，就是侯爵。这些情况表明，假爵与正爵的爵称和爵级没有明显的区别，只不过是对正爵的爵称和等级实行“假”授的方式，这样也就使假爵与正爵产生了差别。

（二）假爵以官员的任职作为授爵的基础，并使假爵与官职相结合

孝文帝延兴二年五月关于假爵的诏令中提到，“非功无以受爵，非能无以受禄，凡出外迁者皆引此奏闻，求乞假品。在职有效，听下附正；若无殊称，随而削之”②。这就是说，假爵是与官员的任职是结合在一起的，并且，如果官员在任职时没有作为，其假爵也要被消除。北魏国家正是按这一规定授予假爵的。《魏书·陆真传》：“从驾巡东海，以真为宁西将军。寻迁安西将军、长安镇将，假建平公。”可见，陆真外任长安镇将，国家才为他授予假爵。所以，应该说北魏国家授予假爵是以具有官职作为重要条件的。不过，北魏国家将假爵的授予与官职结合，却有不同的情况。北魏国家一般为外任镇将、刺史及“有所贡献”者授予假爵。文成帝时，内行长陈建“赐爵阜城侯，加冠军将军。出为幽州刺史，假秦郡公”③。孝文帝时，元英“为平北将军、武川镇都大将、假魏公”④。说明北魏国家为外任的镇将、刺史授予假爵，是很常见的情况。

北魏国家对于从事国家重要礼仪活动的官员也可以授予假爵。《魏书·郑羲传》：“文明太后为父燕宣王立庙于长安，初成，以羲兼太常卿，假荥阳侯，具官属，诣长安拜庙，刊石建于初庙门。”郑羲以太常卿身份前往长安，

① 《魏书》卷一一三《官氏志》。

② 《魏书》卷一一三《官氏志》。

③ 《魏书》卷三四《陈建传》。

④ 《魏书》卷一九下《景穆十二王下·南安王桢传》。

从事的拜庙的礼仪活动，正是《魏书·官氏志》中所说的为“有所贡献”者授予假爵的事例。

北魏国家除了对外任的镇将、刺史和“有所贡献”者授予假爵外，对率军征讨的一些将领也授予假爵。《魏书·太武帝纪上》：“（神䴥三年）六月，诏平南大将军、假丹阳王太毗屯于河上。”又《魏书·孝文帝纪上》：“（延兴四年）九月，以刘昱内相攻战，诏将军元兰等五将三万骑，及假东阳王丕为后继，伐蜀汉。”显然，拓跋太毗和元丕都是因为担任了征讨军的将领而被授予了假王爵。

北魏国家虽然使假爵与官员的任职结合起来，但采取了假爵品级与官职品级不相等的特定结合方式。依据第一节所列北魏授予假爵表，可以将出任州刺史、镇将、郡守所受的假爵情况移录如下：

1. 授予假王爵的刺史有：徐州刺史元嘉（假梁郡王）、冀州刺史王琚（假广平王），共二人。

2. 授予假公爵的刺史有：冀青二州刺史闾大肥（假荥阳公）、东雍州刺史游雅（假梁郡公）、幽州刺史陈建（假秦郡公）、相州刺史陆俟（假长广公）、青州刺史郦范（假范阳公）、秦州刺史薛道次（假河南公）、青州刺史韩秀（假渔阳公）、东兖州刺史严雅玉（假冯翊公）、怀州刺史苟若周（假山阳公）、西兖州刺史郑羲（假南阳公）、平州刺史薛真度（假阳平公）、怀州刺史沈文秀（假吴郡公）、幽州刺史胡泥（假范阳公）、相州刺史李安世（假赵郡公）、兖州刺史毕元宾（假彭城公）、东徐州刺史山徽之父（假长广公），共十六人。

3. 授予假侯爵的刺史有：相州刺史穆末提（假陵阳侯）、徐州刺史郭逸（假榆次侯）、幽州刺史张赦提（假安喜侯）、齐州刺史韩麒麟（假魏昌侯），共四人。

4. 授予假公爵的镇将的有：长安镇副将李恢（假巨鹿公）、彭城镇将孔伯恭（假东海公）、武川镇都大将元英（假魏公），共三人。

5. 授予假侯爵的太守有：常山太守韩茂（假安武侯），共一人。

由上述统计可知，北魏国家为外任刺史授予假爵的情况最为复杂，在二十二位刺史中，受假王爵者二人、受假公爵者十六人、受假侯爵者四人；外任的镇将三人，均受假公爵；外任的郡守一人，受假侯爵。可见，外任的刺史、镇将和郡太守都可以拥有假侯以上的爵位。

北魏国家采取上述做法自有其意图。在北魏天赐元年，实行爵位改革后，就开始以品级确定爵位的等级。《魏书·官氏志》："天赐元年八月……王第一品，公第二品，侯第三品，子第四品。"当然，与正爵有联系的假爵也是如此。前引孝文帝延兴二年五月诏中提道："凡出外迁者皆引此奏闻，求乞假品。"[①] 北魏国家将假爵称为"假品"，说明也是将假爵的等级按品级来划分的。关于假爵与官职品级的关系，在孝文帝爵位改革以前的史料很少见。然而，孝文帝爵位改革以后的爵位和官职关系的记载较多。孝文帝爵位改革后，确定的爵位与官职的品级关系，应该对北魏前期的一些做法有所承袭。

孝文帝爵位改革后，实行实封和虚封并行的制度。在爵位的等级上依然采取品级来划分，并且，与官职一样都使用同样的品级来划分等级。这在太和二十三年的后《职员令》中有明确的记载。实封的开国郡公为一品；开国县公为从一品。属于虚封的散公为从一品；散侯为从二品。在后《职员令》的记载中，上州刺史为三品；中州刺史为从三品；下州刺史为四品。上郡太守也为四品，与下州刺史的品级相同。从后《职员令》记载中可以看出，实封的开国郡、县公和虚封的散公和散侯爵位等级，都高于地方上的上州刺史的品级。虽然开国郡公、县公和散公、散侯都不是假爵，但体现出北魏国家统治者要使外任地方官员的爵位品级必须要高于官职品级。在北魏实行假爵制的时期，为外任官员授予假爵的目的是，"在职有效，听下附正"[②]，"以崇威重"[③]。并且，州刺史受假公爵最多，与州刺史地位相同的镇将，一般也都授以假公爵。北魏国家采取这种做法，与孝文帝爵位改革后，使开国郡公、县公和散公、散侯的品级都高于上州刺史品级的规定，应该具有同样的目的。因为只有使假爵的品级高于官员职位的品级，这样才能够体现出授予他们假爵具有加重这些官员地位的意义。

此外，北魏国家假爵授予与官位结合还表现在，一般官员迁转后，所受

---

① 《魏书》卷一一三《官氏志》。

② 《魏书》卷一一三《官氏志》。

③ 《魏书》卷一九上《景穆十二王上·阳平王新成传》。

假爵也随之取消。关于此问题将在假爵免除问题上阐说，此不赘述。

（三）在假爵的授予、进级和免除上，国家都有明确的规定

北魏国家对假爵的授予，是具有多种方式的。首先，北魏国家能够向无爵的官员直接授予假爵。前引《魏书·于栗磾传》："于栗磾，代人也。能左右驰射，武艺过人。登国中，拜冠军将军，假新安子。"据此可知，登国年间，于栗磾被授予假新安子以前，并无爵位。显然，北魏初年，国家可以向官员直接授予假爵。不仅在北魏初年，就是在假爵实行的时期，北魏国家直接向无爵官员授予假爵，也是常见的做法。《魏书·闾大肥传》："世祖初，复与奚斤出云中白道讨大檀，破之。还为内都大官。出除使持节、冀青二州刺史，假荥阳公。"很明显，太武帝时，在闾大肥被授予假荥阳公之前，是没有爵位的，国家也是直接向闾大肥授予假爵。北魏国家不仅可以对无爵者授予假子爵和假公爵，还能够授予假侯爵。诸如，韩茂"永兴中，自赫连屈丐来降，拜绥远将军，迁龙骧将军、常山太守，假安武侯"①。郭逸"世祖时，浩亲宠用事，拜逸徐州刺史，假榆次侯"②。这些无爵者被授予假爵，是与他们为国家立下功劳有关系的。例如，献文帝时，张赦提"既资前称，又借此功，除冠军将军、幽州刺史，假安喜侯"③。这些情况说明，北魏国家不仅能够直接向无爵的官员授予假爵，并且，这种假爵的授予还是奖励功劳的一种体现。

北魏国家采取更多的做法，是向具有正爵的官员授予假爵。但是，在具体的授予方式上也不相同。一种为在爵位和军号进升过程中，授予官员假爵。《魏书·李灵传》："（李灵）后加建威将军、中散、内博士，赐爵高邑子。……子恢，袭子爵。高宗以恢师傅之子，拜员外散骑常侍、安西将军、长安镇副将，进爵为侯，假巨鹿公。"这就是说，北魏国家在进升官员正爵等级的同时，可以为官员加授相应的假爵。在为官员加授将军号的同时，也可以同时授予假爵。前引《魏书·皮豹子传附皮喜传》："高祖初，吐谷浑拾寅部落饥窘，侵掠浇河，大为民患，诏假喜平西将军、广川公，领凉州、枹罕、高平诸军，与上党王长孙观讨拾寅。又拜为使持节、侍中、都督秦雍荆

---

① 《魏书》卷五一《韩茂传》。

② 《魏书》卷六四《郭祚传》。

③ 《魏书》卷八九《酷吏·张赦提传》。

梁益五州诸军事、本将军、开府、仇池镇将，假公如故。”在这一记载中提到北魏为皮喜加授平西将军，也授予假广川公，显然二者是同时进行的。另一种情况则是为具有正爵的官员授予假爵。例如，陈建“高宗初，赐爵阜城侯，加冠军将军。出为幽州刺史，假秦郡公”[①]。陆俟“兴安初，赐爵聊城侯，出为散骑常侍、安南将军、相州刺史，假长广公”[②]。郦范“后进爵为侯，加冠军将军，迁尚书右丞。后除平东将军、青州刺史，假范阳公”[③]。由此可见，北魏国家都是以他们的正爵为基础，而为他们授予高于正爵等级的假爵。北魏用这种方式授予假爵，多为外任的镇将和刺史。《魏书·官氏志》提到“旧制：诸镇将、刺史假五等爵”，正是指的这种情况。

尽管北魏国家授予官员假爵采取的方式不尽相同，可是假爵授予都必须要有一定的程序。《魏书·景穆十二王上·阳平王新成传》：“（元衎）赐爵广陵侯。位梁州刺史，表请假王，以崇威重。诏曰：‘可谓无厌求也，所请不合。’转徐州刺史。”据此可知，任职官员想要获取假爵，首先必须要向北魏国家上奏，请求国家授予假爵。官员是否能够被授予假爵，要通过诏令表现皇帝的意志。皇帝可以下诏赞成，或否决官员对假爵的奏请。由此可以看出，在假爵的授予上，皇帝的诏令起到决定的作用。

北魏国家还能够提高具有假爵者的等级。在北魏建国初年，道武帝拓跋珪授予将领于栗磾假新安子。道武帝平定赵魏地方后，“太祖置酒高会，谓栗磾曰：‘卿即吾之黥彭。’大赐金帛，进假新安公。”[④] 这说明，当时国家可以使官员的假爵由低等级进升到高等级。但道武帝使于栗磾的假爵由新安子进至新安公，跨越伯、侯二级。这反映了北魏初年，假爵的晋升，还处于没有固定规定的阶段。前引《魏书·孝文帝纪上》：“（太和三年）进假梁郡公元嘉爵为假王，督二将出淮阴。”这说明，至孝文帝时期，假爵已经形成逐级晋升的规定。不过，在北魏，关于假爵进升的事例，并不多见。所以，可以说官员获得假爵后，虽然可以进升，但并没有形成固定的制度。这正是

---

① 《魏书》卷三四《陈建传》。

② 《魏书》卷四〇《陆俟传》。

③ 《魏书》卷四二《郦范传》。

④ 《魏书》卷三一《于栗磾传》。

由假爵“在职有效”①，不同于正爵具有固定性的特点所决定的。

北魏国家对于官员的假爵也具有免除的规定。因为假爵的授予是与官员的任职结合在一起的。因此，官员任职期间的政绩，对他们假爵的保持就起到重要的作用。《魏书·官氏志》称：“若无殊称，随而削之。”可见北魏国家对无政绩官员的假爵，是可以随时消除的。然而，需要注意的是，在文献记载中，北魏官员假爵的免除，大多数与官员的官职的迁转有关系。《魏书·游雅传》：“（游雅）使刘义隆，授散骑侍郎，赐爵广平子，加建威将军。稍迁太子少傅，领禁兵，进爵为侯，加建义将军。受诏与中书侍郎胡方回等改定律制。出为散骑常侍、平南将军、东雍州刺史，假梁郡公。在任廉白，甚有惠政。征为秘书监，委以国史之任。”说明游雅出任东雍州刺史时被授予的假梁郡公，在他内任秘书监后，就已经被免除而不存在了。由此可知，北魏官员官职的迁转，在一般情况下，国家要免除他们原来任职时所具有的假爵。在新的官位上，是没有与原来官职相适应的假爵的。

因为假爵的授予和免除，具有上述的特点。因此，北魏国家对假爵能否世袭问题作出明确的规定。前引《魏书·官氏志》：“延兴二年五月，诏曰：……旧制：诸镇将、刺史假五等爵，及有所贡献而得假爵者，皆不得世袭。”据延兴二年诏的规定，镇将、刺史和“有所贡献“者，具有的假爵是不可能世袭的。然而，在《通典》中却有不同于《官氏志》的记载。《通典·职官十三》：“旧制，诸镇将刺史假五等爵及有所贡献而得假爵者，皆得世袭。延兴二年，诏革此类，不得世袭。”这就是说，在延兴二年之前，北魏国家所授假爵是可以世袭的。这与《魏书·官氏志》的记载，是完全不同的。因此，对这一问题尚要做一些辨析。

就《魏书》来看，它在流传的过程中，无疑有后人窜入的材料，但魏收编纂《官氏志》所载延兴二年关于假爵的材料，当有所本。而《通典》成书晚于《魏书》，其中关于北魏官制的材料多取自《魏书》，可是关于假爵世袭问题，却与《魏书》记载，如此矛盾，其史料来源尚不清楚。不过，根据北魏延兴二年以前，假爵授予情况，可以对《通典》记载假爵世袭问题是否正确作出判断。

---

① 《魏书》卷一一三《官氏志》。

关于延兴二年以前，官员所受假爵的存续情况，虽然史料并不多见，但依然能够看出一些线索。前引《魏书·闾大肥传》："世祖初，复与奚斤出云中白道讨大檀，破之。还为内都大官。出除使持节、冀青二州刺史，假荥阳公。寻征还，位特进。"又《魏书·陈建传》："（陈建）高宗初，赐爵阜城侯，加冠军将军。出为幽州刺史，假秦郡公。高宗以建贪暴懦弱，遣使就州罚杖五十。高祖初，征为尚书右仆射，加侍中，进爵赵郡公。"闾大肥转任特进为太武帝时；陈建转任尚书右仆射则为孝文初年之事，当在延兴二年前。他们都在转任时，原来的假爵都不存在了。可见孝文帝延兴二年以前，官员转任他职，免去原来的假爵的规定已经基本固定化。这与《魏书·官氏志》所载，延兴二年诏中强调假爵"在职有效"的说法是相符的。因为在建兴二年就存在这样的情况，所以延兴二年诏书对此又加以强调，并不是新的规定。这说明，北魏孝文帝延兴二年以前，国家就有对一些镇将、刺史和"有所贡献"的官员在任上授予的假爵，在官员转任后，即采取取消原来的假爵的做法。这种规定应该是很明确的。由此来看，就很难说延兴二年以前，官员所受的假爵能够为后人世袭。因此《通典·职官十三》所载，孝文帝延兴二年以前，假爵可以世袭的说法，显然不符合假爵制实行的实际情况。

（四）正爵的等级可以作为国家授予一些官员假爵的参照，假爵的等级也是国家授予一些官员正爵的基础

北魏国家实行的假爵制，实际上是在五等正爵制的基础上，对这些爵位实行的一种特殊的授予方式，因而，假爵与正爵还具有比较密切的联系。

北魏假爵与正爵相互关系，首先表现在具有正爵的官员，能够以正爵为基础和参照，而被授予高一级的假爵。北魏国家授予假爵，大多数是针对拥有正爵的官员。当时国家对这些拥有正爵的官员，一般所授假爵高出正爵一级。先看假侯爵的授予。诸如，郑羲"高祖初，兼员外散骑常侍，加宁朔将军、阳武子。……文明太后为父燕宣王立庙于长安，初成，以羲兼太常卿，假荥阳侯"①。可见郑羲原来具有阳武子爵，在北魏国家需要时，就授予他假荥阳侯爵。郑羲由正爵子爵，被授予假侯爵，应该只进爵一等级。因为这正

① 《魏书》卷五六《郑羲传》。

是北魏实行王、公、侯、子四等爵的时期。关于官员具有侯爵，又被授予假公爵的事例就更多了。如，陈建“高宗初，赐爵阜城侯，加冠军将军。出为幽州刺史，假秦郡公”①。陆俟“兴安初，赐爵聊城侯，出为散骑常侍、安南将军、相州刺史，假长广公”②。薛道次“既质京师，拜南中郎将、给事中，赐爵安邑侯，加安远将军。出为安西将军、秦州刺史、假河南公”③。同样，具有公爵的官员也能够被授予假王爵。《魏书·阉官·王琚传》：“（王）琚以泰常中被刑入宫禁。……稍迁为礼部尚书，赐爵广平公，加宁南将军。高祖以琚历奉先朝，志在公正，授散骑常侍。后为侍中、征南将军、冀州刺史，假广平王。”又《魏书·尉元传》：“显祖以（尉）元为使持节、都督东道诸军事、镇南大将军、博陵公。……（天安）四年，诏征元还京，赴西郊，寻还所镇。延兴元年五月，假元淮阳王。”很明显，王琚和尉元都是在原来具有的正公爵基础上，被北魏国家授予假王爵。这些事例说明，尽管北魏官员具有正爵等级情况不同，但国家可以以正爵等级为参照，授予高于他们正爵等级的假爵。在一般情况下，官员所授假爵的等级，都高出原来具有的正爵一等级。

北魏国家为具有正爵官员授予高一等级假爵的规定是严格的。孝文帝时，元衍外任梁州刺史，以广陵侯爵位，上表请求授予假王，孝文帝下诏：“可谓无厌求也，所请不合。”④ 遭到了严厉地拒绝。足见在一般情况下，北魏国家绝不允许授予官员的假爵高于正爵二级以上。这正是北魏国家对同时拥有正爵和假爵的官员，在爵位等级上的正常规定。不过，北魏国家为了充分利用和控制一些官员，也有打破固定规定的时候。《魏书·陆俟传》：“（陆龙成）少以功臣子为中散，稍迁散骑常侍，赐爵永安子。加平远将军，出为安南将军、青州刺史，假乐安公。”又《魏书·韩秀传》：“（韩秀）历吏任，稍迁尚书郎，赐爵遂昌子，拜广武将军。……太和初，迁内侍长。后为平东将军、青州刺史，假渔阳公。”足见陆成龙和韩秀原来都具有子爵，在外任刺史时，国家授以他们假公爵。因此，北魏国家为外任官员授予假爵，间或

① 《魏书》卷三四《陈建传》。

② 《魏书》卷四〇《陆俟传》。

③ 《魏书》卷六一《薛安都传》。

④ 《魏书》卷一九上《景穆十二王上·阳平王新成传》。

也有打破高出原来正爵一级规定的时候。然而，这两个事例在文献中是很少见的，所以，当属于特殊的情况。这些情况说明，北魏国家使授予的假爵高出官员原有正爵等级，并且，使假爵的等级与正爵等级的差别保持固定规定的范围内，自然是顾及官员具有的假爵和正爵的联系，使北魏正爵制逐级提高的原则，也贯彻在假爵的授予上。

北魏假爵和正爵的联系还表现在，一些官员获得假爵后，国家能够以他们具有的假爵为基础，再赐以与假爵同等级的正爵。当时国家可以使官员所受假爵直接转为正爵。前引《魏书·孝文帝纪上》："（承明元年）进征西大将军、假东阳王元丕爵为正王。"不过，这种情况在当时很少见。北魏国家采取更多的做法，是将假爵作为授予正爵的参照，在官员转任后，经过一段时间再授予正爵。《魏书·尉元传》：尉元"（天安）四年，诏征元还京，赴西郊，寻还所镇。延兴元年五月，假元淮阳王。三年，刘昱将萧顺之、王敕勤等领众三万，入寇淮北诸城。元分遣诸将，逆击走之。……太和初，征为内都大官。既而出为使持节、镇西大将军、开府、统万镇都将，甚得夷民之心。三年进爵淮阳王。"又《魏书·陈建传》："（陈）建以善骑射，擢为三郎。稍迁下大夫、内行长。……高宗初，赐爵阜城侯，加冠军将军。出为幽州刺史，假秦郡公。……高祖初，征为尚书右仆射，加侍中，进爵赵郡公。"这些事例说明，北魏国家在赐予官员正爵时，对曾经拥有假爵的官员，可以使用原来假爵的爵称赐正爵，也可以不采用原来假爵的爵称赐正爵。但是，他们被赐正爵爵位的等级是与他们获得假爵等级是一致的。这反映官员在被授予假爵后，他们原来所受假爵的等级，显然要影响到国家赐予他们正爵等级的。

综上可见，北魏国家为官员所授的假爵与正爵，无疑具有比较明显的区别。可是二者又不是截然分开的，实际是相互联系的。北魏为官员授予假爵一般要考虑他们具有正爵的等级。当时国家授予官员的假爵，一般在官员离职后假爵自然就取消了，可是他们曾经获得的假爵等级，却是重新赐予正爵时的参照。

三、假爵制度的废止

北魏建国后开始实行的假爵制度，适应了当时国家统治的需要，所以，直到孝文帝统治的太和年间，仍然可以见到假爵制度推行的记载。《魏书·韩麒麟传》：“（韩麒麟）高祖时，拜给事黄门侍郎，乘传招慰徐、兖，叛民归顺者四千余家。寻除冠军将军、齐州刺史，假魏昌侯。……（太和）十二年春，卒于官，年五十六。”这就是说，韩麒麟任齐州刺史所受假爵，直到太和十二年死于刺史任上，他的假魏昌侯的爵位，还依然保留着。然而，应该看到假爵制度的实行，是与北魏国家前期的虚封制度密切联系在一起的，因而，当孝文帝在太和年间，对爵位制度进行改革，也就不能够不触及假爵制度。可是，在文献中没有提到，孝文帝的爵位改革有废止假爵实行的记载。所以，有必要对北魏假爵制度的废止问题再作一些考察。

孝文帝对爵位的改革，开始于太和十六年。《魏书·孝文帝纪下》：“（太和十六年春正月）制诸远属非太祖子孙及异姓为王，皆降为公，公为侯，侯为伯，子男仍旧，皆除将军之号。”这说明，太和十六年的爵位改革，一为按道武帝后诸帝宗室的血亲关系的亲疏确定爵位；二为对非道武帝子孙以及异姓者，按五等爵的规定，依次降爵；三为废除有爵者的将军号。很明显，太和十六年在虚封范围内的爵位改革，对原来虚封爵封受所涉及的主要规定都作了革除。如前所述，假爵制也是与虚封爵制密切联系的。因此，孝文帝对虚封爵的改革，无疑要涉及假爵制。《魏书·景穆十二王下·南安王桢传附元英传》：

> “（元英）高祖时，为平北将军、武川镇都大将、假魏公。未几，迁都督梁益宁三州诸军事、安南将军、领护西戎校尉、仇池镇都大将、梁州刺史。高祖南伐，为梁汉别道都将。后大驾临钟离，诏英率众备寇境上。英以大驾亲动，势倾东南，汉中有可乘之会，表求进讨，高祖许之。……以功迁安南大将军，赐爵广武伯。在仇池六载，甚有威惠之称。”

元英的官职和爵位的变化为认识假爵制的废止提供了重要的线索。按，吴廷燮于《元魏方镇年表》中考证：元英太和十五年，出任梁州刺史。[①] 在他任

① 吴廷燮：《元魏方镇年表》，《二十五史补编（四）》，中华书局，1955年。

都督梁益宁三州诸军事、安南将军、领护西戎校尉、仇池镇都大将、梁州刺史时，已经不具有假魏公的爵位。而孝文帝进行爵位改革是在太和十六年元月，距元英转任仇池镇都大将、梁州刺史，尚不及一年。元英不能够在仇池镇大将、梁州刺史任上继续保持假魏公爵，自然与孝文帝准备开始爵位改革有密切的关系。

元英在梁州任职六年，只是因为在梁州连续立战功，才被赐予广武伯爵。元英获广武伯爵，《通鉴》系于建武二年，也即是北魏太和十九年。距元英出任仇池镇都大将、梁州刺史已经四年，这正是孝文帝实行实封爵和虚封爵并行新爵制之时。胡三省则将散爵和开国爵制实施情况概括为："魏书曰：魏公、侯、伯、子、男，有开国，有散，凡散各降开国一品。"[①] 孝文帝的爵位改革，当然要影响到元英的爵位。由元英任官职和受爵的情况可以看出，假爵制当是在孝文帝对虚爵进行改革的太和十六年就被废除了。在孝文帝确立开国爵和散爵并行的爵制后，也就开始对立功外任官员赐以散爵。元英受赐广武伯属于散爵，正是在孝文帝实行虚封爵与实封爵并行制后获得的。

孝文帝爵位改革后的散爵，虽然也是虚封爵，但立功者能够在这种虚封爵的基础上再封开国实爵。《魏书·穆崇传附穆泰传》：穆泰"进爵为公。出为镇南将军、洛州刺史。例降为侯。寻征为右光禄大夫、尚书右仆射。又出为使持节、镇北将军、定州刺史。改封冯翊县开国侯，食邑五百户"。显然，在孝文帝实行新爵制后，为散爵拥有者再封开国实爵制度就已经实行了。这种做法到北魏末年也没有改变。《魏书·长孙道生传附长孙稚传》：长孙稚"庄帝初，封上党王，寻改冯翊王，后降为郡公。……及韩陵之败，斛斯椿先据河桥，谋诛尔朱。使稚入洛，启帝诛世隆兄弟之意。出帝初，转太傅，录尚书事。以定策功，更封开国子"。即其例证。北魏国家为散爵拥有者再封开国爵，就能够使他们由拥有爵位的名义，转为能够拥有实际的经济利益和政治地位。因此，孝文帝爵位改革后，并行散爵和实封爵，并且，使散爵可以再封开国爵的制度，无疑为受爵者带来诸多的实际经济利益。而北魏前期，实行的假爵制，是要通过官员任职期间提高爵位等级的方式，加重他们

① 《通鉴》一一七《梁纪三》天监十年胡三省注。

的地位，辅助虚封爵制更有效地发挥作用。可是，这种方式显然要落后于孝文帝爵位改制后，具有散爵者还可以再封授开国爵的做法。正因为如此，孝文帝实行爵位改革，当然也就要废除不适应新爵位制度的假爵制。

（原载《吉林大学社会科学报》2009 年第 5 期）

北魏赠爵制度考

北魏时期，在国家实行的爵位制度中包括为亡故者授予赠爵。北魏国家为亡故者授予赠爵，实际与为亡故者授予赠官和追加谥号一样，都是对亡故者生前功绩的认定。不过，因为赠爵是北魏国家为亡故者所授的爵位，因而，赠爵就与为在世者授予的爵位具有一些不同之处，所以，要认识北魏爵位制度的特点，就需要考察赠爵实行的状况。虽然一些研究者提及了北魏赠爵，[①] 可是，对这一问题还有深入探讨的必要。因此，本文拟就与北魏赠爵相关的问题提出一些看法，以就教于方家。

一、赠爵的特征与授予条件

北魏建国后，道武帝开始实行爵位制度。天兴元年，道武帝“诏尚书吏部郎中邓渊典官制，立爵品”[②]。进一步将爵位制度完善化。北魏国家实行爵位制度的目的在于，以此对立有军功、事功者进行褒奖，进而体现他们的身份和地位。其实，在天兴元年确立的爵位制度中，授爵的对象不只有在世者。《魏书·昭成子孙·秦明王翰传》：“（拓跋翰）建国十年卒。太祖即位，追赠秦王，谥曰明。”道武帝即皇帝位的时间在天兴元年。这与道武帝完善国家爵位制度的时间是一致的。这就是说，在道武帝即皇帝位后所实行的爵位制度中，授爵的对象是将一些亡故者包括在内的。当然，北魏国家向亡故者授爵与向在世者授爵还有不同之处。《魏书·卢鲁元传》：“（卢鲁元）丧礼依安成王故事，而赠送有加。赠襄城王，谥曰孝。”《魏书·神元平文诸帝子

---

① 张小稳：《北魏赠爵制度的演进》，《历史教学（高校版）》，2008 年第 7 期。

② 《魏书》卷二《道武帝纪》。

孙·顺阳公郁传》:“显祖录郁忠正,追赠顺阳王。”这些记载说明,北魏国家将向亡故者授爵,特别称之为“赠”或者“追赠”。太武帝在诏书中,将授予这种爵位明确称为“追赠爵号”①。因此,也就可以将这种爵位简称为“赠爵”。这种爵称,表明赠爵是北魏国家向亡故者授予的爵位。

自北魏国家将赠爵纳入国家爵位制度的规定之中后,从北魏初年至北魏末年,向亡故者授予赠爵的做法一直没有中断过。在太和十六年,孝文帝爵位改革前,道武帝、明元帝、太武帝、文成帝、献文帝、孝文帝都向亡故者授予过赠爵。在孝文帝爵位改革后,孝文帝、宣武帝、孝明帝、孝庄帝、孝武帝也都向亡故者实行了赠爵的做法。实际上,北魏国家的赠爵,是与当时实行的爵位制度相始终的。

然而,尽管北魏国家授予的赠爵是爵位制度的组成部分,并且,与国家的爵位制度的实行相始终,可是,授予赠爵的对象毕竟是亡故者,所以,赠爵与为在世者授予的爵位还是存在一些差别的。

北魏国家的赠爵与为在世者所受爵位的不同,首先表现在赠爵的授予上。当时国家授予在世者爵位后,可以继续为获得爵位者的子孙授予爵位。《魏书·穆崇传》:“(穆)崇甚见宠待。太祖为魏王,拜崇征虏将军。从平中原,赐爵历阳公,散骑常侍。……崇长子遂留,历显官。讨蠕蠕有功,赐爵零陵侯。后以罪废。子乙九,内行长者。以功赐爵富城公,加建忠将军。”这是北魏前期国家授予爵位的事例。很显然,尽管北魏国家授予的是虚封爵,但是,授予穆崇及其子孙的爵位的封地和等级都是有差别的。这表明,北魏国家是尽量避免将同一爵位授予有爵家族的不同世代的成员的。孝文帝爵位改革后,除了继续保留虚封爵之外,还封授实封的开国爵。由于开国爵是实封爵,因而,也就更不能在有爵者家族内部重复封授同一爵位了。然而,北魏国家授予赠爵就与授予在世者爵位的情况不同。《魏书·豆代田传》:“(豆代田)出为统万镇大将。兴安中卒。赠侍中、安东大将军、长广王,谥曰恭。子求周,为内三郎。从驾到江,赐爵五等子。又进爵为侯。后袭父爵。为吏部尚书。皇兴二年卒。赠征北大将军、长广王,谥曰简。”显然北魏国家可以将同一爵位作为赠爵授予豆代田父子二人。《魏书·卢鲁元

① 《魏书》卷四上《太武帝纪上》。

传》："（卢鲁元）丧礼依安成王故事，而赠送有加。赠襄城王，谥曰孝。……子统，袭爵。……兴安二年卒。赠襄城王，谥曰景。无子。弟弥娥，袭爵。拜北镇都将。卒，赠襄城王，谥曰恭。"这就是说，北魏国家还能够使卢鲁元与他的两个儿子都获得同一爵位。北魏国家采取这种授予赠爵的措施，是为在世者及其后世授爵时，不可能实行的做法。这样，北魏国家就在赠爵的授予上，表现出与亡故者生前所受爵位的不同，因而使其具有了明显的特殊性。

北魏国家的赠爵与为在世者所受爵位的不同，还表现在爵位的继承上。从北魏国家为在世者所授爵位来看，在世者所受爵位，一般都是可以为后世继承的。《魏书·燕凤传》："（燕凤）世祖初，以旧勋赐爵平舒侯，加镇远将军。神䴥元年卒。子才，袭。……卒。子元孙，袭。……卒。子世宗，袭。"可见燕凤受赐的平舒侯爵传承了三世。在《魏书》的记载中，还有一些家族所得爵位可以传承四世。这说明，在世者所受爵位，如果没有被消夺爵位，或者无子嗣而使爵位无人继承，家族的爵位传承是不会中断的。可是，北魏国家授予的赠爵的继承则与在世者所受爵位的情况不同。《魏书·唐和传》："（唐和）正平元年，和诣阙。世祖优宠之，待以上客。高宗以和归诚先朝，拜镇南将军、酒泉公。……皇兴中卒，年六十七。赠征西大将军、太常卿、酒泉王，谥曰宣。子钦。……中书学生，袭爵。太和中，拜镇南将军、长安镇副将。转陕州刺史，将军如故。后降爵为侯。"这里提到，唐钦继承其父唐和的爵位后又被降为侯爵。唐钦降爵在太和年间，因此，当为孝文帝爵位改革后实行的降爵措施。《魏书·孝文帝纪下》："（太和十六年）制诸远属非太祖子孙及异姓为王，皆降为公，公为侯，侯为伯，子男仍旧，皆除将军之号。"说明孝文帝使有伯爵以上者只降爵一等级。可见，唐钦继承的爵位，只是唐和生前受赐的酒泉公，而不是亡故后受赠的酒泉王。《魏书·辛绍先传》："（辛绍先）太和十三年卒。赠冠军将军，并州刺史，普阳公，谥曰惠。子凤达，耽道乐古，有长者之名。卒于京兆王子推国常侍。"很明显，辛绍先生前没有受赐爵位，只是在死后受赠爵普阳公。由于辛绍先生前是无爵者，尽管他死后获得赠爵，可是，他的儿子辛凤达仍然无爵位可以继承。这些事例说明，北魏国家是严格限制赠爵为后世继承的。

不过，还要指出的是，北魏国家使亡故者获得爵位，并不限于赠爵，还有追复爵和追封爵。《北史·杨播传》："（杨播）为御史王基所劾，除官爵，卒于家。子侃等停柩不葬，披诉积年。至熙平中，乃赠镇西将军、雍州刺史，并复其爵，谥曰壮。”这里提到杨播亡故后获得的爵位，不是赠爵而是追复爵。《魏书·江悦之传》：“（江悦之）正始二年夏，与道迁俱至洛阳。寻卒，年六十一。赠辅国将军、梁州刺史，追封安平县开国子，食邑三百户，谥曰庄。”显然江悦之死后，获得的爵位也不是赠爵，而是追封爵。虽然追复爵、追封爵也是授予亡故者的爵位，但在传承上，却与赠爵不同。如郭祚“追复伯爵。……祚长子思恭，弱冠，州辟为主簿。早卒。思恭弟庆礼以第二子延伯继”①。李韶“永安中追封安城县开国伯，邑四百户。长子玙，……袭”②。很显然，为亡故者追复和追封的爵位都是可以由后世继承的。这种情况表明，北魏国家并不是要限制亡故者获得全部爵位为后世继承，只是不允许授予亡故者的赠爵由后世继承。由此看来，亡故者获得的赠爵不仅是不可以继承的爵位，并且，也与追复爵和追封爵是明显不同的。

北魏国家向亡故者授予赠爵所表现出的这些特征，实际正是要表明赠爵与赠官、谥号一样，都是对他们生前活动的认定，并且，通过赠爵等级来表现亡故者具有的身份地位。这就是说，亡故者生前获得的爵位只是体现他当世的身份地位，而赠爵则使他们当世的身份地位能够在死后得以延续，进而使他们的家族由此继续保持应有的荣誉。

因为北魏国家授予亡故者赠爵的目的，主要是为了表明他们死后的身份地位，所以为他们授予赠爵，也就不是无条件的。实际上，当时获得赠爵者与他们生前的爵位有很密切的联系。从北魏国家为在世者授爵的情况来看，获得爵位者有皇室、宗室、代人集团、外戚、宦官、汉族官员和臣服北魏的降臣。他们都是社会的上层群体。北魏国家不仅使这些社会上层群体生前可以拥有爵位，其中一些人亡故后，还可以获得赠爵。诸如：皇室汝南王元悦“赠假黄钺、太师、司州牧，大司马、王如故”③。宗室拓跋悉“降爵为襄城公。卒，赠襄城王”④。代人周几“以功赐爵交址侯。……卒于军，军人无不

① 《魏书》卷六四《郭祚传》。

② 《魏书》卷三九《李宝传附李韶传》。

③ 《北史》卷一九《孝文六王·汝南王悦传》。

④ 《魏书》卷一四《神元平文诸帝子孙·上谷公纥罗传》。

叹惜之。归葬京师。追赠交址公”[1]。外戚姚黄眉“赐爵陇西公。……世祖即位，迁内都大官，后拜太常卿。卒，赠雍州刺史、陇西王”[2]。宦官王遇“进爵宕昌公。……例降为侯。……卒于官。……赠使持节、镇西将军、雍州刺史，侯如故”[3]。汉族官员屈遵“除长乐太守，加镇远将军，进爵信都侯。卒，赠宁北将军、昌黎公”[4]。臣服北魏降臣毕众爱“随兄归国。以勋为第一客，赐爵钜平侯。……子闻慰，……袭爵，例降为伯。……卒，年五十七。赠散骑常侍、安东将军、兖州刺史，伯如故”[5]。这些事例说明，尽管这些社会上层群体的身份地位存在一些差异，可是，只要他们生前拥有爵位，在他们死后，都获得了赠爵。统计《魏书》《北史》与墓志铭中的记载，北魏一朝获得赠爵者有 127 人，其中生前有爵者 94 人，无爵者 33 人。很明显，北魏国家使有爵者亡故后再授赠爵的事例，是占有很高比例的，也就是说，当时获得赠爵者大多数是来自生前有爵者。因此，可以说亡故者生前拥有爵位，应该是他们可以获得赠爵的重要条件之一。

当然，当时亡故者生前拥有爵位，不仅有正式爵，还有假爵。所谓假爵就是北魏国家临时授予的爵位。而这种临时授予的爵位，实际与北魏国家授予赠爵也是有关系的。《魏书·韩麒麟传》：“（韩麒麟）寻除冠军将军、齐州刺史，假魏昌侯。……十二年春，卒于官，年五十六。……赠散骑常侍、安东将军、燕郡公，谥曰康。”《北史·李灵传》：“（李恢）以师傅子，拜长安镇副将，进爵为侯，假巨鹿公。后东平王道符谋反，遇害，赠定州刺史、巨鹿公，谥曰贞。”这说明，尽管北魏的假爵与正式爵有区别，但仍可作为国家授予赠爵的重要依据。

不过，应该看到，北魏国家还对一些生前无爵者也授予赠爵。实际上，这也是一些亡故者获得赠爵的重要途径。北魏国家对这些无爵者授予赠爵也是有条件的。前引《魏书·昭成子孙·秦明王翰传》：“（拓跋翰）及长统兵，号令严信，周旋征讨，多有克捷。建国十年卒。太祖即位，追赠秦王。”说

---

[1] 《魏书》卷三〇《周几传》。

[2] 《魏书》卷八三上《外戚上·姚黄眉传》。

[3] 《魏书》卷九四《阉官·王遇传》。

[4] 《魏书》卷三三《屈遵传》。

[5] 《魏书》卷六一《毕众敬传》。

明道武帝授予拓跋翰赠爵，是因为他生前立有军功。至太武帝时，更将这种做法明确化。神䴥三年，太武帝下诏："近遣尚书封铁剪除亡命，其所部将士有尽忠竭节以殒躯命者，今皆追赠爵号。"① 这就是说，生前无爵位而获得赠爵者，是以他们立功作为重要条件的。如尉地干"参军国大谋。世祖将征平凉，试冲车以攻冢，地干为索所罥，折胁而卒。世祖亲往临抚，哭之甚恸。赠中领军将军、燕郡公"②。高推"诏兼散骑常侍使刘义隆，南人称其才辩。遇疾，卒于建业。朝廷悼惜之。丧还，赠辅国将军、临邑子"③。韩显宗"有赭阳之功，追赠五等男"④。

北魏国家除了对立有军功、事功的无爵者，在他们死后，授予赠爵之外，还向一些臣服北魏国家的无爵的"客"，授予赠爵。《魏书·薛安都传附薛道异传》："（薛道异）亦以勋为第一客。早卒。赠宁西将军、秦州刺史、安邑侯。"这种为无爵的亡故的"客"授予赠爵，显然是以此实现安抚他们的目的。

除此之外，北魏国家授予一些无爵者赠爵，自然还有其他的目的。《魏书·张衮传附张白泽传》："（张白泽）高宗初，除中散，迁殿中曹给事中，甚见宠任，参预机密。……太和五年卒，诏赐帛一千匹、粟三千石，遣侍御史营护丧事，册赠镇南将军、相州刺史、广平公，谥曰简。"又《魏书·公孙表传》："（公孙质）屡进谠言，超迁尚书。真君九年卒。追赠中护军将军、光禄勋、幽州刺史、广阳侯，谥曰恭。"依据北魏国家为在世者授爵的条件，张白泽、公孙表生前都应该获得爵位，可是，北魏国家却没有赐授他们爵位。由此来看，北魏国家在他们亡故后，为他们授予赠爵，显然是对他们生前没有获得爵位封授的补偿。

此外，北魏国家为了奖励一些获得高位的官员，还向他们父辈授予赠爵。《魏书·高闾传》："（高闾）父洪，……陈留王从事中郎。闾贵，乃赠宁朔将军、幽州刺史、固安贞子。"又《魏书·奚斤传》："奚斤，代人也，世典马牧。父箪，有宠于昭成皇帝。……诏以斤世忠孝，赠其父箪为长宁子。"很明显，

---

① 《魏书》卷四上《太武帝纪上》。

② 《魏书》卷二六《尉古真传》。

③ 《魏书》卷四八《高允传附高推传》。

④ 《魏故著作郎韩君墓志》，赵超：《汉魏南北朝墓志汇编》，天津古籍出版社，2008年，第39页。

北魏国家授予这些官员的父辈赠爵，是要以此表现对他们所立功勋的褒奖。

由上述可见，北魏国家为无爵者授予赠爵，主要是为了奖励亡故者生前所立功劳。但是，由于赠爵可以使亡故者获得很高的荣誉，因而，北魏国家授予无爵者赠爵，也就不只以生前立有功劳为条件。为了安抚臣服的“客”、褒奖应该生前授爵，但没有受赐爵位的官员，北魏国家都采取赠爵的做法。特别是，为了给予尽力服务于国家官员的褒奖，还将赠爵授予他们无爵的父辈。显然北魏国家的这些做法，都是要使赠爵的授予更有利于政治统治。这样，也就使授予赠爵与国家的施政活动紧密地结合在一起。

二、获得赠爵者的爵位等级

如前所述，北魏国家授予赠爵，实际分为两种情况。一是以获得赠爵者生前拥有爵位为条件；二是与为在世者授予爵位的条件相同，主要是对立功勋者可以直接授予赠爵，因此，就需要对这两种情况分别阐释。

从生前拥有爵位者被授予赠爵的情况来看，实际他们的赠爵的等级与生前爵位等级有很密切的关系。亡故者的生前爵位等级规定，实际以太和十六年孝文帝爵位改革为界限，可以分为前后两个阶段。在孝文帝爵位改革前，北魏国家爵位等级不是固定不变的。从北魏初年情况来看，天赐元年，道武帝“减五等之爵，始分为四，曰王、公、侯、子，除伯、男二号。……王第一品，公第二品，侯第三品，子第四品”①。也就是说，道武帝确定的爵位等级为四品级。但据日本学者川本芳昭考证，文成帝时，又恢复了伯爵等级。②实际上，文成帝以后，至孝文帝爵位改革前，北魏国家实行的爵位等级为王、公、侯、伯、子、男六品级。尽管北魏前期国家爵位等级有变化，但在不同时期的爵位等级规定是明确的。北魏国家正是依据不同时期的爵位等级来确定赠爵等级的。《魏书·神元平文诸帝子孙·江夏公吕传》：“江夏公吕，太祖族弟也。从世祖平凉州有功，封江夏公，……卒赠江夏王，陪葬金陵。”

---

① 《魏书》卷一一三《官氏志》。

② 川本芳昭：《封爵制度》，《魏晋南北朝時代の民族問題》，汲古书院，1998年，第264页。

又《魏书·许谦传》：“（许谦）赐爵平舒侯、安远将军。皇始元年卒官，时年六十三。赠平东将军、左光禄大夫、幽州刺史、高阳公，谥曰文。”这些记载说明，亡故者所受赠爵的爵位等级，都比他们生前的爵位等级高一级。换言之，北魏前期，国家是将亡故者生前爵位等级提升一级作为他们赠爵等级的。北魏国家实行的这种做法，成为确定授予有爵的亡故者赠爵的一般做法。《魏故使持节平东将军冀州刺史勃海定公封使君墓志序》：“（封魔奴）进爵高城侯。揽辔驰风，褰帷树政。孀孤饮惠，氓俗怀仁。以疾乞解，优旨征还。降年不永，以太和七年冬十一月九日薨於代京，时年六十有八。……有诏赠使持节平东将军冀州刺史勃海郡公，谥曰定，礼也。”① 可见在孝文帝太和七年，北魏国家还继续实行以提高亡故者生前的爵位等级来确定他们赠爵等级的做法。这说明，提高亡故者生前爵位等级一级作为赠爵等级的措施，一直延续到孝文帝爵位改革之前。

不过，北魏国家实行的这种做法是有范围的，实际只以生前拥有公、侯爵位者为限。因为孝文帝爵位改革前，对生前拥有王爵者授予赠爵采取了很特殊的做法。据清人万斯同统计，北魏国家封授王爵者有：皇子王、宗室王和异姓王共有 95 人。② 但北魏国家使生前拥有王爵者能获得赠爵的人数极少。同姓王获得赠爵者，只有二人。汝阴王拓跋天赐“坐贪残，恕死，削除官爵。卒，高祖哭于思政观，赠本爵，葬从王礼”③。章武王拓跋太洛“追赠征北大将军、章武郡王，谥曰敬。无子，高祖初，以南安惠王第二子彬为后。彬，……袭爵”④。拓跋天赐获赠王爵，是因为他有罪被夺爵，为他赠授王爵是要恢复其名誉。而拓跋太洛获赠王爵则是因为他早夭，为他赠授王爵是要使他的过继子拓跋彬可以继承王爵。异姓王获赠王爵者则只有一人。《魏书·源贺传》：“（源贺）出为征南将军、冀州刺史，改封陇西王。……三年秋薨，年七十三。赠侍中、太尉、陇西王印绶，谥曰宣。”源贺作为异姓

① 《魏故使持节平东将军冀州刺史勃海定公封使君墓志序》，赵超：《汉魏南北朝墓志汇编》，第 125 页。

② 《魏诸王世表》《魏异姓诸王世表》《魏外戚诸王世表》，二十五史刊行委员会编：《二十五史补编》第四册，中华书局，1955 年，第 4479－4486 页。

③ 《魏书》卷一九上《景穆十二王上·汝阴王天赐传》。

④ 《魏书》卷一九下《景穆十二王下·章武王太洛传》。

王获赠王爵，与他为国家立有较大功劳有关。这表明，拓跋天赐、拓跋太洛、源贺三人获赠王爵都是很特殊的情况。实际上，北魏国家封授的重要诸王，诸如道武七王、明元六王、太武五王、文成五王、献文六王，没有一人获得赠爵。在异姓王中，除源贺一人外，也就更没有获赠王爵者。因此，可以说，孝文帝爵位改革前，北魏国家对生前拥有王爵者，基本实行不授予赠爵的做法。北魏国家所以采取这种做法，就是由于要实行赠爵高于生前拥有爵位等级一级的措施，而王爵是最高等级的爵位，就很难为他们授予适当等级的赠爵，所以也就只能限制为拥有王爵者授予赠爵。

由于北魏国家在生前拥有公、侯爵位者中，以提升一级爵位等级的方式授予赠爵，因此，在这个群体范围内获得赠爵的人数较多。统计《魏书》《北史》记载，生前有公爵死后获赠王爵者就有：拓跋郁、拓跋吕、穆观、安同、宿石、闾大肥、王洛儿、卢鲁元、卢统、卢弥娥、司马景之、和其奴、长孙受兴、穆颉、安颉、豆代田、车路头、毛修之、唐和、韩茂、皮豹子、孔罗汉、薛安都、姚黄眉、冯朗、李盖等二十六人。生前有侯爵死后获赠公者有：拓跋大头、屈须、拓跋兴都、许谦、来丘颓、王隆保、李先、韩麒麟、封魔奴等九人。这说明，在北魏国家授予的赠爵中，王、公二级爵位是占有重要位置的。

孝文帝爵位改革前，对于拥有爵位者的死后赠爵的等级，并不是当时全部的爵位等级。实际上，北魏国家对这些有爵者授予赠爵的等级是有最低限度的。《魏书·许谦传附许安都传》："（许安都）赐爵东光子。天安初，卒。赠平远将军、冀州刺史、东光侯。"许安都在献文帝时获东光侯赠爵，而此时北魏爵位等级中已增加伯爵。可见许安都的赠爵比他生前爵位高出二级。这已经与提升生前爵位一级作为赠爵的做法不同。在《魏书》中，将这种做法称为"超赠"。当时国家将生前有子爵的许安都的赠爵等级提升至侯爵的目的，就是因为要使他的赠爵达到最低的标准。正因为北魏国家对有爵者死后赠爵有这种规定，所以，当时生前有子、男爵者，都是以"超赠"的方式获得赠爵，并且，他们赠爵的等级都不低于侯爵。诸如：贾秀、封磨奴、张蒲、贺迷生前有子爵，死后赠爵等级为公爵。[①] 程俊生前有男爵，死后赠爵

---

① 《魏书》卷三三《贾彝传附贾秀传》、《魏书》卷三二《封懿传》、《北史》卷二七《张蒲传》、《魏书》卷八三上《外戚上·贺迷传》。

等级则为侯爵。[①] 北魏国家为有爵者死后的赠爵规定最低的标准，正是要通过授予高等级的爵位来体现对这些亡故者的敬意，进而使他们的身份地位得到彰显。

北魏国家将有爵者死后赠爵的最低等级限定在侯爵，但对无爵者获赠爵的等级，则采取不同的做法。如前所述，孝文帝爵位改革前，北魏国家向无爵者授予赠爵的共有 33 人。虽然这些无爵者获得赠爵的时间早晚不一，既有北魏初年授予赠爵的，也有孝文帝太和年间获得赠爵的，可是，他们获得赠爵的情况，却可以反映当时国家授予赠爵等级的一般特点。

实际上，在这些无爵而被授予赠爵者中，有获得王爵的。如拓跋翰"建国十年卒。太祖即位，追赠秦王，谥曰明"[②]。有获得公爵的。如辛绍先"太和十三年卒。赠冠军将军，并州刺史，普阳公，谥曰惠"[③]。有获得侯爵的。如宋温"世祖时征拜中书博士。卒，追赠建威将军、豫州刺史，列人定侯"[④]。还有获得子爵的。如高推"遇疾，卒于建业。朝廷悼惜之。丧还，赠辅国将军、临邑子"[⑤]。很显然，除了伯爵、男爵不见记载外，王爵、公爵、侯爵、子爵都可以作为赠爵授予无爵者。这种情况说明，北魏国家向无爵者授予赠爵，实际与向在世者授爵一样，根据他们的现实状况而赐授不同等级的爵位。因此，可以说，对于这些无爵的亡故者来说，北魏国家爵制中的各等级爵位都是可以作为赠爵的。

太和十六年，孝文帝实行爵位改革。孝文帝继续保留北魏前期的虚封爵制。这种虚封爵在北魏后期也称为散爵。同时，又实行了开国爵制，这种开国爵是领有食邑的实封爵。实际孝文帝爵位改革后，实行的是散爵与开国爵并行的制度。孝文帝爵位改革后实行的这种爵位制度，也影响到赠爵的授予。实际孝文帝爵位改革后的赠爵授予与北魏前期相比，发生了很明显的变化。

孝文帝爵位改革后，北魏国家使当时实行的散爵和开国爵都可以作为赠爵。《魏书·李宝传附李虔传》："（李虔）出为散骑常侍、安东将军、兖州刺

---

① 《魏书》卷六〇《程骏传》。

② 《魏书》卷一五《昭成子孙·秦明王翰传》。

③ 《魏书》卷四五《辛绍先传》。

④ 《魏书》卷三三《宋隐传》。

⑤ 《魏书》卷四八《高允传》。

史。追论平冀州之功，赐爵高平男。……永安三年冬薨，年七十四。赠侍中、都督冀定瀛三州诸军事、骠骑大将军、太尉公、冀州刺史，男如故。”可见北魏后期，国家可以将李虔生前具有的虚封的散爵作为他亡故后的赠爵。《魏书·源贺传》：“（源延伯）除龙骧将军，行夏州事，封五城县开国子，食邑三百户。……随子雍至都，进爵浮阳伯，增封百户，为谏议大夫。……与葛荣战殁，时年二十四。赠持节、平北将军、凉州刺史，开国如故。”很显然，源延伯亡故后获得的赠爵，正是他生前受封的浮阳县开国伯。由于北魏国家同时将虚封的散爵与实封的开国爵都可以作为赠爵授予亡故者，因而，也就使当时国家不能不改变亡故者的赠爵与他生前爵位等级的关系。实际上，孝文帝爵位改革后，为适应上述的变化，北魏国家开始改变使亡故者的赠爵的等级高于他的生前爵位等级的做法。在《魏书》《北史》和墓志铭中，已经改变了记载赠爵的方式。《魏故使持节镇西将军雍州刺史华阴庄伯墓志铭》：“君姓杨，讳播，字延庆，司州恒农郡华阴县潼乡习仙里人也。……为都督华州诸军事安西将军华州刺史，使持节华阴伯如故。……以熙平元年，有诏申雪，追复爵位。册赠使持节镇西将军雍州刺史，华阴伯如故。”[①]《魏书·薛安都传》：“（薛峦）袭爵。降为平温子。……孝昌二年春，卒于军。赠征西大将军、雍州刺史，子如故。”墓志铭中提到的“华阴伯如故”，是说杨播死后获得赠爵的等级与他生前散爵等级相同。《魏书》中提到的“子如故”，则是说薛峦获得赠爵的等级也与他生前散爵的等级没有区别。北魏国家以开国爵作为赠爵的情况也是如此。《魏书·郑羲传附郑先护传》：“（郑先护）以功封平昌县开国侯，邑七百户。……出帝时，赠持节、都督青齐济兖四州诸军事、骠骑大将军、仪同三司、青州刺史，开国如故。”说明郑先护生前被授予的平昌县开国侯是可以作为他死后的赠爵的。显然这种记载方式，与以散爵作为赠爵的情况是没有区别的。在文献中采取这种记载方式，正是要表明北魏国家是以亡故者生前拥有的爵位授予他们作为赠爵的，所以，孝文帝爵位改革后，亡故者获得的赠爵等级与他们生前的爵位种类与等级都是一致的。

由于孝文帝爵位改革后，使亡故者的赠爵与生前的爵位等级一致，因而，

---

① 《魏故使持节镇西将军雍州刺史华阴庄伯墓志铭》，赵超：《汉魏南北朝墓志汇编》，第86页。

就使获得赠爵的情况就与北魏爵位改革之前明显不同。在墓志铭记载中，获赠王爵的诸王就有：武昌王元鉴、安乐王元诠、齐郡王元祐、章武郡王元融、任城王元彝、赵郡宣恭王元毓、江阳王元继、范阳王元诲、安丰王元延明、东海王元顼、鲁郡王元肃等人。《魏书》《北史》记载中，获赠王爵的诸王则有：汝南王元悦、高阳王元雍等人。这就是说，孝文帝爵位改革后，无论是直接封授王爵者，还是继承王爵者，他们亡故后都可以将生前爵位作为赠爵。

北魏爵位改革后，国家还使赠爵的等级没有最低的限制。前引《魏书·李宝传附李虔传》：“（李虔）出为散骑常侍、安东将军、兖州刺史。追论平冀州之功，赐爵高平男。……永安三年冬薨，年七十四。赠侍中、都督冀定瀛三州诸军事、骠骑大将军、太尉公、冀州刺史，男如故，谥曰宣景。”这就是说，生前拥有散爵中最低等级男爵者，北魏国家是可以将他们的爵位作为亡故后的赠爵的。《故使持节卫大将军仪同三司定州刺史俊仪县开国男墓志铭》：“君讳周安，河南洛阳人也。……武泰元年，以宗胄勋望，封开国男。……追赠使持节卫大将军仪同三司定州刺史，开国如故。”[①] 很显然，生前拥有最低等级的开国男者，北魏国家也是可以作为亡故者赠爵的。由此可见，不论是最低等级散爵，还是最低等级的开国爵，都可以作为赠爵。这明显与孝文帝爵位改革前的情况大不相同了。

总之，孝文帝爵位改革后，实行了授予亡故者的赠爵与生前爵位等级不加区别的做法，使他们生前爵位与获得赠爵保持在同一等级范围内，因而，就使亡故者在世与亡故后的爵位包含的意义基本是相同的。并且，也使生前具有王爵这一最高爵位等级的特权阶层都能以王爵作为赠爵，因而，也就克服了北魏爵位改革前拥有王爵者不能获得赠爵的缺陷，这样，这些特权阶层在他们亡故后，可以继续通过获得的赠爵使他们特殊的身份地位得到明确的体现。

三、获得赠爵者的封地

北魏国家的赠爵与为在世者所授的爵位一样，实际由两部分组成，即爵

---

① 《故使持节卫大将军仪同三司定州刺史俊仪县开国男墓志铭》，赵超：《汉魏南北朝墓志汇编》，第 247 页。

位的等级与授予的封地。尽管北魏的虚封爵与实封爵不同，但是在爵位的构成上都是一致的。孝文帝爵位改革前，北魏国家实行虚封爵制，因而，授予有爵者的封地是一种虚封。当然，北魏国家授予赠爵的封地，也就是虚封地。在孝文帝爵位改革后，则与北魏前期的情况不同。由于北魏国家可以将散爵与开国爵都可以作为赠爵，所以获得赠爵者的封地既有虚封地，也有实封地。

首先看孝文帝爵位改革前获赠爵者的封地情况。实际上，在这一时期，为获得赠爵者的封地可以分为两种情况：一是与他们生前所受的封地相同；二是与生前所受的封地具有差别。

北魏国家授予亡故者赠爵的封地与生前所受封地相同的事例，在文献记载中多见。例如，宗室拓跋吕“从世祖平凉州有功，封江夏公。……卒赠江夏王”[①]。代人周几“以功赐爵交址侯。……归葬京师。追赠交址公，谥曰桓”[②]。外戚姚黄眉“赐爵陇西公。……卒，赠雍州刺史、陇西王”。显然北魏国家在授予亡故者的赠爵时，使他们赠爵的虚封地与生前的虚封地保持一致，是一种很重要的做法。

可是，北魏国家还实行亡故者的赠爵与他们生前的虚封地不相同的做法。北魏国家在生前有爵者的范围内，是将王、公、侯爵位等级作为赠爵的，因而，就出现按高出亡故者生前爵一级授予赠爵和以“超赠”方式授予赠爵两种不同的做法，所以需要对这两种情况分别考察。

先看赠爵超出生前爵位等级一级的情况。统计《魏书》和墓志铭中的记载，生前拥有公爵而亡故后获赠王爵者封地变化的共有六人。宿石生前封地泰山郡，赠爵封地太原郡。[③] 闾大肥生前封地荥阳郡，赠爵封地中山郡。[④] 司马景之生前封地苍梧郡，赠爵封地汝南郡。[⑤] 李盖生前封地南郡，赠爵封

① 《魏书》卷一四《神元平文诸帝子孙·江夏公吕传》。

② 《魏书》卷三〇《周几传》。

③ 《魏书》卷三〇《宿石传》。

④ 《魏书》卷三〇《宿石传》。

⑤ 《魏书》卷三七《司马景之传》。

地中山郡。[1] 冯郎生前封地西郡、赠爵封地燕郡。[2] 王洛儿生前封地新息县，赠爵封地建平郡。[3] 在封地变化的六人中，实际可以分为三种情况。一是将生前虚封地的次郡，在授予赠爵后，改为大郡。严耀中先生认为，北魏前期所谓大郡、小郡、大县、小县等区别，不是北魏的区分，而是两晋时的差别。[4] 也就是说，北魏前期，郡的大小是依据两晋郡的户口数来确定的。宿石生前受封的太山（泰山）郡、冯郎生前受封的西郡，在《晋书·地理志》记载中，都是户口不足万户的小郡。而他们亡故后受赠的太原郡有户口一万四千户[5]；燕郡则有户口二万九千户[6]。说明他们虚封地都由生前的次郡，在获赠爵后，改换为大郡。二是将生前的遥封郡，在授予赠爵后，改为北魏国家境内郡。司马景之生前受封的苍梧郡、李盖受封的南郡都是刘宋所设郡。[7] 很明显，他们生前的虚封地为一种遥封。他们亡故后受封的汝南郡、中山郡则是北魏国家所设郡。也就是说，授予他们赠爵后，虚封地已经由北魏境外，改封至北魏境内。三是将北魏建郡较晚的郡改为建郡较早的郡。闾大肥生前受封的荥阳郡，设置时间较晚。清人徐文范考证，北魏前期荥阳郡属洛州。[8]《魏书·太武帝纪上》：“（始光三年）九月，遣司空奚斤率义兵将军封礼、雍州刺史延普袭蒲坂，宋兵将军周几率洛州刺史于栗磾袭陕城。”说明太武帝时期开始设置洛州，荥阳郡当与洛州同时设置。闾大肥赠爵的中山郡则为道武帝天兴四年设置。[9] 北魏国家这些做法说明，正是要通过改封虚封郡来表明他们较生前的地位得到提高。这与提高他们生前爵位等级的做法是一致的。此外，王洛儿在世受赐的虚封地为新息县，这与北魏前期，国家要为具有公、王爵授予郡作为虚封地的规定不相符，所以，在他亡故后，

---

① 《魏书》卷八三上《外戚上·李惠传》。

② 《魏故乐安王妃冯氏墓志铭》，赵超：《汉魏南北朝墓志汇编》，第155页。

③ 《魏书》卷三四《王洛儿传》。

④ 严耀中：《北魏前期政治制度》，吉林教育出版社，1990年，第178页。

⑤ 《晋书》卷一四《地理志》。

⑥ 《晋书》卷一四《地理志》。

⑦ 《宋书》卷三八《州郡志四》、《宋书》卷三七《州郡志三》。

⑧ 徐文范：《东晋南北朝舆地表》，《二十五史补编》第五册，中华书局，1955年。

⑨ 徐文范：《东晋南北朝舆地表》，《二十五史补编》第五册，中华书局，1955年。

自然要将虚封地由县改封为郡。

当然，虚封地的变化不仅赠授王爵时如此，在赠授公爵时，也有出现变化的情况。统计《魏书》《北史》和墓志铭中的记载，生前拥有侯爵而死后获赠公爵者，虚封地变化的有九人。如屈须生前封地为信都县，死后封地则为昌黎郡。① 李先生前封地为寿春县，死后封地则为中山郡。② 封魔奴生前封地为高城县，死后封地为勃海郡。③ 这些人获赠爵后，封地出现变化，完全是由北魏国家对公爵、侯爵的虚封地不同规定决定的。《魏书·官氏志》："王封大郡，公封小郡，侯封大县，子封小县。"可见，北魏国家只使领有王、公二级爵位者的虚封地为郡，而侯爵以下的虚封地只能是县。正因为如此，北魏国家授予亡故者赠爵时，不仅将他们生前的侯爵提高至公爵，并且，也要将他们在生前受封的县改为郡。

再看以"超赠"方式授予赠爵的情况。一如所述，北魏前期，对生前有子、男爵位者，北魏国家一般实行"超赠"的方式使这些具有低爵者获得的赠爵都不低于侯爵。由于北魏国家的赠爵在等级上具有这种特点，因而，也就影响到赠爵的虚封地。从拥有子、男爵的虚封地的情况来看，他们受赐封地都为县，因而，他们受赠爵的等级，就直接影响到虚封地的情况。北魏国家对获侯爵赠爵者，实行两种不同的做法。一种是继续保持原来的虚封地。如许安国"赐爵东光子。天安初，卒。赠平远将军、冀州刺史、东光侯"④。另一种则是改变他们生前的封地。如程骏"赐爵安丰男，……赠冠军将军、兖州刺史、曲安侯"⑤。由此可见，这些生前拥有子、男爵者只要"超赠"为侯爵，不论是保持，还是改变原来的虚封地，但赠爵的虚封地只能是县，而不可能为郡。而对于生前具有子、男爵位者，亡故后获公等级赠爵者，不仅都要改变他们的虚封地，并且，使赠爵的虚封地的行政级别也发生改变。如

---

① 《魏书》卷三三《屈遵传》。

② 《北史》卷二七《李先传》。

③ 《魏故使持节平东将军冀州刺史勃海定公封使君墓志序》，赵超：《汉魏南北朝墓志汇编》，第124页。

④ 《魏书》卷二四《许谦传》。

⑤ 《魏书》卷六〇《程骏传》。

贾秀“进爵阳都子。……皇兴三年卒。赠本将军、冀州刺史、武邑公”[①]。很显然，这些生前具有子、男者爵位，因“超赠”获赠爵后，不仅虚封地发生改变，并且，与生前拥有侯爵者获赠公爵的情况一样，他们的虚封地都由行政县改换为行政郡。

另外，孝文帝爵位改革前，北魏国家也可以为生前无爵位者，授予赠爵。当时国家为了加重对这些获得赠爵者的荣誉，特别注意获赠爵者的封地与他们本籍的联系。当然，这种情况是针对汉族官员而言的，因为北魏前期以鲜卑族为主体的代人是没有籍贯的。[②] 从这些获赠爵的汉族人的封地的情况来看，实际都与他们出身的县、郡、州有关系。在具体实行上，北魏国家是将获赠爵的虚封地与本籍的联系分为三个层次：首先，北魏国家要使获赠爵者的虚封地，与他们的本籍县是一致的。《魏书》中记载，宋温、辛绍先、郑颖考、公孙质、孙瓒等人赠爵的虚封地正是他们的本籍县。如宋温生前的虚封地为列人县，死后获赠爵的虚封地仍然是列人县。[③] 其次，如果不能使获赠爵者的虚封地与本籍县一致，则要与他们本籍郡一致。诸如：李辅赠爵的虚封地为襄武县，而襄武县属于他的本籍陇西郡。[④] 李恭赠爵的虚封地为容城县，而容城县属于他的本籍范阳郡。[⑤] 薛道异赠爵的虚封地为安邑县，而安邑县属于他的本籍河东郡。[⑥] 李详的赠爵的虚封地为平棘县，而平棘县属于他的本籍赵郡。[⑦] 最后，就是北魏国家要使获赠爵者的虚封地与他们的本籍州保持一致。诸如：高洪赠爵的虚封地为固安县，而固安县属于他的本籍幽州。[⑧] 高推的赠爵的虚封地为临沂县，而临沂县属于他的本籍青州。[⑨]

---

① 《魏书》卷三三《贾彝传附贾秀传》。

② 康乐：《代人集团的形成与发展——拓跋魏的国家基础》，《中研院历史语言研究所集刊论文类编（魏晋南北朝五代卷四）》，中华书局，2009年，第3457页。

③ 《魏书》卷三三《宋隐传》。

④ 《魏书》卷三九《李宝传》。

⑤ 《魏书》卷四六《李䜣传》。

⑥ 《魏书》卷六一《薛安都传》。

⑦ 《魏书》卷五三《李孝伯传》。

⑧ 《魏书》卷五四《高闾传》。

⑨ 《魏书》卷四八《高允传》。

日本学者川本芳昭考察北魏前期国家赐授汉族人爵位时，认为汉族人受赐爵位的封地与他们的本籍有很密切的联系。[①] 由此来看，北魏国家授予亡故汉族人赠爵的虚封地与赐授他们在世爵位一样，都尽量使他们的封地与本籍联系在一起。北魏国家实行这种做法，当然是对亡故汉族官员采取的一种安抚和优待的措施。

孝文帝爵位改革后，由于实行了使亡故者的赠爵与他们生前爵位一致的做法，因而，就使北魏后期获得赠爵者不仅爵位的等级与生前相同，所受的封地，也与他们生前基本是一致的。特别是，孝文帝实行了实封的开国爵，受封开国爵者是可以领有与他们经济利益联系在一起的食邑的，因而，北魏国家是不可能使他们的赠爵的封地与他们生前封地相分离。因为受封开国爵者亡故后，他的爵位可以为后世继承。《魏书·李苗传》："（李苗）众寡不敌，左右死尽，苗浮河而殁，时年四十六。……赠使持节、都督梁益巴东梁四州诸军事、车骑大将军、仪同三司、梁州刺史，河阳县开国侯、邑一千户，赗帛五百匹、粟五百石。谥忠烈侯。……子昙，袭爵。"这就是说，后世继承的开国爵，不仅有他们的爵位等级，还有他们领有的食邑。正因为如此，北魏国家也就使获赠开国爵者的封地不可能改变。为了与获赠开国爵的做法取得一致，北魏国家也使获赠散爵者不改变他们生前的封地。如高允"以定议之勋，进爵咸阳公。……将葬，赠侍中、司空公、冀州刺史，将军、公如故"[②]。因此，可以说孝文帝爵位改革后，不论获赠开国爵者，还是获赠散爵者，他们的封地基本都是不改变的。这正是与孝文帝爵位改革前获赠爵者的封地情况的明显不同之处。

四、结　语

北魏国家实行的赠爵，是为亡故者授予的爵位。由于赠爵的授予对象与为在世者的爵位授予对象的不同，因而，尽管国家爵位制度中还包括赠爵，可是，赠爵还有与为在世者所授爵位存在不同之处。在赠爵的授予上，北魏

---

① 川本芳昭：《封爵制度》，《魏晋南北朝時代の民族問題》，第259页。

② 《魏书》卷四八《高允传》。

国家可以将同一爵位授予家族父辈、子辈。这是与为在世者授爵的明显不同的。在赠爵的继承上，北魏国家严格限制将赠爵传承给后世。但为在世者所授爵位，则可以为后世继承。

北魏国家为亡故者授予赠爵是有条件的。一般情况下，北魏国家只将赠爵授予生前拥有爵位者。因此，生前拥有爵位成为获得赠爵的重要条件。当然，北魏国家对生前无爵者也可以授予赠爵，但是他们必须是立有功劳者。为了使授予赠爵能够更好地与北魏国家的施政结合在一起，因而，当时统治者出于笼络一些官员的目的，也就在他们亡故后，继续授予赠爵。

以孝文帝爵位改革为界限，北魏国家授予赠爵的等级，实际可以分为两种情况。孝文帝爵位改革前，北魏国家对生前拥有公爵、侯爵者，实行赠爵要高于生前爵位一等级的做法。对生前拥有子、男爵爵位者，则采取“超赠”的措施。北魏国家使这些生前有爵者获得的赠爵不能低于侯爵。对无爵者，北魏国家则实行为在世者同样的授爵方式，根据他们生前的地位，授予相应等级的爵位。孝文帝爵位改革后，由于北魏国家实行了可以将生前的开国爵和散爵作为赠爵的措施，因此，他们生前的爵位的等级就是赠爵的等级。

北魏赠爵的封地，也以孝文帝爵位改革为限，分为两种情况。孝文帝爵位改革前，赠爵的封地为虚封地。获赠爵者的封地与他们生前的封地，有些是相同的，也有一些是不一致的，但不一致的情况居多。获赠爵者封地的改变，一般是由他们赠爵等级高于生前爵位等级造成的。当然，其中也包含通过赠爵封地的改变，来表明他们身份地位的提高的意义。孝文帝爵位改革后，由于实行将生前爵位作为赠爵的做法，特别是，获开国爵者是领有食邑的，这就使获赠爵者的封地与生前的封地很难改换。因而，他们生前的封地与赠爵封地，是基本上保持不变的。

（原载《史学集刊》2013 年第 1 期）

论东魏北齐王爵的封授及元氏诸王的“准例降爵”

东魏北齐时期，王爵为最高爵，因而，受封王爵就具有了显赫的身份地位，并能获得丰厚的经济利益。正因如此，东魏北齐国家很重视王爵的封授。并且，由于当时能够受封王爵的对象不同，所以国家封授王爵的方式也有差别。可以说，东魏北齐国家是以多种方式保证实现王爵的封授。而且，东魏北齐国家为了加重受封王爵者的地位，还实行了别封。在北齐禅代东魏后，又对当时拥有王爵者的爵位进行了调整，主要采取降低元氏诸王的爵位的措施。实际上，当时国家的这些做法涉及东魏北齐拥有王爵的阶层的形成及其变动，因此，这就是不能忽略的很有必要考察的问题，可是，前人却没有就此做深入的研究。所以，本文拟对这些问题做一些探讨，以就教于方家。

一、王爵的直接封授及其进封与追封

东魏北齐时期，国家将王爵的封授作为重要的事务，因而，要保证实现王爵封授，就需要实行相应的授爵方式。然而，确定王爵封授的方式，却是与受封王爵的对象联系在一起的。从当时受封王爵的对象来看，东魏与北齐有很大的不同。因为东魏国家承袭北魏后期的做法，使能够受封王爵者，只能为北魏道武帝的后裔，也就是与东魏孝静帝有亲缘关系的元氏亲属。至于高欢、高澄被封授王爵，却是因为他们是东魏国家的实际控制者，所以，他们能够以异姓身份受封王爵，当然，这只是特殊的情况。可是，北齐禅代东魏后，齐文宣帝对东魏元氏诸王实行“准例降爵”① 的措施，并且，使高欢、高澄以及高氏皇帝的子弟都能够受封王爵。并且，还将王爵封授范围扩大，使皇帝的姻亲外戚以及与皇帝血缘关系疏远的宗室也可以受封王爵。更值得注意的是，北齐国家又开始封授异姓王。这些受封的异姓王，大部分是国家的任职官员。很显然，从东魏至北齐，不仅封授的对象有变化，并且，封授的范围也不完全相同。尽管如此，东魏和北齐在封授王爵的具体做法上，却多有相同之处。因为从东魏北齐的受封王爵者情况来看，主要存在受封王爵前，拥有爵位与没有爵位的区分以及是在世受封，还是不在世受封的差别。由于受封王爵者具有这些不同的情况，因此，也就使东魏北齐国家在封授王爵上，主要采取了直接封授、进封与追封的不同方式。

（一）王爵的直接封授

这种封授方式的特点，就是由国家授予没有爵位者王爵。东魏时期，以这种方式封授王爵的对象，主要是东魏皇帝的直系亲和旁系亲。《魏书·孝静帝纪》：“（兴和二年）封皇子景植为宜阳王，皇弟威为清河王，谦为颍川王。”在孝静帝封授的这些王爵者中，皇子为直系亲，皇弟则为旁系亲。然而，孝静帝封授的旁系亲，并不只限于皇弟。《魏书·孝静帝纪》：“（武定元年）封彭城王韶弟袭为武安王。”《魏书·孝静帝纪》：“（武定元年）封前员外散骑侍郎元长春为南郡王。”这些记载提到的元袭、元长春都是以元氏支子的身份受封王爵的，因此，他们是与孝静帝血缘联系比较疏远的旁系亲。尽管这些受封王爵的直系与旁系亲在与东魏皇帝的血缘联系上有差别，但他们却有相同之处，就是他们在受封王爵前，都没有获得任何种类和等级的爵位。这说明，东魏国家可以使与皇帝有亲缘关系的直系和旁系亲，都能够直接受封王爵，从而由无爵者直接成为拥有最高等级爵位的权贵。东魏孝静帝实行的这种封授王爵的做法，实际是从北魏承袭来的，其特点就在于，可以无条件地使皇帝的直系和旁系亲获得王爵的封授，进而体现这些皇亲在受封王爵上具有受到皇权特殊庇护的权力。

北齐建国后，开始将封授王爵的范围扩大。但是，北齐皇亲依然还是受封王爵的重要对象。对这些皇亲来说，他们受封王爵，主要是采取直接封授

① 《北齐书》卷二八《元斌传》。

的方式实现的。据《北齐书·高祖十一王传》和《北齐书·文襄六王传》载：高欢之子高湝、高湜、高凝、高润、高洽以及高澄之子高孝珩、高孝琬、高长瓘、高延宗、高绍信，都被直接封授了王爵。文宣帝、孝昭帝和武成帝诸子的王爵，也同样是由直接封授实现的。[①] 可见，北齐国家依然将高欢、高澄和北齐皇帝的直系亲作为直接受封王爵的对象。对于皇帝的旁系亲，也同样如此。例如，高思宗"神武从子也。性宽和，颇有武干。天保初，封上洛郡王"[②]。与东魏不同的是，北齐国家还使一些宗室也能直接受封王爵。如高显国"神武从祖弟也。无才伎，直以宗室谨厚，天保元年，封襄乐王"[③]。这说明，北齐国家对一些无爵的宗室，也能够无条件地直接封授王爵。也就是说，他们受封王爵，实际获得了很大的优待。除此之外，北齐国家还将皇帝的姻亲外戚，也包括在直接封授王爵的范围内。例如，胡长仁"武成皇后之兄。……世祖崩，预参朝政，封陇东王"[④]。李祖勋"显祖受禅，除秘书丞。及女为济南王妃，除侍中，封丹阳王"[⑤]。这些外戚，在受封王爵前，都没有爵位，因而，他们受封王爵也是因国家的优待而实现的。

由上述可见，东魏国家明确将直接封授王爵的对象，限制在皇帝的直系和旁系亲的范围之内。而北齐则与东魏不同，直接封授王爵的对象，既有皇帝的直系和旁系亲，还有皇帝的宗室和姻亲。显然，北齐国家扩大了直接受封王爵的亲缘圈，因此，也就使更多的皇亲可以获得受封王爵特权。换言之，北齐国家不仅以皇帝为中心而划定的亲缘圈作为确定受封王爵的对象，而且，这种在皇权控制下的亲缘圈也能牢固地庇护这种特权，并使之难以动摇。

北齐时期，国家开始将一些官员纳入受封王爵的范围内。由于北齐国家内部矛盾尖锐，派系斗争激烈，因此，国家统治者为了安抚和笼络一些任职官员，也采取直接封授他们王爵的做法。《北齐书·斛律羌举传》："（斛律少

---

① 《北齐书》卷一二《文宣四王传》、《北齐书》卷一二《孝昭六王传》、《北齐书》卷一二《武成十二王传》。

② 《北齐书》卷一四《上洛王思宗传》。

③ 《北齐书》卷一四《襄乐王显国传》。

④ 《北齐书》卷四八《外戚·胡长仁传》。

⑤ 《北齐书》卷四八《外戚·李祖昇传》。

卿）频历显职。武平末，侍中、开府仪同三司，封义宁王，知内省事，典外兵、骑兵机密。”又《北齐书·叱列平传》：“（叱列长叉）武平末，侍中、开府仪同三司，封新宁王。”斛律少卿、叱列长叉在受封王爵前都没有爵位，可是，北齐国家却使他们直接受封王爵。北齐国家实行的这种做法，显然要表达对这些官员的旌宠，从而实现汲引和安抚他们的目的。这就是说，北齐国家直接封授官员王爵，并不顾及这些官员所建树的功劳，而是以符合皇帝的政治需要为标准的。因此，对官员的这种封授，实际完全是由国家施政的目的决定的。正因如此，北齐后期，由于国家政治极为腐败，因而，也就将官员受封王爵，与他们能够忠实地迎合皇帝统治意志的行为更为紧密地结合在一起。因此，北齐国家对一些恩幸官员，一般都实行直接封授王爵的做法。例如，高阿那肱“后主即位，累迁并省尚书左仆射，封淮阴王”[①]。韩凤“后主即位，累迁侍中、领军，总知内省机密。……封昌黎郡王”[②]。北齐皇帝还使他们宠幸的宦官，也以这种方式受封王爵。正如《北齐书·恩倖·韩宝业传》称：“唯长颙武平中任参宰相，干预朝权。后宝业、勒义、齐绍、子征并封王，不过侵暴。于后主之朝，有陈德信等数十人，并肆其奸佞，败政虐人，古今未有。……又皆封王、开府。”由于北齐后期的政治统治具有腐朽的皇权与低能的恩倖官员相结合的特点，因而，就使这些恩倖官员，实际成为可以左右朝政的政治力量。在这种政治环境中，北齐国家赋予恩倖官员具有直接受封王爵的特权，因而，也就更突显了这些官员是受皇帝宠幸的特殊身份的权贵，进而使他们能够凭借这种身份极大地破坏了国家正常的统治秩序。实际上，这正是在北齐后期的腐败政治影响下，对恩倖官员的王爵实行这种封授，所带来的不能忽视的极为消极的政治后果。

（二）王爵的进封

这是对在受封王爵前拥有爵位者所采取的一种封授王爵的做法。实际上，这种封授王爵的方式，在北魏时期就已经实行。如孝昌二年，北魏孝明帝便“进封广川县开国公元邵为常山王”[③]。东魏北齐国家，则继续沿袭北魏

① 《北齐书》卷五〇《恩幸·高阿那肱传》。

② 《北齐书》卷五〇《恩幸·韩凤传》。

③ 《魏书》卷九《孝明帝纪》。

的做法。尤其北齐时期，当时国家更多地采取这种进封王爵的做法。如潘乐“拜司空。齐受禅，乐进玺绶。进封河东郡王，迁司徒”①。高岳“留镇邺。天保初，进封清河郡王”②。这种进封王爵的方式，在文献记载中，也可以称为进爵。例如，慕容俨“除赵州刺史，进伯为公。……（天统）五年四月，进爵为义安王”③。由此可见，所谓进封王爵，就是通过提高爵位等级的方式，使原来有爵位者能够实现受封王爵，因此，实行这种方式，是要有比较明确的限定范围的。

从当时进封王爵的范围来看，应该说北齐要广于东魏。因为北齐国家扩大了封授王爵的对象。其实，在这些由进爵而获得王爵者中，一些北齐皇帝的直系、旁系亲都包括其中。《北齐书·高祖十一王·平阳靖翼王淹传》：“（高淹）神武第四子也。元象中，封平阳郡公，累迁尚书左仆射。天保初，进爵为王。”又《北齐书·文襄六王·河南康舒王孝瑜传》：“（高孝瑜）文襄长子也。初封河南郡公，齐受禅，进爵为王。”这就是说，高欢、高澄之子可以通过进封的方式实现受封王爵。北齐国家对高欢的一些旁系亲，也采取了这种进封的做法。如高琛“高祖之弟也。……魏兴和中，袭爵南赵郡公。……显祖受禅，进封爵为南赵郡王，邑一千二百户”④。至于与北齐皇帝血缘联系疏远的宗室，也在进封王爵的范围内。《北齐书·平秦王归彦传》：“（高归彦）神武族弟也。……天保元年，封平秦王。……以讨侯景功，别封长乐郡公。”可见宗室高归彦就是在拥有开国郡公之后，以进封的方式获得王爵的。

北齐国家所以要对这些与皇帝有亲缘关系者以进封的方式实现受封王爵，这与东魏北齐的政治形势有密切联系。就东魏的情况而言，尽管高欢、高澄控制东魏的朝政，他们是东魏的实际统治者，但是，他们毕竟没有称帝，所以，在爵位的封授上，就不能做特殊的规定，而只能受到当时规定的封爵制度的制约，因而，他们的儿子受封爵位的最高等级也就是开国郡公。但北齐禅代东魏后，北齐皇亲有封授王爵的特权，所以，也就需要使一些在

---

① 《北齐书》卷一五《潘乐传》。

② 《北史》卷五一《清河王岳传》。

③ 《北齐书》卷二〇《慕容俨传》。

④ 《北齐书》卷一三《赵郡王琛传》。

东魏时期获得爵位的皇亲通过进封获得王爵。因此，北齐皇帝使皇亲进封王爵，也就成为他们在受封爵位上所具有特权的一种体现。

北齐时期，国家还将一些官员作为受封王爵的对象。这些国家官员，在受封王爵之前，大部分都拥有爵位，所以，他们受封王爵，主要是以进封的方式实现的。例如，韩轨“频以军功，进封安德郡公。……齐受禅，封安德郡王”①。又如杨愔“改封华山郡公。九年，徙尚书令，又拜特进、骠骑大将军。十年，封开封王”②。赵彦深“河清元年，进爵安乐公，累迁尚书左仆射、齐州大中正、监国史，迁尚书令，为特进，封宜阳王”③。既然这些国家官员受封王爵前，多数人拥有爵位，因而，就要说明这些官员能够进封王爵与他们原来拥有的爵位等级的关系。而要阐释这一点，则要依据《北齐书》《北史》中的相关记载，分别统计这些人受封王爵前拥有爵位的情况。统计情况表明：受封王爵前，他们拥有的爵位是：开国郡公、开国县公、开国县伯、开国县子和散爵男。其中高湝、高涣、高淯、高睿、高孝瑜、高岳、段昭、娄睿、厍狄干、韩轨、斛律金、高隆之、潘乐、侯莫陈相、慕容俨、杨愔、綦连猛、赵彦深、皮景和，共 19 人拥有开国郡公；麴珍、可朱浑元、阳休之，共 3 人拥有开国县公；张保洛、斛律羡，共 2 人拥有开国县伯；厍狄回洛、鲜于世荣、元景安，共 3 人拥有开国县子。还有厍狄伏连拥有散爵男，当属特殊情况。这说明，北齐国家进封王爵，主要在原爵位为实封的开国爵范围内进行。可以说，这是北齐国家进封王爵，对原有爵位者拥有爵位性质的一种限制。

北齐国家所以要进行这种限制，是由当时爵位等级序列的特点决定的。应该说，北齐国家承袭北魏后期的做法，将实封爵与虚封爵整合为统一的爵位等级序列。《隋书·百官志中》记北齐爵位等级：王一品；开国郡公从一品；散郡公、开国县公二品；散县公、开国县侯从二品；散县侯、开国县伯三品；开国县子四品；散县子从四品；开国县男五品；开国乡男、散县男从五品。可是，这一实封爵与虚封爵统一的等级序列，只起到爵位品级与职官

---

① 《北齐书》卷一五《韩轨传》。

② 《北齐书》卷三四《杨愔传》。

③ 《北齐书》卷三八《赵彦深传》。

品级比照的作用。而实际爵位等级的进升和贬降，却是将实封爵与虚封爵严格分开的，二者并不能混淆。也就是说，实封爵的进升和贬降，只能在实封爵的范围内进行。例如，斛律光"武定五年，封永乐县子。……进爵为伯。……皇建元年，进爵巨鹿郡公"①。由北齐的封爵等级的这种特点所决定，就使进封实封的王爵，只能限制在实封爵的等级范围内。这正是北齐国家只能使原来拥有开国爵者才能进封王爵的原因。

然而，需要指出的是，这些因进爵而获得王爵者，他们原有开国爵的爵位等级是高低不同的。可是，原来拥有开国郡公者人数最多，而原有爵位为开国县公、县伯、县子者则远远低于开国郡公的数量。这种情况说明，北齐国家使原来拥有开国爵者进封王爵，在爵位等级上的限制是不严格的。但是，国家还是将原来拥有开国郡公者作为进封王爵的主要对象。也就是说，北齐国家确定进封王爵对象的标准是，既要把握原来拥有爵位为开国爵的最高等级的原则，同时，也对原来拥有开国爵的等级不做严格的限定，因而，也就为按照皇帝的意志来确定受封王爵者留有很大的余地。

至于北齐国家使原有虚封散爵者进封王爵，则属于特殊的情况。关于这一情况，《北齐书·慕容俨传附厍狄伏连传》："（厍狄伏连）后从高祖建义，赐爵蛇丘男。世宗辅政，迁武卫将军。……天保初，仪同三司。四年，除郑州刺史，寻加开府。武平中，封宜都郡王。"从厍狄伏连受封王爵来看，似乎与他原有的散爵蛇丘男有关。但厍狄伏连能受封王爵，却并不是因为他原来拥有散爵的缘故。如前所述，由于北齐国家是将实封爵与虚封爵的进升与贬降严格分为两个序列，因而，进升实封的王爵，只能在实封的开国爵范围内进行，是不可能与虚封的散爵有关联的。实际上，对厍狄伏连进封王爵有影响的是，他受爵前，曾担任郑州刺史，并加官开府。按北齐的职官品级规定，至少为四品。而北齐国家规定受封王爵的职官品级下限为从五品。这就是说，他的职官品级正在可以受封王爵的规定范围内。因此，可以确定，厍狄伏连能够进封王爵，并不是由他原来拥有的散县男为前提条件的。

由上述可见，北齐国家实行进封王爵的做法，是以原来拥有开国爵者作为封授对象的。由于这种方式的实行，就使原来拥有开国爵的皇亲，仍然可

---

① 《北齐书》卷一七《斛律金传》。

以进封王爵，进而使他们在受封爵位上的特权也由此体现出来。而且，因为北齐国家可以封授异姓的国家官员王爵，所以对这些官员来说，进封王爵的方式就尤为重要。因为这些官员在受封王爵前，大部分都拥有开国爵，所以，这就成为他们获得王爵的主要方式。因此，可以说，进封王爵的做法，不过是在实封爵范围内的爵位等级调整，但这种爵位等级调整与北齐国家的王爵封授结合在一起，因而，也就更加突出了这种方式在封授王爵上，实际起到的不能忽视的特殊作用。

（三）王爵的追封

这种王爵的封授方式，实际是一种特殊的做法。因为受封王爵的对象，只是一些亡故的官员。对亡故的官员，实行追封王爵的做法，在北魏时期就已经出现。尤其在北魏后期，多有追封王爵的记载。如元义兴“永安中，追封义兴燕郡王，邑五百户”①。又如元湛“追封渔阳王，食邑五百户”②。可以说，北魏国家的这种封授王爵的做法，对后世有较大的影响。实际上，北齐国家对亡故官员追封王爵，正是从北魏沿袭而来的。事实上，北齐国家在王爵的封授上，很重视对亡故官员的追封，并且，在具体实行追封王爵的做法上，也有很明显的特点。《北齐书·娄昭传》：“（娄昭）武明皇后之母弟也。……从破尔朱兆于广阿，封安喜县伯，改济北公，又徙濮阳公，受领军将军。……薨于州。齐受禅，诏祭告其墓。封太原王。”据此可见，北齐国家追封王爵，受封爵者应该有特殊的身份，而且，他们生前要拥有开国爵。应该说，亡故官员的特殊身份和拥有开国爵，是他们被追封王爵的重要条件。不过，需要注意的是，即便一些亡故官员满足这些条件，也并不是轻而易举地就能实现王爵的追封。例如，尉景为军功勋贵，但文宣帝开始并没有使他获得王爵的追封，只是由于其子尉粲的一再争取，“文宣亲诣其宅慰之，方复朝请。寻追封景长乐王”③。这说明，北齐国家对追封亡故官员的控制，还是比较严格的。其中很重要的原因就在于，追封王爵能够使亡故官员受到很高的尊崇，而且，追封的王爵不同于赠爵，还可以为后世继承。这些亡故

① 《魏书》卷一九下《景穆十二王下·南安王桢传》。

② 《魏书》卷一九下《景穆十二王下·章武王太洛传》。

③ 《北齐书》卷一五《尉景传》。

官员爵位的继承者，也能由此获得显赫的地位和丰厚的经济利益。

尽管北齐国家对追封王爵有所限制，但是出于笼络官员的目的，仍然实行这种做法。甚至为了实现对一些亡故官员王爵的追封，还采取了变通的方式。《北齐书·广平公盛传》："广平公盛，神武从叔祖也。……神武起兵于信都，以盛为中军大都督，封广平郡公。……天平三年，薨于位。……无子，以兄子子瑗嗣。天保初，改封平昌王。"又《北齐书·阳州公永乐传》："阳州公永乐，神武从祖兄子也。太昌初，封阳州县伯，进爵为公。……永乐卒于州。……无子，从兄思宗以第二子孝绪为后，袭爵。天保初，改封修城郡王。"这些记载说明，北齐国家允许宗室的过继子可以继承开国爵，并以此基础，以改封王爵的方式，实现对亡故官员的追封。显然，这种追封是以变通的方式实现的，因此，也就使皇帝对亡故宗室的优待得到更为明显的体现。

当然，北齐国家以变通的方式追封王爵，并不只限于宗室。《北齐书·高乾传附高昂传》："（高昂）元象元年，进封京兆郡公，邑一千户。……战于邙阴，昂所部失利，左右分散，单马东出，欲趣河梁南城，门闭不得入，遂为西军所害，时年四十八。……子突骑嗣。早卒。世宗复召昂诸子，亲简其第三子道豁嗣。皇建初，追封昂永昌王。"高昂被北齐国家以特殊方式追封王爵，当然与他有很高的地位有关。因为他在东魏曾任司徒，官职很高，并且，很重要的是，他属于军功显贵。也就是说，北齐国家为了表示对一些军功显贵的恩宠，也可以采取特殊的做法实现王爵的追封。尽管北齐国家为亡故官员追封的方式不尽相同，但都是要明确体现对受追封王爵的官员的优待和恩宠。由于追封王爵包含皇帝对亡故官员尊崇的意义，所以，终北齐一朝，被追封的亡故官员，也就并不多见。

此外，还要指出的是，北齐后期，由于国家政治极为腐败，因此，一些只会迎合皇帝意志的恩幸官员也能够受封王爵。这种王爵的封授是以实现皇帝对恩幸官员的笼络为目的的。在这种封授王爵氛围的影响下，北魏国家甚至实行了追封恩幸官员的亡故亲属的做法。《北齐书·高市贵传》：

纥豆陵步藩之侵乱并州也，高祖破之，（高）市贵亦从行有功，除骠骑大将军、仪同三司，封常山郡公，邑一千五百户。……重除晋州刺史、西道军司，率众击怀州逆贼潘集。未至，遇疾道卒。……子阿那肱贵宠，封成皋王。

很显然，亡故的高市贵被追封王爵，并不是北齐后主要对他曾经所立军功的奖赏。实际上，北齐后主是要以这种追封，进一步表示对他的儿子高阿那肱的宠幸。因为高阿那肱是深受北齐后主信任和依赖的恩幸宠臣。因此，在北齐后期，由于皇帝需要依靠恩幸官员牢固控制朝政，因而，就使王爵的追封，也被当时的腐败政治所浸染，因而，也就明显削弱了尊崇亡故官员的意义。

二、王爵的本封与别封

东魏北齐时期，国家对一些受封王爵者，还实行了别封。《北齐书·高祖十一王·任城王湝传》：“任城王湝，神武第十子也。少明慧。天保初封。……天统三年，拜太保、并州刺史，别封平正郡公。”可见，东魏北齐国家实行这种别封，显然与原来受封的王爵是不同的。所谓别封，就是在受封者本封、本爵之外的加封、重封。[①] 因此，东魏北齐为受封王爵者实行的别封，实际是为他们附加的爵位。正因如此，在《魏书》《北齐书》《北史》中，一般将有爵者最早受封的爵位称为本爵，也称为本封。这正是相对别封而言的。当然，对受封王爵者来说，自然也是如此。

实际上，东魏北齐实行的这种别封是有规定的范围的。《北齐书·薛孤延传》：“（薛孤延）从破周文帝于邙山，进爵为县公，邑一千户。……入为左卫将军，改封平泰郡公。为左厢大都督，与诸军将讨颍州。……后兼领军将军，出为沧州刺史，别封温县男，邑三百户。”《北齐书·斛律金传附斛律光传》：“（斛律光）武定五年，封永乐县子。……寻兼左卫将军，进爵为伯。……齐受禅，加开府仪同三司，别封西安县子。”很明显，薛孤延是以开国郡公的身份获得别封；而斛律光则是以开国县子的身份受到别封。这说明，东魏北齐国家在受封开国爵者的范围内，都能实行别封，并不只限于受

① 高敏：《西魏、北周与东魏、北齐封爵制度探讨》，《魏晋南北朝史发微》，中华书局，2005年，第234页。

封王爵者。换言之，实际受封实封爵者，都有获得别封的机会。

从东魏北齐对有开国爵者实行别封的情况来看，一般对本封与别封的爵位等级并没有明确的限制。当时国家可以使一些受封开国爵者的本封的爵位等级低于别封的等级。如斛律羡“迁征虏将军、中散大夫，加安西将军，进封大夏县子，除通州刺史。显祖受禅，进号征西，别封显亲县伯”[①]。也能够使本封的爵位等级与别封的等级相同。如慕容俨“除赵州刺史，进伯为公。……皇建初，别封成阳郡公”[②]。但是，大多数有开国爵者的本封等级都高于别封等级。如司马子如“进爵阳平郡公，邑一千七百户。……别封野王县男，邑二百户。齐受禅，以有翼赞之功，别封须昌县公”[③]。又如叱列平“加仪同三司，镇河阳，进爵为侯，天保初，授兖州刺史，寻加开府，别封临洮县子”[④]。这些事例说明，东魏北齐国家，一般使有开国爵者的本封与别封的等级要有一些差别，可是，实际规定别封的等级，却具有较大的随意性。这就是说，东魏北齐国家确定别封的等级，并不受本封等级的影响，实际是依照国家的意志来决定的。

然而，就王爵的本封与别封的情况而言，则与开国爵不同。由于东魏北齐的王爵是最高等级的实封爵，所以，对受封王爵者的本封与别封，则实行了特殊的做法。当时国家确定受封王爵者的别封等级，要比照本封的爵位等级，一般使别封的等级要低于本封等级。《北齐书·平秦王归彦传》：“（高归彦）天保元年，封平秦王。……以讨侯景功，别封长乐郡公。”又《北齐书·侯莫陈相传》：“（侯莫陈相）天保初，除太师，转司空公，进爵为白水王，邑一千一百户。累授太傅，进食建州干，别封义宁郡公。”据此可知，这些受封王爵者的别封的爵位，都是开国郡公。这说明，受封王爵者的别封等级，不仅要低于本封的等级，而且，一般对别封的等级，也有比较固定的规定。也就是说，在一般情况下，别封开国爵的等级只能比本封低一级。

至北齐时期，国家统治者为了使受封王爵者获得更多的利益，因而，对他们别封爵位的数目，也不加限制。例如，北齐国家使平原郡王段韶获得别

① 《北齐书》卷一七《斛律金传附斛律羡传》。

② 《北齐书》卷二〇《慕容俨传》。

③ 《北齐书》卷一八《司马子如传》。

④ 《北齐书》卷二〇《叱列平传》。

封的爵位有：怀州武德郡公、灵武县公、永昌郡公、广平郡公、乐陵郡公。① 共有五个别封爵位。斛律光袭爵咸阳王后，别封的爵位有：武德郡公、中山郡公、长乐郡公、清河郡公。② 则有四个别封爵位。可见，他们受别封爵位的数目超过本封的4—5倍。北齐国家实行这种做法，当然，是要对受封王爵者，进一步表示对他们的恩宠和优待，并且，也充分体现受封王爵者在经济上所具有的特权。正因如此，可以发现，受封王爵者别封爵位的最多数目与受封开国爵者别封的最多数目之间，存在很明显的差别。统计《北齐书》《北史》中的记载，北齐国家对受封开国爵者实行别封的有：段韶、斛律光、斛律羡、斛律平、司马子如、薛孤延、慕容绍宗、侯莫陈相、薛修义、叱列平、慕容俨、陈元康、张亮、金祚、杨愔、皮景和、綦连猛、元景安、阳休之等人。可是，在这些受别封者中，由别封而获得开国爵，最多只有两个爵位。如侯莫陈相受封白水郡公后，"别封安次县男，又别封始平县公"③。又如慕容俨"除赵州刺史，进伯为公……皇建初，别封成阳郡公。……（皇建）四年十月，又别封猗氏县公"④。北魏国家所以使王爵别封的最多数目要多于开国爵的别封的最多数目的，其主要目的在于，要体现受封王爵者是处于特殊的地位，因此，受封王爵者能够别封的爵位数目，也就远远多于受封开国爵者可以获得别封爵位的数目。

不过，还需要明确的是，尽管北齐国家使受封王爵者获得最多别封爵位的数目，可是，对他们的别封也不是不加限制的。《北齐书·綦连猛传》："（綦连猛）赏邙山之功，封广兴开国君。……（天统）四年，转领军将军，别封义宁县开国君。五年，除并省尚书左仆射，余如故。除并省尚书令、领军大将军，封山阳王。"就是说，綦连猛在受封王爵前，北齐国家已经使他获得别封，因而，在受封王爵后，就不再别封爵位。与綦连猛情况相同的还有：侯莫陈相、慕容俨、杨愔、皮景和等人。很显然，北齐国家对受封王爵前，已经获得别封的诸王，一般采取不再实行别封的措施。北齐国家做这样

---

① 《北齐书》卷一六《段荣传附段韶传》。

② 《北齐书》卷一七《斛律金传附斛律光传》。

③ 《北齐书》卷一九《侯莫陈相传》。

④ 《北齐书》卷二〇《慕容俨传》。

的规定，自然与限制受封王爵者获得更多的经济利益有很大的关系。

综上可见，东魏北齐国家对受封王爵者，还要实行别封，因此，在王爵的封授上，也就有了本封和别封的区别。王爵的本封可以体现受封者的最高身份地位，并可以带来丰厚的经济利益。与受封王爵者的本封不同，由于别封在爵位等级上，要低于本封，所以，也就不能表现受封者的最高身份。诚如高敏先生所言，别封并不能给受封者带来政治地位的提高，而只是本爵之外的加封以示旌宠之意。① 固然，当时国家需要通过别封表现对受封王爵者的旌宠。但对受封王爵者而言，国家实行别封的人数很少，并且，一般别封的等级都为开国郡公，因此，国家为受封王爵者实行别封，自然还具有更加重他们在经济上所处的优越地位的目的。

三、元氏诸王的“准例降爵”

东魏北齐时期，国家通过不同的方式实现王爵的封授，因而，这些拥有王爵者不仅地位显赫，也成为重要的支持国家统治的政治力量。不过，北齐的情况还有与东魏不同之处。在北齐禅代东魏的过程中，不同的统治势力表现出政治态度并不相同。其中很重要的是，元氏诸王成为反对北齐取代东魏的政治集团。因为他们的利益只有依赖东魏政权的存在才能保证。可以说，在社会中，这些元氏诸王是具有比较强的实力的。统计《魏书》《北齐书》和《北史》的记载，这些诸王可以分为三类，即直系传承至东魏的藩王、北魏后期封授的支子王，或承袭支子王爵者、东魏孝静帝封授的亲王。其中直系传承至东魏的藩王有：河南王元棽、济阴王元晖业、江阳王元亮、淮阳王元绍有、济南王元献、任城王元度世、彭城王元韶、南安王元叔仁、城阳王元延、章武王元景哲、乐陵王元霸、北平王元孝景、咸阳王元坦、平昌王元置、赵郡王元炜、高阳王元斌、北海王元娑罗、东海王元衍、京兆王元宝月。北魏后期封授的支子王，或承袭支子王爵者有：东平王元景式、武邑王元述、鲁郡王元道与、襄城郡王元旭、安平王元黄头、东安王元彦友、渔阳

① 高敏：《魏晋南北朝史发微》，《西魏、北周与东魏、北齐封爵制度探讨》，中华书局，2005 年，第 237 页。

王元俊、太原王元善慧、高密王元永业。东魏孝静帝封授的亲王有：宜阳王元景植、清河王元威、颍川王元谦、陈郡王元曜、南郡王元长春、武安王元世绍。总共人数有 34 人。很显然，这些元氏诸王具有的实力，应该说是不容忽视的。因此，他们可以凭借其实力，能够对当时政局产生较大的影响。正因如此，北齐建国后，齐文宣帝自然要对元氏诸王进行控制。所以，天保元年，文宣帝下诏："降魏朝封爵各有差。信都从义及宣力霸朝者，及西来人并武定六年以来南来投化者，不在降限。"① 也就是说，按照诏令的规定，除了追随高欢以及限定的特殊身份的有爵者，都要降低原来爵位的等级。可以说，文宣帝实行的降爵措施，一是要表明北齐皇帝已经占据国家正统的位置，并且，可以掌控爵位的封授；二是要通过降爵压抑自北魏以来的一些因受封爵位而成为权贵者的地位，其中自然就包括元氏诸王。由此来看，北齐国家降低元氏诸王的爵位等级，应该与北齐国家施政的方略有很密切的关系。

从北齐国家对元氏诸王降爵的情况来看，应该说做了有目的的规划。在《北齐书》中，将降低元氏诸王的爵位称为"准例降爵"。② 在《魏书》中，则记为"齐受禅，爵例降。"③ 所谓"准例降爵"，就是按照北齐国家的规定，降低全部元氏诸王的爵位等级。《北齐书·元坦传》："（元坦）永安初，复本封咸阳郡王，累迁侍中。……齐天保初，准例降爵，封新丰县公。"又《北齐书·元孝友传》："（元孝友）齐天保初，准例降爵，封临淮县公。"这些记载说明，北齐国家降低元氏诸王爵位是在实封爵的范围内实行的，并且，下降爵位等级的下限为开国县公。也就是说，在当时实封爵的等级序列中，实际降低两级爵位。这应该是北齐国家对元氏诸王实行"例降爵"的等级标准。

北齐国家这样规定降低元氏诸王的爵位等级，不仅涉及他们的爵位等级，而且，也与改变他们的封地有很大的关系。就北齐国家确定的实封爵的封地而言，实际上，是与国家的行政郡、县、乡结合在一起的。可以说，

① 《北齐书》卷四《宣帝纪》。

② 《北齐书》卷二八《元坦传》。

③ 《魏书》卷一八《太武五王·临淮王谭传》。

王、开国郡公的封地为郡；开国县公、县侯、县伯、县男的封地为县；开国乡男的封地为乡。由此可见，北齐国家将元氏诸王的爵位等级下降至县公，表明他们的封地就由原来的郡降至新封的县。北齐国家的这种做法，不仅明确地突显了他们封地的变化，而且，也表明了他们封地的缩小。当然，北齐国家封授给实封爵者的封地，只是获取租税的地方，他们并没有可以控制封地权力。然而，在当时的理念中，却将他们的封地视为“国”。正如《隋书·礼仪志四》称：“（齐）诸王、五等开国及乡男恭拜，以其封国所在，方取社坛方面土，包以白茅，内青箱中。函方五寸，以青涂饰，封授之，以为社。”因此，受封爵位者封地的大小与他们的身份的高低就有很大的关系。由此来看，北齐国家将元氏诸王封地由原来的郡缩小为县，也就能够使他们地位的下降得到更明确的表现。

北齐国家通过降爵改变元氏诸王的封地，还具有另外的目的。为说明问题，将《北齐书》中元氏诸王封地改变的情况移录如下：

元坦原为咸阳王，其封地咸阳郡，在北魏属雍州。[①] 他例降为新丰县公。新丰县，在北魏属雍州京兆郡。[②]《北齐书·綦连猛传》：“天保元年，除都督、东秦州刺史，别封雍州京兆郡覆城县开国男。”说明北齐也设置京兆郡。

元斌原为高阳王，其封地高阳郡，在北魏属瀛州。[③] 他例降为高阳县公。高阳县，在北魏属高阳郡。[④]《北齐书·皮景和传》：“（皮景和）除领军大将军，封文城郡王，转食高阳郡干。”显然，北齐设置高阳郡。高阳县当沿袭北魏，为高阳郡所辖。[⑤]

元孝友为临淮王，其封地临淮郡，在北魏属南兖州。[⑥] 他例降为临淮县公。临淮县，在北魏属南兖州下蔡郡。[⑦]《隋书·地理志下》：“后齐置谷阳郡，开皇初郡废，又有已吾、义城二县，后齐并以为临淮县，大业初并入

---

① 《魏书》卷一〇六下《地形志下》。

② 《魏书》卷一〇六下《地形志下》。

③ 《魏书》卷一〇六上《地形志上》。

④ 《魏书》卷一〇六上《地形志上》。

⑤ 施和金：《北齐地理志（上）》，中华书局，2008年，第69页。

⑥ 《魏书》卷一〇六上《地形志上》。

⑦ 《魏书》卷一〇六上《地形志上》。

焉。”则临淮县，在北齐当属谷阳郡。

元晖业为济阴王，其封地淮阴郡，在北魏属淮州。① 他例降为美阳县公。美阳县在北魏属雍州扶风郡。② 北齐既有京兆郡，似也应有扶风郡的设置。

在这四例降爵后的封地的记载中，只有元斌的封地高阳县，还在他原来的封地高阳郡中。而其他三人的封地，都不在原封地所属郡中。也就是说，北齐国家不仅将他们的封地由郡下降至县，而且，还将新封地与原来的郡完全分离。

尽管《北齐书》相关的记载，只有这有限的几例，但由此还能够看出，北齐国家将降爵后的元氏诸王的封地，一般实行与原来的封地郡分隔的做法。北齐国家的这种做法，一方面是承袭北魏的措施，在爵位等级变动后，除特殊情况之外，都要改变原封地。如张祐“进爵新平王……祐养子显明……袭爵，降为陇东公，又降为侯”③。又如梁越“太宗即祚，以师傅之恩，赐爵祝阿侯。……（梁）恭，袭，降为云中子”④。北魏国家采取这种做法，是要表明有爵者的封地是与爵位等级联系在一起的，同时，也要通过封地的改变来象征降爵后的爵位等级需要与新封地相结合，进而表明降爵还含有重新封授的意义。当然，北齐国家承袭北魏做法，将元氏诸王的新封地与原来的封地完全分隔，实际是要更明确地体现他们的爵位是重新封授的，实际与原来封爵的联系已经被切断。

就另一方面而言，北齐国家改变降爵的元氏诸王的封地还有与政治相关的目的。齐文宣帝登上皇帝位后，将孝静帝降为中山王，以中山郡作为他的封地，并规定“于中山国立魏宗庙”⑤。可是，中山郡曾经是高澄的封地。正如《北齐书·文宣帝纪》载：“（高洋）封冀州之渤海长乐安德武邑、瀛州之河间高阳章武、定州之中山常山博陵十郡，邑二十万户，加九锡，殊礼，齐王如故。”因此，齐文宣帝将自己的封地封授给退位的孝静帝，显然是贱视东魏皇帝的一种政治显示。由此来看，北齐统治者在例降元氏诸王爵位等级

① 《魏书》卷一〇六中《地形志中》。

② 《魏书》卷一〇六上《地形志下》。

③ 《魏书》卷九四《阉官·张祐传》。

④ 《魏书》卷八四《儒林·梁越传》。

⑤ 《魏书》卷一二《孝静帝纪》。

的同时，将他们的新封地与原来的封地完全分隔，显然是以贬低他们现有身份为目的的，因此，也就使元氏诸王的“准例降爵”，包含很浓厚的政治歧视的意味。

另外，还要提及的是，北齐建国后，在爵位封授上，很少给降爵的元氏诸王及诸王的后裔有提升爵位等级的机会。如果要提升他们的爵位等级，是必须附加前提条件，也就是需要改变原来的姓氏。《北齐书·元文遥传》：“（元文遥）魏昭成皇帝六世孙也。五世祖常山王遵。……及践祚，除中书侍郎，封永乐县伯。……天统二年。诏特赐姓高氏，籍属宗正，第依例岁时入朝。再迁尚书左仆射，进封宁都郡公。”又《北齐书·元文遥传》：“（元景安）魏昭成五世孙也。高祖虔，魏陈留王。……天保初，加征西将军，别封兴势县开国伯，带定襄县令，赐姓高氏。……武平三年，进授行台尚书令，刺史如故，封历阳郡王。”很显然，北齐国家使北魏元氏宗室能够提升爵位等级，是以受赐高氏皇帝的姓氏为条件的。可是，对北魏元氏宗室来说，这种赐姓在表面上是一种优待，实际却是对他们的歧视。因此，这种情况从反面证明，北齐国家对元氏诸王的“准例降爵”，实际是将他们置于受歧视的地位。由此可见，北齐国家降低元氏诸王的爵位等级，也就不仅是朝代更迭后的爵位调整，实际上，更多地包含贬视前朝权贵身份地位的意义。

四、余 论

东魏北齐国家以直接封授、进封和追封方式封授王爵，并且，还可以使受封王爵者获得别封。这是当时国家封授王爵的重要特点。由这种特点所决定，也就保证具备受封王爵条件者，能够以不同途径实现王爵的封授，而且，还使一些受封王爵者能够以别封的方式受封开国爵。因此，东魏北齐国家采取的这些封授王爵的做法，无疑带来很大的社会影响。

从东魏的封授王爵的情况来看，由于当时国家还继续沿袭北魏后期的做法，因而，就使北魏后期的藩王以及北魏后期封授的支子王都能够继续保留下来，并且，东魏孝静帝还继续封授直系亲和旁系亲王爵。统计《魏书》《北齐书》和《北史》中的记载，这些不同类别的元氏诸王，共有34人。实际上，这些元氏诸王是享有特权的地位显赫的权贵，而且，还具有一些不能低估的政治能量。北齐禅代东魏后，国家在王爵封授对象上，做了一些改变。除了将高氏皇帝的直系、旁系亲作为重要的封授对象之外，还使与皇帝血缘联系疏远的宗室和异姓的姻亲都能够受封王爵。更重要的是，北齐国家开始封授异姓王，使一些国家官员可以受封王爵。依据清人万斯同《北齐诸王世表统计》的统计，① 受封的同姓王有50人。万斯同又在《北齐异姓诸王世表》中统计，② 北齐国家封授的异姓王则有51人。可是，由于北齐后期国家政治腐败，因此，国家不能控制受封王爵者的数量，以致出现极其混乱的局面。正如《北齐书·幼主纪》称："庶姓封王者百数，不复可纪。"尽管如此，对北齐受封王爵者而言，他们都是拥有皇帝赐予特权的新贵，并且，还受到北齐皇权的庇佑。尽管东魏与北齐受封王爵的对象存在差异，但相同之处就是，他们都是因为获得王爵的封授而成为一批具有优越地位的显贵。由于这些显贵在人数上占有相当数量，因此，他们凭借皇权对他们的庇护，便具有可以左右社会上层的能量。

可以说，这些受封王爵者在政治上，是具有极高的地位的。就东魏情况而言，在爵位和职官的品级规定上，还沿用北魏的后《职员令》。后《职员令》是将职官品级与爵位品级合而为一的品级序列。在这一品级序列中，爵位的品级可以与职官的品级相比照。据后《职员令》规定，王爵和开国郡公的品级都为一品，与太师、太傅、太保、大司马、大将军、太尉、司徒、司空八公的品级相同。③ 北齐建国后，依然沿用东魏官制。但在爵位规定上，做了一些调整，只将王爵规定为一品，可以与八公的品级相比照。④ 显然北齐国家将王爵置于爵位等级的最高位置。

为了表现受封王爵者的这种政治地位，北齐国家为诸王规定了严格的册命礼仪，"尚书读册讫，以授王，又授章绶。……就第，则鸿胪卿持节，吏

---

① 万斯同：《北齐诸王世表统计》，《二十五史补编（四）》，中华书局，1955年，第4669-4670页。

② 万斯同：《北齐异姓诸王世表》，《二十五史补编（四）》，中华书局，1955年，第4671-4673页。

③ 《魏书》卷一一三《官氏志》。

④ 《隋书》卷二七《百官志中》。

部尚书授册，侍御史授节"[①]。因此，可以说，尽管当时国家没有授予受封王爵者实际的政治权力，但国家可以比照他们的王爵等级，依然能够授予他们重要的官职，因而，他们在中央和地方都能够施加他们的影响，所以，对他们所具有的政治实力，显然是不能忽视的。

东魏北齐国家为受封王爵者带来更多的利益是，他们可以获得国家授予的食邑。东魏国家确定诸王的食邑标准应该是，按照北魏孝文帝爵位改革后确定的"亲疏世减之法"。[②] 也就是，亲王为二千户；一蕃王为一千户；二蕃王为五百户；三蕃王为三百户。然而，北齐建国后，废除了东魏规定诸王的食邑标准。北齐国家确定诸王的食邑数量是按皇帝的意志行事，因此，也就具有很大的随意性。如高睿"显祖受禅，进封爵为南赵郡王，邑一千二百户"[③]。可是，徐之才"武平元年，除尚书左仆射。二年，迁尚书令，封西阳郡王，食邑二千户"[④]。正因如此，北齐国家出于笼络受封王爵者的需要，也就不会降低封授他们食邑的数量。况且，东魏北齐国家还能够别封一些受封王爵者的食邑。因此，也就不能低估他们获得的食邑数量。不过，还需要注意的是，受封王爵者可以获得食邑租税的比例是最高的。"王位列大司马上，非亲王则在三公下，封内之调，尽以入台，三分食一，公以下四分食一。"[⑤] 由此可见，北齐国家对受封王爵者在经济上也给予很大的优待。这说明，这些受封王爵者在经济上，也处于特殊的地位，实际他们的经济实力是很雄厚的。可以说，他们正是受皇权庇护的最大的既得利益获得者。因此，为了维护他们的既得利益，这些权贵自然要顺从皇帝的意志，不敢轻易做出忤逆皇权的举动。

然而，东魏北齐时期，统治者内部政治斗争极其复杂。这就使地位显赫的受封王爵者很难摆脱复杂的政治斗争。当时影响最大的斗争，就是北齐禅代东魏。在这种以和平方式实现王朝更迭的过程中，受影响最大的便是元氏诸王，因而，他们是重要的反对北齐取代东魏的势力。因此，齐文宣帝登基

---

① 《隋书》卷九《礼仪四》。

② 《魏书》卷七八《张普惠传》。

③ 《北齐书》卷一三《赵郡王琛传》。

④ 赵超：《汉魏南北朝墓志汇编》，天津古籍出版社，2008 年，第 457－458 页。

⑤ 《通典》卷三一《职官十三》。

后，就立刻对元氏诸王实行“准例降爵”的措施。这种做法的目的，就是贬低他们原来的显赫地位，并使他们受到很大程度的压抑和贱视，从而造成元氏权贵显赫的地位无可挽回的局面。

北齐建国后，统治者内部也不稳定。当时政治集团众多，而且，矛盾十分尖锐，因此，国家封授王爵也就成为笼络不同政治势力的手段。对受封王爵者来说，则成为皇帝施政必须要拉拢和依靠的力量。因此，在北齐统治者权力争夺的斗争中，都有很多受封王爵者深陷其中。然而，他们只是皇帝利用的对象，并不能改变复杂的政治形势。

特别是，北齐后期，由于国家政治极其腐败，因而，出现了昏庸的皇帝与低能的恩幸官员结合在一起的政治统治格局。皇帝为了利用这些恩幸官员，就一定要使他们获得的利益最大化。这种最大化利益实现的最好方式就是为他们封授王爵。反之，这些受封王爵的恩幸官员则继续要利用王爵攫取更多的利益。因此，王爵的封授与这种畸形的腐败政治的结合，并没有使国家统治秩序得到稳定，而是愈来愈混乱。因此，可以明确，这正是北齐国家不加控制地滥封王爵所产生的必然的消极后果，进而也就成为促使北齐国家灭亡的重要因素。尽管造成北齐国家灭亡的原因是多方面的，然而，对这种消极后果所产生的影响，显然是不能低估的。

（原载《人文杂志》2016 年 6 期）

关于东魏北齐王爵封授的影响因素问题

东魏北齐国家实行实封爵与虚封爵并行的制度。而且，还将实封爵与虚封爵整合在一起而构成统一的爵位等级序列。为了使爵位制度服务于官本位体制，东魏北齐国家还将爵位与职官编制在一起，成为官、爵一体化的品级序列。而在这一品级序列中，王爵为一品高爵。特别是，在北齐国家重新编制的官、爵品级序列中，王爵是唯一的最高品级的实封爵。正如《隋书·百官志中》称："（北齐）三师、王、二大、三公，为第一品。"因而，受封王爵者也就具有了显赫的身份地位和丰厚的经济利益。正因为如此，东魏北齐国家很重视王爵的封授。然而，因为当时可以受封王爵的对象，包括的社会阶层是复杂的，因此，封授王爵的标准也就存在差别。由此所决定，造成制约和影响封授王爵的因素也不尽相同。况且，因为东魏北齐时期，统治阶层内部斗争激烈，因而，就使王爵的封授与皇帝施政的状况也有密切关系。可以说，王爵的封授，实际受到诸多非制度化因素的影响，并不是当时国家规定的封爵制度能够完全保证的。因此，也就需要对影响东魏北齐国家的王爵封授因素问题，做必要的研究。然而，前人对这一时期爵位封授的考察，只是提及这一问题，[①] 但并没有做深入的辨析。因此，本文拟对此问题做一些探讨，以期有对东魏北齐王爵封授特点的认识有所裨益。

一、血亲和姻亲关系的影响与皇亲受封王爵

东魏北齐时期，可以受封王爵的重要对象为皇亲。皇亲包括皇帝的直系、旁系亲和姻亲，而且，还有与皇室血缘联系疏远的宗室。然而，东魏孝

① 杨光辉：《汉唐封爵制度》，学苑出版社，2004年，第121页。

静帝为北魏元氏的余绪，而禅代东魏的文宣帝则是高欢之子，所以，东魏和北齐皇亲包含的对象是完全不同的，而且，在封授皇亲王爵的做法上，也存在较大的差异。

就东魏的情况而言，对皇亲王爵的封授，基本承袭了北魏后期的做法。《魏书·孝静帝纪》："（兴和二年）封皇子景植为宜阳王，皇弟威为清河王，谦为颍川王。"可见，东魏孝静帝可以将皇子和皇弟作为王爵封授的对象。受封的皇子为皇帝的直系亲，而受封的皇弟则为旁系亲。无论皇子，还是皇弟，他们受封王爵后，都被视为亲王。不过，东魏国家封授皇帝的直系、旁系亲王爵的范围，并不限于此。

其实，东魏扩大封授皇帝的直系、旁系亲王爵范围的做法，是承袭北魏后期的做法。从北魏后期的情况来看，当时国家将一些不能继承王爵的支子，也开始封授王爵。《魏书·明帝纪》："（孝昌二年）封广平王怀庶长子、太常少卿诲为范阳王。"这里提到的元诲，正是广平王元怀的支子。可以说，孝明帝的这种做法，打破了孝文帝爵位改革后王爵的封授规定，使一些元氏支子也能够受封王爵。此后，元氏支子受封王爵的人数就更多了。例如元宝炬"孝庄时，特封南阳王"[①]。元欣"孝庄初，封沛郡王，邑一千户"[②]。这说明，北魏末年，国家封授元氏支子王爵，已经不是特殊的做法，而成为固定的举措。东魏孝静帝没有中断这种封授皇亲王爵的做法。《魏书·孝静帝纪》："（兴和元年）封常山郡王劭第二子曜为陈郡王。"《魏书·景穆十二王下·安定王休传》："（元长春）武定初，封南郡王，邑五百户。"《魏书·献文六王上·彭城王勰传》："（元袭）武定初，封武安王，邑一千户。"很显然，东魏孝静帝也将元氏支子作为王爵重要的封授对象。由于孝静帝实行这种封授，可以说，只要是直系、旁系的北魏道武帝的子孙，都在受封王爵的范围之内。也就是说，东魏国家封授王爵的依据，便是确定是否与北魏道武帝有直系、旁系血缘联系，并不需要附加其他的条件。由此可见，孝静帝对皇亲所实行的正是依据与北魏道武帝的血缘联系的状况，来确定受封王爵的对象。也可以说，东魏国家使北魏道武帝的后裔，都获得受封王爵的机会。

① 《魏书》卷二二《孝文五王·京兆王愉传》。

② 《魏书》卷二一上《献文六王上·广陵王羽传》。

因此，这种与北魏道武帝的血缘联系，便成为东魏国家封授皇亲王爵必须把握的标准。由这种标准所决定，东魏国家封授皇亲王爵，也就将封授对象限制在与北魏道武帝有血缘联系的后世子孙的范围内。

齐文宣帝禅代东魏后，孝静帝退位，被封为中山王。并且，北齐国家开始取消元氏诸王所拥有的王爵，对他们实行“准例降爵”的措施。① 如咸阳郡王元坦“齐天保初准例降爵，封新丰县公”②。彭城王元韶“齐天保元年，降爵为县公”③。齐文宣帝对元氏诸王实行的降爵措施，表明北齐国家已经取消了元氏诸王通过与北魏、东魏皇帝的血缘联系而获得的王爵的特权。也就是说，元氏诸王在王爵封授上所处的优越地位已经被北齐国家全部剥夺。可是，取而代之的是，北齐国家使高氏皇帝的直系、旁系亲，依然能够依据血缘关系而获得王爵的封授。实际上，高欢、高澄以及文宣帝、孝昭帝、武成帝之子都受封了王爵。《北齐书》中，将这些皇子王分别称为高祖十一王、文宣四王、文襄六王、孝昭六王、武成十二王。显然，北齐国家使与北齐诸帝有直系血缘联系的皇子都能享有受封王爵的特权。

北齐国家不仅使皇子如此，也使皇帝的旁系亲能够凭借与高氏皇帝的血缘联系而受封王爵。《北齐书·上洛王思宗传》：“上洛王思宗，神武从子也。性宽和，颇有武干。”说明北齐国家可以依据与皇帝的旁系血缘关系来确定受封王爵的对象。可以说，这些北齐皇帝的旁系亲，受封王爵也受到诸多的优待。北齐国家封授王爵对皇帝的直系、旁系亲的优待，当然是对北魏、东魏以血缘联系确定受封王爵对象做法的承袭。

固然，在王爵的封授上，北齐皇帝的皇子、皇弟和从子受到很大的优待，但是，北齐国家对皇帝的直系、旁系亲的优待，并不只限于近亲。《北齐书·文宣帝纪》：

> （天保元年）又诏封宗室高岳为清河王，高隆之为平原王，高归彦为平秦王，高思宗为上洛王，高长弼为广武王，高普为武兴王，高子瑗

---

① 《北齐书》卷二八《元孝友传》。

② 《北齐书》卷二八《元坦传》。

③ 《北齐书》卷二八《元韶传》。

为平昌王，高显国为襄乐王，高睿为赵郡王，高孝绪为循城王。

在这些受封王爵者中，除了高隆之之外，都与北齐皇帝有血缘关系。只是因为他们与皇帝的亲缘关系疏远而被视为宗室。很显然，在文宣帝禅代东魏后，也将宗室作为受封王爵的重要优待对象。关于北齐宗室的范围限定，应该与北魏后期的规定有承袭关系。而北魏后期的宗室范围的确定，正是以北魏孝文帝改革后吸收汉族丧服的五服之制所体现的宗亲观念为依据的。尽管北齐的统治表现出浓厚的鲜卑化特色，可是，由于北魏后期以五服之制确定宗亲的观念已经很牢固，因而，虽然上层统治者对鲜卑文化的倾心，却并不能使宗亲范围的划定，完全以鲜卑部族落后的亲族规定作为依据。《北齐书·平秦王归彦传》："平秦王归彦，……神武族弟也。"《北齐书·襄乐王显国传》："襄乐王显国，神武从祖弟也。"这些记载中提到的受封王者为"族弟""从祖弟"。这说明，北齐国家基本还是以汉族的宗亲观念来确定宗室范围的。然而，在宗亲的确定上，应该说鲜卑部族的亲族理念还是残存一些影响的。《北齐书·高隆之传》："（高隆之）本姓徐氏，云出自高平金乡。……后有参议之功，高祖命为从弟，仍云渤海蓨人。……与高祖深自结托。……齐受禅，进爵为王。"显然，高隆之是通过赐姓而与高欢形成拟制的血缘联系，并被归入宗室的范围内，进而可以受封王爵。高欢的这种做法，应该是对鲜卑人可以吸收外族人为部族成员做法的承袭。这就是说，异姓者被吸纳至宗室的范围内，就与皇帝有血缘关系的宗亲的地位是相同的，而且，在权益的享有上，也不会受到歧视。

在北齐皇帝的宗室中，由于与皇帝血缘亲属关系的远近不同，实际受恩惠的程度存在差别。实际上，尽管北齐国家将宗室视为远亲，但对高欢的祖父高谧的亲族，则更为亲近。《北齐书·神武帝纪上》："（高谧）仕魏位至侍御史，坐法徙居怀朔镇。谧生皇考树，性通率，不事家业。"由于高谧长期居住怀朔镇，所以，他的后裔多是高欢依靠的亲族。因此，在受封王爵上，则更受重视。如高盛"神武从叔祖也。宽厚有长者风。神武起兵于信都，以盛为中军大都督。……天保初，改封平昌王"[1]。不过，这只是北齐皇帝封授

---

① 《北齐书》卷一四《广平公盛传》。

宗室王爵的一项重要依据。其实，封授宗室王爵，北齐国家更注重的是，宗室与皇帝在现实活动中的关系。《北齐书·襄乐王显国传》："（高显国）神武从祖弟也。无才伎，直以宗室谨厚，天保元年，封襄乐王，位右卫将军。"《北齐书·上洛王思宗传》："（高思宗）神武从子也。性宽和，颇有武干。天保初，封上洛郡王。"《北齐书·武兴王普传》："（高普）归彦兄归义之子也。性宽和有度量。"这些记载中提到"直以宗室谨厚""性宽和""性宽和有度量"，都是宗室受宠幸的变通说法。正是因为宗室受到北齐皇帝的宠幸，他们才有获得受封王爵很高的机遇。与此不同，《北齐书·长乐太守灵山传》："（高灵山）神武族弟也。从神武起兵信都，终于长乐太守。"可见，虽然高灵山为宗室，但并就没有受封王爵。这就是说，宗室与北齐皇帝在现实活动中联系疏远，或不受皇帝宠幸，也就很难获得王爵的封授。这说明，北齐宗室受封王爵，固然因为有皇帝的恩惠而可以受到优待，但是，与皇帝的直系、旁系近亲相比，他们受封是需要附加条件的。

由上述可见，北齐国家建立后，高欢、高澄及以后诸帝的直系、旁系近亲和高氏宗室都可以受封王爵。但对皇帝的直系、旁系近亲受封王爵，不需要附加条件。而对宗室而言，虽然在受封王爵上，能够受到特殊的优待，可是，并不是全部宗室都可以受封王爵，实际他们在现实环境中与皇帝联系状况，对他们王爵受封起到重要的影响。

北齐国家对与皇帝有姻亲关系的亲属，也封授王爵。北齐皇帝的姻亲，正是皇室的外戚。这些外戚，因为与皇帝具有姻亲关系，所以他们具有很高的社会地位。为了表现他们这种特殊的地位，所以，北齐国家要封授他们爵位。然而，为外戚封授王爵，却是在北齐禅代东魏后，才开始实行的。因为外戚为皇帝的异姓亲，所以东魏承袭北魏后期的做法，并不封授外戚王爵。如北魏胡太后之父胡国珍地位显赫，但他只能受封"安定郡公"①。东魏时期，由于高欢实际控制朝政，所以，他具有很多特权。他的姻亲受封爵位，更是如此。所以，东魏孝静帝能够使高欢的姻亲尔朱文昌继承梁郡王。② 高欢的这种做法，可以说，使自北魏孝文帝改革以来将姻亲视为异姓而实行限

---

① 《魏书》卷八三下《外戚下·胡国珍传》。

② 《北史》卷四八《尔朱荣传》。

制封授王爵的措施开始动摇。北齐建国后，文宣帝完全摈弃了东魏的做法，也将与皇帝有姻亲关系的外戚纳入受封王爵的范围中。据万斯同《北齐异姓诸王世表》统计，以外戚身份受封王爵的有：平原王段韶、东安王娄睿、陇东王胡长仁、济北王段深、临淮王娄定远、丹阳王李祖勋、竟陵王李祖钦。[①]当然，受封王爵的外戚人数并不限于此。正如《北齐书·胡长仁传》称："（胡长仁）弟等前后七人并赐王爵，合门贵盛。"

从外戚受封王爵的情况来看，尽管保证爵位封授的实现的因素是多方面的，但其中有起决定作用的条件。《北齐书·娄昭传》："（娄睿）无他器干，以外戚贵幸，纵情财色。为瀛州刺史，聚敛无厌。皇建初，封东安王。"《北史·李顺传》："（李祖勋）位给事黄门侍郎。齐文宣以其女为济南王妃。除侍中，封丹杨郡王。"很显然，娄睿、李祖勋受封王爵，主要是因为他们与北齐皇帝有姻亲关系，也就是说，他们与皇帝的亲缘关系是能够受封王爵的首要条件。不过，外戚所具有的与皇帝的姻亲关系，只是受封王爵的优待条件，并不是所有与皇帝有姻亲关系者，都能够受封王爵。统计《北齐书·外戚传》中的记载，北齐皇帝的外戚郑仲礼、李祖昇、元蛮、胡粲，都没有获得王爵的封授。由此可以明确，北齐外戚受封王爵，还需要其他的附加条件。《北齐书·段荣传附段韶传》："高祖以武明皇后姊子，益器爱之，常置左右，以为心腹。……天保三年。为冀州刺史，六州大都督。……显祖嘉其功，诏赏吴口七十人，封平原郡王。"可见，外戚段韶获得王爵的封授，是文宣帝要嘉奖他建树的功劳。《北齐书·胡长仁传》："（胡长仁）武成皇后之兄。……世祖崩，预参朝政，封陇东王。"显然，外戚胡长仁受封王爵，是因为他受武成帝的信任而担任了重要官职。这些情况说明，北齐国家是将与皇帝的姻亲关系作为封授王爵的优待条件。而获得王爵的封授，则还取决于外戚在国家朝政中所处的地位，或者他们在国家事务中的功劳建树。

总之，东魏北齐国家在王爵封授上，将与皇帝的直系、旁系和姻亲关系作为重要的优待条件。这种优待条件直接影响王爵封授的实现，因而，这正是皇亲受封王爵的特权。应该说，北齐国家封授皇亲王爵的优待范围要超过

---

① 万斯同：《北齐异姓诸王世表》，《二十五史补编（四）》，中华书局，1955 年，第 4671－4672 页。

东魏。因为东魏承袭北魏后期的做法，只将北魏道武帝的后裔作为优待受封王爵的对象。而将与皇帝血缘联系疏远的宗室和皇帝的姻亲外戚，都排除在受封王爵的范围之外。但至北齐时期，国家不仅继续封授皇子王爵，还将王爵封授的范围扩大至高氏宗室的范围内。同时，北齐国家还摈弃北魏后期、东魏的外戚不封授王爵的做法，将与皇帝有姻亲关系的外戚也纳入封授王爵的范围内。虽然北齐的皇子与宗室、外戚受优待的程度不同，但他们受封王爵的共同之处，都是依靠直系、旁系血缘关系和姻亲关系才能够实现。也就是说，这些受封王爵的皇亲，正是在皇权庇护下享有受封爵位特权的获益者。因此，可以说，他们的这种特权，是通过在皇帝的亲缘圈中所处的地位来保证的，因而，由皇帝规定的这种亲缘圈，才是皇亲获得受封王爵的重要影响因素。

二、官品及功劳的影响与任职官员受封王爵

东魏北齐时期，任职官员可以受封爵位，但东魏与北齐的官员受封王爵的情况却并不相同。就东魏爵位封授的情况而言，实际是承袭北魏后期的规定，一般不封授任职官员的王爵。因为北魏孝文帝爵位改革后，实行了限制封授异姓王爵的规定。只是在北魏末年，当时国家才向控制朝政的尔朱氏和高欢授予王爵，但这只是特殊的做法。可是，北齐禅代东魏后，齐文宣帝打破北魏孝文帝爵位改革后的规定，开始封授异姓王爵，因此，就使一些任职的重要官员能够获得王爵的封授。由于王爵是最高等级的爵位，因而，北齐国家封授任职官员王爵也就需要有条件的规定，并实行一些限制的措施，进而使王爵封授能够有可以把握的范围。为说明这一问题，需要依据《北齐书》《北史》中的相关记载和清人万斯同《北齐异姓诸王世表》统计，来考察任职官员受封王爵的情况。统计情况表明，北齐任职官员受封王爵者有：厍狄干、斛律金、贺拔仁、韩轨、可朱浑道元、彭乐、潘相乐、侯莫陈相、尉粲、娄昭、杨愔、张保洛、厍狄回洛、尉标、赵彦深、暴显、鞠珍、綦连猛、慕容俨、斛律羡、徐之才、元景安、唐邕、皮景和、鲜于世荣、独孤永业、厍狄伏连、盖书乐、刘郁斤、赵道德、刘桃枝、梅胜郎、辛洛周、高舍洛、陈山提、叱列长叉、莫多娄敬显、阳休之、薛道衡，共 39 人。当然，

实际受封王爵的任职官员的人数，尚不限于此。正如《北齐书·幼主纪》称："庶姓封王者百数，不复可纪。"尽管如此，依据统计情况，还能够看出，任职官员受封王爵应该具有条件的大概趋势。

就这些受封王爵的任职官员而言，他们有担任中央职官的，也有担任地方职官的。他们所任中央任职官员有：太师、太傅、司徒、司空、尚书令、侍中、武卫大将军、武卫将军、领军将军、中书监、并省尚书左仆射、尚食典御、特进。在他们所任的中央职官中，最高品级的职官为一品的太师、太傅、司徒、司空，最低品级的职官则为五品的尚食典御。所任地方官员则有：行台尚书令、豫州道行台仆射兼豫州刺史、河阳道行台仆射兼洛州刺史、肆州刺史、并州刺史、沧州刺史、建州刺史、晋州刺史、朔州刺史、东兖州刺史。这就是说，受封王爵者所任地方官包括行台长官和州刺史。北齐行台长官所治地方为"道"，正是当时最高行政区。但关于行台尚书令、仆射的品级，正如《隋书·百官志中》："行台，在令无文，其官置令、仆射，其尚书丞郎，皆随权制而置员焉。其文未详。"所以，对受封王爵的行台尚书令、仆射的品级，不易做明确的判定。可是，北齐国家任命行台长官，一般要使他们兼任所治"道"中的刺史，因此，通过兼任的刺史可以确定任职品级的下限。就北齐刺史的品级来看，因所治州的大小，品级有所不同。《隋书·百官志中》载北齐州刺史：三等上州刺史，为三品；三等中州刺史，为从三品；三等下州刺史，为四品。因此，北齐刺史的品级是不会低于四品的。从受封王爵的刺史的具体情况来看，这些刺史任职多有加官。张保洛任沧州刺史，领有征西将军号。北齐官品，征西将军为二品。暴显任朔州刺史，"天统元年，加特进、骠骑大将军"①。骠骑大将军为从一品。② 独孤永业任河阳道行台仆射兼洛州刺史，"进位开府"③。开府即开府仪同三司。北齐官品规定为从一品。④ 元景安任豫州道行台仆射兼豫州刺史，"加开府仪同三司"，自然也为从一品。很明显，由于刺史领有加官，因此，其官品都要高于四品。由此可见，北齐国家封授任职官员王爵，其官品应该在一品至五

① 《北齐书》卷四一《暴显传》。

② 《隋书》卷二七《百官志中》。

③ 《北齐书》卷四一《独孤永业传》。

④ 《隋书》卷二七《百官志中》。

品之间。这应该是北齐国家封授王爵在官品上限定的范围。而这个范围与北齐国家将所设置职官划分为二个层次的规定基本上是一致的。

从北齐国家的职官分层的情况来看，应该说是很明确的。《北齐书·孝昭帝纪》："（皇建二年）诏内外执事之官从五品已上及三府主簿录事参军、诸王文学、侍御史、廷尉三官、尚书郎中、中书舍人，每二年之内各举一人。"又《隋书·礼仪志四》："后齐娉礼，……纳征，……兽皮二，第一品已下至从五品，用豹皮。"这说明，北齐国家实行的政务和礼仪活动，一般都是以从五品为界限而将任职官员加以区分。也就是说，北齐国家是以官阶从五品为界限而将职官分为这两个层次，并使分属这两个不同层次的官员所享有的权益也有很明显的差异。

其实，北齐国家这种将所设职官分为两层次的做法，也是与爵位的等级序列联系在一起的。就北齐的爵位等级而言，实际承袭北魏后期所实行的官、爵一体化的品级规定，并将爵位的品级与职官的品级相对照而规定了明确的品级序列。《隋书·百官志中》记载北齐实封、虚封爵的品级序列为：王一品；开国郡公从一品；散郡公、开国县公二品；散县公、开国县侯从二品；散县侯、开国县伯三品；散县伯从三品；开国县子四品；散县子从四品；开国县男五品；开国乡男、散县男从五品。很显然，北齐国家将最低品级的开国乡男和散县男，也确定为从五品。北齐国家做这样的规定，正是要以此体现有爵者与无爵者在身份地位上的差别。正因如此，北齐国家任职官员受封爵位，官阶从五品也就成为把握封授对象的一种依据。换言之，任职官员的官品在从五品以上，也就可以被纳入受封爵位的范围之中。正因如此，北齐国家封授任职官员最高品级的王爵，也就更要受到这个规定范围的限制。因此，应该说北齐任职官员受封王爵，他们的职官品级是重要的制约因素。

然而，北齐任职官员受封王爵的品级规定，只是对封授范围的限制，并不是决定的因素。事实上，在北齐国家规定的可以受封王爵的职官范围内，有相当数量的任职官员是没有获得王爵封授的。据万斯同《北齐将相大臣年表》统计，北齐建国至北齐灭亡，在中央担任诸公、尚书省长官、中书省长官、门下省长官的共有 148 人，但有 51 人没有获得王爵的封授。其中诸公有 5 人，尚书省长官（令、仆射、吏部尚书）15 人，中书省长官（监、令）

8人，门下省长官（侍中）23人。[①] 也就是说，在这些重要的任职官员中，将近三分之一的人员，没有受封王爵。统计《北齐书》《北史》记载，在北齐地方担任行台尚书令、仆射的共有29人。担任刺史的共有85人。其中行台令、仆射没有受封王爵的有12人，刺史没有受封王爵的37人。很明显，北齐国家对所规定的职官品级范围内的一些中央诸公、尚书省、中书省和门下省长官以及地方行台令、仆射和刺史，并没有封授他们王爵。也就是说，尽管一些任职官员在受封王爵规定的官阶品级范围之内，也不能获得王爵的封授。应该说，这种由职官的品级限定范围，只能对任职官员受封王爵起到限制作用。

实际上，北齐国家确定在品级规定范围内的任职官员为受封王爵的对象，还需要依据其他的重要条件。从北齐国家封授异姓任职官员王爵情况来看，在文宣帝禅代东魏后，就开始进行了。他于天保元年下诏：

> 封功臣厍狄干为章武王，斛律金为咸阳王，贺拔仁为安定王，韩轨为安德王，可朱浑道元为扶风王，彭乐为陈留王，潘相乐为河东王。[②]

文宣帝所封的这七位官员，都是追随高欢的重要勋臣。可是，在文宣帝要代魏称帝时，除潘相乐之外，其他六位受封者都是持反对态度的。然而，文宣帝却将他们作为最早封授王爵的对象。他所以要进行这种分封，王怡臣认为这七位受封王爵者为勋贵集团的核心。[③] 而且，文宣帝肯定勋贵的开国功勋，而不是急于打击勋贵，是要树立他的权威。[④] 当然，文宣帝这种对待军功勋贵的态度，是保证他们能够受封王爵的重要条件。不过，不能忽视的是，他们都是追随高欢起兵而建树重大功劳者，因而，使他们在北齐政权中占有特殊的地位。所以，文宣帝必须要封授他们王爵，以此表明他对军功勋臣的恩宠和安抚，进而更有益于巩固他的统治。这些情况说明，北齐建国后，文宣帝封授任职官员王爵，是将他们的功劳置于重要的位置。应该说，这正是决

① 石期同：《北齐将相大臣年表》，《二十五史补编（四）》，第4673－4680页。

② 《北齐书》卷四《文宣帝纪》。

③ 王怡臣：《东魏北齐的政治集团》，文津出版社，2006年，第265页。

④ 王怡臣：《东魏北齐的政治集团》，文津出版社，2006年，第259页。

定任职官员受封王爵的重要因素。

不过，需要明确的是，文宣帝开始封授军功勋臣王爵，对他们的功劳的标准有很高的要求。《北齐书·厍狄干传》：“（厍狄干）天保初，以天平元勋佐命，封章武郡王。”可见，厍狄干是因处于“元勋佐命”的地位而受封王爵的。所谓“元勋佐命”，就是说，厍狄干所立功劳是最高的，并且，是在辅助高欢征战中建树的。其他六位受封者的功劳，应该与厍狄干没有多少差别。这应该是文宣帝开始封授勋臣王爵，对功劳的标准的要求。这种标准是一般军功勋臣很难达到的。《北齐书·刘贵传》：“高祖起义，（刘）贵弃城归高祖于邺。……性峭直，攻讦无所回避，故见赏于时。虽非佐命元功，然与高祖布衣之旧，特见亲重。兴和元年十一月卒。……齐受禅，诏祭告其墓。皇建中，配享高祖庙。”显然，刘贵辅助高欢，受到“特见亲重”的礼遇，可是，由于没有“佐命元功”，所以，他亡故后，孝昭帝只能使他“配享高祖庙”，而不能受封王爵。但对立有“元勋”的官员，则不同。《北齐书·尉景传》：“齐受禅，以（尉）景元勋，诏祭告其墓。皇建初，配享神武庙庭，追封长乐王。”也就是说，只有建树“元勋”的官员，才能受封王爵。

然而，北齐国家以“元勋佐命”作为封授任职官员王爵依据的目的，是文宣帝试图通过对军功勋贵核心成员的爵位封授，拉拢这一勋臣集团，进而稳定建国初年的政治局面。在他完全控制政治局面后，仍然需要进一步笼络勋臣集团，因而，也就需要降低对功劳标准的要求。《北史·侯莫陈相传》：“（侯莫陈相）及长，性雄杰。后从神武起兵，破四胡于韩陵，力战有功，封阳平县伯，后改封白水郡公。天保初，累迁司空公，进爵白水王。”很显然，侯莫陈相为追随高欢的勋臣，但他建树的功劳并不显著，可是，文宣帝还使他受封王爵。文宣帝所以实行这种做法，正是要汲引更多的军功勋贵服从他的权威，进而使这些军功勋贵能够更有益于北齐国家政局的稳定。正因如此，从北齐建国，直至北齐末年，执政皇帝一直实行通过王爵的封授来笼络军功勋臣的做法。《北齐书·暴显传》：“（暴显）后从高祖于信都举义，授中坚将军、散骑侍郎、帐内大都督，加安东将军、银青光禄大夫，屯留县开国侯。……天统元年，加特进、骠骑大将军，封定阳王。”《北齐书·綦连猛传》：“（綦连猛）及兆败，乃归高祖。……（天统五年）除并省尚书令、领军大将军，封山阳王。”暴显、綦连猛都是由齐后主封授王爵的。这说明，在北齐后期，对军功勋臣王爵的封授，依然是皇帝向他们施恩的方式。正是在北齐国家的这种封授决策的影响下，受封王爵的军功勋贵人数很多。诸如，张保洛、厍狄回洛、鲜于世荣、綦珍、尉标、康德、慕容俨、元景安等，都是因“力战有功”[1]而受封王爵的。由此可见，终北齐一代，军功勋臣一直都是北齐国家封授王爵的重要对象，并且，因为他们因受封王爵而成为地位显赫的重臣。

尽管北齐国家依据功劳作为封授王爵的标准，但却都将王爵的封授视为皇帝向任职官员施恩的表现。因为如此，北齐国家封授王爵，也就不限于军功勋臣本人。诸如，高欢部属叱列平“弟长叉，武平末，侍中、开府仪同三司，封新宁王”[2]。斛律羌举“子孝卿，少聪敏几悟，有风检，频历显职。武平末，侍中、开府仪同三司，封义宁王”[3]。很明显，这些军功勋臣子弟能够受封王爵，更多的是，凭借他们先辈军功的荫庇，因而，这也就更明显地表现出，北齐皇帝对军功勋臣的奖励和施恩是没有限制的，实际完全是由皇帝的意志来决定的。

北齐国家对军功勋臣封授王爵所采取的做法，表明任职官员的功劳建树直接影响到他们受爵情况。可是，北齐国家并不是只将功劳作为唯一的标准。《北齐书·司马子如传》：“（司马子如）齐受禅，以有翼赞之功，别封须昌县公，寻除司空。”又《北齐书·杜弼传》：“（杜弼）以预定策之功，迁骠骑将军、卫尉卿，别封长安县伯。”可见，司马子如、杜弼在文宣帝登基时，都有功劳的建树。然而，他们真实的政治倾向却是反对文宣帝禅代东魏，所以，他们也就不能受封王爵。由此看来，任职官员获得王爵的封授与他们的政治倾向也有很大的关系。由于北齐皇帝需要利用迎合其意志的官员，所以，也将他们的政治倾向与王爵的封授结合起来。例如，杨愔赞成文宣帝代魏，“令撰禅代诏册诸文”[4]。赵彦深也支持文宣帝登基，因此，文宣帝“玺书劳勉，征为侍中，仍典机密”[5]。由于他们都是文宣帝信任的重臣，所以，

---

① 《北齐书》卷四一《元景安传》。

② 《北齐书》卷二〇《叱列平传》。

③ 《北齐书》卷二〇《斛律羌举传》。

④ 《北齐书》卷三七《魏收传》。

⑤ 《北史》卷五五《赵彦深传》。

他们先后都获得王爵的封授。而且，南朝北归人物徐之才“亦为首唱禅代”①，并且，北齐后期，追随和士开，因而，也被封授王爵。他们的共同点就是，没有可以称道的功劳，只是紧随施政皇帝的意志。由于这种情况的出现，说明任职官员的政治倾向，实际成为受封王爵的重要依据。当然，北齐国家以这种标准封授王爵，所带来的明显后果，自然是淡化了任职官员的功劳建树在受封王爵中起到的作用。

此外，还需要指出的是，北齐皇帝封授王爵，不仅将任职官员追随其统治意志作为受封王爵的重要条件，而且，还使他们施政的浓厚的鲜卑化特征对王爵的封授也发生影响。《北史·恩幸·齐诸宦者》：“神武时有仓头陈山提、盖丰乐，俱以驱驰便僻，颇蒙恩遇。魏末，山提通州刺史，丰乐尝食典御。又有刘郁斤、赵道德、刘桃枝、梅胜郎、辛洛周、高舍洛、郭黑面、李铜锟、王恩洛，并为神武驱使。天保、大宁之朝，渐以贵盛。至武平时，山提等皆以开府封王。其不及武平者则追赠王爵。”这一记载中提到受封王爵者，都是仓头出身。也就是说，他们在没有进入北齐政权任职前，都为社会最下层的低贱者。可是，他们都有追随高欢创业的经历。这种经历对提升他们的地位起到重要的作用。《北齐书·恩幸·韩宝业传》：“苍头始自家人，情寄深密，及于后主，则是先朝旧人，以勤旧之劳，致此叨窃。”也就是说，按着鲜卑人的习俗，是将仓头，也就是家内奴隶视为“自家人”的，因此，主人并不贱视他们。鲜卑人的这种习俗，对北齐国家施政的措施有很大的影响，所以，在北齐建国后，就将为高欢服务的这些仓头，视为“先朝旧人”②，并加以重用。例如，刘桃枝、梅胜郎都任领军将军。③ 高舍洛则任武卫将军。④ 陈山提“仕齐，官至特进、开府、东兖州刺史”⑤。很显然，这些出身低贱者，能够担任要职，并受封王爵，不是取决于他们的出身，而是由他们与高欢勋贵集团联系的影响所致。当然，在身份的高贵与卑微还有严格限制的北齐社会，这不能不说是很独特的现象。因此，可以说，这种情况的

① 《北齐书》卷三三《徐之才传》。

② 《北齐书》卷五〇《恩幸传》。

③ 《北齐书》卷三四《杨愔传》、《北齐书》卷八《后主纪》。

④ 《北齐书》卷五〇《恩幸·和士开传》。

⑤ 《周书》卷九《宣帝陈皇后传》。

出现，应该与北齐国家统治所具有的鲜卑化特色，有很大的关系。

综上可见，北齐任职官员能够受封王爵，固然职官的品级与功劳的建树所起到的影响作用是重大的，然而，由于北齐国家的统治具有明显的复杂性，因而，其他政治因素也在一定程度上影响到王爵封授的实现。因此，应该说这些因素在王爵封授上，能够发生较大的影响，实际上，都是由北齐皇权的强势控制而引发的不可忽视的结果。

三、国家腐败统治的影响与恩幸官员受封王爵

北齐后期，即武成帝、后主统治时期，为了加强皇权，对不利于控制的官僚政治势力实行打压的措施。因此，北齐后期，出现官僚派系的重组，并且，形成内廷恩幸集团一元化的趋势。[①] 这些恩幸官员的特点是，他们是皇帝的近侍，而且，以向皇帝谄媚的方式获得信任，并完全迎合皇帝统治的意志，因而，他们正是皇帝控制其他政治势力的依靠力量。这些恩幸官员主要追求的是权力和利益，因而，北齐皇帝对这些恩幸官员，通过委任重要官职加以利用，而且，还封授高爵进行笼络。就爵位封授而言，北齐皇帝多为恩幸官员加授王爵。武平元年，武成帝使佞臣和士开受“封淮阳王，除尚书令、录尚书事”[②]。这是北齐国家最早开始封授恩幸官员王爵。由于北齐后期，朝廷中的恩幸官僚取代军功勋贵，成为执政的主流派别，所以，一些恩幸官员便成为王爵封授的重要对象。为阐释北齐皇帝封授恩幸官员王爵的情况，根据《北齐书》《北史》的记载，并参照万斯同《北齐异姓诸王世表》，可以明确，受封王爵的恩幸官员有：和士开、高阿那肱、穆提婆、韩凤、张景仁、马敬德、韩宝业、卢勒叉、齐绍、秦子征、邓长颙、陈德信、曹僧奴、曹妙达、何海、何洪珍，共有16人。实际上，北齐国家封授这类官员王爵的人数，并不限于此。依据统计情况可知，这些恩幸官员所任职官的品级情况为：从一品4人，二品4人，从二品2人，三品2人，从三品1人，四品3人。只有高阿那肱受封王爵前，任并省尚书左仆射。北齐所设并省尚

① 王怡臣：《东魏北齐的统治集团》，文津出版社，2006年，第338页。

② 《北齐书》卷五〇《恩幸·和士开传》。

书仆射是很重要的官职，但其品级失载。不过，高阿那肱在任此职之前，曾任武卫将军。北齐所设武卫将军为从三品。[①] 可以说，高阿那肱所任职官品级不会低于从三品。这就是说，受封王爵的恩幸官员所任职官的最高品级为从一品，最低品级为四品。由此可见，受封王爵的恩幸官员的职官品级，应该与北齐一般任职官员的品级规定，是没有差别的。也就是说，北齐国家封授恩幸官员王爵，要有规定的职官品级范围。这个限定的品级范围，正是恩幸官员获得王爵封授的先决条件。北齐国家所以要采取这种做法，当然，主要是由北齐国家所实行官、爵品级一体化以及使爵位服务于官本位体制的规定所决定的。并且，尽管恩幸官员受到皇帝的宠幸，但也必须在规定的范围之内，才能获得受封王爵的优待。因此，恩幸官员王爵的封授，也在较大程度上受到规定的制度化的因素的影响。

不过，北齐国家规定的受封王爵所任职官的品级，只能限制恩幸官员受封爵的范围，却并不能决定他们成为受封王爵的对象。其实，恩幸官员能够受封王爵是与北齐皇帝施政的特点有密切的关系，也就是说，这正是由北齐国家腐败政治所造就的皇权特殊支配体制影响的产物。

实际上，恩幸官员在北齐后期能够控制朝政，是因为他们适应了武成帝、后主强化皇权的要求。武成帝、后主依靠恩幸官僚的辅助，就能够打击政治能量很高的勋臣、宗室和外戚对皇权的侵犯。正是在这种政治意图驱使下，恩幸官员实际控制了要害、核心的职官，进而形成了皇权的特殊控制体制。但这种特殊的控制体制所带来的后果，却促使国家内部的斗争更加激烈，并在政治统治上，呈现腐败不堪的乱象。诚如北周人韦孝宽所言："齐氏昏暴，政出多门，鬻狱卖官，唯利是视，荒淫酒色，忌害忠良。阖境熬然，不胜其弊。"[②] 而需要对这种乱象负责的，除了昏庸的皇帝之外，就是他们所重用的恩幸官员。

就这些恩幸官员的行为而言，应该说他们的共同特点，就是难以满足的贪欲和十分平庸、低下的能力。例如，和士开"禀性庸鄙，不阅书传，发言

① 《隋书》卷二七《百官志中》。

② 《北史》卷六四《韦孝宽传》。

吐论，惟以谄媚自资”[①]。高阿那肱“才伎庸劣，不涉文史”[②]。穆提婆“入侍后主，朝夕左右，大被亲狎，嬉戏丑亵，无所不为”[③]。他们的这种资质，也就决定只有完全取悦于皇帝，才能攫取他们希望获得的最大利益。而北齐皇帝要使他们俯首帖耳，当然，也就要使他们的利益最大化。其中自然也就包括封授他们王爵。例如，和士开被封为淮阳王，穆提婆被封为城阳王，高阿那肱被封为淮阴王，韩凤被封为昌黎郡王。[④] 不仅如此，北齐皇帝的近侍宦官也被委以重任。例如，宦官邓长颙“武平中任参宰相，干预朝权”[⑤]。陈德信“亦参时宰，……俱为侍中”[⑥]。并且，他们也都被封授王爵。可以说，北齐后期，皇帝对恩幸官员封授王爵，成为笼络他们的重要手段，因而，使他们能够“宠遇弥隆，官爵不知纪极”[⑦]。可见，对这些恩幸官员来说，受封王爵是不需要考虑他们的功劳状况，只能以他们在迎合皇帝意志上获得满意的程度来决定的。在北齐的王爵封授上，出现这种状况的，实际正是北齐后期极为腐败的皇权特殊控制体制所造成的恶果。

在北齐后期的这种腐败政治的影响下，必然出现皇帝不受节制的奢靡的生活。皇帝为了满足这种堕落的生活，进而实现他们极大的奢侈欲，也就更需要近侍的恩幸官员为他们服务。表现最明显的便是，北齐后期的皇帝对宫廷乐的特殊需求。因为北齐的皇帝已经西胡化，[⑧] 所以，他们并不以宫廷现有的音乐为满足。《隋书·音乐志中》：

> 杂乐有西凉鼙舞，清乐、龟兹等。然吹笛、弹琵琶、五弦及歌舞之伎，自文襄以来，皆所爱好。至河清以后，传习尤盛。后主唯赏胡戎乐，耽爱无已。于是繁手淫声，争新哀怨。

---

① 《北齐书》卷五〇《恩幸·和士开传》。
② 《北齐书》卷五〇《恩幸·高阿那肱传》。
③ 《北齐书》卷五〇《恩幸·穆提婆传》。
④ 《北齐书》卷五〇《恩幸传》。
⑤ 《北齐书》卷五〇《恩幸·韩宝业传》。
⑥ 《北史》卷九二《恩幸·齐诸宦者传》。
⑦ 《北齐书》卷五〇《恩幸·穆提婆传》。
⑧ 万绳楠整理：《陈寅恪魏晋南北朝史讲演录》，黄山书社，1987年，第297页。

很显然，北齐最高统治者完全陶醉在西域胡乐之中。正是因为要欣赏这种胡乐，因而，宫廷中的西域乐人也受到特殊的宠幸。《北史·齐诸宦者传》："其曹僧奴、僧奴子妙达，以能弹胡琵琶，甚被宠遇，俱开府封王。又有何海及子洪珍，开府封王，尤为亲要。"说明北齐皇帝可以荒唐地以满足他们对西域乐的迷恋来决定为乐人封授王爵。

不仅如此，由于北齐皇帝生活上的糜烂不堪，也就更促使他们要求近侍的恩幸官员的悉心服侍，因而，驱使一大批宦官为他们的生活服务。实际这正是在北齐后期皇权特殊支配体制的影响下，而形成的宫廷的活动的腐朽的氛围。正因如此，皇帝宠幸的近侍宦官能够"恒出入门禁，往来园苑，趋侍左右，通宵累日，承候颜色，竞进谄谀，莫不发言动意，多会深旨。一戏之赏，动逾巨万，丘山之积，贪吝无厌"①。这样，这些近侍的受宠幸的宦官得到的重要回报，便是他们在王爵的封授上，也可以受到很大的优待。而北齐皇帝对王爵实行这样的封授，当然，也就破坏了正常封授规定，而造成王爵封授处于无序化的混乱状态之中。而且，因为一些宦官因受封王爵而使他们的政治地位提高，因此，对北齐后期的政局带来危害也就更为严重。正如《北齐书·韩宝业传》称："于后主之朝，有陈德信等数十人，并肆其奸佞，败政虐人，古今未有。"由此可见，在这种腐败的政治氛围中，北齐皇帝确定封授王爵所依据的是，不过是满足其奢侈欲的程度而已，已经没有可以明确把握的标准可言。因此，清人赵翼评论："官爵之滥，至此极矣！"② 应该说，这是很有见地的批评。

四、余　论

东魏北齐时期，由于王爵是最高等级的爵位，而且，获得王爵的封授可以表现受封者显赫的社会地位，并带来丰厚的经济利益，所以，当时国家极其重视王爵的封授，而且，也使王爵的封授包括诸多的对象。在王爵受封者中，重要的对象是皇亲。就当时的皇亲而言，东魏与北齐不同。由于东魏承

① 《北齐书》卷五〇《恩幸·韩宝业传》。

② 赵翼撰、王树民校证：《廿二史札记校证》，中华书局，1984年，第300－301页。

袭北魏后期的规定，所以，依据与皇帝的直系、旁系血亲关系封授王爵的对象，只限于北魏道武帝的子孙。而北齐禅代东魏后，将这种封授范围扩大，不仅皇子、皇弟可以封授王爵，并且，与皇帝有血亲关系的宗室也能够受封王爵。北齐国家还将与皇帝有姻亲关系的外戚，也纳入受封王爵的对象中。因此，北齐国家封授皇亲王爵，是由与皇帝的血亲和姻亲关系决定的。可以说，这种与皇帝的血亲与姻亲关系是确定封授王爵的首要标准，因而，也直接影响这些皇亲受封王爵。

北齐建国后，改变东魏的做法，对任职官员也封授王爵。这些受封的任职官员被视为异姓王。应该说，北齐国家封授官员王爵，是有限制规定的。主要的做法是，北齐国家要依据职官的品级确定爵位的封授范围。而这种封授范围的划定，正是要使王爵的封授实现制度化的保证。可以说，这种做法正是在承袭北魏后期爵位封授规定的基础上，依据北齐的官、爵品级的序列而确定的，因而，北齐国家也就将王爵的封授纳入能够把握的明确规定之中。

然而，任职官员能够受封王爵，并不只是由他们所任职官的品级来决定的，实际他们功劳的建树，也影响到王爵封授。北齐建国之初，齐文宣帝就以“元勋佐命”为标准，实行王爵的封授。这种封授标准，是要满足追随高欢的勋臣要求的，实际也是一种安抚军功勋臣的优待规定。然而，由于文宣帝确定的功劳标准过高，因而，通过王爵的封授而使任职官员受益的层面，也就过于狭窄，所以，文宣帝很快调整了功劳标准的规定，进而使一些建树一般功劳的任职官员，也能够受封王爵。北齐国家依据任职官员的功劳封授王爵，应该是，对以爵位的封授奖励立功者的传统的承袭。不过，由于北齐国家的统治表现出浓厚的鲜卑化特征，因而，就更多地注重爵位封授具有皇帝赏赐的意义，当然，对王爵来说，也就更是如此。正是受这种理念驱使，所以，北齐诸皇帝封授任职官员王爵，就淡化了与他们功劳的建树的联系。取而代之的则是，皇帝的意志在任职官员王爵封授上，所起到的影响作用也就愈发重要。

因为北齐国家使王爵封授与任职官员的功劳逐渐脱离，所以，这种王爵的封授也就成为皇帝控制和笼络官员的重要方式。由于北齐国家内部矛盾尖锐，内争激烈，因而，王爵的封授也就处于无序的状态。特别是，北齐后期，由于武成帝、后主依赖恩倖官员，因而，也出现恩倖官员协助皇帝控制朝政的一元化的统治局面。实际上，这种统治局面的出现，所造成的后果就是，皇帝的政治统治更为腐败和他们的生活愈加糜烂。由于这种情况的影响，就使大部分恩幸官员都可以受封王爵，因为他们完全适应北齐皇帝腐败的政治和糜烂的生活的需要。因此，也就使王爵的封授更为混乱而出现很难控制的滥封的局面。可以说，原来王爵封授还具有的奖励任职官员功劳的意义，也就荡然无存了。而北齐后期的腐败政治，则为王爵封授带来更多的消极后果，进而也就成为加速北齐国家灭亡的不可忽略的因素。

（原载《社会科学战线》2017 年第 6 期）

东魏北齐开国爵"别封"考

东魏北齐国家对开国爵的封授，有"本封"和"别封"的区分。实际上，开国爵的"本封"与"别封"既有区别，也有联系。可以说，东魏北齐开国爵的"别封"是对"本封"爵位的加封、重封，因此，在开国爵的封授中起到不能忽视的作用。高敏先生和刘汉东教授对东魏北齐的"别封"做了一些探讨。[①] 但是，对东魏北齐开国爵的"别封"问题，还有必要做进一步的开掘。因此，本文拟对东魏北齐开国爵"别封"的条件、"别封"的等级以及"别封"的封地与食邑诸问题做一些考察，希望有益于深入认识东魏北齐开国爵"别封"的特点。

一、开国爵"别封"的条件

东魏北齐国家实行"别封"爵位的做法，是以受爵者"本封"的爵位为依据对爵位的加封。然而，东魏北齐国家"别封"爵位并不具有随意性，而是有限定条件的。然而，要阐释这一问题，就需要提及"本封"爵位与"别封"爵位的性质。

梳理《北齐书》《北史》与墓志铭中的记载，无疑"本封"为实封爵者，是能够获得"别封"爵位的。可是，东魏北齐的实封爵，却包括王爵与开国

① 关于东魏北齐开国爵的"别封"，高敏先生提出了一些值得注意的意见，见《西魏、北周与东魏、北齐封爵制度的探讨》，《魏晋南北朝制度发微》，中华书局，2005年，第234-237页。刘汉东教授，对北朝后期的"别封"，做了一些阐释，见刘汉东：《北朝后期别封、别食制度探论》，《郑州大学学报》，1988年，第3期。但他们的研究，并不深入，需要进一步探讨，并且，还有一些看法，则是可以商榷的。

爵。对王爵而言，是能够获得“别封”爵位的。如任城王高湝“天统三年，拜太保、并州刺史，别封平正郡公”①。关于“本封”为王爵的“别封”爵位的特点，笔者已有专文论述，不再赘述。当然，对于“本封”为开国爵者，也是如此。《齐故定州刺史太尉公库狄顺阳王墓铭》：“（库狄洛）寻除〔征〕东将军、金紫光禄大夫、母极县开国公。……高祖受禅，以王佐命元勋。启弼王室，除开府仪同三司，别封东燕县开国子。”② 很显然，库狄洛“本封”为开国爵，也能获得“别封”爵位。，

然而，对于“本封”为虚封散爵者，则与“本封”为实封爵的情况不同。《北齐书·尉长命传》：“（尉兴敬）便弓马，有武艺，高祖引为帐内都督。出为常山公府参军事，赐爵集中县伯。晋州民李小兴群聚为贼，兴敬随司空韩轨讨平之，进爵为侯。”又《北齐书·王峻传》：“（王峻）累迁恒州大中正，世宗相府外兵参军。随诸军平淮阴，赐爵北平县男。除营州刺史。”尉兴敬、王峻“本封”爵位都是虚封的散爵，显然他们没有获得“别封”的爵位。这种情况并不是特例。捡《北齐书》和墓志铭，可以说，“本封”为散爵者都没有获得“别封”爵位的记载。这些情况说明，东魏北齐国家是将“别封”爵位限制在“本封”为实封爵的范围内。应该说，这是东魏北齐国家确定爵位“别封”对象的重要条件。

因为东魏北齐国家只在“本封”为实封爵的范围内实行“别封”爵位的做法，所以，也就影响到“别封”爵位的性质。《齐故特进韩公之墓志》：“（韩裔）以功除冠军将军中散大夫、帐中领民正都督、秦州武阳县伯。…………天保元年，除开府仪同三司，别封康城县开国子。”③ 可见韩裔获得“别封”的爵位，正是实封的开国爵。《北齐书·侯莫陈相传》：“（侯莫陈相）出为汾州刺史。别封安次县男，又别封始平县公。”又《北齐书·杨愔传》：“（杨愔）转长史，复授大行台右丞，封华阴县侯，迁给事黄门侍郎，妻以庶女。……天保初，以本官领太子少傅，别封阳夏县男。”这两条记载，对侯莫陈相、杨愔获得的“别封”爵位，既没有“开国”字样，也没有食邑数量的记载，

---

① 《北齐书》卷一〇《高祖十一王·任城王湝传》。

② 赵超：《汉魏南北朝墓志汇编》，天津古籍出版社，2008年，第415页。

③ 赵超：《汉魏南北朝墓志汇编》，天津古籍出版社，2008年，第436页。

因此，一些论者以此认为他们受封的爵位都是虚封爵。[①] 其实，这种意见是不准确的。固然，《北齐书》和墓志铭中有一些这样的记载，但却不是“别封”爵位为虚封爵的依据。《北齐书·司马子如传》：“（司马子如）别封野王县男，邑二百户。”又《北齐书·步大汗萨传》：“（步大汗萨）仍授晋州刺史，别封安陵县男，邑二百户。”很显然，在这些记载中，虽然没有将“别封”爵位称为开国爵，但都能够受封食邑。另外，《北齐书》的一些记载，则将“别封”爵位，明确称为开国爵。例如，皮景和“又随斛律光率众西讨，克姚、白亭二城，别封永宁郡开国公”[②]。綦连猛“除抚军将军，别封石城县开国子，食肆州平寇县干”[③]。在一些墓志铭的记载中，就更加明确。例如，梁子彦“除中坚将军，别封广州南阳郡之峡城县开国子”[④]。赵道德“除卫将军，别封戎安县开国子，邑四百户”[⑤]。由此来看，《北齐书》和墓志铭对一些“别封”爵位的记载，显然是省略了“开国”的字样，也省略了受封食邑的数量。由此可以明确，东魏北齐国家使“本封”开国爵者可以“别封”的爵位，不可能为虚封爵，只能是实封的开国爵。由此可见，东魏北齐的“别封”，只是在“本封”为开国爵者的范围内，实行的对开国爵的重封、再封，因此，“别封”爵位，当然属于一种实封爵。

实际上，东魏北齐国家使“本封”开国爵者可以获得“别封”爵位，只是前提条件，因而，也就不可能使全部“本封”开国爵者都能够取得“别封”爵位。其实，在东魏北齐有相当数量的“本封”开国爵者，是没有“别封”爵位的。例如，高隆之“封平原郡公，邑一千七百户。……武定中，为河北括户大使，追还，授领军将军、录尚书事，寻兼侍中”[⑥]。李希光“武定末，从高岳平颍川，封义宁县开国侯，历颍、梁、南兖三州刺史。天保中，扬州刺史，与萧轨等渡江，战没”[⑦]。也就是说，高隆之、李希光一直都没有

---

① 高敏：《魏晋南北朝史发微》，中华书局，2005年，第225页。

② 《北齐书》卷四一《皮景和传》。

③ 《北齐书》卷四一《綦连猛传》。

④ 赵超：《汉魏南北朝墓志汇编》，天津古籍出版社，2008年，第451页。

⑤ 赵超：《汉魏南北朝墓志汇编》，天津古籍出版社，2008年，第428页。

⑥ 《北齐书》卷一八《高隆之传》。

⑦ 《北齐书》卷二一《高乾传附李希光传》。

获得“别封”的爵位。这说明，使“本封”为开国爵者能够成为“别封”的对象，还有其他的限定条件。《北齐书·清河王岳传》：“（高岳）以功别封真定县男。”《北齐书·司马子如传》：“（司马子如）齐受禅，以有翼赞之功，别封须昌县公。”这说明，东魏北齐“本封”开国爵者获得“别封”爵位，是与受爵者建树功劳有重要关系。可以说，东魏北齐国家是依据“本封”开国爵者的军功和事功来确定爵位的“别封”。《北齐书·阳休之传》：“（阳休之）寻以禅让之际，参定礼仪，别封始平县开国男。”可见阳休之的“别封”爵位，是因事功获得的。《北齐书·斛律金传》：“西魏九曲戍将马绍隆据险要斗，（斛律）金破之。以功别封安平县男。”斛律金“别封”的开国爵，则是对他所立军功的奖赏。实际上，“本封”开国爵者功劳的大小，直接影响到“别封”爵位等级的高低。《北齐书·清河王岳传》：“会世宗亲临，数日城下，获思政等。（高岳）以功别封真定县男，世宗以为己功，故赏典弗弘也。”这就是说，由于东魏的实际控制者高澄参与擒获西魏王思政的战役，所以，他不认为是参战将领全部的功劳，所以也就降低了他们“别封”爵位的等级。由此可以看出，“本封”为开国爵者再建树的军功和事功，应该是取得“别封”的重要的条件。

东魏北齐国家为一些“本封”开国爵者“别封”爵位，也与一些职官加拜同时进行。诸如，陈元康“拜散骑常侍、中军将军，别封昌国县公，邑一千户”①。薛修义“天保初，除护军，别封蓝田县公”②。由于东魏北齐国家使一些有“本封”开国爵者担任新职官后，也能“别封”爵位，因而，“别封”爵位就不能不受到所任职官品级的影响。统计《北齐书》《北史》和墓志铭中的记载，可以发现，由于职官品级变动而获得“别封”开国爵的情况并不在少数。实际与“别封”爵位有联系的职官可以分为四类：即中央实职官、地方实职官、将军号、荣誉官。不过，需要看到是，东魏北齐国家对这些职官的品级有明确的规定。从东魏北齐的职官品级来看，东魏延续北魏后《职员令》的职官品级，而北齐则重新规定了职官品级，称为北齐职品。③ 可

① 《北齐书》卷二四《陈元康传》。

② 《北齐书》卷二〇《薛修义传》。

③ 《通典》卷三八《职官二〇》。

是，东魏和北齐对职官的品级的规定，却是基本相同的，所以，在说明职官品级时，除特殊情况之外，就不特别注明。

应该说，见于文献记载与“别封”爵位有关联的中央实职官有：太尉（一品）、尚书令（二品）、领军将军（从二品）、护军将军（从二品）、太子少傅（三品）、卫尉（三品）、侍中（三品）、散骑常侍（从三品）。这就是说，“本封”开国爵者出任中央从三品以上的实职官，也就具备获得爵位“别封”的条件。

对“本封”开国爵者出任地方实职官的情况而言，能够获得“别封”爵位的，一般为州刺史。诸如，元尊业“寻行冀并二州事，录前后声效，别封野王县开国男，邑二百户”[①]。步大汗萨“仍授晋州刺史，别封安陵县男，邑二百户”[②]。然而，东魏北齐的刺史，却有等次的区分。可以说，东魏承袭北魏，州刺史区分为上州刺史、中州刺史、下州刺史。北齐的州刺史有三等上州刺史、三等中州刺史、三等下州刺史。[③] 后《职员令》规定：上州刺史为三品；中州刺史为从三品；下州刺史为四品。[④] 北齐职品：三等上州刺史为三品；三等中州刺史为从三品；三等下州刺史为四品。[⑤] 依据东魏和北齐国家对上、中、下州刺史品级的规定，可以说，“本封”开国爵者出任刺史，不可能全部具有爵位“别封”的条件，实际是要在职官品级上，比照中央实职官，只使上州刺史、中州刺史，或三等上州刺史、三等中州刺史才具有爵位的“别封”条件。

当然，除了刺史之外，东魏北齐国家还使一些刺史之上的官员可以具备爵位“别封”的条件。《北齐书·斛律金传》：“（斛律羡）显祖受禅，进号征西，别封显亲县伯。……四年，迁行台尚书令，别封高城县侯。”行台尚书令是行台区的最高长官。关于这一地方职官品级，《隋书·百官志中》称：“行台，在令无文、其官置令，仆射、其尚书丞郎，皆随权制而置员焉。其文未详。”然而，东魏北齐设置行台区，也称为“道”，是高于州的军政组

---

① 赵超：《汉魏南北朝墓志汇编》，天津古籍出版社，2008年，第391页。

② 《北齐书》卷二〇《步大汗萨传》。

③ 《隋书》卷二七《百官志中》。

④ 《魏书》卷一一三《官氏志》。

⑤ 《隋书》卷二七《百官志中》。

织。因此，东魏北齐的行台尚书令的品级不会低于上州刺史。隋代将行台尚书令规定“为视正二品”[1]。由此可见，对“本封”开国爵者出任地方实职官而获得“别封”爵位的条件，应该说在品级上，也是有限制的。换言之，能够获得“别封”爵位者所出任的地方实职官品级，也是不能低于从三品的。

东魏北齐国家使一些加拜将军号的“本封”开国爵者，也能取得“别封”爵位。例如元景安“天保初，加征西将军，别封兴势县开国伯”[2]。当时与爵位“别封”有关联的将军号，见于《北齐书》和墓志铭记载的就有：卫将军（二品）、征西将军（二品）、抚军将军（从二品）、中军将军（从二品）。可见，东魏北齐国家使“本封”为开国爵的官员加拜将军号的品级也都在从三品以上。也就是说，只有加拜从三品以上的将军号才能具有爵位“别封”的条件，

然而，需要提及的是，在墓志铭中，出现“本封”为开国爵的官员所加将军号的品级低于从三品，也获得了“别封”爵位的记载。《齐故仪同三司大理卿豫州刺史梁公墓志之铭》：“（梁子彦）及侯景反噬，称兵内侮，远与西贼潜相结附，遂使戎狄无厌，来□有道。……洎魏氏乐推，皇齐膺箓。凡厥腹心，皆蒙优赏。除中坚将军，别封广州南阳郡之峡城县开国子。”[3] 这里提到的中坚将军，在北齐职品中，为从四品。[4] 可是，加拜从四品将军号，一般不能取得“别封”开国爵位。在这一墓志铭中，却为何出现这样的记载？细读这一墓志铭，可以发现，有“洎魏氏乐推，皇齐膺箓。凡厥腹心，皆蒙优赏”的记载。也就是说，在梁子彦加拜中坚将军之时，正当北齐禅代东魏，当时国家要“优赏”官员，而“别封”爵位则是一种重要的恩赐。因此，可以说，梁子彦加授中坚将军，可以获得“别封”爵位，应该说是受到了优待，所以，才能以低于规定品级的将军号取得开国子的“别封”，因而，也就是一种特殊的做法。

东魏北齐国家为“本封”为开国爵的官员授予荣誉官，也能取得“别封”爵位。这种荣誉官，一般多为开府仪同三司。诸如，厍狄回洛“启弼王

① 《隋书》卷二七《百官志中》。

② 《北齐书》卷四一《元景安传》。

③ 赵超：《汉魏南北朝墓志汇编》，天津古籍出版社，2008年，第451页。

④ 《隋书》卷二七《百官志中》。

室，除开府仪同三司，别封东燕县开国子”①。韩裔“天保元年，除开府仪同三司，别封康城县开国子”②。东魏北齐设置的开府仪同三司，只能作为加官授予任职官员。可以说，这一职官是东魏北齐延续了前代王朝的设置。实际开府仪同三司为西晋始设，是一种象征地位的虚职。但将这一职衔加授有骠骑、车骑、卫将军等将军号的官员，则为武官公；加与左、右光禄大夫、光禄大夫，则为文官公。而文、武官公都为一品，为最高的品级。③ 因此，加授开府仪同三司，实际正是要提高任职官员的地位，并且，也是对官员优待的体现。北魏延续晋制，依然设置开府仪同三司。后《职员令》将其规定为从一品。④ 东魏承袭北魏后期做法，规定开府仪同三司也为从一品。北齐仍然将其规定为从一品，作为象征对官员优待的虚职。⑤ 可以说，东魏北齐国家为官员加授开府仪同三司，就是将任职官员置于显要的地位。由此看来，东魏北齐国家为一些“本封”为开国爵的官员加授开府仪同三司，并与爵位的“别封”相结合，正是要进一步特别优待这些具有显要地位者。

上述情况说明，东魏北齐国可以将一些“本封”开国爵者的“别封”爵位与中央、地方实职官、将军号、开府仪同三司的加拜结合起来。由于实行这种做法，因而，一方面表现了“别封”爵位可以受到职官任职变化的影响；另一方面，也显示了担任规定的从三品以上职官也能够获得爵位“别封”的优待，进而也就透露了开国爵的“别封”，也与职官任职有密切的关联，所以，这也就成为确定爵位“别封”的不能忽视的条件。

此外，还要指出的是，由于北齐禅代东魏，是政权更迭的大事，因此，北齐国家使一些“本封”为开国爵的官员，由此能够取得“别封”爵位。诸如，段韶“显宗受禅，别封朝陵县，又封霸城县”⑥。斛律金“显祖受禅，别

---

① 赵超：《汉魏南北朝墓志汇编》，天津古籍出版社，2008年，第415页。

② 赵超：《汉魏南北朝墓志汇编》，天津古籍出版社，2008年，第436页。

③ 《晋书》卷二四《职官志》。

④ 《魏书》卷一一三《官氏志》。

⑤ 《隋书》卷二七《百官志中》。

⑥ 《北齐书》卷一六《段韶传》。

封羡阳侯”[1]。东方老“显祖受禅，别封阳平县伯”[2]。可见，由此而取得“别封”爵位者，并不在少数。然而，这种“别封”开国爵的做法，只是北齐国家为了庆祝“禅代”这种特别重要的大事，而对一些“本封”为开国爵的官员的特殊优待，因此，这种做法只对“别封”开国爵产生影响，但不能将其视为爵位“别封”应该具备的条件。

综上可见，东魏北齐国家“别封”开国爵，并不具有随意性，实际上，是有多种条件制约的。由于“别封”开国爵是对“本封”开国爵者的加封，所以，拥有“本封”开国爵，应该是获得爵位“别封”不可缺少的前提条件。换言之，没有开国爵的“本封”，也就不能实行开国爵的“别封”。而且，因为东魏北齐国家需要以“别封”开国爵奖赏立有功劳者，所以，一些“本封”为开国爵的官员，能够由此而获得“别封”开国爵。不仅如此，由于东魏北齐国家将爵位的封授纳入官本位体制中，因此，一些“本封”为开国爵的官员，也可以因进升从三品以上的实职官、将军号而获得“别封”爵位，并且，为官员加拜体现地位的开府仪同三司这一职官，也是如此。因此，可以明确，“本封”开国爵者建树的功劳，或者进升、加拜从三品以上官职，都成为影响他们爵位“别封”的不可缺少重要的条件。

二、开国爵“别封”的等级

如前所述，东魏北齐“别封”的爵位，都为开国爵，所以，其爵位等级与“本封”开国爵是相同的。尽管东魏北齐还将王爵、开国爵与虚封的散爵相互交错而整合为统一的爵位序列，可是，这一爵位序列只是与职官品级相比照，进而适应东魏北齐的官本位体制的规定。实际上，开国爵还有封授、进升和贬降的等级序列。可以说，东魏承袭北魏后期的开国爵的等级，实行七等级的规定，即开国郡公、开国县公、开国县侯、开国县伯、开国县子、开国县男、开国乡男。北齐禅代东魏后，依然延续东魏开国爵的等级。东魏北齐实行的这种开国爵等级与“别封”爵位是有关联的。以下按“别封”开

① 《北齐书》卷一七《斛律金传》。

② 《北齐书》卷二一《高乾传附东方老传》。

国爵的等级说明：

1. 开国郡公。如慕容俨“皇建初，别封成阳郡公”①。

2. 开国县公。如司马子如“齐受禅，以有翼赞之功，别封须昌县公”②。

3. 开国县侯。如斛律羡“迁行台尚书令，别封高城县侯”③。

4. 开国县伯。杜弼“以预定策之功，迁骠骑将军、卫尉卿，别封长安县伯”④。

5. 开国县子。斛律光“齐受禅，加开府仪同三司，别封西安县子”⑤。

6. 开国县男。步大汗萨“仍授晋州刺史，别封安陵县男”⑥。

7. 开国乡男。乞伏宝达“天保元年，转前锋都督，进爵东垣县子，别封建安县乡男”⑦。

由此可见，东魏北齐开国爵郡公至开国乡男七等级，不仅是开国爵的“本封”，也是开国爵的“别封”的依据。

东魏北齐国家开国爵的“别封”，不仅要依据爵位等级的规定，并且，还受“本封”开国爵等级的制约。《北齐书·清河王岳传》：“（高岳）太昌初，除车骑将军、左光禄大夫，领左右卫，封清河郡公，食邑二千户。……（天平）六年，以功除侍中、太尉，余如故，别封新昌县子。”很显然，高岳“本封”为开国郡公，可是，“别封”则为开国爵县子。也就是说，“别封”的爵位等级，要低于“本封”的爵位等级。这种情况不只以“本封”为开国郡公为限，对其他爵位等级来说，也是如此。《北齐书·娄昭传》：“（娄睿）后改封九门县公。齐受禅，得除领军将军，别封安定侯。”《北齐书·杜弼传》：“（杜弼）进爵定阳县侯，增邑通前五百户。……以预定策之功，迁骠骑将军、卫尉卿，别封长安县伯。”《北齐书·张亮传》：“（张亮）以功封隰城县伯，邑五百户。……天保初，授光禄勋，加骠骑大将军、仪同三司，别

---

① 《北齐书》卷二〇《慕容俨传》。

② 《北齐书》卷一八《司马子如传》。

③ 《北齐书》卷一七《斛律金传附斛律羡传》。

④ 《北齐书》卷二四《杜弼传》。

⑤ 《北齐书》卷一七《斛律金传附斛律光传》。

⑥ 《北齐书》卷二〇《步大汗萨传》。

⑦ 赵超：《汉魏南北朝墓志汇编》，天津古籍出版社，2008年，第450页。

封安定县男。”《齐故骠骑大将军颍川太守齐昌镇将乞伏君墓志》：“（乞伏宝达）天保元年，转前锋都督，进爵东垣县子，别封建安县乡男。”① 这些记载说明，东魏北齐国家使“本封”开国县公、县侯、县伯、县子的情况与开国郡公相同，其“别封”爵位的等级都低于“本封”的等级。

不过，在文献中，还有与上述情况不同的记载。《北齐书·陈元康传》：“（陈元康）以军功赐爵临清县男。……从高祖破周文帝于邙山，大会诸将，议进退之策。……以功封安平县子，邑三百户。……世宗嗣事，又见任待。拜散骑常侍、中军将军，别封昌国县公，邑一千户。”《北齐书·斛律金传附斛律羡传》：“（斛律羡）少有机警，尤善射艺，高祖见而称之。世宗擢为开府参军事。迁征虏将军、中散大夫，加安西将军，进封大夏县子，除通州刺史。显祖受禅，进号征西，别封显亲县伯。”据此可见，陈元康“本封”爵位等级为县子，而“别封”等级则为县公；斛律羡“本封”爵位等级为县子，而“别封”等级则为县伯。很显然，他们的“别封”开国爵等级，都高于“本封”的等级。这种情况的出现，是否可以确定“别封”开国爵等级还可以高于“本封”的爵位等级？这需要对陈元康、斛律羡“别封”的开国爵等级做一些辨析。从《北齐书·陈元康传》和《北齐书·斛律金传附斛律羡传》的记载看，陈元康、斛律羡能够“别封”开国爵，不仅他们的“本封”为开国爵，而且，他们还分别进升为从三品以上的散骑常侍、征西将军，因此，他们“本封”的开国爵等级，只是获得“别封”爵位的前提。而为他们加拜的实职官和将军号，则成为“别封”的依据。由此来看，东魏北齐国家使“别封”开国爵等级高于“本封”等级，显然是一种特殊的封授。也就是说，一些“本封”开国爵者，能够在“别封”爵位时，因所任职官品级的提升而使爵位的等级高于“本封”爵位等级。由这种情况可以看出，“本封”开国爵的等级与“别封”爵位等级的关系，明显受到官本位体制的影响。

当然，还需要指出的是，细捡《北齐书》《北史》和墓志铭记载，却不见“本封”开国县男、乡男有“别封”的记载。这说明，东魏北齐国家“别封”开国爵，对“本封”爵位等级是有限定的。《齐故河阴县开国伯戎安县开国子赵公墓志铭》：“（赵道德）补帐内亲信正都督兼左右直长安西将军，

---

① 赵超：《汉魏南北朝墓志汇编》，天津古籍出版社，2008年，第450页。

封河阴县开国男，邑二百户。……寻除征西将军，进男为子，增户二百。……除卫将军，别封戎安县开国子，邑四百户。"[①] 由此可见，赵道德"本封"开国爵等级原来为县男，但他的爵位等级由县男进爵为县子，所以，才能够"别封"爵位。这说明，东魏北齐国家实行"别封"的爵位等级范围，实际是以"本封"为开国县子以上等级为限的。其中重要原因就在于，东魏北齐国家实行"别封"开国爵等级要低于"本封"爵位等级的做法，而开国县男、乡男的是后两级爵位，因而，要使"别封"等级低于"本封"等级，是不容易实现的，因而，这两级"本封"爵位者获得爵位"别封"不能不受到很大的限制。

从东魏北齐"别封"开国爵的爵位等级实行情况看，还有一些与"本封"爵位不同之处。《北齐书·厍狄盛传》："（厍狄盛）以功封行唐县伯。复累加安北将军，幽州刺史，加中军将军，为豫州镇城都督。以勋旧进爵为公，世宗减封二百户，以增其邑。"《北齐书·王纮传》："（王纮）以忠节赐爵平春县男。……乾明元年，昭帝作相，补中外府功曹参军事。皇建元年，进爵义阳县子。"可见，东魏北齐国家，一般将"本封"开国爵者爵位等级的提升称为"进爵"。这说明，"本封"开国爵者的爵位等级不是固定不变的。

然而，"本封"开国爵者的"别封"爵位等级，则与"本封"爵位等级不同。最明显的就是，东魏北齐国家，一般不对"别封"的爵位等级采取"进爵"的措施。《齐故仪同三司大理卿豫州刺史梁公墓志之铭》："（梁子彦）寻除假仪同三司，别封豫州遂宁县开国子。"[②]《北齐书·慕容俨传》："（慕容俨）皇建初，别封成阳郡公。"可是，梁子彦、慕容俨"别封"开国爵后，他们的爵位都没有变动的记载。这就是说，"别封"爵位的等级，应该是固定不变的。而且，"别封"的开国爵等级，也不会因爵位的转授而变动。《北齐书·司马子如传》："天平中，（司马）子如贵盛，膺之自尚书郎历中书、黄门郎。子如别封须昌县公，回授膺之。"所谓"回授"就是将爵位转授他人，也就是原来爵位的拥有者发生变化。可是，这只是爵位的转让，原来

---

① 赵超：《汉魏南北朝墓志汇编》，天津古籍出版社，2008年，第428页。
② 赵超：《汉魏南北朝墓志汇编》，天津古籍出版社，2008年，第450页。

“别封”的爵位等级并没有因此而改变。

总之，东魏北齐“别封”的开国爵等级与“本封”的等级是相同的。尽管如此，“别封”开国爵所实行的等级规定，还有与“本封”爵位有不同之处。对“别封”开国爵的等级而言，是不能脱离“本封”的爵位等级的限制的。实际上，只有“本封”为开国县子等级以上者，才能实行“别封”措施，并且，“别封”的爵位等级，要低于“本封”等级。当然，东魏北齐国家对“本封”开国爵者的实职官和将军号进升至规定的品级，就可以不受这种限制，从而使“别封”的爵位等级高于“本封”的等级，以此体现国家对他们的优恤。而且，与“本封”开国爵不同，“别封”的爵位等级是固定不变的。也就是说，“别封”的爵位等级不能进升，并且，回授“别封”爵位，其爵位等级也保持不变。这正是“别封”开国爵等级所具有的重要特点。

三、开国爵“别封”的封地与食邑

东魏北齐国家使“别封”开国爵的等级与“本封”爵位等级相同，因此，也要依据爵位等级确定封地，并且，还使“别封”封地与郡、县、乡三级行政组织联系在一起。如侯莫陈相“累授太傅，进食建州干，别封义宁郡公”①。其封地就是郡。慕容绍宗“军还，别封永乐县子”②。其封地就是县。乞伏宝达“别封建安县乡男”③。其封地则为乡。也就是说，东魏北齐“别封”的封地分为三层次。即开国郡公为一层次；开国县公、县侯、县伯、县子、县男为一层次；开国乡男为一层次。《北齐书·段荣传附段韶传》：“（段韶）显宗受禅，别封朝陵县，又封霸城县，加位特进。启求归朝陵公，乞封继母梁氏为郡君。”可见段韶要求归还“别封”的朝陵县公，显然需要上奏皇帝。由此可见，尽管“别封”封地的类别不同，但与“本封”的封地一样，都是由皇帝最后决定的。正因如此，“别封”开国爵封地，也就与“本封”封地一样，也要举行相关的仪式。《隋书·礼仪志四》：

① 《北齐书》卷一九《侯莫陈相传》。

② 《北齐书》卷二〇《慕容绍宗传》。

③ 赵超：《汉魏南北朝墓志汇编》，天津古籍出版社，2008年，第450页。

> 诸王、三公、仪同、尚书令、五等开国、太妃、妃、公主恭拜册，轴一枚，长二尺，以白练衣之。……诸王、五等开国及乡男恭拜，以其封国所在，方取社坛方面土，包以白茅，内青箱中。函方五寸，以青涂饰，封授之，以为社。

这就是说，无论是在“本封”封地，还是在“别封”封地，都有“社”的设置，并且，“别封”与“本封”一样，都要在社坛举行“恭拜”仪式。实际这不过是一种象征性的礼仪，只是要在理念上，体现“本封”与“别封”的封地是为受爵者所有，因而，也就要以礼仪方式，拜谢封授封地的最高统治者的。可是，受封开国爵者对“本封”封地与“别封”封地，实际都是不能占有的，所以，这些封地必须要由东魏北齐国家任命的郡守、县令管辖。东魏北齐国家使受封开国爵者可以获得“本封”和“别封”封地，只是要使他们可以通过封地获得规定数量的食邑。而且，在非特殊情况下，“本封”和“别封”封地，一般都还是受爵者占有食邑的地方。《北齐书·步大汗萨传》：“（步大汗萨）仍授晋州刺史，别封安陵县男，邑二百户。”又《北齐书·司马子如传》：“（司马子如）别封野王县男，邑二百户。”很明显，步大汗萨、司马子如所占有的食邑，都没有脱离他们的“别封”封地。因此，对于“别封”开国爵者来说，其重要的意义就在于，他们的封地是与获得的食邑联系在一起的，进而取得相应的租赋。正因如此，东魏北齐国家为更有效地奖励拥有开国爵的官员，就需要采取对“别封”封地不加严格限制的封授措施。例如，斛律羡的“别封”封地有显亲县、高城县。① 侯莫陈相的“别封”封地有安次县、始平县。② 慕容俨的“别封”封地有成阳郡、猗氏县。③ 可见他们都能够获得两处封地。甚至一些官员还能获得更多的“别封”封地。如段韶“别封真定县男，行并州刺史。显宗受禅，别封朝陵县，又封霸城县”④。显然，段韶的“别封”封地已多达三处。东魏北齐国家对“别封”封地采取的这种做法，正是对一些受爵官员特殊优待的体现。

---

① 《北齐书》卷一七《斛律光传附斛律羡传》。

② 《北齐书》卷一九《侯莫陈相传》。

③ 《北齐书》卷二〇《慕容俨传》。

④ 《北齐书》卷一六《段韶传》。

东魏北齐国家不仅通过“别封”开国爵的封地来保证获得食邑的数量，并且，还要依据爵位等级确定“别封”食邑的数量。不过，要阐释开国爵“别封”的始封食邑数量，需要与“本封”的始封食邑数量相联系。统计《北齐书》和墓志铭的记载，可以明确，东魏北齐开国爵“本封”食邑，实际分为固定的始封食邑数量的规定与有限定的可以浮动的始封食邑数量的规定。

从“本封”固定的始封食邑数量规定来看，是在开国乡男、开国县男两级范围内实行。《大齐元使君墓志铭》：“（元贤）魏平文皇帝之后也。……武定七年，复以君为永固镇大都督。时皇帝刷羽依桐，翻霄未即，只求明哲，经纶王绪，遂表除君安次县都乡男，食邑一百户。”① 可见“本封”开国乡男的食邑数量为一百户。《齐故祠部尚书赵州刺史崔公墓志之铭》：“（高昂）以参禅代典礼，封华阳县开国男，食二百户。”② 显然“本封”开国县男的始封食邑数量为二百户。

实际上，东魏北齐国家对“别封”开国乡男、县男的始封食邑数量，是比照“本封”的食邑数量规定的。《北齐书·司马子如传》：“（司马子如）别封野王县男，邑二百户。”《北齐书·步大汗萨传》：“（步大汗萨）仍授晋州刺史，别封安陵县男，邑二百户。”这说明，“别封”开国县男的始封食邑数量与“本封”相同，也为二百户。关于开国乡男的“别封”的始封食邑数量，虽文献记载阙如，但仍有踪迹可寻。《北齐书·张保洛传》：“后高祖启减国邑，分授将士。保洛随例封昌平县薄家城乡男一百户。”既然张保洛所获一百户食邑是“随例”而封的，说明对开国乡男始封一百户食邑数量的规定，不仅适用于“本封”，对“别封”也同样如此。由于“别封”开国乡男、开国县男的始封食邑数量分别为一百户、二百户，所以，也与“本封”一样，都是固定的食邑数量的规定。

东魏北齐国家对“本封”开国郡公、县公、县侯、县伯、县子，则实行了有限定的可以浮动的始封食邑数量规定。以下分别说明这些爵位等级食邑的封授情况：

---

① 赵超：《汉魏南北朝墓志汇编》，天津古籍出版社，2008年，第386-387页。

② 赵超：《汉魏南北朝墓志汇编》，天津古籍出版社，2008年，第433页。

1. 郡公。《北齐书·赵郡王琛传附高睿传》：高睿继承“南赵郡公，食邑五千户”。《北齐书·高乾传》：“（高乾）封长乐郡公，邑一千户。”说明开国郡公始封食邑数量的规定范围在五千户至一千户之间。

2. 县公。《北齐书·薛孤延传》：“（薛孤延）从征玉壁，又转恒州刺史。从破周文帝于邙山，进爵为县公，邑一千户。”《北齐书·李元忠传》：“（李元忠）以功除龙骧将军，昌平县公，邑八百户。”可见“本封”开国爵始封食邑数量，可以规定为一千户，也能规定为八百户。

3. 县侯。《北齐书·魏兰根传》：“（魏兰根）封永兴县侯，邑千户。”《北齐书·杜弼传》：“（杜弼）进爵定阳县侯，增邑通前五百户。”显然，“本封”开国县侯的始封食邑数量最高可以为一千户；最低则为五百户。

4. 县伯。《北齐书·张亮传》：“（张亮）以功封隰城县伯，邑五百户。”《北齐书·张保洛传》：“（张保洛）又以前后功，封安武县伯，邑四百户。”说明“本封”开国县伯始封食邑数量，应该在五百户至四百户之间。

5. 县子。《北齐书·厍狄回洛传》：“（厍狄回洛）封顺阳县子，邑四百户。”《北齐书·陈元康传》：“（陈元康）以功封安平县子，邑三百户。”这就是说，“本封”开国县子的食邑数量，可以为四百户，也能够为三百户。

上述情况说明，尽管开国郡公、县公、县侯、县伯、县子始封食邑的数量是不固定的，可是，却要依据爵位等级确定始封食邑限定数量的浮动范围，也就是说，开国郡公至开国县子的“本封”食邑，要依据爵位等级规定上限和下的数量。

应该说，东魏北齐国家对“本封”开国郡公至开国县子始封食邑的数量限定的范围也与“别封”的食邑数量是有关联的。在《北齐书》和墓志铭中，对开国爵的“别封”食邑数量有一些记载。现列举如下：

1. 郡公。如高润“别封文城郡开国公，邑一千户”①。

2. 县公。《北齐书·陈元康传》：“（陈元康）拜散骑常侍、中军将军，别封昌国县公，邑一千户。”

3. 县侯。《齐故尚书右仆射司空公可朱浑扶风王墓志铭》：“（可朱浑）别

① 赵超：《汉魏南北朝墓志汇编》，天津古籍出版社，2008年，第472页。

封胶州东武县开国侯，食邑八百户。”①

4. 县伯。《齐司徒□池阳县开国伯安定县开国子西阳王徐君志铭》：“（徐之才）其年别封池阳县开国伯，食邑五百户。”②

5. 县子。《齐故中书令河阴县开国伯戎安县开国子赵公墓志铭》：“（赵道德）别封戎安县开国子，邑四百户。”③

依据以上记载，“别封”开国县公、县侯、县伯、县子始封的食邑数量，都在“本封”的县公、县侯、县伯、县子所限定的可浮动的始封食邑数量范围之内。因此，可以说“别封”开国郡公、县公、县侯、县伯、县子的始封食邑数量与“本封”的规定是一致的。也就是说，对“别封”的开国郡公至开国县子而言，其始封食邑数量也要依据爵位等级，并比照“本封”开国爵食邑数量的规定来确定可以限定的浮动的数量范围。

然而，还需要说明的是，东魏北齐开国爵“本封”“别封”封地的分布，已经与北魏不同。这种不同与北魏的分裂有很大关系。因为北魏的分裂，使北方出现东魏北齐与西魏北周两个对峙的政权，并形成两个政权长期对抗的局面，从而也就影响了东魏北齐开国爵封地的分布。对于东魏北齐开国爵“本封”的封地而言，已经有了在统治区内与统治区外的区分。实际上，一些拥有开国爵者的“本封”封地分布在东魏北齐统治区内。《北齐书·封隆之传》：“（封隆之）寻封安德郡公，邑二千户。”安德郡属冀州。④《北齐书·斛律金传附斛律平传》：“（斛律平）稍迁平北将军、显州刺史，加镇南将军，封固安县伯。”固安县属幽州。⑤ 实际封隆之、斛律平的封地所在冀州、幽州，都在东魏北齐统治内。可是，还有一些开国爵的“本封”封地并不在东魏北齐统治区内。《北齐书·季式传》：“（季）延伯历中散大夫、安州刺史，封万年县男，邑二百户。”万年县属雍州，⑥ 显然季延伯的封地，是在西魏统治区内。《北齐书·裴让之传》：“（裴让之）齐受禅，……以参掌仪注，封宁

① 罗新、叶炜：《新出魏晋南北朝墓志疏证》中华书局，2005年，第226页。

② 赵超：《汉魏南北朝墓志汇编》，天津古籍出版社，2008年，第457页。

③ 赵超：《汉魏南北朝墓志汇编》，天津古籍出版社，2008年，第428页。

④ 《魏书》卷一〇六上《地形志上》。

⑤ 《魏书》卷一〇六上《地形志上》。

⑥ 《魏书》卷一〇六下《地形志下》。

都县男。”宁都县属梁州，[①] 则裴让之封地，应该在北周统治区内。

从东魏北齐开国爵“别封”的封地来看，其分布也与“本封”一样，有在统治区内和统治区外的区分。《齐故怀州刺史阳平郡开国公司马文□□墓志铭》：“（元尊业）录前后声效，别封野王县开国男，邑二百户。”[②] 野王县属怀州。[③] 怀州为东魏北齐所控制，说明元尊业的封地在东魏北齐境内。《齐故司徒□池阳县开国伯安定县开国子西阳王徐君志铭》：“（徐之才）天保元年，除侍中，余官如故。其年别封池阳县开国伯，食邑五百户。”[④] 池阳县属雍州，[⑤] 在西魏北周统治区，则徐之才的“别封”封地在东魏北齐境外。值得注意的是，同一官员“别封”的封地的分布也出现境内、境外的区分。《北齐书·侯莫陈相传》：“（侯莫陈相）又迁车骑将军，显州刺史。入除太仆卿。倾之，出为汾州刺史。别封安次县男，又别封始平县公。”可见侯莫陈相获得两处“别封”封地。其中一处封地安次县，属幽州，[⑥] 在东魏北齐境内。而另一处封地始平县，属雍州，[⑦] 却在西魏北周境内。

这些情况说明，东魏北齐最高统治者在正统王朝理念的影响下，并不将与其对峙的西魏北周政权视为独立的国家，因此，也就出现在西魏北周统治区内仍然封授开国爵封地的做法。当然，西魏北周与东魏北齐一样，也实行相同的做法。尽管做法相同，可是出现的结果却不相同。西魏北周国家实行了使开国爵所领食邑虚化的措施，进而也就使从北魏承袭的实封的开国爵演变为虚封爵。然而，东魏北齐却依然使开国爵的实封性质保持不变。东魏北齐国家是如何实现这一点的呢？可以说，东魏北齐国家采取“寄食”的做法，正是使“本封”“别封”的开国爵依然为实封的保证。

所谓“寄食”是实封开国爵等级、封地与食邑结合的一种方式。实际这种措施在北魏孝文帝爵位改革后已经开始出现。《魏书·太武五王·临淮王

---

① 《魏书》卷一〇六下《地形志下》。

② 赵超：《汉魏南北朝墓志汇编》，天津古籍出版社，2008年，第391页。

③ 《魏书》卷一〇六上《地形志上》。

④ 赵超：《汉魏南北朝墓志汇编》，天津古籍出版社，2008年，第457页。

⑤ 《魏书》卷一〇六下《地形志下》。

⑥ 《魏书》卷一〇六上《地形志上》。

⑦ 《魏书》卷一〇六下《地形志下》。

谭传》：“（元亮）复封临淮，寄食相州魏郡。”又《魏书·萧宝夤传》：“（萧宝夤）寻复封梁郡开国公，寄食济州之濮阳。”很显然，这些受封开国爵者的封地与食邑，不在一处，也就是封地与食邑是分离的，因此，就被称为“寄食”。可是，北魏国家以“寄食”的方式，封授受爵者食邑，并不是经常采用的做法。

然而，由于东魏北齐国家使一些受封开国爵者的“本封”“别封”的封地，不在统治区内，并且，还要使他们受封的开国爵继续保持实封爵的性质，所以，就不能不更多地采取封地与食邑分离的“寄食”的做法。《北齐书·厍狄盛传》：“（厍狄盛）齐受禅，改封华阳县公。又除北朔州刺史，以华阳封邑在远，随例割并州之石艾县、肆州之平寇县、原平之马邑县各数十户，合二百户为其食邑。”可见厍狄盛的食邑分布在石艾、平寇、马邑三县，而且，与他“本封”华阳县是完全分离的，自然这是“寄食”的做法。尤其是，当时国家将这种做法称为“随例”，也就是“寄食”不是特例，而是通常的规定。这说明，东魏北齐国家实行“寄食”措施，已经很普遍。当然，东魏北齐的“寄食”措施，不只对“本封”开国爵，而且，对“别封”开国爵，也同样适用。尽管“本封”“别封”的食邑是与封地分离的，可是，使食邑“寄食”的前提条件，却取决于受封开国爵者的“本封”“别封”的等级与封地。因此，可以说，东魏北齐国家使一些“别封”开国爵者以“寄食”的方式获取食邑，只是封地与食邑相结合的特殊形式。正是由于这种方式的实行，才使一些开国爵者在统治区外的“别封”封地，还能够继续获得规定数量的食邑，从而也就使“别封”的开国爵还可以保持实封的性质。

四、结　语

东魏北齐国家封授的开国爵有“本封”与“别封”的区分。可以说，“别封”开国爵是对有“本封”开国爵者的爵位的加封、重封，所以，获得“别封”爵位的前提条件就是，受爵者必须要拥有实封的开国爵，而不是虚封的散爵。由于东魏北齐国家使“别封”开国爵具有继续奖赏受封开国爵官员的目的，因而，“别封”也就与官员重新建树的功劳结合在一起。因为东魏北齐国家要使“别封”开国爵的做法服务于国家的官本位体制，所以，也就使一些达到从三品以上的有爵官员，也能够获得“别封”的赏赐。换言之，“本封”开国爵者获得爵位的“别封”，建树功劳，或者职官品级提升至规定的品级，显然是不能缺少的限定条件。

东魏北齐国家使“别封”开国爵与“本封”开国爵采取同一等级序列，即开国郡公、县公、县侯、县伯、县子、县男、乡男七等级。但是，“别封”开国爵的等级，一般还要受到“本封”开国爵的等级的制约。也就是说，在一般情况下，“别封”开国爵的等级要低于“本封”开国爵的等级。

东魏北齐国家使“别封”开国爵的封地与食邑相关联。而且，还依据开国爵的爵位等级确定“别封”爵位的始封食邑数量。其实，“别封”的食邑数量与“本封”的数量规定是相同的。“别封”的开国县男、乡男的始封食邑数量，是固定的规定；“别封”的开国郡公、县公、县侯、县伯、县子的始封食邑数量，则是限定的可浮动的规定。由于东魏北齐国家使一些“别封”开国爵者的封地在西魏北周统治区内，而且，还要继续使“别封”爵位保持实封爵的特点，所以，采取了封地与食邑分离的“寄食”措施。尽管如此，由于“寄食”的食邑数量，是以受爵者的爵位等级与封地为前提条件的，因此，也就使“别封”的封地与食邑形成一种特殊的关联，实际并没有完全脱离联系。

（原载《许昌学院学报》2018 年第 5 期）

东魏北齐实封爵食邑问题的考察

东魏北齐国家实行的爵制，包括实封爵与虚封爵两种不同爵位。实际上，东魏北齐的实封爵包括王爵和开国爵，而虚封爵则称为散爵。对实封爵而言，就是在爵位封授上，使受封爵者能够获得国家规定数量的食邑，进而为受爵者带来丰厚的经济利益。这成为封授实封爵的主要特点，也是实封爵与虚封爵的明显不同之处。因此，考察东魏北齐实封爵封授状况，受爵者的食邑分封就成为不能忽视的重要的内容。可是，在前人研究中，只有杨光辉教授对这一问题有所提及，[①] 但他并没有做深入的开掘。至于对东魏北齐的食邑封授同爵位等级和封地的联系以及国家食邑数量规定等问题，前人还没有做深入探讨。有鉴于此，本文拟对东魏北齐食邑封授的相关问题做一些考察，希望有助于对东魏北齐封爵制度研究的深化。

一、王爵的食邑数量由固定规定向不固定规定的变动

在东魏北齐实封爵的等级规定中，王爵为最高等级爵位。东魏北齐国家对王爵与开国爵可以享有的食邑租税的比例上，做了明确区分。正如《通典·职官十三》称："王位列大司马上，非亲王则在三公下，封内之调，尽以入台，三分食一，公以下四分食一。"北齐国家在王爵和开国爵所食食邑租税比例做这种区分，不仅表明受封王爵者与受封爵开国爵者在经济收益上存在差别，同时也表现出在实封爵的等级中，王爵与开国爵是区分为两个等级层次的。由王爵为最高等级实封爵位的特点所决定，就使这一爵位等级能够受封的食邑数量规定与实封的开国爵并不完全相同。而且，由于东魏、北

---

① 杨光辉：《汉唐封爵制度》，学苑出版社，2004年，第80页。

齐国家在王爵封授的对象上，也存在很大差别，所以，东魏与北齐所实行的王爵的食邑数量规定也是很不同的。

从东魏国家的王爵封授的范围来看，是承袭了北魏孝文帝爵位改革后所实行的王爵封授规定。孝文帝在这一规定中，将王爵封授的对象做了改革。《南齐书·魏虏传》载孝文帝诏："王爵非庶姓所僭，伯号是五等常秩。烈祖之胄，仍本王爵，其余王皆为公，公转为侯，侯即为伯，子男如旧。"又《魏书·孝文帝纪下》："制诸远属非太祖子孙及异姓为王，皆降为公，公为侯，侯为伯，子男仍旧。"这就是说，孝文帝爵位改革后，只有道武帝子孙才能够受封王爵，并且，在孝文帝爵位改革前封授的与皇室血亲关系疏远的宗室及异姓勋臣的王爵，都要通过降爵的方式被取消。孝文帝的这个规定，成为北魏国家后期封授王爵的原则。北魏分裂为东魏、西魏后，尽管东魏国家朝政为高欢、高澄所控制，但北魏封授王爵的原则并没有废除，依然为东魏国家所承袭。因此，可以说，东魏封授王爵的对象，基本还是限制在北魏道武帝子孙的范围内。

当然，东魏国家在北魏道武帝子孙范围封授王爵，并不限于嫡系传承的子孙，还包括旁系传承的子孙。其实，封授旁系子孙王爵的做法，是从北魏孝明帝时开始的。《魏书·明帝纪》："（孝昌）二年春正月庚戌，封广平王怀庶长子、太常少卿诲为范阳王。"所谓诸王庶长子，就是不能继承诸王爵位的支子。① 因为北魏孝文帝爵制改革后，确定能够封授王爵的对象，只是皇子和皇弟。并且，可以继承诸王爵位的，只能是他们的嫡长子。在道武帝子孙中，不能受封和继承王爵的旁系后裔，只可以受封开国爵，或者虚封的散爵。也就是说，道武帝非嫡系的子孙，既不能继承王爵，也不能受封王爵。可是，北魏孝明帝封授王爵的做法，却改变了北魏道武帝旁系子孙所处的地位，开始与嫡系传承的子弟获得同样受封王爵的权力。因此，孝明帝以后，使诸王的支子受封王爵成为重要措施。诸如，庄帝初，就封授元肃"鲁郡

① 《礼记·曲礼下》："支子不祭，祭必告于宗子。"也就是说，支子是在家族中没有主祭权之子。而主祭权是与财产、爵位继承权相联系的。就爵位的继承来看，支子就是不能继承家长爵位之子。因此，北魏孝明帝封授不能继承王爵非嫡长子为王，应该称为支子王。

王，邑千户”①。元肃就是南安王元桢的旁系孙。又如，元斌之“出帝时，封颍川郡王，委以腹心之任”②。元斌之则是安乐王长乐的旁系孙。很明显，北魏孝明帝以后，诸王的非嫡系子孙受封王爵的人数并不在少数。北魏孝明帝封授支子为王的措施，不仅扩大了在道武帝子孙范围封授王爵的对象，而且，对东魏国家王爵的封授也产生重大的影响。这种影响表现在以下两方面：

一是东魏孝静帝封授的王爵，既有直系亲王，也有支子王。《魏书·孝静帝纪》：“（兴和二年）闰月巳丑，封皇子景植为宜阳王，皇弟威为清河王，谦为颍川王。”受封王爵的皇子元景植及皇弟元威、元谦，都属于嫡系的亲王。《魏书·孝静帝纪》：“（兴和元年）封常山郡王劭第二子曜为陈郡王。”《魏书·孝静帝纪》：“（武定元年）戊寅，封前员外散骑侍郎元长春为南郡王。”《魏书·献文六王上·彭城王勰传》：“（元袭）武定初，封武安王，邑一千户。”受封王爵的元遥、元长春、元袭，则都属于非嫡系传承的支子王。由此可见，东魏国家封授王爵的对象，对皇子、皇弟以及诸王的非嫡系子孙，都是不加区分的。也就是说，无论皇帝的嫡系传承、旁系传承，还是诸王的非嫡系的子孙，都有受封王爵的机会。当然，这些受封王爵者，也都限制在北魏道武帝子孙范围之内。

不过，需要指出的是，由于高欢、高澄、高洋实际控制了东魏政权，他们具有特殊的政治地位。所以，高欢沿袭北魏封授的渤海王称号，高澄则被孝静帝封“为使持节、大丞相、都督中外诸军、录尚书事，大行台、渤海王”③。武定八年，孝静帝又封高洋“齐郡王，食邑一万户”④。很明显，高澄、高洋被封授为王，是孝静帝要彰显他们特殊的显赫地位而实行了特别封授的做法。

二是孝静帝将北魏国家封授的诸王，以及继承诸王爵位的蕃王继续保留下来。应该说，东魏保留北魏诸王的人数是很多的。统计《魏书》《北齐书》

---

① 《魏书》卷一九下《景穆十二王下·南安王桢传》。

② 《魏书》卷二〇《文成五王·安乐王长乐传》。

③ 《北齐书》卷三《文襄帝纪》。

④ 《北齐书》卷四《文宣帝纪》。

和墓志铭中的记载，东魏存在的元氏诸王有：传承至东魏的北魏蕃王以及北魏后期封授的支子王，或承袭支子王爵者。这些保留的北魏蕃王有：河南王元琴、济阴王元晖业、江阳王元亮、淮阳王元绍有、济南王元献、任城王度世、彭城王元韶、南安王元叔仁、城阳王元延、章武王元景哲、乐陵王元霸、北平王元孝景、咸阳王元坦、平昌王元置、赵郡王元炜、高阳王元斌、北海王元娑罗、东海王元衍、京兆王元宝月。北魏后期封授的支子王、或继承支子王爵者有：东平王元景式、武邑王元述、鲁郡王元道与、襄城郡王元旭、安平王元黄头、东安王元彦友、渔阳王元俊、太原王元善慧、高密王元永业。可以说，东魏的这些不同类别的元氏诸王，都是社会地位显赫的权贵阶层。

因为东魏国家在王爵的封授上，并没有改变北魏国家所实行的原则，所以，也就不能变动与爵位等级相联系的食邑封授规定。特别是，孝静帝将北魏封授的诸王以及继承王爵的蕃王完全保留下来，因而，也就需要保证他们原来所具有的食邑，因此，也就很难改变他们已经获得的食邑数量。而且，由于东魏国家要获得这些元氏诸王的支持，因而，就不可能轻易触动他们的既得利益。正是因为受到这些因素的影响，就使东魏国家对诸王食邑数量的封授，还要继续实行北魏国家确定的食邑封授的标准。这个标准正是“亲疏世减之法”。

北魏国家实行的“亲疏世减之法”是在孝文帝爵制改革时制定的。《魏书·张普惠传》：

> 以初封之诏，有亲王二千户、始蕃一千户、二蕃五百户、三蕃三百户，谓是亲疏世减之法；又以开国五等，有所减之言，以为世减之趣。遂立格奏夺，称是高祖本意，仍被旨可。

据此可知，孝文帝爵位改革后，实际将食邑封授分为两类，即亲王受封的食邑和蕃王受封的食邑。亲王的食邑数量为固定的二千户；蕃王的食邑数量低于亲王，并依据蕃王的辈分递减，分别为一千户、五百户、三百户。北魏实行的这种规定，是要保证亲王和不同辈分的蕃王获得食邑数量有可以遵循的标准，进而保证国家在诸王食邑封授上，有统一的规定，以便能够大体上做到均平。

可以说，东魏国家正是以北魏实行的这种“亲疏世减之法”来确定延续下来的北魏诸王和新封授诸王的食邑数量的。关于记载东魏国家对新封授诸王所领食邑情况的史料很少，但是，并不是没有踪迹可循。《魏书·献文六王上·彭城王勰传》：“（元袭）武定初，封武安王，邑一千户。”东魏国家封授武安王元袭一千户的食邑，实际正是以“亲疏世减之法”为标准的。那么，元袭受封一千户的食邑，为什么说是遵守“亲疏世减之法”的规定呢？因为元袭为彭城王元勰之子，是不能继承王爵的非嫡系支子，所以，东魏国家封授元袭王爵，应该属于支子王。正因如此，也就使元袭不能如同嫡系的亲王一样获得二千户的食邑封授，只能按支子王受封食邑的规定来获得食邑。

其实，从北魏明元帝开始封授支子王后，对他们应该受封的食邑数量也就有相应的规定。《魏书·献文六王上·北海王详传》：“（元瑱）庄帝初，拜侍中、车骑将军，封东海王，食邑千户。”《魏书·景穆十二王下·章武王太洛传》：“（元凝）庄帝初，封东安王，食邑五百户。”元瑱、元凝都是支子王，但他们所领食邑数量却不相同。这种情况的出现，正是与他们在始封王世系中所处的不同辈分相联系的。从元瑱在始封王元详的世系中所处地位来看，他为继承王爵的一蕃王元颢之弟，二人辈分相同。[①] 而按“亲疏世减之法”一蕃王所领食邑，应该为一千户。显然，元瑱受封东海王获得一千户食邑，所依据的，应该是一蕃王所领食邑的标准。从元凝在始封王拓跋太洛的世系中所处位置来看，拓跋太洛之孙为二蕃王元融。而元凝实为元融之弟，二人辈分相同。[②] 所以按北魏规定的标准，二蕃王元融应该受封食邑五百户。由此可见，元凝受封东安王所领食邑的数量，实际与二蕃王元融相同，也是五百户。这说明，北魏实行的“亲疏世减之法”，不仅是蕃王所领食邑应该遵循的标准，也是把握支子王受封食邑数量的标准。

实际上，北魏实行的这个封授食邑数量的规定，依然为东魏国家所遵循。就东魏封授元袭王爵所领食邑的情况而言，也正是以“亲疏世减之法”

---

① 《魏书》卷二一上《献文六王上·北海王详传》。

② 《魏书》卷一九下《景穆十二王下·章武王太洛传》。

为标准的。据《魏书·献文六王上·彭城王勰传》载，元袭在彭城王元勰的传袭世系中，他为继承王爵的一蕃王元劭之弟，实际与元劭同一辈分，因此，受封武安王后，他所领食邑一千户，正是与继承王爵的蕃王元劭，是完全相同的。由此可以明确，在东魏保留下来的北魏诸王以及新封授的诸王，他们所领食邑的数量，实际都是依据“亲疏世减之法”来决定的。

天保元年，齐文宣帝高洋禅代东魏。北齐建国后，对王爵的封授做了很大的变动。北齐国家不仅对原来的元氏诸王实行“准例降爵”[①] 的做法，同时又开始确立新的王爵封授制度。从确定王爵的封授对象来看，已经与东魏明显不同。北齐国家可以将王爵授予高氏皇帝之子、皇帝的宗亲以及异姓官员。也就是实行同姓王和异姓王并行的封授制度。依据清人万斯同在《北齐诸王世表》中的统计，受封的同姓王有 50 人。[②] 万斯同又在《北齐异姓诸王世表》中统计，北齐国家封授的异姓王则有 51 人。[③] 由于北齐国家政治腐败，因此，国家对封授王爵的数量是不加控制的，以致出现极其混乱的局面。正如《北齐书·幼主纪》称：“庶姓封王者百数，不复可纪。”正因如此，就使北齐国家在王爵食邑封授上，就必须要做出改变。其中最重要的便是废除东魏封授同姓王食邑所依据的“亲疏世减之法”。不仅如此，由于北齐国家实行同姓王和异姓王并行的制度，所以，在食邑的封授上，也就很难规定统一的标准。

从北齐国家封授同姓王的情况来看，一些高氏诸王的王爵，是由开国郡公进升的。如高浚“元象中，封永安郡公……天保初，进爵为王”[④]。另一些则是直接封授的王爵。如高百年“大宁中，封乐陵王”[⑤]。尽管这些高氏诸王获得王爵的途径不同，但是，他们都可以获得食邑的封授。然而，这些高氏诸王获得的食邑数量，不同于东魏的元氏诸王，是没有固定数量规定的。

---

① 《北齐书》卷二八《元坦传》。

② 万斯同：《北齐诸王世表统计》，《二十五史补编（4）》，中华书局，1955 年，第 4669 - 4670 页。

③ 万斯同：《北齐异姓诸王世表》，《二十五史补编（4）》，中华书局，1955 年，第 4671 - 4673 页。

④ 《北齐书》卷一〇《高祖十一王·永安简平王浚传》。

⑤ 《北齐书》卷一二《孝昭六王·乐陵王百年传》。

《齐故乐陵王墓志铭》："（高百年）大宁初，封乐陵郡王，食邑二万户。"① 《高淯墓志》："（高淯）封襄城郡王，邑三千户。"②《北齐书·赵郡王琛传》："（高叡）武定末，除太子庶子。显祖受禅，进封爵为南赵郡王，邑一千二百户。"由此可见，北魏国家封授同姓王食邑的数量，多则可以达到二万户，低则为一千二百户。这就是说，北齐国家封授同姓王食邑的数量，多少不同，是没有固定的数量限制的，因而，具有很大的随意性。换言之，北齐国家对同姓王食邑的封授，已经没有需要遵守的标准，实际是由皇帝的意志来决定的。

北齐的异姓王获得王爵的途径，也与高氏诸王相同。一些异姓王的王爵，是由原来受封的开国爵进升的。如库狄干"封广平县公，寻进郡公。……天保初，以天平元勋佐命，封章武郡王。"③ 另一些则是直接封授的王爵。如建德四年，张景仁便受"封建安王"。④ 由于北齐异姓王取得王爵的途径不同，并且，受封王爵的人数非常之多，因此，就使一些异姓诸王很难获得食邑的封授。对于直接受封王爵者而言，大多数是这种情况。《北齐书·外戚·尔朱文畅传》："尔朱文畅，荣第四子也。初封昌乐王。"又《北齐书·恩倖·韩凤传》："（韩凤）后主即位，累迁侍中、领军，总知内省机密。……封昌黎郡王。"很显然，尔朱文畅、韩凤受封王爵后，都没有确定他们的食邑数量。对进升王爵者来说，则与这种情况不同。《北齐书·斛律金传》："（斛律金）改封石城郡公，邑一千户。……显祖受禅，封咸阳郡王，刺史如故。"《北齐书·库狄回洛传》："（库狄回洛）封顺阳县子，邑四百户。……邙山之役，力战有功，增邑通前七百户。……肃宗即位，封顺阳郡王。"可见斛律金、库狄回洛在受封开国爵时都获得了食邑。在他们进升王爵后，当时国家是不可能取消的他们所领食邑的。由此可见，北齐的一些异姓王能够拥有食邑，而另一些异姓王则不能获得食邑。因此，可以说，北齐国家在确定异姓王对食邑的占有上，是没有固定的规定的。不仅如此，能够拥有食邑的异姓王，

---

① 赵超：《汉魏南北朝墓志汇编》，天津古籍出版社，2008年，第420页。

② 赵超：《汉魏南北朝墓志汇编》，天津古籍出版社，2008年，第408页。

③ 《北齐书》卷一五《库狄干传》。

④ 《北齐书》卷四四《儒林·张景仁传》。

在占有食邑的数量上，也是大不相同的。《北齐书·侯莫陈相传》："（侯莫陈相）天保初，除太师，转司空公，进爵为白水王，邑一千一百户。"《齐西阳王徐君志铭》："（徐之才）武平元年，除尚书左仆射。二年，迁尚书令，封西阳郡王，食邑二千户。"① 很显然，侯莫陈相、徐之才获得食邑的数量有很大的差别。这说明北齐国家也没有为受封异姓王者规定可以获得明确的食邑数量的标准。并且，由于北齐国家腐败的政治是与王爵封授结合在一起的，因而，也就必然导致在食邑封授上，完全由皇帝的意志来决定封授食邑数量。因为对北齐皇帝而言，他们封授食邑的目的，是要使一些异姓王获得丰厚的经济利益，进而诱使他们能够为腐败的皇权随意支配和驱使。

此外，由于北齐禅代东魏，"诏封魏帝为中山王，食邑万户"②。当然，这是对退位的东魏孝静帝的优待，是一种对异姓王食邑的特殊封授。但不久孝静帝元善见被害，所以，这种异姓王的食邑封授，只不过是在皇权禅让过程中的一种形式。

综上可见，在东魏北齐王爵食邑的封授上，东魏明显不同于北齐。对东魏国家来说，由于沿袭北魏孝文帝爵制改革后的王爵封授制度，所以，除特殊情况之外，受封王爵的对象都是北魏道武帝的直系和旁系子孙，并且，还有人数众多的保留下来的北魏受封的王爵者及王爵的继承者。由东魏诸王存在的这种情况所决定，就使确定这些元氏诸王的所领食邑数量，只能继续沿袭北魏实行的"亲疏世减之法"。可是，北齐禅代东魏后，因为北齐国家使元氏诸王都"准例降爵"，③ 并且，又实行同姓王和异姓王并行的封授制度，所以，就很难实行东魏采取的封授食邑数量的做法，进而使受封王爵者所领食邑的数量也就不能实行有固定的标准措施，因而，按皇帝的意志确定封授食邑数量便成为主导的做法。特别是，由于北齐国家的政治统治极为腐朽，也就更增强皇帝在食邑封授上的不受约束的随意性。因此，可以说，北齐王爵的食邑数量规定，实际已经由东魏的固定数量的封授，演变为无固定数量限定的封授，从而使王爵的食邑封授与北齐腐败的皇权统治更密切地联系在一起。

---

① 赵超：《汉魏南北朝墓志汇编》，天津古籍出版社，2008年，第457－458页。

② 《北齐书》卷四《文宣帝纪》。

③ 《北齐书》卷二八《元坦传》。

二、开国爵的爵位等级对始封食邑数量的限定

东魏北齐可以领有食邑的实封爵包括王爵和开国爵。可是，东魏北齐国家使受封王爵和开国爵者通过食邑享有租赋的比例，却是不相同的。当时国家的这种规定，实际是将实封爵分为王爵和开国爵两个等次。由于在王爵和开国的爵食邑封授上，存在等次的区分，所以，开国爵与王爵所领有食邑的规定，并不完全相同。

从东魏北齐国家封授开国爵的情况来看，实际存在“本封”和“别封”的区分。所谓“本封”，在《北齐书》《北史》中，一般将有爵者最早受封的爵位称为本爵，也称为本封。而“别封”，则是东魏北齐国家为受封实封爵者本封、本爵之外的加封、重封。[①] 尽管东魏北齐开国爵的“本封”和“别封”有区别，可是，这两种不同的封授所实行的爵位等级却是相同的。实际上，东魏的开国爵的等级是承袭北魏后期的规定，分为开国郡公、开国县公、开国县侯、开国县伯、开国县子、开国县男、开国乡男共七级。北齐禅代东魏后，依然延续东魏的开国爵等级规定。[②]

事实上，东魏北齐开国爵的不同等级所领始封食邑数量，应该说，是与爵位的等级结合在一起的。并且，开国爵的“本封”和“别封”所领食邑的数量，也是采用同一的标准的。以开国县男为例，开国县男的“本封”的食邑数量，正如《北齐书·杜弼传》所言：“（杜弼）后从高祖破西魏于邙山，……以功赐爵定阳县男，邑二百户。”而开国县男的“别封”食邑数量，与“本封”并无差别。例如，步大汗萨“别封安陵县男，邑二百户”[③]。崔㥄“以禅代之际，参掌仪礼，别封新丰县男，邑二百户”[④]。很明显，受封开国爵者的“本封”和“别封”的始封食邑数量，都没有脱离爵位等级影响。不过，东魏北齐国家依据开国爵的等级确定始封食邑的数量，却因爵位等级的不同而存在差异。梳理《北齐书》《北史》和墓志铭中记载，可以发现，东

---

① 高敏：《西魏、北周与东魏、北齐封爵制度探讨》，《魏晋南北朝史发微》，中华书局，2005年，第234页。

② 《隋书》卷二七《百官志中》。

③ 《北齐书》卷二〇《步大汗萨传》。

④ 《北齐书》卷二三《崔㥄传》。

魏北齐国家对开国乡男、县男的始封食邑数量的规定为一个层次；而对开国县子、县伯、县侯、县公、郡公的始封食邑的数量规定，则为另一层次。

就开国乡男和开国县男食邑的封授而言，可以说，始封食邑的数量是固定的。《大齐元使君墓志铭》："（元贤）魏平文皇帝之后也。……武定七年，复以君为永固镇大都督。时皇帝刷羽依桐，翻霄未即，只求明哲，经纶王绪，遂表除君安次县都乡男，食邑一百户。"① 《北齐书·高乾传》："（高长命）初于大夏门拒尔朱世隆，以功累迁左光禄大夫。高祖遥授长命雍州刺史，封沮阳乡男，一百户。"这说明，开国乡男始封食邑数量，被确定为一百户。《北齐书·张保洛传》："后高祖启减国邑，分授将士。保洛随例封昌平县薄家城乡男一百户。"既然张保洛所获一百户食邑是"随例"而封的，说明对开国乡男始封一百户食邑数量的规定，显然是固定不变的。东魏北齐国家始封开国县男的食邑数量，则要多于开国乡男。《齐故祠部尚书赵州刺史崔公墓志之铭》："（高昂）以参禅代典礼，封华阳县开国男，食二百户。"② 《北齐书·季式传》："（季）延伯历中散大夫、安州刺史，封万年县男，邑二百户。"很显然，东魏北齐国家对开国县男的始封食邑数量，规定为二百户。不仅对"本封"，就是对"别封"食邑的数量规定，也是如此。如司马子如"别封野王县开国男，邑二百户"③。开国县男与开国乡男在始封食邑数量上的这种差别，正是爵位等级与始封食邑数量结合在一起的明显体现。由此可以看出，受封开国乡男、县男者的始封食邑数量，实际是固定不变的。可以说，这正是东魏北齐国家对开国乡男、县男这两级爵位，在始封食邑数量限定上的重要特点。

当然，东魏北齐国家的这种规定，并不排除为这些受爵者再增加他们所领食邑的数量。因为增加开国乡男、县男食邑的数量，实际是对受爵者建树功劳的再奖赏，因此，增加的食邑数量也就不受爵位等级的约束。

其实，东魏北齐国家对受封开国爵乡男、县男者，所采取的这种规定，是从北魏沿袭而来的。北魏孝文帝爵制改革后，对受封开国县男者所领食邑的规定是明确的。《魏书·傅永传》："（傅永）两月之中，遂献再捷，高祖嘉

---

① 赵超：《汉魏南北朝墓志汇编》，第386－387页。

② 赵超：《汉魏南北朝墓志汇编》，第433页。

③ 赵超：《汉魏南北朝墓志汇编》，第391页。

之，遣谒者就豫州策拜永安远将军、镇南府长史、汝南太守、贝丘县开国男，食邑二百户。”这种规定在北魏后期一直保持不变。例如，元谳“肃宗时，除正员郎，稍迁左将军、太中大夫，封平乡县开国男，邑二百户”①。穆子琳“出帝即位，以摄仪曹事，封高唐县开国男，邑二百户”②。宇文福“建安降，以勋封襄乐县开国男，邑二百户”③。并且，在《魏书》和墓志铭中，也没有发现开国县男始封食邑数量超过二百户的记载。所以，北魏国家对开国县男始封食邑数量，是固定不变的规定。北魏后期，在开国爵等级中，又增加了开国乡男。实际北魏对开国乡男的食邑数量也是固定的。很明显，东魏北齐国家对开国乡男、县男始封食邑数量的固定规定，正是依据北魏国家对这两级爵位确定的标准所做的规定。

东魏北齐国家对开国郡公、县公、县侯、县伯、县子始封食邑的数量规定，则不同于开国乡男、开国县男。为说明问题，依据《北齐书》和墓志铭记载，以爵位等级为序，将这一层次的开国爵等级序列的“本封”和“别封”始封食邑的数量情况列表如下：

开国爵“本封”“别封”始封食邑数量情况表

爵位等级	受封开国爵者	“本封”食邑数量	“别封”食邑数量
开国郡公	高睿、高岳、薛孤延、贺拔昌、高昂、高润（别封）	五千户、二千户、一千户、八百户	一千户
开国县公	李元忠、薛延孤、陈元康（别封）	八百户、一千户	一千户
开国县侯	段荣、薛循义、魏兰根、杜弼、李挺、可朱浑（别封）	八百户、八百户、一千户、五百户、一千户	一千户
开国县伯	张保洛、刘贵、韩贤、尧雄、张亮、徐之才（别封）	四百户、五百户、四百户、五百户、五百户	五百户
开国县子	厍狄回洛、元景安、陈元康、赵道德（别封）、贺拔昌（别封）	四百户、三百户、三百户	四百户、四百户

① 《魏书》卷二一上《献文六王上·赵郡王干传》。

② 《魏书》卷二七《穆崇传》。

③ 《魏书》卷四四《宇文福传》。

依据上表统计，可以明确，东魏北齐国家对受封开国郡公、县公、县侯、县伯、县子这一等级层次范围内的“本封”和“别封”始封食邑数量是没有严格的限定的。也就是说，同一等级的“本封”和“别封”始封的食邑数量是浮动的。正如统计中所显示的，受封开国郡公者，始封食邑的数量，可以为五千户，也可以为二千户。开国县公可以是一千户，也可以为八百户。开国县侯可以是一千户，也可以是五百户。开国县伯可以是五百户，也可以是四百户。开国县子可以是四百户，也可以为三百户。很明显，东魏北齐国家对开国郡公、县公、县侯、县伯、县子始封食邑的数量，只是限定了浮动的范围，并没有确定固定不变的数量。

然而，依据统计数字，还可以看出，在开国郡公、县公、县侯、县伯、县子等级序列中，由于爵位等级的不同，始封食邑的最多和最少数量，却存在差别。换言之，在这一等级层次中，不同等级始封食邑数量的限定范围，应该说，是受到爵位等级制约的。因此，可以明确，东魏北齐国家是以这种限定范围的做法，使开国郡公、县公、县侯、县伯、县子这一等级层次，能够与始封食邑的数量结合在一起。这就是说，在这一爵位等级层次中，始封食邑的数量并不是不受制约的，实际上，爵位的等级对始封食邑的数量，也是有相应规定的。不过，这种规定，只是确定不同爵位等级的开国爵能够获得始封食邑数量的限定范围。可以说，东魏北齐国家实行的这种确定始封食邑数量做法，便成为开国郡公至开国县子等级范围内的食邑封授与爵位等级联系的重要特点。

总之，东魏北齐国家对开国爵始封食邑的数量，实行了限定措施。这些限定措施是与爵位等级结合在一起的。应该说，开国爵始封食邑与爵位等级的联系分为两个层次。也就是说，开国乡男、开国县男的始封食邑数量是依据爵位等级分别被规定为一百、二百户，进而成为开国爵爵位等级对始封食邑数量的固定规定。而另一层次，即开国郡公、县公、县侯、县伯、县子的始封食邑的数量，则是在限定的范围内与爵位等级的结合，因而，每一爵位等级的始封食邑数量就是可以浮动的不固定的规定。不过，这种浮动的范围却并不是无限制的，还要受到开国爵爵位等级的制约。这正是东魏北齐国家使开国郡公、县公、县侯、县伯、县子爵位等级与始封食邑数量联系所具有的特殊性。

三、实封爵的封地与食邑封授的联系

东魏北齐受封王爵、开国爵者都有封地。但由于实封爵的等级不同，受封爵位者的封地，是有郡、县、乡的区分的。也就是王爵、开国郡公的封地为郡；开国县公、县侯、县伯、县子、县男为县；开国乡男的封地则为乡。而且，因为封授实封爵又有“本封”和“别封”的差别，所以，受封实封爵者便有“本封”的封地和“别封”的封地。实际上，东魏北齐国家封授实封爵的“本封”和“别封”的封地，并没有明显的区别，因而，这些封地的封授都受到当时国家的重视，并通过封授的确认仪式表现出来。《隋书·礼仪志四》：

> “（北齐）诸王、三公、仪同、尚书令、五等开国、太妃、妃、公主恭拜册，轴一枚，长二尺，以白练衣之。用竹简十二枚，六枚与轴等，六枚长尺二寸。文出集书，书皆篆字。……诸王、五等开国及乡男恭拜，以其封国所在，方取社坛方面土，包以白茅，内青箱中。函方五寸，以青涂饰，封授之，以为社。”这里提到的“恭拜册”是为行“恭拜”仪式的册书。可见受封实封爵者，要在封地的社坛前，举行感恩的“恭拜”礼。实际上，这正是对传统封地封授仪式的沿袭。这表明，东魏北齐国家还将王爵、开国爵的封地视为封国。

尽管北齐国家在实封爵封地的封授上，采取了这些仪式，可是，实封爵的封国也只是体现在理念和仪式上，实际受封王爵、开国爵者已经没有对封地的控制权。其中最明显的表现就是，北齐国家设置的治理地方官员，只有上上郡太守、上中郡郡太守、上下郡太守、中上郡太守、中中郡太守、中下郡太守、下中郡太守、下下郡太守、上上县令、上中县令、上下县令、中上县令、中中县令、中下县令、下上县令、下中县令、下下县令。① 这就是说，北齐国家已经取消专门管理实封爵封地的官员设置。这种情况，与北魏后《职员令》中的规定是很不相同的。在后《职员令》中有上郡内史、相、中

① 《隋书》卷二七《百官中》。

郡内史、相、下郡内史、相、上县相、中县相、下县相的设置。[①] 北魏的内史是治理王爵封地的官员，相则是治理不同等级开国爵的封地的官员。虽然这些治理王爵、开国爵封地官员的地位与郡太守、县令相同，并且，要依照国家的指令管理受封实封爵者的封地。但是，这些专门官员的设置，实际表明北魏国家还是将受封实封爵者的封地看作特别的区域。可是，北齐国家却取消了这些专门治理封地的官员，说明受封实封爵者的封地的治理已经与国家地方郡、县没有多少差别，因此，也就削弱王爵、开国爵的封地所具有的特别区域的特色。

尽管如此，在一般情况下，东魏北齐的受封王爵、开国爵者的食邑，还是与封地没有完全分离。《北齐书·赵郡王琛传》："（高琛）显祖受禅，进封爵为南赵郡王，邑一千二百户。"《北齐书·高隆之传》："（高隆之）转并州刺史，封平原郡公，邑一千七百户。"很显然，这些受封王爵、开国爵者的食邑，都在他们"本封"的封地上。《齐故侍中假黄钺左丞相文昭王墓铭》："（高润）别封文城郡开国公，邑一千户。"[②]《齐赵公墓志铭》："（赵道德）除卫将军，别封戎安县开国子，邑四百户。"[③]《贺拔昌墓志》："（贺拔昌）别封南兖州谯郡蒙县开国子，邑四百户。"[④]《北齐书·陈元康传》："（陈元康）世宗嗣事，又见任待。拜散骑常侍、中军将军，别封昌国县公，邑一千户。"说明在这些受封开国爵者的"别封"封地上，也有他们所领食邑的分布。由此可见，无论受封王爵、开国爵者的"本封"，还是"别封"的封地，一般都能够成为他们获得的食邑的所在地。

东魏北齐国家对受封实封爵者的封地与食邑的联系，一般是不轻易变动的。即便他们食邑数量的增加，也是如此。《北齐书·暴显传》："（暴显）后从高祖于信都举义，授中坚将军、散骑侍郎、帐内大都督，加安东将军、银青光禄大夫，屯留县开国侯。……（元象）八年，加骠骑将军，进侯为公，通前食邑一千三百户。"《北齐书·杜弼传》："（杜弼）显祖引为兼长史，加

---

① 《魏书》卷一一三《官氏志》。

② 赵超：《汉魏南北朝墓志汇编》，第482页。

③ 赵超：《汉魏南北朝墓志汇编》，第428页。

④ 罗新、叶炜：《新出魏晋南北朝墓志疏证》，中华书局，2005年，第164页。

卫将军。转中书令，仍长史。进爵定阳县侯，增邑通前五百户。”《齐故使持节都督赵安二州诸军事骠骑大将军赵州刺史开府仪同三司中书令河阴县开国伯戎安县开国子赵公墓志铭》：“（赵道德）补帐内亲信正都督兼左右直长安西将军，封河阴县开国男，邑二百户。加中军将军行定州六州，又加镇东将军，寻除征西将军，进男为子，增户二百。”① 很明显，暴显、杜弼、赵道德进爵后增加的食邑，显然都在他们原来的封地上。

然而，东魏北齐受封实封爵者的封地，也并不是固定不变的。这种变化，实际与爵位等级的改变有很大关系。因为东魏北齐国家为了奖励受封爵者，经常要提升他们的爵位等级。可是，对一些有爵者来说，不只是爵位等级的变化，其封地也要随之改变。这种变化分为两种情况：一是实封爵等级提升，作为封地的郡、县要出现变动。《北齐书·赵彦深传》：“（赵彦深）河清元年，进爵安乐公。累迁尚书左仆射、齐州大中正、监国史，迁尚书令，为特进，封宜阳王。”显然，赵彦深由郡公进爵为王，其封地则由安乐郡移至宜阳郡。二是爵位等级提升，作为封地的行政的组织级别出现变化。《北齐书·韩轨传》：“（韩轨）封平昌县侯。……频以军功，进封安德郡公。”《北齐书·薛孤延传》：“（薛孤延）从破周文帝于邙山，进爵为县公，邑一千户。……入为左卫将军，改封平泰郡公。”可见韩轨、薛孤延爵位等级提升，封地都由县改为郡。

除了这种情况之外，东魏北齐国家为了稳定统治，需要对一些受封实封爵者的封地进行改封。《北齐书·斛律金传》：“（斛律金）除大司马，改封石城郡公，邑一千户。”《北齐书·孙腾传》：“（孙腾）及平邺，授相州刺史，改封咸阳郡公，增邑通前一千三百户。”很明显，这种改封，就是迁移、变动受封实封爵者的封地。

虽然受封实封爵者封地变化的原因不同，但却有一致之处，就是封地的变动，也要使他们占有的食邑的所在地也随之改变。《高湝墓志》：“（高湝）魏朝式仰家勤，敬引人杰，拜通直散骑常侍加平西将军，封章武郡开国公，食邑二千户。……及天统有归，弓辂云锡，封襄城郡王，邑三千户。”② 《齐

① 赵超：《汉魏南北朝墓志汇编》，第 428 页。

② 赵超：《汉魏南北朝墓志汇编》，第 408 页。

马文□□墓志铭》："（司马子如）乃封平遥县开国子，邑三百户，仍为大行台郎中。……仍进爵为侯，增户四百。……进封阳平郡开国公，一千七百户。"[①] 说明高湝、司马子如的封地变化后，他们的食邑都移至新封地。这些情况说明，在一般情况下，东魏北齐受封实封爵者的封地与食邑是不分离的，也就是说，他们占有的食邑是与封地结合在一起的。

不过，由于在北方出现东魏、北齐和西魏、北周政权的并立，因此，东魏北齐封授的实封爵封地，也就出现分布在统治区内和统治外的不同情况。例如，延续至东魏的汝阳王元暹，其封地属豫州，[②] 在东魏统治区内。北齐受封王爵的高正道，其封地济南郡属齐州，[③] 在北齐统治内。北齐受封的异姓王尉粲，其封地长乐郡属冀州，[④] 也在北齐统治内。然而，东魏封授的诸王元袭，其封地武安郡，属凉州，[⑤] 在西魏统治区内。北齐封授的诸王高润，其封地冯翊郡属同州，[⑥] 却在北周统治内。异姓王独孤永业，其封地临川郡，则在陈朝统治区内。[⑦] 据《北齐书》《魏书》和墓志铭中的记载，东魏的拥有王爵者的封地在东魏统治区内的有 30 人；在西魏统治区的有 4 人。北齐有文献记载的拥有王爵者的封地在北齐统治区的有 75 人；在北周统治区内的有 12 人；在陈朝统治区的有 5 人。

从东魏北齐受封开国爵者封地来看，也与王爵的封地分布的情况相同。可以说，大多数拥有开国爵者的封地分布在东魏北齐统治区内。但是，也有一些受封开国爵者的封地并不在东魏北齐统治区内。《北齐书・季式传》："（季）延伯历中散大夫、安州刺史，封万年县男，邑二百户。"万年县属雍州，[⑧] 显然季延伯的封地，应该在西魏统治区内。《北齐书・裴让之传》：

---

① 赵超：《汉魏南北朝墓志汇编》，第 391 页。

② 《魏书》卷一〇六中《地形志中》。

③ 《隋书》卷三〇《地理志中》。

④ 《隋书》卷三〇《地理志中》。

⑤ 《魏书》卷一〇六下《地形志下》。

⑥ 《隋书》卷二九《地理志上》。

⑦ 《隋书》卷三一《地理志下》。

⑧ 《魏书》卷一〇六下《地形志下》。

“（裴让之）齐受禅，……以参掌仪注，封宁都县男。”宁都县属金州，[①] 则裴让之封地在北周统治区内。据《北齐书》《魏书》和墓志铭记载，东魏拥有开国爵者“本封”封地在东魏统治区的有 109 人；在西魏统治区的有 12 人。北齐受封开国爵者“本封”封地在北齐统治区的有 11 人；封地在北周统治区的有 2 人。

此外，北齐禅代东魏后，对一些东魏拥有王爵和开国爵者采取“例降爵”措施。以东魏的王爵降爵情况为例，这些拥有王爵者，一般都被降爵为县公。见于文献记载的元斌、元孝友、元子邃的封地，分别为高阳县、临淮县、上洛县，都在北齐统治区内；而元晖业的封地美阳县，属岐州，[②] 则在北周统治区内。

这些情况表明，东魏北齐国家一般使大多数拥有王爵、开国爵者的封地分布东魏北齐统治区内，但也使一些拥有王爵、开国爵者的封地可以分布在西魏北周统治区内。而且，东魏北周国家并没有采取取消这种差别的措施。《齐故祠部尚书赵州刺史崔公墓志之铭》：“（崔昂）以参禅代典礼，封华阳县开国男，食二百户。”[③] 华阳县，属始州。始州为西魏所设，[④] 所以崔昂的封地在北周。这说明，北齐国家仍然在统治区外继续封授实封爵。

东魏北齐统治者实行这种做法，是他们可以作为天下主宰的正统王朝统治理念的体现。可是，对于实封爵食邑的这种封授，却产生很大的影响。其中，最重要的是，在东魏北齐统治区外的封地，显然是不能封授食邑的。可是，这种情况的出现，东魏北齐国家并没有如同西魏北周统治者一样，将食邑改为虚封，而是继续使食邑成为受封实封爵者租赋的来源，也就是说，在统治区内、外仍然能够获得实封食邑的封授。《北齐书·高乾传附高昂传》：“（高昂）建义初，兄弟共举兵，既而奉旨散众，仍除通直散骑侍郎，封武城县伯，邑五百户。……太昌初，始之冀州。寻加侍中、开府，进爵为侯，邑七百户。兄乾被杀，乃将十余骑奔晋阳，归于高祖。……元象元年，进封京

① 《隋书》卷二九《地理志上》。

② 《魏书》卷一〇六下《地形志下》。

③ 赵超：《汉魏南北朝墓志汇编》，天津古籍出版社，2008 年，第 433 页。

④ 《隋书》卷二九《地理志上》。

兆郡公，邑一千户。”高昂原封地武城县在北齐属阳平郡。[①] 而进爵后的食邑则移至京兆郡。京兆郡属雍州，[②] 在北周统治区内。可以说，高昂改封后所获得食邑，与原来封地上的食邑的性质，应该不会产生差别。其原因就在于，东魏北齐国家可以实行“寄食”的做法，使受实封爵者依然能够在封地外获得规定数量的食邑。

所谓“寄食”，就是受封实封爵者的食邑与封地并不在一处，而是完全分离的。《北齐书·厍狄盛传》：“（厍狄盛）齐受禅，改封华阳县公。又除北朔州刺史，以华阳封邑在远，随例割并州之石艾县、肆州之平寇县、原平之马邑县各数十户，合二百户为其食邑。”可见北齐国家使厍狄盛的食邑不仅不在他的封地上，而且，还分散在不同州的三个县中。这正是一种“寄食”的措施。不仅开国爵“本封”的食邑可以“寄食”，就是对“别封”的食邑也是如此。《北齐书·斛律金传附斛律光传》：“（斛律光）别封武德郡公，徙食赵州。”这种“徙食”的做法，正是要使受封开国爵者的封地与食邑相分离，所以，也就是一种“寄食”。

其实，东魏北齐的“寄食”做法，是承袭北魏而来的。如元亮“复封临淮，寄食相州魏郡”[③]。萧宝夤“寻复封梁郡开国公，寄食济州之濮阳”[④]。然而，这种使受封实封爵者的封地与食邑分离的措施，在北魏是为了应对特殊情况才实行的，但是，东魏北齐则与北魏不同，而是一种例行的措施，所以，尽管一些受封实封爵者的封地不在东魏北齐统治区内，但通过“寄食”，依然还能够获得食邑的封授。

当然，为了适应“寄食”情况的增多的形势，北齐国家还改变了王爵、开国爵食邑收入的分配的做法。前引《通典·职官十三》：“北齐有王、公、侯、伯、子、男六等之爵。王位列大司马上，非亲王则在三公下，封内之调，尽以入台，三分食一，公以下四分食一。”这里提到的“台”，即北齐中央的“台省”，似为度支尚书。也就是说，受封实封爵者是不能将封地食邑

---

① 《隋书》卷三〇《地理志中》。

② 《隋书》卷二九《地理志上》。

③ 《魏书》卷一八《太武五王·临淮王谭传》。

④ 《魏书》卷五九《萧宝夤传》。

的收入直接按比例归为己有，而需要将食邑收入上缴国家台省，再由国家按食邑收入比例分配给受封爵者。北齐统治者实行由国家来把握食邑租赋的分配做法，也就更有利于消除与封地结合的食邑和“寄食”在封地外的食邑所获的租赋，不会出现差异。因此，应该说，与封地分离的“寄食”食邑的增多，显然成为影响东魏北齐食邑的租赋征收方式改变的重要因素。

由上述可见，东魏北齐国家在封地与食邑的关系上，采取了两种不同的做法。一方面，要使受封实封爵的封地与食邑结合在一起，不使封地与食邑分离。这是延续了传统的封国与食邑结合的做法。另一方面，由于东魏北齐国家并不区分受封实封爵者的封地，是在统治区内，还是在统治区外，仍然继续实行实封食邑的封授，因而，促使封地与食邑相脱离的“寄食”情况的增多。尽管这两种做法存在很大的差异，但是，由于“寄食”的做法，是以受爵者能够获得封地的封授为前提的，所以，“寄食”也就是食邑封授的一种补充，因而，这两种做法的实行，也就更有效地保证受封实封爵者可以通过食邑获得相应的租赋，从而就更突显了他们封地的存在还具有不能忽视的意义。

四、余　论

东魏北齐国家对受封实封爵的食邑封授与爵位等级和封地的封授一样，是不可缺少的内容。这种正是东魏北齐国家实行的以爵位为基础的一种分封制的明显表现。然而，由于东魏北齐国家对实封爵的封地不设置专门的官员管理封地，因而，就使实封爵封地所具有的封国特色受到削弱。尽管如此，东魏北齐国家还是尽力保证实封爵食邑的封授。可以说，东魏北齐国家封授实封爵的食邑的措施是多样的。其特点之一，就是将实封爵的食邑封授划分等次。也就是有王爵等次和开国爵等次。并且，在开国爵中，也分为开国乡男、县男和开国郡公、县公、县侯、县伯、县子两层次。东魏北齐国家对不同等次的实封爵实行不同的食邑封授措施，进而明确表现出实封爵的爵位等级与食邑封授是联系在一起的。尽管东魏北齐受封实封爵者封地与食邑相脱离的“寄食”情况的增多，但是，“寄食”的封地，依然是以受封爵者的封地存在为前提的，所以“寄食”食邑也是与实封爵等级相联系的。因此，可以明确，东魏北齐国家所实行的这些不同的食邑封授措施，实际明确体现出以爵位等级为标准的分封制所具有的层级性。

东魏北齐国家食邑封授的特点之二，就是没有完全脱离与封地的关联。由于东魏北齐国家使受封实封爵者的封地在理念上作为的“封国”，所以，“社”的设置与“恭拜”的仪式，还依然继续保留。由于受“封国”理念的影响，所以，无论同封地结合的食邑，还是“寄食”的食邑，都与他们的“封国”具有不同形式的联系。尽管东魏北齐国家减弱了对实封爵封地的行政管理，可是，因为封地与食邑的封授并没有完全分离，因此，也就更突出了东魏北齐所实行的这种分封，显然是以受封爵者的食邑封授为主要特色的。换言之，尽管东魏北齐国家将受封实封爵的封地作为一种形式，可是，由于对食邑的封授还继续实行，因而，这种以爵位为基础的分封制，也就继续存在，并没有完全被消除。

当然，需要明确的是，以爵位等级为标准，确定封地封授的做法，是从西晋开始实行的。但是，在北方经历了北魏所实行的变通做法之后，至东魏北齐，这种分封制更多的是，表现在形式上，诸如封授与“恭拜”仪式的实行，而实际的内容却在逐渐淡化。特别是对食邑封授而言，北齐国家对受封实封爵者的食邑收获实行“封内之调，尽以入台”[①] 的规定。实际上，这种规定削弱了受封爵者对食邑收益的直接支配权，因此，这种分封制所具有的在经济上赏赐受封爵者的意义，也就出现开始减弱的趋势。因此，可以说，东魏北齐所实行的这种分封制的一些形式化的特征，实际在食邑的租税的分配上，已经开始显现出来。

（原载《东岳论丛》2018 年第 5 期）

① 《通典》卷三一《职官十三》。

东魏北齐散爵制度考

东魏北齐国家承袭北魏爵位制度，依然实行实封的王爵、开国爵与虚封的散爵并行的措施。就虚封的散爵实行的情况而言，可以说，东魏北齐国家的做法，与北魏国家大体相同。不过，由于东魏北齐国家更注重通过封授王爵、开国爵使受爵者获得更多的经济利益，这种做法也就影响到虚封的散爵封授。实际上，东魏北齐国家主要是，要继续保留北魏国家封授的散爵，而实际由东魏北齐国家封授的散爵人数，却明显少于受封王爵与开国爵者。尽管如此，因为东魏北齐的散爵封授是与王爵、开国爵的封授相联系的，并且，散爵还能够起到体现受爵者身份地位的作用，所以，这一时期的散爵的实行情况，也就成为不能忽视的问题。应该说，高敏先生针对东魏北齐的散爵问题提出了值得注意的意见。[①] 然而，关于东魏北齐的散爵制，还留有一些问题需要进一步考察。因此，本文拟对与东魏北齐散爵制度相关的诸问题做一些探讨，希望对这一时期散爵制度的特点的认识有所裨益。

一、散爵的双重等级序列

东魏北齐实行的散爵是沿袭北魏的虚封爵制，所以在爵位等级上，也就与北魏的规定有承袭的关系。实际上，北魏国家实行的散爵等级是双重的，因而这也就要影响东魏北齐国家对散爵的等级规定。因此，要阐释东魏北齐散爵的等级规定，也就需要提及北魏散爵的等级的特点。北魏散爵等级从规定来看，一种是实封的王爵、开国爵与虚封的散爵一体化的等级序列，另一种则是封授散爵以及提升和贬降散爵等级所依据的等级规定。实际上，北魏

① 高敏：《魏晋南北朝史发微》，中华书局，2005年，第220-244页。

国家将王爵、开国爵与散爵整合在一起的等级规定，是由太和二十三年(499)制定的后《职员令》确定的。后《职员令》规定：王、开国郡公，一品；散公，从一品；开国县侯，二品；散侯，从二品；开国县伯，三品；散伯，从三品；开国县子，四品；散子，从四品；开国县男，五品；散男，从五品。① 后《职员令》所做的这种爵位等级规定，显然是将实封的王爵、开国爵与虚封的散爵相互交错编制在一起，进而组成了实封爵与虚封爵统一的品级序列。

北魏国家所以要在后《职员令》中规定这种统一的爵位品级序列，主要的目的是要仿照晋制，使爵位品级与职官品级能够编制在一起。可以说，后《职员令》不仅使王爵、开国爵与散爵的品级一体化，还将这种一体化的品级序列与职官的品级序列相比照，进而也就实现了将爵位等级纳入国家官本位体制中的目的。由此可见，北魏国家使散爵与王爵、开国爵结合在一起的这种爵位品级序列，主要是使拥有不同等级爵位者的身份地位，能够在北魏国家官本位体制中得到明确的体现。这正是后《职员令》规定的这种一体化的爵位品级序列所起到的作用。对被编制进这一品级序列中的散爵而言，当然也是如此。

北魏分裂后，东魏国家建立，定都于邺。尽管东魏孝静帝为高欢、高澄所控制，可是，为了表现东魏王朝是对北魏的继承，东魏也就不能对北魏实行的制度做明显的变动。因此，后《职员令》所规定的散爵与王爵、开国爵一体化的品级序列，应该还在东魏国家实行的爵位制度中有重要的影响，并可以继续体现有爵者在官本位体制中所处的地位。

然而，北齐禅代东魏后，就对东魏仍然实行的后《职员令》中的散爵与王爵、开国爵一体化的品级序列做了变动和调整。《隋书·百官志中》载北齐爵位品级规定：王，第一品；开国郡公，从一品；散郡公，开国县公，第二品；散县公，开国县侯，从二品；散县侯，开国县伯，第三品；散县伯，从三品；开国县子，第四品；散县子，从四品；开国县男，第五品；开国乡男，散县男，从五品。②

① 《魏书》卷一一三《官氏志》。

② 《隋书》卷二七《百官志（中）》。

如果将北齐国家实行的爵位品级序列与后《职员令》中的爵位品级序列相比较，可以看出，北齐国家依然实行散爵与王爵、开国爵一体化的品级序列。

不过，需要注意的是，北齐国家对这一爵位品级序列做了一些调整。就散爵而言，开始增设散县公品级，并将散郡公、散县公、散县侯分别规定为二品、从二品、三品。北齐国家在这一品级序列中增设散县公，是为了适应北齐国家调整散爵与王爵、开国爵一体化品级序列的需要。从这一爵位品级序列来看，北齐国家改变后《职员令》规定的王爵与开国郡公同为一品最高等级爵位的情况，将开国郡公降为从一品，以此更突出王爵的特殊位置。但为了表现开国郡公还是重要的爵位等级，北齐在开国县公至开国县伯之间，实行散爵与开国爵并列的品级序列，进而体现单独与王爵接续的开国郡公依然处于重要的地位。

然而，要在开国县公至开国县伯之间实行散爵与开国爵并列的品级序列，还缺少散爵的等级，所以也就要增加散县公，从而保证这一品级序列不会发生大的变动。北齐国家在这一爵位品级序列中，使散爵品级与开国爵品级相同，并不限于散郡公、开国县公至散县侯、开国县伯这一层位的爵位等级，还使散县男与开国乡男品级相同。

北齐国家做这种规定，主要是由两种情况决定的。一是在后《职员令》制定后，北魏后期实行的开国爵等级中，又出现了开国乡男。可是，这一爵位等级并没有被编制在一体化的爵位品级序列中。二是北齐国家因为依然将一体化的爵位品级序列的最低品级规定为从五品，所以就需要使开国乡男与散县男并列，以便使这种一体化的品级序列不能将开国乡男排除在外。由此可见，北齐国家确定的散爵与王爵、开国爵一体化的等级序列，基本依照后《职员令》所确定的将虚封爵与实封爵编制在一起的原则，但是，又要突显王爵、开国郡公的特殊位置以及新增加的开国乡男的爵位等级，因而，它在这种一体化的品级序列中，采取了实封爵与虚封爵的爵位等级依次交替接续同虚封散爵与实封开国爵并列接续而形成两种序列并行的做法，这就使北齐国家规定的这种一体化的爵位品级序列与后《职员令》规定的品级序列出现了一些区别。

当然，这种差异的出现使这一序列中的散郡公、散县公、散县侯的品级都降低了。不过，为了体现散爵在这一品级序列中还占有重要的位置，这一调整依然使散县伯、散县子和散县男保持原来的品级。这说明，北齐国家在调整一体化的爵位品级时，并没有忽视虚封散爵所处的位置。北齐国家实行的这种一体化的爵位品级序列，当然与后《职员令》中的爵位品级序列一样，都要与职官品级相比照，并且，使其能够成为确定实行礼仪活动的标准。《隋书·礼仪志六》："（北齐）远游三梁，诸王所服。其未冠，则空顶黑介帻。开国公、侯、伯、子、男及五等散爵未冠者，通如之。"显然，北齐的礼仪服饰规定，无论对王爵、开国爵，还是对散爵而言，都要依据爵位等级来确定。由此来看，北齐国家继续实行的这种散爵与王爵、开国爵一体化的爵位品级序列，能够明确体现出这些有爵者在官本位体系中的身份和地位。

东魏北齐国家还为散爵规定了另一种等级序列。这种等级序列是同散爵与王爵、开国爵一体化的等级序列完全不同的。这种爵位等级序列实行的原因是，东魏北齐国家依然沿袭北魏国家的做法，在封授爵位与晋升、贬降爵位等级时，需要将散爵与王爵、开国爵截然分开。《魏书·刑罚志》："至于五等封爵，除刑若尽，永即甄削，便同之除名，于例实爽。愚谓自王公以下，有封邑，罪除名，三年之后，宜各降本爵一等，王及郡公降为县公，公为侯，侯为伯，伯为子，子为男，至于县男，则降为乡男。五等爵者，亦依此而降，至于散男。其乡男无可降授者，三年之后，听依其本品之资出身。"这一记载明确将实封王爵、开国爵称为"五等封爵"，并表明规定其爵位等级为王、郡公、县公、县侯、县伯、县子、县男、乡男，而将虚封散爵称为"五等爵"，并确定其爵位等级为散公、散侯、散伯、散子、散男。这说明，北魏国家明确将实封的王爵、开国爵规定为一等级序列，而将虚封的散爵规定为另一等级序列。

北魏的这种做法，依然为东魏北齐国家所承袭，因而，东魏北齐也就还将虚封的散爵与实封的王爵、开国爵的爵位等级做了明确的区分。《隋书·礼仪志二》："（北齐）王及五等开国，执事官、散官从三品已上，皆祀五世。五等散品及执事官、散官正三品已下从五品已上，祭三世。三品已上，牲用一太牢，五品已下，少牢。执事官正六品已下，从七品已上，祭二世，用特牲。"北齐的这一礼仪规定提到了"王及五等开国"和"五等散品"。所谓"五等散品"，就是指虚封的散爵。很明显，北齐国家在举行的一些仪式中，尽管所依据的标准，是散爵与王爵、开国爵一体化的品级序列，可是，却将王爵、开国爵与散爵分为两个不同的层次。应该说，东魏北齐国家之所以做这种区分，不仅要表现散爵在爵位层次上要低于王爵、开国爵，而且也要体现出散爵的存在是与王爵、开国爵不同的。

实际上，东魏北齐实行的散爵是有独立的等级规定的。不过，这种等级规定，东魏又与北齐不同。《南齐书·魏虏传》："王爵非庶姓所僭，伯号是五等常秩。烈祖之胄，仍本王爵，其余王皆为公，公转为侯，侯即为伯，子男如旧。虽名易于本，而品不异昔。公第一品，侯第二品，伯第三品，子第四品，男第五品。"这里提到的五品爵位，正是孝文帝爵位改革后所实行的散爵品级序列。而散爵的这种五品等级序列，可以说，为东魏国家所延续。这是因为东魏国家基本上对北魏国家实行的爵制没有做明显的变动的。

北齐建立后，开始调整后《职员令》规定的散爵与王爵、开国爵一体化的品级序列，并且为构成新的一体化的品级序列，特别增加了散县公等级。由于北齐国家在散爵等级上做了这种变动，因而对散爵等级的规定，自然要与东魏有区别。可以说，北齐的散爵等级应该是散郡公、散县公、散县侯、散县伯、散县子、散县男六等级。

尽管由于北齐禅代东魏，北齐的散爵等级与东魏出现一些区别，但是，二者在这种散爵等级的具体实行上，却并无差异。这是因为东魏北齐国家都是根据散爵的等级序列进行爵位封授的。《北齐书·许惇传》："（许惇）世祖践祚，领御史中丞，为胶州刺史。……赐爵万年县子，食下邳郡干。"又《北齐书·王峻传》："（王峻）累迁恒州大中正，世宗相府外兵参军。随诸军平淮阴，赐爵北平县男。除营州刺史。"这些记载说明，东魏北齐国家封授散爵，是以散爵的等级序列为标准的。

从散爵爵位等级的变动来看，也是如此。《北齐书·尉长命传》："（尉兴敬）便弓马，有武艺，高祖引为帐内都督。出为常山公府参军事，赐爵集中县伯。晋州民李小兴群聚为贼，兴敬随司空韩轨讨平之，进爵为侯。"尉兴敬随同韩轨平定晋州叛乱，已经在东魏之时，可见东魏国家使受封散爵者爵位等级的提升，所依据的正是散爵的等级。

东魏北齐国家依据散爵的等级序列封授爵位和提升、贬降爵位等级的做法，是与王爵、开国爵按实封爵的等级标准封授爵位同步进行的。《北齐书·阳休之传》："（阳休之）元象初，录荆州军功，封新泰县开国伯，食邑六百户。"可见，东魏北齐国家封授开国爵，不仅要授予爵位等级，还要封授食邑。在爵位等级的变动上，也要依照实封爵的标准。例如，暴显"后从高祖于信都举义，授中坚将军、散骑侍郎、帐内大都督，加安东将军、银青光禄大夫，屯留县开国侯。……（元象）八年，加骠骑将军，进侯为公，通前食邑一千三百户"[①]。由此可见，东魏北齐国家在虚封的散爵与实封的王爵、开国爵的封授上，是截然分开的。因此，可以明确，东魏北齐国家为散爵规定的等级序列，实际正是封授散爵和变动散爵等级必须遵循的标准。

综上可见，东魏北齐国家为散爵规定了两个不同的等级序列，也就是散爵与王爵、开国爵统一的品级序列以及散爵的虚封爵品级序列。这两个不同的品级序列起到不同的作用。东魏北齐国家规定散爵与王爵、开国爵等级一体化，是要通过这一品级序列能够与职官品级相比照，进而体现拥有散爵者在国家官本位中的地位。东魏北齐国家规定散爵的虚封爵品级序列，则是在封授散爵和变动散爵等级上，必须依据的标准。应该说，东魏北齐的散爵具有两重等级序列，主要是由当时国家依然沿袭北魏孝文帝爵位改革后实封的王爵、开国爵与虚封的散爵并行的爵位制度所造成的。然而，唐人杜佑却认为："北齐有王、公、侯、伯、子、男六等。"[②] 杜佑将北齐爵位等级只视为一个品级序列，而且，不仅忽略了散爵的爵位等级的双重性，也忽略了王爵、开国爵的爵位等级的双重性，这是很错误的看法。杜佑的看法由于出现较早，也就很容易使后人混淆了对东魏北齐散爵的爵位等级特点的认识。

二、传袭的散爵与延续的散爵及其爵位等级的"例降"

东魏北齐国家实行虚封的散爵，当然同实行散爵与王爵、开国爵并行的爵位制度有关，但还有另外的重要原因，就是由于东魏北齐国家对北魏封授的散爵采取了保留的措施，这就使东魏北齐社会中存在一些拥有北魏国家封授散爵的群体。然而，这一群体获得北魏散爵的途径，却并不是相同的。细

① 《北齐书》卷四一《暴显传》。

② 《通典》卷三一《职官十三》。

缕文献记载，大体说来，它们可以分为两类：一类为传袭的散爵，另一类则为延续的散爵。

从传袭的散爵的特点来看，这类散爵不是由直接受爵者而是由爵位继承者将爵位沿袭至东魏北齐的。《魏书·崔玄伯传》："（崔景茂）冀州别驾、青州长史、随郡太守、武城男。景茂子彦远，袭。武定中，北徐州司马。"又《魏书·高闾传》："（高闾）文明太后临朝，诛浑，引闾与中书令高允入于禁内，参决大政，赐爵安乐子。……长子元昌，袭爵。……子穆宗，袭祖爵。兴和中，定州开府祭酒。"这些事例说明，在北魏受封散爵者的爵位，可以为受封散爵者的子孙所继承，并且，可将继承的散爵原封不动地保留至东魏。可以说，在东魏北齐保留传袭散爵的人数是占有相当数量的。统计《魏书》和墓志铭中的记载，这些拥有传袭散爵者有元大器、崔彦远、长孙荣族、李俊、李惜、李宁、司马藏、司马孝政、李孝儒、李果、窦躬、崔放宽、高穆宗、游字居、刘元休、郑恭业、郑景裕、高德正、薛湛儒、郭延伯、崔肇师、崔罕、孙伯元、王伯豫、王暄、王景览、陈金刚，共 27 人。当然，因记载的遗失和缺漏，在东魏北齐社会中，拥有传袭散爵的人数是不限于这个人数的。不过，依据统计数字还可以看出，这些拥有传袭散爵者，还是比较重要的社会群体。

这一群体拥有传袭的散爵的最高等级，应该为散公。例如，李育"以拒葛荣之勋，赐爵赵郡公。后除征东将军、金紫光禄大夫。天平四年夏卒，年五十七。……子惜，袭。武定末，齐文襄王大将军府记室参军"①。而这一群体拥有最低等级的散男的人数就更多。如郑简"屡为统军，东西征讨，以军功赐爵汝阳男。……子贵宾，袭。……子景裕，袭。武定末，仪同开府行参军"②。又如薛怀俊"抚军将军、光禄大夫、汾阴男。……兴和中卒。子湛儒，袭。武定中，司空水曹参军"③。正因如此，这种传袭的散爵存在，也就要使东魏北齐国家必须对北魏国家封授的散爵采取合理地保留、并使其稳定存续的做法。

---

① 《魏书》卷三六《李顺传》。

② 《魏书》卷五六《郑羲传》。

③ 《魏书》卷六一《薛安都传》。

延续的散爵则与传袭的散爵不同，正是因为东魏北齐国家对在北魏国家受封的散爵者的爵位采取了承认的态度，这类散爵才能够得以在东魏北齐继续延续。《北齐书·任延敬传》："（任延敬）初从葛荣为贼，荣署为王，甚见委任。荣败，延敬拥所部先降，拜镇远将军、广宁太守，赐爵西河县公。后随高祖建义，中兴初，累迁光禄大夫。太昌初，累转尚书左仆射，进位开府仪同三司。……及斛斯椿衅发，延敬弃家北走，至河北郡，因率土民据之，以待高祖。……元象元年秋，卒于邺，时年四十五。……子胄嗣。"可见，任延敬的散爵正是由北魏国家封授的，并且，还在东魏北齐继续存续。统计《北齐书》和墓志铭中的记载，在东魏北齐，继续延续北魏国家封授的散爵者有任延敬、李愍、魏明朗、源彪、窦泰、王则、封隆之、张宴之、斛律金、厍狄伏连、薛孤延、尉长命、高市贵、厍狄回洛、叱列平、尧奋、步大汗萨、孟和、李云等人。

东魏北齐国家不仅使这些受爵者能够继续保留在北魏获得的散爵，而且，还使这些拥有延续的散爵者，能够继续被封授爵位。如陈元康"魏正光五年，从尚书令李崇北伐，以军功赐爵临清县男。……以功封安平县子，邑三百户。……世宗嗣事，又见任待。拜散骑常侍、中军将军，别封昌国县公，邑一千户"①。又如厍狄伏连"后从高祖建义，赐爵蛇丘男。……武平中，封宜都郡王，除领军大将军"②。因为这些拥有延续的散爵者，大多数人在东魏北齐担任重要官职，所以，这种散爵还可以继续作为他们身份地位的一种重要的体现。

尽管东魏北齐国家都对传袭的和延续的散爵实行了延续的措施，可是，东魏与北齐国家在保留这两类散爵的做法上还有一些差异。东魏国家是将这两类散爵不加变动地保留下来。但北齐国家在保留这两类散爵的同时，却实行了"例降"爵位等级的措施。实际上，北齐国家对拥有这两类散爵者的降爵措施是与当时国家的爵位政策联系在一起的。《北齐书·文宣帝纪》："（天保元年）诏降魏朝封爵各有差。其信都从义及宣力霸朝者，及西来人并武定六年以来南来投化者，不在降限。"这就是说，北齐国家对划定不降爵位等

① 《北齐书》卷二四《陈元康传》。

② 《北齐书》卷二〇《厍狄伏连传》。

级者的范围之外的所有拥有北魏封授爵位者，都实行降爵措施。

当然，被降爵者，既有实封的王爵、开国爵，还有虚封的散爵。从王爵的情况来看，《北齐书·元坦传》："（元坦）永安初，复本封咸阳郡王，累迁侍中。……齐天保初准例降爵，封新丰县公。"显然，咸阳王元坦的爵位由王爵降至县公，也就是降爵两级。《魏书·李宝传》："（李遐）以候驾之功，封卢乡县开国伯，邑三百户。子孝儒，袭。齐受禅，爵例降。"可见，在北魏受封的开国爵者的爵位，为后世继承，并传袭至北齐的，也要降低爵位等级。但北齐国家对"例降"开国爵的等级却与王爵不同。《魏书·崔辩传》："（崔巨伦）庄帝还宫，行西兖州事，封渔阳县开国男，邑二百户，寻除光禄大夫。三年卒，时年四十四。子武，袭。武定中，怀州卫军府录事参军。齐受禅，爵例降。"崔巨伦之子崔武继承的开国爵等级为县男，而县男等级之下，则为乡男，正是开国爵的最低等级。这说明，北齐国家对延续北魏封授的开国爵者的爵位等级，一般要"例降"一等级。

北齐国家对拥有传袭的和延续的散爵者的爵位等级，当然也要与王爵、开国爵相同，实行"例降"爵位等级的做法。如李茂"高祖初，除长安镇都将。转西兖州刺史，将军如故。入为光禄大夫，例降为侯。……子孝儒，袭。齐受禅，爵例降"①。又如崔庠"孝庄还宫，赐爵平原伯，拜颍川太守。二年五月，为城民王早、兰宝等所害。……子罕袭爵。齐受禅，例降"②。因为散爵为虚封爵，所以，在降爵的等级上，散爵就与实封的王爵是有区别的，但却与开国爵的情况没有太多差别。《魏书·孙绍传》："（孙绍）建义初，除卫尉少卿，将军如故。转金紫光禄大夫。永安中，拜太府卿。以前参议《正光壬子历》，赐爵新昌子。太昌初，迁左卫将军、右光禄大夫。永熙二年卒，时年六十九。……子伯元，袭。齐受禅，例降。"又《魏书·李顺传》："（李熙）以使沮渠有功，赐爵元氏子，加中垒将军。……（李子宁）袭爵。开府默曹参军。齐受禅，爵例降。"很显然，北齐国家对拥有散爵的孙伯元、李宁"例降"爵，应该要依照北齐规定的散爵等级，而北齐国家确定的散爵等级为散郡公、散县公、散县侯、散县伯、散县子、散县男，这就

---

① 《魏书》卷三九《李宝传》。

② 《魏书》卷六七《崔光传》。

是说，孙伯元、李宁只能降爵至散县男，也就是“例降”爵位等级一级。北齐国家对其他等级的散爵“例降”，应该不会有太多的差别。《李祖牧墓志》：“释褐开府参军事，转司徒府墨曹参军，除襄威将军，转太尉府外兵参军，袭爵濮阳伯，加宣威将军，又迁司徒府中兵参军事。……依例降伯，为始平子，除冠军将军，又除卫将军，皆常级也。”① 可见李祖牧的散爵由散伯降至散子，也是“例降”一等级。

不过，还需要说明两点：一是在拥有传袭的和延续的散爵者中，一些人只有最低等级的散男。北齐国家对拥有散男爵位者，是否也要“例降”爵位等级？说明这一问题，需要依据以下四条记载。

1.《魏书·崔亮传》：“（崔士泰）以功赐爵五等男。建义初，遇害于河阴。……子肇师，袭爵。武定末，中书舍人。”

2.《魏书·崔玄伯传》：“（崔）景茂，冀州别驾、青州长史、随郡太守、武城男。景茂子彦远，袭。武定中，北徐州司马。”

3.《魏书·郑羲传》：“（郑简）屡为统军，东西征讨，以军功赐汝阳男。……子贵宾，袭。……子景裕，袭。武定末，仪同开府行参军。”

4.《魏书·薛安都传》：“（薛）怀俊，抚军将军、光禄大夫、汾阴男。……子湛儒，袭。武定中，司空水曹参军。齐受禅，爵例降。”

在这四条记载中，有三条记载的情况是基本相同的。也就是说，崔肇师、崔彦远、郑景裕都继承先世的散男爵位，但却没有记载北齐禅代东魏后，他们爵位的变动。因为崔肇师、崔彦远、郑景裕分别担任中书舍人、北徐州司马、司空水曹参军官职，所以，北齐国家是不可能废除他们的散男爵位的。很显然，崔肇师、崔彦远、郑景裕继承先世的散男爵位是一直存续的，只是《魏书》不做记载而已。而《魏书·薛安都传》对薛湛儒继承的散男爵位的记载，则与前三者不同，即“齐受禅，爵例降”。按照这种记载，薛湛儒的散男爵是降爵，而不是废除爵位。可是，北齐等级最低等级的散爵是散县男，要使最低等级的散爵再降爵位等级，这是不可能做到的。因此，《魏书·薛安都传》对薛湛儒的散男爵位“例降”的记载，应该是魏收的误记。北魏国家实行这种做法，一是与散县男爵位的特殊位置有很大的关系。

---

① 罗新、叶炜：《新出魏晋南北朝墓志疏证》，中华书局，2005年，第219页。

因为北齐国家依然将散县男规定为从五品，尽管散男爵位是虚封爵，但是，北齐国家使其可以与从五品职官相比照，而且，还在一些礼仪上，拥有特权。《隋书·礼仪志六》："（北齐）带真剑者，入宗庙及升殿，若在仗内，皆解剑。一品及散郡公、开国公侯伯，皆双佩。二品、三品及开国子男、五等散品名号侯，皆只佩。绶亦如之。"这里提到的"五等散品"只是沿袭对散爵的传统称谓，实际是指散郡公、散县公、散县侯、散县伯、散县子、散县男六等级。很显然，拥有散爵者在这种礼仪上的这种特权，正是他们具有特殊身份地位的一种体现。正因如此，北齐国家不可能使原来拥有散县男爵位者，因为"例降"爵而都成为无爵位者。由此来看，可以说，北齐国家对有散爵者实行"例降"爵位等级的做法，应该不包括散男，而只在散子以上等级范围实行。

二是因为北齐国家调整散爵等级序列，增加了散县公的等级，所以，对有传袭的和延续的散公的"例降"爵位等级的做法，应该采取北齐的散爵等级，而不是东魏的散爵等级。《魏书·恩幸·王睿传》："（王睿）封爵中山王，……子袭，字元孙。……终太后世，宠念如初。袭王爵，例降为公。……子忻，袭爵……子子暄，袭爵。武定末，齐州骠骑府功曹参军。齐受禅，例降。"王暄承袭的散公，应该"例降"为散县公，而不是散侯。尽管依照北齐国家对散公"例降"后的爵称出现变化，但是，"例降"后的爵位品级却是相同的。因为按东魏实行的后《职员令》规定的爵位品级，散侯为从二品，而北齐规定散县公也为从二品。可见，北齐国家对散爵中的最高等级的散公实行的"例降"爵的做法，尽管是在北齐的散爵等级序列中进行的，但是，并没有使降爵后的散爵的一体化品级与后《职员令》中规定的品级出现差别，而是完全相同的。这说明，北齐国家对拥有不同等级的散爵者实行"例降"爵的做法，显然尽量要避免在新规定的一体化品级序列中的品级与后《职员令》的规定有不一致的情况出现。

当然，北齐国家虽然对拥有由北魏国家封授的爵位者的等级实行了"例降"爵的措施，但对"信都从义及宣力霸朝者，及西来人并武定六年以来南来投化者"[1]，则采取不降低他们的爵位等级做法。北齐国家对拥有传袭的和

---

① 《北齐书》卷四《文宣帝纪》。

延续的散爵者，自然也实行这种做法。《北齐书·魏兰根传》："（魏明朗）除龙骧将军、中散大夫，赐爵巨鹿侯。永安末，兰根为河北行台，引明郎为左丞。及兰根中山之败，俱归高祖。中兴初，拜抚军将军，出为安德太守。后转卫将军、右光禄大夫、定州大中正。武定初，为显祖咨议参军，出为平阳太守。"显然，魏明朗很早就归顺了高欢，并且，还担任过高澄的咨议参军。《北齐书·王则传》："（王则）初以军功除给事中，赐爵白水子。……（侯）景于颍川作逆，时则镇柏崖戍，世宗以则有武用，征为徐州刺史。"可见，王则在侯景之乱时，被高澄任命为徐州刺史，并协助平定叛乱。因为魏明朗、王则都是尽力服务于高欢、高澄的官员，所以，他们拥有的延续的散爵等级，也就可以保持不变。这些事例说明，北齐国家在采取保持一些拥有传袭的和延续的散爵者的爵位等级不变的措施时，更注重优待拥有延续的散爵者，这是因为他们大多数都是效命于高欢、高澄的重要官员，因而，也就与一般的受爵者不同。

总之，东魏北齐国家对传袭和延续北魏国家封授的散爵者的爵位，实行了继续保留的措施。因此，这些拥有传袭的和延续的散爵者，都是东魏北齐国家实行统治所依靠的重要社会群体。然而，因为东魏继续延续北魏的散爵规定，而北齐实行的则是调整散爵等级的措施，所以，东魏实行的是，对拥有传袭的和延续的散爵者，使其依然保持北魏所封授的散爵等级不变的做法，而北齐国家对拥有传袭的和延续的散爵者的爵位等级，则实行"例降"爵的措施。北齐国家对散爵所实行的"例降"爵，一般只降爵一等级，并且，限制在散子等级以上。北齐国家之所以采取这种做法，主要是为了表明北齐禅代东魏而取得最高统治地位，具有完全的合理性。正因如此，北齐国家对拥有传袭的和延续的散爵者"例降"爵，也就只是一种形式上的爵位等级的变动，并不是要损害拥有散爵者已经获得的利益。

三、封授的散爵

东魏北齐国家不仅保留传袭的散爵和延续的散爵，还继续实行封授散爵的做法。当然，为了与传袭的散爵与延续的散爵相区别，应该将东魏北齐国家赐授的散爵称为封授的散爵。可以说，东魏北齐国家向中央、地方官员封授散爵，实际是当时爵位制度的重要内容。《狄湛墓志》："（兴和）八年，除平西将军、临邑子。"[1]《北齐书·王峻传》："（王峻）累迁恒州大中正，世宗相府外兵参军。随诸军平淮阴，赐爵北平县男。除营州刺史。"这是东魏国家为任职官员封授散爵。《北齐书·李浑传》："（李浑）天保初，除太子少保，邢邵为少师，杨愔为少傅，论者为荣。以参禅代仪注，赐爵泾阳县男。删定《麟趾格》。"这是北齐国家为任职官员封授散爵的记载。这些情况说明，东魏北齐国家没有废止为官员封授虚封的散爵，而且，还要使这种封授体现出对一些对受爵官员具有的奖赏意义。

不过，应该看到，因为东魏北齐国家已经将王爵、开国爵置于显要的位置，也就是封授王爵、开国爵要优越于散爵，所以，当时国家也将封授散爵与开国爵结合在一起。《齐故骠骑大将军颍川太守齐昌镇将乞伏君墓志》："（乞伏保达）天保元年，转前锋都督，进爵东垣县子，别封建安县乡男，又除骠骑大将军，封化蒙县散男。山河并誓，茅土俱传，畴庸之典，自古莫二。"[2] 又《齐故镇西将军直荡正都督穆君墓志铭》："（穆建）起家前锋都督，阳平县开国子、襄乐县开国男，又加镇西将军、直突都督、南泉县伯。"[3] 墓志铭的记载说明，东魏北齐的受封开国爵者，还能够继续获得散爵的封授。

然而，因为散爵只是虚封爵，与可以领有食邑的开国爵所能带来的利益差别很大，所以，再为受封开国爵者封授散爵，也只是加重其身份地位的一种补充做法。实际上，东魏北齐国家对王爵、开国爵与散爵所处的位置，做了明确的区分。前引《隋书·礼仪志六》："（北齐）远游三梁，诸王所服。其未冠，则空顶黑介帻。开国公、侯、伯、子、男及五等散爵未冠者，通如之。"可见，在礼仪服饰的规定上，是将有爵者分为三等次，即王爵等次、开国爵等次和散爵等次。而散爵则是最低的等次。正因如此，东魏北齐国家为官员直接封授散爵的事例，并不多见。统计《魏书》和墓志铭中的记载，由东魏北齐国家封授的散爵者有许惇、王峻、李浑、崔昂、乞伏保达、穆建、狄湛、王纮、元子邃，共9人。当然，这里对受封散爵的人数所做的统

---

① 罗新、叶炜：《新出魏晋南北朝墓志疏证》，中华书局，2005年，第172页。

② 赵超：《汉魏南北朝墓志汇编》，天津古籍出版社，2008年，第450页。

③ 王连龙：《新见北朝墓志集释》，中国书籍出版社，2013年，第164页。

计，由于记载的缺失，并不能反映东魏北齐国家封授散爵的全部情况。不过，依据这种统计却可以看出一种趋势，即东魏北齐国家封授散爵的人数，并不是很多的。

不仅如此，东魏北齐国家封授散爵的等级，也不同于传袭的散爵与延续的散爵。《北齐书·步大汗萨传》："（步大汗萨）元象中，行燕州，累迁临川领民大都督，赐爵长广伯。时茹茹寇钞，屡为边害，高祖抚纳之，遣萨将命。还，拜仪同三司。"可见，东魏北齐国家封授散爵的最高品级为县伯。这说明，东魏北齐国家封授散爵，在爵位品级上是有限制的，一般是不封授高品级的散爵的。东魏北齐国家封授散爵的这些情况，与实封的王爵、开国爵的封授形成明显的对照。

就王爵封授情况来看，东魏国家封授王爵，还限制在北魏道武子孙的范围之内，而北齐国家不仅封授同姓王，还封授异姓王。北齐政治的腐败对王爵封授造成很大影响，以致出现"庶姓封王者百数，不复可纪"[①] 的情况。东魏北齐国家对实封的开国爵的封授，也实行不加限制的做法。依据《北齐书》和墓志铭记载，就可以发现受封不同等级的开国爵者就有李希光、皮景和、綦连猛、元景安、独孤永业、阳休之、张耀、段韶、崔㥄、杜弼、裴让之、辛术、斛律光、斛律羡、季式、魏收、厍狄盛、张保洛、张纂、徐之才、元文遥、赵彦深、斛律羌举、范舍乐、王琳、王松年、李景遗、可朱浑元、宋篮、高湛、高浚、高淹、高潋、高涣、高湝、高孝瑜、高隆之、牒舍乐、万俟洛、宋莅、萧祇、韩裔、刘悦、元贤、石信、赵道德、崔昂、吴迁、云荣，共49人。

对于这些受封王爵、开国爵者中的一些人，东魏北齐国家还实行了"别封"。如司马子如"别封野王县男，邑二百户"[②]。又如陈元康"拜散骑常侍、中军将军，别封昌国县公，邑一千户"。甚至一些受封开国爵者，所获的别封爵位不限于一个。如侯莫陈相受封白水郡公后，"别封安次县男，又别封始平县公"[③]。又如慕容俨"除赵州刺史，进伯为公……皇建初，别封成阳郡

① 《北齐书》卷八《幼主纪》。

② 《北齐书》卷一八《司马子如传》。

③ 《北齐书》卷一九《侯莫陈相传》。

公。……（皇建）四年十月，又别封猗氏县公”①。所谓“别封”，诚如高敏先生所言，并不能给受封者带来政治地位的提高，而只是本爵之外的加封以示旌宠之意。② 很显然，东魏北齐国家主要封授的爵位，是实封爵的王爵、开国爵，并且，还通过对受封王爵、开国爵者的“别封”，使受爵者获得更多的经济利益。而虚封的散爵，只能起到体现受爵者身份地位的作用。所以，东魏北齐国家在爵位封授上，自然减轻了对封授散爵的重视程度，进而也就使封授散爵只能作为实封的王爵、开国爵封授的一种补充。应该说，这正是东魏北齐国家封授虚封散爵的人数明显少于受封王爵、开国爵者的重要原因之一。

四、余　论

因为东魏北齐国家在爵位制度上，依然实行实封的王爵、开国爵与虚封的散爵并行的制度，所以，当时社会中依然存在一些拥有散爵者。因为这些拥有散爵者获得爵位的情况不同，所以，可以将东魏北齐的散爵的存在情况，分为传袭的散爵、延续的散爵和封授的散爵。

传袭的散爵和延续的散爵，都是由北魏国家封授的散爵，而东魏北齐国家既然承认拥有这些散爵具有合法性，因而，也就不能忽视拥有这两类散爵的群体在东魏北齐社会中的存在状况。当然，由于北齐禅代东魏，北齐国家对由北魏国家封授的传袭的散爵和延续的散爵实行了“例降”爵位等级的措施，并且，还对散爵的等级做了调整，也就是将东魏实行的散公、散侯、散伯、散子、散男五等级，改为散郡公、散县公、散县侯、散县伯、散县子、散县男六等级。北齐国家对散爵实行的这些做法，不是要完全改变北魏的散爵制，只不过是要调整原来拥有散爵者的爵位等级以及散爵的等级序列。北齐国家实行这些改动散爵的做法的目的在于，通过这些变动爵位的措施，明显体现出北齐取代东魏所具有的朝代更迭的意义，并不是要使受封散爵者的存在状况有根本的变动。

---

① 《北齐书》卷二〇《慕容俨传》。

② 高敏：《魏晋南北朝史发微》，中华书局，2005年，第237页。

东魏北齐国家在封授散爵的人数上，明显要少于受封实封的王爵、开国爵者。这种情况的出现，是与东魏北齐国家注重使受爵者获得更多的实际经济利益的目的有密切的联系的。正因如此，尽管东魏北齐国家还将散爵与王爵、开国爵封授并行，但是由于散爵具有的虚封性质，散爵的封授就不能满足受爵官员对获得经济利益的强烈要求，自然也就不能充分体现国家对受爵官员奖赏的意图，从而散爵的封授所包含的激励意义也就由此明显减弱了。特别是，东魏北齐国家政治统治的腐败，导致大批官员在生活上深度糜烂和在经济上具有强烈的攫取欲，因而，他们就更希望通过受爵获得实际的经济利益，而不是空有的身份地位，所以，这种情况的出现，也就进一步促使国家减少了对虚封散爵的封授。

此外，由于东魏北齐国家在对实封的王爵、开国爵的封授上，使受爵者的封地和所食租税都在国家的严格控制下，特别是实行“封内之调，尽以入台”[①] 的措施，这种以爵位为基础的分封制就受到很大的削弱。受到实封的王爵、开国爵封授的这种影响，作为王爵、开国爵补充的散爵封授，也就要随之削弱。所以，东魏北齐国家减少对虚封散爵的封授，当然也就与封授实封的王爵、开国爵所包含的分封意义的淡化有很密切的关系。因此，对这种制约因素，也是不应该忽视的。

（原载《许昌学院学报》2017 年第 1 期）

① 《通典》卷三一《职官十三》。

论西魏北周封爵等级的演变

西魏北周的封爵有明确的等级。可是，西魏北周封爵的等级却不是固定不变的。从西魏初年至隋禅代北周，封爵的等级是逐渐演变。应该说，考察西魏北周的封爵等级及其演变，是研究西魏北周封爵特点不能忽视的问题。因此，前人对西魏北周封爵的等级做了一些探讨。王仲荦先生提出北周封爵为十一等级。① 高敏先生则认为西魏北周继承了北魏的实封爵制。② 这些意见都是很有启发性的。然而，由于西魏北周的封爵等级是变化的，所以，还有必要对这种变化的封爵等级做进一步的探讨。所以，本文拟对与西魏北周封爵等级相关的问题提出一些看法，以就教于方家。

一、西魏对北魏后期封爵等级的延续

考察西魏的封爵等级问题，需要提及北魏后期的爵位制度。因为西魏的封爵等级是与北魏后期的爵位制度有联系的。就北魏后期的爵位制度而言，实际分为实封爵制与散爵制。但是，北魏后期的实封爵的等级与散爵的等级却是有差别的。《魏书·刑罚志》："至于五等封爵，除刑若尽，永即甄削，便同之除名，于例实爽。愚谓自王公以下，有封邑，罪除名；三年之后，宜各降本爵一等，王及郡公降为县公，公为侯，侯为伯，伯为子，子为男；至于县男，则降为乡男。五等爵者，亦依此而降，至于散男。其乡男无可降授者。三年之后。听依其本品之资出身。"据此可知，北魏后期的爵位是分为

① 王仲荦：《北周六典》，中华书局，1979 年，第 537－558 页。

② 高敏：《西魏、北周与东魏、北齐的封爵制探讨》，《魏晋南北朝史发微》，中华书局，2005 年，第 222 页。

“五等封爵”和“五等爵”的。实际上，北魏后期的“五等封爵”就是实封爵，包括王爵和开国爵。这种实封爵可以封授食邑，进而使受爵者获得规定数量的租税。而“五等爵”则是散爵，并无食邑的封授，只是一种虚封爵。北魏国家对这两种爵位都规定了明确的等级。依据这一记载，实封爵的等级为：王、郡公、县公、县侯、县伯、县子、县男、乡男。而散爵则为：散公、散侯、散伯、散子、散男。北魏后期，国家以封授实封的王爵和开国爵为主，而散爵的封授不过是对王爵和开国爵的补充。北魏后期，国家在爵位制度上的这种规定，自然要影响西魏的封爵制度。不过，西魏国家更重视王爵和开国爵的封授，而虚封的散爵，则基本很少封授，所以，西魏封爵等级的规定，主要受到北魏后期的实封爵等级序列的影响。

实际上，西魏国家对一些北魏后期受封开国爵者的爵位等级，采取了延续的做法。史载，北魏正光六年，王罴任荆州刺史，“进封霸城县公。……魏孝武西迁，拜骠骑大将军，加侍中、开府。……大统七年，卒于镇”①。北魏普泰年间，梁台“进封陇城县男，邑二百户。……大统初，复除赵平郡守。……大统十五年，拜南夏州刺史，加通直散骑常侍、本州大中正，增邑二百户”②。显然王罴、梁台在北魏末年受封的开国爵都可以延续至西魏，并且，他们的爵位等级也都保持不变。

从西魏国家提升受封开国爵者的爵位等级来看，大多数都以北魏后期受封的爵位等级为依据。例如，北魏后期，赫连达受封开国乡男，在西魏“进爵魏昌县伯，邑五百户”③。卢豆宁受封灵寿县男，“魏孝武西迁，以奉迎勋，封河阳县伯，邑五百户”④。王德受封内官县子，“及魏孝武西迁，以奉迎功，进封下博县伯，邑五百户”⑤。侯莫陈崇“除安北将军、太中大夫、都督，封临泾县侯，邑八百户。……大统元年，除泾州刺史，加散骑常侍、大都督，进爵为公”⑥。由此可见，在北魏受封开国乡男、县男、县子、县伯、县侯

① 《周书》卷一八《王罴传》。

② 《周书》卷二七《梁台传》。

③ 《周书》卷二七《赫连达传》。

④ 《周书》卷一九《豆卢宁传》。

⑤ 《周书》卷一七《王德传》。

⑥ 《周书》卷一六《侯莫陈崇传》。

者，他们的爵位等级都可以被提升，不过，提升的爵位级别却不相同，大多数为两级，但也有提升三级的。尽管西魏国家提升北魏后期受封开国爵者的爵位级别不同，但是，却有一致之处，也就是继续采用北魏后期的开国爵的等级，并且，没有使北魏后期的开国爵等级与西魏的爵位等级出现间断，而是继续联系在一起的。也就是说，西魏的爵位等级与北魏后期开国爵的等级不仅相同，而且，还具有连续性。

西魏国家不仅保留和提升北魏后期受封开国爵位者的爵位等级，而且，在宇文泰实行六官制之前，还继续依据北魏后期王爵和开国爵的等级封授爵位。《周书·裴果传附刘志传》："（刘志）大统三年，太祖遣领军将军独孤信复洛阳。志纠合义徒，举广州归国。拜大丞相府墨曹参军，封华阴县男，邑二百户。"显然，刘志受封的开国爵等级为县男。《周书·申徽传》："（申徽）以迎孝武功，封博平县子，本州大中正。大统初，进爵为侯。"可见申徽受封的开国爵等级为县子。《周书·王悦传》："（王悦）大统元年，除平东将军、相府刑狱参军，封蓝田县伯，邑六百户。"则王悦受封的开国爵等级为县伯。《周书·杨宽传》："（杨俭）大统初，以本官行东秦州事，加使持节、当州大都督。从破齐神武于沙苑，封夏阳县侯，邑八百户。"又《周书·王盟传》："（王盟）魏孝武至长安，封魏昌县公，邑一千户。"又《周书·李弼传》："（李弼）大统初，进位仪同三司、雍州刺史。寻又进位骠骑大将军、开府仪同三司。……以功拜特进，爵赵郡公，增邑一千户。"很显然，杨俭、王盟、李弼分别受封为开国县侯、县公、郡公。

西魏国家除了按北魏后期开国爵的爵位等级封授爵位之外，还继续封授王爵。《周书·元定传》："（元定）魏废二年，以宗室，进封建城郡王。"说明西魏还是将郡王作为可以封授的爵位等级。只是这一爵位等级的封授，要限制在元氏宗室的范围之内。这些情况说明，在六官制实行之前，西魏国家继续沿用北魏后期实封爵的郡王、郡公、县公、县侯、县伯、县子、县男爵位等级进行爵位封授。

西魏国家继续沿袭北魏后期王爵和开国爵的等级，当然，是为了使爵位的封授有利于国家的统治。但具体说来，主要受到两个重要因素的影响。

从西魏政权的建立来看，是北魏孝武帝为摆脱高欢的压迫，依靠宇文泰而将首都迁至长安实现的。可是，尽管孝武帝仍然视自己为北魏皇帝，但他却为宇文泰军事集团所控制。宇文泰正是凭借对孝武帝的控制而与高欢军事集团相对抗的。从当时的形势来看，高欢控制的东魏军事力量，要远远强于宇文泰。在这种情况下，宇文泰就更需要证明他所控制的西魏国家，实际是北魏国家的延续，因而，这一政权的存在，不仅是合法的，而且，具有正统性。正因如此，宇文泰在西魏前期，对北魏国家实行的各项制度，大体采取延续的做法，因而，也就使北魏实行的王爵和开国爵制继续保留下来。这就是说，西魏延续北魏后期的王爵和开国爵制，实际与宇文泰确定的发展和壮大实力的决策有重要的关系。

当然，还有另一重要因素的影响，也就是北魏后期的实封爵能够延续，是与宇文泰军事集团中受封爵者的既得利益有密切关系。从控制西魏政权的宇文泰军事集团组成来看，主要有北镇势力、关陇河南河东势力以及追随魏孝武帝进入关中的势力。[①] 其中，最有实力和影响力的是北镇势力。宇文泰依靠的这些官员，很大一部分在北魏后期都受封开国爵。如宇文泰的元从于谨“从尔朱天光破万俟丑奴，封石城县伯，邑五百户”[②]。又如为宇文泰接受的贺拔岳余部寇洛“破赤水蜀，以功拜中坚将军、屯骑校尉、别将，封临邑县男，邑二百户”[③]。统计《周书》中记载，宇文泰集团中的官员在北魏受封开国爵的就有：贺拔岳、王罴、梁台、寇洛、侯莫陈琼、若干惠、怡峰、王德、常善、梁椿、杨绍、韦孝宽、杨荐、赵贵、刘亮、侯莫陈顺、厍狄昌、薛置、贺拔胜、念贤、李弼、于谨、梁御、达奚武、豆卢宁、杨忠、杨宽、宇文测、陆通、赵善、杨敷、王思政、宇文贵、宇文虬、李和，共 35 人。而且，西魏政权还使西迁的元氏诸王，继续保留王爵。这些诸王有：淮安王元育、广平王元赞、广陵王元欣、齐王元廓、东阳王元荣、义阳王元子孝、冯翊王元季海、陈郡王元玄、梁王元俭。正如《周书·元伟传》说：“元氏戚属，并保全之，内外任使，布于列职。”可以说，这些在北魏受封实封爵者，都在西魏中央、地方政权中担任重要官职。如杨宽“从孝武入关，兼吏部尚书。录从驾勋，进爵华山郡公，邑一千二百户。大统初，迁车骑大将

---

① 吕春盛：《关陇集团的权力结构演变—西魏北周政治史研究》，文津出版社，2002 年，第 29 页。

② 《周书》卷一五《于瑾传》。

③ 《周书》卷一五《寇洛传》。

军、太子太傅、仪同三司”[1]。又如念贤“大统初，拜太尉”[2]。赵贵随孝武帝入关，“拜车骑大将军、仪同三司、兼右卫将军”[3]。在地方任刺史的人数就更多。例如，若干惠“魏孝武西迁，除右卫将军、大都督，进爵魏昌县伯，邑五百户。出为北华州刺史，加使持节、骠骑将军”[4]。怡峰“值魏孝武西迁，峰即从太祖拔回洛，复潼关。拜安东将军、华州刺史”[5]。宇文泰要获得这些官员的支持，就必须要保证他们因受封爵位而获得的既得利益不受到损害，因而，就使宇文泰所控制的西魏政权需要承认这些官员在北魏后期受封的爵位等级，并使受封者的爵位等级能够继续进升。很明显，宇文泰使北魏后期实行的实封爵等级继续延续，正是他稳定官僚阶层的重要保证。

可是，尽管西魏统治者仍然将其政权视为是北魏王朝的延续，但是，毕竟北魏国家已经分裂，实际东部地区已经为东魏占有。由于这种形势的出现，对西魏国家延续的北魏后期的实封爵制，当然要产生不可忽视的影响。从北魏后期实行的王爵和开国爵来看，是要依据爵位等级受封不同数量的食邑，进而由此获得相应数量的租税。而食邑的封授，却要通过受封王爵和开国爵者的封地来实现。可是，对西魏国家而言，由于受到实际控制区域的限制，也就很难保证受封王爵和开国爵者的封地都在国家的境内。

从西魏控制的区域来看，实际是以关陇地区为中心的。王仲荦先生考证，西魏初年，宇文泰已控制关陇。[6] 至大统十七年，西魏侵有全蜀。[7] 可是，洛阳以东地区，依然为东魏北齐占据，所以，西魏国家很难保证一些受封爵位者的封地都在关陇地区。统计《周书》记载，在西魏前期爵位等级被提升者有 31 人。尽管这些受爵者的爵位等级被提升，可是，他们的封地分布的情况却不尽相同。以下依据《周书》《魏书·地形志》的记载，将提升爵位等级者的情况列表说明：

---

① 《周书》卷二二《杨宽传》。

② 《周书》卷一四《念贤传》。

③ 《周书》卷一六《赵贵传》。

④ 《周书》卷一七《若干惠传》。

⑤ 《周书》卷一七《怡峰传》。

⑥ 王仲荦：《北周地理志》，中华书局，第 13 页。

⑦ 王仲荦：《北周地理志》，中华书局，第 16 页。

西魏前期爵位等级提升者情况表

受爵者	北魏受封爵位等级	西魏进升后的爵位等级	北魏爵位的封地	西魏爵位进升后的封地
赫连达	乡男	县伯	长广乡（?）	魏昌县（定州）
杨绍	乡男	县伯	平乡（殷州）	冠军县（荆州）
侯莫世乐	县男	县侯	灵丘县（恒州）	灵丘县（恒州）
若干惠	县男	县伯	北平县（定州）	魏昌县（定州）
王德	县男	县伯	深泽县（定州）	下博县（冀州）
常善	县男	县伯	房城县（?）	武始县（河州）
韩果	县男	县伯	邯郸县（司州）	石县（定州）
梁椿	县男	县伯	卢奴县（定州）	栾城县（殷州）
韦孝宽	县男	县侯	山北县（广州）	山北县（广州）
杨荐	县男	县子	高邑县（殷州）	清水县（秦州）
寇洛	县子	县伯	临邑县（齐州）	临邑县（齐州）
刘亮	县子	县伯	广兴县（安州）	饶阳县（定州）
侯莫陈顺	县子	郡公	木门县（定州）	彭城郡（徐州）
库狄昌	县子	县公	阴盘县（?）	长子县（并州）
元伟	县伯	郡王	高阳县（瀛州）	南安郡（襄州）
辛威	县伯	县侯	白土县（泾州）	白土县（泾州）
怡峰	县伯	县公	蒲阴县（定州）	华阳县（兖州）
赵贵	县伯	县侯	魏平县（东夏州）	魏平县（东夏州）
念贤	县伯	郡公	屯留县（并州）	安定郡（楚州）
李弼	县伯	郡公	石门县（朔州）	赵郡（殷州）
于谨	县伯	县公	石城县（肆州）	蓝田县（雍州）
梁御	县伯	县公	白水县（东雍州）	信都县（冀州）
达奚武	县伯	县公	须昌县（兖州）	须昌县（兖州）
杨忠	县伯	县侯	昌县（武州）	昌县（武州）
杨宽	县伯	郡公	澄城县（华州）	华山郡（华州）
宇文测	县伯	县公	广川县（冀州）	广川县（冀州）
陆呈	县伯	县公	中都县（并州）	中都县（并州）

续 表

受爵者	北魏受封爵位等级	西魏进升后的爵位等级	北魏爵位的封地	西魏爵位进升后的封地
赵善	县伯	县公	山北县（广州）	襄城县（广州）
杨敷	县伯	县侯	临贞县（?）	临贞县（?）
王思政	县侯	郡公	祁县（并州）	太原郡公（并州）
宇文贵	县侯	化政郡	革融县（夏州）	化政郡（夏州）

由表中情况可知，西魏国家在提升北魏后期受封爵位者的等级后，其封地可以分为两种情况：一是爵位等级提高继续保留原封地有 12 人；二是爵位等级提高原封地改变的有 19 人。这说明，西魏国家提升受封开国爵者的等级，与封地的改变并无联系。不过，需要注意的是，西魏国家对北魏后期受封开国爵者的封地在东部各州的，仍然将提升爵位等级后的封地封授在东部各州。而北魏后期受封爵位在关陇地区的，则在爵位提升后，封地依然还在关陇地区。由这种情况所决定，就使爵位变动的 31 人中，有 4 人的封地在北方的西部地区，有 26 人封地在北方的东部地区（其中有 1 人封地分布情况不明确）。也就是说，有 26 人的封地并不在西魏境内。由此可见，西魏国家使北魏后期受封爵者的等级提升后的封地，显然没有将西魏和东魏所控制的地域加以区分，而一些爵位等级提升者的封地继续保留在东魏控制的地区。

西魏国家新封授爵位者的封地分布也与爵位等级提升者的情况大体相同。也就是说，受封王爵和开国爵者的封地，没有受到西魏实际控制地域的限制。《周书·豆卢宁传》："（豆卢宁）魏孝武西迁，以奉迎勋，封河阳县伯，邑五百户。大统元年，除前将军，进爵为侯，增邑三百户。"豆卢宁的封地河阳县，在北魏后期属怀州河内郡。① 又《周书·柳庆传》：大统十三年，柳庆"封清河县男，邑二百户，兼尚出右丞，摄计部。十四年，正右丞。……寻进爵为子，增邑三百户"。柳庆受封的清河县，在北魏后期属司州清河郡。② 又《周书·卢柔传》："（卢柔）大统二年，至长安。封容城县男，邑二百户。……进爵为子，增邑三百户，除中书舍人。"卢柔的封地容

① 《魏书》卷一〇六上《地形志上》。

② 《魏书》卷一〇六上《地形志上》。

城县，在北魏后期，则属幽州范阳郡。[1] 可见，豆卢宁、柳庆、卢柔受封的爵位封地，都不在西魏境内。这说明，西魏国家封授王爵与不同等级的开国爵，并不受西魏控制地域的限制。据《周书》记载，受封王爵和开国爵位者的封地在西魏控制区域之外的有：豆卢宁、柳庆、卢柔、元定、裴宽、郑孝穆、崔谦、寇俊、薛憕、韦佑、冀俊、李檦、阎庆、周惠达、宇文盛、耿豪、高琳、窦毅、申徽、柳敏、崔说、段永、赵肃、张轨、李彦、苏亮、吕思礼、魏玄、蒋升、卢永恩、尉迟纲、念远、祭佑、宇文深、贺若敦、陆通、赵昶、崔猷、裴侠、郑伟、郑顶、段永、卢光、侯莫陈崇、李惇、杨纂、尉迟运、韩雄、宇文震、宇文乾仁、宇文导、宇文震、李耀、侯莫陈顺、王盟、王励、叱列伏龟、侯植、于翼、厍狄峙、李棠、叱罗协，共62人。

当然，西魏国家还使一些受封开国爵者的封地在西魏控制区域之内。《周书·柳虯传》："（柳虯）因使见太祖，被留为丞相府记室。追论归朝功，封美阳县男，邑二百户。"柳虯受封的美阳县，在北魏后期属雍州扶风郡。[2]《周书·阳雄传》："（阳雄）世为豪族。……孝武西迁，猛率所领，移镇潼关。封郃阳县伯，邑七百户。"阳雄的封地河阳县，北魏后期属华州华山郡。[3] 显然柳虯、阳雄的封地是在西魏的关陇地区。统计《周书》记载，受封开国爵者的封地在西魏控制地域内的有：刘志、柳虯、韦瑱、辛庆之、王子直、陈忻、赵文深、于寔、苏绰、苏椿、田弘、郭贤、唐瑾、赵刚、薛善、司马裔、郭彦、梁昕、宇文护、贺兰祥、泉仲、阳雄、侯莫陈凯、杨俭、阳雄、宇文毓、宇文直、宇文招、宇文宪、李贤、李植、席固、任果，共33人。当然，还有令狐整、王勇、李穆、冯迁、王雄、李迁哲、王显7位受封开国爵者的封地所在区域不详。

上述统计情况说明，西魏国家封授和进升开国爵等级，由于受到正统王朝统治观念的支配，并没有将受封爵者的封地与实际控制的地区联系在一起。虽然西魏国家继续延续实封爵的等级，可是，却没有顾及受封爵的封地

---

① 《魏书》卷一〇六上《地形志上》。

② 《魏书》卷一〇六下《地形志下》。

③ 《魏书》卷一〇六下《地形志下》。

分布情况，因而，也就使在西魏控制地区之外的受封爵者，是不能通过食邑获得租税的。换言之，西魏的受封爵者，尽管领有食邑，但是，他们在控制地区之外所领有的食邑的数量是虚化的，并不能带来实际的经济利益。对西魏国家而言，又不可能使受封开国者所享有的经济利益有控制区域内、外的区分。由这种情况所决定，也就使西魏延续的北魏后期的实封爵，只能有可以领有食邑之名，很难通过所领食邑获得租税的收入。正因如此，尽管西魏延续了北魏后期的实封爵制，并且，也延续了实封爵的爵位等级，可是，这种爵位等级，并不是实封爵的爵位等级，而是一种以所领食邑为象征的封爵等级。而且，随着西魏在控制区域之外封授封地的增多，就使原来开国爵的实封特征就越来越淡化，进而这种爵位等级与所食租税的联系，自然也逐渐分离了。因此，可以说，六官制实行前，西魏国家沿袭的北魏后期实封爵的性质开始发生改变，进而发展至“只是虚名，而不畀以土地人民政事”的爵位，[①] 所以保留下来的不过只是封爵的等级。

二、六官制的实行对西魏北周封爵等级的影响

宇文泰掌控西魏政权，为了加强国家的势力，除了延续北魏的一些制度之外，还创立了有特色的新制度。其中最重要的就是，府兵制和六官制。大统十六年，府兵已经有健全的制度。[②] 并且，魏恭帝三年春“初行《周礼》，建六官”[③]。宇文泰创立这些制度，是要建立起一个足以与东魏、梁朝相抗衡的强有力的关陇集团。[④] 而六官制的实行，诚如陈寅恪先生所言：故利用关中士族如苏绰辈地方保守辈之特长，又假关中之本地姬周旧土，可以为名号，遂毅然决然舍弃模仿不能及之汉魏以来江左、山东之文化，而上拟周官之古制。[⑤] 可以说，六官制的建立，就使宇文泰控制的西魏明显表现出关陇

---

① 陈寅恪：《隋唐制度渊源略论稿》，中华书局，1963 年，第 95 页。

② 唐长孺：《魏周府兵制度辩疑》，《魏晋南北朝史论丛》，三联书店，1955 年，第 258 - 266 页。

③ 《周书》卷二《文帝纪下》。

④ 万绳楠整理：《陈寅恪魏晋南北朝史讲演录》，黄山书社，1987 年，第 308 - 309 页。

⑤ 陈寅恪：《隋唐制度渊源略论稿》，中华书局，1963 年，第 92 页。

集团统治的特色。

实际上，六官制的实行，不仅改造了西魏北周的中央文职官僚制度，而且，也影响到当时的封爵制度。《隋书·百官志中》：

> 周太祖初据关内，官名未改魏号。及方隅粗定，改创章程，命尚书令卢辩，远师周之建职，置三公三孤，以为论道之官。次置六卿，以分司庶务。其所制班序：内命，谓王朝之臣。三公九命，三孤八命，六卿七命，上大夫六命，中大夫五命，下大夫四命，上士三命，中士再命，下士一命。
>
> 外命，谓诸侯及其臣。诸公九命，诸侯八命，诸伯七命，诸子六命，诸男五命，诸公之孤卿四命，侯之孤卿、公之大夫三命，子男之孤卿，侯伯之大夫、公之上士再命，子男之大夫、公之中士、侯伯之上士一命，公之下士、侯伯之中士下士、子男之士不命。

据此，宇文泰实行六官制后，开始将中央职官作为内命之职，而封爵则作为外命诸侯。正如《通典·职官二一》："（后周官品）谓王朝之官为内命，谓诸侯及州县官为外命。"而且，还依照《周礼》确定爵位等级为"公、侯、伯、子、男"[①] 五等级。由于宇文泰将《周礼》对封爵的这种规定视为正统的模式，所以实行六官制，便将封爵也重新进行规定，"周制：封郡县五等爵者，皆加开国"[②]。宇文泰将爵位称为"五等爵"，是要表明实行的封爵制是要遵循《周礼》。而将爵位又加"开国"，是要表明封爵制要延续六官制确立前的开国爵制。这种规定说明，由于六官制的确立，使当时的封爵制也出现相应的变化。

尽管六官制实行后的封爵有了一些变动，可是，实际并不是完全遵循《周礼》的规定。换言之，当时爵位实行的情况，与规定的外命诸侯制并不相同。从实行的"五等爵"的等级来看，宇文泰对当时封爵等级采取了延续和变动的做法。

---

① 《周礼·地官·大司徒》，《十三经注疏》，中华书局，1980年，第704页。

② 《周书》卷二四《卢辩传》。

应该说，宇文泰实行六官制后，还继续部分延续西魏初年的封爵等级。依据《周书》记载，这些延续的封爵等级有：1. 开国县男。如颜之仪“即拜小宫尹，封平阳县男，邑二百户”①。2. 开国县子。如王褒“孝闵帝践祚，封石泉县子，邑三百户”②。3. 开国县伯。如高宾“保定初，征拜计部中大夫，治中外道从事中郎，赐爵武阳县伯”③。4. 开国县侯。如裴鸿“孝闵帝践祚，拜辅城公司马，加仪同三司。……天和初，拜郢州刺史，转襄州总管府长史，赐爵高邑县侯”④。5. 开国县公。辛昂“六官建，入为司隶上士，袭爵繁昌县公”⑤。6. 开国郡公。赵贵“从太祖复弘农，战沙苑，拜侍中、骠骑大将军、开府仪同三司，进爵中山郡公，除雍州刺史。……六官建，以贵为太保、大宗伯，改封南阳郡公”⑥。很明显，在六官制推行后，西魏国家原来实行的开国县男、开国县子、开国县伯、开国县侯、开国县公、开国郡公爵位等级还继续沿用。而且，六官制实行后，西魏北周国家还使原来拥有开国县男、县子、县伯、县侯、县公、郡公爵位者的爵位等级能够继续提升。《周书·裴宽传》：“（裴宽）授持节、帅都督，封夏阳县男，邑三百户，并赐马一匹、衣一袭，即除孔城城主。……孝闵帝践祚，进爵为子。”又《周书·柳敏传》：“（柳敏）迁礼部郎中，封武城县子，加帅都督，领本乡兵，俄进大都督。……六官建，拜礼部中大夫。孝闵帝践祚，进爵为公，又除河东郡守，寻复征拜礼部。”又《周书·王悦传》：（王悦）大统元年，除平东将军、相府刑狱参军，封蓝田县伯，邑六百户。……孝闵帝践祚，依例复官。授郢州。寻拜使持节、骠骑大将军、开府仪同三司、大都督、司水中大夫，进爵蓝田县侯。又《周书·尉迟运传》：“（尉迟运）魏大统十六年，以父勋封安喜县侯，邑一千户。孝闵帝践祚，授使持节、车骑大将军、仪同三司。……以预定策勋进爵周城县公，增邑五百户。”又《周书·李和传》：“（李和）以破诸贼功，稍迁征北将军、金紫光禄大夫。赐爵思阳公。寻除汉

---

① 《周书》卷四〇《颜之仪传》。

② 《周书》卷四〇《王褒传》。

③ 《周书》卷三七《裴文举传》。

④ 《周书》卷三四《裴宽传》。

⑤ 《周书》卷三九《辛庆之传附辛昂传》。

⑥ 《周书》卷一六《赵贵传》。

阳郡守，治存宽简，百姓称之。……改封永丰县公，邑一千户。保定二年，除司宪中大夫，进爵义城郡公。”这些记载说明，六官制实行后的开国县男、县子、县伯、县侯、县公爵位等级依然还是爵位等级进升的依据，这与六官制实行前的做法是完全相同的。

不仅如此，保留下来的开国爵的等级仍然还是六官制实行后北周国家封授爵位的依据。《周书·柳庆传》：“（柳带韦）天和六年，封康城县男，邑五百户。”《周书·薛善传》：“（薛慎）孝闵帝践祚，除御正下大夫，进车骑大将军、仪同三司，封淮南县子，邑八百户。”《周书·裴宽传》：“（裴鸿）天和初。拜郢州刺史，转襄州总管府长史，赐爵高邑县侯。”《周书·史宁传》：“（史详）以父勋赐爵武遂县公。”《周书·柳敏传》：“（柳昂）武帝时，为内史中大夫、开府仪同三司，赐爵文城郡公。”很显然，北周国家仍然依据开国县男、县子、县伯、县侯、县公、郡公等级封授爵位。而且，北周国家依据这些爵位等级封授爵位，并不是个别的情况。据《周书》所载，在北周受封开国爵者就有：柳带韦、王庆、王士良、颜之仪、韩盛、薛慎、皇甫璠、王褒、庾信、刘亮、刘雄、高宾、杜杲、杨乾运、裴鸿、郑常、李宽、李衍、李纶、李晏、于颉、于仲文、于义、于礼、于绍、于弼、于兰、刘靖、刘恭、刘干、宇文忻、宇文恺、杨整、杨惠、杨嵩、杨达、司马消难、李端、李吉、李轨、李询、长孙澄、史祥、史云、史威、柳昂、郑译、王轨、姚僧垣，共49人。这说明，县男、县子、县伯、县侯、县公、郡公，还是六官制实行后，北周国家规定的固定爵位封授等级。

宇文泰实行六官制后，固然保留了西魏原来实行的一些爵位等级，但是，也对一些爵位等级做了调整，也就是开始变动原来的爵位等级。实际上，原来爵位等级序列中的开国乡男和郡王爵位等级在这种变动被取消了。

从开国乡男等级来看，这一爵位等级是在北魏后期实行的。西魏建国后，承认在北魏受封乡男爵位者的爵位，并可以作为爵位等级提升的依据。例如，赫连达“少从贺拔岳征讨有功，拜都将，赐爵长广乡男，迁都督。……魏孝武入关，褒叙勋义，以达首迎元帅，匡复秦、陇进爵魏昌县伯，邑五百户”①。可是，西魏国家却不继续封授这一爵位等级。当时封授的

① 《周书》卷二七《赫连达传》。

开国爵的最低等级为开国县男。如叱罗协“及河桥战不利，协随军而还。太祖知协不贰，封冠军县男，邑二百户”[①]。在六官制实行后，特别是在北周，对封爵与行政地区结合的规定更为明确。《周书·武帝上》：“（保定三年）初令世袭州、郡、县者改为五等爵，州封伯，郡封子，县封男。”也就是说，开国爵的封地只限于州、郡、县三级。由于这个规定的实行，也就在爵位等级序列中已经明确地将开国乡男排除了。

在六官制实行后，很重要的就是，在封爵等级中，取消了王爵。应该说，西魏延续北魏实封爵制，将王爵作为一品高爵，并且，西魏国家承认北魏封授的王爵，因此，也就保留了一些拥有王爵者。诸如，淮安王元育、广平王元赞、广陵王元欣、齐王元廓等人。可是，魏恭帝三年，六官制实行后，对原来的郡王等级进行了调整。《周书·元定传》：“（大统）十六年，进位车骑大将军、仪同三司。以魏氏宗室，进爵南安郡王，邑五百户。……六官建，拜师氏下大夫，爵随例降，改封淮南县公。”又《周书·元定传》：“（元定）魏废二年，以宗室，进封建城郡王。二年，行《周礼》，爵随例改，封长湖郡公。”这些记载说明，六官制实行后，西魏国家对原来的元氏诸王采取降爵措施。即将原来的王爵等级降至郡公，或者县公。可以说，这种降爵措施的实行，正是在取消了郡王爵位等级之后，才采取的做法。

封爵中的郡王爵位等级被取消，实际是与六官制实行有联系的。因为宇文泰实行的六官制，正是仿照《周礼》确立的。而在《周礼》中，“王”正是国家最高统治者的称谓。诚如《周礼·天官·大冢宰》所言：“惟王建国，辨方正位，体国经野，设官分职，以为民极。”所以，北周禅代西魏后，便将周闵帝、周明帝即位，都称为“即天王位”[②]。直到武成元年，周明帝才“改天王称皇帝”[③]。既然如此，“王”就不能再作为爵位等级而设置，只能是北周国家最高统治者的称号。

此外，六官制实行后，便将封爵视为外诸侯。而外诸侯就是公、侯、伯、子、男五等爵。在这种封爵等级中，最高等级的爵位为公爵，因此，要

---

① 《周书》卷一一《晋荡公护附叱罗协传》。

② 《周书》卷三《孝闵帝纪》、《周书》卷四《明帝纪》。

③ 《周书》卷四《明帝纪》。

符合六官制的规定，就要在实行的封爵等级中，取消郡王等级。换言之，宇文泰在封爵等级中，取消王爵，是使封爵与六官体系相适应而必须采取的做法。

不过，尽管六官制实行后，西魏北周国家继续保留了开国县男、县子、县伯、县侯、县公、郡公爵位等级，而且，还要依据爵位等级封授食邑，可是，受封爵位者所领的食邑仍然是与租税分离的。因为北周国家依据这种爵位等级封授爵位的情况与六官制实行前一样，一些受封爵者的封地既有在西魏北周控制的地域之内的，也有不在控制地域之内的。例如《周书·刘雄传》："（刘雄）从平并州，拜上大将军，进爵赵郡公，邑二千户。"刘雄封地赵郡属北齐赵州。[①]《周书·裴文举传》："（高宾）保定初，征拜计部中大夫，治中外道从事中郎，赐爵武阳县伯。"高宾封地武阳县则属北齐司州阳平郡。[②] 这些封地不在西魏北周境内的，当然就不能通过所领食邑获得租税，因而，受封的食邑也就是一种荣誉的象征，并不能带来经济利益。当然，北周国家还使一些受封开国爵者获得租税，可是，租税却不是来自封地。《周书·萧撝传》："（萧撝）保定元年，授礼部中大夫。又以撝有归款之功，别赐食多陵县五百户，收其租赋。"《周书·萧圆肃传》："（萧圆肃）封安化县公，邑一千户。世宗初，进封棘城郡公，增邑一千户。以圆肃有归款之勋，别赐食思君县五百户，收其租赋。"显然在北周受封开国爵者的租税收入，要在别封的地方才能获得，可是，别封不过是对受封开国爵者封地的再封授，并不是原来的封地。由此可见，六官制实行后，开国爵的正常的食邑封授也是与获得租税没有联系的，因而，也就是继续延续西魏前期只有实封爵之名，但却是与经济利益分离的封爵，所以，这种变动的爵位等级，仍然还是与开始虚化的开国爵结合在一起的。

然而，还需要提及的是，六官制设置后所实行的封爵等级，与六官制中，对外诸侯的等级规定是不相同的。因为在六官制的规定中，将封爵确定为公、侯、伯、子、男五等级，而且，还将这五等级分别规定为九命、八命、七命、六命、五命。这就是说，六官制实行后，西魏北周国家存在两种爵位等级序列，即六官制规定的外诸侯等级序列和实际实行的封爵等级序列。六官制实

---

① 施和金：《北齐地理志》，中华书局，2008年，第79页。

② 施和金：《北齐地理志》，中华书局，2008年，第18页。

行后，为何实际实行的封爵等级与六官制规定的爵位等级存在差异？

要说明这一问题，需要提及在北魏孝文帝太和二十三年制定的后《职员令》。在后《职员令》中，不仅将实封爵与虚封爵编制在一起，而且，按品级的高低形成实封与虚封爵交错在一起的等级序列，即王爵、开国郡公为第一品；开国县公、散公为从第一品；开国县侯为第二品；散侯为从第二品；开国县伯为第三品；散伯为从第三品；开国县子为第四品；散子为从第四品；开国县男为第五品；散男为从第五品。[①] 北魏国家实行的这种做法，是在实封爵与虚封爵并行的条件下，能够使爵位等级与职官品级实现比照的关系。但是，北魏国家使爵位与职官品级的一体化，只是体现实封与虚封爵在官本位体制中所处的位置，因而，也就只能起到象征受爵者身份地位的作用，而爵位的封授、进升和贬降，却是按照实封爵与虚封爵的各自的等级进行的。不过，北魏国家将爵位等级分为可以与职官比照与封授、进升、贬降两个标准的规定，却对西魏北周的爵位等级有重大的影响。

应该说，六官制实行后，西魏北周国家是以新的双重爵位等级规定取代了北魏后期的双重规定。在六官制的规定中，封爵依据《周礼》规定，被视为外诸侯，但与职官一样，用“命”的高低来表示封爵的等级。正如《隋书·百官志中》所载：“外命，谓诸侯及其臣。诸公九命，诸侯八命，诸伯七命，诸子六命，诸男五命。”然而，尽管六官制对爵位等级的这种规定可以作为与职官命级比照的标准，可是，爵称却是取自《周礼》，因此，六官制对爵位的等级规定，只是象征封爵与职官具有联系，因而，这只是构建了一种理想化的封爵等级与职官命级对应关系的标准，进而将封爵编入官本位体制中。因此，这种标准的构建，与北魏国家将实封爵与虚封爵的等级编制在一起，进而与不同品级的职官相比照的做法，并不完全相同。由此可见，宇文泰六官制实行后所确定的封爵与职官命级的比照关系，只是以刻意规定的方式将《周礼》的封爵等级编入到六官体制中，因而，也就不能明显表现出国家实行的封爵等级与职官命级的联系，所以，也就不过是一种虚拟的理想化的等级规定。

不过，六官制实行后，西魏北周国家并没有使实行的封爵等级与开始实

---

① 《魏书》卷一一三《官氏志》。

行的命级规定相脱离。换言之，当时国家开始将开国郡公、县公、县侯、县伯、县子、县男都纳入命级的等次规定中，也就是将品级更换成命级。王仲荦先生考证：开国郡公为正九命；开国县公为九命；[①] 侯爵为正八命；[②] 伯爵为正七命；[③] 子爵为正六命；[④] 男爵为正五命。[⑤] 这就是说，在六官制实行后，西魏北周国家将实行的封爵等级也与职官一样采用同样的命级，因而，也就形成新的爵位等级序列。而这一封爵等级序列，则是为了爵位的封授、进升和贬降而设置的。

综上可见，宇文泰实行六官制后，对封爵的等级序列也产生影响。实际上，宇文泰在封爵等级上，依然仿效北魏后期官爵一体化的措施，并且，将这种做法加以变通，实行与职官相比照的爵位等级规定和封授、进升和贬降的爵位等级规定并行的做法。可是，六官制实行后所采取的封爵的这两种等级规定，却与北魏后期存在不同之处。也就是说，与职官命级相比照的爵位等级规定是仿效《周礼》中的爵制，并不是现实实行的封爵等级，因而，这种爵位等级规定只是为了要适应六官制的实行，表明爵位与职官具有密切的联系，进而体现出封爵只是官本位体制的组成部分。从西魏北周实行的封爵等级来看，则为了适应六官制实行的需要而做了一些调整，也就是取消了开国乡男和郡王等级，但开国县男、县子、县伯、县侯、县公、郡公等级却依然保留下来。尽管北周国家明确规定实行的封爵称为开国爵，但与六官制实行前一样，受封开国爵者所领食邑与所食租税是分离的，因而，与封爵等级相联系的食邑封授，也就只具有象征意义。

三、国公、县王、郡王、国王爵位等级的设置与新封爵等级的确立

宇文泰实行六官制后，不仅取消了乡男、郡王爵位等级，而且，又根据

① 王仲荦：《北周六典》，中华书局，1979年，第542页。

② 《通典》卷三九《职官二一》。

③ 《通典》卷三九《职官二一》。

④ 《通典》卷二一《职官二一》。

⑤ 《通典》卷三九《职官二一》。

统治的需要，陆续增设新的爵位等级。这些新增设的爵位等级有：国公、县王、郡王和国王。

1. 国公爵位等级的设置。如前所述，宇文泰要依据《周礼》实行六官制，所以，也就在封爵等级中，废除了郡王，进而也就造成开国郡公为最高等级爵位的情况。但是，这种情况的出现，是不适应爵位封授需要的，因此，北周国家也就需要设置能够取代郡王的一级爵位。《周书·孝闵帝纪》："（元年）于是封太师李弼为赵国公，太傅赵贵为楚国公，太保独孤信为卫国公，大司寇于谨为燕国公，大司空侯莫陈崇为梁国公，大司马中山公护为晋国公，邑各万户。"这说明，周明帝禅代西魏后，就立即开始设置国公爵位等级。可是，郡王的废除却是在魏恭帝三年，实际与国公的设置时间只间隔一年。也就是说，郡王爵位等级的废除与国公等级的设置在时间上，是前后接续的。很显然，周明帝正是要以国公爵位等级取代原来的郡王爵位等级。周明帝所以要采取这种做法，自然是要使国公等级的设置，一方面符合六官制的规定，因为在六官制中，外诸侯的最高等级为公；另一方面，以变化的方式继续保持六官制实行前的封爵等级。由此可见，以国公代替郡王就成为在六官体制中，比较合适的爵位等级的改换。

当然，北周国家还要表明新设的国公与开国郡公的不同，因此，采取不以行政郡、县加爵位等级来命名爵称的做法，而是采取了新的方式。统计《周书》记载，北周进升与封授国公者共有76人。他们受封的国公的爵称可以分为三类：一是以北周以前不同时代封授的诸侯国的名称来命名爵称。诸如赵国公、楚国公、卫国公、燕国公、梁国公、晋国公、蜀国公、韩国公、鲁国公等。二是以地名命名爵称。诸如郧、岐、宿、观、邽国公等。三是以姓氏命名爵称，诸如卢、萧、隋国公等。但在进升和封授的国公爵称中，主要还是以北周以前的诸侯国名作为爵称。北周国家对国公等级的爵称采取这种做法，不仅与开国郡公形成明显的差别，而且，还使爵位等级与封地没有关联。也就是说，国公的爵位等级，并不显示受爵者的实际封地。由于这种情况的出现，也就使受封国公爵者不能通过爵称显示所领食邑的地区。

然而，北周国家却依然为受封国公者封授食邑。《周书·李弼传》："（李弼）孝闵帝践祚，除太师，进封赵国公，邑万户。"《周书·于谨传》："（于谨）孝闵帝践祚，进封燕国公，邑万户。"《周书·达奚武传》："（达奚武）

武成初，转大宗伯，进封郑国公，邑万户。”很显然，受封国公者，一般受封的食邑为一万户。当然，也有受封食邑数量低于一万户的。《周书·刘亮传》：“（刘）昶，尚太祖女西河长公主。大象中，位至柱国、秦灵二州总管。以亮功，封鼓国公，邑五千户。”可见获封食邑五千户，也是受封国公者所领食邑的规定数量。尽管北周国家可以按规定数量封授国公等级的食邑，可是，由于没有具体的封地，所以，这种食邑的封授，也就与所食租税是没有关联的。

北周国家设置国公爵位等级，并不是要使之成为虚封。《周书·杨忠传》：“（杨忠）武成元年，进封随国公，邑万户，别食竟陵县一千户，收其租赋。”《周书·窦炽传》：“（窦炽）保定元年，进封郑国公，邑一万户，别食资阳县一千户，收其租赋。”《周书·于翼传》：“（于翼）进位上柱国，封任国公，增邑通前五千户，别食任城县一千户，收其租赋。”这些记载说明，北周国家还使受封国公者都有“别食”的户数。也就是说，北周国家使“别食”者，有明确封地和受封户数，因此，受封国公者所食租税，是由“别食”的封授实现的。由于受封国公者所食租税的情况出现这种变化，因而，为受封国公者封授食邑，也就只能起到象征等次的作用。北周国家使受封国公者在获得食邑的数量上，有一万户和五千户的差别，也就是要在国公等级中，造成等次的区分。这就是说，北周国家不仅设置了国公等级，而且，还通过所领食邑数量的差别，就使受封国公爵者又分为两个不同的等次。

六官制实行后，西魏北周国家设置国公爵位等级，除了要以这一等级爵位取代郡公爵位等级之外，也是为了适应提高宇文氏皇亲和军功勋贵地位的需要。细绎《周书》中记载，实际受封国公者，可以分为两类：一类为宇文氏皇亲。《周书·文闵明武宣诸子·卫剌王直传》：“卫剌王直，字豆罗突。魏恭帝三年，封秦郡公，邑一千户。武成初，出镇蒲州，拜大将军，进卫国公，邑万户。”显然因为宇文直为宇文泰之子，才被封授为国公。其他的宇文氏皇亲，大多数也都被封授为国公。另一类则为异姓军功勋贵。统计《周书》记载，异姓勋贵受封国公爵的就有：贺拔纬、豆卢宁、杨雄、韦孝宽、于瑾、赵贵、刘昶、田恭、窦炽、李弼、杨忠、王雄、贺兰祥、尉迟纲、辛威、崔猷、侯莫陈崇、杨睿、尉迟运、韩建、贺拔伏恩、丘崇、姬愿、尉迟运、独孤永业、王轨、郑译、陈山提、元晟、杨雄、李耀、李晏、梁凤、王谊、郑译等人。很明显，国公爵既可以封授给宇文氏皇亲，也能够封授给地位显赫的勋臣。这说明，北周国家设置国公爵位等级，改变来原来郡王只能封授元氏宗亲的状况，因此，国公爵位等级设置，并不只是为了替代废除的郡王爵位等级，而是要使这一等级爵位为宇文氏皇亲和地位特殊的异姓勋贵带来更多的利益，进而更有益于使爵位的封授起到“以酬勤劳”[①] 的作用。

2. 国王、郡王、县王等级的设置。北周国家除了设置国公之外，在封爵的等级中，又开始重新设置王爵。但新设置的王爵，不只是一等级，而是三等级，即国王、郡王、县王。关于国王的设置，《周书·武帝纪上》：“（建德三年）册柱国齐国公宪、卫国公直、赵国公招、谯国公俭、陈国公纯、越国公盛、代国公达、滕国公逌并进爵为王。……纪国公康、毕国公贤、酆国公贞、宋国公实、汉国公赞、秦国公贽、曹国公允并进爵为王。”这些在建德三年由国公进升为王的，正是国王。因为这种爵位等级进升，实际是要将国公等级改为国王等级，所以，建德三年也就是设置国王等级的开始。

北周国家又设置了郡王。《周书·齐炀王宪传》：“（宇文质）初封安城公。后以宪勋，进封河间郡王。”可见宇文质受封的不是国王，而是郡王。又《周书·武帝纪下》：“（建德五年）封齐王宪子安城郡公质为河间王。”说明建德五年才有郡王爵位等级的设置。

北周国家还有县王的设置。《周书·宣帝纪》：“（大象元年）封赵王招第二子贯为永康县王。”说明大象元年已有县王的设置，但这一级王爵的设置，显然要晚于国王和郡王。

北周国家设置的国王、郡王、县王是在国公之上的爵位等级，因此，这三等级王爵，不是对原来王爵的恢复，而是新增设的爵位等级。北周国家为什么要在国公等级之上，增设三级王爵呢？这与北周国家改变最高统治者的称号的做法有很大关系。《周书·明帝纪》：“（武成元年）八月己亥，改天王称皇帝，追尊文王为帝，大赦改元。”也就是说，周明帝开始将天王改称为皇帝。一如前述，北周禅代西魏后，依据《周礼》的规定，将国家最高统治者称为天王。可是，仿照《周礼》规定的称号，并不利于北周国家的统治。诚如陈寅恪先生所言：周明帝世距依周礼创建制度之世至近，即已改天王之

---

① 《隋书》卷二八《百官志下》。

号，尊秦汉称皇帝，盖民间习于皇帝尊号已久，忽闻天王之名，诚如崔猷所言，“不足以威天下”，即不足以维持尊严之意，故不得不先改革之也。① 正因如此，尽管北周需要建立关陇本位体制，以便与北齐、梁朝相区别，可是，却不能废除长期以来形成的皇帝制度，因此，也就需要将天王改为皇帝，以此体现北周是能够与北齐、萧梁抗衡的政权。应该说，北周国家将最高统治的称号，由天王改称为皇帝，正是设置王爵等级的前提条件。

然而，北周最高统治者称号的变动，只是为王爵的设置突破了以《周礼》规定国家制度的限制，实际上，北周国家设置王爵等级，却是与当时政治斗争密切相关的。实际上，在周孝闵帝、周明帝直到周武帝统治前期，国家朝政都是由宇文护把持的。尽管宇文护还任用贺兰祥、尉迟纲等一些异姓勋贵，但是，宇文氏宗室人物逐渐被赋予要职。② 并且，直到周武帝亲政时，宇文氏宗室依然控制国家重要职官。因此，为适应这种政治局面的需要，就要使宇文氏宗室获得不同于异姓勋贵的特殊地位，因而，设置高于国公的爵位等级，就是体现这些宇文氏宗室特殊身份的最好方式之一，所以，不同等级的王爵设置，显然与当时政治统治斗争状况有很大的关系。

实际上，北周国家设置不同等级的王爵的目的，是为了突显宇文氏皇亲的地位，所以能够受封不同等级王爵的对象，实际是限制在很小的范围之内的。依据《周书》《北史》中的记载，受封国王爵位者有宇文泰之子：宇文宪、宇文直、宇文招、宇文俭、宇文纯、宇文盛、宇文达、宇文逌；周闵帝之子：宇文康；周明帝之子：宇文贤、宇文贞、宇文实；周武帝之子：宇文赞、宇文贽、宇文允、宇文充、宇文兑、宇文元；周宣帝之子：宇文衎、宇文术。很显然，王爵是不能封授宇文氏之外的异姓勋贵的，只有北周皇帝的同姓才能获得封授。

当然，三等级王爵的封授对象也是有区分的。就国王等级而言，北周国家只使皇帝之子才能够受封国王。而受封郡王、县王者，虽然都是皇亲，但是，却与受封国王者的辈分不同。例如，受封郡王的宇文质，为宇文泰之

① 陈寅恪：《隋唐制度渊源略论稿》，中华书局，1963年，第95页。

② 吕春盛：《关陇集团的权力结构演变—西魏北周政治史研究》，文津出版社，2002年，第209页。

孙。[1] 受封县王的宇文贯，也为宇文泰之孙。[2] 由此可见，确定受封国王等级的对象，只能是皇帝之子。而郡王和县王的封授，则是以宇文泰的孙辈为对象的。因此，可以说，这三级王爵等级的封授，不过是要展示宇文氏皇亲与异姓勋贵不同，从而表明他们所具有特殊的显赫地位和特权是高于异姓勋贵的。

虽然北周国家设置国王、郡王、县王爵位等级，是为了突显宇文氏皇亲的地位和特权，可是，这些皇亲受封不同等级的王爵并不是不受限制的。对国王等级的封授而言，从表面来看，北周国家设置国王爵位是要“为周藩屏”[3]，可是，从国王的封授的情况来看，却并不完全如此。因为从宇文护开始，虽然他的统治需要倚重宇文氏皇亲，但是，对这些皇亲又不能不加防范。《周书·文闵明武宣诸子·赵僭王招传》：“（赵僭王招）大象元年五月，诏以洺州襄国郡邑万户为赵。招出就国。”又《周书·文闵明武宣诸子·陈惑王纯传》：“（陈惑王纯）武成初，封陈国公，邑万户。……建德三年，进爵为王。……大象元年五月，以济南郡邑万户为陈。纯出就国。”又《周书·文闵明武宣诸子·越野王盛传》：“越野王盛，字立久突。武成初，封越国公，邑万户。天和中，进爵为王。……大象元年，迁大前疑，转太保。其年，诏以丰州武当、安富二郡邑万户为越。盛出就国。”这三条记载说明，北周国家对受封国王爵者的封地范围规定是明确的，并且，还需要使受封者“就国”来对封地进行治理。这样做的目的，显然是要防止受封国王爵位的宇文氏皇亲对国家最高统治权的侵犯，所以，才采取“就国”的做法，使他们远离京师，进而使他们的权势受到必要的限制。

至于郡王、县王等级的设置，应该是对国王等级的补充。因为北魏确定封授同姓王规定之后，允许诸王的爵位可以为后世继承，可是，却依据传袭的辈分将继承王爵者分为一蕃王、二蕃王、三蕃王。[4] 这种依据后世辈分来区分王爵的做法，在北魏后期又成为封授支子王的依据。可以说，这种做法

---

① 《周书》卷一二《齐炀王宪传》。

② 《周书》卷七《宣帝纪》。

③ 《周书》卷三《孝闵帝纪》。

④ 《魏书》卷一一三《官氏志》。

在北周还有很大的影响。可是，北周国家不可能完全照搬北魏国家的规定，但通过变通的方式使不同辈分的皇亲获得不同等级的王爵封授理念却延续下来，所以，才有了依据与皇帝辈分的远近确定受封国王、郡王、县王的做法，进而也就使王爵等级的设置出现了等次的区分。

由上述可见，因为北周国家为了适应国家统治的需要，因而，需要使原来封爵的等级再增设国公、县王、郡王、国王。这四级爵位是在不改变原来实行的爵位等级的基础上进行的。北周所以要增加四级爵位等级，是为了要通过高等级爵位的封授展现异姓勋贵和宇文氏皇亲显赫的身份地位，因而，受封四等级高爵便成为勋贵和皇亲所具有的特权。

然而，北周国家需要保证原来受爵者获得的既得利益，就必须使已经固定化的封爵等级延续下来。但是，已经固定化的封爵等级，还不能完全体现特殊身份的勋臣和皇亲的地位，所以，就只能在原来封爵等级的基础上，采取再增设爵位等级的做法，因而，也就形成了国王、郡王、县王、国公、郡公、县公、县侯、县伯、县子、县男新的爵位等级序列。

北周国家在构成这种新的爵位等级序列上，注意到与六官制规定的联系，并且，避免与六官制规定的命级发生矛盾，所以，将国王、郡王、县王、国公都确定为正九命。① 北周国家采取的这种做法，一是不打破原来确定的爵位等级在命级上的规定；二是要将新的爵位等级序列整合到官本位的体制中。由于这一新的爵位等级序列没有通过命级表现出新增设的四级爵位的等级差别，所以，也就存在不完善之处。而使这一等级序列进一步完善，直到隋朝才最后实现。《隋书·百官志下》：隋爵制“国王、郡王、国公、郡公、县公、侯、伯、子、男、凡九等”。应该说，隋代的九级爵位等级规定，正是取自北周的新的爵位等级序列，只是取消了县王等级。《通典·职官二一》载隋官品令：“国王，正一品；郡王、国公、开国郡公、开国县公，从一品；开国侯，正二品；开国伯，正三品；开国子，正四品；开国男，正五品。”很显然，隋朝不仅将国王、郡王、国公等级纳入官本位的品级规定中，并对这一序列做了适当的调整，因而，不仅表现出与北周的新爵位等级序列

① 《通典》卷三九《职官二一》载后周官品：王爵、国公，正九命。又王仲荦先生考证：王爵包括国王、郡王、县王，都为正九命。（王仲荦：《北周六典》，第537-538页。）

的沿袭关系，并且，使这一爵位等级序列与职官品级做了恰当的结合，进而也就更具有了合理性。

四、结　语

宇文泰所控制的西魏政权为了统治的需要，继续沿袭北魏后期实封的王爵、开国爵的等级。西魏国家对北魏后期受封实封爵者的爵位等级采取了延续和以原来的爵位等级为依据进升爵位等级的做法。并且，还将开国县男、县子、县伯、县侯、县公、郡公和郡王作为封授爵位的等级。虽然西魏国家继续沿袭北魏后期实封爵的爵位等级，可是，由于对进升和受封爵位者的封地的分布不以所控制的区域范围为限，所以很多受封者的封地是在东魏境内，因而，也就使这些受封者很难通过所领食邑获得租税的收入。可以说，西魏承袭的北魏实封爵的性质已经开始变化，成为名义上可以受封食邑的爵位，所以，这种封爵的等级，也就只是在形式上承袭了北魏后期实封爵的等级序列。

宇文泰于魏恭帝三年开始实行六官制。由于六官制的实行，对已经实行的封爵等级产生明显影响。西魏北周国家为适应推行六官制的需要，对实行的封爵等级实行了保留和变动的做法。即保留开国县男、县子、县伯、县侯、县公、郡公等级，却取消了乡男和郡王等级。同时，依据《周礼》构建了公、侯、伯、子、男爵位等级，也就是被称为外诸侯的爵位等级。但是，这一爵位等级只是为了将封爵纳入官本位体制中，进而表明封爵与职官具有一体化的特征，所以这一封爵等级也只具有象征意义。实际上，这一爵位等级的构建，就使西魏北周的封爵具有了双重的等级标准。

北周国家为了保证身份显赫的异姓勋贵和宇文氏皇亲的利益，又增设了国公、县王、郡王和国王爵位等级。并且，北周国家又将这四等级爵位与郡公、县公、县侯、县伯、县子、县男等级整合在一起，从而形成新的封爵等级序列。而且，还将这一新的爵位等级序列与六官制的命级规定相结合，因而，也就更明显地展示了受封爵者的身份地位。隋取代北周后，又进一步整顿这一爵位等级序列，因而，就形成了国王、郡王、国公、郡公、县公、县侯、县伯、县子、县男九等级的爵位制。很显然，隋朝九等级的封爵制，正是以西魏延续北魏后期实封爵的爵位等级为依据，并在六官制实行的影响下，才逐渐形成的，因此，九等级的封爵制的形成，实际经历了复杂的演变的轨迹，可以说，这一演变轨迹，清楚地展现了隋、唐封爵制与西魏北周封爵制的渊源关系。

（原载《人文杂志》2017 年第 9 期）

西魏北周封爵的封地问题

西魏北周的封爵，在改造北魏后期爵制的基础上，开始形成新的爵位等级序列。并且，与这种等级序列相适应，西魏北周封爵的封地也与北魏后期实封爵不同。然而，对于西魏北周封爵的封地问题却有不同的意见。高敏先生认为西魏北周的封爵制是北魏后期虚封与实封并存的封爵制的直接延续。用详细的封户的数量表示实封的做法，同北魏后期以来的实封之制是一致的。[①] 按高敏先生的说法，既然实封爵在西魏北周一直存在，当然，其封地就是实封。杨光辉教授则认为，保定二年以前，西魏北周封爵皆为虚封；之后，仅柱国等“勋德隆重者”方可寄食他县，其余封爵仍然属于虚封爵。[②] 这是很值得重视的学术意见。有鉴于此，可以说对西魏北周封爵的封地问题，还有做深入考察的必要。因此，本文拟在前人研究的基础上，对西魏北周封爵的封地的相关问题，再做一些阐释，希望有益于对这一问题认识的深化。

一、封爵封地的虚封化

西魏北周封爵的封地是与爵位等级相联系的，因此，要考察这一时期封爵封地的特点，需要提及西魏北周封爵的等级。可以说，在宇文泰实行六官制之前，西魏国家沿袭北魏后期实封爵的爵位等级，当然，主要是开国爵的爵位等级，即开国郡公、县公、县侯、县伯、县子、县男。但在六官制实行

---

① 高敏：《西魏、北周与东魏、北齐的封爵制探讨》，《魏晋南北朝史发微》，中华书局，2005年，第221－222页。

② 杨光辉：《汉唐封爵制度》，学苑出版社，2001年，第76页。

后，在各开国爵等级之上，又增加了国公、县王、郡王和国王等级，进而形成新的爵位等级序列。尽管这是新的统一的爵位等级，但又可以分为两个层次，即开国爵等级层次和国公、县王、郡王、国王等级层次。

从开国爵等级层次来看，实际是以国家地方行政组织作为封地。《周书·武帝纪上》："（保定三年）初令世袭州郡县者改为五等爵，州封伯，郡封子，县封男。"据此可见，周武帝试图使开国爵层次的伯、子、男等级与行政州、郡、县对应起来。但这一规定，似乎并没有实行。因为在《周书》《北史》和墓志铭中，没有见到保定三年以后，开国爵的伯、子、男等级的封地与州、郡、县相对应的记载，尤其是，也没有出现州伯、郡子的封地的封授。尽管保定三年的诏令没有完全落实，不过，还是可以明确对开国爵等级层次，是要以国家地方行政组织作为封地的。实际上，西魏北周国家可以作为开国爵等级层次封地的，只有行政郡、县。《周书·邵惠公颢传附宇文导传》："（宇文导）进屯渭桥，会太祖军。事平，进爵章武郡公。"就是西魏使开国郡公以郡为封地。《周书·梁御传》："（梁御）大统元年，转右卫将军，进爵信都县公。"则是西魏使开国县公以县为封地。在开国县公以下的县侯、县伯、县子、县男也都是以行政县为封地。北周禅代西魏后，对开国爵各等级，则继续沿袭西魏的做法。

然而，对国公、县王、郡王、国王等级层次而言，则与开国爵等级层次不同。从国公等级的封地来看，可以分为三种情况：《周书·达奚武传》："（达奚武）武成初，转大宗伯，进封郑国公，邑万户。"可见达奚武的封地郑，不是行政郡、县，而是历史上曾经存在的封国。《周书·文闵明武宣诸子·谯孝王俭》："（宇文俭）武成初，封谯国公，邑万户。"宇文俭封地谯，为西魏北周的地名。这说明，当时的地名可作为国公封地的名称。《周书·王盟传》："（王盟）宣帝即位，进封杨国公，拜大司空。"王盟的封地杨，显然为姓氏。也就是说，姓氏也能够作为国公封地的名称。由此可见，可以作为国公封地名称是不一致的，既有历史上曾经分封的封国国名，也有当时的地名和姓氏。

从县王、郡王的封地来看，自然与行政县、郡有关。《周书·齐炀王宪传》："（宇文质）初封安城公。后以宪勋，进封河间郡王。"河间为郡称，说明在六官制实行后，新设置的郡王爵位等级，是以行政郡为封地的。对县王等级而言，应该与郡王相同，能够以行政县为封地。可是，县王、郡王两级爵位，不过是对国王等级的补充，并且，北周只封授县王、郡王各一人，所以，这种封地的命名方式，也就不是国公、县王、郡王、国王等级层次的主体做法。

然而，北周的国王等级的封地，则不同于郡王和县王。细检《周书》《北史》记载，北周国家封授的国王有：齐炀王宇文宪、卫剌王宇文直、赵僭王宇文招、谯孝王宇文俭、陈惑王宇文纯、越野王宇文盛、代慎王宇文达、滕闻王宇文逌、纪厉王宇文康、毕刺王宇文贤、邦王宇文贞、秦王宇文贽、曹王宇文允、道王宇文充、蔡王宇文兑、荆王宇文元、郧王宇文衎、郢王宇文术，共18人。这些受封国王者的封地名称，也可以分为三类：一是用历史上曾经存在的封国名称；二是地名；三是姓氏。很明显，北周对国王等地封地的命名方式与国公是没有差别的。《周书·文闵明武宣诸子·卫剌王直传》："（宇文直）武成初，出镇蒲州，拜大将军，进卫国公，邑万户。……建德三年，进爵为王。"又《周书·文闵明武宣诸子·滕闻王逌传》："（宇文逌）武成初，封滕国公，邑万户。……建德初，进位柱国。三年，进爵为王。"这就是说，宇文直、宇文逌进升国王爵后，在封地上，依然采用的是原来国公等级的封地名称。这种情况的出现，正是因为在爵位等级上，国王与国公是接续的。而国王却与县王、郡王是并列的等级，都被规定为正九命。① 正因如此，北周国家也就需要对三级王爵采用不同的命名封地方式来加以区分。不过，由于国王等级在次序上，是最高的，而且，还是北周国家封授的主要王爵，因此，国王等级封地的命名方式，自然也就处于主导的位置。

由于西魏北周的统一的封爵等级分为两个有区别的等级层次，因此，也就使封地的命名方式出现两种不同的情况。但是，这两种不同的命名方式，对封地的性质并没有多少影响，实际上，都在向虚化的方向发展。然而，由于两个不同等级层次封地命名方式的不同，因而，封地的虚化所展现的轨迹

① 《通典》卷三九《职官二一》载后周官品：王爵、国公，正九命。又，王仲荦先生考证：王爵包括国王、郡王、县王，都为正九命。见王仲荦：《北周六典》，中华书局，1979年，第537-538页。

就存在一些差别，所以，也就需要分别说明。

从开国爵等级层级的封地来看，实际是延续北魏开国爵的封地构成。北魏开国爵的封地，是实封地。《魏书·陆俟传》："（陆丽）勋著前朝，封睿巨鹿郡开国公，食邑三百户。"又《魏书·景穆十二王中·任城王云传》："肃宗时，追论嵩勋，封世俊卫县开国男，食邑二百户。"北魏国家封授的开国爵封地，显然是食邑的分布地。受封开国爵者的食邑，正是所食租税的来源，因此，北魏国家就将对开国爵封地的封授称为"茅土之锡"。[①] 也就是说，北魏国家对开国爵封地的封授，要举行赐"茅土"的仪式。《隋书·礼仪志四》："（北齐）诸王、五等开国及乡男恭拜，以其封国所在，方取社坛方面土，包以白茅，内青箱中。函方五寸，以青涂饰，封授之，以为社。"可见，北齐封授开国爵封地举行授"茅土"仪式的目的，是要在封地上立"社"。北齐的制度，大多数是沿袭北魏后期的制度。可以说，这种封授开国爵封地时而举行的立"社"仪式，也应该是沿袭北魏后期的做法。因此，可以明确，北魏国家是将封授开国爵者的封地，视为一种封国。

西魏建国后，还继续实行封爵制度。但西魏所实行的爵位制是沿袭北魏后期的开国爵制。《周书·独孤信传》："（独孤信）及孝武西迁，……进爵浮阳郡公，邑一千户。"又《周书·卢柔传》："（卢柔）大统二年，至长安。封容城县男，邑二百户。"很明显，西魏国家使受封爵者，既有封地，也有食邑。《周书·卢辩传》称："周制：封郡县五等爵者，皆加开国。"很显然，这是北周禅代西魏后，明确规定的封爵制。

然而，需要看到的是，西魏北周国家实行开国爵制的条件，已经与北魏不同。也就是在北方出现了分裂局面。由于孝武帝迁都长安，孝静帝于邺建都，在北方出现东魏与西魏两个政权的对立。可是，这两个政权都将它们视为继承北魏的正统王朝。由这种统治理念所决定，当然要影响到爵位封地的封授。

对西魏政权而言，它封授的开国爵封地，并没有只限制在控制区之内。换言之，西魏国家在控制区内和控制区外，都可以封授开国爵的封地。《周书·王悦传》："（王悦）大统元年，除平东将军、相府刑狱参军，封蓝田县

---

① 《魏书》卷六〇《程骏传》。

伯，邑六百户。”王悦封地蓝田县，属雍州，[①] 正在西魏的统治区内。《周书·寇俊传》：“（寇俊）加镇东将军，封西安县男，邑二百户。”寇俊封地西安县，属青州，[②] 则在东魏统治区中。由于西魏国家封授开国爵封地采取这种做法，当然就要影响到对不同控制区中封地的掌控。北周禅代西魏后，依然在开国爵封地的封授上，延续西魏的做法。由于西魏北周开国爵封地分布的这种差异，就要促使封地的性质出现变化。以下分三种情况说明西魏北周受封开国爵者封地的分布情况：

一是在北魏后期受封开国爵、但在西魏爵位等级提升后的封地分布。《周书·若干惠传》：“（若干惠）复以别将从贺拔岳西征，解岐州围，擒万俟丑奴，平水洛，定陇右，每力战有功。封北平县男，邑二百户。……魏孝武西迁，除右卫将军、大都督，进爵魏昌县伯，邑五百户。”若干惠原封地北平县属定州；[③] 提升爵位后封地魏昌县还属定州。[④] 又《周书·梁椿传》：普泰二年，梁椿“封卢奴县男，邑一百户。……大统初，进爵栾城县伯，增邑五百户”。梁椿原封地卢奴县属定州；[⑤] 爵位提升后的封地栾城县则属赵州。[⑥] 在北魏分裂后，定州、赵州都在东魏。这说明，一些在北魏受封开国爵者在西魏进升爵位后，封地却依然保留在东魏。也就是说，西魏国家并没有以原来受爵者爵位等级变化为契机，将分布在东魏的开国爵封地，都迁移至西魏控制的区域内。而北魏后期受封开国爵者封地在西魏的，也在原地区没有变动。例如，北魏末年，杨宽受封“澄城县伯，邑三百户”。北魏澄城县属华州。[⑦] 但在西魏，杨宽“录从驾勋，进爵华山郡公，邑一千二百户”[⑧]。华山郡也属华州。[⑨] 华州在西魏统治区内。统计《周书》《北史》记

---

① 《隋书》卷二九《地理志上》。

② 《隋书》卷三〇《地理志中》。

③ 《魏书》卷一〇六上《地形志上》。

④ 《隋书》卷三〇《地理志中》。

⑤ 《魏书》卷一〇六上《地形志上》。

⑥ 施和金：《北齐地理志（上）》，中华书局，2008年，第81-82页。

⑦ 《魏书》卷一〇六下《地形志下》。

⑧ 《周书》卷二二《杨宽传》。

⑨ 《隋书》卷二九《地理志上》。

载，北魏后期受封开国爵者有30人的爵位等级被西魏国家提升。他们爵位等级提升后，其封地在西魏、东魏都有分布。

受封爵者爵位等级提升后，封地在西魏统治区的有：杨绍（荆州冠军县）、常善（河州武始县）、杨荐（秦州清水县）、辛威（泾州白土县）、怡峰（益州华阳县）、赵贵（延州魏平县）、念贤（泾州安定郡）、于谨（雍州蓝田县）、杨宽（华州华山郡）、宇文贵（夏州化政郡），共10人。

受封爵者爵位等级提升后，封地在东魏统治区的有：赫连达（定州魏昌县）、侯莫世乐（恒州灵丘县）、若干惠（定州魏昌县）、王德（冀州下博县）、韩果（定州石县）、梁椿（赵州栾城县）、韦孝宽（广州山北县）、寇洛（齐州临邑县）、刘亮（瀛州饶阳县）、侯莫陈顺（徐州彭城郡）、厍狄昌（并州长子县）、李弼（赵州赵郡）、梁御（冀州信都县）、达奚武（兖州须昌县）、杨忠（青州昌县）、宇文测（冀州广川县）、陆呈（并州中都县）、赵善（北荆州襄城县）、王思政（并州太原郡），共19人。① 只有杨敷受封县所在州不详。很明显，西魏在进升北魏受封开国爵者爵位等级时，并没有消除爵位封地分布在统治区内与统治区外的差别。

二是西魏受封开国爵者封地的分布。检《周书》《北史》记载，西魏国家封授的不同等级开国爵者共97人。受封开国爵者封地在西魏控制区的有：叱罗协（荆州冠军县）、刘志（同州华阴县）、柳虬（雍州美阳县）、韦瑱（雍州长安县）、王子直（雍州山北县）、陈忻（雍州霸城县）、赵文深（雍州长安县）、于寔（巴州白石县）、苏绰（雍州万年县）、田弘（雍州美阳县）、郭贤（泾州鹑阴县）、唐瑾（泾州安武县）、苏亮（泾州临泾县）、梁昕（泾州安定县）、宇文护（河州水池县）、贺兰祥（泾州抚夷县）、念远（泾州安定县）、王悦（雍州蓝田县）、郑顶（金州魏昌县）、段永（恒州沃阳县）、泉仲遵（同州郃阳县）、阳雄（灵州灵武县）、侯莫陈崇（华州夏阳县）、侯莫陈凯（潼州涪城县）、杨俭（荆州江陵县）、宇文宪（岐州洛邑县）、宇文乾仁（同州下邽县）、王显（灵州建安县）、李贤（雍州新丰县）、李基（渭州南安县）、席固（益州义城郡）、任果（金州宁都郡）、李弼（雍州秦郡）、李

① 受爵者封地的分布，见《隋书》卷二九《地理志上》、《隋书》卷三〇《地理志中》、《隋书》卷三一《地理志下》。

延孙（华州华山郡）、宇文招（东雍州正平郡），共35人。

受封开国爵者封地在东魏控制区的有：豆卢宁（怀州河阳县）、柳庆（济州清河县）、卢柔（幽州容城县）、裴宽（晋州夏阳县）、郑孝穆（瀛州永宁县）、崔谦（青州千乘县）、寇俊（青州西安县）、薛憕（晋州夏阳县）、辛昂（郑州襄城县）、韦佑（幽州固安县）、李檙（并州晋阳县）、阎庆（幽州安次县）、周惠达（瀛州文安县）、王勇（豫州包信县）、宇文盛（幽州渔阳县）、耿豪（冀州平原县）、高琳（兖州巨野县）、窦毅（兖州奉高县）、申徽（兖州博平县）、柳敏（兖州武城县）、赵刚（并州阳邑县）、崔说（豫州安昌县）、薛善（秦州龙门县）、段永（幽州昌平县）、司马裔（秦州龙门县）、赵肃（济州清河县）、张轨（济州寿张县）、李彦（晋州平阳县）、郭彦（秦州龙门县）、吕思礼（豫州汝阳县）、魏玄（济州广宗县）、蒋升（沧州高城县）、豆卢永恩（合州新兴县）、尉迟纲（济州广宗县）、祭佑（幽州苌乡县）、宇文深（冀州长乐县）、贺若敦（冀州安陵县）、陆通（青州都昌县）、赵昶（瀛州章武县）、崔猷（兖州平原县）、裴侠（济州清河县）、郑伟（豫州武阳县）、卢光（幽州范阳县）、杨纂（罗州永兴县）、尉迟运（定州安喜县）、韩雄（豫州武阳县）、宇文导（瀛州饶阳县）、王盟（定州魏昌县）、王励（兖州梁甫县）、叱列伏龟（冀州长乐县）、侯植（济州肥城县）、于翼（定州安平县）、厍狄峙（赵州高邑县）、李棠（济州广宗县）、侯莫陈顺（瀛州河间郡）、宇文震（冀州武邑郡），共56人。受封爵者的封地分布情况不详者有：权景宣、令狐整、李穆、冯迁、王雄、李迁哲，共6人。[①] 由此可见，西魏封授开国爵，并没有将受爵者的封地都封授在西魏统治的区域内，反之，还继续在东魏统治的地区封授开国爵的封地。

三是北周受封开国爵者封地分布情况。据《周书》《北史》载，北周国家受封开国爵者共38人。其中受封开国爵者封地在北周的有：韩盛（荆州临湍县）、薛慎（淮州淮南县）、王褒（金州石泉县）、庾信（通州临清县）、高宾（迁州上庸县）、宇文恺（昌州双泉县）、姚僧垣（郢州长寿县）、王轨（郢州上黄县）、梁士彦（武州建威县）、史雄（淅州武当县）、长孙澄（湖州义门县）、

① 封地所属州，见《隋书》卷二九《地理志上》、《隋书》卷三〇《地理志中》、《隋书》卷三一《地理志下》。

杨惠（复州竟陵县）、杨乐广（梁州安康县）、于弼（洛州平恩县）、于兰（襄州襄阳县）、于顗（荆州新野郡）、于义（信州建平郡）、于绍（益州华阳郡）、宇文忻（夏州化政郡）、李询（渭州陇西郡）、王士良（昌州广昌郡），共21人。

受封开爵者封地在北齐的有：柳带韦（洛州康城县）、李彦（晋州平阳县）、颜之仪（晋州平阳县）、皇甫璠（冀州长乐县）、刘靖（瀛洲饶阳县）、裴宾（魏州武阳县）、裴鸿（赵州高邑县）、郑常（瀛洲饶阳县）、怡光（定州安平县）、刘恭（瀛洲饶阳县）、郑译（东徐州归昌县）、史祥（冀州武遂县）、司马消难（郑州荥阳县）、李辉（怀州河阳郡）、李纶（怀州河阳郡）、李晏（赵州赵郡）、于礼（建州安平郡）、李崇（冀州广宗郡）、柳昂（西汾州文城郡），共19人。另外，除刘雄、刘干、李轨、杨嵩、杨达5人封地分布情况不详之外，王庆、杜杲、史云3人的开国爵封地封授在南朝。[①] 统计情况显示，北周国家继续延续西魏的做法，将受封开国爵者的封地既能封至北周统治区内，也能封至北齐的统治区内，并且，还将一些受爵者的封地封至南朝境内。这就是说，北周国家封授开国爵的封地，在区域范围上，也不做统治区内和统治区外的区分。

因为西魏北周国家进升和封授开国爵，是依据可以控制全部北方地区的理念进行的，所以，也就出现受爵者的封地有统治区内和统治区外的区分。不过，需要指出的是，西魏北周国家使受封开国爵者在封地上出现这种差异，并不是依据受爵者的身份。《周书·晋荡公护传》："（宇文护）以迎魏帝功，封水池县伯，邑五百户。"宇文护封地水池县，属西魏河州。[②]《周书·邵惠公颢传附宇文导传》："（宇文导）以功封饶阳县侯，邑五百户。"宇文导封地饶阳县，则属东魏瀛洲。[③] 由此可以看出，尽管宇文护、宇文导同为宇文泰宗亲，但封地却有在西魏统治区内、外的差别。《周书·晋荡公护传附叱罗协》："（叱罗协）累迁相府属从事中郎。……太祖知协不贰，封冠军县男，邑二百户。"叱罗协封地冠军县属荆州，[④] 为西魏控制。《周书·豆卢宁

① 封地所属州，见《隋书》卷二九《地理志上》、《隋书》卷三〇《地理志中》、《隋书》卷三一《地理志下》，并参照王仲荦：《北周地理志》、施和金：《北齐地理志》。

② 《隋书》卷二九《地理志上》。

③ 《隋书》卷三〇《地理志中》。

④ 《隋书》卷三〇《地理志中》。

传》："（豆卢宁）与李弼率众归太祖。魏孝武西迁，以奉迎勋，封河阳县伯，邑五百户。"豆卢宁封地河阳县属怀州，① 则在东魏所辖区内。可是，叱罗协、豆卢宁都为宇文泰近侍官员。这说明，对受封开国爵的官员而言，其封地在西魏辖区内，还是在辖区外，也不是由他们在统治机构中的地位所决定的。北周国家继续延续这种措施。例如，由梁归顺北周的颜之仪、庾信，两人分别被封为平阳县男、临清县子。② 可是，颜之仪的封地平阳县，属北齐晋州；③ 庾信的封地临清县，则属北周贝州。④ 由于西魏北周采取这种封授做法，就使受封开国爵者在统治区外的封地，也只能是一种名义上的拥有。可是，对西魏北周统治者而言，不可能对统治区内和统治区外开国爵的封地实行两种不同控制的措施，因而，也就不得不将对封地的实封改为对封地名义的占有。由于这种趋势的出现，西魏北周国家所承袭的北魏的开国爵制，能够保留下的规定，也只有开国爵的等级，而与开国爵等级相联系的封地，实际已经由实封向虚封转化。

西魏北周开国爵封地的这种虚封化趋势，表现最明显的就是，一地多封情况的出现。《周书·裴侠传》："（裴侠）遂从入关。赐爵清河县伯，除丞相府士曹参军。"《周书·柳庆传》："（大统）十三年，封清河县男，邑二百户。"又《周书·赵肃传》：大统十三年，赵肃"于是封清河县子，邑三百户。"清河县属西魏贝州。⑤ 西魏国家可以将这一县作为裴侠、柳庆、赵肃的开国爵封地，显然都是虚封。《周书·叱列伏龟传》："（叱列伏龟）大统四年，封长乐县公，邑一千户。"《周书·皇甫璠传》："（皇甫璠）孝闵帝践祚，转守庙下大夫。……寻加车骑大将军、仪同三司，封长乐县子，邑五百户。"很显然，长乐县在西魏是叱列伏龟的开国爵封地，而在北周又成为皇甫璠的开国爵封地。由此可见，这种情况与北魏开国爵封地的封授是不同的。因为北魏国家将开国爵的封地视为"茅土"之封，在受封开国爵者没有被夺爵时，其封地是不能再封于其他人的。因此，西魏北周国家实行一地多封的做

---

① 《隋书》卷三〇《地理志中》。

② 《周书》卷四〇《颜之仪传》、《周书》卷四一《庾信传》。

③ 《隋书》卷三〇《地理志中》。

④ 《隋书》卷三〇《地理志中》。

⑤ 《隋书》卷三〇《地理志中》。

法，正是与开国爵封地已经虚化的特点相联系的。

从国公、县王、郡王、国王等级层次来看，其封地与开国爵等级序列并无太多的差别。由于在这一等级层次中，县王、郡王只是国王的补充等级，所以，需要比照国公、国王两等级的封地。关于国公、国王等级，如前所述，这两等级爵位封地的名称所采用的，是曾经封授的封国名称、地名和姓氏，所以，不可能明确指代具体封地的，因而，也只是虚封地名号而已。然而，北周国家却对国公、国王的封地采取特别的封授。《周书·豆卢宁传》："（豆卢宁）迁大司寇，进封楚国公，邑万户，别食盐亭县一千户，收其租赋。"依据这条记载，国公的封地可以分为两部分，即"本封"的封地和"别食"的封地。很明显，国公的"本封"封地，无疑为虚封。因为以曾经封授的封国、地名和姓氏作为封地名称，也只是封地的名号，是无法落实在实处的。但"别食"的封地，却能够领有食邑和租税，自然为实封地。

从国王等级的封地来看，《周书·文闵明武宣诸子·赵僭王招传》："（宇文招）建德元年，授大司空，转大司马。三年，进爵为王。……大象元年五月，诏以洺州襄国郡邑万户为赵。招出就国。"《周书·文闵明武宣诸子·越野王盛传》："（宇文盛）武成初，封越国公，邑万户。天和中，进爵为王。……诏以丰州武当、安富二郡邑万户为越。盛出就国。"这些记载说明，北周国王等级的封地也分为两部分，即"本封"的封地和皇帝下诏加封的封地。国王的"本封"封地与国公"本封"封地一样，也是虚封。而加封的封地，可以使受爵者"就国"，显然为实封地。关于国公"别食"的封地和国王被加封封地，在下节讨论，兹不赘述。

据以上所述，可以明确，对于国公、国王而言，"本封"的封地，无疑为虚封地。而县王、郡王是比照国王设置的王爵，所以，这两级爵位的"本封"封地，也应该为虚封地。这与开国爵等级层次封地的虚化是相同的。因此，可以说在六官制实行后，西魏北周的爵位等级开始确定为十等级。这些爵位等级的封地，基本都成为虚封地。因此，周武帝保定二年诏称："比以寇难犹梗，九州未一，文武之官立功效者，虽锡以茅土，而未给租赋。"① 正指出西魏北周封爵封地虚化的特点。尽管保定二年，北周国家使一些受封爵

① 《周书》卷五《武帝纪上》。

者，能够获得实封地，可是，封爵“本封”的封地，却仍然都是虚封。

二、封爵的实封地

从西魏北周封爵的封地的情况来看，已经开始虚封化，然而，由于西魏北周的封爵是承袭北魏的实封爵，因而，使受封爵者的封地完全虚封化，并不是能够立刻实现的。《周书·萧抮传》：“（萧抮）孝闵帝践祚，进爵黄台郡公，增邑一千户。……保定元年，授礼部中大夫。又以撝有归款之功，别赐食多陵县五百户，收其租赋。”又《周书·萧圆肃传》：“（萧圆肃）世宗初，进封棘城郡公，增邑一千户。以圆肃有归款之勋，别赐食思君县五百户，收其租赋。”这些记载提到的黄台郡、棘城郡为“本封”封地；多陵县、思君县则为“别食”封地。这就是说，他们能够通过“别食”封地获得租税收入，因此，这种封地，当然为实封地。不过，需要注意的是，萧抮获得“别食”封地是在保定元年，而萧圆肃获得“别食”封地，则在周世宗初年，都在保定二年之前。很显然，北周国家以“别食”方式使一些受封爵者获得实封地的规定固定化以前，就零星地采取这种特殊做法来对立功者实行特别的奖赏。而北周国家将这种做法的明确和规范化却是在保定二年。《周书·武帝纪上》载保定二年诏：“比以寇难犹梗，九州未一，文武之官立功效者，虽锡以茅土，而未给租赋。诸柱国等勋德隆重，宜有优崇，各准别制，邑户听寄食他县。”由此诏令可以明确两点：一是在保定二年以前，除了特殊情况之外，一般受封爵者是没有租赋收入的，所以，他们的封地，自然为虚封。二是保定二年以后，西魏北周国家则采取为拥有柱国以上勋官的受封爵者通过“寄食”的方式，使其获得租税，因此，他们获取租税的“寄食”地，也就成为他们的实封地。换言之，保定二年以后，一些受封爵者在虚封地之外，有了可以获得租税的实封地，当然这些实封地，是在“本封”的虚封地之外的。因此，可以说保定二年之后，对于一些受封爵者而言，他们的封地并不完全都是虚封。然而，周武帝的保定二年诏令，使一些受封爵者可以获得实封地，却是有条件的。即只有“诸柱国等勋德隆重”者，才能获得奖赏的实封地。也就是受封爵者加授柱国勋官，是他们获得实封地不能缺少的条件。

应该说，北周时期，勋官制已经比较完善。《通典·职官十六》称："其称门阀者，咸推八柱国家。其后功臣位至柱国者众矣，咸是散秩，无复统御也。后周建德四年，增置上柱国大将军。隋置上柱国、柱国，以酬勋劳，并为散官，实不理事。"其实，北周设上柱国大将军，就已经有柱国，只是至隋，才确定其秩级，因此，北周的柱国，应该与隋代相同。可以说，柱国在勋官体系中，所处的地位是很高的。正因如此，北周国家为受封爵者加授柱国勋官，是与他们的封爵等级相联系的。《周书·阎庆传》："（阎庆）孝闵帝践祚，出为河州刺史。……就拜大将军，进爵大安郡公。……天和六年，进位柱国。"又《周书·王杰传》："（王杰）孝闵帝践祚，进爵张掖郡公，增邑一千户，出为河州刺史。……（天和）六年，从齐公宪东御齐将斛律明月，进位柱国。"这说明，北周国家为受封爵者加授柱国勋官，其爵位等级，一般为开国郡公。即使受封开国郡公者，也不是都能够被加授柱国勋官的。检《周书》记载，受封开国爵兼有柱国，或柱国以上勋官者有：南阳郡公叱罗协、同昌郡公侯莫陈琼、安平郡公侯莫陈顺、博陵郡公贺兰祥、大安郡公阎庆、阳平郡公念安民、乐川郡公赫连达、包罕郡公辛威、上庸郡公陆腾、张掖郡公王杰、忠城郡公宇文盛、犍为郡公高琳、赵郡公刘雄、常山郡公于翼、建忠郡公韦孝宽、汝南郡公宇文神庆、浙阳郡公陈山提、北平郡公侯莫陈绍、安平郡公宇文恺、大安郡公阎庆、广宗郡公李瑞、陇西郡公李询、犍为郡公高琳、雁门郡公田弘、张掖郡公王杰、德广郡公李和、清河郡公杨素、武乡郡公崔弘度、陇东郡公杨纂、东平郡公宇文神举，共30人。而在北周进升，或受封开国郡公者（进升国公者除外）便有陈山提、宇文翼、宇文众、宇文至、冯迁、宇文贵、侯莫陈和、侯莫陈绍、李衍、李纶、李晏、李檦、赵善、侯莫陈琼、侯莫陈崇、侯莫陈绍、豆卢赞、杨整、杨嵩、杨达、宇文恺、贺兰师、贺兰宽、阎庆、李询、李瑞、赫连达、辛威、田弘、梁椿、陆腾、权景宣、王杰、王勇、宇文盛、高琳、李和、刘雄、侯植、窦毅、于玺、李惇、柳敏、柳昂、杨荐、赵刚、赵昶、元定、杨素、崔谦、崔弘度、崔猷、杨纂、段永、王士良、崔彦、寇奉、宇文神举、宇文孝伯、萧撝、萧世怡、萧圆肃、李延孙、韩雄、李迁哲、阳雄、席固、卢光、乐逊，共69人。将这两种情况对比，显然有一半以上的受封开国郡公的官员，没有被授予柱国、或柱国以上勋官。因此，可以明确，在受封开国爵等级层次范围内的官员，能够获得“别食”实封地的人数是有限的，因而，也就具有特殊赏赐的意义。

从受封国公等级的官员来看，一些人也能通过“别食”获得实封地。《周书·豆卢宁传》：“（豆卢宁）迁大司寇，进封楚国公，邑万户，别食盐亭县一千户，收其租赋。”又《周书·窦炽传》：“（窦炽）武成二年，拜柱国大将军。……保定元年，进封郑国公，邑一万户，别食资阳县一千户，收其租赋。”豆卢宁“别食”的盐亭县、窦炽“别食”资阳县，正是他们的实封地。可见受封国公官员的实封地，不是他们的“本封”，而是“别食”的封地。可以说，北周国家使受封国公者能够“别食”实封地，也与他们被加授柱国、或柱国以上勋官是联系在一起的。统计《周书》《北史》记载，北周国家进升和封授的国公有：赵国公李弼、楚国公赵贵、卫国公独孤信、梁国公侯莫陈崇、晋国公宇文护、蜀国公宇文迥、韩国公元罗、鲁国公宇文邕、卫国公宇文直、赵国公宇文招、谯国公宇文俭、陈国公宇文纯、越国公宇文盛、代国公宇文达、冀国公宇文通、滕国公宇文逌、蔡国公宇文广、郑国公达奚武、楚国公豆卢宁、凉国公贺兰祥、许国公宇文贵、随国公杨忠、吴国公尉迟纲、庸国公王雄、纪国公宇文康、鲁国公宇文贇、邵国公宇文胄、杞国公宇文亮、莒国公宇文负、宋国公宇文震、邓国公窦炽、虞国公宇文兴、霍国公贺拔纬、毕国公宇文贤、申国公李穆、韩国公元谦、郧国公韦孝宽、豳国公宇文广、莒国公宇文至、郇国公韩建、郜国公贺拔伏恩、郯国公王轨、隋国公杨坚、扬国公王谊、岐国公斛斯征、薛国公长孙览、沛国公郑译、鄅国公陈山提、翼国公陈晟、邗国公杨雄、戴国公乙弗实，共51人。其中被加授柱国、或柱国以上勋官者有：元晟、宇文胄、宇文导、宇文广、宇文亮、宇文护、宇文宪、宇文直、宇文招、宇文俭、宇文纯、宇文达、宇文逌、宇文赞、李辉、于谨、于智、赵贵、独孤信、侯莫陈崇、梁御、若干凤、刘昶、达奚武、达奚震、豆卢宁、宇文贵、宇文忻、杨忠、王雄、王谊、贺兰敬、尉迟纲、辛威、辛恭、杨绍、窦炽、于翼、李穆、韦孝宽、梁士彦、郑译、尉迟运，共43人。很显然，除了特殊情况之外，受封国公爵位的大多数官员，基本都被授予柱国、或柱国以上的勋官。由此可以明确，北周国家能使大多数受封国公的官员，都可以获得“别食”的封地，因此，也就不能将他们能够受封的实封地，视为特殊的奖赏。

对北周的受封国王爵位等级者而言，实际也与受封国公者一样，都有柱国以上的勋官。因为这些拥有国王爵位者，多数是从国公进升的。《周书·武帝纪上》："（建德三年）册柱国齐国公宪、卫国公直、赵国公招、谯国公俭、陈国公纯、越国公盛、代国公达、滕国公逌并进爵为王。"显然这些由国公进升为国王者，他们原来加授的柱国以上的勋官，也依然保留下来，因此，北周国家就要授予他们实封地。《周书·文闵明武宣诸子·赵僭王招传》："（赵僭王招）大象元年五月，诏以洛州襄国郡邑万户为赵。招出就国。"《周书·文闵明武宣诸子·陈惑王纯传》："（陈惑王纯）大象元年五月，以济南郡邑万户为陈。纯出就国。"《周书·文闵明武宣诸子·越野王盛传》："（越野王盛）大象元年，迁大前疑，转太保。其年，诏以丰州武当、安富二郡邑万户为越。盛出就国。"《周书·文闵明武宣诸子·慣王达传》："（代慣王达）大象元年，拜大右弼。其年，诏以潞州上党郡邑万户为代。达出就国。"这些记载说明，受封国王者，能够以行政郡作为实封地，并且，他们还需要"就国"，实际控制这些实封地。尽管如此，对受封国王等级者，也存在"本封"和"别食"的差别。《周书·宣帝纪》："（大象元年）以洛州襄国郡为赵国，以齐州济南郡为陈国，以丰州武当、安富二郡为越国，以潞州上党郡为代国，以荆州新野郡为滕国，邑各一万户。"很显然，赵国、陈国、越国、滕国为"本封"，而这些"本封"的封地，显然为虚封地。而他们的实封地，则是北周国家下诏封授的"别食"郡。

综上可见，北周国家在保定二年以后，明确使一些受封爵者可以获得实封地，但能够获得实封地的受爵者是有条件的。也就是说，北周国家将受封实封地者的爵位等级与勋官秩级结合在一起的。只有封爵等级在郡公以上，并且，有柱国以上勋官者，才能拥有实封地。因此，可以说北周受封爵者的实封地，是在爵位等级和勋官秩级制约下，以"别食"的方式而获得的一种新形式的实封。正因为如此，北周国家就使受封开国郡公以上者，出现"本封"封地为虚封与"别食"封地为实封的并存情况。当然，北周国家使受封开国爵者获得实封地，只是特殊的奖赏，而国公、国王则是比较固定的规定。尽管二者具有一些区别，但却透露出，在北周能够拥有实封地，实际是受封开国郡公以上的高爵者所具有的一种特权，并不是全部的受封爵者都能够获得"别食"的实封地。

三、别封与改封的封地

（一）别封的封地

西魏北周对受封爵者，还实行别封。《周书·侯莫陈崇传》："（侯莫陈崇）除安北将军、太中大夫、都督，封临泾县侯，邑八百户。……又遣崇慰抚秦州，别封广武县伯，邑七百户。"可见侯莫陈崇除了可以获得临泾县侯的"本封"，还可以获得广武县伯的"别封"。所谓"别封"，高敏先生认为，一般说来是在受封者本封、本爵之外的加封、重封。① 实际上，从西魏开始，直到北周，当时国家对一些受封爵者，还采取别封的做法。

因为"别封"为"本封"之外，再封授的封爵，所以，也就有一些与"本封"不同之处。细检《周书》记载，西魏北周"别封"的最低等级为县子。如段永"拜殿中将军，稍迁平东将军，封沃阳县伯，邑五百户。……以功别封昌平县子，邑三百户"②。而别封爵位的最高等级则可以为郡公。如于谨"进爵常山郡公，增邑一千户。……别封新野郡公，邑二千户"③。这就是说，"别封"的等级，一般只在开国爵等级层级范围内。可是，在特殊情况下，也可以"别封"国公。如《周书·韦孝宽传》："（韦）孝宽追获之。诏以平淮南之功，别封一子滑国公。"但是，这种"别封"，并不授予立功者本人，而是由子孙受爵，所以，只是"本封"之外特殊"别封"的方式。至于县王、郡王和国王等级，则不见有"别封"的记载。

从"本封"与"别封"的关系来看，在一般情况下，"本封"的爵位等级要高于"别封"的等级。《周书·王勇传》："（王勇）进爵新阳郡公，增邑通前二千户。……又论讨茹茹功，别封永固县伯，邑五百户。"又《周书·梁台传》："（梁台）孝闵帝践祚，进爵中部县公，增邑通前一千户。武成中，从贺兰祥征洮阳，先登有功，别封绥安县侯，邑一千户。"很显然，西魏北周国家是以"本封"的爵位等级为标准，来确定"别封"的爵位等级，并对

---

① 高敏：《西魏、北周与东魏、北齐的封爵制探讨》，《魏晋南北朝史发微》，中华书局，2005年，第234页。

② 《周书》卷三六《段永传》。

③ 《周书》卷一五《于瑾传》。

“别封”的爵位等级加以限制。

西魏北周国家在确定“别封”的封地上，则采取与“本封”封地有区别的做法。《周书·窦毅传》：“（窦毅）孝闵帝践祚，进爵神武郡公，增邑通前五千户。……别封成都县公，邑一千户。”窦毅“本封”封地神武郡属朔州，但“别封”封地成都县则属益州。① 可见他的“本封”封地与“别封”封地，并不在同一州。《周书·杨宽传》：“（杨宽）从孝武入关，兼吏部尚书。录从驾勋，进爵华山郡公，邑一千二百户。……从贺兰祥讨吐谷浑，破之，别封宜阳县公，邑一千户。”杨宽“本封”华山郡属雍州，② 在西魏北周境内；而“别封”封地宜阳属洛州，③ 则为东魏北齐统治区内。这说明，西魏北周国家使受爵者“别封”的封地，不仅与“本封”的封地不在同一州，而且，还使一些受封爵者的“别封”封地，可以分布在西魏北周和东魏北齐不同的统治区中。因此，可以明确，“别封”的封地与“本封”的封地一样，都是虚封地，因此，“别封”也只是对“本封”的重封，进而受爵者的“别封”封地，也就不过是加重受封爵者地位的一种象征。

（二）改封的封地

所谓改封，是西魏北周国家对受封爵位者的封地所采取的一种变动措施。实际上，当时爵位的改封有三种不同的意义：一是西魏北周将爵位的提升后的封地称为改封。《周书·侯莫陈崇传》：“（侯莫陈崇）封临泾县侯，邑八百户。……大统元年，除泾州刺史，加散骑常侍、大都督，进爵为公。……改封彭城郡公，邑三千户。”《周书·刘亮传》：“（刘亮）以功拜大都督，封广兴县子，邑五百户。……大统元年，以复潼关功，进位车骑大将军、仪同三司，改封饶阳县伯，邑五百户。”可见，侯莫陈崇、刘亮的爵位等级进升后，他们的封地都被视为“改封”。二是爵位为后世继承，封地被改封。《周书·王盟传》：“（王懋）废帝二年，除南岐州刺史，进爵安宁郡公，增邑并前二千户。……卒于官。子悦嗣。官至大将军、同州刺史，改封济南郡公。”显然这种封地的改封，是显示爵位被后世继承所具有的合法意义。三是改换

---

① 《隋书》卷三〇《地理志中》。

② 《隋书》卷二九《地理志上》。

③ 《隋书》卷三〇《地理志中》。

受封爵者原来的封地。《周书·邵惠公颢传》："（宇文广）初封永昌郡公。孝闵帝践祚，改封天水郡公。"很明显，这种封地的改封，是在受爵者的爵位等级不变动的情况下的封地变动。

对爵位等级变动的改封而言，主要是在县公、县侯、县伯、县子、县男等级进升为郡公等级时，由于封地由行政县改为行政郡，因而，自然进升爵位等级者的封地是必须要改变的。然而，在受封爵者的封地都为行政县的情况下，却出现封地的改封，显然就与爵位等级的变动有关。《周书·豆卢宁传》："（豆卢永恩）魏恭帝元年，进爵龙来县侯。……孝闵帝践祚，授鄀州陈刺史，改封沃野县公，增邑一千户。"又《周书·艺术·冀俊传》："（冀俊）封长安县男，邑二百户。从复弘农，战沙苑，进爵为子。……寻加骠骑大将军、开府仪同三司，改封昌乐县伯。"很明显，这种封地的改封，正是要以封地的变换表明受封爵者的爵位等级的变动。可以说，西魏北周国家是要通过这种做法来表明爵位等级与封地具有很密切的联系。

从后世继承封爵而改封封地的情况来看，在西魏北周并不多见。除了王悦继承其父王懋封爵后，改封封地之外，只有寇洛之子寇和、叱列伏龟之子叱列伏椿继承爵位后，封地被改封，而其他继承先世封爵者的封地都没有改变。寇和继承的封地被改封，是因为寇和被赐姓"若口引氏"。[①] 叱列伏椿继承的封地被改封，则是由于"迁骠骑大将军、开府仪同三司"。[②] 很明显，寇和、叱列伏椿所继承的封地的改封，是与他们被赐姓、官位进升有关，因此，这种改封封地的做法，应该说，是他们地位提高的一种象征。

西魏北周国家在受封爵者的爵位等级没有改变的情况下实行的封地改封，可以说不是特殊的举措，而是具有象征的意义。下面列表说明：

西魏北周受封爵者封地改封情况表

受封爵位者	爵位等级	改封前封地	改封后封地
于文广	郡公	永昌郡（西魏通州）	天水郡（北周秦州）
于翼	郡公	安平郡（东魏建州）	常山郡（北齐定州）

---

① 《周书》卷一五《寇洛传》。

② 《周书》卷二〇《叱列伏龟传》。

续　表

受封爵位者	爵位等级	改封前封地	改封后封地
梁椿	郡公	东平郡（东魏豫州）	清陵郡（?）
李檦	郡公	汝南郡（北齐豫州）	河东郡（北周蒲州）
赵贵	郡公	中山郡（东魏定州）	南阳郡（西魏荆州）
侯莫陈琼	郡公	同昌郡（西魏邓州）	武威郡（西魏凉州）
杨纂	郡公	宋熙郡（北周利州）	陇东郡（北周岐州）
豆卢宁	郡公	范阳郡（东魏幽州）	武阳郡（东魏豫州）
宇文神举	郡公	武德郡（北周怀州）	东平郡（北齐兖州）
萧扐	郡公	黄台郡（北齐郑州）	蔡阳郡（北周蔡州）
李檦	县公	晋阳县（东魏并州）	封山县（南朝）
窦毅	县公	安武县（西魏泾州）	永安县（北齐南朔州）
达奚震	县公	昌邑县（东魏兖州）	普宁县（西魏陵州）
阳雄	县公	玉城县（?）	鲁阳县（东魏北荆州）
薛端	县伯	汾阴县（东魏秦州）	文城县（东魏南汾州）
卢光	县伯	范阳县（东魏幽州）	安息县（?）

依据上表统计，可以明确，西魏北周受封爵者的封地被改封的共有 16 人次。他们的封地被改封可以分为三种情况：一是原来受封爵者的封地在西魏北周统治区域内，改封后的封地还在同一区域的有：于文广、侯莫陈琼、杨纂，共 3 人。二是原来受封爵者的封地在东魏北齐统治区域内，改封后还在同一区域有：豆卢宁、于翼、薛端，共 3 人。三是原来封爵的封地在西魏北周统治区，或在东魏北齐统治区，改封后的封地所在统治区域发生变化的有：李檦、赵贵、达奚震、窦毅、宇文神举、萧扐，共 6 人。另外，李檦原来的封爵的封地在东魏，改封后，则移至南朝。只有卢光、阳雄、梁椿的封爵的封地，则在改封前，或改封后的所处的区域不详。

以上统计情况说明，西魏北周国家对受封者的封地实行改封的措施，并不是为了要将原来不在统治区域外的封地移至统治区内，进而有利于对封地的控制。很显然，一些受封爵者的封地被继续改封至东魏北齐和南朝统治区内，因此，可以看出，这种做法，正是东魏北齐和南朝统治地区依然能够被西魏北周国家控制的一种统治理念的体现。由此可见，西魏北周国家实行的这种改封，只是对受封爵者虚封地的变动，进而表现当时国家对他们拥有的虚封地，是适应统治的需要而做出的调整，所以，这种改封也就只是象征的意义的表现，而不是改变封地的虚封性质的做法。

四、余论

西魏北周封爵等级承袭了北魏后期实封爵的爵位等级，并在宇文泰实行六官制后，又增加了国公、县王、郡王和国王等级，因而，形成了新的爵位等级。尽管西魏北周封爵的等级序列是延续和拓展北魏后期的实封爵等级，但是，封爵的封地，却没有承续北魏的制度，而是将受爵者的封地由实封改变虚封。当然，由于实封爵可以为受爵者带来经济利益，所以，当时国家不可能将封爵的封地全部虚化，而是以“别食”的方式使一些受爵者能够拥有的实封地。可是，西魏北周能够拥有实封地的，并不是全部受爵者，而是需要将爵位等级与柱国以上勋官结合在一起作为拥有实封地的必要条件。这种规定在保定二年，开始固定化。因此，西魏北周受封爵者的封地，也就具有了虚封与实封并存的二元化的特色。但是，因为对实封地的占有，受到爵位等级和勋官秩级的限制，所以，也就成为少数受封高爵、并兼有柱国以上勋官的官员所具有特权的一种体现。

实际上，北魏孝文帝爵制改革后，采取了实封爵与虚封爵并行的做法，因此，北魏后期出现了实封爵的实封地与虚封爵的虚封地并存的情况。不过，因为北魏后期的实封地是与食邑和租税结合在一起的能够带来经济利益的实体，所以，它与虚封爵的封地，是完全不同性质的。实际上，虚封爵的封地与行政郡、县并无差异，因而，也只具有象征性的意义。可以说，孝文帝爵位改革后实封爵的封地，是在爵位等级规定下，通过食邑的封授，进而可以获得租税收入的一种封国，因此，北魏国家对实封爵的封授，实际是以爵位等级为依据来确定封国所领食邑数量的一种分封。当然，这种分封还附加了虚封爵的封地为补充的做法。应该说，孝文帝的爵制改革，实际创造了以晋制为模式、并适应北魏的社会条件的特殊分封体制。

北魏国家分裂后，这种分封体制为东魏北齐延续，而西魏北周则开创了新的封地规定。虽然这种封地规定，还受封爵等级一些影响，但依据封爵等级获得封地，只是一种象征性分封，因而，这种封地也就是虚化的。可是，封爵等级与国家规定的勋官秩级结合，则可以通过新的方式取得实封地，而且，这种实封地使受爵者由此获得租税的收入。虽然受封爵者的实封地与爵位等级还具有一些联系，可是，由于实封地的获得还需要以被授予柱国以上的勋官为条件，因此，更多展现的是，在官本位体制中所获得的特权，进而也就使受爵者的封地出现了“本封”的虚封地和“别食”的实封地的二元化特点。很显然，西魏北周实行封授封地的这种措施，已经取代了北魏以爵位等级为依据的分封体制。因此，可以说隋、唐代实行的“食实封”的规定，正是西魏北周封爵的封地所具有的二元化特点影响的结果。

（原载《吉林大学社会科学报》2018 年第 3 期）

西魏北周封爵食邑问题的考察

西魏北周的封爵的封授，包括爵位的等级、封地与食邑。对封爵的食邑封授而言，实际是从北魏实封爵的食邑规定延续而来的。然而，由于西魏北周封爵的性质已经从实封爵转变为虚封爵，所以，食邑也随之由实封转变为虚封。可是，西魏北周国家封授爵位，没有使爵位等级与虚封的食邑完全分离，却依然在结合一起。而且，还以“别食”的方式，使一些受封爵者可以获得实封食邑，进而获得规定的租赋。因此，西魏北周封爵的食邑，实际是“本封”的虚封食邑与“别食”的实封食邑并存的。王仲荦、杨光辉先生注意到西魏北周封爵食邑的这种存在情况。① 可是，对这一问题还有必要做深入的研究。所以，本文拟对与西魏北周封爵食邑的相关问题做一些探讨，希望有益加深对这一问题的认识。

一、封爵食邑的虚封与实封

考察西魏北周封爵的食邑问题，需要提及北魏孝文帝爵位改革后的爵制。因为西魏北周的封爵与北魏的爵制有前后相承的关系。可以说，孝文帝爵制改革后，开始实行实封爵与虚封爵并行的制度。然而，西魏北周实行的封爵制，只是承袭的实封爵制，并没有承袭虚封爵制。

从北魏的实封爵来看，应该是依据受爵者的爵位等级封授封地与食邑。北魏实封爵的封地，是由内史管理的郡、县，并被视为受爵者的“封国”。而食邑一般要分布在“封国”中，但还出现一些食邑，要“寄食”在封国之

① 王仲荦《北周六典》，中华书局，1979年，第551页；杨光辉：《汉唐封爵制度》，学研出版社，2001年，第76－77页。

外的特殊情况。尽管北魏受爵者的食邑分布存在一些差别，但是，他们都能够从受封的食邑中，获得租赋收入。当然，还需要看到的是，北魏国家要依据受封爵者的爵位等级确定食邑数量，也就是受封不同的爵位等级获得食邑数量是有差别的。并且，又按着实封爵等级规定了应该在食邑中获得租赋的不同比例。《魏书·孝文帝纪下》称："（太和十八年）诏王、公、侯、伯、子、男开国食邑者：王食半，公三分食一，侯伯四分食一，子男五分食一。"因此，可以说，孝文帝爵位改革后，北魏国家实行了一系列保证受爵者能够获得规定数量租赋收入的措施。因此，由对食邑的占有而获得的租赋收入，就成为受爵者的重要经济来源。《魏书·献文六王下·彭城王勰传》："（元）勰表以一岁国秩、职俸、亲恤，以裨军国。"据此可知，受爵担任职官者的收入，实际包括国秩、职俸、亲恤三部分。其中"国秩"，正是由受封的食邑获得的租赋收入，其中包括粮食和布帛。这就是说，北魏实行的实封爵，主要是以能够获得租赋收入的食邑封授为主要特征的。

北魏实封爵的封授规定，直接影响了西魏封爵的封授。《周书·韦瑱传》："太祖为丞相，（韦瑱）加前将军、太中大夫，封长安县男，食邑三百户。"又《周书·贺兰祥传》："（贺兰祥）又迎魏孝武。以前后功，封抚夷县伯，邑五百户。"这些记载说明，西魏国家在封爵的封授上，既有爵位等级与封地，也有不同数量的食邑。因此，从封授的形式上来看，西魏与北魏实封爵的封授是没有多少差别的。

然而，因为西魏、东魏的建立，就使原来的北魏统治区分裂成为东、西两部分，即西魏的统治区和东魏的统治区。由于这种形势的出现，当然就影响了一些西魏受爵者封地的存在状况。《周书·王悦传》："（王悦）大统元年，除平东将军、相府刑狱参军，封蓝田县伯，邑六百户。"王悦封地蓝田县，属雍州，① 正在西魏的统治区内。《周书·寇俊传》："（寇俊）加镇东将军，封西安县男，邑二百户。"寇俊封地西安县，属青州，② 则在东魏统治区内。并且，西魏国家在进升原来在北魏受封爵位者的爵位等级时，也没有将一些在东魏的封地移至西魏境内。《周书·若干惠传》："（若干惠）复以别将

① 《隋书》卷二九《地理志上》。

② 《隋书》卷三〇《地理志中》。

从贺拔岳西征，解岐州围，擒万俟丑奴，平水洛，定陇右，每力战有功。封北平县男，邑二百户。……魏孝武西迁，除右卫将军、大都督，进爵魏昌县伯，邑五百户。"若干惠原封地北平县属定州；[①] 提升爵位后封地魏昌县还属定州。[②] 又《周书·梁椿传》：普泰二年，梁椿"封卢奴县男，邑一百户。……大统初，进爵栾城县伯，增邑五百户"。梁椿原封地卢奴县属定州；[③] 爵位提升后的封地栾城县则属赵州。[④] 可是，北魏分裂后，定州、赵州都在东魏。检《周书》《北史》记载，西魏国家封授的不同等级开国爵者共 97 人。受封开国爵者封地在西魏控制区的有 35 人。受封开国爵者封地在东魏控制区的则有 56 人。西魏统治者不改变受封爵者封地的主要目的，是要体现他们是北魏王朝合法的继承者，因而，在北方的统治也就具有正统性。然而，这种做法带来的后果就是，使原来实封爵的封地开始成为虚封，因此，也就使分布在封地上的食邑也随之转变为虚封，进而受爵者的食邑就开始与租赋的收入分离。换言之，西魏国家使与封爵等级与封地相联系的食邑成为不能为受爵者带来经济利益的虚封。

北周禅代西魏后，也是如此。周武帝保定二年诏称："比以寇难犹梗，九州未一，文武之官立功效者，虽锡以茅土，而未给租赋。"[⑤]《资治通鉴·陈纪二》天嘉三年条："周之群臣受封爵者皆未给租赋。"这些记载都说明，同北周封爵等级与封地联系在一起的食邑，都是没有租赋收入的虚封。

不过，北周禅代西魏后，为了体现对一些受爵者的特殊奖赏，开始封授可以带来租赋收入的食邑。例如，萧圆肃"世宗初，进封棘城郡公，增邑一千户。以圆肃有归款之勋，别赐食思君县五百户，收其租赋"[⑥]。很明显，这种食邑是能够收取租赋的，因此，并不是虚封，而是实封。北周国家为了与原来封爵的食邑相区别，因此，将其称为"别赐"，也称为"别食"。[⑦] 周武

① 《魏书》卷一〇六上《地形志上》。

② 《隋书》卷三〇《地理志中》。

③ 《魏书》卷一〇六上《地形志上》。

④ 施和金：《北齐地理志（上）》，中华书局，2008 年，第 81－82 页。

⑤ 《周书》卷五《武帝纪上》。

⑥ 《周书》卷四二《萧圆肃传》。

⑦ 《北史》卷六一《窦炽传》。

帝保定二年诏令："诸柱国等勋德隆重，宜有优崇，各准别制，邑户听寄食他县。"① 说明北周国家采取"寄食"的方式，将授予实封食邑的措施开始固定化，因此，可以明确，因为封授这种实封食邑规定的固定化，实际北周封爵的食邑明显出现了两类，即"本封"的虚封食邑与"别食"的实封食邑。由于这些情况的出现，就使西魏北周封爵的食邑的存在状况，已经与北魏实封爵的食邑特征有了很大的区别。

二、封爵的虚封食邑成为爵位等级的象征

因为西魏北周封爵的"本封"食邑的虚封化，就使受封爵者获得食邑与租赋收入分离，所以，食邑的存在也就是虚化的。可是，西魏北周国家封授与进升受爵者的爵位等级，并没有取消与这种虚化食邑的结合。西魏北周国家实行这种做法。一方面是要表明实行的封爵制是对北魏实封爵规定的延续；另一方面，还要使虚化的食邑起到新的作用。

从西魏承袭的北魏实封爵制来看，其中一个重要的特点就是，受爵者的始封食邑的数量是与爵位等级相联系的。这种联系表现在两方面：一是始封食邑的数量有固定数量的规定；二是始封食邑有上、下限数量限定的规定。《魏书·穆崇传》："（穆子琳）出帝即位，以摄仪曹事，封高唐县开国男，邑二百户。"《魏书·宇文福传》："（宇文福）以勋封襄乐县开国男，邑二百户。"可见北魏国家封授开国县男的食邑数量，一般为二百户。显然，封授的食邑数量是固定的。《魏书·献文六王上·咸阳王禧传》："诏以禧元弟之重，食邑三千户，自余五王皆食邑二千户。"《魏书·景穆十二王下·安定王休传》："（安定王元休）及开建五等，食邑二千户。"很明显，除特殊情况外，郡王的始封食邑数量为二千户。这说明，郡王的食邑始封数量的规定上，也是固定的。可是，对开国郡公、县公、县侯、县伯、县子始封的食邑数量而言，则与县男和郡王不同。例如，开国县公始封食邑的数量，可以为五百户，也可以为一千户。开国县子的始封食邑数量，可以为二百户，也可以为五百户。因此，可以说，开国郡公至开国县子的始封食邑是有上、下限数量限制的。而且，这些爵位等级的

① 《周书》卷五《武帝纪上》。

始封食邑的上限和下限数量，都要随着爵位等级的提高而增多。

北魏国家对实封爵始封食邑数量的这两种规定，对西魏北周封爵的“本封”食邑数量的规定，还是有很大的影响的。从西魏北周封爵整体规定上来看，应该说，西魏北周封爵的始封食邑数量，没有脱离与爵位等级的联系。不过，需要说明的是，西魏北周封爵的等级与北魏并不完全相同。实际上，在宇文泰实行六官制以前，西魏国家的封爵，基本承袭了北魏实封爵的等级，只是削弱王爵和乡男等级的封授。然而，在宇文泰实行六官制后，则取消了王爵和乡男等级，并增设了国公、县王、郡王、国王等级。可以说，北周实行的是县男、县子、县伯、县侯、县公、郡公、国公、县王、郡王、国王十等级序列。以下主要依据这种新的封爵等级，分别阐释封爵食邑数量与爵位等级的关系。

1. 县男。《周书·叱罗协传》：“（叱罗）协随军而还。太祖知协不贰，封冠军县男，邑二百户。”《周书·颜之仪传》：“（颜之仪）世宗以为麟趾学士，稍迁司书上士。……即拜小宫尹，封平阳县男，邑二百户。”说明西魏北周始封开国县男的食邑的数量，一般为二百户。检《周书》记载，卢柔、元定、郑孝穆、令狐整、刘志、寇俊、柳虬、薛憕、辛昂、王子直、颜之仪、韦佑、冀俊、赵文深，共十四人，都受封食邑二百户。当然，还有受封县男者获得食邑数量，多于二百户的。《周书·权景宣传》：“（权景宣）征入朝。录前后功，封显亲县男，邑三百户。”《周书·裴宽传》：“（裴宽）封夏阳县男，邑三百户。”这些受封食邑多于规定数量者，自然为一种特殊奖赏。

2. 县子。西魏北周封授这一等级的食邑数量沿袭北魏规定，是有上、下限数量限定的做法。《周书·李穆传》：“（李穆）从迎魏孝武，封永平县子，邑三百户。”《周书·王褒传》：“（王褒）孝闵帝践祚，封石泉县子，邑三百户。”说明县子等级始封食邑的数量可以为三百户。统计《周书》记载，西魏北周县子获得始封食邑三百户的有：李穆、赵刚、王褒、苏绰、王勇、耿豪、高琳、韩盛、段永、赵肃、张轨、郭彦、裴文举、苏亮、梁昕、柳桧，共 19 人。因此，可以确定，西魏北周始封县子食邑三百户，应该是这一等级的下限的数量标准。西魏北周国家还封授县子食邑四百户。如阎庆“河桥之役，以功拜前将军、太中大夫，迁后将军。封安次县子，邑四百户”[①]。又

① 《周书》卷二〇《阎庆传》。

如吕思礼“以迎魏孝武功，封汝阳县子，邑四百户”①。据《周书》记载，西魏北周受封县子获食邑四百户者有：李檦、郭贤、薛置、魏玄、乐逊、阎庆、吕思礼，共9人。这说明，始封食邑四百户，正是受封县子者食邑数量的上限标准。

3. 县伯。西魏北周国家使受封县伯等级者的始封食邑数量，也是多少不一的。《周书·晋荡公护传》：“（宇文护）后以迎魏帝功，封水池县伯，邑五百户。”《周书·司马裔传》：“（司马裔）孝闵帝践祚，除巴州刺史，进使持节、骠骑大将军、开府仪同三司，进爵琅邪县伯，邑五百户。”说明一些始封县伯者可以获得食邑五百户。检《周书》记载，始封县伯获得食邑五百户者有：宇文护、司马裔、寇洛、独孤顺、独孤陁、若干惠、刘亮、王德、豆卢宁、豆卢永恩、王雄、贺兰祥、尉迟纲、念远、韩果、祭佑、王勇、伊娄穆、赵昶、赵善、杨檦、司马裔、李昶、泉仲遵、卢诞、卢光，共28人。很显然，受封食邑五百户，应该是县伯等级始封食邑数量的下限标准。始封县伯者的食邑数量，也有上限规定。《周书·晋荡公护传附冯迁传》：“（冯迁）后从太祖擒窦泰，复弘农，战沙苑，皆有功。授都督、龙骧将军、羽林监，封独显县伯，邑六百户。”可见受封县伯者也能够获得食邑六百户。这种食邑数量规定并不是个别情况。据《周书》记载，还有达奚实、刘雄、王悦、郑伟始封县伯时，都获得六百户的食邑。这说明，西魏北周国家是将六百户作为受封县伯者食邑数量的上限标准的。

4. 县侯。西魏北周国家为这一封爵等级，也确定了始封食邑的数量的标准。《周书·杨宽传》：“（杨俭）大统初，以本官行东秦州事，加使持节、当州大都督。从破齐神武于沙苑，封夏阳县侯，邑八百户。”使始封县侯者可以获得八百户食邑，显然是食邑数量规定的一个等次。检《周书》记载，除杨俭之外，还有阳雄、韩雄、杨纂始封县伯后获得八百户食邑。因此，始封食邑八百户，应该是受封县伯者的食邑下限数量规定。《周书·尉迟运传》：“（尉迟运）魏大统十六年，以父勋封安喜县侯，邑一千户。”《周故河阳公徒何纶墓志》：“初封安宁县开国侯，食邑一千户。”② 这说明，始封县侯获得一

① 《周书》卷三八《吕思礼传》。

② 罗新、叶炜：《新出土魏晋南北朝墓志疏证》，中华书局，2005年，第265页。

千户食邑，是这一等级的食邑数量规定的另一等次。统计《周书》、墓志铭记载，还有于谨、赵贵、梁台、宇文丘、李穆、杨纂、尉迟运、尉迟端共8人始封县侯时，获得食邑一千户。可以说，始封食邑一千户，应该为县侯等级食邑数量的上限规定。

5. 县公。西魏北周国家始封县公食邑，也有上、下限的数量规定。《周书·李贤传》："（李贤）魏孝武西迁，太祖令贤率骑兵迎卫。……封下邽县公，邑一千户。"说明使始封县公者能够获得一千户食邑。据《周书》记载，除李贤外，始封县公者获得一千户食邑者还有：达奚震、王盟、（尉迟纲）子、叱列伏龟、杨宽、李基、（贺若敦）子、高琳、李和、侯植、窦毅、郑译、王轨、萧㧑、萧圆肃、萧大圜、萧大封、杨乐广、任果、李棠、姚僧垣，共21人。很明显，始封食邑一千户，应该是县公等级受封食邑数量的下限规定。当然，西魏北周国家对始封县公食邑上限数量也有规定。《周书·席固传》："（席固）魏大统十五年，以地来附。……封新丰县公，邑二千户。"《周书·陆腾传》："（陆腾）魏恭帝三年，拜骠骑大将军；开府仪同三司，转江州刺史，爵上庸县公，邑二千户。"可以明确，始封县公获食邑二千户，应该是这一封爵等级食邑数量的上限标准。

5. 郡公。西魏北周国家对始封郡公食邑数量的上、下限数量标准，也是明确的。《周书·文闵明武宣诸子·卫剌王直传》："（宇文直）魏恭帝三年，封秦郡公，邑一千户。"《周书·文闵明武宣诸子·赵僭王招传》："（宇文招）魏恭帝三年，封正平郡公，邑一千户。"可见，西魏国家始封宇文直、宇文招为郡公的食邑，是以一千户作为食邑数量标准的。《周书·独孤信传》："即赐（独孤）信御马一匹，进爵浮阳郡公，邑一千户。"《周书·侯莫陈顺传》："（侯莫陈顺）乃进爵彭城郡公，邑一千户。"《周书·高琳传》："（高琳）孝闵帝践祚，进爵犍为郡公，邑一千户。"很显然，对异姓的官员而言，他们进爵为郡公后，西魏北周国家也可以将一千户食邑作为一个标准。因此，能够明确，使郡公受封食邑一千户，应该是这一等级的下限标准。西魏北周国家封授郡公食邑数量的上限标准，也是有规定的。《周书·文帝纪下》："（大统）十四年春，魏帝诏封太祖长子毓为宁都郡公，食邑三千户。"这就是说，西魏国家能够封授宇文泰之子宇文毓三千户食邑。宇文毓受封食邑的数量能够多于宇文泰的其他儿子，实际是由于他的长子地位决定的。因此，受封郡公获得三千户的食邑，实际就是上限数量标准。其实，对于国家的官员而言，他们进受开国郡公后，也多以食邑三千户作为上限标准。例如，侯莫陈崇，大统元年“改封彭城郡公，邑三千户”①。李远于沙苑之役“功居最，除车骑大将军、仪同三司，进爵阳平郡公，邑三千户”②。不仅如此，北周国家还将郡公食邑三千户的上限数量标准，与高于郡公的国公等级食邑的下限数量标准等同起来。例如，李雄“为密国公，邑三千户”③。很明显，北周国家采取这种做法，正是要表现三千户的食邑数量与郡公、国公等级的关联。

6. 国公。这一封爵等级是宇文泰实行六官制而增加的新爵位等级。北周国家对国公的食邑数量的规定是明确的。然而，与郡公以下等级不同的是，北周国家将国公的食邑数量规定分为三个标准。最低的标准为三千户。例如，宇文仲“封虞国公，邑三千户”④。王轨“以功进位上大将军，进爵郯国公，邑三千户”⑤。第二个食邑数量标准为五千户。例如，尉迟运“拜柱国，进爵卢国公，邑五千户”⑥。辛威“大象二年，进封宿国公，增邑并前五千户”⑦。李基“天和二年，进封申国公，邑五千户”⑧。国公食邑数量的最高标准则为一万户。例如，窦炽“保定元年，进封邓国公，邑一万户”⑨。尉迟纲“武成元年，进封吴国公，邑万户”⑩。检《周书》记载，受封国公者获得一万户食邑者还有：宇文护、宇文宪、宇文直、宇文招、宇文俭、宇文纯、宇文盛、宇文达、宇文通、宇文逌、宇文康、宇文导、于谨、赵贵、独孤信、侯莫陈崇、达奚武、豆卢宁、宇文贵、杨忠、王雄、贺兰祥、韦孝宽，

---

① 《周书》卷一六《侯莫陈崇传》。
② 《周书》卷二六《李贤传附李远传》。
③ 《周书》卷三〇《李穆传》。
④ 《周书》卷一〇《虞国公仲传》。
⑤ 《周书》卷四〇《王轨传》。
⑥ 《周书》卷四〇《尉迟运传》。
⑦ 《周书》卷二七《辛威传》。
⑧ 《周书》卷三〇《李穆传》。
⑨ 《周书》卷三〇《窦炽传》。
⑩ 《周书》卷二〇《尉迟纲传》。

共23人。这说明，北周国家为受封国公者所授食邑的数量，大多数为一万户，因而，也就更突显了受封国公等级者的特殊地位。

北周国家还设置了县王、郡王、国王三等级爵位。但在《周书》中，不见有这三级王爵领有虚封食邑的记载。不过，从王爵的封授情况来看，北周国家只将王爵的封授限制在宇文氏皇族范围内，因而，这是具有最高特权的爵位等级，而且，王爵还与国公以下爵位等级编制在统一的爵位等级序列中，所以，也就不可能实行与虚封食邑完全分离的做法。就国王等级而言，绝大多数是由国公进升为国王的。《周书·武帝纪上》："（建德三年）纪国公康、毕国公贤、酆国公贞、宋国公实、汉国公赞、秦国公贽、曹国公允并进爵为王。"这些进爵国王者原来领有的食邑都为一万户。例如，宇文康"保定初，封纪国公，邑万户。建德三年，进爵为王"①。宇文俭"武成初，封谯国公，邑万户。……建德三年，进爵为王"②。这些进升国王爵者，当然要将原来国公时受封的食邑数量也沿袭下来。因此，可以说，北周国王等级的食邑数量，应该为一万户，只是《周书》简略不记而已。北周国家为国王等级规定食邑数量为一万户的标准，实际也为隋、唐国家所承袭。《隋书·恭帝纪》："（杨侑）大业三年，立为陈王。后数载，徙为代王，邑万户。"可见隋代的国王受封的食邑数量为一万户。《新唐书·百官志一》："凡爵九等：一曰王，食邑万户，正一品。"很显然，唐代的国王等级也与隋代是相同的。应该说，隋、唐代的国王等级受封食邑的这种数量标准，自然是延续了北周的规定。

北周的郡王，在秩级规定上，与国王相同，都为正九命。③ 可是，郡王与国王的封授对象却有差别。实际上，北周国家是将国王爵封于皇帝之子的。如明帝之子宇文贞"初封邦国公。建德三年，进爵为王"④。而郡王的封授对象，却与国王有辈分上的差异。《周书·齐炀王宪传》："（宇文质）初封安城公。后以宪勋，进封河间郡王。"可见宇文质为宇文宪之子，也就是宇文泰之孙。由于受封郡王与国王在辈分上存在差异，所以，能够获得的食邑

---

① 《周书》卷一三《文闵明武宣诸子·纪厉王康传》。

② 《周书》卷一三《文闵明武宣诸子·谯孝王俭传》。

③ 《通典》卷三九《职官二一》。

④ 《周书》卷一三《文闵明武宣诸子·邦王贞传》。

数量，当然要与国王等级的食邑数量不同。《隋书·观德王雄传》：“（杨雄）高祖受禅，除左卫将军，兼宗正卿。俄迁右卫大将军，参预朝政。进封广平王，食邑五千户。”杨雄受封的广平王，应该是郡王。这说明隋代郡王受封的食邑为五千户。唐代确定郡王“食邑五千户，从一品”[①]。隋、唐国家对郡王等级所领食邑数量的这种规定，应该与北周的规定有前后相承的关系。

至于县王，虽然北周国家将其作为王爵中的一等级，并且，在秩级上，与国王、郡王相同，可是，这级王爵依然与国王有区别。《周书·宣帝纪》：“（大象元年）封赵王招第二子贯为永康县王。”宇文招为宇文泰之子，则宇文贯即为宇文泰之孙。显然，县王的封授是以皇族中的孙辈为对象的。北周国家设置县王，正是要表现受封王爵者地位的差别。但在同一秩级下，自然也就需要通过所领食邑的数量的不同来体现这种差别。尽管文献记载不见县王所领食邑的数量，但是能够确定其始封食邑数量与郡王应该存在一些区别。

当然，西魏北周国家还使一些受封县子、县伯、县侯、县公、郡公者的始封食邑超过规定的上限数量标准。例如，受封爵县子者始封食邑最多达到九百户。[②] 而郡公的受封食邑最多，则可以达到三千五百户。[③] 可是，西魏北周国家采取的这种做法，只不过是要以这种食邑的封授来体现对受封县子至郡公等级者的特殊恩宠与奖赏，因此，也就不能影响县子、县伯、县侯、县公、郡公等级受封食邑的上、下限数量的规定。

综上可见，西魏国家沿袭北魏依据实封爵的爵位等级确定始封食邑数量的做法，实行了有固定数量的规定和有上、下限数量限制的不同封授方式。尽管西魏以这些方式封授的食邑，已经转变为虚封，可是，始封食邑数量却依然要根据爵位等级来确定。在宇文泰实行六官制改革而实行新的爵位等级之后，北周国家对新增设的国公、县王、郡王、国王等级，也规定可以获得不同数量的虚封食邑。换言之，新的爵位等级，也是与虚封的食邑结合在一起的。实际上，西魏北周封爵的不同等级受封的固定数量的食邑与有上、下

---

① 《新唐书》卷四六《百官志一》。

② 《周书》卷四二《刘璠传》。

③ 《周书》卷二八《陆腾传》。

限数量限制的食邑有明显的区分，并且，虚封的食邑的数量也与封爵的不同等级相对应。就此而言，尽管西魏北周“本封”的食邑已经虚封化，但是，由于始封食邑数量仍然有序地同封爵等级相结合，因而，始封食邑的数量规定，也就转化为封爵的不同等级的象征。

三、封爵的虚封食邑成为受爵者荣誉的象征

西魏北周国家不仅依据封爵等级封授虚化的食邑，还根据需要增加受爵者的虚化食邑。在《周书》和墓志铭中，将这种做法称为“增邑”。例如，柳庆“寻进爵为子，增邑三百户。”① 宇文导“魏文帝即位，以定策功，进爵为公，增邑五百户。”② 实际上，西魏北周国家使有爵者“增邑”的做法，可以分为三类：有爵者爵位等级进升而增加食邑数量；有爵官员任职的转任，或加授散官和勋官而增加食邑数量；有爵者建树功劳而增加食邑数量。

（一）有爵者爵位等级进升，增加食邑数量

西魏北周国家进升受爵者的爵位等级，一般都要增加他们的食邑数量。不过，实行这种做法，还是有爵位等级范围限制的。《周书·柳庆传》：“（柳庆）封清河县男，邑二百户。……寻进爵为子，增邑三百户。”说明受封县男者的爵位等级进升，要增加其食邑数量。《周书·周惠达传》：“（周惠达）封文安县子，邑三百户。……为安东将军，拜太子少傅，进爵为伯，增邑三百户。”可见受封县子者爵位等级进升，食邑数量也要增加。其实，对受封县伯、县侯、县公、郡公的来说，都是如此。六官制实行后，北周国家使郡公能够进升为国公。如李弼“以功拜特进，爵赵郡公……孝闵帝践祚，除太师，进封赵国公”③。这些由郡公进升为国公者，他们的食邑数量，也要随之增加。例如，于谨受封常山郡公食邑数量为二千四百户，“孝闵帝践祚，进封燕国公，邑万户”④。梁凤“大统末，袭父爵长乐郡公，尚太祖女。……保

---

① 《周书》卷二二《柳庆传》。

② 《周书》卷一〇《邵惠公颢传》。

③ 《周书》卷一五《李弼传》。

④ 《周书》卷一五《于瑾传》。

定四年，追录佐命之功，封凤徐国公，增邑并前五千户”[1]。

北周国家还使一些受封国公者，能够进升为国王。《周书·文闵明武宣诸子·卫剌王直传》：“（宇文直）武成初，出镇蒲州，拜大将军，进卫国公，邑万户。……建德三年，进爵为王。”又《周书·文闵明武宣诸子·谯孝王俭传》：“（宇文俭）武成初，封谯国公，邑万户。……建德三年，进爵为王。”很明显，受封国公者进爵为国王，他们的食邑数量并不改变，与国公的食邑数量相同。也就是说，由郡公进升为国王，尽管爵位等级进升，可是，食邑的数量并不增加。因此，可以明确，西魏北周国家采取的进升爵位等级增加食邑数量的做法，只在县男至国公范围内实行。

西魏北周国家使受爵者的爵位等级进升后增加食邑的数量，并不完全相同。细缕《周书》和墓志铭中的记载，西魏北周国家实行的进爵增加食邑数量的做法，实际能够分为二种情况：一为增加的食邑无固定数量规定；二为增加的食邑要达到所进升的爵位等级规定的食邑数量标准。

从爵位等级进升而增加无固定数量的食邑规定情况来看，应该说，是西魏北周国家采取的重要做法。《周书·韦瑱传》：“（韦瑱）又从战河桥，进爵为子，增邑二百户。”《周书·卢柔传》：“（卢）柔随机报答，皆合事宜。进爵为子，增邑三百户。”《周书·寇俊传》：“（寇俊）孝闵帝践祚，进爵为子，增邑五百户。”可见进爵为县子等级者，可以增加食邑二百户、三百户、五百户，显然西魏北周国家并没有对增加的食邑数量有固定的规定。其实，对进升爵位等级为县伯、县侯、县公、郡公者而言，也都是如此。这些爵位等级进升者，增加的食邑数量，少的可以为二百户，[2] 多的则能够达到三千户。[3] 很明显，西魏北周国家，并没有完全依据进升的爵位等级来确定增加食邑数量。

北周国家对进爵国公者，则以这一爵位等级规定的食邑数量标准来确定增加食邑的数量。如前所述，北周国家规定国公的食邑数量标准为三千户、五千户、一万户。北周国家确定国公等级的这些食邑数量标准，实际成为增

---

① 《周书》卷一七《梁御传》。

② 《周书》卷三九《韦瑱传》。

③ 《周书》卷一六《侯莫陈崇传》。

加食邑数量的依据。《周书·尉迟运传》："（尉迟运）又拜上开府仪同大将军，封上黄县公，邑一千户。……以功进位上大将军，进爵郯国公，邑三千户。"尉迟运进爵国公，实际增加食邑二千户。《周书·于翼传》："（于翼）改封常山郡公，邑二千九百户。天和初，迁司会中大夫，增邑通前三千七百户。……进位上柱国，封任国公，增邑通前五千户。"于翼由郡公进升国公后，显然增加食邑数量为一千三百户。《周书·文闵明武宣诸子·宇文直传》："（宇文直）魏恭帝三年，封秦郡公，邑一千户。武成初，出镇蒲州，拜大将军，进卫国公，邑万户。"可见，宇文直进升国公后，增加食邑数量达到九千户。这些事例说明，进升国公爵者的食邑数量的增加，是以规定的标准为限度的。但由于原来占有的食邑数量多少不等，因此，进爵后增加的食邑数量也就有很大的不同。

上述情况说明，尽管西魏北周国家实行的进升爵位等级增加食邑数量的做法，没有依据进升的爵位等级来确定增加的食邑数量，但是，因爵位等级的调整而使食邑数量增加，却是一致的。由此可以看出，西魏北周国家不仅在始封食邑数量上，使封爵等级与食邑相结合，并且，在爵位等级变动时，也同样如此。西魏北周国家这样做的目的，正是要以增加食邑数量的方式展示爵位等级进升者地位的变动，进而也就使封爵等级与虚封食邑密切结合的规定有更明确的体现。

（二）有爵官员任职转任，或加授散官和勋官而增加食邑数量

西魏北周国家还将一些有爵官员官职的变动与增加食邑结合在一起。《周书·于谨传》："（于谨）俄拜司空，增邑四百户。"《周书·王雄传》："（王雄）拜武卫将军，加骠骑将军，增邑八百户。"于谨转任的司空、王雄转任的武卫将军都是中央职官，说明一些有爵者进升中央职官，是要增加食邑数量的。《周书·王杰传》："（王杰）天和三年，除宜州刺史，增邑通前三千六百户。"《周书·梁昕传》："（梁昕）保定元年，迁中州刺史，增邑八百户，转邵州刺史。"显然，一些有爵者升任地方刺史，也能增加食邑的数量。还有一些有爵者加授勋官，也增加了食邑数量。如宇文盛"宣帝即位，拜上柱国，增邑通前四千六百户"①。对加授文、武散官的有爵者，增加他们的食

① 《周书》卷二九《宇文盛传》。

邑数量，也是重要的做法。《周书·窦炽传》："（窦炽）迁车骑大将军、仪同三司、散骑常侍，增邑一千户。"窦炽所任的车骑大将军为武散官；所任的散骑常侍则为文散官。由此可见，一些有爵者不论实职官的转任，还是文、武散官和勋官的加拜，都能够获得增加食邑的优待。当然，西魏北周国家并不是为全部转任官职，或加授文、武散官与勋官的有爵者都要增加食邑数量。《周书·权景宣传》："（权景宣）加大都督，封安武县子，邑四百户。寻进车骑大将军、仪同三司，加散骑常侍。"权景宣加授武、文散官，显然就没有增加食邑数量。由此来看，西魏北周国家为有爵的职官转任，或者加授文、武散官、勋官而增加他们的食邑数量，自然是对这些有爵者的特别优遇，因而，这种做法也就是体现他们获得的荣誉的一种方式。

（三）*为奖励受爵者的功劳而增加食邑*

《周书·侯莫陈顺传》："（侯莫陈顺）后从太祖破沙苑，以功增邑千户。"《周书·贺兰祥传》："（贺兰祥）后以留守功，增邑八百户。"这就是说，西魏北周国家对立有军功的有爵者，能够通过增加食邑数量加以奖赏。对立有事功者也是如此。《周书·尉迟纲传》："天和二年，以（尉迟）纲政绩可称，赐帛千段、谷六千斛、钱二十万，增邑四百户。"《周书·艺术·赵文深传》："（赵文深）天和元年，露寝等初成，文深以题榜之功，增邑二百户。"《周书·儒林·卢光传》："（卢光）武成二年，诏光监营宗朝，既成，增邑四百户。"尉迟纲、赵文深、卢光所建树的自然是事功。西魏北周国家对立有军功、事功的有爵者，奖励方式是多样的。《周书·库狄昌传》："（库狄昌）又从随公杨忠破蛮贼田社清，昌功为最，增邑三百户。"可见有爵者建树一次军功，就能够增加食邑的数量。不仅如此，西魏北周国家还采取为受爵者累积功劳而给予奖励的做法。例如，祭佑"以前后功，增邑并前四千户"①。耿豪"论前后功，进授车骑大将军、仪同三司，增邑通前一千八百户"②。杨绍"录前后功，增邑通前二千二百户"③。甚至对一些有爵者增加食邑，还可以通过追论功劳的方式实现。例如，王勇增加食邑一千户，就是"追论斩辛纂

① 《周书》卷二七《祭佑传》。

② 《周书》卷二九《耿豪传》。

③ 《周书》卷二九《杨绍传》。

功”① 而获得的。

当然，还需要指出的是，由于西魏北周时期，战事频繁，所以，因立军功而获得增邑奖励者，人数很多。检《周书》记载，立军功而增加食邑数量的有爵者有：贺拔胜、李檦、侯莫陈崇、侯莫陈顺、豆卢宁、赫连达、韩果、祭佑、厍狄昌、田弘、梁椿、梁台、王勇、耿豪、高琳、伊娄穆、杨绍、达奚实、刘雄、窦炽、于翼、元定、郭彦、元伟、陈忻、阳雄，共26人。这些情况说明，西魏北周国家奖励军功，不仅采取进爵的方式，还实行增加食邑数量的做法。应该说，对建树功劳的有爵者的奖赏，进升爵位等级与增加食邑数量，实际是具有同样的意义的。

总之，西魏北周国家使增加虚封食邑的数量与爵位等级的进升、职官任职的转任、加授散官与勋官以及奖励受爵者的功劳结合在一起，因而，这种做法也就包含了特别的意义。西魏北周国家将爵位等级的进升与食邑数量的增加结合，进一步表明虚封食邑的数量与爵位等级所具有的密切联系；食邑数量的增加与有爵者的实职官的变动以及与加授散官和勋官的结合，成为他们地位提升的象征；食邑数量的增加与有爵者所建树功劳的结合，则能够彰显对他们特别的奖励。可以说，尽管西魏北周的封爵“本封”的食邑已经虚封化，可是，由于食邑数量的规定并没有与爵位等级分离，因此，也就使增加食邑数量，依然能够成为地位变化的受爵者获得荣誉的象征。应该说，这是西魏北周国家使虚封食邑还能起到不能忽视作用的重要表现。

四、封爵的实封食邑封授的规范化

西魏北周的封爵，除了虚封的食邑之外，还出现实封的食邑。这种实封食邑正是受爵者租赋的来源。然而，西魏北周的实封食邑的封授，已经具有与北魏实封爵不同的特点。

从实封食邑的情况来看，这种食邑的存在不是独立的。《周书·萧㧑传》：“（萧㧑）孝闵帝践祚，进爵黄台郡公，增邑一千户。……又以撝有归款之功，别赐食多陵县五百户，收其租赋。”《周书·窦炽传》：“（窦炽）保

---

① 《周书》卷二九《王勇传》。

定元年，进封郑国公，邑一万户，别食资阳县一千户，收其租赋。”很显然，北周国家使受爵者实封食邑的封授，没有与虚封的食邑分离，而是以“别赐”“别食”的形式存在。由此来看，实封食邑的封授，应该是北周国家对受爵者在经济上的优待措施。

北周国家封授受爵者实封食邑，是有范围限制的。受爵者能够受封实封食邑，是从北周初年开始。实际上，北周国家别赐萧㧑实封食邑，是在“孝闵帝践祚”之时。[①] 卢豆宁则于“武成初，……别食盐亭县一千户，收其租赋”[②]。不过，北周初年，为受爵者封赐实封食邑，属于一种特殊的奖赏。《周书·武帝纪下》载保定二年诏令：

> 比以寇难犹梗，九州未一，文武之官立功效者，虽锡以茅土，而未给租赋。诸柱国等勋德隆重，宜有优崇，各准别制，邑户听寄食他县。

周武帝的这一诏令，开始将封授实封食邑的做法固定化，也将能够受封实封食邑的对象明确化。依据这一诏令，“诸柱国等勋德隆重”者，才能使食邑“寄食他县”，获得租赋收入。也就是说，受封爵者只有加授柱国以上勋官，才能够获得实封食邑。可以说，周武帝实行的这种做法，是将能够受封食邑的对象做了明确的限定。

从北周勋官的情况来看，实际已经形成明确的秩级序列。《通典·职官一六·勋官》：“其后功臣位至柱国者众矣，咸是散秩，无复统御也。后周建德四年，增置上柱国大将军。隋置上柱国、柱国，以酬勋劳，并为散官，实不理事。”这说明，北周的柱国是仅次于上柱国秩级的勋官，因而，为有爵者加授这一勋官也就有规定的范围。《周书·王雄传》：“（王雄）出为岐州刺史。进爵武威郡公。……孝闵帝践祚，授少傅，增邑二千户，进位柱国大将军。”《周书·王盟传》：“（王谊）少历显职，见重于时。位至柱国、平阳郡公。”《周书·赫连达传》：“（赫连达）寻进爵乐川郡公。建德二年，进位柱国。”很明显，北周国家为有爵者加授柱国勋官，其爵位等级不能低于开国

---

① 《周书》卷四二《萧㧑传》。

② 《周书》卷一九《豆卢宁》。

郡公。当然，对高于郡公的国公也能加授柱国。例如，宇文直“进卫国公，邑万户。保定初，为雍州牧，寻进位柱国”①。于寔“袭爵燕国公，进位柱国”②。由此可见，北周国家封授实封食邑的条件很明确，就是必须有开国郡公以上爵位，并且，还要加授柱国勋官。由于北周国家为有爵者封赐实封食邑做这样的限定，因而，就使受封对象的人数并不多见。统计《周书》《北史》记载，西魏北周国家封授、或进升开国郡公者有：陈山提、宇文翼、宇文众、宇文至、冯迁、宇文贵、侯莫陈和、侯莫陈绍、李衍、李纶、李晏、李檦、赵善、侯莫陈琼、侯莫陈崇、侯莫陈绍、豆卢赞、杨整、杨嵩、杨达、宇文恺、贺兰师、贺兰宽、阎庆、李询、李瑞、赫连达、辛威、田弘、梁椿、陆腾、权景宣、王杰、王勇、宇文盛、高琳、李和、刘雄、侯植、窦毅、于玺、李惇、柳敏、柳昂、杨荐、赵刚、赵昶、元定、杨素、崔谦、崔弘度、崔猷、杨纂、段永、王士良、崔彦、寇奉、宇文神举、宇文孝伯、萧㧑、萧世怡、萧圆肃、李延孙、韩雄、李迁哲、阳雄、席固、卢光、乐逊，共69人。而被加授柱国、或柱国以上勋官的郡公则有：叱罗协、侯莫陈琼、侯莫陈顺、贺兰祥、阎庆、念安民、赫连达、辛威、陆腾、王杰、宇文盛、高琳、刘雄、于翼、韦孝宽、宇文神庆、陈山提、侯莫陈绍、宇文恺、阎庆、李瑞、李询、高琳、田弘、王杰、李和、杨素、崔弘度、杨纂、宇文神举，共30人。很显然，在拥有开国郡公爵位者中，实际一半以上的人都没有加授柱国勋官，因而，也就不能受封实封食邑的。因此，可以明确，能够获得实封食邑的封授，也就只能是北周少数上层权贵所具有的特权。

北周国家确定实封食邑的数量，应该说，并不具有随意性。如前所述，北周国家能够使拥有开国郡公以上爵位等级、并加授柱国以上勋官者，可以获得实封食邑。可是，具备这种条件的有爵者的实封食邑的数量，却并不相同，实际是多少不一的。例如，萧㧑“别赐食多陵县五百户，收其租赋”③。窦炽“保定元年，进封郑国公，邑一万户，别食资阳县一千户，收其租赋”④。

---

① 《周书》卷一三《文闵明武宣诸子·卫剌王直传》。

② 《周书》卷一五《于谨传》。

③ 《周书》卷四二《萧撝传》。

④ 《周书》卷三〇《窦炽传》。

实际上，北周国家使实封食邑的数量，也与爵位等级结合在一起。《周书·萧圆肃传》：“（萧圆肃）有归款之勋，别赐食思君县五百户，收其租赋。”可见，北周国家使郡公获得实封食邑数量为五百户。《周书·豆卢宁传》：“（豆卢宁）军还，迁大司寇，进封楚国公，邑万户，别食盐亭县一千户，收其租赋。”又《周书·杨忠传》：“（杨忠）武成元年，进封随国公，邑万户，别食竟陵县一千户，收其租赋。”这两条记载说明，北周国家使国公等级获得实封食邑数量为一千户，明显多于郡公五百户。

北周国家对受封王爵者，也授予实封食邑。但县王、郡王实封食邑的情况，缺少记载，不易详考。而国王获得实封食邑的情况，则记载明确。《周书·文闵明武宣诸子·赵僭王招传》：“（宇文招）宣政中，拜太师。大象元年五月，诏以洺州襄国郡邑万户为赵。招出就国。”又《周书·文闵明武宣诸子·陈惑王纯传》：“（宇文纯）宣政中，除雍州牧，迁太傅。大象元年五月，以济南郡邑万户为陈。纯出就国。”又《周书·文闵明武宣诸子·代㥞王达传》：“（宇文达）大象元年，拜大右弼。其年，诏以潞州上党郡邑万户为代。达出就国。”这些记载说明，由于北周国家为受封国王者规定了明确的封地，因此，他们获得食邑不是虚封，而是分布在以郡为封地的“国”中的实封食邑。由于这些国王地位的特殊，所以，他们也就可以获得一万户实封食邑。可见北周国家的这种做法，就使实封食邑的数量与郡公、国公有明显的不同。这说明，北周国家确定有爵者获得实封食邑的数量，显然要依据郡公、国公、国王的等级。换言之，有爵者爵位等级的高低，实际决定他们应该获得实封食邑规定的数量。由此来看，北周国家为实封食邑规定了“别赐”“别食”的封授方式；确定了可以获得实封食邑对象的范围，而且，还依据封爵等级规定了受封食邑的不同数量。也就是说，北周国家在实封食邑的封授上，已经确定了很规范的措施。

五、余　论

西魏北周国家实行的封爵的食邑规定，经历了演变的过程。自西魏建国后，沿袭北魏的实封爵制，因而，封授爵位之时，也要使受爵者获得食邑，也就是封爵的等级是与食邑结合在一起的。宇文泰实行六官制改革后，北周国家采取新的封爵等级，即县男、县子、县伯、县侯、县公、郡公、国公、县王、郡王、国王十等级的规定。可是，北周的新爵位等级的封授，依然与授予食邑是密切结合的。然而，尽管西魏北周国家延续北魏封授实封爵的做法，但是，由于西魏北周与东魏北齐的对峙，就使西魏北周的一些受封爵位者的封地，分布在东魏北齐的境内。而且，在西魏北周国家将其视为合法的正统王朝理念影响下，也就没有采取将受封爵位者在境外的封地全部移至境内的措施。由于受这种封授爵位做法的影响，就使“文武之官立功效者，虽锡以茅土，而未给租赋”①。也就是说，西魏北周封授的食邑已经不是受爵者获得租赋的来源，因而，原来与封爵等级结合的食邑，也就只是一种虚封。换言之，西魏北周封爵的食邑，已经与受爵者的租赋收入完全分离，进而也就使受爵者的经济利益受到影响。至北周时，国家为了统治的需要，开始封授一些受爵者可以获得租赋的食邑，并且，受爵者获得这种食邑，是通过“别赐”“别食”的方式实现的。正因如此，北周封爵的食邑开始分为两种，即“本封”的虚封食邑与“别食”的实封食邑。

应该说，西魏北周封爵的“本封”食邑，已经虚封化。尽管如此，当时国家没有取消这种食邑的封授，而是使其转变了功能。西魏北周国家继续延续北魏的做法，采取有固定数量和有上、下限数量限制的食邑封授规定，因而，就使封授食邑的数量与封爵的等级的结合不是无序的。实际上，受爵者获得食邑数量，是依据封爵的等级，由低向高依次递增的。正因如此，受封爵者获得数量不等的食邑，也就成为他们的爵位等级的体现，进而也就使西魏北周的封爵等级转变为双重的表现方式。

西魏北周国家还将食邑数量的变化与受爵者的地位变化结合起来。这种结合主要表现为三种做法：一是爵位等级进升而增加食邑数量；二是实职官职转任，或加授散官和勋官而增加食邑数量；三是建树军功、事功而增加食邑数量。尽管西魏北周国家使受爵者的食邑数量增加的做法不同，但是，共同之点就是，由此进一步体现他们地位的变化，并展现他们所受到的国家优待。因此，受爵者的虚封食邑的增加，也就成为他们取得荣誉的一种象征。

北周禅代西魏后，开始实行实封食邑的封授。这是北周国家为了使一些

① 《周书》卷五《武帝纪下》。

受爵者能够获得租赋的奖赏。在保定二年之后，北周国家对实封食邑的封授确定了明确的标准，就是受封开国郡公以上、并加授柱国以上勋官者，才能获得实封食邑。也就是说，北周国家对能取得实封食邑的对象范围，做了明确的限定。而且，北周国家对封授实封食邑的数量，也做了规定。实际上，北周国家确定实封食邑的数量，仍然要依据封爵的等级，即郡公能受封三百户、国公能受封五百户、国王能受封万户。很明显，北周国家使受爵者获得实封食邑数量的规定已经很完善，进而也就有效地保证上层权贵，可以通过受封食邑合法地获得规定的租赋，因此，获得这种实封食邑的封授，就只能是少数上层权贵具有的特权。

西魏北周国家采取“本封”的虚封食邑和“别食”的实封食邑两种不同的封授措施，对后世产生了重大的影响。从西魏北周的虚封食邑来看，很重要的就是，使不同数量的虚封食邑与封爵的不同等级相结合。西魏北周的这种规定，实际为隋、唐国家所承袭。《新唐书·百官志一》：

> 凡爵九等：一曰王，食邑万户，正一品；二曰嗣王、郡王，食邑五千户，从一品；三曰国公，食邑三千户，从一品；四曰开国郡公，食邑二千户，正二品；五曰开国县公，食邑千五百户，从二品；六曰开国县侯，食邑千户，从三品；七曰开国县伯，食邑七百户，正四品上；八曰开国县子，食邑五百户，正五品上；九曰开国县男，食邑三百户，从五品上。

很显然，唐代的封爵包括爵位的等级、虚封食邑的数量和爵位的品级。可以说，唐代使爵位等级与虚封食邑的结合，是承袭北周的做法。只是唐代国家调整了封爵的等级，并且，取消了对食邑数量的上、下限规定，只实行有固定数量的食邑标准，并且对一些等级的食邑数量做了重新规定。也就是说，西魏北周确定的封爵等级与虚封食邑结合的基本框架，并没有被打破，并被继续延续下来。

就北周的实封食邑而言，也影响隋、唐的封爵制。隋代将实封食邑称为“真食”。如上柱国、申国公李穆“拜太师，赞拜不名，真食成安县三千户”[1]。

---

① 《隋书》卷三七《李穆传》。

唐代则称为“食实封”。如宗楚客“进礼部尚书，封鲁国公，食实封户三百”①。可以说，隋、唐国家实行的这种做法，实际也与北周的实封食邑规定有一脉相承的联系。因此，可以明确，隋、唐代封爵制所包含的对虚封、实封食邑所采取的封授做法，实际正是从西魏北周封爵的两种不同的食邑规定演变而来的。

（原载《社会科学战线》2020 年第 4 期）

① 《新唐书》卷一〇九《宗楚客传》。

后　记

这部论文集是专门考察北朝封爵问题的结集。可以说汇集了近些年来，我探讨北魏、东魏北齐、西魏北周封爵制度的三十余篇论文。在这些论文中，我对这一时期的封爵制度做了阐释，并提出了一些个人的思考。概括说来，北朝封爵制度的形成及其演变都很复杂，因而，也就为研究这些问题带来诸多困难。然而，以实证的方法做细致考证，对北朝封爵制度及其演变的特点，还是可以发现一些大概的情况。

应该说，北魏建国后，选择了皇帝控制下的官僚制进行统治，所以，开始实行封爵制为这种统治方式服务。然而，北魏的封爵制，在孝文帝爵位改革前、后，采取的做法并不相同。在孝文帝爵位改革前，北魏国家实行的是，虚封五等爵制。这种爵位制，封授的只有爵位等级和虚封地。而在孝文帝爵位改革后，则改变了这种虚封爵制，实行了实封的王爵、开国爵与虚封的散爵并行的制度。实封的王爵、开国爵与虚封的散爵的主要区别在于，受封王爵、开国爵者能够获得食邑的封授，进而可以通过受爵获得丰厚的经济利益。而受赐散爵者则延续爵位改革前的规定，不能获得食邑的封授，所以这种虚封爵只是一种身份地位的象征。

北魏国家为使封爵服务于官本位体制，需要使爵位等级与职官品级可以结合在一起。可是，在孝文帝爵位改革前，北魏国家规定了爵品，也规定了官品，因而，爵位与职官分属两个不同的品级序列。尽管如此，北魏国家还是使爵位等级与职官品级建立了联系。实际上，这种联系是通过为受封虚封爵者加拜将军号实现的。也就是使受封爵者的爵位品级与加拜的将军号品级基本相同，因而，也就以将军号为媒介，使爵位品级能够与职官品级相关联。孝文帝爵位改革后，开始取消为受爵者加拜将军号，并使爵位等级与职官品级直接结合。特别是，太和二十三年，孝文帝制定的后《职员令》，将实封的王爵、开国爵与虚封的散爵结合在一起，而规定了一体化的爵位品级，并且，还将爵位品级与职官品级相结合，从而将爵位品级编入职官品级序列中。由于实现爵位与职官品级的结合，因而，也就清楚地展示了受爵者在国家官本位体制中所处的地位。

孝文帝爵位改革后，由于实行实封的王爵、开国爵制，因而，封地与食邑的封授对受封爵者也就具有很重要的意义。对受封王爵、开国爵而言，他们获得的封地被视为“封国”，因而，还能在封地上可以立“社”。可是，这种“封国”只具有一种象征意义的分封，因为受封者对封地并没有治理权，只不过是他们获得食邑的区域，也就是他们能够获得租赋的来源地。因此，可以说，受封实封爵者的封地，只是他们衣食租税的保证。

东魏北齐国家，依然实行北魏孝文帝爵位改革后采取的实封王爵、开国爵与虚封散爵并行的制度。在北齐禅代东魏之后，只是将实封爵与虚封爵在职官体系中的品级做了个别的调整。而西魏北周则与东魏北齐不同，开始只实行实封的王爵、开国爵制。在宇文泰推行六官制之后，对原来的封爵制产生了重大的影响。西魏北周国家增加原来爵位的等级，并将封地与食邑区分为实封与虚封，并将虚封的封地与食邑转变为爵位等级的象征，而实封的封地和食邑则成为所食租税的来源。应该说，西魏北周实行的这种封爵制，正透露了向隋唐爵位制度演变的动向。

我对北朝封爵制度探讨的目的，正是试图阐释不同时期爵位封授的特点，并廓清封爵制演变的趋势。然而，由于受到史料缺乏的限制，因而，对一些问题的考证，并不能完全尽如人意而留下了一些遗憾。不过，我希望的是，所做的这些考察，可以为认识北朝封爵问题，提出一些有启发性的意见，也就甚感欣慰。因为对我个人而言，虽然这是一个艰难探索的过程，可是，为了求真、求实的追求，自然也就将耕耘的欢悦融入其中了。

论文集能够出版，得到长春师范大学历史文化学院姜维公院长的支持，另外，彭超、刘伟坤、姜瑞玉帮助编辑论文集，做了很多工作。所以，在此一并致以诚挚的谢意。

张鹤泉

二〇二一年六月五日